501 ITALIAN VERBS

fully conjugated in all the tenses
in a new easy-to-learn format
alphabetically arranged

by

John Colaneri, Ph.D.

Professor of Italian
Iona College, New Rochelle, New York

and

Vincent Luciani, Ph.D.

Formerly Professor Emeritus of Romance Languages
The City College, City University of New York

BARRON'S BARRON'S EDUCATIONAL SERIES, INC.

Dr. John Colaneri is the author of *501 Italian Verbs,* © Copyright 1992 by Barron's Educational Series, Inc. Adapted from *Italian Verbs* by Vincent Luciani and John Colaneri (c) copyright 1990 by Barron's Educational Series, Inc. and *201 Italian Verbs* by Vincent Luciani, (c) copyright 1966 by Barron's Educational Series, Inc.

All inquiries should be addressed to:
Barron's Educational Series, Inc.
250 Wireless Boulevard
Hauppauge, New York 11788

Library of Congress Catalog Card No. 91-30682

International Standard Book No. 0-8120-4757-5

Library of Congress Cataloging-in-Publication Data

Colaneri, John, 1930–
    501 Italian verbs : fully conjugated in all tenses / by John
Colaneri.
        p.   cm.
    Includes index.
    ISBN 0-8120-4757-5
    1. Italian language—Verb—Tables. I. Title. II. Title: Five
hundred one Italian verbs.
PC1271.C65   1992
458.2'421—dc20   91-30682
                                                   CIP

PRINTED IN THE UNITED STATES OF AMERICA
21 20 19 18 17 16 15

Contents

For my wife Ann and my son John, for their
unswerving support and encouragement

and to Professor Guy Famularo, for his computer
assistance and constant support.

With love and gratitude

Foreword

This handy reference guide for students, businesspeople, and travelers presents the fully conjugated forms of over 500 commonly used Italian verbs.

The verbs are arranged alphabetically, one to a page, so that you will find the complete conjugation for a verb on one page. The subject pronouns have been omitted, as they usually are in everyday Italian conversation, in order to emphasize the verb forms. Only the reflexive pronouns are given, since these pronouns may never be ommited. Feminine forms of verbs conjugated with *essere* have been omitted; however, they are shown in the section titled Compound Tenses, and this format never varies when a verb is conjugated with *essere*. The forms in parentheses next to the second person singular of the imperative indicate the negative, the only one different from the affirmative.

At the bottom of each page, you will find simple sentences or idiomatic expressions using forms of the verb.

The introduction includes an explanation of the accents used, general rules regarding irregular verbs, verbs conjugated with *avere* or *essere,* models for the three regular conjugations, orthographical changes, Italian verb tenses with their English equivalents, a sample verb conjugation, and an explanation of Italian subject pronouns.

The verb charts are followed by four sections: a list of verbs that require certain prepositions; useful words and phrases for the traveler, including numbers and conversion tables; an index of irregular verb forms; and an English-Italian verb index.

Accents

Italian has seven vowels: **a, i, u,** open **e** and **o,** closed **e** and **o.** As a rule, Italian words bear no accent except on the final vowel. In this text only the final accents are shown, since they have a direct bearing on the meaning; for example, **provo,** I try; **provò,** he tried.

Italian Pronunciation

Many Italian sounds do not have an exact English equivalent. Beginning Italian students should be particularly careful of the pronunciation of Italian vowels, which are sharper, clearer, and less drawn out than English vowels.

VOWELS

Letter	Example	Approximate Sound in English
a	**casa**	father
e	**me**	met
e	**bene**	shelf
i	**libri**	keep
o	**sole**	open
o	**no**	often
u	**uno**	too
iu	**aiutare**	you
ie	**niente**	yes

NOTE: A diphthong is a phonetic group formed when an *unstressed* **i** or **u** is combined with **a, o,** or **e.**

EXAMPLES: **abbia; figlio; guerra**

If the **i** or **u** is stressed, combining it with **a, o,** or **e** does not create a diphthong.

EXAMPLES: **zio; via**

CONSONANTS

Letter	Symbol
b	
c + a, o, u	as in *kitten*
c + e, i (**cena**)	as in *chest*
ch (only before e, i)	as in *kitten*
d	
f	
g + a, o, u	as in *go*
g + e, i	as in *jet*
gh (only before e,i)	as in *go*
gli	as in *million*
gn	as in *onion*
h	(silent)
l	
m	
n	
p	
qu	
r	
s	
s, z (between vowels)	
sc (before a, o, u)	as in *ask*
sc (before e, i)	as in *fish*
t	
v	
z	as in *bets*
z	as in *beds*

Verbs Conjugated with avere or essere

1. An Italian verb is conjugated with **avere** to form the compound tenses when it is transitive (that is, when it has a direct object).
2. Reflexive verbs, such as **alzarsi**, are conjugated with **essere**.
3. Impersonal verbs are conjugated with **essere**, but **fare** is conjugated with **avere**. Verbs denoting atmospheric conditions may be conjugated with **avere** or **essere**; for example, **è nevicato, ha nevicato.**
4. Some verbs—for instance, **correre, saltare,** and **volare**—are conjugated with **avere** when referring to the action (e.g., **Ho corso velocemente.** *I ran swiftly.*) and with **essere** when referring to the goal of the action (e.g., **Sono corso a casa.** *I ran home.*).
5. Some verbs, such as **cominciare, durare,** and **finire,** take **avere** when an object is expressed or implied (e.g., **Ho finito il lavoro.** *I finished the work.*) and **essere** when used passively with no object (e.g., **La lezione è finita.** *The lesson is finished.*).
6. Some verbs, like **mancare,** have a different meaning depending on which auxiliary is used, **avere** or **essere**. **Ha mancato** means *he failed* or *he lacked*; **È mancato** means *he missed* or *he was not present.*
7. Some verbs, like **appartenere, dolere,** and **vivere,** can be used with either **avere** or **essere** when they have no object (e.g., **Lui è vissuto per 30 anni,** or **Sono vissuto per 30 anni.** *He lived for 30 years.*).
8. Some verbs of motion, or limit of motion, as well as others are conjugated with **essere.** Here is a list of the most common of such verbs:

andare	to go
apparire	to appear
arrivare	to arrive
cadere	to fall
capitare	to happen (both personal and impersonal)
comparire	to appear
costare	to cost
crescere	to grow
dipendere	to depend
dispiacere	to displease, to regret
divenire (diventare)	to become
emergere	to emerge
entrare	to enter
esistere	to exist
essere	to be
fuggire	to flee
giungere	to arrive
montare	to mount
morire	to die
nascere	to be born
parere	to appear, to seem
partire	to leave
perire	to perish

piacere	to please, to like
restare (rimanere)	to remain, to stay
rincrescere	to be sorry, to regret
ritornare (tornare)	to return, to go back, to come back
riuscire	to succeed, to go out again
salire	to go, come up
scappare	to escape
scendere	to go or come down
scomparire	to disappear
scoppiare	to burst, to "croak"
sorgere	to rise
sparire	to disappear
stare	to stay
succedere	to succeed, to come after
uscire	to go or come out
venire (and most of its compounds)	to come

Regular Conjugations

Regular verbs are divided into three conjugations, according to whether the present infinitive ends in **-are, -ere,** or **-ire.** The **-ire** verbs are of two types: those few in which the endings are added directly to the stem (they are **avvertire, bollire, convertire, cucire, divertirsi, dormire, fuggire, partire, pentirsi, seguire, sentire, servire, vestire,** as well as the irregular **aprire, coprire, offrire, scoprire, soffrire**) and those (most of them) that insert **-isc-** between the stem and the ending in the first, second, and third persons singular and third person plural forms of the present indicative, imperative, and subjunctive tenses.

There are no principal parts in Italian. The verbs of the three conjugations (for the third we use an **-isc-** verb) are conjugated as in the following models:

	I	II	III
Infinitive:	portare	credere	finire
Past Infinitive:	avere portato	avere creduto	avere finito
Present Participle:	portante	credente	finente (*rare*)
Past Participle:	portato	creduto	finito
Gerund:	portando	credendo	finendo
Past Gerund:	avendo portato	avendo creduto	avendo finito
Stem:	port—	cred—	fin—

INDICATIVE MOOD

Present:	porto	credo	finisco
	porti	credi	finisci
	porta	crede	finisce
	portiamo	crediamo	finiamo
	portate	credete	finite
	portano	credono	finiscono

Imperfect:	portavo	credevo	finivo
	portavi	credevi	finivi
	portava	credeva	finiva
	portavamo	credevamo	finivamo
	portavate	credevate	finivate
	portavano	credevano	finivano
Past Absolute:	portai	credei	finii
	portasti	credesti	finisti
	portò	credè	finì
	portammo	credemmo	finimmo
	portaste	credeste	finiste
	portarono	crederono*	finirono
Future:	porterò	crederò	finirò
	porterai	crederai	finirai
	porterà	crederà	finirà
	porteremo	crederemo	finiremo
	porterete	crederete	finirete
	porteranno	crederanno	finiranno
Present Conditional:	porterei	crederei	finirei
	porteresti	crederesti	finiresti
	porterebbe	crederebbe	finirebbe
	porteremmo	crederemmo	finiremmo
	portereste	credereste	finireste
	porterebbero	crederebbero	finirebbero
Imperative Mood:	porta (non portare)	credi (non credere)	finisci (non finire)
	porti	creda	finisca
	portiamo	crediamo	finiamo
	portate	credete	finite
	portino	credano	finiscano

SUBJUNCTIVE MOOD

Present:	che io porti	creda	finisca
	che tu porti	creda	finisca
	che egli (lui) porti	creda	finisca
	che portiamo	crediamo	finiamo
	che portiate	crediate	finiate
	che portino	credano	finiscano

---

*Many regular verbs like **credere** may also have the endings **-ètti, -esti, -ètte, -emmo, -este, -èttero** in the past absolute.

Imperfect:	che io portassi	credessi	finissi
	che tu portassi	credessi	finissi
	che portasse	credesse	finisse
	che portassimo	credessimo	finissimo
	che portaste	credeste	finiste
	che portassero	credessero	finissero

Compound Tenses

Compound tenses are formed from the past participle of the principal verb together with a simple tense of the auxiliary verb **avere** in some cases and of **essere** in others. They are conjugated as in the following models:

Present Perfect:	**ho** portato	**sono** partito (a)
	hai portato	**sei** partito (a)
	ha portato	**è** partito (a)
	abbiamo portato	**siamo** partiti (e)
	avete portato	**siete** partiti (e)
	hanno portato	**sono** partiti (e)
Past Perfect:	**avevo** portato	**ero** partito (a)
	avevi portato	**eri** partito (a)
	aveva portato	**era** partito (a)
	avevamo portato	**eravamo** partiti (e)
	avevate portato	**eravate** partiti (e)
	avevano portato	**erano** partiti (e)
Past Anterior:	**ebbi** portato	**fui** partito (a)
(2d Past Perfect)	**avesti** portato	**fosti** partito (a)
	ebbe portato	**fu** partito (a)
	avemmo portato	**fummo** partiti (e)
	aveste portato	**foste** partiti (e)
	ebbero portato	**furono** partito (e)
Future Perfect:	**avrò** portato	**sarò** partito (a)
(Future Anterior)	**avrai** portato	**sarai** partito (a)
	avrà portato	**sarà** partito (a)
	avremo portato	**saremo** partiti (e)
	avrete portato	**sarete** partiti (e)
	avranno portato	**saranno** partiti (e)
Past Conditional:	**avrei** portato	**sarei** partito (a)
	avresti portato	**saresti** partito (a)
	avrebbe portato	**sarebbe** partito (a)
	avremmo portato	**saremmo** partiti (e)
	avreste portato	**sareste** partiti (e)
	avrebbero portato	**sarebbero** partiti (e)

Past Subjunctive:	**abbia** portato	**sia** partito (a)
	abbia portato	**sia** partito (a)
	abbia portato	**sia** partito (a)
	abbiamo portato	**siamo** partiti (e)
	abbiate portato	**siate** partiti (e)
	abbiano portato	**siano** partiti (e)

Past Perfect	**avessi** portato	**fossi** partito (a)
Subjunctive:	**avessi** portato	**fossi** partito (a)
	avesse portato	**fosse** partito (a)
	avessimo portato	**fossimo** partiti (e)
	aveste portato	**foste** partiti (e)
	avessero portato	**fossero** partiti (e)

Italian Verb Tenses and Moods with English Equivalents

Presente indicativo	Present indicative
Imperfetto indicativo	Imperfect indicative (past descriptive)
Passato remoto	Past absolute (Past definite)
Futuro	Future
Condizionale presente	Present conditional
Presente del congiuntivo	Present subjunctive
Imperfetto del congiuntivo	Imperfect subjunctive
Passato prossimo	Present perfect
Trapassato prossimo	Past perfect (1st past perfect)
Trapassato remoto	Past anterior (2nd past perfect)
Futuro anteriore	Future perfect (Future anterior)
Condizionale passato	Past conditional
Passato del congiuntivo	Past subjunctive
Trapassato del congiuntivo	Past perfect subjunctive
Imperativo	Imperative

Sample English Verb Conjugation

INFINITIVE	**to see**—vedere
Present Participle	seeing
Past Participle	seen
Present Indicative	I see, you see, he (she, it) sees; we see, you see, they see

or: (the emphatic form) I do see, you do see, he (she, it) does see; we do see, you do see, they do see

	or: (the progressive form, which also exists in Italian with **stare** and other verbs) I am seeing, you are seeing, he (she, it) is seeing; we are seeing, you are seeing, they are seeing
Past	I saw, you saw, he (she, it) saw; we saw, you saw, they saw
	or: I did see, you did see, he (she, it) did see; we did see, you did see, they did see
	or: I was seeing, you were seeing, he (she, it) was seeing; we were seeing, you were seeing, they were seeing
Future	I shall see, you will see, he (she, it) will see; we shall see, you will see, they will see
Present Perfect	I have seen, you have seen, he (she, it) has seen; we have seen, you have seen, they have seen
Past Perfect	I had seen, you had seen, he (she, it) had seen; we had seen, you had seen, they had seen
Future Perfect	I shall have seen, you will have seen, he (she, it) will have seen; we shall have seen, you will have seen, they will have seen
Imperative	See! Let's see! See!

The imperfect and the conditional do not exist in English; the first is translated by *I was seeing* (past progressive) or by *I used to see* or *I would see;* the second by *I should see, you would see, etc.* As for the subjunctive, its tenses are the same as the indicative's (*present, past, future, present perfect, past perfect, future perfect*) and, except for *to be*, are substantially the same. The subjunctive differs from the indicative only in the third person singular of the present tense, where it has no final *s*.

A Summary of Meanings and Uses of Italian Verb Tenses and Moods as Related to Their English Equivalents

A verb is where the action is! A verb is a word that expresses an action (*go, eat, write*) or a state of being (*think, believe, be*). Tense means time. Italian and English verb tenses are divided into three main groups of time: past, present, and future. A verb tense shows if an action or state of being took place, is taking place, or will take place.

Italian and English verbs are also used in four moods (or modes). Mood has to do with the *way* a person regards an action or a state. For example, a person may merely make a statement or ask a question—this is the *indicative mood,* which we use most of the time in Italian and English. A person may say that he or she *would do* something if something else were possible or that he or she *would have done* something if something else had been possible—this is the *conditional mood*. A person may use a verb in such a way to indicate a wish, a fear, a regret, a supposition, or something of this sort—this is the *subjunctive mood*. It is used in Italian much more than in English. A person may command that something be done—this is the *imperative mood*.

There are six tenses in English: present, past, future, present perfect, past perfect, and future perfect. The first three are simple tenses. The other three are compound tenses and are based on the simple tenses. In Italian, however, there are fourteen tenses, seven of which are simple and seven of which are compound.

In the pages that follow, the tenses and moods are given in Italian and the equivalent name or names in English are given in parentheses. We have numbered each tense name for easy reference and recognition. Although some of the names given in English are not considered to be tenses (for there are only *six*), they are given for the purpose of identification as they are related to the Italian names. The comparison includes only the essential points you need to know about the meanings and uses of Italian verb tenses and moods as related to English usage.

Examples are given below each conjugation to illustrate their meanings and uses. See the following for the formation of the seven simple tenses for regular verbs.

THE SEVEN SIMPLE TENSES

Tense No. 1   Presente dell'Indicativo
(Present Indicative)

This tense is used most of the time in Italian and English. It indicates:

(a) An action or a state of being at the present time.
EXAMPLES:
1. Io **vado** a scuola adesso.
I *am going* to school now.
2. Io **penso;** dunque, io **sono.**
I *think*; therefore I *am.*

(b) Habitual action.
EXAMPLE:
Io **vado** alla biblioteca ogni giorno.
I *go* to the library every day. OR: I *do go* to the library every day.

(c) A general truth, something which is permanently true.
EXAMPLES:
1. Due e due **fanno** quattro.
Two and two *are* four.
2. Il vedere **è** credere.
Seeing *is* believing.

(d) A near future.
EXAMPLE:
Lui **arriva** domani.
He *arrives* tomorrow.

(e) An action or state of being that occurred in the past and *continues up to the present*. In English, this tense is the present perfect, which is formed with the present tense of *to have* (*have* or *has*) plus the past participle of the verb you are using.

EXAMPLES:

1. **Sono** qui da dieci minuti.
   I *have been* here for ten minutes. (I am still here.)

2. Sono tre giorni che lei è malata.
   She *has been* sick for three days. (She is still sick.)

3. Sono dieci minuti che **aspetto** l'autobus.
   I *have been waiting* for the bus for ten minutes.

NOTE: In this last example the formation of the English verb tense is slightly different from the other two examples in English. The present participle (*waiting*) is used instead of the past participle (*waited*).

Tense No. 2 Imperfetto dell'Indicativo
(Imperfect Indicative)

This is a past tense. It is used to indicate:

(a) An action that was going on in the past at the same time as another action.
   EXAMPLE:
   Lui **leggeva** mentre io **scrivevo.**
   He *was reading* while I *was writing*.

(b) An action that was going on in the past when another action occurred.
   EXAMPLE:
   Lui **leggeva** quando io sono entrato(a).
   He *was reading* when I came in.

(c) An action that a person did habitually in the past.
   EXAMPLE:
   Noi **andavamo** alla spiaggia ogni giorno.
   We *used to go* to the beach every day. OR: We *would go* to the beach every day.

(d) A description of a mental or physical condition in the past.
   EXAMPLES:
   (mental condition) Lui **era** triste quando l'ho veduto.
   He *was* sad when I saw him.
   (physical condition) Quando mia madre **era** giovane, **era** bella.
   When my mother *was* young, she *was* beautiful.

(e) An action or state of being that occurred in the past and *lasted for a certain length of time* prior to another past action. In English, it is usually translated as a pluperfect tense and is formed with *had been* plus the present participle of the verb you are using. It is like the special use of the present indicative described in the above section in paragraph (e), except that the action or state of being no longer exists at present.
   EXAMPLE:
   Aspettavo l'autobus da dieci minuti quando è arrivato.
   I *had been waiting* for the bus for ten minutes when it arrived.

Tense No. 3   Passato Remoto
(Past Absolute or Simple Past)

This past tense expresses an action that took place at some definite time. This tense is not ordinarily used in conversational Italian or in informal writing. It is a literary tense and is used in formal writing, such as history and literature. It has no relation to the present time, and indicates a completed action.

EXAMPLES:
1. Lui **andò** in Africa.
   He *went* to Africa.
2. Lui **viaggiò** in America.
   He *traveled* to America.

Tense No. 4   Futuro
(Future)

The use of the future in Italian corresponds in general to its use in English.

EXAMPLE:
Domani **andrò** a Roma.
Tomorrow I *shall (will) go* to Rome.

(a) More often than in English, the future in Italian is replaced by the present to express an immediate action.

EXAMPLE:
Torno subito.
I *shall (will) be back* right away.

(b) After **se** or **quando** the future is used in place of the present, and the future perfect in place of the present perfect.

EXAMPLE:
Se ci **vedrà** ce ne **parlerà**.
If he *sees* us he *will speak* to us about it.

Note that the future is used in both clauses in Italian, whereas in English it is used only in the main clause.

EXAMPLE:
Quando l'avranno **trovata,** ce la **manderanno.**
When they *have found* it, they *will send* it to us.

(c) The English future, *to be going to,* is usually expressed in Italian by the ordinary future or by the present.

EXAMPLE:
Gli **scriverò** fra poco. OR: Gli **scrivo** fra poco.
I *am going* to write (to) him in a little while.

(d) The future is usually used to express possibility.

EXAMPLE:
Chi **sarà**?
Who *can* it *be?*

Tense No. 5 Condizionale Presente
(Conditional)

The conditional is used in Italian and English to express:
  (a) An action that you would do if something else were possible.
   EXAMPLE:
   Farei il lavoro se avessi il tempo.
   I *would do* the work if I had the time.

  (b) A conditional desire.
   EXAMPLES:
   1. **Vorrei** del tè.
      I *would like* some tea.
   2. Carlo **vorrebbe** del caffè.
      Carlo *would like* some coffee.

  (c) An obligation or duty.
   EXAMPLE:
   Dovremmo studiare per l'esame.
   We *should* study for the examination. OR: We *ought* to study for the examination.
   NOTE 1: The Italian verb **dovere** plus the infinitive is used to express the idea of *should* when you mean *ought to.*
   NOTE 2: When the conditional of the verb **potere** is used in Italian, it is translated into English as *could* or *would be able.*
   EXAMPLE:
   Potrei venire dopo cena.
   I *could come* after dinner. I *would be able* to come after dinner.

Tense No. 6 Presente del Congiuntivo
(Present Subjunctive)

The subjunctive is used much more in Italian than in English. It is used in the following cases:
  (a) In a subordinate clause introduced by **che.** It expresses an action, event, or state that is uncertain, doubtful, desirable, possible, or simply an opinion.
   EXAMPLE:
   Dubito che lui **venga.**
   I doubt that he *will come.*

  (b) In a subordinate clause after impersonal verbs or expressions implying doubt, necessity, possibility, desire, or emotion.
   EXAMPLES:
   1. È necessario che lei **capisca.**
      It is necessary that you *understand.*
   2. Ho paura che egli non **sia** qui.
      I am afraid that he *isn't* here.
   3. È possible che io **parta.**
      It is possible that I *may leave.*
   NOTE: No subjunctive is used after impersonal expressions that are positive assertions.
   EXAMPLE:
   È vero che lui **è** qui.
   It is true that he *is* here.

ALSO: If the subordinate clause has no subject or has the same subject, the subjunctive is not used.

Voglio **veder**lo.

I want *to see* him.

È importante **arrivare** presto.

It is important *to arrive* early.

(c) In subordinate clauses after verbs expressing wish, command, belief, doubt, hope, ignorance, emotion (**desiderare, volere, pensare, credere, dubitare, sperare, non sapere, avere paura,** etc.).

EXAMPLES:

1. Desidero che lei **legga** questo libro.

   I want you *to read* this book.

2. Non voglio che tu le **parli.**

   I don't want you *to speak* to her.

3. Dubito che mi **senta.**

   I doubt that he *hears* me.

NOTE: If the verb in the subordinate clause expresses a future idea or action, use the future tense and not the subjunctive (except for verbs of wish or command, which require the subjunctive).

EXAMPLES:

1. Siamo contenti che **partirà.**

   We are glad that he *will leave.*

2. Credo che **verrà** domani.

   I think he *will come* tomorrow.

(d) After a relative superlative or after the adjectives **unico** and **solo,** when the subordinate clause is introduced by a word such as **che.**

EXAMPLES:

1. È l'unico (il solo) italiano che io **conosca.**

   He is the only Italian I *know.*

2. Non c'è niente che egli **possa** fare.

   There is nothing (that) he *can* do.

(e) After conjunctions like: **affinchè** (so that), **a meno che. . .non** (unless), **benchè** *or* **sebbene** (although), **perchè** (in order that), **prima che** (before), **purchè** (provided that), **senza che** (without).

EXAMPLES:

1. Lo comprerò sebbene **costi** troppo.

   I will buy it although it *costs* too much.

2. Partiranno purchè non **piova.**

   They will leave provided it does not *rain.*

3. Studiate finchè **sappiate** la lezione.

   Study until you *learn* the lesson.

(f) In exhortations or in principal clauses often introduced by **che** expressing a wish.

EXAMPLES:

1. **Sia** ringraziato il cielo!

   Thank Heavens!

2. Che **parta,** se vuole.

   Let him *leave* if he wants to.

3. Così **sia.**

   So *be* it. (Amen.)

Tense No. 7 Imperfetto del Congiuntivo
(Imperfect Subjunctive)

L'imperfetto del congiuntivo is used for the same reasons as the **Presente del congiuntivo—**
that is, after certain verbs, conjunctions, and impersonal expressions that were used in examples above under the section, **presente del congiuntivo**. The main difference between these two is the time of the action. If present, use the **presente del congiuntivo** (Tense No. 6). If the action is related to the past, the **imperfetto del congiuntivo** (this tense) is used, provided that the action was *not* completed. If the action was completed, the **trapassato del congiuntivo** is used. See below under the section, **trapassato del congiuntivo** (Tense No. 14).

Since the Subjunctive Mood is troublesome in Italian and English, you may be pleased to know that this tense is rarely used in English. It is used in Italian, however.

Notice that the **imperfetto del congiuntivo** is used in Italian in both of the following examples, but is used in English only in the second example.

EXAMPLES:
1. Io volevo che lui **venisse.**
   I wanted him *to come.*
   (action not completed; he did not come while I wanted him to come)
2. Io glielo spiegavo affinchè lo **capisse.**
   I was explaining it to her *so that she might understand it.*
   (action not completed; the understanding was not completed at the time of the explaining)
   NOTE: The subjunctive of **capire** is used because the conjunction that precedes is one that requires the subjunctive *after* it—in this example it is **affinchè.** In conversational Italian and informal writing, the **imperfetto del congiuntivo** is avoided. Use, instead, the **presente del congiuntivo**: Io glielo spiego affinchè lo capisco.

THE SEVEN COMPOUND TENSES

Tense No. 8 Passato Prossimo
(Present Perfect)

This past tense expresses an action completed in the recent past. It is used in conversational Italian, correspondence, and other informal writing. Today the **passato prossimo** is used more and more in literature and is taking the place of the **passato remoto** (Tense No. 3). It is a compound tense formed with the **presente dell'indicativo** (Tense No. 1) of **avere** or **essere** (depending on which of these two auxiliaries the verb is conjugated with) plus the past participle. See page vii for the distinction made between verbs conjugated with **avere** or **essere**.

EXAMPLES:
1. Lui **è andato** a scuola.
   He *went* to school. OR: He *did* go to school. OR: He *has gone* to school.
2. **Ho mangiato** in questo ristorante molte volte.
   I have eaten in this restaurant many times.
3. **Ho parlato** al ragazzo.
   I *spoke* to the boy. OR: I *have spoken* to the boy. OR: I *did speak* to the boy.

Tense No. 9 Trapassato Prossimo
(Past Perfect)

In Italian and English this tense is used to express an action that happened in the past before another action. Since it is used in relation to another past action, the other past action is expressed in either the **passato prossimo** or the **imperfetto dell'indicativo** (Tense No. 2). This tense is used in formal writing and literature as well as in conversational Italian and informal writing. The correct use of this tense is strictly observed in Italian. In English, however, it is often used incorrectly. It is a compound tense formed with the **imperfetto dell'indicativo** of **avere** or **essere** (depending on which of two auxiliaries is required to form a compound tense) plus the past participle. See page vii for the distinction made between verbs conjugated with **avere** or **essere**. In English, this tense is formed with the past tense of *to have* (*had*) plus the past participle of the verb you are using.

> EXAMPLES:
> (a) Mi sono ricordato che **avevo dimenticato** di dirglielo.
> I remembered that *I had forgotten* to tell him.
> NOTE: It would be incorrect in English to say: I remembered that *I forgot* to tell him. The point here is that *first* I forgot; then, I remembered. Both actions are in the past. The action that occurred in the past *before* the other past action is in the Pluperfect. And in this example it is *I had forgotten* (io **avevo dimenticato**).
>
> (b) Io **avevo studiato** la lezione che il professore ha spiegata.
> I *had studied* the lesson that the teacher explained.
> NOTE: *First* I studied the lesson; then, the teacher explained it. Both actions are in the past. The action that occurred in the past *before* the other past action is in the pluperfect. And in this example it is *I had studied* (**avevo studiato**). If you say **Io ho studiato la lezione che il professore aveva spiegata,** you are saying that you *studied* the lesson which the teacher *had explained*. In other words, the teacher explained the lesson first and then you studied it.
>
> (c) Ero stanco stamani perchè non **avevo dormito.**
> I was tired this morning because I *had* not *slept.*

Tense No. 10 Trapassato Remoto
(Past Anterior)

This tense is similar to the **trapassato prossimo** (Tense No. 9). The main difference is that it is used as a literary tense; that is, it is used in formal writing, such as history and literature. Generally speaking, the **passato remoto** is to the **passato prossimo** what the simple past is to the present perfect. The **trapassato remoto** is a compound tense. It is formed with the **passato remoto** of **avere** or **essere** (depending on which of these two auxiliaries the verb requires to form a compound tense) plus the past participle. In English, it is formed in the same way as the pluperfect or past perfect.

> EXAMPLE:
> Quando **ebbe mangiato** partì.
> When he *had eaten,* he left.

Tense No. 11 Futuro Anteriore
(Future Perfect)

In Italian and English this tense is used to express an action that will happen in the future *before* another future action. Since it is used in relation to another future action, the other future action is expressed in the simple Future in Italian, but not always in the simple Future in English. In Italian, it is used in conversation and informal writing as well as in formal writing and in literature. It is a compound tense because it is formed with the future of **avere** or **essere** (depending on which of these two auxiliaries is required to form a compound tense) plus the past participle of the verb you are using. In English, it is formed by using *shall have* or *will have* plus the past participle of the verb you are using.

EXAMPLE:

(a) Lei arriverà domani e io avrò finito il lavoro.

She will arrive tomorrow and I *shall have finished* the work.

NOTE: First, I shall finish the work; then, she will arrive. The action that will occur in the future *before* the other future action is in the **futuro anteriore.**

(b) Quando lei arriverà domani, io avro finito il lavoro.

When she arrives tomorrow, I *shall have finished* the work.

NOTE: The idea of future time here is the same as in example (a) above. In English, the present tense is used (*When she arrives . . .*) to express a near future. In Italian the **futuro** is used (**Quando lei arriverà . . .**) because **quando** precedes and the action will take place in the future. Study Tense No. 4 on p. xv.

Tense No. 12   Condizionale Passato
(Conditional Perfect)

This is used in Italian and English to express an action that you *would have done* if something else had been possible; that is, you would have done something *on condition* that something else had been possible. It is a compound tense because it is formed with the **condizionale presente** of **avere** or **essere** plus the past participle of the verb you are using. In English, it is formed by using *would have* plus the past participle. Observe the difference between the following examples and the one given for the use of the **condizionale presente** which was explained and illustrated in Tense No. 5 above.

EXAMPLES:

1. Io **avrei fatto** il lavoro se avessi studiato.

   I *would have done* the work if I had studied.

2. Io **avrei fatto** il lavoro se avessi avuto il tempo.

   I *would have done* the work if I had had the time.

Tense No. 13   Passato del Congiuntivo
(Past Subjunctive)

The rules that govern the use of this tense are the same as for those given for the **presente del congiuntivo** (Tense No. 6), except that the **passato del congiuntivo** is used when the action of the dependent clause took place before the action of the independent clause. It is a compound tense, formed with the present subjunctive of the auxiliary **avere** or **essere,** plus the past participle of the verb you are using. This tense is rarely used in English. In Italian, however, it is used in both formal and informal writing and literature as well as in conversation.

EXAMPLES:

È possible che lei **sia partita.**

It is possible that she *may have left.* OR: It is possible that she *has left.*

Io dubito che lui **abbia fatto** questo.

I doubt that he *did* that.

Tense No. 14   Trapassato del Congiuntivo
(Past Perfect Subjunctive)

This tense is used following the same rules as for the **presente del congiuntivo** (Tense No. 6) except that it is used with past actions. If the verb in the dependent clause is in the past, then the **trapassato del congiuntivo** must be used, if the main-clause verb requires the use of the subjunctive. This is a compound tense. It is formed by using the **imperfetto del congiuntivo** of **avere** or **essere** plus the past participle.

EXAMPLES:
1. Era possibile che lei **fosse partita.**
   It was possible that she *might have left.*
2. Io non credevo che lei **avesse detto** questo.
   I did not believe that she *had said* that.

Imperativo
(Imperative *or* Command)

The imperative is a mood, not a tense. It is used in Italian and English to express a command or a request, and is used for all persons except the first person singular. It is also used to express an indirect request made in the third person singular or plural, as in 5 and 6 below.
NOTE: Subject pronouns are never used with the imperative.

EXAMPLES:
1. tu: **Parlami!** Speak to me! **Non mi parlare!** *or* **Non parlarmi!** Don't speak to me!
   Vieni con me! Come with me! **Non venire con me!** Don't come with me!
   Sii in orario! Be on time!
2. Lei: **Entri!** Come in! **Non entri!** Don't come in!
3. noi: **Beviamo!** Let's drink! **Non beviamo!** Let's not drink!
4. voi: **Andate!** Get out! **Non andate!** Don't get out!
   Sedetevi! Sit down! **Non vi sedete!** *or* **Non sedetevi!** Don't sit down!
5. **Dio lo voglia!** May God grant it! (subjunctive is used)
6. **Che mangino la torta!** Let them eat cake! (subjunctive is used)

For the sequence of this and other compound tenses see the following section on the sequence of tenses.

Sequence of Tenses

If the verb of the main clause is in the present, future, or imperative, use the present subjunctive or present perfect subjunctive in the subordinate clause.

EXAMPLES:
È possible che lei **sia arrivata** stamani.
It is possible that she *arrived* this morning.
Ditele che lo **faccia** adesso.
Tell her to *do* it now.

If the verb of the main clause is in a past tense or in the conditional, use the imperfect subjunctive or past perfect subjunctive in the subordinate clause.

EXAMPLE:
Era impossibile che lei **arrivasse** stamani.
It was impossible that she *arrive* this morning.

Formation of the Tenses

In Italian there are seven simple tenses and seven compound tenses. A simple tense means that the verb form consists of one word. A compound tense is a verb form that consists of two words (the auxiliary verb and the past participle). The auxiliary verb is also called a helping verb and in Italian it is any of the seven simple tenses of **avere** or **essere**.

THE SEVEN SIMPLE TENSES—REGULAR VERBS

Tense No. 1 Presente dell'Indicativo (Present Indicative)

-are verbs: drop **-are** and add **-o, -i, -a; -iamo, -ate, -ano**
-ere verbs: drop **-ere** and add **-o, -i, -e; -iamo, -ete, -ono**
-ire verbs*: drop **-ire** and add **-o, -i, -e; -iamo, -ite, -ono**
*Certain verbs of the third conjugation (**-ire**) require **-isc-** in the first, second, and third persons singular and in the third person plural.

Tense No. 2 Imperfetto dell'Indicativo (Imperfect)

-are verbs: drop **-are** and add **-avo, -avi, -ava; -avamo, -avate, -avano**
-ere verbs: drop **-ere** and add **-evo, -evi, -eva; -evamo, -evate, -evano**
-ire verbs: drop **-ire** and add **-ivo, -ivi, -iva; -ivamo, -ivate, -ivano**

Tense No. 3 Passato Remoto (Past Absolute)

-are verbs: drop **-are** and add **-ai, -asti, -ò; -ammo, -aste, -arono**
-ere verbs*: drop **-ere** and add **-ei, -esti, -è; -emmo, -este, -erono**
-ire verbs: drop **-ire** and add **-ii, -isti, -ì; -immo, -iste, -irono**
*Some **-ere** verbs have alternate endings as follows: first person singular: **-etti;** second person singular: **-ette;** third person plural: **-ettero**

Tense No. 4 Futuro (Future)

-are, -ere, -ire verbs drop the final vowel of the infinitive and add
-ò, -ai, -à; -emo, -ete, -anno. Note that **-are** verbs change the **a** of the **-are** to **e** in all persons (example: comprerò).

Tense No. 5 Condizionale (Conditional)

-are, -ere, -ire verbs drop the final vowel of the infinitive and add
-ei, -esti, -ebbe; -emmo, -este, -ebbero. Note that **-are** verbs change the **a** of the **-are** to **e** in all persons (e.g., comprerei).

Tense No. 6 Congiuntivo (Present Subjunctive)

-are verbs: drop **-are** and add **-i, -i, -i; -iamo, -iate, -ino**
-ere verbs: drop **-ere** and add **-a, -a, -a; -iamo, -iate, -ano**
-ire verbs*: drop **-ire** and add **-a, -a, -a; -iamo, -iate, -ano**
*For **-ire** verbs, see explanation for Tense No. 1 for the inclusion of **-isc-** in certain forms.

Tense No. 7   Imperfetto del Congiuntivo (Imperfect Subjunctive)

-are verbs: drop -are and add -assi, -assi, -asse; -assimo, -aste, -assero
-ere verbs: drop -ere and add -essi, -essi, -esse; -essimo, -este, -essero
-ire verbs: drop -ire and add -issi, -issi, -isse; -issimo, -iste, -issero

Many of the verbs presented in this text are called "irregular" because they have changes in the stem of the verb and also in the endings. They do not follow the pattern of regular verbs and should be studied individually.

Orthographical changes

Verbs in -care and -gare require the guttural or hard sound of c and g throughout their conjugation, and hence an h is placed after c or g before an i or e. Verbs in -ciare and -giare preserve the palatal or soft sound of c and g throughout their conjugation and therefore retain the i except when it precedes another i or an e. Verbs in -sciare preserve the sh sound throughout their conjugation and therefore keep the i except when it precedes another e or i. Other verbs in -iare always retain the i, but they drop it if it is atonic (there is only one i) and keep it if it is stressed (except before -iamo and -iate). There are no orthographical changes in the second and third conjugations.

THE SEVEN COMPOUND TENSES—REGULAR VERBS

An Easy Way to Form the Seven Compound Tenses

avere or essere* in the following simple tenses	+ PLUS the past participle of the verb you have in mind	= EQUALS the following compound tenses
1. Present Indicative		8. Present Perfect
2. Imperfect		9. Past Perfect
3. Past Absolute		10. Past Anterior
4. Future		11. Future Perfect
5. Conditional		12. Conditional Perfect
6. Present Subjunctive		13. Past Subjunctive
7. Imperfect Subjunctive		14. Past Perfect Subjunctive

*To know if avere or essere is required, see p. vii.

Each compound tense is based on each simple tense. The fourteen tenses are arranged in logical numerical order. Here is how you form each of the seven compound tenses:

Tense No. 8 is based on Tense No. 1; in other words, you form the present perfect by using the auxiliary avere or essere (whichever is appropriate) in the present indicative plus the past participle of the verb you have in mind. Examples: Io ho parlato; io sono andato(a).

Tense No. 9 is based on Tense No. 2; in other words, you form the past perfect by using the auxiliary **avere** or **essere** (whichever is appropriate) in the imperfect plus the past participle of the verb you have in mind. Examples: **io avevo parlato; io ero andato(a).**

Tense No. 10 is based on Tense No. 3; in other words, you form the past interior by using the auxiliary **avere** or **essere** (whichever is appropriate) in the past absolute plus the past participle of the verb you have in mind. Examples: **io ebbi parlato; io fui andato(a).**

Tense No. 11 is based on Tense No. 4; in other words, you form the future perfect by using the auxiliary **avere** or **essere** (whichever is appropriate) in the future plus the past participle of the verb you have in mind. Examples: **io avrò parlato; io sarò andato(a).**

Tense No. 12 is based on Tense No. 5; in other words, you form the conditional perfect by using the auxiliary **avere** or **essere** (whichever is appropriate) in the conditional plus the past participle of the verb you have in mind. Examples: **io avrei parlato; io sarei andato(a).**

Tense No. 13 is based on Tense No. 6; in other words, you form the past subjunctive by using the auxiliary **avere** or **essere** (whichever is appropriate) in the present subjunctive plus the past participle of the verb you have in mind. Examples: **che io abbia parlato; che io sia andato(a).**

Tense No. 14 is based on Tense No. 7; in other words, you form the past perfect subjunctive by using the auxiliary **avere** or **essere** (whichever is appropriate) in the imperfect subjunctive plus the past participle of the verb you have in mind. Examples: **che io avessi parlato; che io fossi andato(a).**

If you ever expect to know or even recognize the meaning of any of the seven compound tenses, or to know how to form them, you certainly have to know **avere** and **essere** in the seven simple tenses. If you do not, you cannot form the seven compound tenses—and they are the easiest to form. This is one perfect example to illustrate that learning Italian verb forms is a cumulative experience because in order to know the seven compound tenses, you must first know the forms of **avere** and **essere** in the seven simple tenses.

SUBJECT PRONOUNS

1. The subject pronouns for all verb forms on the following pages have been omitted in order to emphasize the verb forms, which is what this book is all about.
2. The subject pronouns are as follows:

singular	*plural*
io	**noi**
tu	**voi**
lui, lei, Lei,	**loro, Loro,**
egli, ella	**essi, esse**

3. When you use a verb form in the imperative (command) you do not use the subject pronoun with it, just as in English. Example: **Parlate!** *Speak!* If you use a reflexive verb in the imperative, drop the subject pronoun but keep the reflexive pronoun. Example: **Lavatevi!** *Wash yourself!*

Alphabetical Listing of 501 Italian Verbs Fully Conjugated in All the Tenses

to abandon

The Seven Simple Tenses | The Seven Compound Tenses

Singular	Plural	Singular	Plural
1 Present Indicative		**8 Present Perfect**	
abbandono	abbandoniamo	ho abbandonato	abbiamo abbandonato
abbandoni	abbandonate	hai abbandonato	avete abbandonato
abbandona	abbandonano	ha abbandonato	hanno abbandonato
2 Imperfect		**9 Past Perfect**	
abbandonavo	abbandonavamo	avevo abbandonato	avevamo abbandonato
abbandonavi	abbandonavate	avevi abbandonato	avevate abbandonato
abbandonava	abbandonavano	aveva abbandonato	avevano abbandonato
3 Past Absolute		**10 Past Anterior**	
abbandonai	abbandonammo	ebbi abbandonato	avemmo abbandonato
abbandonasti	abbandonaste	avesti abbandonato	aveste abbandonato
abbandonò	abbandonarono	ebbe abbandonato	ebbero abbandonato
4 Future		**11 Future Perfect**	
abbandonerò	abbandoneremo	avrò abbandonato	avremo abbandonato
abbandonerai	abbandonerete	avrai abbandonato	avrete abbandonato
abbandonerà	abbandoneranno	avrà abbandonato	avranno abbandonato
5 Present Conditional		**12 Past Conditional**	
abbandonerei	abbandoneremmo	avrei abbandonato	avremmo abbandonato
abbandoneresti	abbandonereste	avresti abbandonato	avreste abbandonato
abbandonerebbe	abbandonerebbero	avrebbe abbandonato	avrebbero abbandonato
6 Present Subjunctive		**13 Past Subjunctive**	
abbandoni	abbandoniamo	abbia abbandonato	abbiamo abbandonato
abbandoni	abbandoniate	abbia abbandonato	abbiate abbandonato
abbandoni	abbandonino	abbia abbandonato	abbiano abbandonato
7 Imperfect Subjunctive		**14 Past Perfect Subjunctive**	
abbandonassi	abbandonassimo	avessi abbandonato	avessimo abbandonato
abbandonassi	abbandonaste	avessi abbandonato	aveste abbandonato
abbandonasse	abbandonassero	avesse abbandonato	avessero abbandonato

Imperative

—	abbandoniamo
abbandona (non abbandonare)	abbandonate
abbandoni	abbandonino

Samples of verb usage

L'uomo abbandona la macchina.   The man abandons the car.
Il ragazzo aveva abbandonato l'idea.   The boy had abandoned the idea.

1

abbassare

to lower, to pull down, to let down

The Seven Simple Tenses		The Seven Compound Tenses	
Singular	Plural	Singular	Plural
1 Present Indicative		**8 Present Perfect**	
abbasso	abbassiamo	ho abbassato	abbiamo abbassato
abbassi	abbassate	hai abbassato	avete abbassato
abbassa	abbassano	ha abbassato	hanno abbassato
2 Imperfect		**9 Past Perfect**	
abbassavo	abbassavamo	avevo abbassato	avevamo abbassato
abbassavi	abbassavate	avevi abbassato	avevate abbassato
abbassava	abbassavano	aveva abbassato	avevano abbassato
3 Past Absolute		**10 Past Anterior**	
abbassai	abbassammo	ebbi abbassato	avemmo abbassato
abbassasti	abbassaste	avesti abbassato	aveste abbassato
abbassò	abbassarono	ebbe abbassato	ebbero abbassato
4 Future		**11 Future Perfect**	
abbasserò	abbasseremo	avrò abbassato	avremo abbassato
abbasserai	abbasserete	avrai abbassato	avrete abbassato
abbasserà	abbasseranno	avrà abbassato	avranno abbassato
5 Present Conditional		**12 Past Conditional**	
abbasserei	abbasseremmo	avrei abbassato	avremmo abbassato
abbasseresti	abbassereste	avresti abbassato	avreste abbassato
abbasserebbe	abbasserebbero	avrebbe abbassato	avrebbero abbassato
6 Present Subjunctive		**13 Past Subjunctive**	
abbassi	abbassiamo	abbia abbassato	abbiamo abbassato
abbassi	abbassiate	abbia abbassato	abbiate abbassato
abbassi	abbassino	abbia abbassato	abbiano abbassato
7 Imperfect Subjunctive		**14 Past Perfect Subjunctive**	
abbassassi	abbassassimo	avessi abbassato	avessimo abbassato
abbassassi	abbassasate	avessi abbassato	aveste abbassato
abbassasse	abbassassero	avesse abbassato	avessero abbassato

	Imperative	
—		abbassiamo
abbassa (non abbassare)		abbassate
abbassi		abbassino

Samples of verb usage

abbassare gli occhi   to lower one's eyes
abbassare la voce   to lower one's voice
abbassare i prezzi   to lower prices
Il ragazzo abbassò gli occhi quando vide la ragazza.   The boy lowered his eyes when he saw the girl.
L'uomo gli disse di abbassare la radio.   The man told him to lower the radio.

to embrace

The Seven Simple Tenses		The Seven Compound Tenses	
Singular	Plural	Singular	Plural
1 Present Indicative		**8 Present Perfect**	
abbraccio	abbracciamo	ho abbracciato	abbiamo abbracciato
abbracci	abbracciate	hai abbracciato	avete abbracciato
abbraccia	abbracciano	ha abbracciato	hanno abbracciato
2 Imperfect		**9 Past Perfect**	
abbracciavo	abbracciavamo	avevo abbracciato	avevamo abbracciato
abbracciavi	abbracciavate	avevi abbracciato	avevate abbracciato
abbracciava	abbracciavano	aveva abbracciato	avevano abbracciato
3 Past Absolute		**10 Past Anterior**	
abbracciai	abbracciammo	ebbi abbracciato	avemmo abbracciato
abbracciasti	abbracciaste	avesti abbracciato	aveste abbracciato
abbracciò	abbracciarono	ebbe abbracciato	ebbero abbracciato
4 Future		**11 Future Perfect**	
abbraccerò	abbracceremo	avrò abbracciato	avremo abbracciato
abbraccerai	abbraccerete	avrai abbracciato	avrete abbracciato
abbraccerà	abbracceranno	avrà abbracciato	avranno abbracciato
5 Present Conditional		**12 Past Conditional**	
abbraccerei	abbracceremmo	avrei abbracciato	avremmo abbracciato
abbracceresti	abbraccereste	avresti abbracciato	avreste abbracciato
abbraccerebbe	abbraccerebbero	avrebbe abbracciato	avrebbero abbracciato
6 Present Subjunctive		**13 Past Subjunctive**	
abbracci	abbracciamo	abbia abbracciato	abbiamo abbracciato
abbracci	abbracciate	abbia abbracciato	abbiate abbracciato
abbracci	abbraccino	abbia abbracciato	abbiano abbracciato
7 Imperfect Subjunctive		**14 Past Perfect Subjunctive**	
abbracciassi	abbracciassimo	avessi abbracciato	avessimo abbracciato
abbracciassi	abbracciaste	avessi abbracciato	aveste abbracciato
abbracciasse	abbracciassero	avesse abbracciato	avessero abbracciato

	Imperative	
—		abbracciamo
abbraccia (non abbracciare)		abbracciate
abbracci		abbraccino

Samples of verb usage

La madre abbraccia il bambino.   The mother embraces the child.
Perchè non mi abbracci più?   Why don't you embrace me anymore?

3

to tan

The Seven Simple Tenses		The Seven Compound Tenses	
Singular	Plural	Singular	Plural
1 Present Indicative		**8 Present Perfect**	
abbronzo	abbronziamo	ho abbronzato	abbiamo abbronzato
abbronzi	abbronzate	hai abbronzato	avete abbronzato
abbronza	abbronzano	ha abbronzato	hanno abbronzato
2 Imperfect		**9 Past Perfect**	
abbronzavo	abbronzavamo	avevo abbronzato	avevamo abbronzato
abbronzavi	abbronzavate	avevi abbronzato	avevate abbronzato
abbronzava	abbronzavano	aveva abbronzato	avevano abbronzato
3 Past Absolute		**10 Past Anterior**	
abbronzai	abbronzammo	ebbi abbronzato	avemmo abbronzato
abbronzasti	abbronzaste	avesti abbronzato	aveste abbronzato
abbronzò	abbronzarono	ebbe abbronzato	ebbero abbronzato
4 Future		**11 Future Perfect**	
abbronzerò	abbronzeremo	avrò abbronzato	avremo abbronzato
abbronzerai	abbronzerete	avrai abbronzato	avrete abbronzato
abbronzerà	abbronzeranno	avrà abbronzato	avranno abbronzato
5 Present Conditional		**12 Past Conditional**	
abbronzerei	abbronzeremmo	avrei abbronzato	avremmo abbronzato
abbronzeresti	abbronzereste	avresti abbronzato	avreste abbronzato
abbronzerebbe	abbronzerebbero	avrebbe abbronzato	avrebbero abbronzato
6 Present Subjunctive		**13 Past Subjunctive**	
abbronzi	abbronziamo	abbia abbronzato	abbiamo abbronzato
abbronzi	abbronziate	abbia abbronzato	abbiate abbronzato
abbronzi	abbronzino	abbia abbronzato	abbiano abbronzato
7 Imperfect Subjunctive		**14 Past Perfect Subjunctive**	
abbronzassi	abbronzassimo	avessi abbronzato	avessimo abbronzato
abbronzassi	abbronzaste	avessi abbronzato	aveste abbronzato
abbronzasse	abbronzassero	avesse abbronzato	avessero abbronzato

Imperative

—	abbronziamo
abbronza (non abbronzare)	abbronzate
abbronzi	abbronzino

Samples of verb usage

Non abbronzare troppo.   Don't tan too much.
Ti piace abbronzare?   Do you like to tan?

to live

The Seven Simple Tenses		The Seven Compound Tenses	
Singular	Plural	Singular	Plural

1 Present Indicative

abito	abitiamo	
abiti	abitate	
abita	abitano	

8 Present Perfect

ho abitato	abbiamo abitato
hai abitato	avete abitato
ha abitato	hanno abitato

2 Imperfect

abitavo	abitavamo
abitavi	abitavate
abitava	abitavano

9 Past Perfect

avevo abitato	avevamo abitato
avevi abitato	avevate abitato
aveva abitato	avevano abitato

3 Past Absolute

abitai	abitammo
abitasti	abitaste
abitò	abitarono

10 Past Anterior

ebbi abitato	avemmo abitato
avesti abitato	aveste abitato
ebbe abitato	ebbero abitato

4 Future

abiterò	abiteremo
abiterai	abiterete
abiterà	abiteranno

11 Future Perfect

avrò abitato	avremo abitato
avrai abitato	avrete abitato
avrà abitato	avranno abitato

5 Present Conditional

abiterei	abiteremmo
abiteresti	abitereste
abiterebbe	abiterebbero

12 Past Conditional

avrei abitato	avremmo abitato
avresti abitato	avreste abitato
avrebbe abitato	avrebbero abitato

6 Present Subjunctive

abiti	abitiamo
abiti	abitiate
abiti	abitino

13 Past Subjunctive

abbia abitato	abbiamo abitato
abbia abitato	abbiate abitato
abbia abitato	abbiano abitato

7 Imperfect Subjunctive

abitassi	abitassimo
abitassi	abitaste
abitasse	abitassero

14 Past Perfect Subjunctive

avessi abitato	avessimo abitato
avessi abitato	aveste abitato
avesse abitato	avessero abitato

Imperative

—	abitiamo
abita (non abitare)	abitate
abiti	abitino

Samples of verb usage

Io abito a New York.   I live in New York.
Lui abita in campagna.   He lives in the country.

to get used to

The Seven Simple Tenses		The Seven Compound Tenses	
Singular	Plural	Singular	Plural
1 Present Indicative		**8 Present Perfect**	
mi abituo	ci abituiamo	mi sono abituato(a)	ci siamo abituati(e)
ti abitui	vi abituate	ti sei abituato	vi siete abituati
si abitua	si abituano	si è abituato	si sono abituati
2 Imperfect		**9 Past Perfect**	
mi abituavo	ci abituavamo	mi ero abituato	ci eravamo abituati
ti abituavi	vi abituavate	ti eri abituato	vi eravate abituati
si abituava	si abituavano	si era abituato	si erano abituati
3 Past Absolute		**10 Past Anterior**	
mi abituai	ci abituammo	mi fui abituato	ci fummo abituati
ti abituasti	vi abituaste	ti fosti abituato	vi foste abituati
si abituò	si abituarono	si fu abituato	si furono abituati
4 Future		**11 Future Perfect**	
mi abituerò	ci abitueremo	mi sarò abituato	ci saremo abituati
ti abituerai	vi abituerete	ti sarai abituato	vi sarete abituati
si abituerà	si abitueranno	si sarà abituato	si saranno abituati
5 Present Conditional		**12 Past Conditional**	
mi abituerei	ci abitueremmo	mi sarei abituato	ci saremmo abituati
ti abitueresti	vi abituereste	ti saresti abituato	vi sareste abituati
si abituerebbe	si abituerebbero	si sarebbe abituato	si sarebbero abituati
6 Present Subjunctive		**13 Past Subjunctive**	
mi abitui	ci abituiamo	mi sia abituato	ci siamo abituati
ti abitui	vi abituiate	ti sia abituato	vi siate abituati
si abitui	si abituino	si sia abituato	si siano abituati
7 Imperfect Subjunctive		**14 Past Perfect Subjunctive**	
mi abituassi	ci abituassimo	mi fossi abituato	ci fossimo abituati
ti abituassi	vi abituaste	ti fossi abituato	vi foste abituati
si abituasse	si abituassero	si fosse abituato	si fossero abituati

Imperative	
—	abituiamoci
abituati (non ti abituare/non abituarti)	abituatevi
si abitui	si abituino

Samples of verb usage

Mi posso abituare a tutto.   I can get used to anything.
Lei si è abituata a scrivere con la mano sinistra.   She got used to writing with her left hand.

NOTE: For all reflexive verbs, there is a feminine form singular and plural which have been omitted here and whenever they occur in this text. For further explanation see pages v and x.

The Seven Simple Tenses		The Seven Compound Tenses	
Singular	Plural	Singular	Plural

1 Present Indicative

abuso	abusiamo	**8 Present Perfect**	
abusi	abusate	ho abusato	abbiamo abusato
abusa	abusano	hai abusato	avete abusato
		ha abusato	hanno abusato

2 Imperfect

		9 Past Perfect	
abusavo	abusavamo	avevo abusato	avevamo abusato
abusavi	abusavate	avevi abusato	avevate abusato
abusava	abusavano	aveva abusato	avevano abusato

3 Past Absolute

		10 Past Anterior	
abusai	abusammo	ebbi abusato	avemmo abusato
abusasti	abusaste	avesti abusato	aveste abusato
abusò	abusassero	ebbe abusato	ebbero abusato

4 Future

		11 Future Perfect	
abuserò	abuseremo	avrò abusato	avremo abusato
abuserai	abuserete	avrai abusato	avrete abusato
abuserà	abuseranno	avrà abusato	avranno abusato

5 Present Conditional

		12 Past Conditional	
abuserei	abuseremmo	avrei abusato	avremmo abusato
abuseresti	abusereste	avresti abusato	avreste abusato
abuserebbe	abuserebbero	avrebbe abusato	avrebbero abusato

6 Present Subjunctive

		13 Past Subjunctive	
abusi	abusiamo	abbia abusato	abbiamo abusato
abusi	abusiate	abbia abusato	abbiate abusato
abusi	abusino	abbia abusato	abbiano abusato

7 Imperfect Subjunctive

		14 Past Perfect Subjunctive	
abusassi	abusassimo	avessi abusato	avessimo abusato
abusassi	abusaste	avessi abusato	aveste abusato
abusasse	abusassero	avesse abusato	avessero abusato

Imperative

—	abusiamo
abusa (non abusare)	abusate
abusi	abusino

Samples of verb usage

Non abuso mai i miei privilegi.   I never abuse my privileges.
Se abusi una macchina si rompe.   If you abuse a machine it will break.

to happen, to occur

The Seven Simple Tenses		The Seven Compound Tenses	
Singular	Plural	Singular	Plural
1 Present Indicative		**8** Present Perfect	
accade	**accadono**	**è accaduto**	**sono accaduti**
2 Imperfect		**9** Past Perfect	
accadeva	**accadevano**	**era accaduto**	**erano accaduti**
3 Past Absolute		**10** Past Anterior	
accadde	**accaddero**	**fu accaduto**	**furono accaduti**
4 Future		**11** Future Perfect	
accadrà	**accadranno**	**sarà accaduto**	**saranno accaduti**
5 Present Conditional		**12** Past Conditional	
accadrebbe	**accadrebbero**	**sarebbe accaduto**	**sarebbero accaduti**
6 Present Subjunctive		**13** Past Subjunctive	
accada	**accadano**	**sia accaduto**	**siano accaduti**
7 Imperfect Subjunctive		**14** Past Perfect Subjunctive	
accadesse	**accadessero**	**fosse accaduto**	**fossero accaduti**

Imperative
—

Samples of verb usage

Accade ogni tanto.   It happens every so often.
È accaduto un incidente.   An accident happened.

NOTE: As with all impersonal verbs, this verb is usually used only in the third person singular and third person plural forms. Therefore, for convenience, the other forms are omitted here.

to light, to kindle

The Seven Simple Tenses		The Seven Compound Tenses	
Singular	Plural	Singular	Plural
1 Present Indicative		**8 Present Perfect**	
accendo	accendiamo	ho acceso	abbiamo acceso
accendi	accendete	hai acceso	avete acceso
accende	accendono	ha acceso	hanno acceso
2 Imperfect		**9 Past Perfect**	
accendevo	accendevamo	avevo acceso	avevamo acceso
accendevi	accendevate	avevi acceso	avevate acceso
accendeva	accendevano	aveva acceso	avevano acceso
3 Past Absolute		**10 Past Anterior**	
accesi	accendemmo	ebbi acceso	avemmo acceso
accendesti	accendeste	avesti acceso	aveste acceso
accese	accesero	ebbe acceso	ebbero acceso
4 Future		**11 Future Perfect**	
accenderò	accenderemo	avrò acceso	avremo acceso
accenderai	accenderete	avrai acceso	avrete acceso
accenderà	accenderanno	avrà acceso	avranno acceso
5 Present Conditional		**12 Past Conditional**	
accenderei	accenderemmo	avrei acceso	avremmo acceso
accenderesti	accendereste	avresti acceso	avreste acceso
accenderebbe	accenderebbero	avrebbe acceso	avrebbero acceso
6 Present Subjunctive		**13 Past Subjunctive**	
accenda	accendiamo	abbia acceso	abbiamo acceso
accenda	accendiate	abbia acceso	abbiate acceso
accenda	accendano	abbia acceso	abbiano acceso
7 Imperfect Subjunctive		**14 Past Perfect Subjunctive**	
accendessi	accendessimo	avessi acceso	avessimo acceso
accendessi	accendeste	avessi acceso	aveste acceso
accendesse	accendessero	avesse acceso	avessero acceso

	Imperative	
—		accendiamo
accendi (non accendere)		accendete
accenda		accendano

Samples of verb usage

Lui accese la pipa.   He lit the pipe.
accendere un fiammifero   to light a match

to welcome, to receive

The Seven Simple Tenses		The Seven Compound Tenses	
Singular	Plural	Singular	Plural
1 Present Indicative		**8 Present Perfect**	
accolgo	accogliamo	ho accolto	abbiamo accolto
accogli	accogliete	hai accolto	avete accolto
accoglie	accolgono	ha accolto	hanno accolto
2 Imperfect		**9 Past Perfect**	
accoglievo	accoglievamo	avevo accolto	avevamo accolto
accoglievi	accoglievate	avevi accolto	avevate accolto
accoglieva	accoglievano	aveva accolto	avevano accolto
3 Past Absolute		**10 Past Anterior**	
accolsi	accogliemmo	ebbi accolto	avemmo accolto
accogliesti	accoglieste	avesti accolto	aveste accolto
accolse	accolsero	ebbe accolto	ebbero accolto
4 Future		**11 Future Perfect**	
accoglierò	accoglieremo	avrò accolto	avremo accolto
accoglierai	accoglierete	avrai accolto	avrete accolto
accoglierà	accoglieranno	avrà accolto	avranno accolto
5 Present Conditional		**12 Past Conditional**	
accoglierei	accoglieremmo	avrei accolto	avremmo accolto
accoglieresti	accogliereste	avresti accolto	avreste accolto
accoglierebbe	accoglierebbero	avrebbe accolto	avrebbero accolto
6 Present Subjunctive		**13 Past Subjunctive**	
accolga	accogliamo	abbia accolto	abbiamo accolto
accolga	accogliate	abbia accolto	abbiate accolto
accolga	accolgano	abbia accolto	abbiano accolto
7 Imperfect Subjunctive		**14 Past Perfect Subjunctive**	
accogliessi	accogliessimo	avessi accolto	avessimo accolto
accogliessi	accoglieste	avessi accolto	aveste accolto
accogliesse	accogliessero	avesse accolto	avessero accolto

Imperative

—	accogliamo
accogli (non accogliere)	accogliete
accolga	accolgano

Samples of verb usage

Io lo accolgo a braccia aperte. I welcome him with open arms.
fare buona accoglienza to welcome someone

to accompany

The Seven Simple Tenses		The Seven Compound Tenses	
Singular	Plural	Singular	Plural
1 Present Indicative		**8 Present Perfect**	
accompagno	accompagniamo	ho accompagnato	abbiamo accompagnato
accompagni	accompagnate	hai accompagnato	avete accompagnato
accompagna	accompagnano	ha accompagnato	hanno accompagnato
2 Imperfect		**9 Past Perfect**	
accompagnavo	accompagnavamo	avevo accompagnato	avevamo accompagnato
accompagnavi	accompagnavate	avevi accompagnato	avevate accompagnato
accompagnava	accompagnavano	aveva accompagnato	avevano accompagnato
3 Past Absolute		**10 Past Anterior**	
accompagnai	accompagnammo	ebbi accompagnato	avemmo accompagnato
accompagnasti	accompagnaste	avesti accompagnato	aveste accompagnato
accompagnò	accompagnarono	ebbe accompagnato	ebbero accompagnato
4 Future		**11 Future Perfect**	
accompagnerò	accompagneremo	avrò accompagnato	avremo accompagnato
accompagnerai	accompagnerete	avrai accompagnato	avrete accompagnato
accompagnerà	accompagneranno	avrà accompagnato	avranno accompagnato
5 Present Conditional		**12 Past Conditional**	
accompagnerei	accompagneremmo	avrei accompagnato	avremmo accompagnato
accompagneresti	accompagnereste	avresti accompagnato	avreste accompagnato
accompagnerebbe	accompagnerebbero	avrebbe accompagnato	avrebbero accompagnato
6 Present Subjunctive		**13 Past Subjunctive**	
accompagni	accompagniamo	abbia accompagnato	abbiamo accompagnato
accompagni	accompagniate	abbia accompagnato	abbiate accompagnato
accompagni	accompagnano	abbia accompagnato	abbiano accompagnato
7 Imperfect Subjunctive		**14 Past Perfect Subjunctive**	
accompagnassi	accompagnassimo	avessi accompagnato	avessimo accompagnato
accompagnassi	accompagnaste	avessi accompagnato	aveste accompagnato
accompagnasse	accompagnassero	avesse accompagnato	avessero accompagnato

	Imperative	
—		accompagniamo
accompagna (non accompagnare)		accompagnate
accompagni		accompagnino

Samples of verb usage

La madre accompagna il bambino a scuola.   The mother accompanies the child to school.
Perchè non mi accompagni?   Why don't you accompany me?

to notice, to become aware (of)

The Seven Simple Tenses		The Seven Compound Tenses	
Singular	Plural	Singular	Plural
1 Present Indicative		**8 Present Perfect**	
mi accorgo	ci accorgiamo	mi sono accorto	ci siamo accorti
ti accorgi	vi accorgete	ti sei accorto	vi siete accorti
si accorge	si accorgono	si è accorto	si sono accorti
2 Imperfect		**9 Past Perfect**	
mi accorgevo	ci accorgevamo	mi ero accorto	ci eravamo accorti
ti accorgevi	vi accorgevate	ti eri accorto	vi eravate accorti
si accorgeva	si accorgevano	si era accorto	si erano accorti
3 Past Absolute		**10 Past Anterior**	
mi accorsi	ci accorgemmo	mi fui accorto	ci fummo accorti
ti accorgesti	vi accorgeste	ti fosti accorto	vi foste accorti
si accorse	si accorsero	si fu accorto	si furono accorti
4 Future		**11 Future Perfect**	
mi accorgerò	ci accorgeremo	mi sarò accorto	ci saremo accorti
ti accorgerai	vi accorgerete	ti sarai accorto	vi sarete accorti
si accorgerà	si accorgeranno	si sarà accorto	si saranno accorti
5 Present Conditional		**12 Past Conditional**	
mi accorgerei	ci accorgeremmo	mi sarei accorto	ci saremmo accorti
ti accorgeresti	vi accorgereste	ti saresti accorto	vi sareste accorti
si accorgerebbe	si accorgerebbero	si sarebbe accorto	si sarebbero accorti
6 Present Subjunctive		**13 Past Subjunctive**	
mi accorga	ci accorgiamo	mi sia accorto	ci siamo accorti
ti accorga	vi accorgiate	ti sia accorto	vi siate accorti
si accorga	si accorgano	si sia accorto	si siano accorti
7 Imperfect Subjunctive		**14 Past Perfect Subjunctive**	
mi accorgessi	ci accorgemmo	mi fossi accorto	ci fossimo accorti
ti accorgessi	vi accorgeste	ti fossi accorto	vi foste accorti
si accorgesse	si accorgessero	si fosse accorto	si fossero accorti

Imperative	
—	accorgiamoci
accorgiti (non ti accorgere/non accorgerti)	accorgetevi
si accorga	si accorgano

Samples of verb usage

Non si era accorta che nevicava.   She wasn't aware that it was snowing.
Mi accorsi che ero rimasto(a) solo(a).   I noticed that I was left alone.

to fall asleep, to go to sleep

The Seven Simple Tenses		The Seven Compound Tenses	
Singular	Plural	Singular	Plural
1 Present Indicative		**8 Present Perfect**	
mi addormento	ci addormentiamo	mi sono addormentato	ci siamo addormentati
ti addormenti	vi addormentate	ti sei addormentato	vi siete addormentati
si addormenta	si addormentano	si è addormentato	si sono addormentati
2 Imperfect		**9 Past Perfect**	
mi addormentavo	ci addormentavamo	mi ero addormentato	ci eravamo addormentati
ti addormentavi	vi addormentavate	ti eri addormentato	vi eravate addormentati
si addormentava	si addormentavano	si era addormentato	si erano addormentati
3 Past Absolute		**10 Past Anterior**	
mi addormentai	ci addormentammo	mi fui addormentato	ci fummo addormentati
ti addormentasti	vi addormentaste	ti fosti addormentato	vi foste addormentati
si addormentò	si addormentarono	si fu addormentato	si furono addormentati
4 Future		**11 Future Perfect**	
mi addormenterò	ci addormenteremo	mi sarò addormentato	ci saremo addormentati
ti addormenterai	vi addormenterete	ti sarai addormentato	vi sarete addormentati
si addormenterà	si addormenteranno	si sarà addormentato	si saranno addormentati
5 Present Conditional		**12 Past Conditional**	
mi addormenterei	ci addormenteremmo	mi sarei addormentato	ci saremmo addormentati
ti addormenteresti	vi addormentereste	ti saresti addormentato	vi sareste addormentati
si addormenter ebbe	si addormenterebbero	si sarebbe addormentato	si sarebbero addormentati
6 Present Subjunctive		**13 Past Subjunctive**	
mi addormenti	ci addormentiamo	mi sia addormentato	ci siamo addormentati
ti addormenti	vi addormentiate	ti sia addormentato	vi siate addormentati
si addormenti	si addormentino	si sia addormentato	si siano addormentati
7 Imperfect Subjunctive		**14 Past Perfect Subjunctive**	
mi addormentassi	ci addormentassimo	mi fossi addormentato	ci fossimo addormentati
ti addormentassi	vi addormentaste	ti fossi addormentato	vi foste addormentati
si addormentasse	si addormentassero	si fosse addormentato	si fossero addormentati

Imperative

—	addormentiamoci
addormentati (non ti addormentare/ non addormentarti)	addormentatevi
si addormenti	si addormentino

Samples of verb usage

Mi addormento facilmente ogni sera.   I fall asleep easily every night.
addormentarsi sugli allori   to rest on one's laurels

to adhere

The Seven Simple Tenses		The Seven Compound Tenses	
Singular	Plural	Singular	Plural
1 Present Indicative		**8 Present Perfect**	
aderisco	aderiamo	sono aderito	siamo aderiti
aderisci	aderite	sei aderito	siete aderiti
aderisce	aderiscono	è aderito	sono aderiti
2 Imperfect		**9 Past Perfect**	
aderivo	aderivamo	ero aderito	eravamo aderiti
aderivi	aderivate	eri aderito	eravate aderiti
aderiva	aderivano	era aderito	erano aderiti
3 Past Absolute		**10 Past Anterior**	
aderii	aderimmo	fui aderito	fummo aderiti
aderisti	aderiste	fosti aderito	foste aderiti
aderì	aderirono	fu aderito	furono aderiti
4 Future		**11 Future Perfect**	
aderirò	aderiremo	sarò aderito	saremo aderiti
aderirai	aderirete	sarai aderito	sarete aderiti
aderirà	aderiranno	sarà aderito	saranno aderiti
5 Present Conditional		**12 Past Conditional**	
aderirei	aderiremmo	sarei aderito	saremmo aderiti
aderiresti	aderireste	saresti aderito	sareste aderiti
aderirebbe	aderirebbero	sarebbe aderito	sarebbero aderiti
6 Present Subjunctive		**13 Past Subjunctive**	
aderisca	aderiamo	sia aderito	siamo aderiti
aderisca	aderiate	sia aderito	siate aderiti
aderisca	aderiscano	sia aderito	siano aderiti
7 Imperfect Subjunctive		**14 Past Perfect Subjunctive**	
aderissi	aderissimo	fossi aderito	fossimo aderiti
aderissi	aderiste	fossi aderito	foste aderiti
aderisse	aderissero	fosse aderito	fossero aderiti

	Imperative	
—		aderiamo
aderisci (non aderire)		aderite
aderisca		aderiscano

Samples of verb usage

Aderite alle regole.　　Obey the rules!
aderire ai desideri di qualcuno　　to comply with someone's wishes.
aderire a una proposta　　to agree to a proposal

14

to adore

The Seven Simple Tenses		The Seven Compound Tenses	
Singular	Plural	Singular	Plural

1 Present Indicative

adoro	adoriamo
adori	adorate
adora	adorano

8 Present Perfect

ho adorato	abbiamo adorato
hai adorato	avete adorato
ha adorato	hanno adorato

2 Imperfect

adoravo	adoravamo
adoravi	adoravate
adorava	adoravano

9 Past Perfect

avevo adorato	avevamo adorato
avevi adorato	avevate adorato
aveva adorato	avevano adorato

3 Past Absolute

adorai	adorammo
adorasti	adoraste
adorò	adorarono

10 Past Anterior

ebbi adorato	avemmo adorato
avesti adorato	aveste adorato
ebbe adorato	ebbero adorato

4 Future

adorerò	adoreremo
adorerai	adorerete
adorerà	adoreranno

11 Future Perfect

avrò adorato	avremo adorato
avrai adorato	avrete adorato
avrà adorato	avranno adorato

5 Present Conditional

adorerei	adoreremmo
adoreresti	adorereste
adorerebbe	adorerebbero

12 Past Conditional

avrei adorato	avremmo adorato
avresti adorato	avreste adorato
avrebbe adorato	avrebbero adorato

6 Present Subjunctive

adori	adoriamo
adori	adoriate
adori	adorino

13 Past Subjunctive

abbia adorato	abbiamo adorato
abbia adorato	abbiate adorato
abbia adorato	abbiano adorato

7 Imperfect Subjunctive

adorassi	adorassimo
adorassi	adoraste
adorasse	adorassero

14 Past Perfect Subjunctive

avessi adorato	avessimo adorato
avessi adorato	aveste adorato
avesse adorato	avessero adorato

Imperative

—	**adoriamo**
adora (non adorare)	**adorate**
adori	**adorino**

Samples of verb usage

Maria adora Roberto.	Mary adores Robert.
Lei adora i bambini.	She loves children.

affermare

to affirm, to declare

The Seven Simple Tenses		The Seven Compound Tenses	
Singular	Plural	Singular	Plural
1 Present Indicative		**8 Present Perfect**	
affermo	affermiamo	ho affermato	abbiamo affermato
affermi	affermate	hai affermato	avete affermato
afferma	affermano	ha affermato	hanno affermato
2 Imperfect		**9 Past Perfect**	
affermavo	affermavamo	avevo affermato	avevamo affermato
affermavi	affermavate	avevi affermato	avevate affermato
affermava	affermavano	aveva affermato	avevano affermato
3 Past Absolute		**10 Past Anterior**	
affermai	affermammo	ebbi affermato	avemmo affermato
affermasti	affermaste	avesti affermato	aveste affermato
affermò	affermarono	ebbe affermato	ebbero affermato
4 Future		**11 Future Perfect**	
affermerò	affermeremo	avrò affermato	avremo affermato
affermerai	affermerete	avrai affermato	avrete affermato
affermerà	affermeranno	avrà affermato	avranno affermato
5 Present Conditional		**12 Past Conditional**	
affermerei	affermeremmo	avrei affermato	avremmo affermato
affermeresti	affermereste	avresti affermato	avreste affermato
affermerebbe	affermerebbero	avrebbe affermato	avrebbero affermato
6 Present Subjunctive		**13 Past Subjunctive**	
affermi	affermiamo	abbia affermato	abbiamo affermato
affermi	affermiate	abbia affermato	abbiate affermato
affermi	affermino	abbia affermato	abbiano affermato
7 Imperfect Subjunctive		**14 Past Perfect Subjunctive**	
affermassi	affermassimo	avessi affermato	avessimo affermato
affermassi	affermaste	avessi affermato	aveste affermato
affermasse	affermassero	avesse affermato	avessero affermato

	Imperative	
—		affermiamo
afferma (non affermare)		affermate
affermi		affermino

Samples of verb usage

Io affermo la verità.   I affirm the truth.
affermare un diritto   to assert a right
affermare la propria autorità   to make one's authority felt

to seize, to grasp, to hold on to

The Seven Simple Tenses		The Seven Compound Tenses	
Singular	Plural	Singular	Plural
1 Present Indicative		**8 Present Perfect**	
afferro	afferriamo	ho afferrato	abbiamo afferrato
afferri	afferrate	hai afferrato	avete afferrato
afferra	afferrano	ha afferrato	hanno afferrato
2 Imperfect		**9 Past Perfect**	
afferravo	afferravamo	avevo afferrato	avevamo afferrato
afferravi	afferravate	avevi afferrato	avevate afferrato
afferrava	afferravano	aveva afferrato	avevano afferrato
3 Past Absolute		**10 Past Anterior**	
afferrai	afferrammo	ebbi afferrato	avemmo afferrato
afferrasti	afferraste	avesti afferrato	aveste afferrato
afferrò	afferrarono	ebbe afferrato	ebbero afferrato
4 Future		**11 Future Perfect**	
afferrerò	afferreremo	avrò afferrato	avremo afferrato
afferrerai	afferrerete	avrai afferrato	avrete afferrato
afferrerà	afferreranno	avrà afferrato	avranno afferrato
5 Present Conditional		**12 Past Conditional**	
afferrerei	afferreremmo	avrei afferrato	avremmo afferrato
afferreresti	afferrereste	avresti afferrato	avreste afferrato
afferrerebbe	afferrerebbero	avrebbe afferrato	avrebbero afferrato
6 Present Subjunctive		**13 Past Subjunctive**	
afferri	afferriamo	abbia afferrato	abbiamo afferrato
afferri	afferriate	abbia afferrato	abbiate afferrato
afferri	afferrino	abbia afferrato	abbiano afferrato
7 Imperfect Subjunctive		**14 Past Perfect Subjunctive**	
afferrassi	afferrassimo	avessi afferrato	avessimo afferrato
afferrassi	afferraste	avessi afferrato	aveste afferrato
afferrasse	afferrassero	avesse afferrato	avessero afferrato

Imperative

—	afferriamo
afferra (non afferrare)	afferrate
afferri	afferrino

Samples of verb usage

Non so se afferri l'idea.   I don't know if you grasp the idea.
afferrare un'occasione   to seize an opportunity

17

to afflict, to distress

The Seven Simple Tenses		The Seven Compound Tenses	
Singular	Plural	Singular	Plural
1 Present Indicative		**8** Present Perfect	
affliggo	affliggiamo	ho afflitto	abbiamo afflitto
affliggi	affliggete	hai afflitto	avete afflitto
affligge	affliggono	ha afflitto	hanno afflitto
2 Imperfect		**9** Past Perfect	
affliggevo	affliggevamo	avevo afflitto	avevamo afflitto
affliggevi	affliggevate	avevi afflitto	avevate afflitto
affliggeva	affliggevano	aveva afflitto	avevano afflitto
3 Past Absolute		**10** Past Anterior	
afflissi	affliggemmo	ebbi afflitto	avemmo afflitto
affliggesti	affliggeste	avesti afflitto	aveste afflitto
afflisse	afflissero	ebbe afflitto	ebbero afflitto
4 Future		**11** Future Perfect	
affliggerò	affliggeremo	avrò afflitto	avremo afflitto
affliggerai	affliggerete	avrai afflitto	avrete afflitto
affliggerà	affliggeranno	avrà afflitto	avranno afflitto
5 Present Conditional		**12** Past Conditional	
affliggerei	affliggeremmo	avrei afflitto	avremmo afflitto
affliggeresti	affliggereste	avresti afflitto	avreste afflitto
affliggerebbe	affliggerebbero	avrebbe afflitto	avrebbero afflitto
6 Present Subjunctive		**13** Past Subjunctive	
affligga	affliggiamo	abbia afflitto	abbiamo afflitto
affligga	affliggiate	abbia afflitto	abbiate afflitto
affligga	affliggano	abbia afflitto	abbiano afflitto
7 Imperfect Subjunctive		**14** Past Perfect Subjunctive	
affliggessi	affliggessimo	avessi afflitto	avessimo afflitto
affliggessi	affliggeste	avessi afflitto	aveste afflitto
affliggesse	affliggessero	avesse afflitto	avessero afflitto

Imperative	
—	affliggiamo
affliggi (non affliggere)	affliggete
affligga	affliggano

Samples of verb usage

Lui è afflitto di una malattia grave.   He is afflicted by a serious illness.
La storia mi ha afflitto profondamente.   The story distressed me deeply.

to hasten, to hurry

The Seven Simple Tenses		The Seven Compound Tenses	
Singular	Plural	Singular	Plural
1 Present Indicative		**8 Present Perfect**	
mi affretto	ci affrettiamo	mi sono affrettato	ci siamo affrettati
ti affretti	vi affrettate	ti sei affrettato	vi siete affrettati
si affretta	si affrettano	si è affrettato	si sono affrettati
2 Imperfect		**9 Past Perfect**	
mi affrettavo	ci affrettavamo	mi ero affrettato	ci eravamo affrettati
ti affrettavi	vi affrettavate	ti eri affrettato	vi eravate affrettati
si affrettava	si affrettavano	si era affrettato	si erano affrettati
3 Past Absolute		**10 Past Anterior**	
mi affrettai	ci affrettammo	mi fui affrettato	ci fummo affrettati
ti affrettasti	vi affrettaste	ti fosti affrettato	vi foste affrettati
si affrettò	si affrettarono	si fu affrettato	si furono affrettati
4 Future		**11 Future Perfect**	
mi affretterò	ci affretteremo	mi sarò affrettato	ci saremo affrettati
ti affretterai	vi affretterete	ti sarai affrettato	vi sarete affrettati
si affretterà	si affretteranno	si sarà affrettato	si saranno affrettati
5 Present Conditional		**12 Past Conditional**	
mi affretterei	ci affretteremmo	mi sarei affrettato	ci saremmo affrettati
ti affretteresti	vi affrettereste	ti saresti affrettato	vi sareste affrettati
si affretterebbe	si affretterebbero	si sarebbe affrettato	si sarebbero affrettati
6 Present Subjunctive		**13 Past Subjunctive**	
mi affretti	ci affrettiamo	mi sia affrettato	ci siamo affrettati
ti affretti	vi affrettiate	ti sia affrettato	vi siate affrettati
si affretti	si affrettino	si sia affrettato	si siano affrettati
7 Imperfect Subjunctive		**14 Past Perfect Subjunctive**	
mi affrettassi	ci affrettassimo	mi fossi affrettato	ci fossimo affrettati
ti affrettassi	vi affrettaste	ti fossi affrettato	vi foste affrettati
si affrettasse	si affrettassero	si fosse affrettato	si fossero affrettati

	Imperative	
—		**affrettiamoci**
affrettati (non ti affrettare/		**affrettatevi**
non affrettarti)		
si affretti		**si affrettino**

Samples of verb usage

Mi affretto a dirvi.   I hasten to tell you.
Affrettati, è tardi!   Hurry up, it's late!

aggiungere

Gerund **aggiungendo**   Past Part. **aggiunto**

to add

The Seven Simple Tenses		The Seven Compound Tenses	
Singular	Plural	Singular	Plural
1 Present Indicative		**8 Present Perfect**	
aggiungo	aggiungiamo	ho aggiunto	abbiamo aggiunto
aggiungi	aggiungete	hai aggiunto	avete aggiunto
aggiunge	aggiungono	ha aggiunto	hanno aggiunto
2 Imperfect		**9 Past Perfect**	
aggiungevo	aggiungevamo	avevo aggiunto	avevamo aggiunto
aggiungevi	aggiungevate	avevi aggiunto	avevate aggiunto
aggiungeva	aggiungevano	aveva aggiunto	avevano aggiunto
3 Past Absolute		**10 Past Anterior**	
aggiunsi	aggiungemmo	ebbi aggiunto	avemmo aggiunto
aggiungesti	aggiungeste	avesti aggiunto	aveste aggiunto
aggiunse	aggiunsero	ebbe aggiunto	ebbero aggiunto
4 Future		**11 Future Perfect**	
aggiungerò	aggiungeremo	avrò aggiunto	avremo aggiunto
aggiungerai	aggiungerete	avrai aggiunto	avrete aggiunto
aggiungerà	aggiungeranno	avrà aggiunto	avranno aggiunto
5 Present Conditional		**12 Past Conditional**	
aggiungerei	aggiungeremmo	avrei aggiunto	avremmo aggiunto
aggiungeresti	aggiungereste	avresti aggiunto	avreste aggiunto
aggiungerebbe	aggiungerebbero	avrebbe aggiunto	avrebbero aggiunto
6 Present Subjunctive		**13 Past Subjunctive**	
aggiunga	aggiungiamo	abbia aggiunto	abbiamo aggiunto
aggiunga	aggiungiate	abbia aggiunto	abbiate aggiunto
aggiunga	aggiungano	abbia aggiunto	abbiano aggiunto
7 Imperfect Subjunctive		**14 Past Perfect Subjunctive**	
aggiungessi	aggiungessimo	avessi aggiunto	avessimo aggiunto
aggiungessi	aggiungeste	avessi aggiunto	aveste aggiunto
aggiungesse	aggiungessero	avesse aggiunto	avessero aggiunto

	Imperative	
		aggiungiamo
—		aggiungete
aggiungi (non aggiungere)		aggiungano
aggiunga		

Samples of verb usage

Io ho aggiunto molte note all'articolo.   I added many notes to the article.
Lui aggiunse i suoi saluti alla lettera.   He added his greetings to the letter.

to help, to aid

The Seven Simple Tenses		The Seven Compound Tenses	
Singular	Plural	Singular	Plural
1 Present Indicative		**8 Present Perfect**	
aiuto	aiutiamo	ho aiutato	abbiamo aiutato
aiuti	aiutate	hai aiutato	avete aiutato
aiuta	aiutano	ha aiutato	hanno aiutato
2 Imperfect		**9 Past Perfect**	
aiutavo	aiutavamo	avevo aiutato	avevamo aiutato
aiutavi	aiutavate	avevi aiutato	avevate aiutato
aiutava	aiutavano	aveva aiutato	avevano aiutato
3 Past Absolute		**10 Past Anterior**	
aiutai	aiutammo	ebbi aiutato	avemmo aiutato
aiutasti	aiutaste	avesti aiutato	aveste aiutato
aiutò	aiutarono	ebbe aiutato	ebbero aiutato
4 Future		**11 Future Perfect**	
aiuterò	aiuteremo	avrò aiutato	avremo aiutato
aiuterai	aiuterete	avrai aiutato	avrete aiutato
aiuterà	aiuteranno	avrà aiutato	avranno aiutato
5 Present Conditional		**12 Past Conditional**	
aiuterei	aiuteremmo	avrei aiutato	avremmo aiutato
aiuteresti	aiutereste	avresti aiutato	avreste aiutato
aiuterebbe	aiuterebbero	avrebbe aiutato	avrebbero aiutato
6 Present Subjunctive		**13 Past Subjunctive**	
aiuti	aiutiamo	abbia aiutato	abbiamo aiutato
aiuti	aiutiate	abbia aiutato	abbiate aiutato
aiuti	aiutino	abbia aiutato	abbiano aiutato
7 Imperfect Subjunctive		**14 Past Perfect Subjunctive**	
aiutassi	aiutassimo	avessi aiutato	avessimo aiutato
aiutassi	aiutaste	avessi aiutato	aveste aiutato
aiutasse	aiutassero	avesse aiutato	avessero aiutato

	Imperative	
—		aiutiamo
aiuta (non aiutare)		aiutate
aiuti		aiutino

Samples of verb usage

Aiuto! Polizia!   Help! Police!
Chiedo aiuto da mia sorella.   I ask my sister for help.

to allude, to refer, to hint

The Seven Simple Tenses		The Seven Compound Tenses	
Singular	Plural	Singular	Plural

1 Present Indicative

		8 Present Perfect	
alludo	alludiamo	ho alluso	abbiamo alluso
alludi	alludete	hai alluso	avete alluso
allude	alludono	ha alluso	hanno alluso

2 Imperfect

		9 Past Perfect	
alludevo	alludevamo	avevo alluso	avevamo alluso
alludevi	alludevate	avevi alluso	avevate alluso
alludeva	alludevano	aveva alluso	avevano alluso

3 Past Absolute

		10 Past Anterior	
allusi	alludemmo	ebbi alluso	avemmo alluso
alludesti	alludeste	avesti alluso	aveste alluso
alluse	allusero	ebbe alluso	ebbero alluso

4 Future

		11 Future Perfect	
alluderò	alluderemo	avrò alluso	avremo alluso
alluderai	alluderete	avrai alluso	avrete alluso
alluderà	alluderanno	avrà alluso	avranno alluso

5 Present Conditional

		12 Past Conditional	
alluderei	alluderemmo	avrei alluso	avremmo alluso
alluderesti	alludereste	avresti alluso	avreste alluso
alluderebbe	alluderebbero	avrebbe alluso	avrebbero alluso

6 Present Subjunctive

		13 Past Subjunctive	
alluda	alludiamo	abbia alluso	abbiamo alluso
alluda	alludiate	abbia alluso	abbiate alluso
alluda	alludano	abbia alluso	abbiano alluso

7 Imperfect Subjunctive

		14 Past Perfect Subjunctive	
alludessi	alludessimo	avessi alluso	avessimo alluso
alludessi	alludeste	avessi alluso	aveste alluso
alludesse	alludessero	avesse alluso	avessero alluso

Imperative

—	alludiamo
alludi (non alludere)	alludete
alluda	alludano

Samples of verb usage

Io alludevo a questo. I was alluding to this.
Si allude al fatto nella storia. The fact is alluded to in the story.

to raise, to lift up

The Seven Simple Tenses		The Seven Compound Tenses	
Singular	Plural	Singular	Plural

1 Present Indicative

		8 Present Perfect	
alzo	alziamo	ho alzato	abbiamo alzato
alzi	alzate	hai alzato	avete alzato
alza	alzano	ha alzato	hanno alzato

2 Imperfect / **9** Past Perfect

alzavo	alzavamo	avevo alzato	avevamo alzato
alzavi	alzavate	avevi alzato	avevate alzato
alzava	alzavano	aveva alzato	avevano alzato

3 Past Absolute / **10** Past Anterior

alzai	alzammo	ebbi alzato	avemmo alzato
alzasti	alzaste	avesti alzato	aveste alzato
alzò	alzarono	ebbe alzato	ebbero alzato

4 Future / **11** Future Perfect

alzerò	alzeremo	avrò alzato	avremo alzato
alzerai	alzerete	avrai alzato	avrete alzato
alzerà	alzeranno	avrà alzato	avranno alzato

5 Present Conditional / **12** Past Conditional

alzerei	alzeremmo	avrei alzato	avremmo alzato
alzeresti	alzereste	avresti alzato	avreste alzato
alzerebbe	alzerebbero	avrebbe alzato	avrebbero alzato

6 Present Subjunctive / **13** Past Subjunctive

alzi	alziamo	abbia alzato	abbiamo alzato
alzi	alziate	abbia alzato	abbiate alzato
alzi	alzino	abbia alzato	abbiano alzato

7 Imperfect Subjunctive / **14** Past Perfect Subjunctive

alzassi	alzassimo	avessi alzato	avessimo alzato
alzassi	alzaste	avessi alzato	aveste alzato
alzasse	alzassero	avesse alzato	avessero alzato

Imperative

—	alziamo
alza (non alzare)	alzate
alzi	alzino

Samples of verb usage

Alza la mano.   Raise your hand.
Lui ha muscoli grandi perchè alza i pesi.   He has large muscles because he lifts weights.

23

alzarsi

Gerund **alzandosi**   Past Part. **alzatosi**

to get up, to rise, to stand up

The Seven Simple Tenses		The Seven Compound Tenses	
Singular	Plural	Singular	Plural
1 Present Indicative		**8 Present Perfect**	
mi alzo	ci alziamo	mi sono alzato	ci siamo alzati
ti alzi	vi alzate	ti sei alzato	vi siete alzati
si alza	si alzano	si è alzato	si sono alzati
2 Imperfect		**9 Past Perfect**	
mi alzavo	ci alzavamo	mi ero alzato	ci eravamo alzati
ti alzavi	vi alzavate	ti eri alzato	vi eravate alzati
si alzava	si alzavano	si era alzato	si erano alzati
3 Past Absolute		**10 Past Anterior**	
mi alzai	ci alzammo	mi fui alzato	ci fummo alzati
ti alzasti	vi alzaste	ti fosti alzato	vi foste alzati
si alzò	si alzarono	si fu alzato	si furono alzati
4 Future		**11 Future Perfect**	
mi alzerò	ci alzeremo	mi sarò alzato	ci saremo alzati
ti alzerai	vi alzerete	ti sarai alzato	vi sarete alzati
si alzerà	si alzeranno	si sarà alzato	si saranno alzati
5 Present Conditional		**12 Past Conditional**	
mi alzerei	ci alzeremmo	mi sarei alzato	ci saremmo alzati
ti alzeresti	vi alzereste	ti saresti alzato	vi sareste alzati
si alzerebbe	si alzerebbero	si sarebbe alzato	si sarebbero alzati
6 Present Subjunctive		**13 Past Subjunctive**	
mi alzi	ci alziamo	mi sia alzato	ci siamo alzati
ti alzi	vi alziate	ti sia alzato	vi siate alzati
si alzi	si alzino	si sia alzato	si siano alzati
7 Imperfect Subjunctive		**14 Past Perfect Subjunctive**	
mi alzassi	ci alzassimo	mi fossi alzato	ci fossimo alzati
ti alzassi	vi alzaste	ti fossi alzato	vi foste alzati
si alzasse	si alzassero	si fosse alzato	si fossero alzati

	Imperative	
—		alziamoci
alzati (non ti alzare/non alzarti)		alzatevi
si alzi		si alzino

Samples of verb usage

Mi sono alzato presto oggi.   I got up early today.
Alzati, è tardi!   Get up, it's late!

24

The Seven Simple Tenses		The Seven Compound Tenses	
Singular	Plural	Singular	Plural
1 Present Indicative		**8 Present Perfect**	
ammetto	ammettiamo	ho ammesso	abbiamo ammesso
ammetti	ammettete	hai ammesso	avete ammesso
ammette	ammettono	ha ammesso	hanno ammesso
2 Imperfect		**9 Past Perfect**	
ammettevo	ammettevamo	avevo ammesso	avevamo ammesso
ammettevi	ammettevate	avevi ammesso	avevate ammesso
ammetteva	ammettevano	aveva ammesso	avevano ammesso
3 Past Absolute		**10 Past Anterior**	
ammisi	ammettemmo	ebbi ammesso	avemmo ammesso
ammettesti	ammetteste	avesti ammesso	aveste ammesso
ammise	ammisero	ebbe ammesso	ebbero ammesso
4 Future		**11 Future Perfect**	
ammetterò	ammetteremo	avrò ammesso	avremo ammesso
ammetterai	ammetterete	avrai ammesso	avrete ammesso
ammetterà	ammetteranno	avrà ammesso	avranno ammesso
5 Present Conditional		**12 Past Conditional**	
ammetterei	ammetteremmo	avrei ammesso	avremmo ammesso
ammetteresti	ammettereste	avresti ammesso	avreste ammesso
ammetterebbe	ammetterebbero	avrebbe ammesso	avrebbero ammesso
6 Present Subjunctive		**13 Past Subjunctive**	
ammetta	ammettiamo	abbia ammesso	abbiamo ammesso
ammetta	ammettiate	abbia ammesso	abbiate ammesso
ammetta	ammettano	abbia ammesso	abbiano ammesso
7 Imperfect Subjunctive		**14 Past Perfect Subjunctive**	
ammettessi	ammettessimo	avessi amesso	avessimo ammesso
ammettessi	ammetteste	avessi ammesso	aveste ammesso
ammettesse	ammettessero	avesse ammesso	avessero ammesso

	Imperative	
—		ammettiamo
ammetti (non ammettere)		ammettete
ammetta		ammettano

Samples of verb usage

Lui non ammette mai che ha sbagliato.   He never admits that he has made an error.
Lei è stata ammessa all'università.   She was admitted to the university.

to admire

The Seven Simple Tenses		The Seven Compound Tenses	
Singular	Plural	Singular	Plural
1 Present Indicative		**8 Present Perfect**	
ammiro	ammiriamo	ho ammirato	abbiamo ammirato
ammiri	ammirate	hai ammirato	avete ammirato
ammira	ammirano	ha ammirato	hanno ammirato
2 Imperfect		**9 Past Perfect**	
ammiravo	ammiravamo	avevo ammirato	avevamo ammirato
ammiravi	ammiravate	avevi ammirato	avevate ammirato
ammirava	ammiravano	aveva ammirato	avevano ammirato
3 Past Absolute		**10 Past Anterior**	
ammirai	ammirammo	ebbi ammirato	avemmo ammirato
ammirasti	ammiraste	avesti ammirato	aveste ammirato
ammirò	ammirarono	ebbe ammirato	ebbero ammirato
4 Future		**11 Future Perfect**	
ammirerò	ammireremo	avrò ammirato	avremo ammirato
ammirerai	ammirerete	avrai ammirato	avrete ammirato
ammirerà	ammireranno	avrà ammirato	avranno ammirato
5 Present Conditional		**12 Past Conditional**	
ammirerei	ammireremmo	avrei ammirato	avremmo ammirato
ammireresti	ammirereste	avresti ammirato	avreste ammirato
ammirerebbe	ammirerebbero	avrebbe ammirato	avrebbero ammirato
6 Present Subjunctive		**13 Past Subjunctive**	
ammira	ammiriamo	abbia ammirato	abbiamo ammirato
ammira	ammiriate	abbia ammirato	abbiate ammirato
ammira	ammirano	abbia ammirato	abbiano ammirato
7 Imperfect Subjunctive		**14 Past Perfect Subjunctive**	
ammirassi	ammirassimo	avessi ammirato	avessimo ammirato
ammirassi	ammiraste	avessi ammirato	aveste ammirato
ammirasse	ammirassero	avesse ammirato	avessero ammirato

	Imperative	
—		ammiriamo
ammira (non ammirare)		ammirate
ammiri		ammirino

Samples of verb usage

Io ammiro la gente intelligente.   I admire intelligent people.
Lui ammira quel maestro.   He admires that teacher.

to go

The Seven Simple Tenses		The Seven Compound Tenses	
Singular	Plural	Singular	Plural
1 Present Indicative		**8** Present Perfect	
vado	andiamo	sono andato	siamo andati
vai	andate	sei andato	siete andati
va	vanno	è andato	sono andati
2 Imperfect		**9** Past Perfect	
andavo	andavamo	ero andato	eravamo andati
andavi	andavate	eri andato	eravate andati
andava	andavano	era andato	erano andati
3 Past Absolute		**10** Past Anterior	
andai	andammo	fui andato	fummo andati
andasti	andaste	fosti andato	foste andati
andò	andarono	fu andato	furono andati
4 Future		**11** Future Perfect	
andrò	andremo	sarò andato	saremo andati
andrai	andrete	sarai andato	sarete andati
andrà	andranno	sarà andato	saranno andati
5 Present Conditional		**12** Past Conditional	
andrei	andremmo	sarei andato	saremmo andati
andresti	andreste	saresti andato	sareste andati
andrebbe	andrebbero	sarebbe andato	sarebbero andati
6 Present Subjunctive		**13** Past Subjunctive	
vada	andiamo	sia andato	siamo andati
vada	andiate	sia andato	siate andati
vada	vadano	sia andato	siano andati
7 Imperfect Subjunctive		**14** Past Perfect Subjunctive	
andassi	andassimo	fossi andato	fossimo andati
andassi	andaste	fossi andato	foste andati
andasse	andassero	fosse andato	fossero andati

	Imperative	
—		andiamo
va' (non andare)		andate
vada		vadano

Samples of verb usage

Io vado a scuola ogni giorno.   I go to school every day.
Siamo andati al cinema ieri sera.   We went to the movies last night.
Dove vai oggi?   Where are you going today?
andare a letto   to go to bed

to go away

The Seven Simple Tenses		The Seven Compound Tenses	
Singular	Plural	Singular	Plural
1 Present Indicative		**8 Present Perfect**	
me ne vado(vo)	ce ne andiamo	me ne sono andato	ce ne siamo andati
te ne vai	ve ne andate	te ne sei andato	ve ne siete andati
se ne va	se ne vanno	se ne è andato	se ne sono andati
2 Imperfect		**9 Past Perfect**	
me ne andavo	ce ne andavamo	me n'ero andato	ce n'eravamo andati
te ne andavi	ve ne andavate	te n'eri andato	ve n'eravate andati
se ne andava	se ne andavano	se n'era andato	se n'erano andati
3 Past Absolute		**10 Past Anterior**	
me ne andai	ce ne andammo	me ne fui andato	ce ne fummo andati
te ne andasti	ve ne andaste	te ne fosti andato	ve ne foste andati
se ne andò	se ne andarono	se ne fu andato	se ne furono andati
4 Future		**11 Future Perfect**	
me ne andrò	ce ne andremo	me ne sarò andato	ce ne saremo andati
te ne andrai	ve ne andrete	te ne sarai andato	ve ne sarete andati
se ne andrà	se ne andranno	se ne sarà andato	se ne saranno andati
5 Present Conditional		**12 Past Conditional**	
me ne andrei	ce ne andremmo	me ne sarei andato	ce ne saremmo andati
te ne andresti	ve ne andreste	te ne saresti andato	ve ne sareste andati
se ne andrebbe	se ne andrebbero	se ne sarebbe andato	se ne sarebbero andati
6 Present Subjunctive		**13 Past Subjunctive**	
me ne vada	ce ne andiamo	me ne sia andato	ce ne siamo andati
te ne vada	ve ne andiate	te ne sia andato	ve ne siate andati
se ne vada	se ne vadano	se ne sia andato	se ne siano andati
7 Imperfect Subjunctive		**14 Past Perfect Subjunctive**	
me ne andassi	ce ne andassimo	me ne fossi andato	ce ne fossimo andati
te ne andassi	ve ne andaste	te ne fossi andato	ve ne foste andati
se ne andasse	se ne andassero	se ne fosse andato	se ne fossero andati

	Imperative	
—		andiamocene
vattene (non te ne andare/non andartene)		andatevene
se ne vada		se ne vadano

Samples of verb usage

Andiamocene! Let's go!
Finalmente se ne andò. Finally he went away.

to annoy, to bore

The Seven Simple Tenses		The Seven Compound Tenses	
Singular	Plural	Singular	Plural
1 Present Indicative		**8 Present Perfect**	
annoio	annoiamo	ho annoiato	abbiamo annoiato
annoi	annoiate	hai annoiato	avete annoiato
annoia	annoiano	ha annoiato	hanno annoiato
2 Imperfect		**9 Past Perfect**	
annoiavo	annoiavamo	avevo annoiato	avevamo annoiato
annoiavi	annoiavate	avevi annoiato	avevate annoiato
annoiava	annoiavano	aveva annoiato	avevano annoiato
3 Past Absolute		**10 Past Anterior**	
annoiai	annoiammo	ebbi annoiato	avemmo annoiato
annoiasti	annoiaste	avesti annoiato	aveste annoiato
annoiò	annoiarono	ebbe annoiato	ebbero annoiato
4 Future		**11 Future Perfect**	
annoierò	annoieremo	avrò annoiato	avremo annoiato
annoierai	annoierete	avrai annoiato	avrete annoiato
annoierà	annoieranno	avrà annoiato	avranno annoiato
5 Present Conditional		**12 Past Conditional**	
annoierei	annoieremmo	avrei annoiato	avremmo annoiato
annoieresti	annoiereste	avresti annoiato	avreste annoiato
annoierebbe	annoierebbero	avrebbe annoiato	avrebbero annoiato
6 Present Subjunctive		**13 Past Subjunctive**	
annoi	annoiamo	abbia annoiato	abbiamo annoiato
annoi	annoiate	abbia annoiato	abbiate annoiato
annoi	annoino	abbia annoiato	abbiano annoiato
7 Imperfect Subjunctive		**14 Past Perfect Subjunctive**	
annoiassi	annoiassimo	avessi annoiato	avessimo annoiato
annoiassi	annoiaste	avessi annoiato	aveste annoiato
annoiasse	annoiassero	avesse annoiato	avessero annoiato

Imperative

	annoiamo
annoia (non annoiare)	annoiate
annoi	annoino

Samples of verb usage

Io annoio mia sorella.   I annoy my sister.
Lui ha annoiato il maestro.   He has annoyed the teacher.

to be bored

The Seven Simple Tenses		The Seven Compound Tenses	
Singular	Plural	Singular	Plural
1 Present Indicative		**8 Present Perfect**	
mi annoio	ci annoiamo	mi sono annoiato	ci siamo annoiati
ti annoi	vi annoiate	ti sei annoiato	vi siete annoiati
si annoia	si annoiano	si è annoiato	si sono annoiati
2 Imperfect		**9 Past Perfect**	
mi annoiavo	ci annoiavamo	mi ero annoiato	ci eravamo annoiati
ti annoiavi	vi annoiavate	ti eri annoiato	vi eravate annoiati
si annoiava	si annoiavano	si era annoiato	si erano annoiati
3 Past Absolute		**10 Past Anterior**	
mi annoiai	ci annoiammo	mi fui annoiato	ci fummo annoiati
ti annoiasti	vi annoiaste	ti fosti annoiato	vi foste annoiati
si annoiò	si annoiarono	si fu annoiato	si furono annoiati
4 Future		**11 Future Perfect**	
mi annoierò	ci annoieremo	mi sarò annoiato	ci saremo annoiati
ti annoierai	vi annoierete	ti sarai annoiato	vi sarete annoiati
si annoierà	si annoieranno	si sarà annoiato	si saranno annoiati
5 Present Conditional		**12 Past Conditional**	
mi annoierei	ci annoieremmo	mi sarei annoiato	ci saremmo annoiati
ti annoieresti	vi annoiereste	ti saresti annoiato	vi sareste annoiati
si annoierebbe	si annoierebbero	si sarebbe annoiato	si sarebbero annoiati
6 Present Subjunctive		**13 Past Subjunctive**	
mi annoi	ci annoiamo	mi sia annoiato	ci siamo annoiati
ti annoi	vi annoiate	ti sia annoiato	si siate annoiati
si annoi	si annoino	si sia annoiato	si siano annoiati
7 Imperfect Subjunctive		**14 Past Perfect Subjunctive**	
mi annoiassi	ci annoiassimo	mi fossi annoiato	ci fossimo annoiati
ti annoiassi	vi annoiaste	ti fossi annoiato	vi foste annoiati
si annoiasse	si annoiassero	si fosse annoiato	si fossero annoiati

Imperative	
—	annoiamoci
annoiati (non ti annoiare/non annoiarti)	**annoiatevi**
si annoi	**si annoino**

Samples of verb usage

Mi annoio quando non ho niente da fare.   I get bored when I have nothing to do.
Non mi annoiare!   Don't annoy me!
Lui si annoia quando piove.   He gets bored when it rains.

to anticipate, to advance

The Seven Simple Tenses		The Seven Compound Tenses	
Singular	Plural	Singular	Plural
1 Present Indicative		**8 Present Perfect**	
anticipo	anticipiamo	ho anticipato	abbiamo anticipato
anticipi	anticipate	hai anticipato	avete anticipato
anticipa	anticipano	ha anticipato	hanno anticipato
2 Imperfect		**9 Past Perfect**	
anticipavo	anticipavamo	avevo anticipato	avevamo anticipato
anticipavi	anticipavate	avevi anticipato	avevate anticipato
anticipava	anticipavano	aveva anticipato	avevano anticipato
3 Past Absolute		**10 Past Anterior**	
anticipai	anticipammo	ebbi anticipato	avemmo anticipato
anticipasti	anticipaste	avesti anticipato	aveste anticipato
anticipò	anticiparono	ebbe anticipato	ebbero anticipato
4 Future		**11 Future Perfect**	
anticiperò	anticiperemo	avrò anticipato	avremo anticipato
anticiperai	anticiperete	avrai anticipato	avrete anticipato
anticiperà	anticiperanno	avrà anticipato	avranno anticipato
5 Present Conditional		**12 Past Conditional**	
anticiperei	anticiperemmo	avrei anticipato	avremmo anticipato
anticiperesti	anticipereste	avresti anticipato	avreste anticipato
anticiperebbe	anticiperebbero	avrebbe anticipato	avrebbero anticipato
6 Present Subjunctive		**13 Past Subjunctive**	
anticipi	anticipiamo	abbia anticipato	abbiamo anticipato
anticipi	anticipiate	abbia anticipato	abbiate anticipato
anticipi	anticipino	abbia anticipato	abbiano anticipato
7 Imperfect Subjunctive		**14 Past Perfect Subjunctive**	
anticipassi	anticipassimo	avessi anticipato	avessimo anticipato
anticipassi	anticipaste	avessi anticipato	aveste anticipato
anticipasse	anticipassero	avesse anticipato	avessero anticipato

	Imperative	
—		anticipiamo
anticipa (non anticipare)		anticipate
anticipi		anticipino

Samples of verb usage

Lui ha anticipato le mie domande.   He anticipated my questions.
Il galantuomo anticipa i desideri della donna.   The gentleman anticipates the desires of the
  lady.

to prepare, to set

The Seven Simple Tenses		The Seven Compound Tenses	
Singular	Plural	Singular	Plural
1 Present Indicative		**8 Present Perfect**	
apparecchio	apparecchiamo	ho apparecchiato	abbiamo apparecchiato
apparecchi	apparecchiate	hai apparecchiato	avete apparecchiato
apparecchia	apparecchiano	ha apparecchiato	hanno apparecchiato
2 Imperfect		**9 Past Perfect**	
apparecchiavo	apparecchiavamo	avevo apparecchiato	avevamo apparecchiato
apparecchiavi	apparecchiavate	avevi apparecchiato	avevate apparecchiato
apparecchiava	apparecchiavano	aveva apparecchiato	avevano apparecchiato
3 Past Absolute		**10 Past Anterior**	
apparecchiai	apparecchiammo	ebbi apparecchiato	avemmo apparecchiato
apparecchiasti	apparecchiaste	avesti apparecchiato	aveste apparecchiato
apparecchiò	apparecchiarono	ebbe apparecchiato	ebbero apparecchiato
4 Future		**11 Future Perfect**	
apparecchierò	apparecchieremo	avrò apparecchiato	avremo apparecchiato
apparecchierai	apparecchierete	avrai apparecchiato	avrete apparecchiato
apparecchierà	apparecchieranno	avrà apparecchiato	avranno apparecchiato
5 Present Conditional		**12 Past Conditional**	
apparecchierei	apparecchieremmo	avrei apparecchiato	avremmo apparecchiato
apparecchieresti	apparecchiereste	avresti apparecchiato	avreste apparecchiato
apparecchierebbe	apparecchierebbero	avrebbe apparecchiato	avrebbero apparecchiato
6 Present Subjunctive		**13 Past Subjunctive**	
apparecchi	apparecchiamo	abbia apparecchiato	abbiamo apparecchiato
apparecchi	apparecchiate	abbia apparecchiato	abbiate apparecchiato
apparecchi	apparecchino	abbia apparecchiato	abbiano apparecchiato
7 Imperfect Subjunctive		**14 Past Perfect Subjunctive**	
apparecchiassi	apparecchiassimo	avessi apparecchiato	avessimo apparecchiato
apparecchiassi	apparecchiaste	avessi apparecchiato	aveste apparecchiato
apparecchiasse	apparecchiassero	avesse apparecchiato	avessero apparecchiato

Imperative

—	apparecchiamo
apparecchia (non apparecchiare)	apparecchiate
apparecchi	apparecchino

Samples of verb usage

Io apparecchio la tavola.   I set the table.
Noi apparecchiamo tutto quello che ci vuole per il congresso.   We prepare everying that is
    needed for the conference.

to appear, to look, to seem

The Seven Simple Tenses		The Seven Compound Tenses	
Singular	Plural	Singular	Plural

1 Present Indicative

		8 Present Perfect	
appaio	appariamo	sono apparso	siamo apparsi
appari	apparite	sei apparso	siete apparsi
appare	appaiono	è apparso	sono apparsi
(*Or regular:* apparisco, *etc.*)			

2 Imperfect

		9 Past Perfect	
apparivo	apparivamo	ero apparso	eravamo apparsi
apparivi	apparivate	eri apparso	eravate apparsi
appariva	apparivano	era apparso	erano apparsi

3 Past Absolute

		10 Past Anterior	
apparvi	apparimmo	fui apparso	fummo apparsi
apparisti	appariste	fosti apparso	foste apparsi
apparve	apparvero	fu apparso	furono apparsi
(*Or regular:* apparii, *etc.*)			

4 Future

		11 Future Perfect	
apparirò	appariremo	sarò apparso	saremo apparsi
apparirai	apparirete	sarai apparso	sarete apparsi
apparirà	appariranno	sarà apparso	saranno apparsi

5 Present Conditional

		12 Past Conditional	
apparirei	appariremmo	sarei apparso	saremmo apparsi
appariresti	apparireste	saresti apparso	sareste apparsi
apparirebbe	apparirebbero	sarebbe apparso	sarebbero apparsi

6 Present Subjunctive

		13 Past Subjunctive	
appaia	appariamo	sia apparso	siamo apparsi
appaia	appariate	sia apparso	siate apparsi
appaia	appaiano	sia apparso	siano apparsi
(*Or regular:* apparisca, *etc.*)			

7 Imperfect Subjunctive

		14 Past Perfect Subjunctive	
apparissi	apparissimo	fossi apparso	fossimo apparsi
apparissi	appariste	fossi apparso	foste apparsi
apparisse	apparissero	fosse apparso	fossero apparsi

Imperative

—	appariamo
appari (apparisci) (non apparire)	apparite
appaia (apparisca)	appaiano (appariscano)

Samples of verb usage

Finalmente la nave apparì.	Finally the ship appeared.
Lui vuole apparire elegante.	He wants to look elegant.

to belong

The Seven Simple Tenses		The Seven Compound Tenses	
Singular	Plural	Singular	Plural
1 Present Indicative		**8** Present Perfect	
appartengo	apparteniamo	ho appartenuto	abbiamo appartenuto
appartieni	appartenete	hai appartenuto	avete appartenuto
appartiene	appartengono	ha appartenuto	hanno appartenuto
2 Imperfect		**9** Past Perfect	
appartenevo	appartenevamo	avevo appartenuto	avevamo appartenuto
appartenevi	appartenevate	avevi appartenuto	avevate appartenuto
apparteneva	appartenevano	aveva appartenuto	avevano appartenuto
3 Past Absolute		**10** Past Anterior	
appartenni	appartenemmo	ebbi appartenuto	avemmo appartenuto
appartenesti	apparteneste	avesti appartenuto	aveste appartenuto
appartenne	appartennero	ebbe appartenuto	ebbero appartenuto
4 Future		**11** Future Perfect	
apparterrò	apparteremo	avrò appartenuto	avremo appartenuto
apparterrai	apparterete	avrai appartenuto	avrete appartenuto
apparterrà	apparterranno	avrà appartenuto	avranno appartenuto
5 Present Conditional		**12** Past Conditional	
apparterrei	apparterremmo	avrei appartenuto	avremmo appartenuto
apparterresti	apparterreste	avresti appartenuto	avreste appartenuto
apparterrebbe	apparterrebbero	avrebbe appartenuto	avrebbero appartenuto
6 Present Subjunctive		**13** Past Subjunctive	
appartenga	apparteniamo	abbia appartenuto	abbiamo appartenuto
appartenga	apparteniate	abbia appartenuto	abbiate appartenuto
appartenga	appartengano	abbia appartenuto	abbiano appartenuto
7 Imperfect Subjunctive		**14** Past Perfect Subjunctive	
appartenessi	appartenessimo	avessi appartenuto	avessimo appartenuto
appartenessi	apparteneste	avessi appartenuto	aveste appartenuto
appartenesse	appartenessero	avesse appartenuto	avessero appartenuto

Imperative	
—	apparteniamo
appartieni (non appartenere)	appartenete
appartenga	appartengano

Samples of verb usage

Lui appartiene a questa società.   He belongs to this society.
Questo libro appartiene al professore.   This book belongs to the professor.

NOTE: **Appartenere** may be conjugated with **essere.**

The Seven Simple Tenses		The Seven Compound Tenses	
Singular	Plural	Singular	Plural

1 Present Indicative

apprendo	apprendiamo		
apprendi	apprendete		
apprende	apprendono		

8 Present Perfect

ho appreso	abbiamo appreso		
hai appreso	avete appreso		
ha appreso	hanno appreso		

2 Imperfect

apprendevo	apprendevamo
apprendevi	apprendevate
apprendeva	apprendevano

9 Past Perfect

avevo appreso	avevamo appreso
avevi appreso	avevate appreso
aveva appreso	avevano appreso

3 Past Absolute

appresi	apprendemmo
apprendesti	apprendeste
apprese	appresero

10 Past Anterior

ebbi appreso	avemmo appreso
avesti appreso	aveste appreso
ebbe appreso	ebbero appreso

4 Future

apprenderò	apprenderemo
apprenderai	apprenderete
apprenderà	apprenderanno

11 Future Perfect

avrò appreso	avremo appreso
avrai appreso	avrete appreso
avrà appreso	avranno appreso

5 Present Conditional

apprenderei	apprenderemmo
apprenderesti	apprendereste
apprenderebbe	apprenderebbero

12 Past Conditional

avrei appreso	avremmo appreso
avresti appreso	avreste appreso
avrebbe appreso	avrebbero appreso

6 Present Subjunctive

apprenda	apprendiamo
apprenda	apprendiate
apprenda	apprendano

13 Past Subjunctive

abbia appreso	abbiamo appreso
abbia appreso	abbiate appreso
abbia appreso	abbiano appreso

7 Imperfect Subjunctive

apprendessi	apprendessimo
apprendessi	apprendeste
apprendesse	apprendessero

14 Past Perfect Subjunctive

avessi appreso	avessimo appreso
avessi appreso	aveste appreso
avesse appreso	avessero appreso

Imperative

—	apprendiamo
apprendi (non apprendere)	apprendete
apprenda	apprendano

Samples of verb usage

Un bambino apprende dal padre e dalla madre.   A child learns from his father and mother.
L'ho appreso da buona fonte.   I have it on good authority.

to open

The Seven Simple Tenses		The Seven Compound Tenses	
Singular	Plural	Singular	Plural
1 Present Indicative		**8 Present Perfect**	
apro	apriamo	ho aperto	abbiamo aperto
apri	aprite	hai aperto	avete aperto
apre	aprono	ha aperto	hanno aperto
2 Imperfect		**9 Past Perfect**	
aprivo	aprivamo	avevo aperto	avevamo aperto
aprivi	aprivate	avevi aperto	avevate aperto
apriva	aprivano	aveva aperto	avevano aperto
3 Past Absolute		**10 Past Anterior**	
apersi	aprimmo	ebbi aperto	avemmo aperto
apristi	apriste	avesti aperto	aveste aperto
aperse	apersero	ebbe aperto	ebbero aperto
(*Or regular:* aprii, *etc.*)			
4 Future		**11 Future Perfect**	
aprirò	apriremo	avrò aperto	avremo aperto
aprirai	aprirete	avrai aperto	avrete aperto
aprirò	apriranno	avrà aperto	avranno aperto
5 Present Conditional		**12 Past Conditional**	
aprirei	apriremmo	avrei aperto	avremmo aperto
apriresti	aprireste	avresti aperto	avreste aperto
aprirebbe	aprirebbero	avrebbe aperto	avrebbero aperto
6 Present Subjunctive		**13 Past Subjunctive**	
apra	apriamo	abbia aperto	abbiamo aperto
apra	apriate	abbia aperto	abbiate aperto
apra	aprano	abbia aperto	abbiano aperto
7 Imperfect Subjunctive		**14 Past Perfect Subjunctive**	
aprissi	aprissimo	avessi aperto	avessimo aperto
aprissi	apriste	avessi aperto	aveste aperto
aprisse	aprissero	avesse aperto	avessero aperto

Imperative

—	apriamo
apri (non aprire)	aprite
apra	aprano

Samples of verb usage

Apro le porte per le donne.   I open doors for ladies.
Aprimmo il pacco.   We opened the package.

to get angry

The Seven Simple Tenses		The Seven Compound Tenses	
Singular	Plural	Singular	Plural
1 Present Indicative		**8 Present Perfect**	
ardo	ardiamo	ho arso	abbiamo arso
ardi	ardete	hai arso	avete arso
arde	ardono	ha arso	hanno arso
2 Imperfect		**9 Past Perfect**	
ardevo	ardevamo	avevo arso	avevamo arso
ardevi	ardevate	avevi arso	avevate arso
ardeva	ardevano	aveva arso	avevano arso
3 Past Absolute		**10 Past Anterior**	
arsi	ardemmo	ebbi arso	avemmo arso
ardesti	ardeste	avesti arso	aveste arso
arse	arsero	ebbe arso	ebbero arso
4 Future		**11 Future Perfect**	
arderò	arderemo	avrò arso	avremo arso
arderai	arderete	avrai arso	avrete arso
arderà	arderanno	avrà arso	avranno arso
5 Present Conditional		**12 Past Conditional**	
arderei	arderemmo	avrei arso	avremmo arso
arderesti	ardereste	avresti arso	avreste arso
arderebbe	arderebbero	avrebbe arso	avrebbero arso
6 Present Subjunctive		**13 Past Subjunctive**	
arda	ardiamo	abbia arso	abbiamo arso
arda	ardiate	abbia arso	abbiate arso
arda	ardano	abbia arso	abbiano arso
7 Imperfect Subjunctive		**14 Past Perfect Subjunctive**	
ardessi	ardessimo	avessi arso	avessimo arso
ardessi	ardeste	avessi arso	aveste arso
ardesse	ardessero	avesse arso	avessero arso

Imperative

—	ardiamo
ardi (non ardere)	ardete
arda	ardano

Samples of verb usage

Lui arde di entusiasmo.   He burns with enthusiasm.
La casa arde.   The house is burning (is on fire).

NOTE: When intransitive, **ardere** is conjugated with **essere**.

to get angry

The Seven Simple Tenses		The Seven Compound Tenses	
Singular	Plural	Singular	Plural
1 Present Indicative		**8 Present Perfect**	
mi arrabbio	ci arrabbiamo	mi sono arrabbiato	ci siamo arrabbiati
ti arrabbi	vi arrabbiate	ti sei arrabbiato	vi siete arrabbiati
si arrabbia	si arrabbiano	si è arrabbiato	si sono arrabbiati
2 Imperfect		**9 Past Perfect**	
mi arrabbiavo	ci arrabbiavamo	mi ero arrabbiato	ci eravamo arrabbiati
ti arrabbiavi	vi arrabbiavate	ti eri arrabbiato	vi eravate arrabbiati
si arrabbiava	si arrabbiavano	si era arrabbiato	si erano arrabbiati
3 Past Absolute		**10 Past Anterior**	
mi arrabbiai	ci arrabbiammo	mi fui arrabbiato	ci fummo arrabbiati
ti arrabbiasti	vi arrabbiaste	ti fosti arrabbiato	vi foste arrabbiati
si arrabbiò	si arrabbiarono	si fu arrabbiato	si furono arrabbiati
4 Future		**11 Future Perfect**	
mi arrabbierò	ci arrabbieremo	mi sarò arrabbiato	ci saremo arrabbiati
ti arrabbierai	vi arrabbierete	ti sarai arrabbiato	vi sarete arrabbiati
si arrabbierà	si arrabbieranno	si sarà arrabbiato	si saranno arrabbiati
5 Present Conditional		**12 Past Conditional**	
mi arrabbierei	ci arrabbieremmo	mi sarei arrabbiato	ci saremmo arrabbiati
ti arrabbieresti	vi arrabbiereste	ti saresti arrabbiato	vi sareste arrabbiati
si arrabbierebbe	si arrabbierebbero	si sarebbe arrabbiato	si sarebbero arrabbiati
6 Present Subjunctive		**13 Past Subjunctive**	
mi arrabbi	ci arrabbiamo	mi sia arrabbiato	ci siamo arrabbiati
ti arrabbi	vi arrabbiate	ti sia arrabbiato	vi siate arrabbiati
si arrabbi	si arrabbino	si sia arrabbiato	si siano arrabbiati
7 Imperfect Subjunctive		**14 Past Perfect Subjunctive**	
mi arrabbiassi	ci arrabbiassimo	mi fossi arrabbiato	ci fossimo arrabbiati
ti arrabbiassi	vi arrabbiaste	ti fossi arrabbiato	vi foste arrabbiati
si arrabbiasse	si arrabbiassero	si fosse arrabbiato	si fossero arrabbiati

Imperative	
—	arrabbiamoci
arrabbiati (non ti arrabbiare/	arrabbiatevi
non arrabbiarti)	
si arrabbi	si arrabbino

Samples of verb usage

Il padre si arrabbiò con il figlio.   The father got angry with his son.
Tu ti arrabbi facilmente.   You get angry easily.

to arrest, to stop

The Seven Simple Tenses		The Seven Compound Tenses	
Singular	Plural	Singular	Plural
1 Present Indicative		**8 Present Perfect**	
arresto	arrestiamo	ho arrestato	abbiamo arrestato
arresti	arrestate	hai arrestato	avete arrestato
arresta	arrestano	ha arrestato	hanno arrestato
2 Imperfect		**9 Past Perfect**	
arrestavo	arrestavamo	avevo arrestato	avevamo arrestato
arrestavi	arrestavate	avevi arrestato	avevate arrestato
arrestava	arrestavano	aveva arrestato	avevano arrestato
3 Past Absolute		**10 Past Anterior**	
arrestai	arrestammo	ebbi arrestato	avemmo arrestato
arrestasti	arrestaste	avesti arrestato	aveste arrestato
arrestò	arrestarono	ebbe arrestato	ebbero arrestato
4 Future		**11 Future Perfect**	
arresterò	arresteremo	avrò arrestato	avremo arrestato
arresterai	arresterete	avrai arrestato	avrete arrestato
arresterà	arresteranno	avrà arrestato	avranno arrestato
5 Present Conditional		**12 Past Conditional**	
arresterei	arresteremmo	avrei arrestato	avremmo arrestato
arresteresti	arrestereste	avresti arrestato	avreste arrestato
arresterebbe	arresterebbero	avrebbe arrestato	avrebbero arrestato
6 Present Subjunctive		**13 Past Subjunctive**	
arresti	arrestiamo	abbia arrestato	abbiamo arrestato
arresti	arrestiate	abbia arrestato	abbiate arrestato
arresti	arrestino	abbia arrestato	abbiano arrestato
7 Imperfect Subjunctive		**14 Past Perfect Subjunctive**	
arrestassi	arrestassimo	avessi arrestato	avessimo arrestato
arrestassi	arrestaste	avessi arrestato	aveste arrestato
arrestasse	arrestassero	avesse arrestato	avessero arrestato

Imperative

—	arrestiamo
arresta (non arrestare)	arrestate
arresti	arrestino

Samples of verb usage

Lo hanno arrestato per furto.   They arrested him for theft.
Ti faccio arrestare.   I'll have you arrested.

39

arrivare

Gerund **arrivando**   Past Part. **arrivato**

to arrive

The Seven Simple Tenses		The Seven Compound Tenses	
Singular	Plural	Singular	Plural
1 Present Indicative		**8 Present Perfect**	
arrivo	arriviamo	sono arrivato	siamo arrivati
arrivi	arrivate	sei arrivato	siete arrivati
arriva	arrivano	è arrivato	sono arrivati
2 Imperfect		**9 Past Perfect**	
arrivavo	arrivavamo	ero arrivato	eravamo arrivati
arrivavi	arrivavate	eri arrivato	eravate arrivati
arrivava	arrivavano	era arrivato	erano arrivati
3 Past Absolute		**10 Past Anterior**	
arrivai	arrivammo	fui arrivato	fummo arrivati
arrivasti	arrivaste	fosti arrivato	foste arrivati
arrivò	arrivarono	fu arrivato	furono arrivati
4 Future		**11 Future Perfect**	
arriverò	arriveremo	sarò arrivato	saremo arrivati
arriverai	arriverete	sarai arrivato	sarete arrivati
arriverà	arriveranno	sarà arrivato	saranno arrivati
5 Present Conditional		**12 Past Conditional**	
arriverei	arriveremmo	sarei arrivato	saremmo arrivati
arriveresti	arrivereste	saresti arrivato	sareste arrivati
arriverebbe	arriverebbero	sarebbe arrivato	sarebbero arrivati
6 Present Subjunctive		**13 Past Subjunctive**	
arrivi	arriviamo	sia arrivato	siamo arrivati
arrivi	arriviate	sia arrivato	siate arrivati
arrivi	arrivino	sia arrivato	siano arrivati
7 Imperfect Subjunctive		**14 Past Perfect Subjunctive**	
arrivassi	arrivassimo	fossi arrivato	fossimo arrivati
arrivassi	arrivaste	fossi arrivato	foste arrivati
arrivasse	arrivassero	fosse arrivato	fossero arrivati

Imperative

—	arriviamo
arriva (non arrivare)	arrivate
arrivi	arrivino

Samples of verb usage

Arrivammo sani e salvi.   We arrived safe and sound.
Col coraggio si arriva ovunque.   With courage one can get anywhere.

to dry

The Seven Simple Tenses		The Seven Compound Tenses	
Singular	Plural	Singular	Plural

1 Present Indicative

		8 Present Perfect	
asciugo	asciughiamo	ho asciugato	abbiamo asciugato
asciughi	asciugate	hai asciugato	avete asciugato
asciuga	asciugano	ha asciugato	hanno asciugato

2 Imperfect

		9 Past Perfect	
asciugavo	asciugavamo	avevo asciugato	avevamo asciugato
asciugavi	asciugavate	avevi asciugato	avevate asciugato
asciugava	asciugavano	aveva asciugato	avevano asciugato

3 Past Absolute

		10 Past Anterior	
asciugai	asciugammo	ebbi asciugato	avemmo asciugato
asciugasti	asciugaste	avesti asciugato	aveste asciugato
asciugò	asciugarono	ebbe asciugato	ebbero asciugato

4 Future

		11 Future Perfect	
asciugherò	asciugheremo	avrò asciugato	avremo asciugato
asciugherai	asciugherete	avrai asciugato	avrete asciugato
asciugherà	asciugheranno	avrà asciugato	avranno asciugato

5 Present Conditional

		12 Past Conditional	
asciugherei	asciugheremmo	avrei asciugato	avremmo asciugato
asciugheresti	asciughereste	avresti asciugato	avreste asciugato
asciugherebbe	asciugherebbero	avrebbe asciugato	avrebbero asciugato

6 Present Subjunctive

		13 Past Subjunctive	
asciuga	asciughiamo	abbia asciugato	abbiamo asciugato
asciuga	asciugate	abbia asciugato	abbiate asciugato
asciuga	asciugano	abbia asciugato	abbiano asciugato

7 Imperfect Subjunctive

		14 Past Perfect Subjunctive	
asciugassi	asciugassimo	avessi asciugato	avessimo asciugato
asciugassi	asciugaste	avessi asciugato	aveste asciugato
asciugasse	asciugassero	avesse asciugato	avessero asciugato

Imperative

—	asciughiamo
asciuga (non asciugare)	asciugate
asciughi	asciughino

Samples of verb usage

Ho asciugato i piatti.   I dried the dishes.
La madre asciuga le lacrime del bambino.   The mother dries the child's tears.

aspettare

to wait for

The Seven Simple Tenses		The Seven Compound Tenses	
Singular	Plural	Singular	Plural
1 Present Indicative		**8** Present Perfect	
aspetto	aspettiamo	ho aspettato	abbiamo aspettato
aspetti	aspettate	hai aspettato	avete aspettato
aspetta	aspettano	ha aspettato	hanno aspettato
2 Imperfect		**9** Past Perfect	
aspettavo	aspettavamo	avevo aspettato	avevamo aspettato
aspettavi	aspettavate	avevi aspettato	avevate aspettato
aspettava	aspettavano	aveva aspettato	avevano aspettato
3 Past Absolute		**10** Past Anterior	
aspettai	aspettammo	ebbi aspettato	avemmo aspettato
aspettasti	aspettaste	avesti aspettato	aveste aspettato
aspettò	aspettarono	ebbe aspettato	ebbero aspettato
4 Future		**11** Future Perfect	
aspetterò	aspetteremo	avrò aspettato	avremo aspettato
aspetterai	aspetterete	avrai aspettato	avrete aspettato
aspetterà	aspetteranno	avrà aspettato	avranno aspettato
5 Present Conditional		**12** Past Conditional	
aspetterei	aspetteremmo	avrei aspettato	avremmo aspettato
aspetteresti	aspettereste	avresti aspettato	avreste aspettato
aspetterebbe	aspetterebbero	avrebbe aspettato	avrebbero aspettato
6 Present Subjunctive		**13** Past Subjunctive	
aspetti	aspettiamo	abbia aspettato	abbiamo aspettato
aspetti	aspettiate	abbia aspettato	abbiate aspettato
aspetti	aspettino	abbia aspettato	abbiano aspettato
7 Imperfect Subjunctive		**14** Past Perfect Subjunctive	
aspettassi	aspettassimo	avessi aspettato	avessimo aspettato
aspettassi	aspettaste	avessi aspettato	aveste aspettato
aspettasse	aspettassero	avesse aspettato	avessero aspettato

	Imperative	
—		aspettiamo
aspetta (non aspettare)		aspettate
aspetti		aspettino

Samples of verb usage

Aspettami! Vengo subito.   Wait for me! I'll be right there.
Aspetto Giovanni.   I'm waiting for John.

to taste

The Seven Simple Tenses		The Seven Compound Tenses	
Singular	Plural	Singular	Plural

1 Present Indicative

assaggio	assaggiamo	
assaggi	assaggiate	
assaggia	assaggiano	

8 Present Perfect

ho assaggiato	abbiamo assaggiato
hai assaggiato	avete assaggiato
ha assaggiato	hanno assaggiato

2 Imperfect

assaggiavo	assaggiavamo
assaggiavi	assaggiavate
assaggiava	assaggiavano

9 Past Perfect

avevo assaggiato	avevamo assaggiato
avevi assaggiato	avevate assaggiato
aveva assaggiato	avevano assaggiato

3 Past Absolute

assaggiai	assaggiammo
assaggiasti	assaggiaste
assaggiò	assaggiarono

10 Past Anterior

ebbi assaggiato	avemmo assaggiato
avesti assaggiato	aveste assaggiato
ebbe assaggiato	ebbero assaggiato

4 Future

assaggerò	assaggeremo
assaggerai	assaggerete
assaggerà	assaggeranno

11 Future Perfect

avrò assaggiato	avremo assaggiato
avrai assaggiato	avrete assaggiato
avrà assaggiato	avranno assaggiato

5 Present Conditional

assaggerei	assaggeremmo
assaggeresti	assaggereste
assaggerebbe	assaggerebbero

12 Past Conditional

avrei assaggiato	avremmo assaggiato
avresti assaggiato	avreste assaggiato
avrebbe assaggiato	avrebbero assaggiato

6 Present Subjunctive

assaggi	assaggiamo
assaggi	assaggiate
assaggi	assaggino

13 Past Subjunctive

abbia assaggiato	abbiamo assaggiato
abbia assaggiato	abbiate assaggiato
abbia assaggiato	abbiano assaggiato

7 Imperfect Subjunctive

assaggiassi	assaggiassimo
assaggiassi	assaggiaste
assaggiasse	assaggiassero

14 Past Perfect Subjunctive

avessi assaggiato	avessimo assaggiato
avessi assaggiato	aveste assaggiato
avesse assaggiato	avessero assaggiato

Imperative

—	assaggiamo
assaggia (non assaggiare)	assaggiate
assaggi	assaggino

Samples of verb usage

Mi piace assaggiare cibi nuovi.   I like to taste new foods.
Ho assaggiato tutto.   I tasted everything.

to assail, to assault

The Seven Simple Tenses		The Seven Compound Tenses	
Singular	Plural	Singular	Plural
1 Present Indicative		**8 Present Perfect**	
assalgo	assaliamo	ho assalito	abbiamo assalito
assali	assalite	hai assalito	avete assalito
assale	assalgono	ha assalito	hanno assalito
(*Or regular:* assalisco, *etc.*)			
2 Imperfect		**9 Past Perfect**	
assalivo	assalivamo	avevo assalito	avevamo assalito
assalivi	assalivate	avevi assalito	avevate assalito
assaliva	assalivano	aveva assalito	avevano assalito
3 Past Absolute		**10 Past Anterior**	
assalii	assalimmo	ebbi assalito	avemmo assalito
assalisti	assaliste	avesti assalito	aveste assalito
assalì	assalirono	ebbe assalito	ebbero assalito
4 Future		**11 Future Perfect**	
assalirò	assaliremo	avrò assalito	avremo assalito
assalirai	assalirete	avrai assalito	avrete assalito
assalirà	assaliranno	avrà assalito	avranno assalito
5 Present Conditional		**12 Past Conditional**	
assalirei	assaliremmo	avrei assalito	avremmo assalito
assaliresti	assalireste	avresti assalito	avreste assalito
assalirebbe	assalirebbero	avrebbe assalito	avrebbero assalito
6 Present Subjunctive		**13 Past Subjunctive**	
assalga	assaliamo	abbia assalito	abbiamo assalito
assalga	assaliate	abbia assalito	abbiate assalito
assalga	assalgano	abbia assalito	abbiano assalito
(*Or regular:* assalisca, *etc.*)			
7 Imperfect Subjunctive		**14 Past Perfect Subjunctive**	
assalissi	assalissimo	avessi assalito	avessimo assalito
assalissi	assaliste	avessi assalito	aveste assalito
assalisse	assalissero	avesse assalito	avessero assalito

Imperative
—	assaliamo
assali (assalisci) (non assalire)	assalite
assalga (assalisca)	assalgano (assaliscano)

Samples of verb usage

Il nemico ci assalì.   The enemy assaulted us.
Io fui assalito dai dubbi.   I was assailed by doubts.

to assist

The Seven Simple Tenses		The Seven Compound Tenses	
Singular	Plural	Singular	Plural

1 Present Indicative

assisto	assistiamo		
assisti	assistete		
assiste	assistono		

8 Present Perfect

ho assistito	abbiamo assistito
hai assistito	avete assistito
ha assistito	hanno assistito

2 Imperfect

assistevo	assistevamo
assistevi	assistevate
assisteva	assistevano

9 Past Perfect

avevo assistito	avevamo assistito
avevi assistito	avevate assistito
aveva assistito	avevano assistito

3 Past Absolute

assistei (assistetti)	assistemmo
assistesti	assisteste
assistè (assistette)	assisterono (assistettero)

10 Past Anterior

ebbi assistito	avemmo assistito
avesti assistito	aveste assistito
ebbe assistito	ebbero assistito

4 Future

assisterò	assisteremo
assisterai	assisterete
assisterà	assisteranno

11 Future Perfect

avrò assistito	avremo assistito
avrai assistito	avrete assistito
avrà assistito	avranno assistito

5 Present Conditional

assisterei	assisteremmo
assisteresti	assistereste
assisterebbe	assisterebbero

12 Past Conditional

avrei assistito	avremmo assistito
avresti assistito	avreste assistito
avrebbe assistito	avrebbero assistito

6 Present Subjunctive

assista	assistiamo
assista	assistiate
assista	assistano

13 Past Subjunctive

abbia assistito	abbiamo assistito
abbia assistito	abbiate assistito
abbia assistito	abbiano assistito

7 Imperfect Subjunctive

assistessi	assistessimo
assistessi	assisteste
assistesse	assistessero

14 Past Perfect Subjunctive

avessi assistito	avessimo assistito
avessi assistito	aveste assistito
avesse assistito	avessero assistito

Imperative

—	assistiamo
assisti (non assistere)	assistete
assista	assistano

Samples of verb usage

Assisto mia madre ogni giorno.   I assist (help) my mother every day.
Ti assisterò il più possible.   I will help you as much as possible.

NOTE: Like **assistere** are **consistere** and **esistere** (both conjugated with **essere**), and **insistere, persistere,** and **resistere**.

to assume

The Seven Simple Tenses		The Seven Compound Tenses	
Singular	Plural	Singular	Plural
1 Present Indicative		**8 Present Perfect**	
assumo	assumiamo	ho assunto	abbiamo assunto
assumi	assumete	hai assunto	avete assunto
assume	assumono	ha assunto	hanno assunto
2 Imperfect		**9 Past Perfect**	
assumevo	assumevamo	avevo assunto	avevamo assunto
assumevi	assumevate	avevi assunto	avevate assunto
assumeva	assumevano	aveva assunto	avevano assunto
3 Past Absolute		**10 Past Anterior**	
assunsi	assumemmo	ebbi assunto	avemmo assunto
assumesti	assumeste	avesti assunto	aveste assunto
assunse	assunsero	ebbe assunto	ebbero assunto
4 Future		**11 Future Perfect**	
assumerò	assumeremo	avrò assunto	avremo assunto
assumerai	assumerete	avrai assunto	avrete assunto
assumerà	assumeranno	avrà assunto	avranno assunto
5 Present Conditional		**12 Past Conditional**	
assumerei	assumeremmo	avrei assunto	avremmo assunto
assumeresti	assumereste	avresti assunto	avreste assunto
assumerebbe	assumerebbero	avrebbe assunto	avrebbero assunto
6 Present Subjunctive		**13 Past Subjunctive**	
assuma	assumiamo	abbia assunto	abbiamo assunto
assuma	assumiate	abbia assunto	abbiate assunto
assuma	assumano	abbia assunto	abbiano assunto
7 Imperfect Subjunctive		**14 Past Perfect Subjunctive**	
assumessi	assumessimo	avessi assunto	avessimo assunto
assumessi	assumeste	avessi assunto	aveste assunto
assumesse	assumessero	avesse assunto	avessero assunto

	Imperative	
—		assumiamo
assumi (non assumere)		assumete
assuma		assumano

Samples of verb usage

Io assumo tutta la responsabilità.   I assume all the responsibilty.
Lui assume un altro nome.   He assumes another name.

to wait for, to attend

The Seven Simple Tenses		The Seven Compound Tenses	
Singular	Plural	Singular	Plural

1 Present Indicative

		8 Present Perfect	
attendo	attendiamo	ho atteso	abbiamo atteso
attendi	attendete	hai atteso	avete atteso
attende	attendono	ha atteso	hanno atteso

2 Imperfect

		9 Past Perfect	
attendevo	attendevamo	avevo atteso	avevamo atteso
attendevi	attendevate	avevi atteso	avevate atteso
attendeva	attendevano	aveva atteso	avevano atteso

3 Past Absolute

		10 Past Anterior	
attesi	attendemmo	ebbi atteso	avemmo atteso
attendesti	attendeste	avesti atteso	aveste atteso
attese	attesero	ebbe atteso	ebbero atteso

4 Future

		11 Future Perfect	
attenderò	attenderemo	avrò atteso	avremo atteso
attenderai	attenderete	avrai atteso	avrete atteso
attenderà	attenderanno	avrà atteso	avranno atteso

5 Present Conditional

		12 Past Conditional	
attenderei	attenderemmo	avrei atteso	avremmo atteso
attenderesti	attendereste	avresti atteso	avreste atteso
attenderebbe	attenderebbero	avrebbe atteso	avrebbero atteso

6 Present Subjunctive

		13 Past Subjunctive	
attenda	attendiamo	abbia atteso	abbiamo atteso
attenda	attendiate	abbia atteso	abbiate atteso
attenda	attendano	abbia atteso	abbiano atteso

7 Imperfect Subjunctive

		14 Past Perfect Subjunctive	
attendessi	attendessimo	avessi atteso	avessimo atteso
attendessi	attendeste	avessi atteso	aveste atteso
attendesse	attendessero	avesse atteso	avessero atteso

Imperative

—	attendiamo
attendi (non attendere)	attendete
attenda	attendano

Samples of verb usage

Non sa cosa gli attende.   He doesn't know what's waiting for him (what to expect).
Ho atteso tutta la giornata.   I waited the whole day.

attribuire

to attribute, to ascribe

The Seven Simple Tenses		The Seven Compound Tenses	
Singular	Plural	Singular	Plural
1 Present Indicative		**8 Present Perfect**	
attribuisco	attribuiamo	ho attribuito	abbiamo attribuito
attribuisci	attribuite	hai attribuito	avete attribuito
attribuisce	attribuiscono	ha attribuito	hanno attribuito
2 Imperfect		**9 Past Perfect**	
attribuivo	attribuivamo	avevo attribuito	avevamo attribuito
attribuivi	attribuivate	avevi attribuito	avevate attribuito
attribuiva	attribuivano	aveva attribuito	avevano attribuito
3 Past Absolute		**10 Past Anterior**	
attribuii	attribuimmo	ebbi attribuito	avemmo attribuito
attribuisti	attribuiste	avesti attribuito	aveste attribuito
attribuì	attribuirono	ebbe attribuito	ebbero attribuito
4 Future		**11 Future Perfect**	
attribuirò	attribuiremo	avrò attribuito	avremo attribuito
attribuirai	attribuirete	avrai attribuito	avrete attribuito
attribuirà	attribuiranno	avrà attribuito	avranno attribuito
5 Present Conditional		**12 Past Conditional**	
attribuirei	attribuiremmo	avrei attribuito	avremmo attribuito
attribuiresti	attribuireste	avresti attribuito	avreste attribuito
attribuirebbe	attribuirebbero	avrebbe attribuito	avrebbero attribuito
6 Present Subjunctive		**13 Past Subjunctive**	
attribuisca	attribuiamo	abbia attribuito	abbiamo attribuito
attribuisca	attribuiate	abbia attribuito	abbiate attribuito
attribuisca	attribuiscano	abbia attribuito	abbiano attribuito
7 Imperfect Subjunctive		**14 Past Perfect Subjunctive**	
attribuissi	attribuissimo	avessi attribuito	avessimo attribuito
attribuissi	attribuiste	avessi attribuito	aveste attribuito
attribuisse	attribuissero	avesse attribuito	avessero attribuito

	Imperative	
—		attribuiamo
attribuisci (non attribuire)		attribuite
attribuisca		attribuiscano

Samples of verb usage

Lui lo attribuisce alla gioventù.   He attributes it to youth.
Io non attribuii nessuna importanza a questo fatto.   I didn't attribute any importance to this fact.

to have, to get

The Seven Simple Tenses		The Seven Compound Tenses	
Singular	Plural	Singular	Plural
1 Present Indicative		**8 Present Perfect**	
ho	abbiamo	ho avuto	abbiamo avuto
hai	avete	hai avuto	avete avuto
ha	hanno	ha avuto	hanno avuto
2 Imperfect		**9 Past Perfect**	
avevo	avevamo	avevo avuto	avevamo avuto
avevi	avevate	avevi avuto	avevate avuto
aveva	avevano	aveva avuto	avevano avuto
3 Past Absolute		**10 Past Anterior**	
ebbi	avemmo	ebbi avuto	avemmo avuto
avesti	aveste	avesti avuto	aveste avuto
ebbe	ebbero	ebbe avuto	ebbero avuto
4 Future		**11 Future Perfect**	
avrò	avremo	avrò avuto	avremo avuto
avrai	avrete	avrai avuto	avrete avuto
avrà	avranno	avrà avuto	avranno avuto
5 Present Conditional		**12 Past Conditional**	
avrei	avremmo	avrei avuto	avremmo avuto
avresti	avreste	avresti avuto	avreste avuto
avrebbe	avrebbero	avrebbe avuto	avrebbero avuto
6 Present Subjunctive		**13 Past Subjunctive**	
abbia	abbiamo	abbia avuto	abbiamo avuto
abbia	abbiate	abbia avuto	abbiate avuto
abbia	abbiano	abbia avuto	abbiano avuto
7 Imperfect Subjunctive		**14 Past Perfect Subjunctive**	
avessi	avessimo	avessi avuto	avessimo avuto
avessi	aveste	avessi avuto	aveste avuto
avesse	avessero	avesse avuto	avessero avuto

Imperative

—	abbiamo
abbi (non avere)	abbiate
abbia	abbiano

Samples of verb usage

Ho sonno.   I am sleepy.
Lei ha sete.   She is thirsty.
Quanti anni hai?   How old are you?

to perceive, to notice, to become aware

The Seven Simple Tenses		The Seven Compound Tenses	
Singular	Plural	Singular	Plural
1 Present Indicative		**8 Present Perfect**	
mi avvedo	ci avvediamo	mi sono avveduto	ci siamo avveduti
ti avvedi	vi avvedete	ti sei avveduto	vi siete avveduti
si avvede	si avvedono	si è avveduto	si sono avveduti
2 Imperfect		**9 Past Perfect**	
mi avvedevo	ci avvedevamo	mi ero avveduto	ci eravamo avveduti
ti avvedevi	vi avvedevate	ti eri avveduto	vi eravate avveduti
si avvedeva	si avvedevano	si era avveduto	si erano avveduti
3 Past Absolute		**10 Past Anterior**	
mi avvidi	ci avvedemmo	mi fui avveduto	ci fummo avveduti
ti avvedesti	vi avvedeste	ti fosti avveduto	vi foste avveduti
si avvide	si avvidero	si fu avveduto	si furono avveduti
4 Future		**11 Future Perfect**	
mi avvedrò	ci avvedremo	mi sarò avveduto	ci saremo avveduti
ti avvedrai	vi avvedrete	ti sarai avveduto	vi sarete avveduti
si avvedrà	si avvedranno	si sarà avveduto	si saranno avveduti
5 Present Conditional		**12 Past Conditional**	
mi avvedrei	ci avvedremmo	mi sarei avveduto	ci saremmo avveduti
ti avvredesti	vi avvedreste	ti saresti avveduto	vi sareste avveduti
si avvedrebbe	si avvedrebbero	si sarebbe avveduto	si sarebbero avveduti
6 Present Subjunctive		**13 Past Subjunctive**	
mi avveda	ci avvediamo	mi sia avveduto	ci siamo avveduti
ti avveda	vi avvediate	ti sia avveduto	vi siate avveduti
si avveda	si avvedano	si sia avveduto	si siano avveduti
7 Imperfect Subjunctive		**14 Past Perfect Subjunctive**	
mi avvedessi	ci avvedessimo	mi fossi avveduto	ci fossimo avveduti
ti avvedessi	vi avvedeste	ti fossi avveduto	vi foste avveduti
si avvedesse	si avvedessero	si fosse avveduto	si fossero avveduti

Imperative	
—	avvediamoci
avvediti (non ti avvedere/non avvederti)	avvedetevi
si avveda	si avvedano

Samples of verb usage

Si avvide della verità.   He became aware of the truth.
Piansi senza avvedermene.   I cried without realizing it.

to happen, to occur

The Seven Simple Tenses		The Seven Compound Tenses	
Singular	Plural	Singular	Plural
1 Present Indicative		**8 Present Perfect**	
avviene	**avvengono**	**è avvenuto**	**sono avvenuti**
2 Imperfect		**9 Past Perfect**	
avveniva	**avvenivano**	**era avvenuto**	**erano avvenuti**
3 Past Absolute		**10 Past Anterior**	
avvenne	**avvennero**	**fu avvenuto**	**furono avvenuti**
4 Future		**11 Future Perfect**	
avverrà	**avverranno**	**sarà avvenuto**	**saranno avvenuti**
5 Present Conditional		**12 Past Conditional**	
avverrebbe	**avverrebbero**	**sarebbe avvenuto**	**sarebbero avvenuti**
6 Present Subjunctive		**13 Past Subjunctive**	
avvenga	**avvengano**	**sia avvenuto**	**siano avvenuti**
7 Imperfect Subjunctive		**14 Past Perfect Subjunctive**	
avvenisse	**avvenissero**	**fosse avvenuto**	**fossero avvenuti**

Imperative
—

Samples of verb usage

Queste cose avvengono.   These things happen.
Chi sa cosa avverrà nel futuro?   Who knows what will happen in the future?

NOTE: As with all impersonal verbs, this verb is usually used only in the third person singular and third person plural forms. Therefore, for convenience, the other forms are omitted here.

to advise, to inform, to let know

The Seven Simple Tenses		The Seven Compound Tenses	
Singular	Plural	Singular	Plural
1 Present Indicative		**8 Present Perfect**	
avviso	avvisiamo	ho avvisato	abbiamo avvisato
avvisi	avvisate	hai avvisato	avete avvisato
avvisa	avvisano	ha avvisato	hanno avvisato
2 Imperfect		**9 Past Perfect**	
avvisavo	avvisavamo	avevo avvisato	avevamo avvisato
avvisavi	avvisavate	avevi avvisato	avevate avvisato
avvisava	avvisavano	aveva avvisato	avevano avvisato
3 Past Absolute		**10 Past Anterior**	
avvisai	avvisammo	ebbi avvisato	avemmo avvisato
avvisasti	avvisaste	avesti avvisato	aveste avvisato
avvisò	avvisarono	ebbe avvisato	ebbero avvisato
4 Future		**11 Future Perfect**	
avviserò	avviseremo	avrò avvisato	avremo avvisato
avviserai	avviserete	avrai avvisato	avrete avvisato
avviserà	avviseranno	avrà avvisato	avranno avvisato
5 Present Conditional		**12 Past Conditional**	
avviserei	avviseremmo	avrei avvisato	avremmo avvisato
avviseresti	avvisereste	avresti avvisato	avreste avvisato
avviserebbe	avviserebbero	avrebbe avvisato	avrebbero avvisato
6 Present Subjunctive		**13 Past Subjunctive**	
avvisi	avvisiamo	abbia avvisato	abbiamo avvisato
avvisi	avvisiate	abbia avvisato	abbiate avvisato
avvisi	avvisino	abbia avvisato	abbiano avvisato
7 Imperfect Subjunctive		**14 Past Perfect Subjunctive**	
avvisassi	avvisassimo	avessi avvisato	avessimo avvisato
avvisassi	avvisaste	avessi avvisato	aveste avvisato
avvisasse	avvisassero	avesse avvisato	avessero avvisato

	Imperative	
—		avvisiamo
avvisa (non avvisare)		avvisate
avvisi		avvisino

Samples of verb usage

Lui mi avvisò troppo tardi.   He informed me too late.
Io lo avviso del cambiamento.   I inform him of the change.

baciare

to kiss

The Seven Simple Tenses		The Seven Compound Tenses	
Singular	Plural	Singular	Plural
1 Present Indicative		**8 Present Perfect**	
bacio	baciamo	ho baciato	abbiamo baciato
baci	baciate	hai baciato	avete baciato
bacia	baciano	ha baciato	hanno baciato
2 Imperfect		**9 Past Perfect**	
baciavo	baciavamo	avevo baciato	avevamo baciato
baciavi	baciavate	avevi baciato	avevate baciato
baciava	baciavano	aveva baciato	avevano baciato
3 Past Absolute		**10 Past Anterior**	
baciai	baciammo	ebbi baciato	avemmo baciato
baciasti	baciaste	avesti baciato	aveste baciato
baciò	baciarono	ebbe baciato	ebbero baciato
4 Future		**11 Future Perfect**	
bacerò	baceremo	avrò baciato	avremo baciato
bacerai	bacerete	avrai baciato	avrete baciato
bacerà	baceranno	avrà baciato	avranno baciato
5 Present Conditional		**12 Past Conditional**	
bacerei	baceremmo	avrei baciato	avremmo baciato
baceresti	bacereste	avresti baciato	avreste baciato
bacerebbe	bacerebbero	avrebbe baciato	avrebbero baciato
6 Present Subjunctive		**13 Past Subjunctive**	
baci	baciamo	abbia baciato	abbiamo baciato
baci	baciate	abbia baciato	abbiate baciato
baci	bacino	abbia baciato	abbiano baciato
7 Imperfect Subjunctive		**14 Past Perfect Subjunctive**	
baciassi	baciassimo	avessi baciato	avessimo baciato
baciassi	baciaste	avessi baciato	aveste baciato
baciasse	baciassero	avesse baciato	avessero baciato

Imperative

—	baciamo
bacia (non baciare)	baciate
baci	bacino

Samples of verb usage

La madre bacia il bambino.   The mother kisses the baby.
baciare a qualcuno sulla guancia   to kiss someone on the cheek

ballare

to dance

The Seven Simple Tenses		The Seven Compound Tenses	
Singular	Plural	Singular	Plural
1 Present Indicative		**8 Present Perfect**	
ballo	balliamo	ho ballato	abbiamo ballato
balli	ballate	hai ballato	avete ballato
balla	ballano	ha ballato	hanno ballato
2 Imperfect		**9 Past Perfect**	
ballavo	ballavamo	avevo ballato	avevamo ballato
ballavi	ballavate	avevi ballato	avevate ballato
ballava	ballavano	aveva ballato	avevano ballato
3 Past Absolute		**10 Past Anterior**	
ballai	ballammo	ebbi ballato	avemmo ballato
ballasti	ballaste	avesti ballato	aveste ballato
ballò	ballarono	ebbe ballato	ebbero ballato
4 Future		**11 Future Perfect**	
ballerò	balleremo	avrò ballato	avremo ballato
ballerai	ballerete	avrai ballato	avrete ballato
ballerà	balleranno	avrà ballato	avranno ballato
5 Present Conditional		**12 Past Conditional**	
ballerei	balleremmo	avrei ballato	avremmo ballato
balleresti	ballereste	avresti ballato	avreste ballato
ballerebbe	ballerebbero	avrebbe ballato	avrebbero ballato
6 Present Subjunctive		**13 Past Subjunctive**	
balli	balliamo	abbia ballato	abbiamo ballato
balli	balliate	abbia ballato	abbiate ballato
balli	ballino	abbia ballato	abbiano ballato
7 Imperfect Subjunctive		**14 Past Perfect Subjunctive**	
ballassi	ballassimo	avessi ballato	avessimo ballato
ballassi	ballaste	avessi ballato	aveste ballato
ballasse	ballassero	avesse ballato	avessero ballato

	Imperative	
—		balliamo
balla (non ballare)		ballate
balli		ballino

Samples of verb usage

Non mi piace ballare.   I don't like to dance.
Stasera balliamo!   Tonight we dance!

54

The Seven Simple Tenses		The Seven Compound Tenses	
Singular	Plural	Singular	Plural

1 Present Indicative		**8** Present Perfect	
benedico	benediciamo	ho benedetto	abbiamo benedetto
benedici	benedite	hai benedetto	avete benedetto
benedice	benedicono	ha benedetto	hanno benedetto

2 Imperfect		**9** Past Perfect	
benedicevo	benedicevamo	avevo benedetto	avevamo benedetto
benedicevi	benedicevate	avevi benedetto	avevate benedetto
benediceva	benedicevano	aveva benedetto	avevano benedetto
(*Or regular:* benedivo, *etc.*)			

3 Past Absolute		**10** Past Anterior	
benedissi	benedicemmo	ebbi benedetto	avemmo benedetto
benedicesti	benediceste	avesti benedetto	aveste benedetto
benedisse	benedissero	ebbe benedetto	ebbero benedetto
(*Or regular:* benedii, *etc.*)			

4 Future		**11** Future Perfect	
benedirò	benediremo	avrò benedetto	avremo benedetto
benedirai	benedirete	avrai benedetto	avrete benedetto
benedirà	benediranno	avrà benedetto	avranno benedetto

5 Present Conditional		**12** Past Conditional	
benedirei	benediremmo	avrei benedetto	avremmo benedetto
benediresti	benedireste	avresti benedetto	avreste benedetto
benedirebbe	benedirebbero	avrebbe benedetto	avrebbero benedetto

6 Present Subjunctive		**13** Past Subjunctive	
benedica	benediciamo	abbia benedetto	abbiamo benedetto
benedica	benediciate	abbia benedetto	abbiate benedetto
benedica	benedicano	abbia benedetto	abbiano benedetto

7 Imperfect Subjunctive		**14** Past Perfect Subjunctive	
benedicessi	benedicessimo	avessi benedetto	avessimo benedetto
benedicessi	benediceste	avessi benedetto	aveste benedetto
benedicesse	benedicessero	avesse benedetto	avessero benedetto
(*Or regular:* benedissi, *etc.*)			

Imperative

—	benediciamo
benedici (non benedire)	benedite
benedica	benedicano

Samples of verb usage

Dio vi benedica!   God bless you!
Il sacerdote benedice la casa.   The priest blesses the house.

bere (bevere)

Gerund **bevendo**   Past Part. **bevuto**

to drink

The Seven Simple Tenses		The Seven Compound Tenses	
Singular	Plural	Singular	Plural
1 Present Indicative		**8 Present Perfect**	
bevo	beviamo	ho bevuto	abbiamo bevuto
bevi	bevete	hai bevuto	avete bevuto
beve	bevono	ha bevuto	hanno bevuto
2 Imperfect		**9 Past Perfect**	
bevevo	bevevamo	avevo bevuto	avevamo bevuto
bevevi	bevevate	avevi bevuto	avevate bevuto
beveva	bevevano	aveva bevuto	avevano bevuto
3 Past Absolute		**10 Past Anterior**	
bevvi (bevetti)	bevemmo	ebbi bevuto	avemmo bevuto
bevesti	beveste	avesti bevuto	aveste bevuto
bevve (bevette)	bevvero (bevettero)	ebbe bevuto	ebbero bevuto
4 Future		**11 Future Perfect**	
berrò	berremo	avrò bevuto	avremo bevuto
berrai	berrete	avrai bevuto	avrete bevuto
berrà	berranno	avrà bevuto	avranno bevuto
5 Present Conditional		**12 Past Conditional**	
berrei	berremmo	avrei bevuto	avremmo bevuto
berresti	berreste	avresti bevuto	avreste bevuto
berrebbe	berrebbero	avrebbe bevuto	avrebbero bevuto
6 Present Subjunctive		**13 Past Subjunctive**	
beva	beviamo	abbia bevuto	abbiamo bevuto
beva	beviate	abbia bevuto	abbiate bevuto
beva	bevano	abbia bevuto	abbiano bevuto
7 Imperfect Subjunctive		**14 Past Perfect Subjunctive**	
bevessi	bevessimo	avessi bevuto	avessimo bevuto
bevessi	beveste	avessi bevuto	aveste bevuto
bevesse	bevessero	avesse bevuto	avessero bevuto

Imperative

—	beviamo
bevi(non bere)	bevete
beva	bevano

Samples of verb usage

Bevo l'acqua ogni giorno.   I drink water every day.
Beviamo alla tua salute!   Let's drink to your health!

to be necessary, to have to, must

The Seven Simple Tenses		The Seven Compound Tenses	
Singular	Plural	Singular	Plural
1 Present Indicative		**8** Present Perfect	
bisogna	**bisognano**	**è bisognato**	**sono bisognati**
2 Imperfect		**9** Past Perfect	
bisognava	**bisognavano**	**era bisognato**	**erano bisognati**
3 Past Absolute		**10** Past Anterior	
bisognò	**bisognarono**	**fu bisognato**	**furono bisognati**
4 Future		**11** Future Perfect	
bisognerà	**bisogneranno**	**sarà bisognato**	**saranno bisognati**
5 Present Conditional		**12** Past Conditional	
bisognerebbe	**bisognerebbero**	**sarebbe bisognato**	**sarebbero bisognati**
6 Present Subjunctive		**13** Past Subjunctive	
bisogni	**bisognino**	**sia bisognato**	**siano bisognati**
7 Imperfect Subjunctive		**14** Past Perfect Subjunctive	
bisognasse	**bisognassero**	**fosse bisognato**	**fossero bisognati**

Imperative
—

Samples of verb usage

Bisogna finire questo lavoro.   This work must be finished.
Mi bisogna il denaro.   I need the money.

NOTE: As with all impersonal verbs, this verb is usually used only in the third person singular and third person plural forms. Therefore, for convenience, the other forms are omitted here.

bloccare

Gerund **bloccando**   Past Part. **bloccato**

to block, to close off

The Seven Simple Tenses		The Seven Compound Tenses	
Singular	Plural	Singular	Plural
1 Present Indicative		**8 Present Perfect**	
blocco	blocchiamo	ho bloccato	abbiamo bloccato
blocchi	bloccate	hai bloccato	avete bloccato
blocca	bloccano	ha bloccato	hanno bloccato
2 Imperfect		**9 Past Perfect**	
bloccavo	bloccavamo	avevo bloccato	avevamo bloccato
bloccavi	bloccavate	avevi bloccato	avevate bloccato
bloccava	bloccavano	aveva bloccato	avevano bloccato
3 Past Absolute		**10 Past Anterior**	
bloccai	bloccammo	ebbi bloccato	avemmo bloccato
bloccasti	bloccaste	avesti bloccato	aveste bloccato
bloccò	bloccarono	ebbe bloccato	ebbero bloccato
4 Future		**11 Future Perfect**	
bloccherò	bloccheremo	avrò bloccato	avremo bloccato
bloccherai	bloccherete	avrai bloccato	avrete bloccato
bloccherà	bloccheranno	avrà bloccato	avranno bloccato
5 Present Conditional		**12 Past Conditional**	
bloccherei	bloccheremmo	avrei bloccato	avremmo bloccato
bloccheresti	blocchereste	avresti bloccato	avreste bloccato
bloccherebbe	bloccherebbero	avrebbe bloccato	avrebbero bloccato
6 Present Subjunctive		**13 Past Subjunctive**	
blocchi	blocchiamo	abbia bloccato	abbiamo bloccato
blocchi	blocchiate	abbia bloccato	abbiate bloccato
blocchi	blocchino	abbia bloccato	abbiano bloccato
7 Imperfect Subjunctive		**14 Past Perfect Subjunctive**	
bloccassi	bloccassimo	avessi bloccato	avessimo bloccato
bloccassi	bloccaste	avessi bloccato	aveste bloccato
bloccasse	bloccassero	avesse bloccato	avessero bloccato

Imperative

—	blocchiamo
blocca (non bloccare)	bloccate
blocchi	blocchino

Samples of verb usage

I soldati bloccano la strada.   The soldiers block the road.
Io blocco il suo passaggio.   I block his way.

to fail, to reject

The Seven Simple Tenses		The Seven Compound Tenses	
Singular	Plural	Singular	Plural

1 Present Indicative		**8 Present Perfect**	
boccio	bocciamo	ho bocciato	abbiamo bocciato
bocci	bocciate	hai bocciato	avete bocciato
boccia	bocciano	ha bocciato	hanno bocciato

2 Imperfect		**9 Past Perfect**	
bocciavo	bocciavamo	avevo bocciato	avevamo bocciato
bocciavi	bocciavate	avevi bocciato	avevate bocciato
bocciava	bocciavano	aveva bocciato	avevano bocciato

3 Past Absolute		**10 Past Anterior**	
bocciai	bocciammo	ebbi bocciato	avemmo bocciato
bocciasti	bocciaste	avesti bocciato	aveste bocciato
bocciò	bocciarono	ebbe bocciato	ebbero bocciato

4 Future		**11 Future Perfect**	
boccerò	bocceremo	avrò bocciato	avremo bocciato
boccerai	boccerete	avrai bocciato	avrete bocciato
boccerà	bocceranno	avrà bocciato	avranno bocciato

5 Present Conditional		**12 Past Conditional**	
boccerei	bocceremmo	avrei bocciato	avremmo bocciato
bocceresti	boccereste	avresti bocciato	avreste bocciato
boccerebbe	boccerebbero	avrebbe bocciato	avrebbero bocciato

6 Present Subjunctive		**13 Past Subjunctive**	
bocci	bocciamo	abbia bocciato	abbiamo bocciato
bocci	bocciate	abbia bocciato	abbiate bocciato
bocci	boccino	abbia bocciato	abbiano bocciato

7 Imperfect Subjunctive		**14 Past Perfect Subjunctive**	
bocciassi	bocciassimo	avessi bocciato	avessimo bocciato
bocciassi	bocciaste	avessi bocciato	aveste bocciato
bocciasse	bocciassero	avesse bocciato	avessero bocciato

Imperative

—	bocciamo
boccia (non bocciare)	bocciate
bocci	boccino

Samples of verb usage

Io ho bocciato l'esame.   I failed the exam.
Il decano ha bocciato la proposta.   The dean rejected the proposal.

bollire   Gerund **bollendo**   Past Part. **bollito**

to boil

The Seven Simple Tenses		The Seven Compound Tenses	
Singular	Plural	Singular	Plural
1 Present Indicative		**8 Present Perfect**	
bollo	bolliamo	ho bollito	abbiamo bollito
bolli	bollite	hai bollito	avete bollito
bolle	bollono	ha bollito	hanno bollito
2 Imperfect		**9 Past Perfect**	
bollivo	bollivamo	avevo bollito	avevamo bollito
bollivi	bollivate	avevi bollito	avevate bollito
bolliva	bollivano	aveva bollito	avevano bollito
3 Past Absolute		**10 Past Anterior**	
bollii	bollimmo	ebbi bollito	avemmo bollito
bollisti	bolliste	avesti bollito	aveste bollito
bollì	bollirono	ebbe bollito	ebbero bollito
4 Future		**11 Future Perfect**	
bollirò	bolliremo	avrò bollito	avremo bollito
bollirai	bollirete	avrai bollito	avrete bollito
bollirà	bolliranno	avrà bollito	avranno bollito
5 Present Conditional		**12 Past Conditional**	
bollirei	bolliremmo	avrei bollito	avremmo bollito
bolliresti	bollireste	avresti bollito	avreste bollito
bollirebbe	bollirebbero	avrebbe bollito	avrebbero bollito
6 Present Subjunctive		**13 Past Subjunctive**	
bolla	bolliamo	abbia bollito	abbiamo bollito
bolla	bolliate	abbia bollito	abbiate bollito
bolla	bollano	abbia bollito	abbiano bollito
7 Imperfect Subjunctive		**14 Past Perfect Subjunctive**	
bollissi	bollissimo	avessi bollito	avessimo bollito
bollissi	bolliste	avessi bollito	aveste bollito
bollisse	bollissero	avesse bollito	avessero bollito

Imperative

—	bolliamo
bolli (non bollire)	bollite
bolla	bollano

Samples of verb usage

Io non so bollire l'acqua.   I don't know how to boil water.
La carne è bollita.   The meat is boiled.

to burn oneself

The Seven Simple Tenses		The Seven Compound Tenses	
Singular	Plural	Singular	Plural

1   Present Indicative
mi brucio	ci bruciamo		
ti bruci	vi bruciate		
si brucia	si bruciano		

8   Present Perfect
mi sono bruciato	ci siamo bruciati
ti sei bruciato	vi siete bruciati
si è bruciato	si sono bruciati

2   Imperfect
mi bruciavo	ci bruciavamo
ti bruciavi	vi bruciavate
si bruciava	si bruciavano

9   Past Perfect
mi ero bruciato	ci eravamo bruciati
ti eri bruciato	vi eravate bruciati
si era bruciato	si erano bruciati

3   Past Absolute
mi bruciai	ci bruciammo
ti bruciasti	vi bruciaste
si bruciò	si bruciarono

10   Past Anterior
mi fui bruciato	ci fummo bruciati
ti fosti bruciato	vi foste bruciati
si fu bruciato	si furono bruciati

4   Future
mi brucerò	ci bruceremo
ti brucerai	vi brucerete
si brucerà	si bruceranno

11   Future Perfect
mi sarò bruciato	ci saremo bruciati
ti sarai bruciato	vi sarete bruciati
si sara bruciato	si saranno bruciati

5   Present Conditional
mi brucerei	ci bruceremmo
ti bruceresti	vi brucereste
si brucerebbe	si brucerebbero

12   Past Conditional
mi sarei bruciato	ci saremmo bruciati
ti saresti bruciato	vi sareste bruciati
si sarebbe bruciato	si sarebbero bruciati

6   Present Subjunctive
mi bruci	ci bruciamo
ti bruci	vi bruciate
si bruci	si brucino

13   Past Subjunctive
mi sia bruciato	ci siamo bruciati
ti sia bruciato	vi siate bruciati
si sia bruciato	si siano bruciati

7   Imperfect Subjunctive
mi bruciassi	ci bruciassimo
ti bruciassi	vi bruciaste
si bruciasse	si bruciassero

14   Past Perfect Subjunctive
mi fossi bruciato	ci fossimo bruciati
ti fossi bruciato	vi foste bruciati
si fosse bruciato	si fossero bruciati

Imperative

—	**bruciamoci**
bruciati (non ti bruciare/non bruciarti)	**bruciatevi**
si bruci	**si brucino**

Samples of verb usage

Mi sono bruciato il dito.   I burned my finger.
Ogni volta che stira i panni si brucia.   Every time he irons his clothes he burns himself.

to make fun of, to laugh at

The Seven Simple Tenses		The Seven Compound Tenses	
Singular	Plural	Singular	Plural
1 Present Indicative		**8 Present Perfect**	
mi burlo	ci burliamo	mi sono burlato	ci siamo burlati
ti burli	vi burlate	ti sei burlato	vi siete burlati
si burla	si burlano	si è burlato	si sono burlati
2 Imperfect		**9 Past Perfect**	
mi burlavo	ci burlavamo	mi ero burlato	ci eravamo burlati
ti burlavi	vi burlavate	ti eri burlato	vi eravate burlati
si burlava	si burlavano	si era burlato	si erano burlati
3 Past Absolute		**10 Past Anterior**	
mi burlai	ci burlammo	mi fui burlato	ci fummo burlati
ti burlasti	vi burlaste	ti fosti burlato	vi foste burlati
si burlò	si burlarono	si fu burlato	si furono burlati
4 Future		**11 Future Perfect**	
mi burlerò	ci burleremo	mi sarò burlato	ci saremo burlati
ti burlerai	vi burlerete	ti sarai burlato	vi sarete burlati
si burlerà	si burleranno	si sarà burlato	si saranno burlati
5 Present Conditional		**12 Past Conditional**	
mi burlerei	ci burleremmo	mi sarei burlato	ci saremmo burlati
ti burleresti	vi burlereste	ti saresti burlato	vi sareste burlati
si burlerebbe	si burlerebbero	si sarebbe burlato	si sarebbero burlati
6 Present Subjunctive		**13 Past Subjunctive**	
mi burli	ci burliamo	mi sia burlato	ci siamo burlati
ti burli	vi burliate	ti sia burlato	vi siate burlati
si burli	si burlino	si sia burlato	si siano burlati
7 Imperfect Subjunctive		**14 Past Perfect Subjunctive**	
mi burlassi	ci burlassimo	mi fossi burlato	ci fossimo burlati
ti burlassi	vi burlaste	ti fossi burlato	vi foste burlati
si burlasse	si burlassero	si fosse burlato	si fossero burlati

	Imperative	
—		burliamoci
burlati (non ti burlare/non burlarti)		burlatevi
si burli		si burlino

Samples of verb usage

Giovanni si burla di Pietro. John makes fun of Peter.
Non ti burlare del tuo amico! Don't make fun of your friend!

The Seven Simple Tenses		The Seven Compound Tenses	
Singular	Plural	Singular	Plural

1 Present Indicative

busso	bussiamo		
bussi	bussate		
bussa	bussano		

8 Present Perfect

ho bussato	abbiamo bussato
hai bussato	avete bussato
ha bussato	hanno bussato

2 Imperfect

bussavo	bussavamo
bussavi	bussavate
bussava	bussavano

9 Past Perfect

avevo bussato	avevamo bussato
avevi bussato	avevate bussato
aveva bussato	avevano bussato

3 Past Absolute

bussai	bussammo
bussasti	bussaste
bussò	bussarono

10 Past Anterior

ebbi bussato	avemmo bussato
avesti bussato	aveste bussato
ebbe bussato	ebbero bussato

4 Future

busserò	busseremo
busserai	busserete
busserà	busseranno

11 Future Perfect

avrò bussato	avremo bussato
avrai bussato	avrete bussato
avrà bussato	avranno bussato

5 Present Conditional

busserei	busseremmo
busseresti	bussereste
busserebbe	busserebbero

12 Past Conditional

avrei bussato	avremmo bussato
avresti bussato	avreste bussato
averebbe bussato	avrebbero bussato

6 Present Subjunctive

bussi	bussiamo
bussi	bussiate
bussi	bussino

13 Past Subjunctive

abbia bussato	abbiamo bussato
abbia bussato	abbiate bussato
abbia bussato	abbiano bussato

7 Imperfect Subjunctive

bussassi	bussassimo
bussassi	bussaste
bussasse	bussassero

14 Past Perfect Subjunctive

avessi bussato	avessimo bussato
avessi bussato	aveste bussato
avesse bussato	avessero bussato

Imperative

—		bussiamo
bussa (non bussare)		bussate
bussi		bussino

Samples of verb usage

Io busso prima di entrare.   I knock before entering.
Roberto bussa alla porta di Maria.   Robert knocks at Mary's door.

buttarsi

Gerund **buttandosi**   Past Part. **buttatosi**

to throw oneself into

The Seven Simple Tenses		The Seven Compound Tenses	
Singular	Plural	Singular	Plural
1 Present Indicative		**8 Present Perfect**	
mi butto	ci buttiamo	mi sono buttato	ci siamo buttati
ti butti	vi buttate	ti sei buttato	vi siete buttati
si butta	si buttano	si è buttato	si sono buttati
2 Imperfect		**9 Past Perfect**	
mi buttavo	ci buttavamo	mi ero buttato	ci eravamo buttati
ti buttavi	vi buttavate	ti eri buttato	vi eravate buttati
si buttava	si buttavano	si era buttato	si erano buttati
3 Past Absolute		**10 Past Anterior**	
mi buttai	ci buttammo	mi fui buttato	ci fummo buttati
ti buttasti	vi buttaste	ti fosti buttato	vi foste buttati
si buttò	si buttarono	si fu buttato	si furono buttati
4 Future		**11 Future Perfect**	
mi butterò	ci butteremo	mi sarò buttato	ci saremo buttati
ti butterai	vi butterete	ti sarai buttato	vi sarete buttati
si butterà	si butteranno	si sarà buttato	si saranno buttati
5 Present Conditional		**12 Past Conditional**	
mi butterei	ci butteremmo	mi sarei buttato	ci saremmo buttati
ti butteresti	vi buttereste	ti saresti buttato	vi sareste buttati
si butterebbe	si butterebbero	si sarebbe buttato	si sarebbero buttati
6 Present Subjunctive		**13 Past Subjunctive**	
mi butti	ci buttiamo	mi sia buttato	ci siamo buttati
ti butti	vi buttiate	ti sia buttato	vi siate buttati
si butti	si buttino	si sia buttato	si siano buttati
7 Imperfect Subjunctive		**14 Past Perfect Subjunctive**	
mi buttassi	ci buttassimo	mi fossi buttato	ci fossimo buttati
ti buttassi	vi buttaste	ti fossi buttato	vi foste buttati
si buttasse	si buttassero	si fosse buttato	si fossero buttati

	Imperative	
—		**buttiamoci**
buttati (non ti buttare/non buttarti)		**buttatevi**
si butti		**si buttino**

Samples of verb usage

Mi butto nel lavoro.   I throw myself into my work.
Si buttò nel mare.   He jumped into the sea.

cadere

The Seven Simple Tenses		The Seven Compound Tenses	
Singular	Plural	Singular	Plural
1 Present Indicative		**8** Present Perfect	
cado	cadiamo	sono caduto	siamo caduti
cadi	cadete	sei caduto	siete caduti
cade	cadono	è caduto	sono caduti
2 Imperfect		**9** Past Perfect	
cadevo	cadevamo	ero caduto	eravamo caduti
cadevi	cadevate	eri caduto	eravate caduti
cadeva	cadevano	era caduto	erano caduti
3 Past Absolute		**10** Past Anterior	
caddi	cademmo	fui caduto	fummo caduti
cadesti	cadeste	fosti caduto	foste caduti
cadde	caddero	fu caduto	furono caduti
4 Future		**11** Future Perfect	
cadrò	cadremo	sarò caduto	saremo caduti
cadrai	cadrete	sarai caduto	sarete caduti
cadrà	cadranno	sarà caduto	saranno caduti
5 Present Conditional		**12** Past Conditional	
cadrei	cadremmo	sarei caduto	saremmo caduti
cadresti	cadreste	saresti caduto	sareste caduti
cadrebbe	cadrebbero	sarebbe caduto	sarebbero caduti
6 Present Subjunctive		**13** Past Subjunctive	
cada	cadiamo	sia caduto	siamo caduti
cada	cadiate	sia caduto	siate caduti
cada	cadano	sia caduto	siano caduti
7 Imperfect Subjunctive		**14** Past Perfect Subjunctive	
cadessi	cadessimo	fossi caduto	fossimo caduti
cadessi	cadeste	fossi caduto	foste caduti
cadesse	cadessero	fosse caduto	fossero caduti

Imperative

—	cadiamo
cadi (non cadere)	cadete
cada	cadano

Samples of verb usage

La pioggia cade a torrenti.   The rain falls in torrents (is falling heavily).
Io sono caduto mentre giocavo.   I fell while (I was) playing.

calcolare

to calculate, to compute

The Seven Simple Tenses		The Seven Compound Tenses	
Singular	Plural	Singular	Plural
1 Present Indicative		**8** Present Perfect	
calcolo	calcoliamo	ho calcolato	abbiamo calcolato
calcoli	calcolate	hai calcolato	avete calcolato
calcola	calcolano	ha calcolato	hanno calcolato
2 Imperfect		**9** Past Perfect	
calcolavo	calcolavamo	avevo calcolato	avevamo calcolato
calcolavi	calcolavate	avevi calcolato	avevate calcolato
calcolava	calcolavano	aveva calcolato	avevano calcolato
3 Past Absolute		**10** Past Anterior	
calcolai	calcolammo	ebbi calcolato	avemmo calcolato
calcolasti	calcolaste	avesti calcolato	aveste calcolato
calcolò	calcolarono	ebbe calcolato	ebbero calcolato
4 Future		**11** Future Perfect	
calcolerò	calcoleremo	avrò calcolato	avremo calcolato
calcolerai	calcolerete	avrai calcolato	avrete calcolato
calcolerà	calcoleranno	avrà calcolato	avranno calcolato
5 Present Conditional		**12** Past Conditional	
calcolerei	calcoleremmo	avrei calcolato	avremmo calcolato
calcoleresti	calcolereste	avresti calcolato	avreste calcolato
calcolerebbe	calcolerebbero	avrebbe calcolato	avrebbero calcolato
6 Present Subjunctive		**13** Past Subjunctive	
calcoli	calcoliamo	abbia calcolato	abbiamo calcolato
calcoli	calcoliate	abbia calcolato	abbiate calcolato
calcoli	calcolino	abbia calcolato	abbiano calcolato
7 Imperfect Subjunctive		**14** Past Perfect Subjunctive	
calcolassi	calcolassimo	avessi calcolato	avessimo calcolato
calcolassi	calcolaste	avessi calcolato	aveste calcolato
calcolasse	calcolassero	avesse calcolato	avessero calcolato

Imperative

—	calcoliamo
calcola (non calcolare)	calcolate
calcoli	calcolino

Samples of verb usage

Non calcolare l'interesse adesso.   Do not calculate the interest now.
Lui calcola la distanza.   He calculates the distance.

to calm oneself down

The Seven Simple Tenses		The Seven Compound Tenses	
Singular	Plural	Singular	Plural
1 Present Indicative		**8 Present Perfect**	
mi calmo	ci calmiamo	mi sono calmato	ci siamo calmati
ti calmi	vi calmate	ti sei calmato	vi siete calmati
si calma	si calmano	si è calmato	si sono calmati
2 Imperfect		**9 Past Perfect**	
mi calmavo	ci calmavamo	mi ero calmato	ci eravamo calmati
ti calmavi	vi calmavate	ti eri calmato	vi eravate calmati
si calmava	si calmavano	si era calmato	si erano calmati
3 Past Absolute		**10 Past Anterior**	
mi calmai	ci calmammo	mi fui calmato	ci fummo calmati
ti calmasti	vi calmaste	ti fosti calmato	vi foste calmati
si calmò	si calmarono	si fu calmato	si furono calmati
4 Future		**11 Future Perfect**	
mi calmerò	ci calmeremo	mi sarò calmato	ci saremo calmati
ti calmerai	vi calmerete	ti sarai calmato	vi sarete calmati
si calmerà	si calmeranno	si sarà calmato	si saranno calmati
5 Present Conditional		**12 Past Conditional**	
mi calmerei	ci calmeremmo	mi sarei calmato	ci saremmo calmati
ti calmeresti	vi calmereste	ti saresti calmato	vi sareste calmati
si calmerebbe	si calmerebbero	si sarebbe calmato	si sarebbero calmati
6 Present Subjunctive		**13 Past Subjunctive**	
mi calmi	ci calmiamo	mi sia calmato	ci siamo calmati
ti calmi	vi calmiate	ti sia calmato	vi siate calmati
si calmi	si calmino	si sia calmato	si siano calmati
7 Imperfect Subjunctive		**14 Past Perfect Subjunctive**	
mi calmassi	ci calmassimo	mi fossi calmato	ci fossimo calmati
ti calmassi	vi calmaste	ti fossi calmato	vi foste calmati
si calmasse	si calmassero	si fosse calmato	si fossero calmati

	Imperative	
—		calmiamoci
calmati (non ti calmare/non calmarti)		calmatevi
si calmi		si calmino

Samples of verb usage

Calmati! Non è importante.   Calm down! It's not important.
Prendi questa medicina; ti calmerà.   Take this medicine; it will calm you down.

cambiare

to change

The Seven Simple Tenses		The Seven Compound Tenses	
Singular	Plural	Singular	Plural
1 Present Indicative		**8 Present Perfect**	
cambio	cambiamo	ho cambiato	abbiamo cambiato
cambi	cambiate	hai cambiato	avete cambiato
cambia	cambiano	ha cambiato	hanno cambiato
2 Imperfect		**9 Past Perfect**	
cambiavo	cambiavamo	avevo cambiato	avevamo cambiato
cambiavi	cambiavate	avevi cambiato	avevate cambiato
cambiava	cambiavano	aveva cambiato	avevano cambiato
3 Past Absolute		**10 Past Anterior**	
cambiai	cambiammo	ebbi cambiato	avemmo cambiato
cambiasti	cambiaste	avesti cambiato	aveste cambiato
cambiò	cambiarono	ebbe cambiato	ebbero cambiato
4 Future		**11 Future Perfect**	
cambierò	cambieremo	avrò cambiato	avremo cambiato
cambierai	cambierete	avrai cambiato	avrete cambiato
ccmbierà	cambieranno	avrà cambiato	avranno cambiato
5 Present Conditional		**12 Past Conditional**	
cambierei	cambieremmo	avrei cambiato	avremmo cambiato
cambieresti	cambiereste	avresti cambiato	avreste cambiato
cambierebbe	cambierebbero	avrebbe cambiato	avrebbero cambiato
6 Present Subjunctive		**13 Past Subjunctive**	
cambi	cambiamo	abbia cambiato	abbiamo cambiato
cambi	cambiate	abbia cambiato	abbiate cambiato
cambi	cambino	abbia cambiato	abbiano cambiato
7 Imperfect Subjunctive		**14 Past Perfect Subjunctive**	
cambiassi	cambiassimo	avessi cambiato	avessimo cambiato
cambiassi	cambiaste	avessi cambiato	aveste cambiato
cambiasse	cambiassero	avesse cambiato	avessero cambiato

Imperative	
—	cambiamo
cambia (non cambiare)	cambiate
cambi	cambino

Samples of verb usage

Cambia la pila e la macchina funzionerà.   Change the battery and the machine will work.
cambiare colore   to turn pale
cambiare direzione   to change direction

to walk

The Seven Simple Tenses		The Seven Compound Tenses	
Singular	Plural	Singular	Plural

1 Present Indicative

cammino	camminiamo		
cammini	camminate		
cammina	camminano		

8 Present Perfect

ho camminato		abbiamo camminato	
hai camminato		avete camminato	
ha camminato		hanno camminato	

2 Imperfect

camminavo	camminavamo
camminavi	camminavate
camminava	camminavano

9 Past Perfect

avevo camminato	avevamo camminato
avevi camminato	avevate camminato
aveva camminato	avevano camminato

3 Past Absolute

camminai	camminammo
camminasti	camminaste
camminò	camminarono

10 Past Anterior

ebbi camminato	avemmo camminato
avesti camminato	aveste camminato
ebbe camminato	ebbero camminato

4 Future

camminerò	cammineremo
camminerai	camminerete
camminerà	cammineranno

11 Future Perfect

avrò camminato	avremo camminato
avrai camminato	avrete camminato
avrà camminato	avranno camminato

5 Present Conditional

camminerei	cammineremmo
cammineresti	camminereste
camminerebbe	camminerebbero

12 Past Conditional

avrei camminato	avremmo camminato
avresti camminato	avreste camminato
avrebbe camminato	avrebbero camminato

6 Present Subjunctive

cammini	camminiamo
cammini	camminiate
cammini	camminino

13 Past Subjunctive

abbia camminato	abbiamo camminato
abbia camminato	abbiate camminato
abbia camminato	abbiano camminato

7 Imperfect Subjunctive

camminassi	camminassimo
camminassi	camminaste
camminasse	camminassero

14 Past Perfect Subjunctive

avessi camminato	avessimo camminato
avessi camminato	aveste camminato
avesse camminato	avessero camminato

Imperative

—	camminiamo
cammina (non camminare)	camminate
cammini	camminino

Samples of verb usage

Io cammino a scuola.   I walk to school.
Lui cammina su e giù.   He walks up and down.

69

cancellare

to cross out, to cancel, to rub out

The Seven Simple Tenses		The Seven Compound Tenses	
Singular	Plural	Singular	Plural
1 Present Indicative		**8 Present Perfect**	
cancello	cancelliamo	ho cancellato	abbiamo cancellato
cancelli	cancellate	hai cancellato	avete cancellato
cancella	cancellano	ha cancellato	hanno cancellato
2 Imperfect		**9 Past Perfect**	
cancellavo	cancellavamo	avevo cancellato	avevamo cancellato
cancellavi	cancellavate	avevi cancellato	avevate cancellato
cancellava	cancellavano	aveva cancellato	avevano cancellato
3 Past Absolute		**10 Past Anterior**	
cancellai	cancellammo	ebbi cancellato	avemmo cancellato
cancellasti	cancellaste	avesti cancellato	aveste cancellato
cancellò	cancellarono	ebbe cancellato	ebbero cancellato
4 Future		**11 Future Perfect**	
cancellerò	cancelleremo	avrò cancellato	avremo cancellato
cancellerai	cancellerete	avrai cancellato	avrete cancellato
cancellerà	cancelleranno	avrà cancellato	avranno cancellato
5 Present Conditional		**12 Past Conditional**	
cancellerei	cancelleremmo	avrei cancellato	avremmo cancellato
cancelleresti	cancellereste	avresti cancellato	avreste cancellato
cancellerebbe	cancellerebbero	avrebbe cancellato	avrebbero cancellato
6 Present Subjunctive		**13 Past Subjunctive**	
cancelli	cancelliamo	abbia cancellato	abbiamo cancellato
cancelli	cancelliate	abbia cancellato	abbiate cancellato
cancelli	cancellino	abbia cancellato	abbiano cancellato
7 Imperfect Subjunctive		**14 Past Perfect Subjunctive**	
cancellassi	cancellassimo	avessi cancellato	avessimo cancellato
cancellassi	cancellaste	avessi cancellato	aveste cancellato
cancellasse	cancellassero	avesse cancellato	avessero cancellato

Imperative

—	cancelliamo
cancella (non cancellare)	cancellate
cancelli	cancellino

Samples of verb usage

Lo cancellai con un solo tratto.   I crossed it out in a single stroke.
cancellare un contratto   to cancel a contract

to sing

The Seven Simple Tenses		The Seven Compound Tenses	
Singular	Plural	Singular	Plural
1 Present Indicative		**8** Present Perfect	
canto	cantiamo	ho cantato	abbiamo cantato
canti	cantate	hai cantato	avete cantato
canta	cantano	ha cantato	hanno cantato
2 Imperfect		**9** Past Perfect	
cantavo	cantavamo	avevo cantato	avevamo cantato
cantavi	cantavate	avevi cantato	avevate cantato
cantava	cantavano	aveva cantato	avevano cantato
3 Past Absolute		**10** Past Anterior	
cantai	cantammo	ebbi cantato	avemmo cantato
cantasti	cantaste	avesti cantato	aveste cantato
cantò	cantarono	ebbe cantato	ebbero cantato
4 Future		**11** Future Perfect	
canterò	canteremo	avrò cantato	avremo cantato
canterai	canterete	avrai cantato	avrete cantato
canterà	canteranno	avrà cantato	avranno cantato
5 Present Conditional		**12** Past Conditional	
canterei	canteremmo	avrei cantato	avremmo cantato
canteresti	cantereste	avresti cantato	avreste cantato
canterebbe	canterebbero	avrebbe cantato	avrebbero cantato
6 Present Subjunctive		**13** Past Subjunctive	
canti	cantiamo	abbia cantato	abbiamo cantato
canti	cantiate	abbia cantato	avete cantato
canti	cantino	abbia cantato	abbiano cantato
7 Imperfect Subjunctive		**14** Past Perfect Subjunctive	
cantassi	cantassimo	avessi cantato	avessimo cantato
cantassi	cantaste	avessi cantato	aveste cantato
cantasse	cantassero	avesse cantato	avessero cantato

	Imperative	
—		cantiamo
canta (non cantare)		cantate
canti		cantino

Samples of verb usage

Lui canta bene.   He sings well.
Perchè non ci canti una canzone?   Why don't you sing a song for us?

to understand

The Seven Simple Tenses		The Seven Compound Tenses	
Singular	Plural	Singular	Plural
1 Present Indicative		**8 Present Perfect**	
capisco	capiamo	ho capito	abbiamo capito
capisci	capite	hai capito	avete capito
capisce	capiscono	ha capito	hanno capito
2 Imperfect		**9 Past Perfect**	
capivo	capivamo	avevo capito	avevamo capito
capivi	capivate	avevi capito	avevate capito
capiva	capivano	aveva capito	avevano capito
3 Past Absolute		**10 Past Anterior**	
capii	capimmo	ebbi capito	avemmo capito
capisti	capiste	avesti capito	aveste capito
capì	capirono	ebbe capito	ebbero capito
4 Future		**11 Future Perfect**	
capirò	capiremo	avrò capito	avremo capito
capirai	capirete	avrai capito	avrete capito
capirà	capiranno	avrà capito	avranno capito
5 Present Conditional		**12 Past Conditional**	
capirei	capiremmo	avrei capito	avremmo capito
capiresti	capireste	avresti capito	avreste capito
capirebbe	capirebbero	avrebbe capito	avrebbero capito
6 Present Subjunctive		**13 Past Subjunctive**	
capisca	capiamo	abbia capito	abbiamo capito
capisca	capiate	abbia capito	abbiate capito
capisca	capiscano	abbia capito	abbiano capito
7 Imperfect Subjunctive		**14 Past Perfect Subjunctive**	
capissi	capissimo	avessi capito	avessimo capito
capissi	capiste	avessi capito	aveste capito
capisse	capissero	avesse capito	avessero capito

	Imperative	
—		capiamo
capisci (non capire)		capite
capisca		capiscano

Samples of verb usage

Loro capiscono cosa dico.   They understand what I am saying.
Capisci l'italiano?   Do you understand Italian?

to fall down

The Seven Simple Tenses		The Seven Compound Tenses	
Singular	Plural	Singular	Plural
1 Present Indicative		**8 Present Perfect**	
casco	caschiamo	sono cascato	siamo cascati
caschi	cascate	sei cascato	siete cascati
casca	cascano	è cascato	sono cascati
2 Imperfect		**9 Past Perfect**	
cascavo	cascavamo	ero cascato	eravamo cascati
cascavi	cascavate	eri cascato	eravate cascati
cascava	cascavano	era cascato	erano cascati
3 Past Absolute		**10 Past Anterior**	
cascai	cascammo	fui cascato	fummo cascati
cascasti	cascaste	fosti cascato	foste cascati
cascò	cascarono	fu cascato	furono cascati
4 Future		**11 Future Perfect**	
cascherò	cascheremo	sarò cascato	saremo cascati
cascherai	cascherete	sarai cascato	sarete cascati
cascherà	cascheranno	sarà cascato	saranno cascati
5 Present Conditional		**12 Past Conditional**	
cascherei	cascheremmo	sarei cascato	saremmo cascati
cascheresti	caschereste	saresti cascato	sareste cascati
cascherebbe	cascherebbero	sarebbe cascato	sarebbero cascati
6 Present Subjunctive		**13 Past Subjunctive**	
caschi	caschiamo	sia cascato	siamo cascati
caschi	caschiate	sia cascato	siate cascati
caschi	caschino	sia cascato	siano cascati
7 Imperfect Subjunctive		**14 Past Perfect Subjunctive**	
cascassi	cascassimo	fossi cascato	fossimo cascati
cascassi	cascaste	fossi cascato	foste cascati
cascasse	cascassero	fosse cascato	fossero cascati

Imperative

—	caschiamo
casca (non cascare)	cascate
caschi	caschino

Samples of verb usage

L'apparecchio è cascato.   The plane has crashed.
cascare dalle nuvole   to be amazed, to fall from the clouds
cascare dal sonno   to be overcome with sleep

to cause

The Seven Simple Tenses		The Seven Compound Tenses	
Singular	Plural	Singular	Plural
1 Present Indicative		**8 Present Perfect**	
causo	causiamo	ho causato	abbiamo causato
causi	causate	hai causato	avete causato
causa	causano	ha causato	hanno causato
2 Imperfect		**9 Past Perfect**	
causavo	causavamo	avevo causato	avevamo causato
causavi	causavate	avevi causato	avevate causato
causava	causavano	aveva causato	avevano causato
3 Past Absolute		**10 Past Anterior**	
causai	causammo	ebbi causato	avemmo causato
causasti	causaste	avesti causato	aveste causato
causò	causarono	ebbe causato	ebbero causato
4 Future		**11 Future Perfect**	
causerò	causeremo	avrò causato	avremo causato
causerai	causerete	avrai causato	avrete causato
causerà	causeranno	avrà causato	avranno causato
5 Present Conditional		**12 Past Conditional**	
causerei	causeremmo	avrei causato	avremmo causato
causeresti	causereste	avresti causato	avreste causato
causerebbe	causerebbero	avrebbe causato	avrebbero causato
6 Present Subjunctive		**13 Past Subjunctive**	
causi	causiamo	abbia causato	abbiamo causato
causi	causiate	abbia causato	abbiate causato
causi	causino	abbia causato	abbiano causato
7 Imperfect Subjunctive		**14 Past Perfect Subjunctive**	
causassi	causassimo	avessi causato	avessimo causato
causassi	causaste	avessi causato	aveste causato
causasse	causassero	avesse causato	avessero causato

Imperative	
—	causiamo
causa (non causare)	causate
causi	causino

Samples of verb usage

Lui ha causato un problema.   He caused a problem.
causare malintesi   to cause (give rise to) misunderstandings

to give way, to give in, to yield

The Seven Simple Tenses		The Seven Compound Tenses	
Singular	Plural	Singular	Plural
1 Present Indicative		**8 Present Perfect**	
cedo	cediamo	ho ceduto	abbiamo ceduto
cedi	cedete	hai ceduto	avete ceduto
cede	cedono	ha ceduto	hanno ceduto
2 Imperfect		**9 Past Perfect**	
cedevo	cedevamo	avevo ceduto	avevamo ceduto
cedevi	cedevate	avevi ceduto	avevate ceduto
cedeva	cedevano	aveva ceduto	avevano ceduto
3 Past Absolute		**10 Past Anterior**	
cedei (cedetti)	cedemmo	ebbi ceduto	avemmo ceduto
cedesti	cedeste	avesti ceduto	aveste ceduto
cedè (cedette)	cederono (cedettero)	ebbe ceduto	ebbero ceduto
4 Future		**11 Future Perfect**	
cederò	cederemo	avrò ceduto	avremo ceduto
cederai	cederete	avrai ceduto	avrete ceduto
cederà	cederanno	avrà ceduto	avranno ceduto
5 Present Conditional		**12 Past Conditional**	
cederei	cederemmo	avrei ceduto	avremmo ceduto
cederesti	cedereste	avresti ceduto	avreste ceduto
cederebbe	cederebbero	avrebbe ceduto	avrebbero ceduto
6 Present Subjunctive		**13 Past Subjunctive**	
ceda	cediamo	abbia ceduto	abbiamo ceduto
ceda	cediate	abbia ceduto	abbiate ceduto
ceda	cedano	abbia ceduto	abbiano ceduto
7 Imperfect Subjunctive		**14 Past Perfect Subjunctive**	
cedessi	cedessimo	avessi ceduto	avessimo ceduto
cedessi	cedeste	avessi ceduto	aveste ceduto
cedesse	cedessero	avesse ceduto	avessero ceduto

Imperative

—	cediamo
cedi (non cedere)	cedete
ceda	cedano

Samples of verb usage

Il ragazzo deve cedere al padre.   The boy must give in to his father.
Lui non cede i propri diritti.   He does not give up his rights.

celebrare

Gerund **celebrando**   Past Part. **celebrato**

to celebrate

The Seven Simple Tenses		The Seven Compound Tenses	
Singular	Plural	Singular	Plural
1 Present Indicative		**8 Present Perfect**	
celebro	celebriamo	ho celebrato	abbiamo celebrato
celebri	celebrate	hai celebrato	avete celebrato
celebra	celebrano	ha celebrato	hanno celebrato
2 Imperfect		**9 Past Perfect**	
celebravo	celebravamo	avevo celebrato	avevamo celebrato
celebravi	celebravate	avevi celebrato	avevate celebrato
celebrava	celebravano	aveva celebrato	avevano celebrato
3 Past Absolute		**10 Past Anterior**	
celebrai	celebrammo	ebbi celebrato	avemmo celebrato
celebrasti	celebraste	avesti celebrato	aveste celebrato
celebrò	celebrarono	ebbe celebrato	ebbero celebrato
4 Future		**11 Future Perfect**	
celebrerò	celebreremo	avrò celebrato	avremo celebrato
celebrerai	celebrerete	avrai celebrato	avrete celebrato
celebrerà	celebreranno	avrà celebrato	avranno celebrato
5 Present Conditional		**12 Past Conditional**	
celebrerei	celebreremmo	avrei celebrato	avremmo celebrato
celebreresti	celebrereste	avresti celebrato	avreste celebrato
celebrerebbe	celebrerebbero	avrebbe celebrato	avrebbero celebrato
6 Present Subjunctive		**13 Past Subjunctive**	
celebri	celebriamo	abbia celebrato	abbiamo celebrato
celebri	celebriate	abbia celebrato	abbiate celebrato
celebri	celebrino	abbia celebrato	abbiano celebrato
7 Imperfect Subjunctive		**14 Past Perfect Subjunctive**	
celebrassi	celebrassimo	avessi celebrato	avessimo celebrato
celebrassi	celebraste	avessi celebrato	aveste celebrato
celebrasse	celebrassero	avesse celebrato	avessero celebrato

Imperative

—	celebriamo
celebra (non celebrare)	celebrate
celebri	celebrino

Samples of verb usage

Celebra il compleanno oggi?   Are you celebrating your birthday today?
celebrare un anniversario   to celebrate an anniversary

to look for, to seek

The Seven Simple Tenses		The Seven Compound Tenses	
Singular	Plural	Singular	Plural

1 Present Indicative		**8** Present Perfect	
cerco	cerchiamo	ho cercato	abbiamo cercato
cerchi	cercate	hai cercato	avete cercato
cerca	cercano	ha cercato	hanno cercato

2 Imperfect		**9** Past Perfect	
cercavo	cercavamo	avevo cercato	avevamo cercato
cercavi	cercavate	avevi cercato	avevate cercato
cercava	cercavano	aveva cercato	avevano cercato

3 Past Absolute		**10** Past Anterior	
cercai	cercammo	ebbi cercato	avemmo cercato
cercasti	cercaste	avesti cercato	aveste cercato
cercò	cercarono	ebbe cercato	ebbero cercato

4 Future		**11** Future Perfect	
cercherò	cercheremo	avrò cercato	avremo cercato
cercherai	cercherete	avrai cercato	avrete cercato
cercherà	cercheranno	avrà cercato	avranno cercato

5 Present Conditional		**12** Past Conditional	
cercherei	cercheremmo	avrei cercato	avremmo cercato
cercheresti	cerchereste	avresti cercato	avreste cercato
cercherebbe	cercherebbero	avrebbe cercato	avrebbero cercato

6 Present Subjunctive		**13** Past Subjunctive	
cerchi	cerchiamo	abbia cercato	abbiamo cercato
cerchi	cerchiate	abbia cercato	abbiate cercato
cerchi	cerchino	abbia cercato	abbiano cercato

7 Imperfect Subjunctive		**14** Past Perfect Subjunctive	
cercassi	cercassimo	avessi cercato	avessimo cercato
cercassi	cercaste	avessi cercato	aveste cercato
cercasse	cercassero	avesse cercato	avessero cercato

Imperative

—	cerchiamo
cerca (non cercare)	cercate
cerchi	cerchino

Samples of verb usage

Lui cerca una soluzione.   He is looking for a solution.
Lo cercai dappertutto.   I looked everywhere for him.

chiamare

Gerund **chiamando**   Past Part. **chiamato**

to call

The Seven Simple Tenses		The Seven Compound Tenses	
Singular	Plural	Singular	Plural
1 Present Indicative		**8 Present Perfect**	
chiamo	chiamiamo	ho chiamato	abbiamo chiamato
chiami	chiamate	hai chiamato	avete chiamato
chiama	chiamano	ha chiamato	hanno chiamato
2 Imperfect		**9 Past Perfect**	
chiamavo	chiamavamo	avevo chiamato	avevamo chiamato
chiamavi	chiamavate	avevi chiamato	avevate chiamato
chiamava	chiamavano	aveva chiamato	avevano chiamato
3 Past Absolute		**10 Past Anterior**	
chiamai	chiamammo	ebbi chiamato	avemmo chiamato
chiamasti	chiamaste	avesti chiamato	aveste chiamato
chiamò	chiamarono	ebbe chiamato	ebbero chiamato
4 Future		**11 Future Perfect**	
chiamerò	chiameremo	avrò chiamato	avremo chiamato
chiamerai	chiamerete	avrai chiamato	avrete chiamato
chiamerà	chiameranno	avrà chiamato	avranno chiamato
5 Present Conditional		**12 Past Conditional**	
chiamerei	chiameremmo	avrei chiamato	avremmo chiamato
chiameresti	chiamereste	avresti chiamato	avreste chiamato
chiamerebbe	chiamerebbero	avrebbe chiamato	avrebbero chiamato
6 Present Subjunctive		**13 Past Subjunctive**	
chiami	chiamiamo	abbia chiamato	abbiamo chiamato
chiami	chiamiate	abbia chiamato	abbiate chiamato
chiami	chiamino	abbia chiamato	abbiano chiamato
7 Imperfect Subjunctive		**14 Past Perfect Subjunctive**	
chiamassi	chiamassimo	avessi chiamato	avessimo chiamato
chiamassi	chiamaste	avessi chiamato	aveste chiamato
chiamasse	chiamassero	avesse chiamato	avessero chiamato

	Imperative	
—		chiamiamo
chiama (non chiamare)		chiamate
chiami		chiamino

Samples of verb usage

Chiamerò Maria domani.   I'll call Mary tomorrow.
Si chiama Pietro.   His name is Peter.

to ask

The Seven Simple Tenses		The Seven Compound Tenses	
Singular	Plural	Singular	Plural
1 Present Indicative		**8 Present Perfect**	
chiedo (chieggo)	chiediamo	ho chiesto	abbiamo chiesto
chiedi	chiedete	hai chiesto	avete chiesto
chiede	chiedono (chieggono)	ha chiesto	hanno chiesto
2 Imperfect		**9 Past Perfect**	
chiedevo	chiedevamo	avevo chiesto	avevamo chiesto
chiedevi	chiedevate	avevi chiesto	avevate chiesto
chiedeva	chiedevano	aveva chiesto	avevano chiesto
3 Past Absolute		**10 Past Anterior**	
chiesi	chiedemmo	ebbi chiesto	avemmo chiesto
chiedesti	chiedeste	avesti chiesto	aveste chiesto
chiese	chiesero	ebbe chiesto	ebbero chiesto
4 Future		**11 Future Perfect**	
chiederò	chiederemo	avrò chiesto	avremo chiesto
chiederai	chiederete	avrai chiesto	avrete chiesto
chiederà	chiederanno	avrà chiesto	avranno chiesto
5 Present Conditional		**12 Past Conditional**	
chiederei	chiederemmo	avrei chiesto	avremmo chiesto
chiederesti	chiedereste	avresti chiesto	avreste chiesto
chiederebbe	chiederebbero	avrebbe chiesto	avrebbero chiesto
6 Present Subjunctive		**13 Past Subjunctive**	
chieda (chiegga)	chiediamo	abbia chiesto	abbiamo chiesto
chieda (chiegga)	chiediate	abbia chiesto	abbiate chiesto
chieda (chiegga)	chiedano (chieggano)	abbia chiesto	abbiano chiesto
7 Imperfect Subjunctive		**14 Past Perfect Subjunctive**	
chiedessi	chiedessimo	avessi chiesto	avessimo chiesto
chiedessi	chiedeste	avessi chiesto	aveste chiesto
chiedesse	chiedessero	avesse chiesto	avessero chiesto

Imperative

—	chiediamo
chiedi (non chiedere)	chiedete
chieda (chiegga)	chiedano (chieggano)

Samples of verb usage

Chiedigli che ora è!   Ask him what time it is!
Mi chiese di andare con loro.   He asked me to go with them.

to close, to shut

The Seven Simple Tenses		The Seven Compound Tenses	
Singular	Plural	Singular	Plural
1 Present Indicative		**8 Present Perfect**	
chiudo	chiudiamo	ho chiuso	abbiamo chiuso
chiudi	chiudete	hai chiuso	avete chiuso
chiude	chiudono	ha chiuso	hanno chiuso
2 Imperfect		**9 Past Perfect**	
chiudevo	chiudevamo	avevo chiuso	avevamo chiuso
chiudevi	chiudevate	avevi chiuso	avevate chiuso
chiudeva	chiudevano	aveva chiuso	avevano chiuso
3 Past Absolute		**10 Past Anterior**	
chiusi	chiudemmo	ebbi chiuso	avemmo chiuso
chiudesti	chiudeste	avesti chiuso	aveste chiuso
chiuse	chiusero	ebbe chiuso	ebbero chiuso
4 Future		**11 Future Perfect**	
chiuderò	chiuderemo	avrò chiuso	avremo chiuso
chiuderai	chiuderete	avrai chiuso	avrete chiuso
chiuderà	chiuderanno	avrà chiuso	avranno chiuso
5 Present Conditional		**12 Past Conditional**	
chiuderei	chiuderemmo	avrei chiuso	avremmo chiuso
chiuderesti	chiudereste	avresti chiuso	avreste chiuso
chiuderebbe	chiuderebbero	avrebbe chiuso	avrebbero chiuso
6 Present Subjunctive		**13 Past Subjunctive**	
chiuda	chiudiamo	abbia chiuso	abbiamo chiuso
chiuda	chiudiate	abbia chiuso	abbiate chiuso
chiuda	chiudano	abbia chiuso	abbiano chiuso
7 Imperfect Subjunctive		**14 Past Perfect Subjunctive**	
chiudessi	chiudessimo	avessi chiuso	avessimo chiuso
chiudessi	chiudeste	avessi chiuso	aveste chiuso
chiudesse	chiudessero	avesse chiuso	avessero chiuso

	Imperative	
—		chiudiamo
chiudi (non chiudere)		chiudete
chiuda		chiudano

Samples of verb usage

Io chiudo il libro quando finisco di leggere.   I close the book when I finish reading.
Lei chiude la porta quando esce.   She closes the door when she goes out.

NOTE: Like **chiudere** are **conchiudere, racchiudere, rinchiudere, schiudere,** and **socchiudere**.

to gather, to pick, to catch

The Seven Simple Tenses		The Seven Compound Tenses	
Singular	Plural	Singular	Plural
1 Present Indicative		**8 Present Perfect**	
colgo	cogliamo	ho colto	abbiamo colto
cogli	cogliete	hai colto	avete colto
coglie	colgono	ha colto	hanno colto
2 Imperfect		**9 Past Perfect**	
coglievo	coglievamo	avevo colto	avevamo colto
coglievi	coglievate	avevi colto	avevate colto
coglieva	coglievano	aveva colto	avevano colto
3 Past Absolute		**10 Past Anterior**	
colsi	cogliemmo	ebbi colto	avemmo colto
cogliesti	coglieste	avesti colto	aveste colto
colse	colsero	ebbe colto	ebbero colto
4 Future		**11 Future Perfect**	
coglierò	coglieremo	avrò colto	avremo colto
coglierai	coglierete	avrai colto	avrete colto
coglierà	coglieranno	avrà colto	avranno colto
5 Present Conditional		**12 Past Conditional**	
coglierei	coglieremmo	avrei colto	avremmo colto
coglieresti	cogliereste	avresti colto	avreste colto
coglierebbe	coglierebbero	avrebbe colto	avrebbero colto
6 Present Subjunctive		**13 Past Subjunctive**	
colga	cogliamo	abbia colto	abbiamo colto
colga	cogliate	abbia colto	abbiate colto
colga	colgano	abbia colto	abbiano colto
7 Imperfect Subjunctive		**14 Past Perfect Subjunctive**	
cogliessi	cogliessimo	avessi colto	avessimo colto
cogliessi	coglieste	avessi colto	aveste colto
cogliesse	cogliessero	avesse colto	avessero colto

	Imperative	
—		cogliamo
cogli (non cogliere)		cogliete
colga		colgano

Samples of verb usage

Lei coglie i fiori ogni giorno.   She picks flowers every day.
Lo colsi sul fatto.   I caught him red-handed.

NOTE: Like **cogliere** are **accogliere**, **raccogliere**, and **ricogliere**.

colpire

to hit, to strike

The Seven Simple Tenses		The Seven Compound Tenses	
Singular	Plural	Singular	Plural
1 Present Indicative		**8 Present Perfect**	
colpisco	colpiamo	ho colpito	abbiamo colpito
colpisci	colpite	hai colpito	avete colpito
colpisce	colpiscono	ha colpito	hanno colpito
2 Imperfect		**9 Past Perfect**	
colpivo	colpivamo	avevo colpito	avevamo colpito
colpivi	colpivate	avevi colpito	avevate colpito
colpiva	colpivano	aveva colpito	avevano colpito
3 Past Absolute		**10 Past Anterior**	
colpii	colpimmo	ebbi colpito	avemmo colpito
colpisti	colpiste	avesti colpito	aveste colpito
colpì	colpirono	ebbe colpito	ebbero colpito
4 Future		**11 Future Perfect**	
colpirò	colpiremo	avrò colpito	avremo colpito
colpirai	colpirete	avrai colpito	avrete colpito
colpirà	colpiranno	avrà colpito	avranno colpito
5 Present Conditional		**12 Past Conditional**	
colpirei	colpiremmo	avrei colpito	avremmo colpito
colpiresti	colpireste	avresti colpito	avreste colpito
colpirebbe	colpirebbero	avrebbe colpito	avrebbero colpito
6 Present Subjunctive		**13 Past Subjunctive**	
colpisca	colpiamo	abbia colpito	abbiamo colpito
colpisca	colpiate	abbia colpito	abbiate colpito
colpisca	colpiscano	abbia colpito	abbiano colpito
7 Imperfect Subjunctive		**14 Past Perfect Subjunctive**	
colpissi	colpissimo	avessi colpito	avessimo colpito
colpissi	colpiste	avessi colpito	aveste colpito
colpisse	colpissero	avesse colpito	avessero colpito

	Imperative	
—		colpiamo
colpisci (non colpire)		colpite
colpisca		colpiscano

Samples of verb usage

Lui mi colpì sulla testa.   He hit me on the head.
colpire nel segno   to hit the nail on the head

to begin, to start

The Seven Simple Tenses		The Seven Compound Tenses	
Singular	Plural	Singular	Plural

1 Present Indicative

		8 Present Perfect	
comincio	cominciamo	ho cominciato	abbiamo cominciato
cominci	cominciate	hai cominciato	avete cominciato
comincia	cominciano	ha cominciato	hanno cominciato

2 Imperfect

		9 Past Perfect	
cominciavo	cominciavamo	avevo cominciato	avevamo cominciato
cominciavi	cominciavate	avevi cominciato	avevate cominciato
cominciava	cominciavano	aveva cominciato	avevano cominciato

3 Past Absolute

		10 Past Anterior	
cominciai	cominciammo	ebbi cominciato	avemmo cominciato
cominciasti	cominciaste	avesti cominciato	aveste cominciato
cominciò	cominciarono	ebbe cominciato	ebbero cominciato

4 Future

		11 Future Perfect	
comincerò	cominceremo	avrò cominciato	avremo cominciato
comincerai	comincerete	avrai cominciato	avrete cominciato
comincerà	cominceranno	avrà cominciato	avranno cominciato

5 Present Conditional

		12 Past Conditional	
comincerei	cominceremmo	avrei cominciato	avremmo cominciato
cominceresti	comincereste	avresti cominciato	avreste cominciato
comincerebbe	comincerebbero	avrebbe cominciato	avrebbero cominciato

6 Present Subjunctive

		13 Past Subjunctive	
cominci	cominciamo	abbia cominciato	abbiamo cominciato
cominci	cominciate	abbia cominciato	abbiate cominciato
cominci	comincino	abbia cominciato	abbiano cominciato

7 Imperfect Subjunctive

		14 Past Perfect Subjunctive	
cominciassi	cominciassimo	avessi cominciato	avessimo cominciato
cominciassi	cominciaste	avessi cominciato	aveste cominciato
cominciasse	cominciassero	avesse cominciato	avessero cominciato

Imperative

—	cominciamo
comincia (non cominciare)	cominciate
cominci	comincino

Samples of verb usage

Comincia a piovere.   It's starting to rain.
Chi ben comincia, è a meta dell'opera.   Well begun is half done.

commettere

to commit

The Seven Simple Tenses		The Seven Compound Tenses	
Singular	Plural	Singular	Plural
1 Present Indicative		**8 Present Perfect**	
commetto	commettiamo	ho commesso	abbiamo commesso
commetti	commettete	hai commesso	avete commesso
commette	commettono	ha commesso	hanno commesso
2 Imperfect		**9 Past Perfect**	
commettevo	commettevamo	avevo commesso	avevamo commesso
commettevi	commettevate	avevi commesso	avevate commesso
commetteva	commettevano	aveva commesso	avevano commesso
3 Past Absolute		**10 Past Anterior**	
commisi	commettemmo	ebbi commesso	avemmo commesso
commettesti	commetteste	avesti commesso	aveste commesso
commise	commisero	ebbe commesso	ebbero commesso
4 Future		**11 Future Perfect**	
commetterò	commetteremo	avrò commesso	avremo commesso
commetterai	commetterete	avrai commesso	avrete commesso
commetterà	commetteranno	avrà commesso	avranno commesso
5 Present Conditional		**12 Past Conditional**	
commetterei	commetteremmo	avrei commesso	avremmo commesso
commetteresti	commettereste	avresti commesso	avreste commesso
commetterebbe	commetterebbero	avrebbe commesso	avrebbero commesso
6 Present Subjunctive		**13 Past Subjunctive**	
commetta	commettiamo	abbia commesso	abbiamo commesso
commetta	commettiate	abbia commesso	abbiate commesso
commetta	commettano	abbia commesso	abbiano commesso
7 Imperfect Subjunctive		**14 Past Perfect Subjunctive**	
commettessi	commettessimo	avessi commesso	avessimo commesso
commettessi	commetteste	avessi commesso	aveste commesso
commettesse	commettessero	avesse commesso	avessero commesso

	Imperative	
—		commettiamo
commetti (non commettere)		commettete
commetta		commettano

Samples of verb usage

Lui commette un delitto.   He commits a crime.
Ho commesso uno sbaglio.   I committed (made) a mistake.

to move, to touch, to affect

The Seven Simple Tenses		The Seven Compound Tenses	
Singular	Plural	Singular	Plural

1 Present Indicative

		8 Present Perfect	
commuovo	comm(u)oviamo	ho commosso	abbiamo commosso
commuovi	comm(u)ovete	hai commosso	avete commosso
commuove	comm(u)ovano	ha commosso	hanno commosso

2 Imperfect

		9 Past Perfect	
comm(u)ovevo	comm(u)ovevamo	avevo commosso	avevamo commosso
comm(u)ovevi	comm(u)ovevate	avevi commosso	avevate commosso
comm(u)oveva	comm(u)ovevano	aveva commosso	avevano commosso

3 Past Absolute

		10 Past Anterior	
commossi	comm(u)ovemmo	ebbi commosso	avemmo commosso
comm(u)ovesti	comm(u)oveste	avesti commosso	aveste commosso
commosse	commossero	ebbe commosso	ebbero commosso

4 Future

		11 Future Perfect	
comm(u)overò	comm(u)overemo	avrò commosso	avremo commosso
comm(u)overai	comm(u)overete	avrai commosso	avrete commosso
comm(u)overà	comm(u)overanno	avrà commosso	avranno commosso

5 Present Conditional

		12 Past Conditional	
comm(u)overei	comm(u)overemmo	avrei commosso	avremmo commosso
comm(u)overesti	comm(u)overeste	avresti commosso	avreste commosso
comm(u)overebbe	comm(u)overebbero	avrebbe commosso	avrebbero commosso

6 Present Subjunctive

		13 Past Subjunctive	
commuova	comm(u)oviamo	abbia commosso	abbiamo commosso
commuova	comm(u)oviate	abbia commosso	abbiate commosso
commuova	commuovano	abbia commosso	abbiano commosso

7 Imperfect Subjunctive

		14 Past Perfect Subjunctive	
comm(u)ovessi	comm(u)ovessimo	avessi commosso	avessimo commosso
comm(u)ovessi	comm(u)oveste	avessi commosso	aveste commosso
comm(u)ovesse	comm(u)ovessero	avesse commosso	avessero commosso

Imperative

—	comm(u)oviamo
commuovi (non commuovere)	comm(u)ovete
commuova	commuovano

Samples of verb usage

Lui fu commosso dalla lettura.   He was moved by the reading.
La storia del ragazzo mi commosse fino alle lacrime.   The boy's story moved me to tears.

to appear, to cut a fine figure

The Seven Simple Tenses		The Seven Compound Tenses	
Singular	Plural	Singular	Plural
1 Present Indicative		**8 Present Perfect**	
compaio	compariamo	sono comparso	siamo comparsi
compari	comparite	sei comparso	siete comparsi
compare	compaiono	è comparso	sono comparsi
(*Or regular:* comparisco, *etc.*)			
2 Imperfect		**9 Past Perfect**	
comparivo	comparivamo	ero comparso	eravamo comparsi
comparivi	comparivate	eri comparso	eravate comparsi
compariva	comparivano	era comparso	erano comparsi
3 Past Absolute		**10 Past Anterior**	
comparvi	comparimmo	fui comparso	fummo comparsi
comparisti	compariste	fosti comparso	foste comparsi
comparve	comparvero	fu comparso	furono comparsi
(*Or regular:* comparii, *etc.*)			
4 Future		**11 Future Perfect**	
comparirò	compariremo	sarò comparso	saremo comparsi
comparirai	comparirete	sarai comparso	sarete comparsi
comparirà	compariranno	sarà comparso	saranno comparsi
5 Present Conditional		**12 Past Conditional**	
comparirei	compariremmo	sarei comparso	saremmo comparsi
compariresti	comparireste	saresti comparso	sareste comparsi
comparirebbe	comparirebbero	sarebbe comparso	sarebbero comparsi
6 Present Subjunctive		**13 Past Subjunctive**	
compaia	compariamo	sia comparso	siamo comparsi
compaia	compariate	sia comparso	siate comparsi
compaia	compaiano	sia comparso	siano comparsi
(*Or regular:* comparisca, *etc.*)			
7 Imperfect Subjunctive		**14 Past Perfect Subjunctive**	
comparissi	comparissimo	fossi comparso	fossimo comparsi
comparissi	compariste	fossi comparso	foste comparsi
comparisse	comparissero	fosse comparso	fossero comparsi

Imperative

—	compariamo
compari (comparisci) (non comparire)	comparite
compaia (non comparisca)	compaiano (compariscano)

Samples of verb usage

Lo fece per comparire gentile.   He did it to appear kind.
La nave comparve all'orrizonte.   The ship appeared on the horizon.

NOTE: **Comparire**, meaning "to cut a fine figure," is always regular.

to comply, to please, to satisfy

The Seven Simple Tenses		The Seven Compound Tenses	
Singular	Plural	Singular	Plural

1 Present Indicative

		8 Present Perfect	
compiaccio	compia(c)ciamo	ho compiaciuto	abbiamo compiaciuto
compiaci	compiacete	hai compiaciuto	avete compiaciuto
compiace	compiacciono	ha compiaciuto	hanno compiaciuto

2 Imperfect

		9 Past Perfect	
compiacevo	compiacevamo	avevo compiaciuto	avevamo compiaciuto
compiacevi	compiacevate	avevi compiaciuto	avevate compiaciuto
compiaceva	compiacevano	aveva compiaciuto	avevano compiaciuto

3 Past Absolute

		10 Past Anterior	
compiacqui	compiacemmo	ebbi compiaciuto	avemmo compiaciuto
compiacesti	compiaceste	avesti compiaciuto	aveste compiaciuto
compiacque	compiacquero	ebbe compiaciuto	ebbero compiaciuto

4 Future

		11 Future Perfect	
compiacerò	compiaceremo	avrò compiaciuto	avremo compiaciuto
compiacerai	compiacerete	avrai compiaciuto	avrete compiaciuto
compiacerà	compiaceranno	avrà compiaciuto	avranno compiaciuto

5 Present Conditional

		12 Past Conditional	
compiacerei	compiaceremmo	avrei compiaciuto	avremmo compiaciuto
compiaceresti	compiacereste	avresti compiaciuto	avreste compiaciuto
compiacerebbe	compiacerebbero	avrebbe compiaciuto	avrebbero compiaciuto

6 Present Subjunctive

		13 Past Subjunctive	
compiaccia	compia(c)ciamo	abbia compiaciuto	abbiamo compiaciuto
compiaccia	compia(c)ciate	abbia compiaciuto	abbiate compiaciuto
compiaccia	compiacciano	abbia compiaciuto	abbiano compiaciuto

7 Imperfect Subjunctive

		14 Past Perfect Subjunctive	
compiacessi	compiacessimo	avessi compiaciuto	avessimo compiaciuto
compiacessi	compiaceste	avessi compiaciuto	aveste compiaciuto
compiacesse	compiacessero	avesse compiaciuto	avessero compiaciuto

Imperative

—	compia(c)ciamo
compiaci (non compiacere)	compiacete
compiaccia	compiacciano

Samples of verb usage

Carla fa tutto per compiacere il professore.   Carla does everything to please the professor.
compiacere qualcuno nei suoi desideri   to comply with someone's wishes

to compose

The Seven Simple Tenses		The Seven Compound Tenses	
Singular	Plural	Singular	Plural

1 Present Indicative

		8 Present Perfect	
compongo	componiamo	ho composto	abbiamo composto
componi	componete	hai composto	avete composto
compone	compongono	ha composto	hanno composto

2 Imperfect

		9 Past Perfect	
componevo	componevamo	avevo composto	avevamo composto
componevi	componevate	avevi composto	avevate composto
componeva	componevano	aveva composto	avevano composto

3 Past Absolute

		10 Past Anterior	
composi	componemmo	ebbi composto	avemmo composto
componesti	componeste	avesti composto	aveste composto
compose	composero	ebbe composto	ebbero composto

4 Future

		11 Future Perfect	
comporrò	comporremo	avrò composto	avremo composto
comporrai	comporrete	avrai composto	avrete composto
comporrà	comporranno	avrà composto	avranno composto

5 Present Conditional

		12 Past Conditional	
comporrei	comporremmo	avrei composto	avremmo composto
comporresti	comporreste	avresti composto	avreste composto
comporrebbe	comporrebbero	avrebbe composto	avrebbero composto

6 Present Subjunctive

		13 Past Subjunctive	
componga	componiamo	abbia composto	abbiamo composto
componga	componiate	abbia composto	abbiate composto
componga	compongano	abbia composto	abbiano composto

7 Imperfect Subjunctive

		14 Past Perfect Subjunctive	
componessi	componessimo	avessi composto	avessimo composto
componessi	componeste	avessi composto	aveste composto
componesse	componessero	avesse composto	avessero composto

Imperative

—	componiamo
componi (non comporre)	componete
componga	compongano

Samples of verb usage

Comporrò una sinfonia per lei.   I will compose a symphony for her.
Lui compose il numero corretto.   He dialed the correct number.

88

to behave oneself

The Seven Simple Tenses		The Seven Compound Tenses	
Singular	Plural	Singular	Plural

1 Present Indicative

mi comporto	ci comportiamo		
ti comporti	vi comportate		
si comporta	si comportano		

8 Present Perfect

mi sono comportato	ci siamo comportati		
ti sei comportato	vi siete comportati		
si è comportato	si sono comportati		

2 Imperfect

mi comportavo	ci comportavamo		
ti comportavi	vi comportavate		
si comportava	si comportavano		

9 Past Perfect

mi ero comportato	ci eravamo comportati		
ti eri comportato	vi eravate comportati		
si era comportato	si erano comportati		

3 Past Absolute

mi comportai	ci comportammo		
ti comportasti	vi comportaste		
si comportò	si comportarono		

10 Past Anterior

mi fui comportato	ci fummo comportati		
ti fosti comportato	vi foste comportati		
si fu comportato	si furono comportati		

4 Future

mi comporterò	ci comporteremo		
ti comporterai	vi comporterete		
si comporterà	si comporteranno		

11 Future Perfect

mi sarò comportato	ci saremo comportati		
ti sarai comportato	vi sarete comportati		
si sarà comportato	si saranno comportati		

5 Present Conditional

mi comporterei	ci comporteremmo		
ti comporteresti	vi comportereste		
si comporterebbe	si comporterebbero		

12 Past Conditional

mi sarei comportato	ci saremmo comportati		
ti saresti comportato	vi sareste comportati		
si sarebbe comportato	si sarebbero comportati		

6 Present Subjunctive

mi comporti	ci comportiamo		
ti comporti	vi comportiate		
si comporti	si comportino		

13 Past Subjunctive

mi sia comportato	ci siamo comportati		
ti sia comportato	vi siate comportati		
si sia comportato	si siano comportati		

7 Imperfect Subjunctive

mi comportassi	ci comportassimo		
ti comportassi	vi comportaste		
si comportasse	si comportassero		

14 Past Perfect Subjunctive

mi fossi comportato	ci fossimo comportati		
ti fossi comportato	vi foste comportati		
si fosse comportato	si fossero comportati		

Imperative

—	**comportiamoci**
comportati (non ti comportare/	**comportatevi**
non comportarti)	
si comporti	**si comportino**

Samples of verb usage

Lui si comporta bene a scuola.   He behaves well at school.
comportarsi da galantuomo   to behave like a gentleman

comprare

Gerund **comprando**   Past Part. **comprato**

to buy

The Seven Simple Tenses		The Seven Compound Tenses	
Singular	Plural	Singular	Plural
1 Present Indicative		**8 Present Perfect**	
compro	compriamo	ho comprato	abbiamo comprato
compri	comprate	hai comprato	avete comprato
compra	comprano	ha comprato	hanno comprato
2 Imperfect		**9 Past Perfect**	
compravo	compravamo	avevo comprato	avevamo comprato
compravi	compravate	avevi comprato	avevate comprato
comprava	compravano	aveva comprato	avevano comprato
3 Past Absolute		**10 Past Anterior**	
comprai	comprammo	ebbi comprato	avemmo comprato
comprasti	compraste	avesti comprato	aveste comprato
comprò	comprarono	ebbe comprato	ebbero comprato
4 Future		**11 Future Perfect**	
comprerò	compreremo	avrò comprato	avremo comprato
comprerai	comprerete	avrai comprato	avrete comprato
comprerà	compreranno	avrà comprato	avranno comprato
5 Present Conditional		**12 Past Conditional**	
comprerei	compreremmo	avrei comprato	avremmo comprato
compreresti	comprereste	avresti comprato	avreste comprato
comprerebbe	comprerebbero	avrebbe comprato	avrebbero comprato
6 Present Subjunctive		**13 Past Subjunctive**	
compri	compriamo	abbia comprato	abbiamo comprato
compri	compriate	abbia comprato	abbiate comprato
compri	comprino	abbia comprato	abbiano comprato
7 Imperfect Subjunctive		**14 Past Perfect Subjunctive**	
comprassi	comprassimo	avessi comprato	avessimo comprato
comprassi	compraste	avessi comprato	aveste comprato
comprasse	comprassero	avesse comprato	avessero comprato

Imperative	
—	compriamo
compra (non comprare)	comprate
compri	comprino

Samples of verb usage

Non ho comprato niente oggi.   I did not buy anything today
comprare a buon mercato   to buy cheaply

to understand

The Seven Simple Tenses		The Seven Compound Tenses	
Singular	Plural	Singular	Plural

1 Present Indicative

comprendo	comprendiamo		
comprendi	comprendete		
comprende	comprendono		

8 Present Perfect

ho compreso	abbiamo compreso
hai compreso	avete compreso
ha compreso	hanno compreso

2 Imperfect

comprendevo	comprendevamo
comprendevi	comprendevate
comprendeva	comprendevano

9 Past Perfect

avevo compreso	avevamo compreso
avevi compreso	avevate compreso
aveva compreso	avevano compreso

3 Past Absolute

compresi	comprendemmo
comprendesti	comprendeste
comprese	compresero

10 Past Anterior

ebbi compreso	avemmo compreso
avesti compreso	aveste compreso
ebbe compreso	ebbero compreso

4 Future

comprenderò	comprenderemo
comprenderai	comprenderete
comprenderà	comprenderanno

11 Future Perfect

avrò compreso	avremo compreso
avrai compreso	avrete compreso
avrà compreso	avranno compreso

5 Present Conditional

comprenderei	comprenderemmo
comprenderesti	comprendereste
comprenderebbe	comprenderebbero

12 Past Conditional

avrei compreso	avremmo compreso
avresti compreso	avreste compreso
avrebbe compreso	avrebbero compreso

6 Present Subjunctive

comprenda	comprendiamo
comprenda	comprendiate
comprenda	comprendano

13 Past Subjunctive

abbia compreso	abbiamo compreso
abbia compreso	abbiate compreso
abbia compreso	abbiano compreso

7 Imperfect Subjunctive

comprendessi	comprendessimo
comprendessi	comprendeste
comprendesse	comprendessero

14 Past Perfect Subjunctive

avessi compreso	avessimo compreso
avessi compreso	aveste compreso
avesse compreso	avessero compreso

Imperative

—	comprendiamo
comprendi (non comprendere)	comprendete
comprenda	comprendano

Samples of verb usage

Noi non comprendiamo quel che il professore dice.   We don't understand what the professor is saying.
Io comprendo il mio errore.   I understand my mistake.

comunicare

Gerund **comunicando**   Past Part. **comunicato**

to communicate

The Seven Simple Tenses		The Seven Compound Tenses	
Singular	Plural	Singular	Plural
1 Present Indicative		**8 Present Perfect**	
comunico	comunichiamo	ho comunicato	abbiamo comunicato
comunichi	comunicate	hai comunicato	avete comunicato
comunica	comunicano	ha comunicato	hanno comunicato
2 Imperfect		**9 Past Perfect**	
comunicavo	comunicavamo	avevo comunicato	avevamo comunicato
comunicavi	comunicavate	avevi comunicato	avevate comunicato
comunicava	comunicavano	aveva comunicato	avevano comunicato
3 Past Absolute		**10 Past Anterior**	
comunicai	comunicammo	ebbi comunicato	avemmo comunicato
comunicasti	comunicaste	avesti comunicato	aveste comunicato
comunicò	comunicarono	ebbe comunicato	ebbero comunicato
4 Future		**11 Future Perfect**	
comunicherò	comunicheremo	avrò comunicato	avremo comunicato
comunicherai	comunicherete	avrai comunicato	avrete comunicato
comunicherà	comunicheranno	avrà comunicato	avranno comunicato
5 Present Conditional		**12 Past Conditional**	
comunicherei	comunicheremmo	avrei comunicato	avremmo comunicato
comunicheresti	comunichereste	avresti comunicato	avreste comunicato
comunicherebbe	comunicherebbero	avrebbe comunicato	avrebbero comunicato
6 Present Subjunctive		**13 Past Subjunctive**	
comunichi	comunichiamo	abbia comunicato	abbiamo comunicato
comunichi	comunichiate	abbia comunicato	abbiate comunicato
comunichi	comunichino	abbia comunicato	abbiano comunicato
7 Imperfect Subjunctive		**14 Past Perfect Subjunctive**	
comunicassi	comunicassimo	avessi comunicato	avessimo comunicato
comunicassi	comunicaste	avessi comunicato	aveste comunicato
comunicasse	comunicassero	avesse comunicato	avessero comunicato

	Imperative	
—		comunichiamo
comunica (non comunicare)		comunicate
comunichi		comunichino

Samples of verb usage

Lui ha comunicato la triste notizia a Rita.   He communicated the sad news to Rita.
Mia madre non comunica più con i vecchi amici.   My mother no longer communicates with her old friends.

to concede, to grant, to award

The Seven Simple Tenses		The Seven Compound Tenses	
Singular	Plural	Singular	Plural
1 Present Indicative		**8** Present Perfect	
concedo	concediamo	ho concesso	abbiamo concesso
concedi	concedete	hai concesso	avete concesso
concede	concedono	ha concesso	hanno concesso
2 Imperfect		**9** Past Perfect	
concedevo	concedevamo	avevo concesso	avevamo concesso
concedevi	concedevate	avevi concesso	avevate concesso
concedeva	concedevano	aveva concesso	avevano concesso
3 Past Absolute		**10** Past Anterior	
concedei	concedemmo	ebbi concesso	avemmo concesso
(concedetti)			
concedesti	concedeste	avesti concesso	aveste concesso
concedè	concederono	ebbe concesso	ebbero concesso
(concedette)	(concedettero)		
4 Future		**11** Future Perfect	
concederò	concederemo	avrò concesso	avremo concesso
concederai	concederete	avrai concesso	avrete concesso
concederà	concederanno	avrà concesso	avranno concesso
5 Present Conditional		**12** Past Conditional	
concederei	concederemmo	avrei concesso	avremmo concesso
concederesti	concedereste	avresti concesso	avreste concesso
concederebbe	concederebbero	avrebbe concesso	avrebbero concesso
6 Present Subjunctive		**13** Past Subjunctive	
conceda	concediamo	abbia concesso	abbiamo concesso
conceda	concediate	abbia concesso	abbiate concesso
conceda	concedano	abbia concesso	abbiano concesso
7 Imperfect Subjunctive		**14** Past Perfect Subjunctive	
concedessi	concedessimo	avessi concesso	avessimo concesso
concedessi	concedeste	avessi concesso	aveste concesso
concedesse	concedessero	avesse concesso	avessero concesso

Imperative	
—	concediamo
concedi (non concedere)	concedete
conceda	concedano

Samples of verb usage

La banca gli concede un prestito.   The bank grants him a loan.
Le fu concesso una borsa.   She was awarded a scholarship.

concludere

to conclude

The Seven Simple Tenses		The Seven Compound Tenses	
Singular	Plural	Singular	Plural
1 Present Indicative		**8** Present Perfect	
concludo	concludiamo	ho concluso	abbiamo concluso
concludi	concludete	hai concluso	avete concluso
conclude	concludono	ha concluso	hanno concluso
2 Imperfect		**9** Past Perfect	
concludevo	concludevamo	avevo concluso	avevamo concluso
concludevi	concludevate	avevi concluso	avevate concluso
concludeva	concludevano	aveva concluso	avevano concluso
3 Past Absolute		**10** Past Anterior	
conclusi	concludemmo	ebbi concluso	avemmo concluso
concludesti	concludeste	avesti concluso	aveste concluso
concluse	conclusero	ebbe concluso	ebbero concluso
4 Future		**11** Future Perfect	
concluderò	concluderemo	avrò concluso	avremo concluso
concluderai	concluderete	avrai concluso	avrete concluso
concluderà	concluderanno	avrà concluso	avranno concluso
5 Present Conditional		**12** Past Conditional	
concluderei	concluderemmo	avrei concluso	avremmo concluso
concluderesti	concludereste	avresti concluso	avreste concluso
concluderebbe	concluderebbero	avrebbe concluso	avrebbero concluso
6 Present Subjunctive		**13** Past Subjunctive	
concluda	concludiamo	abbia concluso	abbiamo concluso
concluda	concludiate	abbia concluso	abbiate concluso
concluda	concludano	abbia concluso	abbiano concluso
7 Imperfect Subjunctive		**14** Past Perfect Subjunctive	
concludessi	concludessimo	avessi concluso	avessimo concluso
concludessi	concludeste	avessi concluso	aveste concluso
concludesse	concludessero	avesse concluso	avessero concluso

	Imperative	
—		concludiamo
concludi (non concludere)		concludete
concluda		concludano

Samples of verb usage

Noi concludiamo fra cinque minuti.   We will conclude in five minutes.
Il trattato concluse la pace.   The treaty concluded the peace.

to lead, to conduct

The Seven Simple Tenses		The Seven Compound Tenses	
Singular	Plural	Singular	Plural
1 Present Indicative		**8** Present Perfect	
conduco	conduciamo	ho condotto	abbiamo condotto
conduci	conducete	hai condotto	avete condotto
conduce	conducono	ha condotto	hanno condotto
2 Imperfect		**9** Past Perfect	
conducevo	conducevamo	avevo condotto	avevamo condotto
conducevi	conducevate	avevi condotto	avevate condotto
conduceva	conducevano	aveva condotto	avevano condotto
3 Past Absolute		**10** Past Anterior	
condussi	conducemmo	ebbi condotto	avemmo condotto
conducesti	conduceste	avesti condotto	aveste condotto
condusse	condussero	ebbe condotto	ebbero condotto
4 Future		**11** Future Perfect	
condurrò	condurremo	avrò condotto	avremo condotto
condurrai	condurrete	avrai condotto	avrete condotto
condurrà	condurranno	avrà condotto	avranno condotto
5 Present Conditional		**12** Past Conditional	
condurrei	condurremmo	avrei condotto	avremmo condotto
condurresti	condurreste	avresti condotto	avreste condotto
condurrebbe	condurrebbero	avrebbe condotto	avrebbero condotto
6 Present Subjunctive		**13** Past Subjunctive	
conduca	conduciamo	abbia condotto	abbiamo condotto
conduca	conduciate	abbia condotto	abbiate condotto
conduca	conducano	abbia condotto	abbiano condotto
7 Imperfect Subjunctive		**14** Past Perfect Subjunctive	
conducessi	conducessimo	avessi condotto	avessimo condotto
conducessi	conduceste	avessi condotto	aveste condotto
conducesse	conducessero	avesse condotto	avessero condotto

Imperative

—	conduciamo
conduci (non condurre)	conducete
conduca	conducano

Samples of verb usage

Lei mi conduce per la mano.   She leads me by the hand.
Io li condussi al tesoro.   I led them to the treasure.

confondere

to confuse

The Seven Simple Tenses		The Seven Compound Tenses	
Singular	Plural	Singular	Plural
1 Present Indicative		**8** Present Perfect	
confondo	confondiamo	ho confuso	abbiamo confuso
confondi	confondete	hai confuso	avete confuso
confonde	confondono	ha confuso	hanno confuso
2 Imperfect		**9** Past Perfect	
confondevo	confondevamo	avevo confuso	avevamo confuso
confondevi	confondevate	avevi confuso	avevate confuso
confondeva	confondevano	aveva confuso	avevano confuso
3 Past Absolute		**10** Past Anterior	
confusi	confondemmo	ebbi confuso	avemmo confuso
confondesti	confondeste	avesti confuso	aveste confuso
confuse	confusero	ebbe confuso	ebbero confuso
4 Future		**11** Future Perfect	
confonderò	confonderemo	avrò confuso	avremo confuso
confonderai	confonderete	avrai confuso	avrete confuso
confonderà	confonderanno	avrà confuso	avranno confuso
5 Present Conditional		**12** Past Conditional	
confonderei	confonderemmo	avrei confuso	avremmo confuso
confonderesti	confondereste	avresti confuso	avreste confuso
confonderebbe	confonderebbero	avrebbe confuso	avrebbero confuso
6 Present Subjunctive		**13** Past Subjunctive	
confonda	confondiamo	abbia confuso	abbiamo confuso
confonda	confondiate	abbia confuso	abbiate confuso
confonda	confondano	abbia confuso	abbiano confuso
7 Imperfect Subjunctive		**14** Past Perfect Subjunctive	
confondessi	confondessimo	avessi confuso	avessimo confuso
confondessi	confondeste	avessi confuso	aveste confuso
confondesse	confondessero	avesse confuso	avessero confuso

Imperative	
—	confondiamo
confondi (non confondere)	confondete
confonda	confondano

Samples of verb usage

Loro si confondono facilmente.   They are easily confused.
Lui confuse tutte le mie carte.   He mixed up all my papers.

to know, to meet

The Seven Simple Tenses		The Seven Compound Tenses	
Singular	Plural	Singular	Plural

1 Present Indicative

		8 Present Perfect	
conosco	conosciamo	ho conosciuto	abbiamo conosciuto
conosci	conoscete	hai conosciuto	avete conosciuto
conosce	conoscono	ha conosciuto	hanno conosciuto

2 Imperfect

		9 Past Perfect	
conoscevo	conoscevamo	avevo conosciuto	avevamo conosciuto
conoscevi	conoscevate	avevi conosciuto	avevate conosciuto
conosceva	conoscevano	aveva conosciuto	avevano conosciuto

3 Past Absolute

		10 Past Anterior	
conobbi	conoscemmo	ebbi conosciuto	avemmo conosciuto
conoscesti	conosceste	avesti conosciuto	aveste conosciuto
conobbe	conobbero	ebbe conosciuto	ebbero conosciuto

4 Future

		11 Future Perfect	
conoscerò	conosceremo	avrò conosciuto	avremo conosciuto
conoscerai	conoscerete	avrai conosciuto	avrete conosciuto
conoscerà	conosceranno	avrà conosciuto	avranno conosciuto

5 Present Conditional

		12 Past Conditional	
conoscerei	conosceremmo	avrei conosciuto	avremmo conosciuto
conosceresti	conoscereste	avresti conosciuto	avreste conosciuto
conoscerebbe	conoscerebbero	avrebbe conosciuto	avrebbero conosciuto

6 Present Subjunctive

		13 Past Subjunctive	
conosca	conosciamo	abbia conosciuto	abbiamo conosciuto
conosca	conosciate	abbia conosciuto	abbiate conosciuto
conosca	conoscano	abbia conosciuto	abbiano conosciuto

7 Imperfect Subjunctive

		14 Past Perfect Subjunctive	
conoscessi	conoscessimo	avessi conosciuto	avessimo conosciuto
conoscessi	conosceste	avessi conosciuto	aveste conosciuto
conoscesse	conoscessero	avesse conosciuto	avessero conosciuto

	Imperative	
—		conosciamo
conosci (non conoscere)		conoscete
conosca		conoscano

Samples of verb usage

Lui mi conosce.   He knows me.
L'ho conosciuta al ballo.   I met her at the dance.

to consist

The Seven Simple Tenses		The Seven Compound Tenses	
Singular	Plural	Singular	Plural
1 Present Indicative		**8** Present Perfect	
consiste	**consistono**	**è consistito**	**sono consistiti**
2 Imperfect		**9** Past Perfect	
consisteva	**consistevano**	**era consistito**	**erano consistiti**
3 Past Absolute		**10** Past Anterior	
consistè	**consisterono**	**fu consistito**	**furono consistiti**
4 Future		**11** Future Perfect	
consisterà	**consisteranno**	**sarà consistito**	**saranno consistiti**
5 Present Conditional		**12** Past Conditional	
consisterebbe	**consisterebbero**	**sarebbe consistito**	**sarebbero consistiti**
6 Present Subjunctive		**13** Past Subjunctive	
consista	**consistano**	**sia consistito**	**siamo consistiti**
7 Imperfect Subjunctive		**14** Past Perfect Subjunctive	
consistesse	**consistessero**	**fosse consistito**	**fossero consistiti**

Imperative
—

Samples of verb usage

Il libro consiste di tre storie.   The book consists of three stories.
Di che consiste?   What does it consist of?

NOTE: As with all impersonal verbs, this verb is usually used only in the third person singular and third person plural forms. Therefore, for convenience, the other forms are omitted here.

to consume

The Seven Simple Tenses		The Seven Compound Tenses	
Singular	Plural	Singular	Plural

1 Present Indicative

		8 Present Perfect	
consumo	consumiamo	ho consumato	abbiamo consumato
consumi	consumate	hai consumato	avete consumato
consuma	consumano	ha consumato	hanno consumato

2 Imperfect

		9 Past Perfect	
consumavo	consumavamo	avevo consumato	avevamo consumato
consumavi	consumavate	avevi consumato	avevate consumato
consumava	consumavano	aveva consumato	avevano consumato

3 Past Absolute

		10 Past Anterior	
consumai	consumammo	ebbi consumato	avemmo consumato
consumasti	consumaste	avesti consumato	aveste consumato
consumò	consumarono	ebbe consumato	ebbero consumato

4 Future

		11 Future Perfect	
consumerò	consumeremo	avrò consumato	avremo consumato
consumerai	consumerete	avrai consumato	avrete consumato
consumerà	consumeranno	avrà consumato	avranno consumato

5 Present Conditional

		12 Past Conditional	
consumerei	consumeremmo	avrei consumato	avremmo consumato
consumeresti	consumereste	avresti consumato	avreste consumato
consumerebbe	consumerebbero	avrebbe consumato	avrebbero consumato

6 Present Subjunctive

		13 Past Subjunctive	
consumi	consumiamo	abbia consumato	abbiamo consumato
consumi	consumiate	abbia consumato	abbiate consumato
consumi	consumino	abbia consumato	abbiano consumato

7 Imperfect Subjunctive

		14 Past Perfect Subjunctive	
consumassi	consumassimo	avessi consumato	avessimo consumato
consumassi	consumaste	avessi consumato	aveste consumato
consumasse	consumassero	avesse consumato	avessero consumato

Imperative

—	consumiamo
consuma (non consumare)	consumate
consumi	consumino

Samples of verb usage

Questa macchina consuma molta benzina.   This car uses a lot of gasoline.
Ha consumato tutto il pane.   He consumed (ate) all the bread.

contendere

to contend, to dispute

The Seven Simple Tenses		The Seven Compound Tenses	
Singular	Plural	Singular	Plural
1 Present Indicative		**8 Present Perfect**	
contendo	contendiamo	ho conteso	abbiamo conteso
contendi	contendete	hai conteso	avete conteso
contende	contendono	ha conteso	hanno conteso
2 Imperfect		**9 Past Perfect**	
contendevo	contendevamo	avevo conteso	avevamo conteso
contendevi	contendevate	avevi conteso	avevate conteso
contendeva	contendevano	aveva conteso	avevano conteso
3 Past Absolute		**10 Past Anterior**	
contesi	contendemmo	ebbi conteso	avemmo conteso
contendesti	contendeste	avesti conteso	aveste conteso
contese	contesero	ebbe conteso	ebbero conteso
4 Future		**11 Future Perfect**	
contenderò	contenderemo	avrò conteso	avremo conteso
contenderai	contenderete	avrai conteso	avrete conteso
contenderà	contenderanno	avrà conteso	avranno conteso
5 Present Conditional		**12 Past Conditional**	
contenderei	contenderemmo	avrei conteso	avremmo conteso
contenderesti	contendereste	avresti conteso	avreste conteso
contenderebbe	contenderebbero	avrebbe conteso	avrebbero conteso
6 Present Subjunctive		**13 Past Subjunctive**	
contenda	contendiamo	abbia conteso	abbiamo conteso
contenda	contendiate	abbia conteso	abbiate conteso
contenda	contendano	abbia conteso	abbiano conteso
7 Imperfect Subjunctive		**14 Past Perfect Subjunctive**	
contendessi	contendessimo	avessi conteso	avessimo conteso
contendessi	contendeste	avessi conteso	aveste conteso
contendesse	contendessero	avesse conteso	avessero conteso

Imperative	
—	contendiamo
contendi (non contendere)	contendete
contenda	contendano

Samples of verb usage

Lui contende i risultati.   He disputes the results.
Lei deve contendere con me ogni giorno.   She has to contend with me every day.

to contain

The Seven Simple Tenses		The Seven Compound Tenses	
Singular	Plural	Singular	Plural
1 Present Indicative		**8 Present Perfect**	
contengo	conteniamo	ho contenuto	abbiamo contenuto
contieni	contenete	hai contenuto	avete contenuto
contiene	contengono	ha contenuto	hanno contenuto
2 Imperfect		**9 Past Perfect**	
contenevo	contenevamo	avevo contenuto	avevamo contenuto
contenevi	contenevate	avevi contenuto	avevate contenuto
conteneva	contenevano	aveva contenuto	avevano contenuto
3 Past Absolute		**10 Past Anterior**	
contenni	contenemmo	ebbi contenuto	avemmo contenuto
contenesti	conteneste	avesti contenuto	aveste contenuto
contenne	contennero	ebbe contenuto	ebbero contenuto
4 Future		**11 Future Perfect**	
conterrò	conterremo	avrò contenuto	avremo contenuto
conterrai	conterrete	avrai contenuto	avrete contenuto
conterrà	conterranno	avrà contenuto	avranno contenuto
5 Present Conditional		**12 Past Conditional**	
conterrei	conterremmo	avrei contenuto	avremmo contenuto
conterresti	conterreste	avresti contenuto	avreste contenuto
conterrebbe	conterrebbero	avrebbe contenuto	avrebbero contenuto
6 Present Subjunctive		**13 Past Subjunctive**	
contenga	conteniamo	abbia contenuto	abbiamo contenuto
contenga	conteniate	abbia contenuto	abbiate contenuto
contenga	contengano	abbia contenuto	abbiano contenuto
7 Imperfect Subjunctive		**14 Past Perfect Subjunctive**	
contenessi	contenessimo	avessi contenuto	avessimo contenuto
contenessi	conteneste	avessi contenuto	aveste contenuto
contenesse	contenessero	avesse contenuto	avessero contenuto

	Imperative	
—		conteniamo
contieni (non contenere)		contenete
contenga		contengano

Samples of verb usage

Il libro contiene più di trecento pagine.   The book contains more than three hundred pages.
Che contiene quella bottiglia?   What does that bottle contain?

contraddire

Gerund **contraddicendo**   Past Part. **contraddetto**

to contradict

The Seven Simple Tenses		The Seven Compound Tenses	
Singular	Plural	Singular	Plural
1 Present Indicative		**8 Present Perfect**	
contraddico	contraddiciamo	ho contraddetto	abbiamo contraddetto
contraddici	contraddite	hai contraddetto	avete contraddetto
contraddice	contraddicono	ha contraddetto	hanno contraddetto
2 Imperfect		**9 Past Perfect**	
contraddicevo	contraddicevamo	avevo contraddetto	avevamo contraddetto
contraddicevi	contraddicevate	avevi contraddetto	avevate contraddetto
contraddiceva	contraddicevano	aveva contraddetto	avevano contraddetto
3 Past Absolute		**10 Past Anterior**	
contraddissi	contraddicemmo	ebbi contraddetto	avemmo contraddetto
contraddicesti	contraddiceste	avesti contraddetto	aveste contraddetto
contraddisse	contraddissero	ebbe contraddetto	ebbero contraddetto
4 Future		**11 Future Perfect**	
contraddirò	contraddiremo	avrò contraddetto	avremo contraddetto
contraddirai	contraddirete	avrai contraddetto	avrete contraddetto
contraddirà	contraddiranno	avrà contraddetto	avranno contraddetto
5 Present Conditional		**12 Past Conditional**	
contraddirei	contraddiremmo	avrei contraddetto	avremmo contraddetto
contraddiresti	contraddireste	avresti contraddetto	avreste contraddetto
contraddirebbe	contraddirebbero	avrebbe contraddetto	avrebbero contraddetto
6 Present Subjunctive		**13 Past Subjunctive**	
contraddica	contraddiciamo	abbia contraddetto	abbiamo contraddetto
contraddica	contraddiciate	abbia contraddetto	abbiate contraddetto
contraddica	contraddicano	abbia contraddetto	abbiano contraddetto
7 Imperfect Subjunctive		**14 Past Perfect Subjunctive**	
contraddicessi	contraddicessimo	avessi contraddetto	avessimo contraddetto
contraddicessi	contraddiceste	avessi contraddetto	aveste contraddetto
contraddicesse	contraddicessero	avesse contraddetto	avessero contraddetto

	Imperative	
—		contraddiciamo
contraddici (non contraddire)		contraddite
contraddica		contraddicano

Samples of verb usage

Il professore non vuole essere contraddetto.   The professor does not want to be contradicted.
Lei mi contraddice ogni volta che parlo.   She contradicts me every time I speak.

to incur, to contract, to catch

The Seven Simple Tenses		The Seven Compound Tenses	
Singular	Plural	Singular	Plural

1 Present Indicative

		8 Present Perfect	
contraggo	contraiamo	ho contratto	abbiamo contratto
contrai	contraete	hai contratto	avete contratto
contrae	contraggono	ha contratto	hanno contratto

2 Imperfect

		9 Past Perfect	
contraevo	contraevamo	avevo contratto	avevamo contratto
contraevi	contraevate	avevi contratto	avevate contratto
contraeva	contraevano	aveva contratto	avevano contratto

3 Past Absolute

		10 Past Anterior	
contrassi	contraemmo	ebbi contratto	avemmo contratto
contraesti	contraeste	avesti contratto	aveste contratto
contrasse	contrassero	ebbe contratto	ebbero contratto

4 Future

		11 Future Perfect	
contrarrò	contrarremo	avrò contratto	avremo contratto
contrarrai	contrarrete	avrai contratto	avrete contratto
contrarrà	contrarranno	avrà contratto	avranno contratto

5 Present Conditional

		12 Past Conditional	
contrarrei	contrarremmo	avrei contratto	avremmo contratto
contrarresti	contrarreste	avresti contratto	avreste contratto
contrarrebbe	contrarrebbero	avrebbe contratto	avrebbero contratto

6 Present Subjunctive

		13 Past Subjunctive	
contragga	contraiamo	abbia contratto	abbiamo contratto
contragga	contraiate	abbia contratto	abbiate contratto
contragga	contraggano	abbia contratto	abbiano contratto

7 Imperfect Subjunctive

		14 Past Perfect Subjunctive	
contraessi	contraessimo	avessi contratto	avessimo contratto
contraessi	contraeste	avessi contratto	aveste contratto
contraesse	contraessero	avesse contratto	avessero contratto

Imperative

—	contraiamo
contra (non contrarre)	contraete
contragga	contraggano

Samples of verb usage

Ho contratto un raffreddore.   I contracted (got) a cold.
Abbiamo contratto dei debiti.   We have incurred some debts.

to convert

The Seven Simple Tenses		The Seven Compound Tenses	
Singular	Plural	Singular	Plural
1 Present Indicative		**8 Present Perfect**	
converto	convertiamo	ho convertito	abbiamo convertito
converti	convertite	hai convertito	avete convertito
converte	convertono	ha convertito	hanno convertito
2 Imperfect		**9 Past Perfect**	
convertivo	convertivamo	avevo convertito	avevamo convertito
convertivi	convertivate	avevi convertito	avevate convertito
convertiva	convertivano	aveva convertito	avevano convertito
3 Past Absolute		**10 Past Anterior**	
convertii	convertimmo	ebbi convertito	avemmo convertito
convertisti	convertiste	avesti convertito	aveste convertito
convertì	convertirono	ebbe convertito	ebbero convertito
4 Future		**11 Future Perfect**	
convertirò	convertiremo	avrò convertito	avremo convertito
convertirai	convertirete	avrai convertito	avrete convertito
convertirà	convertiranno	avrà convertito	avranno convertito
5 Present Conditional		**12 Past Conditional**	
convertirei	convertiremmo	avrei convertito	avremmo convertito
convertiresti	convertireste	avresti convertito	avreste convertito
convertirebbe	convertirebbero	avrebbe convertito	avrebbero convertito
6 Present Subjunctive		**13 Past Subjunctive**	
converta	convertiamo	abbia convertito	abbiamo convertito
converta	convertiate	abbia convertito	abbiate convertito
converta	convertano	abbia convertito	abbiano convertito
7 Imperfect Subjunctive		**14 Past Perfect Subjunctive**	
convertissi	convertissimo	avessi convertito	avessimo convertito
convertissi	convertiste	avessi convertito	aveste convertito
convertisse	convertissero	avesse convertito	avessero convertito

Imperative	
—	convertiamo
converti (non convertire)	convertite
converta	convertano

Samples of verb usage

Ho convertito cento dollari in lire. I converted one hundred dollars into lire.
Fui convertito al cristianesimo. I was converted to Christianity.

to convince

The Seven Simple Tenses		The Seven Compound Tenses	
Singular	Plural	Singular	Plural
1 Present Indicative		**8 Present Perfect**	
convinco	convinciamo	ho convinto	abbiamo convinto
convinci	convincete	hai convinto	avete convinto
convince	convincono	ha convinto	hanno convinto
2 Imperfect		**9 Past Perfect**	
convincevo	convincevamo	avevo convinto	avevamo convinto
convincevi	convincevate	avevi convinto	avevate convinto
convinceva	convincevano	aveva convinto	avevano convinto
3 Past Absolute		**10 Past Anterior**	
convinsi	convincemmo	ebbi convinto	avemmo convinto
convincesti	convinceste	avesti convinto	aveste convinto
convinse	convinsero	ebbe convinto	ebbero convinto
4 Future		**11 Future Perfect**	
convincerò	convinceremo	avrò convinto	avremo convinto
convincerai	convincerete	avrai convinto	avrete convinto
convincerà	convinceranno	avrà convinto	avranno convinto
5 Present Conditional		**12 Past Conditional**	
convincerei	convinceremmo	avrei convinto	avremmo convinto
convinceresti	convincereste	avresti convinto	avreste convinto
convincerebbe	convincerebbero	avrebbe convinto	avrebbero convinto
6 Present Subjunctive		**13 Past Subjunctive**	
convinca	convinciamo	abbia convinto	abbiamo convinto
convinca	convinciate	abbia convinto	abbiate convinto
convinca	convincano	abbia convinto	abbiano convinto
7 Imperfect Subjunctive		**14 Past Perfect Subjunctive**	
convincessi	convincessimo	avessi convinto	avessimo convinto
convincessi	convinceste	avessi convinto	aveste convinto
convincesse	convincessero	avesse convinto	avessero convinto

	Imperative	
—		convinciamo
convinci (non convincere)		convincete
convinca		convincano

Samples of verb usage

Lui mi convinse che ha ragione.   He convinced me that he is right.
Non lo posso convincere di venire con noi.   I cannot convince him to come with us.

105

to cover

The Seven Simple Tenses		The Seven Compound Tenses	
Singular	Plural	Singular	Plural
1　Present Indicative		**8　Present Perfect**	
copro	copriamo	ho coperto	abbiamo coperto
copri	coprite	hai coperto	avete coperto
copre	coprono	ha coperto	hanno coperto
2　Imperfect		**9　Past Perfect**	
coprivo	coprivamo	avevo coperto	avevamo coperto
coprivi	coprivate	avevi coperto	avevate coperto
copriva	coprivano	aveva coperto	avevano coperto
3　Past Absolute		**10　Past Anterior**	
copersi (coprii)	coprimmo	ebbi coperto	avemmo coperto
copristi	copriste	avesti coperto	aveste coperto
coperse (coprì)	copersero (coprirono)	ebbe coperto	ebbero coperto
4　Future		**11　Future Perfect**	
coprirò	copriremo	avrò coperto	avremo coperto
coprirai	coprirete	avrai coperto	avrete coperto
coprirà	copriranno	avrà coperto	avranno coperto
5　Present Conditional		**12　Past Conditional**	
coprirei	copriremmo	avrei coperto	avremmo coperto
copriresti	coprireste	avresti coperto	avreste coperto
coprirebbe	coprirebbero	avrebbe coperto	avrebbero coperto
6　Present Subjunctive		**13　Past Subjunctive**	
copra	copriamo	abbia coperto	abbiamo coperto
copra	copriate	abbia coperto	abbiate coperto
copra	coprano	abbia coperto	abbiano coperto
7　Imperfect Subjunctive		**14　Past Perfect Subjunctive**	
coprissi	coprissimo	avessi coperto	avessimo coperto
coprissi	copriste	avessi coperto	aveste coperto
coprisse	coprissero	avesse coperto	avessero coperto

Imperative

—	copriamo
copri (non coprire)	coprite
copra	coprano

Samples of verb usage

Lui copre la scatola.　　He covers the box.
I mobili sono coperti.　　The furniture is covered.

The Seven Simple Tenses		The Seven Compound Tenses	
Singular	Plural	Singular	Plural

1 Present Indicative		**8** Present Perfect	
correggo	correggiamo	ho corretto	abbiamo corretto
correggi	correggete	hai corretto	avete corretto
corregge	correggono	ha corretto	hanno corretto

2 Imperfect		**9** Past Perfect	
correggevo	correggevamo	avevo corretto	avevamo corretto
correggevi	correggevate	avevi corretto	avevate corretto
correggeva	correggevano	aveva corretto	avevano corretto

3 Past Absolute		**10** Past Anterior	
corressi	correggemmo	ebbi corretto	avemmo corretto
correggesti	correggeste	avesti corretto	aveste corretto
corresse	corressero	ebbe corretto	ebbero corretto

4 Future		**11** Future Perfect	
correggerò	correggeremo	avrò corretto	avremo corretto
correggerai	correggerete	avrai corretto	avrete corretto
correggerà	correggeranno	avrà corretto	avranno corretto

5 Present Conditional		**12** Past Conditional	
correggerei	correggeremmo	avrei corretto	avremmo corretto
correggeresti	correggereste	avresti corretto	avreste corretto
correggerebbe	correggerebbero	avrebbe corretto	avrebbero corretto

6 Present Subjunctive		**13** Past Subjunctive	
corregga	correggiamo	abbia corretto	abbiamo corretto
corregga	correggete	abbia corretto	abbiate corretto
corregga	correggano	abbia corretto	abbiano corretto

7 Imperfect Subjunctive		**14** Past Perfect Subjunctive	
correggessi	correggessimo	avessi corretto	avessimo corretto
correggessi	correggeste	avessi corretto	aveste corretto
correggesse	correggessero	avesse corretto	avessero corretto

Imperative

—	correggiamo
correggi (non correggere)	correggete
corregga	correggano

Samples of verb usage

La maestra corregge gli esami.   The teacher corrects the exams.
Ho corretto la sua pronunzia.   I corrected his pronunciation.

to run

The Seven Simple Tenses		The Seven Compound Tenses	
Singular	Plural	Singular	Plural
1 Present Indicative		**8 Present Perfect**	
corro	corriamo	ho corso	abbiamo corso
corri	correte	hai corso	avete corso
corre	corrono	ha corso	hanno corso
2 Imperfect		**9 Past Perfect**	
correvo	correvamo	avevo corso	avevamo corso
correvi	correvate	avevi corso	avevate corso
correva	correvano	aveva corso	avevano corso
3 Past Absolute		**10 Past Anterior**	
corsi	corremmo	ebbi corso	avemmo corso
corresti	correste	avesti corso	aveste corso
corse	corsero	ebbe corso	ebbero corso
4 Future		**11 Future Perfect**	
correrò	correremo	avrò corso	avremo corso
correrai	correrete	avrai corso	avrete corso
correrà	correranno	avrà corso	avranno corso
5 Present Conditional		**12 Past Conditional**	
correrei	correremmo	avrei corso	avremmo corso
correresti	correreste	avresti corso	avreste corso
correrebbe	correrebbero	avrebbe corso	avrebbero corso
6 Present Subjunctive		**13 Past Subjunctive**	
corra	corriamo	abbia corso	abbiamo corso
corra	corriate	abbia corso	abbiate corso
corra	corrano	abbia corso	abbiano corso
7 Imperfect Subjunctive		**14 Past Perfect Subjunctive**	
corressi	corressimo	avessi corso	avessimo corso
corressi	correste	avessi corso	aveste corso
corresse	corressero	avesse corso	avessero corso

	Imperative	
—		corriamo
corri (non correre)		correte
corra		corrano

Samples of verb usage

Il ragazzo corre a scuola. The boy runs to school.
Il cavallo corse velocemente. The horse ran swiftly.

NOTE: Sometimes conjugated with **essere**.
 Like **correre** are **accorrere** (conjugated with **essere**), **concorrere**, **discorrere**, **occorrere** (conjugated with **essere**), and **soccorrere**.

to correspond

The Seven Simple Tenses		The Seven Compound Tenses	
Singular	Plural	Singular	Plural
1 Present Indicative		**8 Present Perfect**	
corrispondo	corrispondiamo	ho corrisposto	abbiamo corrisposto
corrispondi	corrispondete	hai corrisposto	avete corrisposto
corrisponde	corrispondono	ha corrisposto	hanno corrisposto
2 Imperfect		**9 Past Perfect**	
corrispondevo	corrispondevamo	avevo corrisposto	avevamo corrisposto
corrispondevi	corrispondevate	avevi corrisposto	avevate corrisposto
corrispondeva	corrispondevano	aveva corrisposto	avevano corrisposto
3 Past Absolute		**10 Past Anterior**	
corrisposi	corrispondemmo	ebbi corrisposto	avemmo corrisposto
corrispondesti	corrispondeste	avesti corrisposto	aveste corrisposto
corrispose	corrisposero	ebbe corrisposto	ebbero corrisposto
4 Future		**11 Future Perfect**	
corrisponderò	corrisponderemo	avrò corrisposto	avremo corrisposto
corrisponderai	corrisponderete	avrai corrisposto	avrete corrisposto
corrisponderà	corrisponderanno	avrà corrisposto	avranno corrisposto
5 Present Conditional		**12 Past Conditional**	
corrisponderei	corrisponderemmo	avrei corrisposto	avremmo corrisposto
corrisponderesti	corrispondereste	avresti corrisposto	avreste corrisposto
corrisponderebbe	corrisponderebbero	avrebbe corrisposto	avrebbero corrisposto
6 Present Subjunctive		**13 Past Subjunctive**	
corrisponda	corrispondiamo	abbia corrisposto	abbiamo corrisposto
corrisponda	corrispondiate	abbia corrisposto	abbiate corrisposto
corrisponda	corrispondano	abbia corrisposto	abbiano corrisposto
7 Imperfect Subjunctive		**14 Past Perfect Subjunctive**	
corrispondessi	corrispondessimo	avessi corrisposto	avessimo corrisposto
corrispondessi	corrispondeste	avessi corrisposto	aveste corrisposto
corrispondesse	corrispondessero	avesse corrisposto	avessero corrisposto

	Imperative	
—		corrispondiamo
corrispondi (non corrispondere)		corrispondete
corrisponda		corrispondano

Samples of verb usage

Corrispondo con mio zio.   I correspond with my uncle.
Queste cifre corrispondono.   These figures correspond.

to corrupt

The Seven Simple Tenses		The Seven Compound Tenses	
Singular	Plural	Singular	Plural
1 Present Indicative		**8 Present Perfect**	
corrompo	corrompiamo	ho corrotto	abbiamo corrotto
corrompi	corrompete	hai corrotto	avete corrotto
corrompe	corrompono	ha corrotto	hanno corrotto
2 Imperfect		**9 Past Perfect**	
corrompevo	corrompevamo	avevo corrotto	avevamo corrotto
corrompevi	corrompevate	avevi corrotto	avevate corrotto
corrompeva	corrompevano	aveva corrotto	avevano corrotto
3 Past Absolute		**10 Past Anterior**	
corruppi	corrompemmo	ebbi corrotto	avemmo corrotto
corrompesti	corrompeste	avesti corrotto	aveste corrotto
corruppe	corruppero	ebbe corrotto	ebbero corrotto
4 Future		**11 Future Perfect**	
corromperò	corromperemo	avrò corrotto	avremo corrotto
corromperai	corromperete	avrai corrotto	avrete corrotto
corromperà	corromperanno	avrà corrotto	avranno corrotto
5 Present Conditional		**12 Past Conditional**	
corromperei	corromperemmo	avrei corrotto	avremmo corrotto
corromperesti	corrompereste	avresti corrotto	avreste corrotto
corromperebbe	corromperebbero	avrebbe corrotto	avrebbero corrotto
6 Present Subjunctive		**13 Past Subjunctive**	
corrompa	corrompiamo	abbia corrotto	abbiamo corrotto
corrompa	corrompiate	abbia corrotto	abbiate corrotto
corrompa	corrompano	abbia corrotto	abbiano corrotto
7 Imperfect Subjunctive		**14 Past Perfect Subjunctive**	
corrompessi	corrompessimo	avessi corrotto	avessimo corrotto
corrompessi	corrompeste	avessi corrotto	aveste corrotto
corrompesse	corrompessero	avesse corrotto	avessero corrotto

Imperative	
—	corrompiamo
corrompi (non corrompere)	corrompete
corrompa	corrompano

Samples of verb usage

L'uomo è corrotto.   The man is corrupt.
Si fa corrompere dal denaro.   He allows himself to be corrupted by money.

to force, to compel

The Seven Simple Tenses		The Seven Compound Tenses	
Singular	Plural	Singular	Plural
1 Present Indicative		**8 Present Perfect**	
costringo	costringiamo	ho costretto	abbiamo costretto
costringi	costringete	hai costretto	avete costretto
costringe	costringono	ha costretto	hanno costretto
2 Imperfect		**9 Past Perfect**	
costringevo	costringevamo	avevo costretto	avevamo costretto
costringevi	costringevate	avevi costretto	avevate costretto
costringeva	costringevano	aveva costretto	avevano costretto
3 Past Absolute		**10 Past Anterior**	
costrinsi	costringemmo	ebbi costretto	avemmo costretto
costringesti	costringeste	avesti costretto	aveste costretto
costrinse	costrinsero	ebbe costretto	ebbero costretto
4 Future		**11 Future Perfect**	
costringerò	costringeremo	avrò costretto	avremo costretto
costringerai	costringerete	avrai costretto	avrete costretto
costringerà	costringeranno	avrà costretto	avranno costretto
5 Present Conditional		**12 Past Conditional**	
costringerei	costringeremmo	avrei costretto	avremmo costretto
costringeresti	costringereste	avresti costretto	avreste costretto
costringerebbe	costringerebbero	avrebbe costretto	avrebbero costretto
6 Present Subjunctive		**13 Past Subjunctive**	
costringa	costringiamo	abbia costretto	abbiamo costretto
costringa	costringiate	abbia costretto	abbiate costretto
costringa	costringano	abbia costretto	abbiano costretto
7 Imperfect Subjunctive		**14 Past Perfect Subjunctive**	
costringessi	costringessimo	avessi costretto	avessimo costretto
costringessi	costringeste	avessi costretto	aveste costretto
costringesse	costringessero	avesse costretto	avessero costretto

Imperative		
—		costringiamo
costringi (non costringere)		costringete
costringa		costringano

Samples of verb usage

La necessità lo costringe a lavorare.   Necessity forces him to work.
Lui mi costringe ad aiutarlo.   He compels me to help him.

(sometimes: **costrurre**) to build, to construct

The Seven Simple Tenses		The Seven Compound Tenses	
Singular	Plural	Singular	Plural
1 Present Indicative		**8 Present Perfect**	
costruisco	costruiamo	ho costruito	abbiamo costruito
costruisci	costruite	hai costruito	avete costruito
costruisce	costruiscono	ha costruito	hanno costruito
2 Imperfect		**9 Past Perfect**	
costruivo	costruivamo	avevo costruito	avevamo costruito
costruivi	costruivate	avevi costruito	avevate costruito
costruiva	costruivano	aveva costruito	avevano costruito
3 Past Absolute		**10 Past Anterior**	
costruii (costrussi)	costruimmo	ebbi costruito	avemmo costruito
costruisti	costruiste	avesti costruito	aveste costruito
costruì (costrusse)	costruirono (costrussero)	ebbe costruito	ebbero costruito
4 Future		**11 Future Perfect**	
costruirò	costruiremo	avrò costruito	avremo costruito
costruirai	costruirete	avrai costruito	avrete costruito
costruirà	costruiranno	avrà costruito	avranno costruito
5 Present Conditional		**12 Past Conditional**	
costruirei	costruiremmo	avrei costruito	avremmo costruito
costruiresti	costruireste	avresti costruito	avreste costruito
costruirebbe	costruirebbero	avrebbe costruito	avrebbero costruito
6 Present Subjunctive		**13 Past Subjunctive**	
costruisca	costruiamo	abbia costruito	abbiamo costruito
costruisca	costruiate	abbia costruito	abbiate costruito
costruisca	costruiscano	abbia costruito	abbiano costruito
7 Imperfect Subjunctive		**14 Past Perfect Subjunctive**	
costruissi	costruissimo	avessi costruito	avessimo costruito
costruissi	costruiste	avessi costruito	aveste costruito
costruisse	costruissero	avesse costruito	avessero costruito

Imperative	
—	costruiamo
costruisci (non costruire)	costruite
costruisca	costruiscano

Samples of verb usage

Lui ha costruito una bella casa.   He built a beautiful house.
Il suo lavoro è di costruire case.   His work is to build houses.

to believe

The Seven Simple Tenses		The Seven Compound Tenses	
Singular	Plural	Singular	Plural

1 Present Indicative		**8** Present Perfect	
credo	crediamo	ho creduto	abbiamo creduto
credi	credete	hai creduto	avete creduto
crede	credono	ha creduto	hanno creduto

2 Imperfect		**9** Past Perfect	
credevo	credevamo	avevo creduto	avevamo creduto
credevi	credevate	avevi creduto	avevate creduto
credeva	credevano	aveva creduto	avevano creduto

3 Past Absolute		**10** Past Anterior	
credei (credetti)	credemmo	ebbi creduto	avemmo creduto
credesti	credeste	avesti creduto	aveste creduto
credè (credette)	crederono (credettero)	ebbe creduto	ebbero creduto

4 Future		**11** Future Perfect	
crederò	crederemo	avrò creduto	avremo creduto
crederai	crederete	avrai creduto	avrete creduto
crederà	crederanno	avrà creduto	avranno creduto

5 Present Conditional		**12** Past Conditional	
crederei	crederemmo	avrei creduto	avremmo creduto
crederesti	credereste	avresti creduto	avreste creduto
crederebbe	crederebbero	avrebbe creduto	avrebbero creduto

6 Present Subjunctive		**13** Past Subjunctive	
creda	crediamo	abbia creduto	abbiamo creduto
creda	crediate	abbia creduto	abbiate creduto
creda	credano	abbia creduto	abbiano creduto

7 Imperfect Subjunctive		**14** Past Perfect Subjunctive	
credessi	credessimo	avessi creduto	avessimo creduto
credessi	credeste	avessi creduto	aveste creduto
credesse	credessero	avesse creduto	avessero creduto

Imperative

—	crediamo
credi (non credere)	credete
creda	credano

Samples of verb usage

Non credo nella fortuna.   I don't believe in luck.
credere in Dio   to believe in God
credere ai fantasmi   to believe in ghosts

crescere

Gerund **crescendo**   Past Part. **cresciuto**

to grow, to increase

The Seven Simple Tenses		The Seven Compound Tenses	
Singular	Plural	Singular	Plural
1 Present Indicative		**8 Present Perfect**	
cresco	cresciamo	sono cresciuto	siamo cresciuti
cresci	crescete	sei cresciuto	siete cresciuti
cresce	crescono	è cresciuto	sono cresciuti
2 Imperfect		**9 Past Perfect**	
crescevo	crescevamo	ero cresciuto	eravamo cresciuti
crescevi	crescevate	eri cresciuto	eravate cresciuti
cresceva	crescevano	era cresciuto	erano cresciuti
3 Past Absolute		**10 Past Anterior**	
crebbi	crescemmo	fui cresciuto	fummo cresciuti
crescesti	cresceste	fosti cresciuto	foste cresciuti
crebbe	crebbero	fu cresciuto	furono cresciuti
4 Future		**11 Future Perfect**	
crescerò	cresceremo	sarò cresciuto	saremo cresciuti
crescerai	crescerete	sarai cresciuto	sarete cresciuti
crescerà	cresceranno	sarà cresciuto	saranno cresciuti
5 Present Conditional		**12 Past Conditional**	
crescerei	cresceremmo	sarei cresciuto	saremmo cresciuti
cresceresti	crescereste	saresti cresciuto	sareste cresciuti
crescerebbe	crescerebbero	sarebbe cresciuto	sarebbero cresciuti
6 Present Subjunctive		**13 Past Subjunctive**	
cresca	cresciamo	sia cresciuto	siamo cresciuti
cresca	cresciate	sia cresciuto	siate cresciuti
cresca	crescano	sia cresciuto	siano cresciuti
7 Imperfect Subjunctive		**14 Past Perfect Subjunctive**	
crescessi	crescessimo	fossi cresciuto	fossimo cresciuti
crescessi	cresceste	fossi cresciuto	foste cresciuti
crescesse	crescessero	fosse cresciuto	fossero cresciuti

	Imperative	
—		cresciamo
cresci (non crescere)		crescete
cresca		crescano

Samples of verb usage

Il bambino è cresciuto molto.   The child has grown a lot.
Il fiume cresceva.   The river was rising.

NOTE: Like **crescere** are **accrescere** (with **avere**), **decrescere**, and **rincrescere**.

to sew

The Seven Simple Tenses		The Seven Compound Tenses	
Singular	Plural	Singular	Plural
1 Present Indicative		**8 Present Perfect**	
cucio	cuciamo	ho cucito	abbiamo cucito
cuci	cucite	hai cucito	avete cucito
cuce	cuciono	ha cucito	hanno cucito
2 Imperfect		**9 Past Perfect**	
cucivo	cucivamo	avevo cucito	avevamo cucito
cucivi	cucivate	avevi cucito	avevate cucito
cuciva	cucivano	aveva cucito	avevano cucito
3 Past Absolute		**10 Past Anterior**	
cucii	cucimmo	ebbi cucito	avemmo cucito
cucisti	cuciste	avesti cucito	aveste cucito
cucì	cucirono	ebbe cucito	ebbero cucito
4 Future		**11 Future Perfect**	
cucirò	cuciremo	avrò cucito	avremo cucito
cucirai	cucirete	avrai cucito	avrete cucito
cucirà	cuciranno	avrà cucito	avranno cucito
5 Present Conditional		**12 Past Conditional**	
cucirei	cuciremmo	avrei cucito	avremmo cucito
cuciresti	cucireste	avresti cucito	avreste cucito
cucirebbe	cucirebbero	avrebbe cucito	avrebbero cucito
6 Present Subjunctive		**13 Past Subjunctive**	
cucia	cuciamo	abbia cucito	abbiamo cucito
cucia	cuciate	abbia cucito	abbiate cucito
cucia	cuciano	abbia cucito	abbiano cucito
7 Imperfect Subjunctive		**14 Past Perfect Subjunctive**	
cucissi	cucissimo	avessi cucito	avessimo cucito
cucissi	cuciste	avessi cucito	aveste cucito
cucisse	cucissero	avesse cucito	avessero cucito

Imperative

—	cuciamo
cuci (non cucire)	cucite
cucia	cuciano

Samples of verb usage

Cucio i miei propri bottoni.   I sew on my own buttons.
Loro non sanno cucire.   They don't know how to sew.

to cook

The Seven Simple Tenses		The Seven Compound Tenses	
Singular	Plural	Singular	Plural
1 Present Indicative		**8 Present Perfect**	
cuocio (cuoco)	c(u)ociamo	ho cotto	abbiamo cotto
cuoci	c(u)ocete	hai cotto	avete cotto
cuoce	c(u)ocono	ha cotto	hanno cotto
2 Imperfect		**9 Past Perfect**	
c(u)ocevo	c(u)ocevamo	avevo cotto	avevamo cotto
c(u)ocevi	c(u)ocevate	avevi cotto	avevate cotto
c(u)oceva	c(u)ocevano	aveva cotto	avevano cotto
3 Past Absolute		**10 Past Anterior**	
cossi	c(u)ocemmo	ebbi cotto	avemmo cotto
c(u)ocesti	c(u)oceste	avesti cotto	aveste cotto
cosse	cossero	ebbe cotto	ebbero cotto
4 Future		**11 Future Perfect**	
c(u)ocerò	c(u)oceremo	avrò cotto	avremo cotto
c(u)ocerai	c(u)ocerete	avrai cotto	avrete cotto
c(u)ocerà	c(u)oceranno	avrà cotto	avranno cotto
5 Present Conditional		**12 Past Conditional**	
c(u)ocerei	c(u)oceremmo	avrei cotto	avremmo cotto
c(u)oceresti	c(u)ocereste	avresti cotto	avreste cotto
c(u)ocerebbe	c(u)ocerebbero	avrebbe cotto	avrebbero cotto
6 Present Subjunctive		**13 Past Subjunctive**	
cuocia (cuoca)	c(u)ociamo	abbia cotto	abbiamo cotto
cuocia (cuoca)	c(u)ociate	abbia cotto	abbiate cotto
cuocia (cuoca)	cuociano	abbia cotto	abbiano cotto
7 Imperfect Subjunctive		**14 Past Perfect Subjunctive**	
c(u)ocessi	c(u)ocessimo	avessi cotto	avessimo cotto
c(u)ocessi	c(u)oceste	avessi cotto	aveste cotto
c(u)ocesse	c(u)ocessero	avesse cotto	avessero cotto

Imperative

—	cociamo (cuociamo)
cuoci (non cuocere)	cocete (cuocete)
cuocia (cuoca)	cuociano (cuocano)

Samples of verb usage

Cuoco le uova ogni giorno.   I cook eggs every day.
cuocere alla griglia   to grill
cuocere a lesso   to boil
cuocere al forno   to bake

to give

The Seven Simple Tenses		The Seven Compound Tenses	
Singular	Plural	Singular	Plural
1 Present Indicative		**8** Present Perfect	
do	diamo	ho dato	abbiamo dato
dai	date	hai dato	avete dato
da	danno	ha dato	hanno dato
2 Imperfect		**9** Past Perfect	
davo	davamo	avevo dato	avevamo dato
davi	davate	avevi dato	avevate dato
dava	davano	aveva dato	avevano dato
3 Past Absolute		**10** Past Anterior	
diedi (detti)	demmo	ebbi dato	avemmo dato
desti	deste	avesti dato	aveste dato
diede (dette)	diedero (dettero)	ebbe dato	ebbero dato
4 Future		**11** Future Perfect	
darò	daremo	avrò dato	avremo dato
darai	darete	avrai dato	avrete dato
darà	daranno	avrà dato	avranno dato
5 Present Conditional		**12** Past Conditional	
darei	daremmo	avrei dato	avremmo dato
daresti	dareste	avresti dato	avreste dato
darebbe	darebbero	avrebbe dato	avrebbero dato
6 Present Subjunctive		**13** Past Subjunctive	
dia	diamo	abbia dato	abbiamo dato
dia	diate	abbia dato	abbiate dato
dia	diano	abbia dato	abbiano dato
7 Imperfect Subjunctive		**14** Past Perfect Subjunctive	
dessi	dessimo	avessi dato	avessimo dato
dessi	deste	avessi dato	aveste dato
desse	dessero	avesse dato	avessero dato

	Imperative	
—		diamo
da' (dai) (non dare)		date
dia		diano

Samples of verb usage

Paolo da i soldi a Pietro.   Paul gives the money to Peter.
Lei mi ha dato da mangiare.   She gave me food to eat.

117

decidere

Gerund **decidendo** Past Part. **deciso**

to decide

The Seven Simple Tenses		The Seven Compound Tenses	
Singular	Plural	Singular	Plural
1 Present Indicative		**8 Present Perfect**	
decido	decidiamo	ho deciso	abbiamo deciso
decidi	decidete	hai deciso	avete deciso
decide	decidono	ha deciso	hanno deciso
2 Imperfect		**9 Past Perfect**	
decidevo	decidevamo	avevo deciso	avevamo deciso
decidevi	decidevate	avevi deciso	avevate deciso
decideva	decidevano	aveva deciso	avevano deciso
3 Past Absolute		**10 Past Anterior**	
decisi	decidemmo	ebbi deciso	avemmo deciso
decidesti	decideste	avesti deciso	aveste deciso
decise	decisero	ebbe deciso	ebbero deciso
4 Future		**11 Future Perfect**	
deciderò	decideremo	avrò deciso	avremo deciso
deciderai	deciderete	avrai deciso	avrete deciso
deciderà	decideranno	avrà deciso	avranno deciso
5 Present Conditional		**12 Past Conditional**	
deciderei	decideremmo	avrei deciso	avremmo deciso
decideresti	decidereste	avresti deciso	avreste deciso
deciderebbe	deciderebbero	avrebbe deciso	avrebbero deciso
6 Present Subjunctive		**13 Past Subjunctive**	
decida	decidiamo	abbia deciso	abbiamo deciso
decida	decidiate	abbia deciso	abbiate deciso
decida	decidano	abbia deciso	abbiano deciso
7 Imperfect Subjunctive		**14 Past Perfect Subjunctive**	
decidessi	decidessimo	avessi deciso	avessimo deciso
decidessi	decideste	avessi deciso	aveste deciso
decidesse	decidessero	avesse deciso	avessero deciso

	Imperative	
—		decidiamo
decidi (non decidere)		decidete
decida		decidano

Samples of verb usage

Lui deve decidere cosa vuole fare.   He has to decide what he wants to do.
Lei decise di fare un viaggio.   She decided to take a trip.

The Seven Simple Tenses		The Seven Compound Tenses	
Singular	Plural	Singular	Plural
1 Present Indicative		**8** Present Perfect	
definisco	**definiamo**	**ho definito**	**abbiamo definito**
definisci	**definite**	**hai definito**	**avete definito**
definisce	**definiscono**	**ha definito**	**hanno definito**
2 Imperfect		**9** Past Perfect	
definivo	**definivamo**	**avevo definito**	**avevamo definito**
definivi	**definivate**	**avevi definito**	**avevate definito**
definiva	**definivano**	**aveva definito**	**avevano definito**
3 Past Absolute		**10** Past Anterior	
definii	**definimmo**	**ebbi definito**	**avemmo definito**
definisti	**definiste**	**avesti definito**	**aveste definito**
definì	**definirono**	**ebbe definito**	**ebbero definito**
4 Future		**11** Future Perfect	
definirò	**definiremo**	**avrò definito**	**avremo definito**
definirai	**definirete**	**avrai definito**	**avrete definito**
definirà	**definiranno**	**avrà definito**	**avranno definito**
5 Present Conditional		**12** Past Conditional	
definirei	**definiremmo**	**avrei definito**	**avremmo definito**
definiresti	**definireste**	**avresti definito**	**avreste definito**
definirebbe	**definirebbero**	**avrebbe definito**	**avrebbero definito**
6 Present Subjunctive		**13** Past Subjunctive	
definisca	**definiamo**	**abbia definito**	**abbiamo definito**
definisca	**definiate**	**abbia definito**	**abbiate definito**
definisca	**definiscano**	**abbia definito**	**abbiano definito**
7 Imperfect Subjunctive		**14** Past Perfect Subjunctive	
definissi	**definissimo**	**avessi definito**	**avessimo definito**
definissi	**definiste**	**avessi definito**	**aveste definito**
definisse	**definissero**	**avesse definito**	**avessero definito**

Imperative

—	**definiamo**
definisci (non definire)	**definite**
definisca	**definiscano**

Samples of verb usage

La professoressa definisce i termini che usa.   The professor defines the terms she uses.
definire una lite   to settle a dispute

deliberare
Gerund **deliberando**   Past Part. **deliberato**

to deliberate, to decide, to resolve

The Seven Simple Tenses		The Seven Compound Tenses	
Singular	Plural	Singular	Plural
1 Present Indicative		**8 Present Perfect**	
delibero	deliberiamo	ho deliberato	abbiamo deliberato
deliberi	deliberate	hai deliberato	avete deliberato
delibera	deliberano	ha deliberato	hanno deliberato
2 Imperfect		**9 Past Perfect**	
deliberavo	deliberavamo	avevo deliberato	avevamo deliberato
deliberavi	deliberavate	avevi deliberato	avevate deliberato
deliberava	deliberavano	aveva deliberato	avevano deliberato
3 Past Absolute		**10 Past Anterior**	
deliberai	deliberammo	ebbi deliberato	avemmo deliberato
deliberasti	deliberaste	avesti deliberato	aveste deliberato
deliberò	deliberarono	ebbe deliberato	ebbero deliberato
4 Future		**11 Future Perfect**	
delibererò	delibereremo	avrò deliberato	avremo deliberato
delibererai	delibererete	avrai deliberato	avrete deliberato
delibererà	delibereranno	avrà deliberato	avranno deliberato
5 Present Conditional		**12 Past Conditional**	
delibererei	delibereremmo	avrei deliberato	avremmo deliberato
delibereresti	deliberereste	avresti deliberato	avreste deliberato
delibererebbe	delibererebbero	avrebbe deliberato	avrebbero deliberato
6 Present Subjunctive		**13 Past Subjunctive**	
deliberi	deliberiamo	abbia deliberato	abbiamo deliberato
deliberi	deliberiate	abbia deliberato	abbiate deliberato
deliberi	deliberino	abbia deliberato	abbiano deliberato
7 Imperfect Subjunctive		**14 Past Perfect Subjunctive**	
deliberassi	deliberassimo	avessi deliberato	avessimo deliberato
deliberassi	deliberaste	avessi deliberato	aveste deliberato
deliberasse	deliberassero	avesse deliberato	avessero deliberato

	Imperative	
—	deliberiamo
delibera (non deliberare)	deliberate
deliberi	deliberino

Samples of verb usage

Lui deliberò andare alla spiaggia.   He decided to go to the beach.
La giuria sta deliberando sul fatto.   The jury is deliberating on the matter.

to deposit

The Seven Simple Tenses		The Seven Compound Tenses	
Singular	Plural	Singular	Plural

1 Present Indicative

		8 Present Perfect	
deposito	depositiamo	ho depositato	abbiamo depositato
depositi	depositate	hai depositato	avete depositato
deposita	depositano	ha depositato	hanno depositato

2 Imperfect

		9 Past Perfect	
depositavo	depositavamo	avevo depositato	avevamo depositato
depositavi	depositavate	avevi depositato	avevate depositato
depositava	depositavano	aveva depositato	avevano depositato

3 Past Absolute

		10 Past Anterior	
depositai	depositammo	ebbi depositato	avemmo depositato
depositasti	depositaste	avesti depositato	aveste depositato
depositò	depositarono	ebbe depositato	ebbero depositato

4 Future

		11 Future Perfect	
depositerò	depositeremo	avrò depositato	avremo depositato
depositerai	depositerete	avrai depositato	avrete depositato
depositerà	depositeranno	avrà depositato	avranno depositato

5 Present Conditional

		12 Past Conditional	
depositerei	depositeremmo	avrei depositato	avremmo depositato
depositeresti	depositereste	avresti depositato	avreste depositato
depositerebbe	depositerebbero	avrebbe depositato	avrebbero depositato

6 Present Subjunctive

		13 Past Subjunctive	
depositi	depositiamo	abbia depositato	abbiamo depositato
depositi	depositiate	abbia depositato	abbiate depositato
depositi	depositino	abbia depositato	abbiano depositato

7 Imperfect Subjunctive

		14 Past Perfect Subjunctive	
depositassi	depositassimo	avessi depositato	avessimo depositato
depositassi	depositaste	avessi depositato	aveste depositato
depositasse	depositassero	avesse depositato	avessero depositato

Imperative

—	depositiamo
deposita (non depositare)	depositate
depositi	depositino

Samples of verb usage

Lei deposita il denaro nella banca.   She deposits money in the bank.
depositare merci   to store goods

to describe

The Seven Simple Tenses		The Seven Compound Tenses	
Singular	Plural	Singular	Plural
1 Present Indicative		**8 Present Perfect**	
descrivo	descriviamo	ho descritto	abbiamo descritto
descrivi	descrivete	hai descritto	avete descritto
descrive	descrivono	ha descritto	hanno descritto
2 Imperfect		**9 Past Perfect**	
descrivevo	descrivevamo	avevo descritto	avevamo descritto
descrivevi	descrivevate	avevi descritto	avevate descritto
descriveva	descrivevano	aveva descritto	avevano descritto
3 Past Absolute		**10 Past Anterior**	
descrissi	descrivemmo	ebbi descritto	avemmo descritto
descrivesti	descriveste	avesti descritto	aveste descritto
descrisse	descrissero	ebbe descritto	ebbero descritto
4 Future		**11 Future Perfect**	
descriverò	descriveremo	avrò descritto	avremo descritto
descriverai	descriverete	avrai descritto	avrete descritto
descriverà	descriveranno	avrà descritto	avranno descritto
5 Present Conditional		**12 Past Conditional**	
descriverei	descriveremmo	avrei descritto	avremmo descritto
descriveresti	descrivereste	avresti descritto	avreste descritto
descriverebbe	descriverebbero	avrebbe descritto	avrebbero descritto
6 Present Subjunctive		**13 Past Subjunctive**	
descriva	descriviamo	abbia descritto	abbiamo descritto
descriva	descriviate	abbia descritto	abbiate descritto
descriva	descrivano	abbia descritto	abbiano descritto
7 Imperfect Subjunctive		**14 Past Perfect Subjunctive**	
descrivessi	descrivessimo	avessi descritto	avessimo descritto
descrivessi	descriveste	avessi descritto	aveste descritto
descrivesse	descrivessero	avesse descritto	avessero descritto

Imperative	
—	descriviamo
descrivi (non descrivere)	descrivete
descriva	descrivano

Samples of verb usage

Lui ha descritto bene la situazione.   He described the situation well.
Lo scrittore descrive il palazzo.   The writer describes the building.

to wish, to want, to desire

The Seven Simple Tenses		The Seven Compound Tenses	
Singular	Plural	Singular	Plural
1 Present Indicative		**8 Present Perfect**	
desidero	desideriamo	ho desiderato	abbiamo desiderato
desideri	desiderate	hai desiderato	avete desiderato
desidera	desiderano	ha desiderato	hanno desiderato
2 Imperfect		**9 Past Perfect**	
desideravo	desideravamo	avevo desiderato	avevamo desiderato
desideravi	desideravate	avevi desiderato	avevate desiderato
desiderava	desideravano	aveva desiderato	avevano desiderato
3 Past Absolute		**10 Past Anterior**	
desiderai	desiderammo	ebbi desiderato	avemmo desiderato
desiderasti	desideraste	avesti desiderato	aveste desiderato
desiderò	desiderarono	ebbe desiderato	ebbero desiderato
4 Future		**11 Future Perfect**	
desidererò	desidereremo	avrò desiderato	avremo desiderato
desidererai	desidererete	avra desiderato	avranno desiderato
desidererà	desidereranno	avrà desiderato	avranno desiderato
5 Present Conditional		**12 Past Conditional**	
desidererei	desidereremmo	avrei desiderato	avremmo desiderato
desidereresti	desiderereste	avresti desiderato	avreste desiderato
desidererebbe	desidererebbero	avrebbe desiderato	avrebbebero desiderato
6 Present Subjunctive		**13 Past Subjunctive**	
desideri	desideriamo	abbia desiderato	abbiamo desiderato
desideri	desideriate	abbia desiderato	abbiate desiderato
desideri	desiderino	abbia desiderato	abbiano desiderato
7 Imperfect Subjunctive		**14 Past Perfect Subjunctive**	
desiderassi	desiderassimo	avessi desiderato	avessimo desiderato
desiderassi	desideraste	avessi desiderato	aveste desiderato
desiderasse	desiderassero	avesse desiderato	avessero desiderato

Imperative

—	desideriamo
desidera (non desiderare)	**desiderate**
desideri	**desiderino**

Samples of verb usage

Desidero un bicchiere d'acqua.   I want a glass of water.
Desidera aspettare?   Do you wish to wait?

determinare

Gerund **determinando**   Past Part. **determinato**

to determine, to resolve

The Seven Simple Tenses		The Seven Compound Tenses	
Singular	Plural	Singular	Plural
1 Present Indicative		**8 Present Perfect**	
determino	determiniamo	ho determinato	abbiamo determinato
determini	determinate	hai determinato	avete determinato
determina	determinano	ha determinato	hanno determinato
2 Imperfect		**9 Past Perfect**	
determinavo	determinavamo	avevo determinato	avevamo determinato
determinavi	determinavate	avevi determinato	avevate determinato
determinava	determinavano	aveva determinato	avevano determinato
3 Past Absolute		**10 Past Anterior**	
determinai	determinammo	ebbi determinato	avemmo determinato
determinasti	determinaste	avesti determinato	aveste determinato
determinò	determinarono	ebbe determinato	ebbero determinato
4 Future		**11 Future Perfect**	
determinerò	determineremo	avrò determinato	avremo determinato
determinerai	determinerete	avrai determinato	avrete determinato
determinerà	determineranno	avrà determinato	avranno determinato
5 Present Conditional		**12 Past Conditional**	
determinerei	determineremmo	avrei determinato	avremmo determinato
determineresti	determinereste	avresti determinato	avreste determinato
determinerebbe	determinerebbero	avrebbe determinato	avrebbero determinato
6 Present Subjunctive		**13 Past Subjunctive**	
determini	determiniamo	abbia determinato	abbiamo determinato
determini	determiniate	abbia determinato	abbiate determinato
determini	determinino	abbia determinato	abbiano determinato
7 Imperfect Subjunctive		**14 Past Perfect Subjunctive**	
determinassi	determinassimo	avessi determinato	avessimo determinato
determinassi	determinaste	avessi determinato	aveste determinato
determinasse	determinassero	avesse determinato	avessero determinato

Imperative	
—	determiniamo
determina (non determinare)	**determinate**
determini	**determinino**

Samples of verb usage

Lui determina le dimensioni della scatola.   He determines the dimensions of the box.
determinare la propria sorte   to determine one's fate

to detest, to loathe, to hate

The Seven Simple Tenses		The Seven Compound Tenses	
Singular	Plural	Singular	Plural
1 Present Indicative		**8 Present Perfect**	
detesto	detestiamo	ho detestato	abbiamo detestato
detesti	detestate	hai detestato	avete detestato
detesta	detestano	ha detestato	hanno detestato
2 Imperfect		**9 Past Perfect**	
detestavo	detestavamo	avevo detestato	avevamo detestato
detestavi	detestavate	avevi detestato	avevate detestato
detestava	detestavano	aveva detestato	avevano detestato
3 Past Absolute		**10 Past Anterior**	
detestai	detestammo	ebbi detestato	avemmo detestato
detestasti	detestaste	avesti detestato	aveste detestato
detestò	detestarono	ebbe detestato	ebbero detestato
4 Future		**11 Future Perfect**	
detesterò	detesteremo	avrò detestato	avremo detestato
detesterai	detesterete	avrai detestato	avrete detestato
detesterà	detesteranno	avrà detestato	avranno detestato
5 Present Conditional		**12 Past Conditional**	
detesterei	detesteremmo	avrei detestato	avremmo detestato
detesteresti	detestereste	avresti detestato	avreste detestato
detesterebbe	detesterebbero	avrebbe detestato	avrebbero detestato
6 Present Subjunctive		**13 Past Subjunctive**	
detesti	detestiamo	abbia detestato	abbiamo detestato
detesti	detestiate	abbia detestato	abbiate detestato
detesti	detestino	abbia detestato	abbiano detestato
7 Imperfect Subjunctive		**14 Past Perfect Subjunctive**	
detestassi	detestassimo	avessi detestato	avessimo detestato
detestassi	detestaste	avessi detestato	aveste detestato
detestasse	detestassero	avesse detestato	avessero detestato

Imperative	
—	detestiamo
detesta (non detestare)	detestate
detesti	detestino

Samples of verb usage

Il ragazzo detesta fare i compiti.   The child hates to do homework.
Detesto essere disturbato quando dormo.   I hate to be disturbed when I'm sleeping.

dettare

to dictate

The Seven Simple Tenses		The Seven Compound Tenses	
Singular	Plural	Singular	Plural
1 Present Indicative		**8 Present Perfect**	
detto	dettiamo	ho dettato	abbiamo dettato
detti	dettate	hai dettato	avete dettato
detta	dettano	ha dettato	hanno dettato
2 Imperfect		**9 Past Perfect**	
dettavo	dettavamo	avevo dettato	avevamo dettato
dettavi	dettavate	avevi dettato	avevate dettato
dettava	dettavano	aveva dettato	avevano dettato
3 Past Absolute		**10 Past Anterior**	
dettai	dettammo	ebbi dettato	avemmo dettato
dettasti	dettaste	avesti dettato	aveste dettato
dettò	dettarono	ebbe dettato	ebbero dettato
4 Future		**11 Future Perfect**	
detterò	detteremo	avrò dettato	avremo dettato
detterai	detterete	avrai dettato	avrete dettato
detterà	detteranno	avrà dettato	avranno dettato
5 Present Conditional		**12 Past Conditional**	
detterei	detteremmo	avrei dettato	avremmo dettato
detteresti	dettereste	avresti dettato	avreste dettato
detterebbe	detterebbero	avrebbe dettato	avrebbero dettato
6 Present Subjunctive		**13 Past Subjunctive**	
detti	dettiamo	abbia dettato	abbiamo dettato
detti	dettiate	abbia dettato	abbiate dettato
detti	dettino	abbia dettato	abbiano dettato
7 Imperfect Subjunctive		**14 Past Perfect Subjunctive**	
dettassi	dettassimo	avessi dettato	avessimo dettato
dettassi	dettaste	avessi dettato	aveste dettato
dettasse	dettassero	avesse dettato	avessero dettato

	Imperative	
—		dettiamo
detta (non dettare)		dettate
detti		dettino

Samples of verb usage

Detto molte lettere ogni giorno.   I dictate many letters every day.
Il padre detta legge al figlio.   The father lays down the law to his son.

to defend, to guard against

The Seven Simple Tenses		The Seven Compound Tenses	
Singular	Plural	Singular	Plural

1 Present Indicative

difendo	difendiamo	
difendi	difendete	
difende	difendono	

8 Present Perfect

ho difeso	abbiamo difeso
hai difeso	avete difeso
ha difeso	hanno difeso

2 Imperfect

difendevo	difendevamo
difendevi	difendevate
difendeva	difendevano

9 Past Perfect

avevo difeso	avevamo difeso
avevi difeso	avevate difeso
aveva difeso	avevano difeso

3 Past Absolute

difesi	difendemmo
difendesti	difendeste
difese	difesero

10 Past Anterior

ebbi difeso	avemmo difeso
avesti difeso	aveste difeso
ebbe difeso	ebbero difeso

4 Future

difenderò	difenderemo
difenderai	difenderete
difenderà	difenderanno

11 Future Perfect

avrò difeso	avremo difeso
avrai difeso	avrete difeso
avrà difeso	avranno difeso

5 Present Conditional

difenderei	difenderemmo
difenderesti	difendereste
difenderebbe	difenderebbero

12 Past Conditional

avrei difeso	avremmo difeso
avresti difeso	avreste difeso
avrebbe difeso	avrebbero difeso

6 Present Subjunctive

difenda	difendiamo
difenda	difendiate
difenda	difendano

13 Past Subjunctive

abbia difeso	abbiamo difeso
abbia difeso	abbiate difeso
abbia difeso	abbiano difeso

7 Imperfect Subjunctive

difendessi	difendessimo
difendessi	difendeste
difendesse	difendessero

14 Past Perfect Subjunctive

avessi difeso	avessimo difeso
avessi difeso	aveste difeso
avesse difeso	avessero difeso

Imperative

—	difendiamo
difendi (non difendere)	difendete
difenda	difendano

Samples of verb usage

Gli scrittori si difendono dalla censura.   The writers guard against censure.
La ragazza difende sempre le sue amiche.   The girl always defends her friends.

diffondere

to diffuse, to spread

The Seven Simple Tenses		The Seven Compound Tenses	
Singular	Plural	Singular	Plural
1 Present Indicative		**8 Present Perfect**	
diffondo	diffondiamo	ho diffuso	abbiamo diffuso
diffondi	diffondete	hai diffuso	avete diffuso
diffonde	diffondono	ha diffuso	hanno diffuso
2 Imperfect		**9 Past Perfect**	
diffondevo	diffondevamo	avevo diffuso	avevamo diffuso
diffondevi	diffondevate	avevi diffuso	avevate diffuso
diffondeva	diffondevano	aveva diffuso	avevano diffuso
3 Past Absolute		**10 Past Anterior**	
diffusi	diffondemmo	ebbi diffuso	avemmo diffuso
diffondesti	diffondeste	avesti diffuso	aveste diffuso
diffuse	diffusero	ebbe diffuso	ebbero diffuso
4 Future		**11 Future Perfect**	
diffonderò	diffonderemo	avrò diffuso	avremo diffuso
diffonderai	diffonderete	avrai diffuso	avrete diffuso
diffonderà	diffonderanno	avrà diffuso	avranno diffuso
5 Present Conditional		**12 Past Conditional**	
diffonderei	diffonderemmo	avrei diffuso	avremmo diffuso
diffonderesti	diffondereste	avresti diffuso	avreste diffuso
diffonderebbe	diffonderebbero	avrebbe diffuso	avrebbero diffuso
6 Present Subjunctive		**13 Past Subjunctive**	
diffonda	diffondiamo	abbia diffuso	abbiamo diffuso
diffonda	diffondiate	abbia diffuso	abbiate diffuso
diffonda	diffondano	abbia diffuso	abbiano diffuso
7 Imperfect Subjunctive		**14 Past Perfect Subjunctive**	
diffondessi	diffondessimo	avessi diffuso	avessimo diffuso
diffondessi	diffondeste	avessi diffuso	aveste diffuso
diffondesse	diffondessero	avesse diffuso	avessero diffuso

	Imperative	
—		diffondiamo
diffondi (non diffondere)		diffondete
diffonda		diffondano

Samples of verb usage

Lei diffonde bugie.   She spreads lies.
Le notizie sono diffuse dal giornale.   News is spread by the newspaper.

to digest, to tolerate, to master

The Seven Simple Tenses		The Seven Compound Tenses	
Singular	Plural	Singular	Plural
1 Present Indicative		**8 Present Perfect**	
digerisco	digeriamo	ho digerito	abbiamo digerito
digerisci	digerite	hai digerito	avete digerito
digerisce	digeriscono	ha digerito	hanno digerito
2 Imperfect		**9 Past Perfect**	
digerivo	digerivamo	avevo digerito	avevamo digerito
digerivi	digerivate	avevi digerito	avevate digerito
digeriva	digerivano	aveva digerito	avevano digerito
3 Past Absolute		**10 Past Anterior**	
digerii	digerimmo	ebbi digerito	avemmo digerito
digeristi	digeriste	avesti digerito	aveste digerito
digerì	digerirono	ebbe digerito	ebbero digerito
4 Future		**11 Future Perfect**	
digererò	digereremo	avrò digerito	avremo digerito
digerirai	digerirete	avrai digerito	avrete digerito
digerirà	digeriranno	avrà digerito	avranno digerito
5 Present Conditional		**12 Past Conditional**	
digererei	digereremmo	avrei digerito	avremmo digerito
digereresti	digerereste	avresti digerito	avreste digerito
digererebbe	digererebbero	avrebbe digerito	avrebbero digerito
6 Present Subjunctive		**13 Past Subjunctive**	
digerisca	digeriamo	abbia digerito	abbiamo digerito
digerisca	digeriate	abbia digerito	abbiate digerito
digerisca	digeriscano	abbia digerito	abbiano digerito
7 Imperfect Subjunctive		**14 Past Perfect Subjunctive**	
digerissi	digerissimo	avessi digerito	avessimo digerito
digerissi	digeriste	avessi digerito	aveste digerito
digerisse	digerissero	avesse digerito	avessero digerito

Imperative

—	digeriamo
digerisci (non digerire)	digerite
digerisca	digeriscano

Samples of verb usage

Digerisco facilmente tutto quello che mangio.   I easily digest everything I eat.
Non posso digerire questa offesa.   I cannot put up with this insult.

dimenticare

Gerund **dimenticando**   Past Part. **dimenticato**

to forget

The Seven Simple Tenses		The Seven Compound Tenses	
Singular	Plural	Singular	Plural
1 Present Indicative		**8 Present Perfect**	
dimentico	dimentichiamo	ho dimenticato	abbiamo dimenticato
dimentichi	dimenticate	hai dimenticato	avete dimenticato
dimentica	dimenticano	ha dimenticato	hanno dimenticato
2 Imperfect		**9 Past Perfect**	
dimenticavo	dimenticavamo	avevo dimenticato	avevamo dimenticato
dimenticavi	dimenticavate	avevi dimenticato	avevate dimenticato
dimenticava	dimenticavano	aveva dimenticato	avevano dimenticato
3 Past Absolute		**10 Past Anterior**	
dimenticai	dimenticammo	ebbi dimenticato	avemmo dimenticato
dimenticasti	dimenticaste	avesti dimenticato	aveste dimenticato
dimenticò	dimenticarono	ebbe dimenticato	ebbero dimenticato
4 Future		**11 Future Perfect**	
dimenticherò	dimenticheremo	avrò dimenticato	avremo dimenticato
dimenticherai	dimenticherete	avrai dimenticato	avrete dimenticato
dimenticherà	dimenticheranno	avrà dimenticato	avranno dimenticato
5 Present Conditional		**12 Past Conditional**	
dimenticherei	dimenticheremmo	avrei dimenticato	avremmo dimenticato
dimenticheresti	dimentichereste	avresti dimenticato	avreste dimenticato
dimenticherebbe	dimenticherebbero	avrebbe dimenticato	avrebbero dimenticato
6 Present Subjunctive		**13 Past Subjunctive**	
dimentichi	dimentichiamo	abbia dimenticato	abbiamo dimenticato
dimentichi	dimentichiate	abbia dimenticato	abbiate dimenticato
dimentichi	dimentichino	abbia dimenticato	abbiano dimenticato
7 Imperfect Subjunctive		**14 Past Perfect Subjunctive**	
dimenticassi	dimenticassimo	avessi dimenticato	avessimo dimenticato
dimenticassi	dimenticaste	avessi dimenticato	aveste dimenticato
dimenticasse	dimenticassero	avesse dimenticato	avessero dimenticato

Imperative	
—	dimentichiamo
dimentica (non dimenticare)	dimenticate
dimentichi	dimentichino

Samples of verb usage

Lui dimentica tutto.   He forgets everything.
Non dimenticherò mai la tua gentilezza.   I will never forget your kindness.

to show, to demonstrate

The Seven Simple Tenses		The Seven Compound Tenses	
Singular	Plural	Singular	Plural

1 Present Indicative

		8 Present Perfect	
dimostro	dimostriamo	ho dimostrato	abbiamo dimostrato
dimostri	dimostrate	hai dimostrato	avete dimostrato
dimostra	dimostrano	ha dimostrato	hanno dimostrato

2 Imperfect

		9 Past Perfect	
dimostravo	dimostravamo	avevo dimostrato	avevamo dimostrato
dimostravi	dimostravate	avevi dimostrato	avevate dimostrato
dimostrava	dimostravano	aveva dimostrato	avevano dimostrato

3 Past Absolute

		10 Past Anterior	
dimostrai	dimostrammo	ebbi dimostrato	avemmo dimostrato
dimostrasti	dimostraste	avesti dimostrato	aveste dimostrato
dimostrò	dimostrarono	ebbe dimostrato	ebbero dimostrato

4 Future

		11 Future Perfect	
dimostrerò	dimostreremo	avrò dimostrato	avremo dimostrato
dimostrerai	dimostrerete	avrai dimostrato	avrete dimostrato
dimostrerà	dimostreranno	avrà dimostrato	avranno dimostrato

5 Present Conditional

		12 Past Conditional	
dimostrerei	dimostreremmo	avrei dimostrato	avremmo dimostrato
dimostreresti	dimostrereste	avresti dimostrato	avreste dimostrato
dimostrerebbe	dimostrerebbero	avrebbe dimostrato	avrebbero dimostrato

6 Present Subjunctive

		13 Past Subjunctive	
dimostri	dimostriamo	abbia dimostrato	abbiamo dimostrato
dimostri	dimostriate	abbia dimostrato	abbiate dimostrato
dimostri	dimostrino	abbia dimostrato	abbiano dimostrato

7 Imperfect Subjunctive

		14 Past Perfect Subjunctive	
dimostrassi	dimostrassimo	avessi dimostrato	avessimo dimostrato
dimostrassi	dimostraste	avessi dimostrato	aveste dimostrato
dimostrasse	dimostrassero	avesse dimostrato	avessero dimostrato

Imperative

—	dimostriamo
dimostra (non dimostrare)	dimostrate
dimostri	dimostrino

Samples of verb usage

Mia sorella ha venticinque anni ma non li dimostra.   My sister is twenty-five years old but doesn't look it.

L' uomo dimostra le funzioni dell'implemento.   The man demonstrates the functions of the tool.

NOTE: Also **dimostrarsi** (to prove, to show oneself) conjugated with **essere**.

dipendere

to depend

The Seven Simple Tenses		The Seven Compound Tenses	
Singular	Plural	Singular	Plural
1 Present Indicative		**8 Present Perfect**	
dipendo	dipendiamo	sono dipeso	siamo dipesi
dipendi	dipendete	sei dipeso	siete dipesi
dipende	dipendono	è dipeso	sono dipesi
2 Imperfect		**9 Past Perfect**	
dipendevo	dipendevamo	ero dipeso	eravamo dipesi
dipendevi	dipendevate	eri dipeso	eravate dipesi
dipendeva	dipendevano	era dipeso	erano dipesi
3 Past Absolute		**10 Past Anterior**	
dipesi	dipendemmo	fui dipeso	fummo dipesi
dipendesti	dipendeste	fosti dipeso	foste dipesi
dipese	dipesero	fu dipeso	furono dipesi
4 Future		**11 Future Perfect**	
dipenderò	dipenderemo	sarò dipeso	saremo dipesi
dipenderai	dipenderete	sarai dipeso	sarete dipesi
dipenderà	dipenderanno	sarà dipeso	saranno dipesi
5 Present Conditional		**12 Past Conditional**	
dipenderei	dipenderemmo	sarei dipeso	saremmo dipesi
dipenderesti	dipendereste	saresti dipeso	sareste dipesi
dipenderebbe	dipenderebbero	sarebbe dipeso	sarebbero dipesi
6 Present Subjunctive		**13 Past Subjunctive**	
dipenda	dipendiamo	sia dipeso	siamo dipesi
dipenda	dipendiate	sia dipeso	siate dipesi
dipenda	dipendano	sia dipeso	siano dipesi
7 Imperfect Subjunctive		**14 Past Perfect Subjunctive**	
dipendessi	dipendessimo	fossi dipeso	fossimo dipesi
dipendessi	dipendeste	fossi dipeso	foste dipesi
dipendesse	dipendessero	fosse dipeso	fossero dipesi

	Imperative	
—		dipendiamo
dipendi (non dipendere)		dipendete
dipenda		dipendano

Samples of verb usage

Dipende dalle circostanze.   It depends on the circumstances.
Il ragazzo dipende dalla madre.   The child depends on his mother.

to paint, to depict

The Seven Simple Tenses		The Seven Compound Tenses	
Singular	Plural	Singular	Plural
1 Present Indicative		**8** Present Perfect	
dipingo	dipingiamo	ho dipinto	abbiamo dipinto
dipingi	dipingete	hai dipinto	avete dipinto
dipinge	dipingono	ha dipinto	hanno dipinto
2 Imperfect		**9** Past Perfect	
dipingevo	dipingevamo	avevo dipinto	avevamo dipinto
dipingevi	dipingevate	avevi dipinto	avevate dipinto
dipingeva	dipingevano	aveva dipinto	avevano dipinto
3 Past Absolute		**10** Past Anterior	
dipinsi	dipingemmo	ebbi dipinto	avemmo dipinto
dipingesti	dipingeste	avesti dipinto	aveste dipinto
dipinse	dipinsero	ebbe dipinto	ebbero dipinto
4 Future		**11** Future Perfect	
dipingerò	dipingeremo	avrò dipinto	avremo dipinto
dipingerai	dipingerete	avrai dipinto	avrete dipinto
dipingerà	dipingeranno	avrà dipinto	avranno dipinto
5 Present Conditional		**12** Past Conditional	
dipingerei	dipingeremmo	avrei dipinto	avremmo dipinto
dipingeresti	dipingereste	avresti dipinto	avreste dipinto
dipingerebbe	dipingerebbero	avrebbe dipinto	avrebbero dipinto
6 Present Subjunctive		**13** Past Subjunctive	
dipinga	dipingiamo	abbia dipinto	abbiamo dipinto
dipinga	dipingiate	abbia dipinto	abbiate dipinto
dipinga	dipingano	abbia dipinto	abbiano dipinto
7 Imperfect Subjunctive		**14** Past Perfect Subjunctive	
dipingessi	dipingessimo	avessi dipinto	avessimo dipinto
dipingessi	dipingeste	avessi dipinto	aveste dipinto
dipingesse	dipingessero	avesse dipinto	avessero dipinto

Imperative	
—	dipingiamo
dipingi (non dipingere)	dipingete
dipinga	dipingano

Samples of verb usage

Michelangelo ha dipinto *Il Giudizio Universale*.   Michelangelo painted *The Last Judgment*.
Questa ragazza dipinge bene.   This girl paints well.

to say, to tell

The Seven Simple Tenses		The Seven Compound Tenses	
Singular	Plural	Singular	Plural
1 Present Indicative		**8 Present Perfect**	
dico	diciamo	ho detto	abbiamo detto
dici	dite	hai detto	avete detto
dice	dicono	ha detto	hanno detto
2 Imperfect		**9 Past Perfect**	
dicevo	dicevamo	avevo detto	avevamo detto
dicevi	dicevate	avevi detto	avevate detto
diceva	dicevano	aveva detto	avevano detto
3 Past Absolute		**10 Past Anterior**	
dissi	dicemmo	ebbi detto	avemmo detto
dicesti	diceste	avesti detto	aveste detto
disse	dissero	ebbe detto	ebbero detto
4 Future		**11 Future Perfect**	
dirò	diremo	avrò detto	avremo detto
dirai	direte	avrai detto	avrete detto
dirà	diranno	avrà detto	avranno detto
5 Present Conditional		**12 Past Conditional**	
direi	diremmo	avrei detto	avremmo detto
diresti	direste	avresti detto	avreste detto
direbbe	direbbero	avrebbe detto	avrebbero detto
6 Present Subjunctive		**13 Past Subjunctive**	
dica	diciamo	abbia detto	abbiamo detto
dica	diciate	abbia detto	abbiate detto
dica	dicano	abbia detto	abbiano detto
7 Imperfect Subjunctive		**14 Past Perfect Subjunctive**	
dicessi	dicessimo	avessi detto	avessimo detto
dicessi	diceste	avessi detto	aveste detto
dicesse	dicessero	avesse detto	avessero detto

Imperative

—	diciamo
di' (non dire)	dite
dica	dicano

Samples of verb usage

Che dice il maestro?   What is the teacher saying?
Che ti ho detto?   What did I tell you?

NOTE: Like **dire,** are **disdire, interdire, predire,** and **ridire,** except for **disdici,** etc., in the imperative.

The Seven Simple Tenses		The Seven Compound Tenses	
Singular	Plural	Singular	Plural
1 Present Indicative		**8 Present Perfect**	
dirigo	dirigiamo	ho diretto	abbiamo diretto
dirigi	dirigete	hai diretto	avete diretto
dirige	dirigono	ha diretto	hanno diretto
2 Imperfect		**9 Past Perfect**	
dirigevo	dirigevamo	avevo diretto	avevamo diretto
dirigevi	dirigevate	avevi diretto	avevate diretto
dirigeva	dirigevano	aveva diretto	avevano diretto
3 Past Absolute		**10 Past Anterior**	
diressi	dirigemmo	ebbi diretto	avemmo diretto
diregesti	dirigeste	avesti diretto	aveste diretto
diresse	diressero	ebbe diretto	ebbero diretto
4 Future		**11 Future Perfect**	
dirigerò	dirigeremo	avrò diretto	avremo diretto
dirigerai	dirigerete	avrai diretto	avrete diretto
dirigerà	dirigeranno	avrà diretto	avranno diretto
5 Present Conditional		**12 Past Conditional**	
dirigerei	dirigeremmo	avrei diretto	avremmo diretto
dirigeresti	dirigereste	avresti diretto	avreste diretto
dirigerebbe	dirigerebbero	avrebbe diretto	avrebbero diretto
6 Present Subjunctive		**13 Past Subjunctive**	
diriga	dirigiamo	abbia diretto	abbiamo diretto
diriga	dirigiate	abbia diretto	abbiate diretto
diriga	dirigano	abbia diretto	abbiano diretto
7 Imperfect Subjunctive		**14 Past Perfect Subjunctive**	
dirigessi	dirigessimo	avessi diretto	avessimo diretto
dirigessi	dirigeste	avessi diretto	aveste diretto
dirigesse	dirigessero	avesse diretto	avessero diretto

Imperative

—	dirigiamo
dirigi (non dirigere)	dirigete
diriga	dirigano

Samples of verb usage

Il poliziotto dirige il traffico.   The policeman directs the traffic.
Lui mi diresse a casa.   He directed me home.

to disarm

The Seven Simple Tenses		The Seven Compound Tenses	
Singular	Plural	Singular	Plural
1 Present Indicative		**8 Present Perfect**	
disarmo	disarmiamo	ho disarmato	abbiamo disarmato
disarmi	disarmate	hai disarmato	avete disarmato
disarma	disarmano	ha disarmato	hanno disarmato
2 Imperfect		**9 Past Perfect**	
disarmavo	disarmavamo	avevo disarmato	avevamo disarmato
disarmavi	disarmavate	avevi disarmato	avevate disarmato
disarmava	disarmavano	aveva disarmato	avevano disarmato
3 Past Absolute		**10 Past Anterior**	
disarmai	disarmammo	ebbi disarmato	avemmo disarmato
disarmasti	disarmaste	avesti disarmato	aveste disarmato
disarmò	disarmarono	ebbe disarmato	ebbero disarmato
4 Future		**11 Future Perfect**	
disarmerò	disarmeremo	avrò disarmato	avremo disarmato
disarmerai	disarmerete	avrai disarmato	avrete disarmato
disarmerà	disarmeranno	avrà disarmato	avranno disarmato
5 Present Conditional		**12 Past Conditional**	
disarmerei	disarmeremmo	avrei disarmato	avremmo disarmato
disarmeresti	disarmereste	avresti disarmato	avreste disarmato
disarmerebbe	disarmerebbero	avrebbe disarmato	avrebbero disarmato
6 Present Subjunctive		**13 Past Subjunctive**	
disarmi	disarmiamo	abbia disarmato	abbiamo disarmato
disarmi	disarmiate	abbia disarmato	abbiate disarmato
disarmi	disarmino	abbia disarmato	abbiano disarmato
7 Imperfect Subjunctive		**14 Past Perfect Subjunctive**	
disarmassi	disarmassimo	avessi disarmato	avessimo disarmato
disarmassi	disarmaste	avessi disarmato	aveste disarmato
disarmasse	disarmassero	avesse disarmato	avessero disarmato

	Imperative	
—		disarmiamo
disarma (non disarmare)		disarmate
disarmi		disarmino

Samples of verb usage

Il ladro fu preso e disarmato. The thief was caught and disarmed.
La sua bellezza mi disarmò. Her beauty disarmed me.

to go down, to descend, to come down

The Seven Simple Tenses		The Seven Compound Tenses	
Singular	Plural	Singular	Plural

1 Present Indicative		8 Present Perfect	
discendo	discendiamo	sono disceso	siamo discesi
discendi	discendete	sei disceso	siete discesi
discende	discendono	è disceso	sono discesi

2 Imperfect		9 Past Perfect	
discendevo	discendevamo	ero disceso	eravamo discesi
discendevi	discendevate	eri disceso	eravate discesi
discendeva	discendevano	era disceso	erano discesi

3 Past Absolute		10 Past Anterior	
discesi	discendemmo	fui disceso	fummo discesi
discendesti	discendeste	fosti disceso	foste discesi
discese	discesero	fu disceso	furono discesi

4 Future		11 Future Perfect	
discenderò	discenderemo	sarò disceso	saremo discesi
discenderai	discenderete	sarai disceso	sarete discesi
discenderà	discenderanno	sarà disceso	saranno discesi

5 Present Conditional		12 Past Conditional	
discenderei	discenderemmo	sarei disceso	saremmo discesi
discenderesti	discendereste	saresti disceso	sareste discesi
discenderebbe	discenderebbero	sarebbe disceso	sarebbero discesi

6 Present Subjunctive		13 Past Subjunctive	
discenda	discendiamo	sia disceso	siamo discesi
discenda	discendiate	sia disceso	siate discesi
discenda	discendano	sia disceso	siano discesi

7 Imperfect Subjunctive		14 Past Perfect Subjunctive	
discendessi	discendessimo	fossi disceso	fossimo discesi
discendessi	discendeste	fossi disceso	foste discesi
discendesse	discendessero	fosse disceso	fossero discesi

Imperative	
—	discendiamo
discendi (non discendere)	discendete
discenda	discendano

Samples of verb usage

L'angelo discese dal cielo.   The angel descended from heaven.
I bambini sono discesi presto.   The children came down early.

discorrere

Gerund **discorrendo**   Past Part. **discorso**

to talk, to chat

The Seven Simple Tenses		The Seven Compound Tenses	
Singular	Plural	Singular	Plural
1 Present Indicative		**8 Present Perfect**	
discorro	discorriamo	ho discorso	abbiamo discorso
discorri	discorrete	hai discorso	avete discorso
discorre	discorrono	ha discorso	hanno discorso
2 Imperfect		**9 Past Perfect**	
discorrevo	discorrevamo	avevo discorso	avevamo discorso
discorrevi	discorrevate	avevi discorso	avevate discorso
discorreva	discorrevano	aveva discorso	avevano discorso
3 Past Absolute		**10 Past Anterior**	
discorsi	discorremmo	ebbi discorso	avemmo discorso
discorresti	discorreste	avesti discorso	aveste discorso
discorse	discorsero	ebbe discorso	ebbero discorso
4 Future		**11 Future Perfect**	
discorrerò	discorreremo	avrò discorso	avremo discorso
discorrerai	discorrerete	avrai discorso	avrete discorso
discorrerà	discorreranno	avrà discorso	avranno discorso
5 Present Conditional		**12 Past Conditional**	
discorrerei	discorreremmo	avrei discorso	avremmo discorso
discorreresti	discorrereste	avresti discorso	avreste discorso
discorrerebbe	discorrerebbero	avrebbe discorso	avrebbero discorso
6 Present Subjunctive		**13 Past Subjunctive**	
discorra	discorriamo	abbia discorso	abbiamo discorso
discorra	discorriate	abbia discorso	abbiate discorso
discorra	discorrano	abbia discorso	abbiano discorso
7 Imperfect Subjunctive		**14 Past Perfect Subjunctive**	
discorressi	discorressimo	avessi discorso	avessimo discorso
discorressi	discorreste	avessi discorso	aveste discorso
discorresse	discorresero	avesse discorso	avessero discorso

	Imperative	
—		discorriamo
discorri (non discorrere)		discorrete
discorra		discorrano

Samples of verb usage

Lui discorre al telefono con l'amica.   He chats with his friend on the phone.
Il politico discorre perchè ha la bocca.   The politician talks for the sake of talking.

The Seven Simple Tenses		The Seven Compound Tenses	
Singular	Plural	Singular	Plural

1 Present Indicative		**8** Present Perfect	
discuto	discutiamo	ho discusso	abbiamo discusso
discuti	discutete	hai discusso	avete discusso
discute	discutono	ha discusso	hanno discusso

2 Imperfect		**9** Past Perfect	
discutevo	discutevamo	avevo discusso	avevamo discusso
discutevi	discutevate	avevi discusso	avevate discusso
discuteva	discutevano	aveva discusso	avevano discusso

3 Past Absolute		**10** Past Anterior	
discussi	discutemmo	ebbi discusso	avemmo discusso
discutesti	discuteste	avesti discusso	aveste discusso
discusse	discussero	ebbe discusso	ebbero discusso

4 Future		**11** Future Perfect	
discuterò	discuteremo	avrò discusso	avremo discusso
discuterai	discuterete	avrai discusso	avrete discusso
discuterà	discuteranno	avrà discusso	avranno discusso

5 Present Conditional		**12** Past Conditional	
discuterei	discuteremmo	avrei discusso	avremmo discusso
discuteresti	discutereste	avresti discusso	avreste discusso
discuterebbe	discuterebbero	avrebbbe discusso	avrebbero discusso

6 Present Subjunctive		**13** Past Subjunctive	
discuta	discutiamo	abbia discusso	abbiamo discusso
discuta	discutiate	abbia discusso	abbiate discusso
discuta	discutano	abbia discusso	abbiano discusso

7 Imperfect Subjunctive		**14** Past Perfect Subjunctive	
discutessi	discutessimo	avessi discusso	avessimo discusso
discutessi	discuteste	avessi discusso	aveste discusso
discutesse	discutessero	avesse discusso	avessero discusso

Imperative		
—		discutiamo
discuti (non discutere)		discutete
discuta		discutano

Samples of verb usage

Il ragazzo discute tutto con il padre.   The boy discusses everything with his father.
Lui non vuole discutere niente con me.   He doesn't want to discuss anything with me.

to undo

The Seven Simple Tenses		The Seven Compound Tenses	
Singular	Plural	Singular	Plural
1 Present Indicative		**8 Present Perfect**	
disfaccio (disfo)	disfacciamo	ho disfatto	abbiamo disfatto
disfai	disfate	hai disfatto	avete disfatto
disfa	disfanno	ha disfatto	hanno disfatto
2 Imperfect		**9 Past Perfect**	
disfacevo	disfacevamo	avevo disfatto	avevamo disfatto
disfacevi	disfacevate	avevi disfatto	avevate disfatto
disfaceva	disfacevano	aveva disfatto	avevano disfatto
3 Past Absolute		**10 Past Anterior**	
disfeci	disfacemmo	ebbi disfatto	avemmo disfatto
disfacesti	disfaceste	avesti disfatto	aveste disfatto
disfece	disfecero	ebbe disfatto	ebbero disfatto
4 Future		**11 Future Perfect**	
disfarò	disfaremo	avrò disfatto	avremo disfatto
disfarai	disfarete	avrai disfatto	avrete disfatto
disfarà	disfaranno	avrà disfatto	avranno disfatto
(*Or regular*: disfero, *etc.*)			
5 Present Conditional		**12 Past Conditional**	
disfarei	disfaremmo	avrei disfatto	avremmo disfatto
disfaresti	disfareste	avresti disfatto	avreste disfatto
disfarebbe	disfarebbero	avrebbe disfatto	avrebbero disfatto
(*Or regular*: disferei, *etc.*)			
6 Present Subjunctive		**13 Past Subjunctive**	
disfaccia	disfacciamo	abbia disfatto	abbiamo disfatto
disfaccia	disfacciate	abbia disfatto	abbiate disfatto
disfaccia	disfacciano	abbia disfatto	abbiano disfatto
(*Or regular*: disfi, *etc.*)			
7 Imperfect Subjunctive		**14 Past Perfect Subjunctive**	
disfacessi	disfacessimo	avessi disfatto	avessimo disfatto
disfacessi	disfaceste	avessi disfatto	aveste disfatto
disfacesse	disfacessero	avesse disfatto	avessero disfatto

Imperative	
—	disfacciamo (disfiamo)
disfa (non disfare)	disfate
disfaccia (disfi)	disfacciano (disfino)

Samples of verb usage

In cinque minuti lui ha disfatto tutto il nostro lavoro.   In five minutes he undid all our work.
Il marinaio disfece il nodo.   The sailor undid the knot.

to disgust

The Seven Simple Tenses		The Seven Compound Tenses	
Singular	Plural	Singular	Plural
1 Present Indicative		**8 Present Perfect**	
disgusto	disgustiamo	ho disgustato	abbiamo disgustato
disgusti	disgustate	hai disgustato	avete disgustato
disgusta	disgustano	ha disgustato	hanno disgustato
2 Imperfect		**9 Past Perfect**	
disgustavo	disgustavamo	avevo disgustato	avevamo disgustato
disgustavi	disgustavate	avevi disgustato	avevate disgustato
disgustava	disgustavano	aveva disgustato	avevano disgustato
3 Past Absolute		**10 Past Anterior**	
disgustai	disgustammo	ebbi disgustato	avemmo disgustato
disgustasti	disgustaste	avesti disgustato	aveste disgustato
disgustò	disgustarono	ebbe disgustato	ebbero disgustato
4 Future		**11 Future Perfect**	
disgusterò	disgusteremo	avrò disgustato	avremo disgustato
disgusterai	disgusterete	avrai disgustato	avrete disgustato
disgusterà	disgusteranno	avrà disgustato	avranno disgustato
5 Present Conditional		**12 Past Conditional**	
disgusterei	disgusteremmo	avrei disgustato	avremmo disgustato
disgusteresti	disgustereste	avresti disgustato	avreste disgustato
disgusterebbe	disgusterebbero	averebbe disgustato	avrebbero disgustato
6 Present Subjunctive		**13 Past Subjunctive**	
disgusti	disgustiamo	abbia disgustato	abbiamo disgustato
disgusti	disgustiate	abbia disgustato	abbiate disgustato
disgusti	disgustino	abbia disgustato	abbiano disgustato
7 Imperfect Subjunctive		**14 Past Perfect Subjunctive**	
disgustassi	disgustassimo	avessi disgustato	avessimo disgustato
disgustassi	disgustaste	avessi disgustato	aveste disgustato
disgustasse	disgustassero	avesse disgustato	avessero disgustato

Imperative	
—	disgustiamo
disgusta (non disgustare)	disgustate
disgusti	disgustino

Samples of verb usage

Quelle azioni disgustano a tutti.   Those actions disgust everyone.
Sono disgustato dalle sue parole.   I am disgusted by his words.

NOTE: Also **disgustarsi** (to become disgusted with someone or something), conjugated with **essere**.

disperare

to despair

The Seven Simple Tenses		The Seven Compound Tenses	
Singular	Plural	Singular	Plural
1 Present Indicative		**8 Present Perfect**	
dispero	disperiamo	sono disperato	siamo disperati
disperi	disperate	sei disperato	siete disperati
dispera	disperano	è disperato	sono disperati
2 Imperfect		**9 Past Perfect**	
disperavo	disperavamo	ero disperato	eravamo disperati
disperavi	disperavate	eri disperato	eravate disperati
disperava	disperavano	era disperato	erano disperati
3 Past Absolute		**10 Past Anterior**	
disperai	disperammo	fui disperato	fummo disperati
disperasti	disperaste	fosti disperato	foste disperati
disperò	disperarono	fu disperato	furono disperati
4 Future		**11 Future Perfect**	
dispererò	dispereremo	sarò disperato	saremo disperati
dispererai	dispererete	sarai disperato	sarete disperati
dispererà	dispereranno	sarà disperato	saranno disperati
5 Present Conditional		**12 Past Conditional**	
dispererei	dispereremmo	sarei disperato	saremmo disperati
dispereresti	dispererereste	saresti disperato	sareste disperati
dispererebbe	dispererebbero	sarebbe disperato	sarebbero disperati
6 Present Subjunctive		**13 Past Subjunctive**	
disperi	disperiamo	sia disperato	siamo disperati
disperi	disperiate	sia disperato	siate disperati
disperi	disperino	sia disperato	siano disperati
7 Imperfect Subjunctive		**14 Past Perfect Subjunctive**	
disperassi	disperassimo	fossi disperato	fossimo disperati
disperassi	disperaste	fossi disperato	foste disperati
disperasse	disperassero	fosse disperato	fossero disperati

Imperative	
—	disperiamo
dispera (non disperare)	disperate
disperi	disperino

Samples of verb usage

Non dobbiamo disperare.   We must not despair.
I ragazzi non disperano mai.   Children never despair.

NOTE: Also **disperarsi** (to give in to despair), conjugated with **essere**.

142

to displease, to be sorry

The Seven Simple Tenses		The Seven Compound Tenses	
Singular	Plural	Singular	Plural

1 Present Indicative

		8 Present Perfect	
dispiaccio	dispiac(c)iamo	sono dispiaciuto	siamo dispiaciuti
dispiaci	dispiacete	sei dispiaciuto	siete dispiaciuti
dispiace	dispiacciono	è dispiaciuto	sono dispiaciuti

2 Imperfect

		9 Past Perfect	
dispiacevo	dispiacevamo	ero dispiaciuto	eravamo dispiaciuti
dispiacevi	dispiacevate	eri dispiaciuto	eravate dispiaciuti
dispiaceva	dispiacevano	era dispiaciuto	erano dispiaciuti

3 Past Absolute

		10 Past Anterior	
dispiacqui	dispiacemmo	fui dispiaciuto	fummo dispiaciuti
dispiacesti	dispiaceste	fosti dispiaciuto	foste dispiaciuti
dispiacque	dispiacquero	fu dispiaciuto	furono dispiaciuti

4 Future

		11 Future Perfect	
dispiacerò	dispiaceremo	sarò dispiaciuto	saremo dispiaciuti
dispiacerai	dispiacerete	sarai dispiaciuto	sarete dispiaciuti
dispiacerà	dispiaceranno	sarà dispiaciuto	saranno dispiaciuti

5 Present Conditional

		12 Past Conditional	
dispiacerei	dispiaceremmo	sarei dispiaciuto	saremo dispiaciuti
dispiaceresti	dispiacereste	saresti dispiaciuto	sareste dispiaciuti
dispiacerebbe	dispiacerebbero	sarebbe dispiaciuto	sarebbero dispiaciuti

6 Present Subjunctive

		13 Past Subjunctive	
dispiaccia	dispiac(c)iamo	sia dispiaciuto	siamo dispiaciuti
dispiaccia	dispiac(c)iate	sia dispiaciuto	siate dispiaciuti
dispiaccia	dispiacciano	sia dispiaciuto	siano dispiaciuti

7 Imperfect Subjunctive

		14 Past Perfect Subjunctive	
dispiacessi	dispiacessimo	fossi dispiaciuto	fossimo dispiaciuti
dispiacessi	dispiaceste	fossi dispiaciuto	foste dispiaciuti
dispiacesse	dispiacessero	fosse dispiaciuto	fossero dispiaciuti

Imperative

—	dispia(c)ciamo
dispiaci (non dispiacere)	dispiacete
dispiaccia	dispiacciano

Samples of verb usage

Mi dispiace, ma non posso venire alla festa.   I'm sorry, but I can't come to the party.
Fu dispiaciuto dalla sua partenza.   He was displeased by her departure.

disporre

to arrange, to dispose

The Seven Simple Tenses		The Seven Compound Tenses	
Singular	Plural	Singular	Plural
1 Present Indicative		**8 Present Perfect**	
dispongo	disponiamo	ho disposto	abbiamo disposto
disponi	disponete	hai disposto	avete disposto
dispone	dispongono	ha disposto	hanno disposto
2 Imperfect		**9 Past Perfect**	
disponevo	disponevamo	avevo disposto	avevamo disposto
disponevi	disponevate	avevi disposto	avevate disposto
disponeva	disponevano	aveva disposto	avevano disposto
3 Past Absolute		**10 Past Anterior**	
disposi	disponemmo	ebbi disposto	avemmo disposto
disponesti	disponeste	avesti disposto	aveste disposto
dispose	disposero	ebbe disposto	ebbero disposto
4 Future		**11 Future Perfect**	
disporrò	disporremo	avrò disposto	avremo disposto
disporrai	disporrete	avrai disposto	avrete disposto
disporrà	disporranno	avrà disposto	avranno disposto
5 Present Conditional		**12 Past Conditional**	
disporrei	disporremmo	avrei disposto	avremmo disposto
disporresti	disporreste	avresti disposto	avreste disposto
disporrebbe	disporrebbero	avrebbe disposto	avrebbero disposto
6 Present Subjunctive		**13 Past Subjunctive**	
disponga	disponiamo	abbia disposto	abbiamo disposto
disponga	disponiate	abbia disposto	abbiate disposto
disponga	dispongano	abbia disposto	abbiano disposto
7 Imperfect Subjunctive		**14 Past Perfect Subjunctive**	
disponessi	disponessimo	avessi disposto	avessimo disposto
disponessi	disponeste	avessi disposto	aveste disposto
disponesse	disponessero	avesse disposto	avessero disposto

	Imperative	
—		disponiamo
disponi (non disporre)		disponete
disponga		dispongano

Samples of verb usage

La ragazza dispone i fiori nel vaso.	The girl arranges the flowers in the vase.
Lui dispose tutto per la partenza.	He arranged everything for the departure.
Lei dispone di molto denaro ogni giorno.	She disposes of a lot of money every day.

144

to dissolve, to separate

The Seven Simple Tenses		The Seven Compound Tenses	
Singular	Plural	Singular	Plural
1 Present Indicative		**8** Present Perfect	
dissolvo	dissolviamo	ho dissolto*	abbiamo dissolto
dissolvi	dissolvete	hai dissolto	avete dissolto
dissolve	dissolvono	ha dissolto	hanno dissolto
2 Imperfect		**9** Past Perfect	
dissolvevo	dissolvevamo	avevo dissolto	avevamo dissolto
dissolvevi	dissolvevate	avevi dissolto	avevate dissolto
dissolveva	dissolvevano	aveva dissolto	avevano dissolto
3 Past Absolute		**10** Past Anterior	
dissolsi	dissolvemmo	ebbi dissolto	avemmo dissolto
dissolvesti	dissolveste	avesti dissolto	aveste dissolto
dissolse	dissolsero	ebbe dissolto	ebbero dissolto
4 Future		**11** Future Perfect	
dissolverò	dissolveremo	avrò dissolto	avremo dissolto
dissolverai	dissolverete	avrai dissolto	avrete dissolto
dissolverà	dissolveranno	avrà dissolto	avranno dissolto
5 Present Conditional		**12** Past Conditional	
dissolverei	dissolveremmo	avrei dissolto	avremmo dissolto
dissolveresti	dissolvereste	avresti dissolto	avreste dissolto
dissolverebbe	dissolverebbero	avrebbe dissolto	avrebbero dissolto
6 Present Subjunctive		**13** Past Subjunctive	
dissolva	dissolviamo	abbia dissolto	abbiamo dissolto
dissolva	dissolviate	abbia dissolto	abbiate dissolto
dissolva	dissolvano	abbia dissolto	abbiano dissolto
7 Imperfect Subjunctive		**14** Past Perfect Subjunctive	
dissolvessi	dissolvessimo	avessi dissolto	avessimo dissolto
dissolvessi	dissolveste	avessi dissolto	aveste dissolto
dissolvesse	dissolvessero	avesse dissolto	avessero dissolto

Imperative

—	dissolviamo
dissolvi (non dissolvere)	dissolvete
dissolva	dissolvano

Samples of verb usage

Lui dissolve lo zucchero nel caffè.   He dissolves the sugar in the coffee.
dissolvere un matrimonio   to dissolve a marriage
dissolvere un dubbio   to dispel a doubt

NOTE: **Dissolto** may be replaced by **dissoluto** in any of the past tenses: **ho dissolto** or **ho dissoluto**, etc.

distinguere

to distinguish

The Seven Simple Tenses		The Seven Compound Tenses	
Singular	Plural	Singular	Plural
1 Present Indicative		**8 Present Perfect**	
distinguo	distinguiamo	ho distinto	abbiamo distinto
distingui	distinguete	hai distinto	avete distinto
distingue	distinguono	ha distinto	abbiamo distinto
2 Imperfect		**9 Past Perfect**	
distinguevo	distinguevamo	avevo distinto	avevamo distinto
distinguevi	distinguevate	avevi distinto	avevate distinto
distingueva	distinguevano	aveva distinto	avevano distinto
3 Past Absolute		**10 Past Anterior**	
distinsi	distinguemmo	ebbi distinto	avemmo distinto
distinguesti	distingueste	avesti distinto	aveste distinto
distinse	distinsero	ebbe distinto	ebbero distinto
4 Future		**11 Future Perfect**	
distinguerò	distingueremo	avrò distinto	avremo distinto
distinguerai	distinguerete	avrai distinto	avrete distinto
distinguerà	distingueranno	avrà distinto	avranno distinto
5 Present Conditional		**12 Past Conditional**	
distinguerei	distingueremmo	avrei distinto	avremmo distinto
distingueresti	distinguereste	avresti distinto	avreste distinto
distinguerebbe	distinguerebbero	avrebbe distinto	avrebbero distinto
6 Present Subjunctive		**13 Past Subjunctive**	
distingua	distinguiamo	abbia distinto	abbiamo distinto
distingua	distinguiate	abbia distinto	abbiate distinto
distingua	distinguano	abbia distinto	abbiano distinto
7 Imperfect Subjunctive		**14 Past Perfect Subjunctive**	
distinguessi	distinguessimo	avessi distinto	avessimo distinto
distinguessi	distingueste	avessi distinto	aveste distinto
distinguesse	distinguessero	avesse distinto	avessero distinto

	Imperative	
—		distinguiamo
distingui (non distinguere)		distinguete
distingua		distinguano

Samples of verb usage

Lui non può distinguere i colori.   He cannot distinguish colors.
Io distinguo la tua voce facilmente.   I easily distinguish your voice.

to distract

The Seven Simple Tenses		The Seven Compound Tenses	
Singular	Plural	Singular	Plural
1 Present Indicative		**8** Present Perfect	
distraggo	**distraiamo**	**ho distratto**	**abbiamo distratto**
	(distragghiamo)		
distrai	**distraete**	**hai distratto**	**avete distratto**
distrae	**distraggono**	**ha distratto**	**hanno distratto**
2 Imperfect		**9** Past Perfect	
distraevo	**distraevamo**	**avevo distratto**	**avevamo distratto**
distraevi	**distraevate**	**avevi distratto**	**avevate distratto**
distraeva	**distraevano**	**aveva distratto**	**avevano distratto**
3 Past Absolute		**10** Past Anterior	
distrassi	**distraemmo**	**ebbi distratto**	**avemmo distratto**
distraesti	**distraeste**	**avesti distratto**	**aveste distratto**
distrasse	**distrassero**	**ebbe distratto**	**ebbero distratto**
4 Future		**11** Future Perfect	
distrarrò	**distrarremo**	**avrò distratto**	**avremo distratto**
distrarrai	**distrarrete**	**avrai distratto**	**avrete distratto**
distrarrà	**distrarranno**	**avrà distratto**	**avranno distratto**
5 Present Conditional		**12** Past Conditional	
distrarrei	**distrarremmo**	**avrei distratto**	**avremmo distratto**
distrarresti	**distrarreste**	**avresti distratto**	**avreste distratto**
distrarrebbe	**distrarrebbero**	**avrebbe distratto**	**avrebbero distratto**
6 Present Subjunctive		**13** Past Subjunctive	
distragga	**distraiamo**	**abbia distratto**	**abbiamo distratto**
	(distragghiamo)		
distragga	**distraiate (distragghiate)**	**abbia distratto**	**abbiate distratto**
distragga	**distraggano**	**abbia distratto**	**abbiano distratto**
7 Imperfect Subjunctive		**14** Past Perfect Subjunctive	
distraessi	**distraessimo**	**avessi distratto**	**avessimo distratto**
distraessi	**distraeste**	**avessi distratto**	**aveste distratto**
distraesse	**distraessero**	**avesse distratto**	**avessero distratto**

	Imperative	
—		**distraiamo (distragghiamo)**
distrai (non distrarre)		**distraete**
distragga		**distraggano**

Samples of verb usage

La mamma distrae il bambino.   The mother distracts the child.
Il ragazzo mi distrasse con delle storie.   The boy distracted me with some stories.

distruggere

Gerund **distruggendo**   Past Part. **distrutto**

to destroy

The Seven Simple Tenses		The Seven Compound Tenses	
Singular	Plural	Singular	Plural
1 Present Indicative		**8 Present Perfect**	
distruggo	distruggiamo	ho distrutto	abbiamo distrutto
distruggi	distruggete	hai distrutto	avete distrutto
distrugge	distruggono	ha distrutto	hanno distrutto
2 Imperfect		**9 Past Perfect**	
distruggevo	distruggevamo	avevo distrutto	avevamo distrutto
distruggevi	distruggevate	avevi distrutto	avevate distrutto
distruggeva	distruggevano	aveva distrutto	avevano distrutto
3 Past Absolute		**10 Past Anterior**	
distrussi	distruggemmo	ebbi distrutto	avemmo distrutto
distruggesti	distruggeste	avesti distrutto	aveste distrutto
distrusse	distrussero	ebbe distrutto	ebbero distrutto
4 Future		**11 Future Perfect**	
distruggerò	distruggeremo	avrò distrutto	avremo distrutto
distruggerai	distruggerete	avrai distrutto	avrete distrutto
distruggerà	distruggeranno	avrà distrutto	avranno distrutto
5 Present Conditional		**12 Past Conditional**	
distruggerei	distruggeremmo	avrei distrutto	avremmo distrutto
distruggeresti	distruggereste	avresti distrutto	avreste distrutto
distruggerebbe	distruggerebbero	avrebbe distrutto	avrebbero distrutto
6 Present Subjunctive		**13 Past Subjunctive**	
distrugga	distruggiamo	abbia distrutto	abbiamo distrutto
distrugga	distruggiate	abbia distrutto	abbiate distrutto
distrugga	distruggano	abbia distrutto	abbiano distrutto
7 Imperfect Subjunctive		**14 Past Perfect Subjunctive**	
distruggessi	distruggessimo	avessi distrutto	avessimo distrutto
distruggessi	distruggeste	avessi distrutto	aveste distrutto
distruggesse	distruggessero	avesse distrutto	avessero distrutto

Imperative	
—	distruggiamo
distruggi (non distruggere)	distruggete
distrugga	distruggano

Samples of verb usage

Il ragazzo distrugge il giocattolo.   The child is destroying the toy.
L'esercito del nemico fu distrutto.   The enemy's army was destroyed.

to become

The Seven Simple Tenses		The Seven Compound Tenses	
Singular	Plural	Singular	Plural
1 Present Indicative		**8** Present Perfect	
divengo	diveniamo	sono divenuto	siamo divenuti
divieni	divenite	sei divenuto	siete divenuti
diviene	divengono	è divenuto	sono divenuti
2 Imperfect		**9** Past Perfect	
divenivo	divenivamo	ero divenuto	eravamo divenuti
divenivi	divenivate	eri divenuto	eravate divenuti
diveniva	divenivano	era divenuto	erano divenuti
3 Past Absolute		**10** Past Anterior	
divenni	divenimmo	fui divenuto	fummo divenuti
divenisti	diveniste	fosti divenuto	foste divenuti
divenne	divennero	fu divenuto	furono divenuti
4 Future		**11** Future Perfect	
diverrò	diverremo	sarò divenuto	saremo divenuti
diverrai	diverrete	sarai divenuto	sarete divenuti
diverrà	diverranno	sarà divenuto	saranno divenuti
5 Present Conditional		**12** Past Conditional	
diverrei	diverremmo	sarei divenuto	saremmo divenuti
diverresti	diverreste	saresti divenuto	sareste divenuti
diverrebbe	diverrebbero	sarebbe divenuto	sarebbero divenuti
6 Present Subjunctive		**13** Past Subjunctive	
divenga	diveniamo	sia divenuto	siamo divenuti
divenga	diveniate	sia divenuto	siate divenuti
divenga	divengano	sia divenuto	siano divenuti
7 Imperfect Subjunctive		**14** Past Perfect Subjunctive	
divenissi	divenissimo	fossi divenuto	fossimo divenuti
divenissi	diveniste	fossi divenuto	foste divenuti
divenisse	divenissero	fosse divenuto	fossero divenuti

Imperative	
—	diveniamo
divieni (non divenire)	divenite
divenga	divengano

Samples of verb usage

Lui divenne il rettore dell'università.   He became president of the university.
Mi fai divenire matto!   You drive me mad!

to become

The Seven Simple Tenses		The Seven Compound Tenses	
Singular	Plural	Singular	Plural

1 Present Indicative

		8 Present Perfect	
divento	diventiamo	sono diventato	siamo diventati
diventi	diventate	sei diventato	siete diventati
diventa	diventano	è diventato	sono diventati

2 Imperfect

		9 Past Perfect	
diventavo	diventavamo	ero diventato	eravamo diventati
diventavi	diventavate	eri diventato	eravate diventati
diventava	diventavano	era diventato	erano diventati

3 Past Absolute

		10 Past Anterior	
diventai	diventammo	fui diventato	fummo diventati
diventasti	diventaste	fosti diventato	foste diventati
diventò	diventarono	fu diventato	furono diventati

4 Future

		11 Future Perfect	
diventerò	diventeremo	sarò diventato	saremo diventati
diventerai	diventerete	sarai diventato	sarete diventati
diventerà	diventeranno	sarà diventato	saranno diventati

5 Present Conditional

		12 Past Conditional	
diventerei	diventeremmo	sarei diventato	saremo diventati
diventeresti	diventereste	saresti diventato	sareste diventati
diventerebbe	diventerebbero	sarebbe diventato	sarebbero diventati

6 Present Subjunctive

		13 Past Subjunctive	
diventi	diventiamo	sia diventato	siamo diventati
diventi	diventiate	sia diventato	siate diventati
diventi	diventino	sia diventato	siano diventati

7 Imperfect Subjunctive

		14 Past Perfect Subjunctive	
diventassi	diventassimo	fossi diventato	fossimo diventati
diventassi	diventaste	fossi diventato	foste diventati
diventasse	diventassero	fosse diventato	fossero diventati

	Imperative	
—		diventiamo
diventa (non diventare)		diventate
diventi		diventino

Samples of verb usage

È diventata famosa.   She has become famous.
Diventiamo vecchi.   We are becoming old.

to have a good time, to amuse oneself, to enjoy oneself

The Seven Simple Tenses		The Seven Compound Tenses	
Singular	Plural	Singular	Plural
1 Present Indicative		**8** Present Perfect	
mi diverto	ci divertiamo	mi sono divertito	ci siamo divertiti
ti diverti	vi divertite	ti sei divertito	vi siete divertiti
si diverte	si divertono	si è divertito	si sono divertiti
2 Imperfect		**9** Past Perfect	
mi divertivo	ci divertivamo	mi ero divertito	ci eravamo divertiti
ti divertivi	vi divertivate	ti eri divertito	vi eravate divertiti
si divertiva	si divertivano	si era divertito	si erano divertiti
3 Past Absolute		**10** Past Anterior	
mi divertii	ci divertimmo	mi fui divertito	ci fummo divertiti
ti divertisti	vi divertiste	ti fosti divertito	vi foste divertiti
si divertì	si divertirono	si fu divertito	si furono divertiti
4 Future		**11** Future Perfect	
mi divertirò	ci divertiremo	mi sarò divertito	ci saremo divertiti
ti divertirai	vi divertirete	ti sarai divertito	vi sarete divertiti
si divertirà	si divertiranno	si sarà divertito	si saranno divertiti
5 Present Conditional		**12** Past Conditional	
mi divertirei	ci divertiremmo	mi sarei divertito	ci saremmo divertiti
ti diverteresti	vi divertireste	ti saresti divertito	vi sareste divertiti
si divertirebbe	si divertirebbero	si sarebbe divertito	si sarebbero divertiti
6 Present Subjunctive		**13** Past Subjunctive	
mi diverta	ci divertiamo	mi sia divertito	ci siamo divertiti
ti diverta	vi divertiate	ti sia divertito	vi siate divertiti
si diverta	si divertano	si sia divertito	si siano divertiti
7 Imperfect Subjunctive		**14** Past Perfect Subjunctive	
mi divertissi	ci divertissimo	mi fossi divertito	ci fossimo divertiti
ti divertissi	vi divertiste	ti fossi divertito	vi foste divertiti
si divertisse	si divertissero	si fosse divertito	si fossero divertiti

Imperative

—	divertiamoci
divertiti (non ti divertire/non divertirti)	divertitevi
si diverta	si divertano

Samples of verb usage

Il ragazzo si diverte da solo.   The child amuses himself.
Non ci divertiamo a scuola.   We don't enjoy ourselves at school.

dividere

to divide

The Seven Simple Tenses		The Seven Compound Tenses	
Singular	Plural	Singular	Plural
1 Present Indicative		**8** Present Perfect	
divido	dividiamo	ho diviso	abbiamo diviso
dividi	dividete	hai diviso	avete diviso
divide	dividono	ha diviso	hanno diviso
2 Imperfect		**9** Past Perfect	
dividevo	dividevamo	avevo diviso	avevamo diviso
dividevi	dividevate	avevi diviso	avevate diviso
divideva	dividevano	aveva diviso	avevano diviso
3 Past Absolute		**10** Past Anterior	
divisi	dividemmo	ebbi diviso	avemmo diviso
dividesti	divideste	avesti diviso	aveste diviso
divise	divisero	ebbe diviso	ebbero diviso
4 Future		**11** Future Perfect	
dividerò	divideremo	avrò diviso	avremo diviso
dividerai	ividerete	avrai diviso	avrete diviso
dividerà	divideranno	avrà diviso	avranno diviso
5 Present Conditional		**12** Past Conditional	
dividerei	divideremmo	avrei diviso	avremmo diviso
divideresti	dividereste	avresti diviso	avreste diviso
dividerebbe	dividerebbero	avrebbe diviso	avrebbero diviso
6 Present Subjunctive		**13** Past Subjunctive	
divida	dividiamo	abbia diviso	abbiamo diviso
divida	dividiate	abbia diviso	abbiate diviso
divida	dividano	abbia diviso	abbiano diviso
7 Imperfect Subjunctive		**14** Past Perfect Subjunctive	
dividessi	dividessimo	avessi diviso	avessimo diviso
dividessi	divideste	avessi diviso	aveste diviso
dividesse	dividessero	avesse diviso	avessero diviso

Imperative	
—	dividiamo
dividi (non dividere)	dividete
divida	dividano

Samples of verb usage

Quattro diviso da due fanno due.   Four divided by two is two.
Loro dividono il panino.   They divide the sandwich.

to suffer pain, to ache

The Seven Simple Tenses		The Seven Compound Tenses	
Singular	Plural	Singular	Plural
1 Present Indicative		**8 Present Perfect**	
dolgo	doliamo (dogliamo)	ho* doluto	abbiamo doluto
duoli	dolete	hai doluto	avete doluto
duole	dolgono	ha doluto	hanno doluto
2 Imperfect		**9 Past Perfect**	
dolevo	dolevamo	avevo doluto	avevamo doluto
dolevi	dolevate	avevi doluto	avevate doluto
doleva	dolevano	aveva doluto	avevano doluto
3 Past Absolute		**10 Past Anterior**	
dolsi	dolemmo	ebbi doluto	avemmo doluto
dolesti	doleste	avesti doluto	aveste doluto
dolse	dolsero	ebbe doluto	ebbero doluto
4 Future		**11 Future Perfect**	
dorrò	dorremo	avrò doluto	avremo doluto
dorrai	dorrete	avrai doluto	avrete doluto
dorrà	dorranno	avrà doluto	avranno doluto
5 Present Conditional		**12 Past Conditional**	
dorrei	dorremmo	avrei doluto	avremmo doluto
dorresti	dorreste	avresti doluto	avreste doluto
dorrebbe	dorrebbero	avrebbe doluto	avrebbero doluto
6 Present Subjunctive		**13 Past Subjunctive**	
dolga	doliamo (dogliamo)	abbia doluto	abbiamo doluto
dolga	doliate (dogliate)	abbia doluto	abbiate doluto
dolga	dolgano	abbia doluto	abbiano doluto
7 Imperfect Subjunctive		**14 Past Perfect Subjunctive**	
dolessi	dolessimo	avessi doluto	avessimo doluto
dolessi	doleste	avessi doluto	aveste doluto
dolesse	dolessero	avesse doluto	avessero doluto

	Imperative	
—		doliamo (dogliamo)
	duoli (non dolere)	dolete
	dolga	dolgano

Samples of verb usage

Mi duole la testa.   I have a headache.
Se ti dolesse il braccio come a me, non rideresti.   If your arm hurt like mine does, you
wouldn't laugh.

*Dolere may also be conjugated with **essere**.

ndare   Gerund **domandando**   Past Part. **domandato**

ĸ (for), to demand, to beg

The Seven Simple Tenses		The Seven Compound Tenses	
Singular	Plural	Singular	Plural
1 Present Indicative		**8 Present Perfect**	
domando	domandiamo	ho domandato	abbiamo domandato
domandi	domandate	hai domandato	avete domandato
domanda	domandano	ha domandato	hanno domandato
2 Imperfect		**9 Past Perfect**	
domandavo	domandavamo	avevo domandato	avevamo domandato
domandavi	domandavate	avevi domandato	avevate domandato
domandava	domandavano	aveva domandato	avevano domandato
3 Past Absolute		**10 Past Anterior**	
domandai	domandammo	ebbi domandato	avemmo domandato
domandasti	domandaste	avesti domandato	aveste domandato
domandò	domandarono	ebbe domandato	ebbero domandato
4 Future		**11 Future Perfect**	
domanderò	domanderemo	avrò domandato	avremo domandato
domanderai	domanderete	avrai domandato	avrete domandato
domanderà	domanderanno	avrà domandato	avranno domandato
5 Present Conditional		**12 Past Conditional**	
domanderei	domanderemmo	avrei domandato	avremmo domandato
domanderesti	domandereste	avresti domandato	avreste domandato
domanderebbe	domanderebbero	avrebbe domandato	avrebbero domandato
6 Present Subjunctive		**13 Past Subjunctive**	
domandi	domandiamo	abbia domandato	abbiamo domandato
domandi	domandiate	abbia domandato	abbiate domandato
domandi	domandino	abbia domandato	abbiano domandato
7 Imperfect Subjunctive		**14 Past Perfect Subjunctive**	
domandassi	domandassimo	avessi domandato	avessimo domandato
domandassi	domandaste	avessi domandato	aveste domandato
domandasse	domandassero	avesse domandato	avessero domandato

	Imperative	
—		domandiamo
domanda (non domandare)		domandate
domandi		domandino

Samples of verb usage

Il ragazzo domanda permesso di mangiare.   The child asks permission to eat.
fare una domanda   to ask a question
domande e risposte   questions and answers

to sleep

The Seven Simple Tenses		The Seven Compound Tenses	
Singular	Plural	Singular	Plural

1 Present Indicative

dormo	dormiamo
dormi	dormite
dorme	dormono

8 Present Perfect

ho dormito	abbiamo dormito
hai dormito	avete dormito
ha dormito	hanno dormito

2 Imperfect

dormivo	dormivamo
dormivi	dormivate
dormiva	dormivano

9 Past Perfect

avevo dormito	avevamo dormito
avevi dormito	avevate dormito
aveva dormito	avevano dormito

3 Past Absolute

dormii	dormimmo
dormisti	dormiste
dormì	dormirono

10 Past Anterior

ebbi dormito	avemmo dormito
avesti dormito	aveste dormito
ebbe dormito	ebbero dormito

4 Future

dormirò	dormiremo
dormirai	dormirete
dormirà	dormiranno

11 Future Perfect

avrò dormito	avremo dormito
avrai dormito	avrete dormito
avrà dormito	avranno dormito

5 Present Conditional

dormirei	dormiremmo
dormiresti	dormireste
dormirebbe	dormirebbero

12 Past Conditional

avrei dormito	avremmo dormito
avresti dormito	avreste dormito
avrebbe dormito	avrebbero dormito

6 Present Subjunctive

dorma	dormiamo
dorma	dormiate
dorma	dormano

13 Past Subjunctive

abbia dormito	abbiamo dormito
abbia dormito	abbiate dormito
abbia dormito	abbiano dormito

7 Imperfect Subjunctive

dormissi	dormissimo
dormissi	dormiste
dormisse	dormissero

14 Past Perfect Subjunctive

avessi dormito	avessimo dormito
avessi dormito	aveste dormito
avesse dormito	avessero dormito

Imperative

—	dormiamo
dormi (non dormire)	dormite
dorma	dormano

Samples of verb usage

Dormo bene ogni notte.   I sleep well every night.
dormire come un ghiro   to sleep like a log

155

to have to, must, ought, should, owe

The Seven Simple Tenses		The Seven Compound Tenses	
Singular	Plural	Singular	Plural
1 Present Indicative		**8 Present Perfect**	
devo (debbo)	dobbiamo	ho dovuto	abbiamo dovuto
devi	dovete	hai dovuto	avete dovuto
deve	devono (debbono)	ha dovuto	hanno dovuto
2 Imperfect		**9 Past Perfect**	
dovevo	dovevamo	avevo dovuto	avevamo dovuto
dovevi	dovevate	avevi dovuto	avevate dovuto
doveva	dovevano	aveva dovuto	avevano dovuto
3 Past Absolute		**10 Past Anterior**	
dovei (dovetti)	dovemmo	ebbi dovuto	avemmo dovuto
dovesti	doveste	avesti dovuto	aveste dovuto
dovè (dovette)	doverono (dovettero)	ebbe dovuto	ebbero dovuto
4 Future		**11 Future Perfect**	
dovrò	dovremo	avrò dovuto	avremo dovuto
dovrai	dovrete	avrai dovuto	avrete dovuto
dovrà	dovranno	avrà dovuto	avranno dovuto
5 Present Conditional		**12 Past Conditional**	
dovrei	dovremmo	avrei dovuto	avremmo dovuto
dovresti	dovreste	avresti dovuto	avreste dovuto
dovrebbe	dovrebbero	avrebbe dovuto	avrebbero dovuto
6 Present Subjunctive		**13 Past Subjunctive**	
deva (debba)	dobbiamo	abbia dovuto	abbiamo dovuto
deva (debba)	dobbiate	abbia dovuto	abbiate dovuto
deva (debba)	devano (debbano)	abbia dovuto	abbiano dovuto
7 Imperfect Subjunctive		**14 Past Perfect Subjunctive**	
dovessi	dovessimo	avessi dovuto	avessimo dovuto
dovessi	doveste	avessi dovuto	aveste dovuto
dovesse	dovessero	avesse dovuto	avessero dovuto

Imperative
—

Samples of verb usage

Io devo andare a scuola.   I must go to school.
Avresti dovuto andare a dormire presto.   You should have gone to sleep early.
Sono dovuto andare.   I had to go.

NOTE: **Dovere** takes **essere** if the following infinitive requires it.

to elect, to choose

The Seven Simple Tenses		The Seven Compound Tenses	
Singular	Plural	Singular	Plural
1 Present Indicative		**8 Present Perfect**	
eleggo	eleggiamo	ho eletto	abbiamo eletto
eleggi	eleggete	hai eletto	avete eletto
elegge	eleggono	ha eletto	hanno eletto
2 Imperfect		**9 Past Perfect**	
eleggevo	eleggevamo	avevo eletto	avevamo eletto
eleggevi	eleggevate	avevi eletto	avevate eletto
eleggeva	eleggevano	aveva eletto	avevano eletto
3 Past Absolute		**10 Past Anterior**	
elessi	eleggemmo	ebbi eletto	avemmo eletto
eleggesti	eleggeste	avesti eletto	aveste eletto
elesse	elessero	ebbe eletto	ebbero eletto
4 Future		**11 Future Perfect**	
eleggerò	eleggeremo	avrò eletto	avremo eletto
eleggerai	eleggerete	avrai eletto	avrete eletto
eleggerà	eleggeranno	avrà eletto	avranno eletto
5 Present Conditional		**12 Past Conditional**	
eleggerei	eleggeremmo	avrei eletto	avremmo eletto
eleggeresti	eleggereste	avresti eletto	avreste eletto
eleggerebbe	eleggerebbero	avrebbe eletto	avrebbero eletto
6 Present Subjunctive		**13 Past Subjunctive**	
elegga	eleggiamo	abbia eletto	abbiamo eletto
elegga	eleggiate	abbia eletto	abbiate eletto
elegga	eleggano	abbia eletto	abbiano eletto
7 Imperfect Subjunctive		**14 Past Perfect Subjunctive**	
eleggessi	eleggissimo	avessi eletto	avessimo eletto
eleggessi	eleggeste	avessi eletto	aveste eletto
eleggesse	eleggessero	avesse eletto	avessero eletto

Imperative

—	eleggiamo
eleggi (non eleggere)	eleggete
elegga	eleggano

Samples of verb usage

Eleggiamo un presidente ogni quattro anni.   We elect a president every four years.
Eleggo di stare a casa oggi.   I choose to stay home today.

to raise, to lift up, to elevate

The Seven Simple Tenses		The Seven Compound Tenses	
Singular	Plural	Singular	Plural
1 Present Indicative		**8 Present Perfect**	
elevo	eleviamo	ho elevato	abbiamo elevato
elevi	elevate	hai elevato	avete elevato
eleva	elevano	ha elevato	hanno elevato
2 Imperfect		**9 Past Perfect**	
elevavo	elevavamo	avevo elevato	avevamo elevato
elevavi	elevavate	avevi elevato	avevate elevato
elevava	elevavano	aveva elevato	avevano elevato
3 Past Absolute		**10 Past Anterior**	
elevai	elevammo	ebbi elevato	avemmo elevato
elevasti	elevaste	avesti elevato	aveste elevato
elevò	elevarono	ebbe elevato	ebbero elevato
4 Future		**11 Future Perfect**	
eleverò	eleveremo	avrò elevato	avremo elevato
eleverai	eleverete	avrai elevato	avrete elevato
eleverà	eleveranno	avrà elevato	avranno elevato
5 Present Conditional		**12 Past Conditional**	
eleverei	eleveremmo	avrei elevato	avremmo elevato
eleveresti	elevereste	avresti elevato	avreste elevato
eleverebbe	eleverebbero	avrebbe elevato	avrebbero elevato
6 Present Subjunctive		**13 Past Subjunctive**	
elevi	eleviamo	abbia elevato	abbiamo elevato
elevi	eleviate	abbia elevato	abbiate elevato
elevi	elevino	abbia elevato	abbiano elevato
7 Imperfect Subjunctive		**14 Past Perfect Subjunctive**	
elevassi	elevassimo	avessi elevato	avessimo elevato
elevassi	elevaste	avessi elevato	aveste elevato
elevasse	elevassero	avesse elevato	avessero elevato

Imperative

—	eleviamo
eleva (non elevare)	elevate
elevi	elevino

Samples of verb usage

Non osai elevare gli occhi.   I didn't dare raise my eyes.
A quel punto la madre elevò la voce.   At that point the mother raised her voice.
elevare un monumento   to raise a monument

The Seven Simple Tenses		The Seven Compound Tenses	
Singular	Plural	Singular	Plural
1 Present Indicative		**8 Present Perfect**	
elimino	eliminiamo	ho eliminato	abbiamo eliminato
elimini	eliminate	hai eliminato	avete eliminato
elimina	eliminano	ha eliminato	hanno eliminato
2 Imperfect		**9 Past Perfect**	
eliminavo	eliminavamo	avevo eliminato	avevamo eliminato
eliminavi	eliminavate	avevi eliminato	avevate eliminato
eliminava	eliminavano	aveva eliminato	avevano eliminato
3 Past Absolute		**10 Past Anterior**	
eliminai	eliminammo	ebbi eliminato	avemmo eliminato
eliminasti	eliminaste	avesti eliminato	aveste eliminato
eliminò	eliminarono	ebbe eliminato	ebbero eliminato
4 Future		**11 Future Perfect**	
eliminerò	elimineremo	avrò eliminato	avremo eliminato
eliminerai	eliminerete	avrai eliminato	avrete eliminato
eliminerà	elimineranno	avrà eliminato	avranno eliminato
5 Present Conditional		**12 Past Conditional**	
eliminerei	elimineremmo	avrei eliminato	avremmo eliminato
elimineresti	eliminereste	avresti eliminato	avreste eliminato
eliminerebbe	eliminerebbero	avrebbe eliminato	avrebbero eliminato
6 Present Subjunctive		**13 Past Subjunctive**	
elimini	eliminiamo	abbia eliminato	abbiamo eliminato
elimini	eliminiate	abbia eliminato	abbiate eliminato
elimini	eliminino	abbia eliminato	abbiano eliminato
7 Imperfect Subjunctive		**14 Past Perfect Subjunctive**	
eliminassi	eliminassimo	avessi eliminato	avessimo eliminato
eliminassi	eliminaste	avessi eliminato	aveste eliminato
eliminasse	eliminassero	avesse eliminato	avessero eliminato

Imperative

—	eliminiamo
elimina (non eliminare)	eliminate
elimini	eliminino

Samples of verb usage

Lui eliminò tutta la roba inutile.   He eliminated (got rid of) all the useless stuff.
Eliminai tutta la frutta marcia.   I got rid of all the rotten fruit.

to emerge, to surface, to appear

The Seven Simple Tenses		The Seven Compound Tenses	
Singular	Plural	Singular	Plural
1 Present Indicative		**8 Present Perfect**	
emergo	emergiamo	sono emerso	siamo emersi
emergi	emergete	sei emerso	siete emersi
emerge	emergono	è emerso	sono emersi
2 Imperfect		**9 Past Perfect**	
emergevo	emergevamo	ero emerso	eravamo emersi
emergevi	emergevate	eri emerso	eravate emersi
emergeva	emergevano	era emerso	erano emersi
3 Past Absolute		**10 Past Anterior**	
emersi	emergemmo	fui emerso	fummo emersi
emergesti	emergeste	fosti emerso	foste emersi
emerse	emersero	fu emerso	furono emersi
4 Future		**11 Future Perfect**	
emergerò	emergeremo	sarò emerso	saremo emersi
emergerai	emergerete	sarai emerso	sarete emersi
emergerà	emergeranno	sarà emerso	saranno emersi
5 Present Conditional		**12 Past Conditional**	
emergerei	emergeremmo	sarei emerso	saremmo emersi
emergeresti	emergereste	saresti emerso	sareste emersi
emergerebbe	emergerebbero	sarebbe emerso	sarebbero emersi
6 Present Subjunctive		**13 Past Subjunctive**	
emerga	emergiamo	sia emerso	siamo emersi
emerga	emergiate	sia emerso	siate emersi
emerga	emergano	sia emerso	siano emersi
7 Imperfect Subjunctive		**14 Past Perfect Subjunctive**	
emergessi	emergessimo	fossi emerso	fossimo emersi
emergessi	emergeste	fossi emerso	foste emersi
emergesse	emergessero	fosse emerso	fossero emersi

Imperative	
—	emergiamo
emergi (non emergere)	emergete
emerga	emergano

Samples of verb usage

La squadra emerse vittoriosa.   The team emerged victorious.
Il topo emerge di notte.   The mouse comes out at night.

to emit, to give out

The Seven Simple Tenses		The Seven Compound Tenses	
Singular	Plural	Singular	Plural
1 Present Indicative		**8** Present Perfect	
emetto	emettiamo	ho emesso	abbiamo emesso
emetti	emettete	hai emesso	avete emesso
emette	emettono	ha emesso	hanno emesso
2 Imperfect		**9** Past Perfect	
emettevo	emettevamo	avevo emesso	avevamo emesso
emettevi	emettevate	avevi emesso	avevate emesso
emetteva	emettevano	aveva emesso	avevano emesso
3 Past Absolute		**10** Past Anterior	
emisi	emettemmo	ebbi emesso	avemmo emesso
emettesti	emetteste	avesti emesso	aveste emesso
emise	emisero	ebbe emesso	ebbero emesso
4 Future		**11** Future Perfect	
emetterò	emetteremo	avrò emesso	avremo emesso
emetterai	emetterete	avrai emesso	avrete emesso
emetterà	emetteranno	avrà emesso	avranno emesso
5 Present Conditional		**12** Past Conditional	
emetterei	emetteremmo	avrei emesso	avremmo emesso
emetteresti	emettereste	avresti emesso	avreste emesso
emetterebbe	emetterebbero	avrebbe emesso	avrebbero emesso
6 Present Subjunctive		**13** Past Subjunctive	
emetta	emettiamo	abbia emesso	abbiamo emesso
emetta	emettiate	abbia emesso	abbiate emesso
emetta	emettano	abbia emesso	abbiano emesso
7 Imperfect Subjunctive		**14** Past Perfect Subjunctive	
emettessi	emettessimo	avessi emesso	avessimo emesso
emettessi	emetteste	avessi emesso	aveste emesso
emettesse	emettessero	avesse emesso	avessero emesso

Imperative	
—	**emettiamo**
emetti (non emettere)	**emettete**
emetta	**emettano**

Samples of verb usage

Il bambino emise un grido.   The child gave out a cry.
Il sole emette calore.   The sun gives off heat.

to enter

The Seven Simple Tenses		The Seven Compound Tenses	
Singular	Plural	Singular	Plural
1 Present Indicative		**8 Present Perfect**	
entro	entriamo	sono entrato	siamo entrati
entri	entrate	sei entrato	siete entrati
entra	entrano	è entrato	sono entrati
2 Imperfect		**9 Past Perfect**	
entravo	entravamo	ero entrato	eravamo entrati
entravi	entravate	eri entrato	eravate entrati
entrava	entravano	era entrato	erano entrati
3 Past Absolute		**10 Past Anterior**	
entrai	entrammo	fui entrato	fummo entrati
entrasti	emtraste	fosti entrato	foste entrati
entrò	entrarono	fu entrato	furono entrati
4 Future		**11 Future Perfect**	
entrerò	entreremo	sarò entrato	saremo entrati
entrerai	entrerete	sarai entrato	sarete entrati
entrerà	entreranno	sarà entrato	saranno entrati
5 Present Conditional		**12 Past Conditional**	
entrerei	entreremmo	sarei entrato	saremmo entrati
entreresti	entrereste	saresti entrato	sareste entrati
entrerebbe	entrerebbero	sarebbe entrato	sarebbero entrati
6 Present Subjunctive		**13 Past Subjunctive**	
entri	entriamo	sia entrato	siamo entrati
entri	entriate	sia entrato	siate entrati
entri	entrino	sia entrato	siano entrati
7 Imperfect Subjunctive		**14 Past Perfect Subjunctive**	
entrassi	entrassimo	fossi entrato	fossimo entrati
entrassi	entraste	fossi entrato	foste entrati
entrasse	entrassero	fosse entrato	fossero entrati

Imperative	
—	entriamo
entra (non entrare)	entrate
entri	entrino

Samples of verb usage

Sono entrato(a) in classe.   I entered the classroom.
"Entri", disse il ragno alla mosca.   "Come in," said the spider to the fly.

to exaggerate

The Seven Simple Tenses		The Seven Compound Tenses	
Singular	Plural	Singular	Plural
1 Present Indicative		**8** Present Perfect	
esagero	esageriamo	ho esagerato	abbiamo esagerato
esageri	esagerate	hai esagerato	avete esagerato
esagera	esagerano	ha esagerato	hanno esagerato
2 Imperfect		**9** Past Perfect	
esageravo	esageravamo	avevo esagerato	avevamo esagerato
esageravi	esageravate	avevi esagerato	avevate esagerato
esagerava	esageravano	aveva esagerato	avevano esagerato
3 Past Absolute		**10** Past Anterior	
esagerai	esagerammo	ebbi esagerato	avemmo esagerato
esagerasti	esageraste	avesti esagerato	aveste esagerato
esagerò	esagerarono	ebbe esagerato	ebbero esagerato
4 Future		**11** Future Perfect	
esagererò	esagereremo	avrò esagerato	avremo esagerato
esagererai	esagererete	avrai esagerato	avrete esagerato
esagererà	esagereranno	avrà esagerato	avranno esagerato
5 Present Conditional		**12** Past Conditional	
esagererei	esagereremmo	avrei esagerato	avremmo esagerato
esagereresti	esagerereste	avresti esagerato	avreste esagerato
esagererebbe	esagererebbero	avrebbe esagerato	avrebbero esagerato
6 Present Subjunctive		**13** Past Subjunctive	
esageri	esageriamo	abbia esagerato	abbiamo esagerato
esageri	esageriate	abbia esagerato	abbiate esagerato
esageri	esagerino	abbia esagerato	abbiano esagerato
7 Imperfect Subjunctive		**14** Past Perfect Subjunctive	
esagerassi	esagerassimo	avessi esagerato	avessimo esagerato
esagerassi	esageraste	avessi esagerato	aveste esagerato
esagerasse	esagerassero	avesse esagerato	avessero esagerato

	Imperative	
—		esageriamo
esagera (non esagerare)		esagerate
esageri		esagerino

Samples of verb usage

Tu esageri quando parli.   You exaggerate when you speak.
Il ragazzo esagera quando parla alla ragazza.   The boy exaggerates when he speaks to the girl.

163

esaminare

to examine, to consider

The Seven Simple Tenses		The Seven Compound Tenses	
Singular	Plural	Singular	Plural
1 Present Indicative		**8 Present Perfect**	
esamino	esaminiamo	ho esaminato	abbiamo esaminato
esamini	esaminate	hai esaminato	avete esaminato
esamina	esaminano	ha esaminato	hanno esaminato
2 Imperfect		**9 Past Perfect**	
esaminavo	esaminavamo	avevo esaminato	avevamo esaminato
esaminavi	esaminavate	avevi esaminato	avevate esaminato
esaminava	esaminavano	aveva esaminato	avevano esaminato
3 Past Absolute		**10 Past Anterior**	
esaminai	esaminammo	ebbi esaminato	avemmo esaminato
esaminasti	esaminaste	avesti esaminato	aveste esaminato
esaminò	esaminarono	ebbe esaminato	ebbero esaminato
4 Future		**11 Future Perfect**	
esaminerò	esamineremo	avrò esaminato	avremo esaminato
esaminerai	esaminerete	avrai esaminato	avrete esaminato
esaminerà	esamineranno	avrà esaminato	avranno esaminato
5 Present Conditional		**12 Past Conditional**	
esaminerei	esamineremmo	avrei esaminato	avremmo esaminato
esamineresti	esaminereste	avresti esaminato	avreste esaminato
esaminerebbe	esaminerebbero	avrebbe esaminato	avrebbero esaminato
6 Present Subjunctive		**13 Past Subjunctive**	
esamini	esaminiamo	abbia esaminato	abbiamo esaminato
esamini	esaminiate	abbia esaminato	abbiate esaminato
esamini	esaminino	abbia esaminato	abbiano esaminato
7 Imperfect Subjunctive		**14 Past Perfect Subjunctive**	
esaminassi	esaminassimo	avessi esaminato	avessimo esaminato
esaminassi	esaminaste	avessi esaminato	aveste esaminato
esaminasse	esaminassero	avesse esaminato	avessero esaminato

Imperative	
—	esaminiamo
esamina (non esaminare)	esaminate
esamini	esaminino

Samples of verb usage

Il dottore esamina il ragazzo.   The doctor examines the boy.
Dobbiamo esaminare i fatti.   We must examine the facts.

to exasperate, to irritate

The Seven Simple Tenses		The Seven Compound Tenses	
Singular	Plural	Singular	Plural
1 Present Indicative		**8 Present Perfect**	
esaspero	esasperiamo	ho esasperato	abbiamo esasperato
esasperi	esasperate	hai esasperato	avete esasperato
esaspera	esasperano	ha esasperato	hanno esasperato
2 Imperfect		**9 Past Perfect**	
esasperavo	esasperavamo	avevo esasperato	avevamo esasperato
esasperavi	esasperavate	avevi esasperato	avevate esasperato
esasperava	esasperavano	aveva esasperato	avevano esasperato
3 Past Absolute		**10 Past Anterior**	
esasperai	esasperammo	ebbi esasperato	avemmo esasperato
esasperasti	esasperaste	avesti esasperato	aveste esasperato
esasperò	esasperarono	ebbe esasperato	ebbero esasperato
4 Future		**11 Future Perfect**	
esaspererò	esaspereremo	avrò esasperato	avremo esasperato
esaspererai	esaspererete	avrai esasperato	avrete esasperato
esaspererà	esaspereranno	avrà esasperato	avranno esasperato
5 Present Conditional		**12 Past Conditional**	
esaspererei	esaspereremmo	avrei esasperato	avremmo esasperato
esaspereresti	esasperereste	avresti esasperato	avreste esasperato
esaspererebbe	esaspererebbero	avrebbe esasperato	avrebbero esasperato
6 Present Subjunctive		**13 Past Subjunctive**	
esasperi	esasperiamo	abbia esasperato	abbiamo esasperato
esasperi	esasperiate	abbia esasperato	abbiate esasperato
esasperi	esasperino	abbia esasperato	abbiano esasperato
7 Imperfect Subjunctive		**14 Past Perfect Subjunctive**	
esasperassi	esasperassimo	avessi esasperato	avessimo esasperato
esasperassi	esasperaste	avessi esasperato	aveste esasperato
esasperasse	esasperassero	avesse esasperato	avessero esasperato

	Imperative	
—		esasperiamo
esaspera (non esasperare)		esasperate
esasperi		esasperino

Samples of verb usage

Non mi esasperare!   Do not exasperate me!
Il ragazzo esaspera la sorella.   The boy irritates his sister.

esaurire

to exhaust, wear out, use up

The Seven Simple Tenses		The Seven Compound Tenses	
Singular	Plural	Singular	Plural
1 Present Indicative		**8 Present Perfect**	
esaurisco	esauriamo	ho esaurito	abbiamo esaurito
esaurisci	esaurite	hai esaurito	avete esaurito
esaurisce	esauriscono	ha esaurito	hanno esaurito
2 Imperfect		**9 Past Perfect**	
esaurivo	esaurivamo	avevo esaurito	avevamo esaurito
esaurivi	esaurivate	avevi esaurito	avevate esaurito
esauriva	esaurivano	aveva esaurito	avevano esaurito
3 Past Absolute		**10 Past Anterior**	
esaurii	esaurimmo	ebbi esaurito	avemmo esaurito
esauristi	esauriste	avesti esaurito	aveste esaurito
esaurì	esaurirono	ebbe esaurito	ebbero esaurito
4 Future		**11 Future Perfect**	
esaurirò	esauriremo	avrò esaurito	avremo esaurito
esaurirai	esaurirete	avrai esaurito	avrete esaurito
esaurirà	esauriranno	avrà esaurito	avranno esaurito
5 Present Conditional		**12 Past Conditional**	
esaurirei	esauriremmo	avrei esaurito	avremmo esaurito
esauriresti	esaurireste	avresti esaurito	avreste esaurito
esaurirebbe	esaurirebbero	avrebbe esaurito	avrebbero esaurito
6 Present Subjunctive		**13 Past Subjunctive**	
esaurisca	esauriamo	abbia esaurito	abbiamo esaurito
esaurisca	esauriate	abbia esaurito	abbiate esaurito
esaurisca	esauriscano	abbia esaurito	abbiano esaurito
7 Imperfect Subjunctive		**14 Past Perfect Subjunctive**	
esaurissi	esaurissimo	avessi esaurito	avessimo esaurito
esaurissi	esauriste	avessi esaurito	aveste esaurito
esaurisse	esaurissero	avesse esaurito	avessero esaurito

Imperative	
—	esauriamo
esaurisci (non esaurire)	esaurite
esaurisca	esauriscano

Samples of verb usage

Abbiamo esaurito tutta la carta.   We have used up all the paper.
Hai esaurito tutta la mia pazienza.   You have used up all my patience.

to exclude, to leave out, to shut out

The Seven Simple Tenses		The Seven Compound Tenses	
Singular	Plural	Singular	Plural
1 Present Indicative		**8 Present Perfect**	
escludo	escludiamo	ho escluso	abbiamo escluso
escludi	escludete	hai escluso	avete escluso
esclude	escludono	ha escluso	hanno escluso
2 Imperfect		**9 Past Perfect**	
escludevo	escludevamo	avevo escluso	avevamo escluso
escludevi	escludevate	avevi escluso	avevate escluso
escludeva	escludevano	aveva escluso	avevano escluso
3 Past Absolute		**10 Past Anterior**	
esclusi	escludemmo	ebbi escluso	avemmo escluso
escludesti	escludeste	avesti escluso	aveste escluso
escluse	esclusero	ebbe escluso	ebbero escluso
4 Future		**11 Future Perfect**	
escluderò	escluderemo	avrò escluso	avremo escluso
escluderai	escluderete	avrai escluso	avrete escluso
escluderà	escluderanno	avrà escluso	avranno escluso
5 Present Conditional		**12 Past Conditional**	
escluderei	escluderemmo	avrei escluso	avremmo escluso
escluderesti	escludereste	avresti escluso	avreste escluso
escluderebbe	escluderebbero	avrebbe escluso	avrebbero escluso
6 Present Subjunctive		**13 Past Subjunctive**	
escluda	escludiamo	abbia escluso	abbiamo escluso
escluda	escludiate	abbia escluso	abbiate escluso
escluda	eslcudano	abbia escluso	abbiano escluso
7 Imperfect Subjunctive		**14 Past Perfect Subjunctive**	
escludessi	escludessimo	avessi escluso	avessimo escluso
escludessi	escludeste	avessi escluso	aveste escluso
escludesse	escludessero	avesse escluso	avessero escluso

Imperative	
—	escludiamo
escludi (non escludere)	escludete
escluda	escludano

Samples of verb usage

Il maestro mi escluse dalla classe.   The teacher excluded me from the class.
Questo fatto esclude ogni dubbio.   This fact excludes any doubt.

esibire

to exhibit, to show, to display

The Seven Simple Tenses		The Seven Compound Tenses	
Singular	Plural	Singular	Plural
1 Present Indicative		**8 Present Perfect**	
esibisco	esibiamo	ho esibito	abbiamo esibito
esibisci	esibite	hai esibito	avete esibito
esibisce	esibiscono	ha esibito	hanno esibito
2 Imperfect		**9 Past Perfect**	
esibivo	esibivamo	avevo esibito	avevamo esibito
esibivi	esibivate	avevi esibito	avevate esibito
esibiva	esibivano	aveva esibito	avevano esibito
3 Past Absolute		**10 Past Anterior**	
esibii	esibimmo	ebbi esibito	avemmo esibito
esibisti	esibiste	avesti esibito	aveste esibito
esibì	esibirono	ebbe esibito	ebbero esibito
4 Future		**11 Future Perfect**	
esibirò	esibiremo	avrò esibito	avremo esibito
esibirai	esibirete	avrai esibito	avrete esibito
esibirà	esibiranno	avrà esibito	avranno esibito
5 Present Conditional		**12 Past Conditional**	
esibirei	esibiremmo	avrei esibito	avremmo esibito
esibiresti	esibireste	avresti esibito	avreste esibito
esibirebbe	esibirebbero	avrebbe esibito	avrebbero esibito
6 Present Subjunctive		**13 Past Subjunctive**	
esibisca	esibiamo	abbia esibito	abbiamo esibito
esibisca	esibiate	abbia esibito	abbiate esibito
esibisca	esibiscano	abbia esibito	abbiano esibito
7 Imperfect Subjunctive		**14 Past Perfect Subjunctive**	
esibissi	esibissimo	avessi esibito	avessimo esibito
esibissi	esibiste	avessi esibito	aveste esibito
esibisse	esibissero	avesse esibito	avessero esibito

	Imperative	
—		esibiamo
esibisci (non esibire)		esibite
esibisca		esibiscano

Samples of verb usage

Il ragazzo esibisce buone qualità.   The child exhibits good qualities.
Non esibire la tua ignoranza!   Don't show off your ignorance!

168

to exist, to be

The Seven Simple Tenses		The Seven Compound Tenses	
Singular	Plural	Singular	Plural
1 Present Indicative		**8 Present Perfect**	
esisto	esistiamo	sono esistito	siamo esistiti
esisti	esistete	sei esistito	siete esistiti
esiste	esistono	è esistito	sono esistiti
2 Imperfect		**9 Past Perfect**	
esistevo	esistevamo	ero esistito	eravamo esistiti
esistevi	esistevate	eri esistito	eravate esistiti
esisteva	esistevano	era esistito	erano esistiti
3 Past Absolute		**10 Past Anterior**	
esistei (esistetti)	esistemmo	fui esistito	fummo esistiti
esistesti	esisteste	fosti esistito	foste esistiti
esistè (esistette)	esisterono (esistettero)	fu esistito	furono esistiti
4 Future		**11 Future Perfect**	
esisterò	esisteremo	sarò esistito	saremo esistiti
esisterai	esisterete	sarai esistito	sarete esistiti
esisterà	esisteranno	sarà esistito	saranno esistiti
5 Present Conditional		**12 Past Conditional**	
esisterei	esisteremmo	sarei esistito	saremmo esistiti
esisteresti	esistereste	saresti esistito	sareste esistiti
esisterebbe	esisterebbero	sarebbe esistito	sarebbero esistiti
6 Present Subjunctive		**13 Past Subjunctive**	
esista	esistiamo	sia esistito	siamo esistiti
esista	esistiate	sia esistito	siate esistiti
esista	esistano	sia esistito	siano esistiti
7 Imperfect Subjunctive		**14 Past Perfect Subjunctive**	
esistessi	esistessimo	fossi esistito	fossimo esistiti
esistessi	esisteste	fossi esistito	foste esistiti
esistesse	esistessero	fosse esistito	fossero esistiti

	Imperative	
—		esistiamo
esisti (non esistere)		esistiate
esista		esistano

Samples of verb usage

Credo che Dio esiste.   I believe that God exists.
Queste cose non esistono più.   These things no longer exist.

esprimere

Gerund **esprimendo**   Past Part. **espresso**

to express

The Seven Simple Tenses		The Seven Compound Tenses	
Singular	Plural	Singular	Plural
1 Present Indicative		**8 Present Perfect**	
esprimo	esprimiamo	ho espresso	abbiamo espresso
esprimi	esprimete	hai espresso	avete espresso
esprime	esprimono	ha espresso	hanno espresso
2 Imperfect		**9 Past Perfect**	
esprimevo	esprimevamo	avevo espresso	avevamo espresso
esprimevi	esprimevate	avevi espresso	avevate espresso
esprimeva	esprimevano	aveva espresso	avevano espresso
3 Past Absolute		**10 Past Anterior**	
espressi	esprimemmo	ebbi espresso	avemmo espresso
esprimesti	esprimeste	avesti espresso	aveste espresso
espresse	espressero	ebbe espresso	ebbero espresso
4 Future		**11 Future Perfect**	
esprimerò	esprimeremo	avrò espresso	avremo espresso
esprimerai	esprimerete	avrai espresso	avrete espresso
esprimerà	esprimeranno	avrà espresso	avranno espresso
5 Present Conditional		**12 Past Conditional**	
esprimerei	esprimeremmo	avrei espresso	avremmo espresso
esprimeresti	esprimereste	avresti espresso	avreste espresso
esprimerebbe	esprimerebbero	avrebbe espresso	avrebbero espresso
6 Present Subjunctive		**13 Past Subjunctive**	
esprima	esprimiamo	abbia espresso	abbiamo espresso
esprima	esprimiate	abbia espresso	abbiate espresso
esprima	esprimano	abbia espresso	abbiano espresso
7 Imperfect Subjunctive		**14 Past Perfect Subjunctive**	
esprimessi	esprimessimo	avessi espresso	avessimo espresso
esprimessi	esprimeste	avessi espresso	aveste espresso
esprimesse	esprimessero	avesse espresso	avessero espresso

	Imperative	
—		esprimiamo
esprimi (non esprimere)		esprimete
esprima		esprimano

Samples of verb usage

Non posso esprimermi bene in italiano.   I cannot express myself well in Italian.
esprimere i propri sentimenti   to express one's feelings

The Seven Simple Tenses		The Seven Compound Tenses	
Singular	Plural	Singular	Plural
1 Present Indicative		**8 Present Perfect**	
sono	siamo	sono stato	siamo stati
sei	siete	sei stato	siete stati
è	sono	è stato	sono stati
2 Imperfect		**9 Past Perfect**	
ero	eravamo	ero stato	eravamo stati
eri	eravate	eri stato	eravate stati
era	erano	era stato	erano stati
3 Past Absolute		**10 Past Anterior**	
fui	fummo	fui stato	fummo stati
fosti	foste	fosti stato	foste stati
fu	furono	fu stato	furono stati
4 Future		**11 Future Perfect**	
sarò	saremo	sarò stato	saremo stati
sarai	sarete	sarai stato	sarete stati
sarà	saranno	sarà stato	saranno stati
5 Present Conditional		**12 Past Conditional**	
sarei	saremmo	sarei stato	saremmo stati
saresti	sareste	saresti stato	sareste stati
sarebbe	sarebbero	sarebbe stato	sarebbero stati
6 Present Subjunctive		**13 Past Subjunctive**	
sia	siamo	sia stato	siamo stati
sia	siate	sia stato	siate stati
sia	siano	sia stato	siano stati
7 Imperfect Subjunctive		**14 Past Perfect Subjunctive**	
fossi	fossimo	fossi stato	fossimo stati
fossi	foste	fossi stato	foste stati
fosse	fossero	fosse stato	fossero stati

Imperative	
—	siamo
sii (non essere)	siate
sia	siano

Samples of verb usage

Io sono qui.   I am here.
essere stanco   to be tired

estendere

to extend

The Seven Simple Tenses		The Seven Compound Tenses	
Singular	Plural	Singular	Plural
1 Present Indicative		**8** Present Perfect	
estendo	estendiamo	ho esteso	abbiamo esteso
estendi	estendete	hai esteso	avete esteso
estende	estendono	ha esteso	hanno esteso
2 Imperfect		**9** Past Perfect	
estendevo	estendevamo	avevo esteso	avevamo esteso
estendevi	estendevate	avevi esteso	avevate esteso
estendeva	estendevano	aveva esteso	avevano esteso
3 Past Absolute		**10** Past Anterior	
estesi	estendemmo	ebbi esteso	avemmo esteso
estendesti	estendeste	avesti esteso	aveste esteso
estese	estesero	ebbe esteso	ebbero esteso
4 Future		**11** Future Perfect	
estenderò	estenderemo	avrò esteso	avremo esteso
estenderai	estenderete	avrai esteso	avrete esteso
estenderà	estenderanno	avrà esteso	avranno esteso
5 Present Conditional		**12** Past Conditional	
estenderei	estenderemmo	avrei esteso	avremmo esteso
estenderesti	estendereste	avresti esteso	avreste esteso
estenderebbe	estenderebbero	avrebbe esteso	avrebbero esteso
6 Present Subjunctive		**13** Past Subjunctive	
estenda	estendiamo	abbia esteso	abbiamo esteso
estenda	estendiate	abbia esteso	abbiate esteso
estenda	estendano	abbia esteso	abbiano esteso
7 Imperfect Subjunctive		**14** Past Perfect Subjunctive	
estendessi	estendessimo	avessi esteso	avessimo esteso
estendessi	estendeste	avessi esteso	aveste esteso
estendesse	estendessero	avesse esteso	avessero esteso

	Imperative	
—		estendiamo
estendi (non estendere)		estendete
estenda		estendano

Samples of verb usage

Lui vuole estendere la casa.   He wants to expand (enlarge) the house.
Lei estese le sue vacanze altre due settimane.   She extended her vacation for two more weeks.
Lui estese la mano.   He extended (put out) his hand.
estendere il proprio potere   to extend (increase) one's power

to avoid

The Seven Simple Tenses		The Seven Compound Tenses	
Singular	Plural	Singular	Plural
1 Present Indicative		**8** Present Perfect	
evito	evitiamo	ho evitato	abbiamo evitato
eviti	evitate	hai evitato	avete evitato
evita	evitano	ha evitato	hanno evitato
2 Imperfect		**9** Past Perfect	
evitavo	evitavamo	avevo evitato	avevamo evitato
evitavi	evitavate	avevi evitato	avevate evitato
evitava	evitavano	aveva evitato	avevano evitato
3 Past Absolute		**10** Past Anterior	
evitai	evitammo	ebbi evitato	avemmo evitato
evitasti	evitaste	avesti evitato	aveste evitato
evitò	evitarono	ebbe evitato	ebbero evitato
4 Future		**11** Future Perfect	
eviterò	eviteremo	avrò evitato	avremo evitato
eviterai	eviterete	avrai evitato	avrete evitato
eviterà	eviteranno	avrà evitato	avranno evitato
5 Present Conditional		**12** Past Conditional	
eviterei	eviteremmo	avrei evitato	avremmo evitato
eviteresti	evitereste	avresti evitato	avreste evitato
eviterebbe	eviterebbero	avrebbe evitato	avrebbero evitato
6 Present Subjunctive		**13** Past Subjunctive	
eviti	evitiamo	abbia evitato	abbiamo evitato
eviti	evitiate	abbia evitato	abbiate evitato
eviti	evitino	abbia evitato	abbiano evitato
7 Imperfect Subjunctive		**14** Past Perfect Subjunctive	
evitassi	evitassimo	avessi evitato	avessimo evitato
evitassi	evitaste	avessi evitato	aveste evitato
evitasse	evitassero	avesse evitato	avessero evitato

	Imperative	
—		evitiamo
evita (non evitare)		evitate
eviti		evitino

Samples of verb usage

Evito il maestro quando non vado a classe.   I avoid the teacher when I do not go to class.
Evito i miei nemici.   I avoid my enemies.

173

to facilitate, to make easier

The Seven Simple Tenses		The Seven Compound Tenses	
Singular	Plural	Singular	Plural
1 Present Indicative		**8** Present Perfect	
facilito	facilitiamo	ho facilitato	abbiamo facilitato
faciliti	facilitate	hai facilitato	avete facilitato
facilita	facilitano	ha facilitato	hanno facilitato
2 Imperfect		**9** Past Perfect	
facilitavo	facilitavamo	avevo facilitato	avevamo facilitato
facilitavi	facilitavate	avevi facilitato	avevate facilitato
facilitava	facilitavano	aveva facilitato	avevano facilitato
3 Past Absolute		**10** Past Anterior	
facilitai	facilitammo	ebbi facilitato	avemmo facilitato
facilitasti	facilitaste	avesti facilitato	aveste facilitato
facilitò	facilitarono	ebbe facilitato	ebbero facilitato
4 Future		**11** Future Perfect	
faciliterò	faciliteremo	avrò facilitato	avremo facilitato
faciliterai	faciliterete	avrai facilitato	avrete facilitato
faciliterà	faciliteranno	avrà facilitato	avranno facilitato
5 Present Conditional		**12** Past Conditional	
faciliterei	faciliteremmo	avrei facilitato	avremmo facilitato
faciliteresti	facilitereste	avresti facilitato	avreste facilitato
faciliterebbe	faciliterebbero	avrebbe facilitato	avrebbero facilitato
6 Present Subjunctive		**13** Past Subjunctive	
faciliti	facilitiamo	abbia facilitato	abbiamo facilitato
faciliti	facilitiate	abbia facilitato	abbiate facilitato
faciliti	facilitino	abbia facilitato	abbiano facilitato
7 Imperfect Subjunctive		**14** Past Perfect Subjunctive	
facilitassi	facilitassimo	avessi facilitato	avessimo facilitato
facilitassi	facilitaste	avessi facilitato	aveste facilitato
facilitasse	facilitassero	avesse facilitato	avessero facilitato

	Imperative	
—		facilitiamo
facilita (non facilitare)		facilitate
faciliti		facilitino

Samples of verb usage

Questa macchina facilita il mio lavoro.   This machine facilitates my work.
Non voglio facilitare il suo compito.   I don't want to make his task easier.

174

to fail, to go bankrupt

The Seven Simple Tenses		The Seven Compound Tenses	
Singular	Plural	Singular	Plural
1 Present Indicative		**8** Present Perfect	
fallisco	falliamo	sono fallito	siamo falliti
fallisci	fallite	sei fallito	siete falliti
fallisce	falliscono	è fallito	sono falliti
2 Imperfect		**9** Past Perfect	
fallivo	fallivamo	ero fallito	eravamo falliti
fallivi	fallivate	eri fallito	eravate falliti
falliva	fallivano	era fallito	erano falliti
3 Past Absolute		**10** Past Anterior	
fallii	fallimmo	fui fallito	fummo falliti
fallisti	falliste	fosti fallito	foste falliti
fallì	fallirono	fu fallito	furono falliti
4 Future		**11** Future Perfect	
fallirò	falliremo	sarò fallito	saremo falliti
fallirai	fallirete	sarai fallito	sarete falliti
fallirà	falliranno	sarà fallito	saranno falliti
5 Present Conditional		**12** Past Conditional	
fallirei	falliremmo	sarei fallito	saremmo falliti
falliresti	fallireste	saresti fallito	sareste falliti
fallirebbe	fallirebbero	sarebbe fallito	sarebbero falliti
6 Present Subjunctive		**13** Past Subjunctive	
fallisca	falliamo	sia fallito	siamo falliti
fallisca	falliate	sia fallito	siate falliti
fallisca	falliscano	sia fallito	siano falliti
7 Imperfect Subjunctive		**14** Past Perfect Subjunctive	
fallissi	fallissimo	fossi fallito	fossimo falliti
fallissi	falliste	fossi fallito	foste falliti
fallisse	fallissero	fosse fallito	fossero falliti

Imperative

—	falliamo
fallisci (non fallire)	fallite
fallisca	falliscano

Samples of verb usage

Molte banche sono fallite recentemente. Many banks have gone bankrupt lately.
Lui fallisce sempre a tutto quello che fa. He always fails in everything he does.

to falsify, to forge, to fake

The Seven Simple Tenses		The Seven Compound Tenses	
Singular	Plural	Singular	Plural

1 Present Indicative

		8 Present Perfect	
falsifico	falsifichiamo	ho falsificato	abbiamo falsificato
falsifichi	falsificate	hai falsificato	avete falsificato
falsifica	falsificano	ha falsificato	hanno falsificato

2 Imperfect

		9 Past Perfect	
falsificavo	falsificavamo	avevo falsificato	avevamo falsificato
falsificavi	falsificavate	avevi falsificato	avevate falsificato
falsificava	falsificavano	aveva falsificato	avevano falsificato

3 Past Absolute

		10 Past Anterior	
falsificai	falsificammo	ebbi falsificato	avemmo falsificato
falsificasti	falsificaste	avesti falsificato	aveste falsificato
falsificò	falsificarono	ebbe falsificato	ebbero falsificato

4 Future

		11 Future Perfect	
falsificherò	falsificheremo	avrò falsificato	avremo falsificato
falsificherai	falsificherete	avrai falsificato	avrete falsificato
falsificherà	falsificheranno	avrà falsificato	avranno falsificato

5 Present Conditional

		12 Past Conditional	
falsificherei	falsificheremmo	avrei falsificato	avremmo falsificato
falsificheresti	falsifichereste	avresti falsificato	avreste falsificato
falsificherebbe	falsificherebbero	avrebbe falsificato	avrebbero falsificato

6 Present Subjunctive

		13 Past Subjunctive	
falsifichi	falsifichiamo	abbia falsificato	abbiamo falsificato
falsifichi	falsifichiate	abbia falsificato	abbiate falsificato
falsifichi	falsifichino	abbia falsificato	abbiano falsificato

7 Imperfect Subjunctive

		14 Past Perfect Subjunctive	
falsificassi	falsificassimo	avessi falsificato	avessimo falsificato
falsificassi	falsificaste	avessi falsificato	aveste falsificato
falsificasse	falsificassero	avesse falsificato	avessero falsificato

Imperative

—	falsifichiamo
falsifica (non falsificare)	falsificate
falsifichi	falsifichino

Samples of verb usage

Lui ha falsificato i documenti.   He forged the documents.
Il testimone falsifica la storia.   The witness falsifies the story.

to do, to make

The Seven Simple Tenses		The Seven Compound Tenses	
Singular	Plural	Singular	Plural
1 Present Indicative		**8 Present Perfect**	
faccio (fo)	**facciamo**	**ho fatto**	**abbiamo fatto**
fai	**fate**	**hai fatto**	**avete fatto**
fa	**fanno**	**ha fatto**	**hanno fatto**
2 Imperfect		**9 Past Perfect**	
facevo	**facevamo**	**avevo fatto**	**avevamo fatto**
facevi	**facevate**	**avevi fatto**	**avevate fatto**
faceva	**facevano**	**aveva fatto**	**avevano fatto**
3 Past Absolute		**10 Past Anterior**	
feci	**facemmo**	**ebbi fatto**	**avemmo fatto**
facesti	**faceste**	**avesti fatto**	**aveste fatto**
fece	**fecero**	**ebbe fatto**	**ebbero fatto**
4 Future		**11 Future Perfect**	
farò	**faremo**	**avrò fatto**	**avremo fatto**
farai	**farete**	**avrai fatto**	**avrete fatto**
farà	**faranno**	**avrà fatto**	**avranno fatto**
5 Present Conditional		**12 Past Conditional**	
farei	**faremmo**	**avrei fatto**	**avremmo fatto**
faresti	**fareste**	**avresti fatto**	**avreste fatto**
farebbe	**farebbero**	**avrebbe fatto**	**avrebbero fatto**
6 Present Subjunctive		**13 Past Subjunctive**	
faccia	**facciamo**	**abbia fatto**	**abbiamo fatto**
faccia	**facciate**	**abbia fatto**	**abbiate fatto**
faccia	**facciano**	**abbia fatto**	**abbiano fatto**
7 Imperfect Subjunctive		**14 Past Perfect Subjunctive**	
facessi	**facessimo**	**avessi fatto**	**avessimo fatto**
facessi	**faceste**	**avessi fatto**	**aveste fatto**
facesse	**facessero**	**avesse fatto**	**avessero fatto**

Imperative

—	**facciamo**
fa' (fai) (non fare)	**fate**
faccia	**facciano**

Samples of verb usage

Cosa fai?   What are you doing?
Lui non fa altro che sognare.   He does nothing but dream.

NOTE: Like **fare** are **contraffare, rifare, sfare, sopraffare,** and **stupefare;** but all these compounds (except **sfare**) require an accent on the forms in **-fo** and **-fa**.

ferire

to wound

The Seven Simple Tenses		The Seven Compound Tenses	
Singular	Plural	Singular	Plural
1 Present Indicative		**8 Present Perfect**	
ferisco	feriamo	ho ferito	abbiamo ferito
ferisci	ferite	hai ferito	avete ferito
ferisce	feriscono	ha ferito	hanno ferito
2 Imperfect		**9 Past Perfect**	
ferivo	ferivamo	avevo ferito	avevamo ferito
ferivi	ferivate	avevi ferito	avevate ferito
feriva	ferivano	aveva ferito	avevano ferito
3 Past Absolute		**10 Past Anterior**	
ferii	ferimmo	ebbi ferito	avemmo ferito
feristi	feriste	avesti ferito	aveste ferito
ferì	ferirono	ebbe ferito	ebbero ferito
4 Future		**11 Future Perfect**	
ferirò	feriremo	avrò ferito	avremo ferito
ferirai	ferirete	avrai ferito	avrete ferito
ferirà	feriranno	avrà ferito	avranno ferito
5 Present Conditional		**12 Past Conditional**	
ferirei	feriremmo	avrei ferito	avremmo ferito
feriresti	ferireste	avresti ferito	avreste ferito
ferirebbe	ferirebbero	avrebbe ferito	avrebbero ferito
6 Present Subjunctive		**13 Past Subjunctive**	
ferisca	feriamo	abbia ferito	abbiamo ferito
ferisca	feriate	abbia ferito	abbiate ferito
fersica	feriscano	abbia ferito	abbiano ferito
7 Imperfect Subjunctive		**14 Past Perfect Subjunctive**	
ferissi	ferissimo	avessi ferito	avessimo ferito
ferissi	feriste	avessi ferito	aveste ferito
ferisse	ferissero	avesse ferito	avessero ferito

Imperative	
—	feriamo
ferisci (non ferire)	ferite
ferisca	feriscano

Samples of verb usage

Tu mi ferisci con le tue parole.   You hurt me with your words.
Il cacciatore ha ferito l'orso.   The hunter wounded the bear.

The Seven Simple Tenses		The Seven Compound Tenses	
Singular	Plural	Singular	Plural

1 Present Indicative

		8 Present Perfect	
mi fermo	ci fermiamo	mi sono fermato	ci siàmo fermati
ti fermi	vi fermate	ti sei fermato	vi siete fermati
si ferma	si feramano	si è fermato	si sono fermati

2 Imperfect

		9 Past Perfect	
mi fermavo	ci fermavamo	mi ero fermato	ci eravamo fermati
ti fermavi	vi fermavate	ti eri fermato	vi eravate fermati
si fermava	si fermavano	si era fermato	si erano fermati

3 Past Absolute

		10 Past Anterior	
mi fermai	ci fermammo	mi fui fermato	ci fummo fermati
ti fermasti	vi fermaste	ti fosti fermato	vi foste fermati
si fermò	si fermarono	si fu fermato	si furono fermati

4 Future

		11 Future Perfect	
mi fermerò	ci fermeremo	mi sarò fermato	ci saremo fermati
ti fermerai	vi fermerete	ti sarai fermato	vi sarete fermati
si fermerà	si fermeranno	si sarà fermato	si saranno fermati

5 Present Conditional

		12 Past Conditional	
mi fermerei	ci fermeremmo	mi sarei fermato	ci saremmo fermati
ti fermeresti	vi fermereste	ti saresti fermato	vi sareste fermati
si fermerebbe	si fermerebbero	si sarebbe fermato	si sarebbero fermati

6 Present Subjunctive

		13 Past Subjunctive	
mi fermi	ci fermiamo	mi sia fermato	ci siamo fermati
ti fermi	vi fermiate	ti sia fermato	vi siate fermati
si fermi	si fermino	si sia fermato	si siano fermati

7 Imperfect Subjunctive

		14 Past Perfect Subjunctive	
mi fermassi	ci fermassimo	mi fossi fermato	ci fossimo fermati
ti fermassi	vi fermaste	ti fossi fermato	vi foste fermati
si fermasse	si fermassero	si fosse fermato	si fossero fermati

Imperative

—	**fermiamoci**
fermati (non ti fermare/non fermarti)	**fermatevi**
si fermi	**si fermino**

Samples of verb usage

Ci fermiamo alle nove.   We stop at nine.
Fermati, ladro!   Stop, thief!

179

to celebrate

The Seven Simple Tenses		The Seven Compound Tenses	
Singular	Plural	Singular	Plural
1 Present Indicative		**8 Present Perfect**	
festeggio	festeggiamo	ho festeggiato	abbiamo festeggiato
festeggi	festeggiate	hai festeggiato	avete festeggiato
festeggia	festeggiano	ha festeggiato	hanno festeggiato
2 Imperfect		**9 Past Perfect**	
festeggiavo	festeggiavamo	avevo festeggiato	avevamo festeggiato
festeggiavi	festeggiavate	avevi festeggiato	avevate festeggiato
festeggiava	festeggiavano	aveva festeggiato	avevano festeggiato
3 Past Absolute		**10 Past Anterior**	
festeggiai	festeggiammo	ebbi festeggiato	avemmo festeggiato
festeggiasti	festeggiaste	avesti festeggiato	aveste festeggiato
festeggiò	festeggiarono	ebbe festeggiato	ebbero festeggiato
4 Future		**11 Future Perfect**	
festeggerò	festeggeremo	avrò festeggiato	avremo festeggiato
festeggerai	festeggerete	avrai festeggiato	avrete festeggiato
festeggerà	festeggeranno	avrà festeggiato	avranno festeggiato
5 Present Conditional		**12 Past Conditional**	
festeggerei	festeggeremmo	avrei festeggiato	avremmo festeggiato
festeggeresti	festeggereste	avresti festeggiato	avreste festeggiato
festeggerebbe	festeggerebbero	avrebbe festeggiato	avrebbero festeggiato
6 Present Subjunctive		**13 Past Subjunctive**	
festeggi	festeggiamo	abbia festeggiato	abbiamo festeggiato
festeggi	festeggiate	abbia festeggiato	abbiate festeggiato
festeggi	festeggiano	abbia festeggiato	abbiano festeggiato
7 Imperfect Subjunctive		**14 Past Perfect Subjunctive**	
festeggiassi	festeggiassimo	avessi festeggiato	avessimo festeggiato
festeggiassi	festeggiaste	avessi festeggiato	aveste festeggiato
festeggiasse	festeggiassero	avesse festeggiato	avessero festeggiato

	Imperative	
—		festeggiamo
festeggia (non festeggiare)		festeggiate
festeggi		festeggino

Samples of verb usage

Non festeggio il mio compleanno.   I do not celebrate my birthday.
Festeggiamo la fine dell'anno scolastico.   We celebrate the end of the school year.

to trust, to confide

The Seven Simple Tenses		The Seven Compound Tenses	
Singular	Plural	Singular	Plural

1 Present Indicative

mi fido	ci fidiamo		
ti fidi	vi fidate		
si fida	si fidano		

8 Present Perfect

mi sono fidato	ci siamo fidati		
ti sei fidato	vi siete fidati		
si è fidato	si sono fidati		

2 Imperfect

mi fidavo	ci fidavamo
ti fidavi	vi fidavate
si fidava	si fidavano

9 Past Perfect

mi ero fidato	ci eravamo fidati
ti eri fidato	vi eravate fidati
si era fidato	si erano fidati

3 Past Absolute

mi fidai	ci fidammo
ti fidasti	vi fidaste
si fidò	si fidarono

10 Past Anterior

mi fui fidato	ci fummo fidati
ti fosti fidato	vi foste fidati
si fu fidato	si furono fidati

4 Future

mi fiderò	ci fideremo
ti fiderai	vi fiderete
si fiderà	si fideranno

11 Future Perfect

mi sarò fidato	ci saremo fidati
ti sarai fidato	vi sarete fidati
si sarà fidato	si saranno fidati

5 Present Conditional

mi fiderei	ci fideremmo
ti fideresti	vi fidereste
si fiderebbe	si fiderebbero

12 Past Conditional

mi sarei fidato	ci saremmo fidati
ti saresti fidato	vi sareste fidati
si sarebbe fidato	si sarebbero fidati

6 Present Subjunctive

mi fidi	ci fidiamo
ti fidi	vi fidiate
si fidi	si fidino

13 Past Subjunctive

mi sia fidato	ci siamo fidati
ti sia fidato	vi siete fidati
si sia fidato	si siano fidati

7 Imperfect Subjunctive

mi fidassi	ci fidassimo
ti fidassi	vi fidaste
si fidasse	si fidassero

14 Past Perfect Subjunctive

mi fossi fidato	ci fossimo fidati
ti fossi fidato	fi foste fidati
si fosse fidato	si fossero fidati

Imperative

—	**fidiamoci**
fidati (non ti fidare/non fidarti)	**fidatevi**
si fidi	**si fidino**

Samples of verb usage

Io non mi fido di nessuno.   I do not trust anyone.
La ragazza si fida del fratello.   The girl trusts her brother.

to fix, to fasten

The Seven Simple Tenses		The Seven Compound Tenses	
Singular	Plural	Singular	Plural
1 Present Indicative		**8 Present Perfect**	
figgo	figgiamo	ho fitto	abbiamo fitto
figgi	figgete	hai fitto	avete fitto
figge	figgono	ha fitto	hanno fitto
2 Imperfect		**9 Past Perfect**	
figgevo	figgevamo	avevo fitto	avevamo fitto
figgevi	figgevate	avevi fitto	avevate fitto
figgeva	figgevano	aveva fitto	avevano fitto
3 Past Absolute		**10 Past Anterior**	
fissi	figgemmo	ebbi fitto	avemmo fitto
figgesti	figgeste	avesti fitto	aveste fitto
fisse	fissero	ebbe fitto	ebbero fitto
4 Future		**11 Future Perfect**	
figgerò	figgeremo	avrò fitto	avremo fitto
figgerai	figgerete	avrai fitto	avrete fitto
figgerà	figgeranno	avrà fitto	avranno fitto
5 Present Conditional		**12 Past Conditional**	
figgerei	figgeremmo	avrei fitto	avremmo fitto
figgeresti	figgereste	avresti fitto	avreste fitto
figgerebbe	figgerebbero	avrebbe fitto	avrebbero fitto
6 Present Subjunctive		**13 Past Subjunctive**	
figga	figgiamo	abbia fitto	abbiamo fitto
figga	figgiate	abbia fitto	abbiate fitto
figga	figgano	abbia fitto	abbiano fitto
7 Imperfect Subjunctive		**14 Past Perfect Subjunctive**	
figgessi	figgessimo	avessi fitto	avessimo fitto
figgessi	figgeste	avessi fitto	aveste fitto
figgesse	figgessero	avesse fitto	avessero fitto

	Imperative	
—		figgiamo
figgi (non figgere)		figgete
figga		figgano

Samples of verb usage

Io figgo il quadro al muro.   I fix the picture to the wall.
Lui fisse gli occhi su di me.   He fixed his eyes on (stared at) me.

NOTE: Some compounds of **figgere** are **affiggere, configgere, crocefiggere, prefiggere, sconfiggere,** and **trafiggere.** However, the past participles of these compounds differ; they are: **affisso, confitto, crocefisso, prefisso, sconfitto, trafitto.**

to feign, to pretend

The Seven Simple Tenses		The Seven Compound Tenses	
Singular	Plural	Singular	Plural
1 Present Indicative		**8** Present Perfect	
fingo	**fingiamo**	**ho finto**	**abbiamo finto**
fingi	**fingete**	**hai finto**	**avete finto**
finge	**fingono**	**ha finto**	**hanno finto**
2 Imperfect		**9** Past Perfect	
fingevo	**fingevamo**	**avevo finto**	**avevamo finto**
fingevi	**fingevate**	**avevi finto**	**avevate finto**
fingeva	**fingevano**	**aveva finto**	**avevano finto**
3 Past Absolute		**10** Past Anterior	
finsi	**fingemmo**	**ebbi finto**	**avemmo finto**
fingesti	**fingeste**	**avesti finto**	**aveste finto**
finse	**finsero**	**ebbe finto**	**ebbero finto**
4 Future		**11** Future Perfect	
fingerò	**fingeremo**	**avrò finto**	**avremo finto**
fingerai	**fingerete**	**avrai finto**	**avremo finto**
fingerà	**fingeranno**	**avrà finto**	**avranno finto**
5 Present Conditional		**12** Past Conditional	
fingerei	**fingeremmo**	**avrei finto**	**avremmo finto**
fingeresti	**fingereste**	**avresti finto**	**avreste finto**
fingerebbe	**fingerebbero**	**avrebbe finto**	**avrebbero finto**
6 Present Subjunctive		**13** Past Subjunctive	
finga	**fingiamo**	**abbia finto**	**abbiamo finto**
finga	**fingiate**	**abbia finto**	**abbiate finto**
finga	**fingano**	**abbia finto**	**abbiano finto**
7 Imperfect Subjunctive		**14** Past Perfect Subjunctive	
fingessi	**fingessimo**	**avessi finto**	**avessimo finto**
fingessi	**fingeste**	**avessi finto**	**aveste finto**
fingesse	**fingessero**	**avesse finto**	**avessero finto**

Imperative	
—	**fingiamo**
fingi (non fingere)	**fingete**
finga	**fingano**

Samples of verb usage

Lei finge di dormire.   She is pretending to sleep.
fingere indifferenza   to feign indifference

finire

to finish

The Seven Simple Tenses		The Seven Compound Tenses	
Singular	Plural	Singular	Plural
1 Present Indicative		**8** Present Perfect	
finisco	**finiamo**	**ho finito**	**abbiamo finito**
finisci	**finite**	**hai finito**	**avete finito**
finisce	**finiscono**	**ha finito**	**hanno finito**
2 Imperfect		**9** Past Perfect	
finivo	**finivamo**	**avevo finito**	**avevamo finito**
finivi	**finivate**	**avevi finito**	**avevate finito**
finiva	**finivano**	**aveva finito**	**avevano finito**
3 Past Absolute		**10** Past Anterior	
finii	**finimmo**	**ebbi finito**	**avemmo finito**
finisti	**finiste**	**avesti finito**	**aveste finito**
finì	**finirono**	**ebbe finito**	**ebbero finito**
4 Future		**11** Future Perfect	
finirò	**finiremo**	**avrò finito**	**avremo finito**
finirai	**finirete**	**avrai finito**	**avrete finito**
finirà	**finiranno**	**avrà finito**	**avranno finito**
5 Present Conditional		**12** Past Conditional	
finirei	**finiremmo**	**avrei finito**	**avremmo finito**
finiresti	**finireste**	**avresti finito**	**avreste finito**
finirebbe	**finirebbero**	**avrebbe finito**	**avrebbero finito**
6 Present Subjunctive		**13** Past Subjunctive	
finisca	**finiamo**	**abbia finito**	**abbiamo finito**
finisca	**finiate**	**abbia finito**	**abbiate finito**
finisca	**finiscano**	**abbia finito**	**abbiano finito**
7 Imperfect Subjunctive		**14** Past Perfect Subjunctive	
finissi	**finissimo**	**avessi finito**	**avessimo finito**
finissi	**finiste**	**avessi finito**	**aveste finito**
finisse	**finissero**	**avesse finito**	**avessero finito**

Imperative

—	**finiamo**
finisci (non finire)	**finite**
finisca	**finiscano**

Samples of verb usage

Tutto è bene ciò che finisce bene.   All's well that ends well.
Come finisce il libro?   How does the book end?

The Seven Simple Tenses		The Seven Compound Tenses	
Singular	Plural	Singular	Plural

1 Present Indicative

		8 Present Perfect	
firmo	firmiamo	ho firmato	abbiamo firmato
firmi	firmate	hai firmato	avete firmato
firma	firmano	ha firmato	hanno firmato

2 Imperfect

		9 Past Perfect	
firmavo	firmavamo	avevo firmato	avevamo firmato
firmavi	firmavate	avevi firmato	avevate firmato
firmava	firmavano	aveva firmato	avevano firmato

3 Past Absolute

		10 Past Anterior	
firmai	firmammo	ebbi firmato	avemmo firmato
firmasti	firmaste	avesti firmato	aveste firmato
firmò	firmarono	ebbe firmato	ebbero firmato

4 Future

		11 Future Perfect	
firmerò	firmeremo	avrò firmato	avremo firmato
firmerai	firmerete	avrai firmato	avrete firmato
firmerà	firmeranno	avrà firmato	avranno firmato

5 Present Conditional

		12 Past Conditional	
firmerei	firmeremmo	avrei firmato	avremmo firmato
firmeresti	firmereste	avresti firmato	avreste firmato
firmerebbe	firmerebbero	avrebbe firmato	avrebbero firmato

6 Present Subjunctive

		13 Past Subjunctive	
firmi	firmiamo	abbia firmato	abbiamo firmato
firmi	firmiate	abbia firmato	abbiate firmato
firmi	firmino	abbia firmato	abbiano firmato

7 Imperfect Subjunctive

		14 Past Perfect Subjunctive	
firmassi	firmassimo	avessi firmato	avessimo firmato
firmassi	firmaste	avessi firmato	aveste firmato
firmasse	firmassero	avesse firmato	avessero firmato

Imperative

—	firmiamo
firma (non firmare)	firmate
firmi	firmino

Samples of verb usage

Ho firmato il mio nome sul documento.   I signed my name on the document.
L'autore ha firmato la prima edizione del suo libro.   The author signed the first edition of his book.

185

to fuse, to melt

The Seven Simple Tenses		The Seven Compound Tenses	
Singular	Plural	Singular	Plural
1 Present Indicative		**8** Present Perfect	
fondo	fondiamo	ho fuso	abbiamo fuso
fondi	fondete	hai fuso	avete fuso
fonde	fondono	ha fuso	hanno fuso
2 Imperfect		**9** Past Perfect	
fondevo	fondevamo	avevo fuso	avevamo fuso
fondevi	fondevate	avevi fuso	avevate fuso
fondeva	fondevano	aveva fuso	avevano fuso
3 Past Absolute		**10** Past Anterior	
fusi	fondemmo	ebbi fuso	avemmo fuso
fondesti	fondeste	avesti fuso	aveste fuso
fuse	fusero	ebbe fuso	ebbero fuso
4 Future		**11** Future Perfect	
fonderò	fonderemo	avrò fuso	avremo fuso
fonderai	fonderete	avrai fuso	avrete fuso
fonderà	fonderanno	avrà fuso	avranno fuso
5 Present Conditional		**12** Past Conditional	
fonderei	fonderemmo	avrei fuso	avremmo fuso
fonderesti	fondereste	avresti fuso	avreste fuso
fonderebbe	fonderebbero	avrebbe fuso	avrebbero fuso
6 Present Subjunctive		**13** Past Subjunctive	
fonda	fondiamo	abbia fuso	abbiamo fuso
fonda	fondiate	abbia fuso	abbiate fuso
fonda	fondano	abbia fuso	abbiano fuso
7 Imperfect Subjunctive		**14** Past Perfect Subjunctive	
fondessi	fondessimo	avessi fuso	avessimo fuso
fondessi	fondeste	avessi fuso	aveste fuso
fondesse	fondessero	avesse fuso	avessero fuso

Imperative	
—	fondiamo
fondi (non fondere)	fondete
fonda	fondano

Samples of verb usage

Il sole fonde la neve. The sun melts the snow.
Lui fonderà i pezzi di metallo. He will fuse the pieces of metal.

NOTE: Like **fondere** are **confondere, diffondere, infondere, rifondere,** and **trasfondere.**

to form, to create

The Seven Simple Tenses		The Seven Compound Tenses	
Singular	Plural	Singular	Plural
1 Present Indicative		**8 Present Perfect**	
formo	**formiamo**	**ho formato**	**abbiamo formato**
formi	**formate**	**hai formato**	**avete formato**
forma	**formano**	**ha formato**	**hanno formato**
2 Imperfect		**9 Past Perfect**	
formavo	**formavamo**	**avevo formato**	**avevamo formato**
formavi	**formavate**	**avevi formato**	**avevate formato**
formava	**formavano**	**aveva formato**	**avevano formato**
3 Past Absolute		**10 Past Anterior**	
formai	**formammo**	**ebbi formato**	**avemmo formato**
formasti	**formaste**	**avesti formato**	**aveste formato**
formò	**formarono**	**ebbe formato**	**ebbero formato**
4 Future		**11 Future Perfect**	
formerò	**formeremo**	**avrò formato**	**avremo formato**
formerai	**formerete**	**avrai formato**	**avrete formato**
formerà	**formeranno**	**avrà formato**	**avranno formato**
5 Present Conditional		**12 Past Conditional**	
formerei	**formeremmo**	**avrei formato**	**avremmo formato**
formeresti	**formereste**	**avresti formato**	**avreste formato**
formerebbe	**formerebbero**	**avrebbe formato**	**avrebbero formato**
6 Present Subjunctive		**13 Past Subjunctive**	
formi	**formiamo**	**abbia formato**	**abbiamo formato**
formi	**formiate**	**abbia formato**	**abbiate formato**
formi	**formino**	**abbia formato**	**abbiano formato**
7 Imperfect Subjunctive		**14 Past Perfect Subjunctive**	
formassi	**formassimo**	**avessi formato**	**avessimo formato**
formassi	**formaste**	**avessi formato**	**aveste formato**
formasse	**formassero**	**avesse formato**	**avessero formato**

Imperative	
—	**formiamo**
forma (non formare)	**formate**
formi	**formino**

Samples of verb usage

Lui ha formato un gruppo nuovo.   He has formed a new group.
formare un piano   to conceive a plan
formare un numero di telefono   to dial a telephone number

to fry

The Seven Simple Tenses		The Seven Compound Tenses	
Singular	Plural	Singular	Plural
1 Present Indicative		**8 Present Perfect**	
friggo	friggiamo	ho fritto	abbiamo fritto
friggi	friggete	hai fritto	avete fritto
frigge	friggono	ha fritto	hanno fritto
2 Imperfect		**9 Past Perfect**	
friggevo	friggevamo	avevo fritto	avevamo fritto
friggevi	friggevate	avevi fritto	avevate fritto
friggeva	friggevano	aveva fritto	avevano fritto
3 Past Absolute		**10 Past Anterior**	
frissi	friggemmo	ebbi fritto	avemmo fritto
friggesti	friggeste	avesti fritto	aveste fritto
frisse	frissero	ebbe fritto	ebbero fritto
4 Future		**11 Future Perfect**	
friggerò	friggeremo	avrò fritto	avremo fritto
friggerai	friggerete	avrai fritto	avrete fritto
friggerà	friggeranno	avrà fritto	avranno fritto
5 Present Conditional		**12 Past Conditional**	
friggerei	friggeremmo	avrei fritto	avremmo fritto
friggeresti	friggereste	avresti fritto	avreste fritto
friggerebbe	friggerebbero	avrebbe fritto	avrebbero fritto
6 Present Subjunctive		**13 Past Subjunctive**	
frigga	friggiamo	abbia fritto	abbiamo fritto
frigga	friggiate	abbia fritto	abbiate fritto
frigga	friggano	abbia fritto	abbiano fritto
7 Imperfect Subjunctive		**14 Past Perfect Subjunctive**	
friggessi	friggessimo	avessi fritto	avessimo fritto
friggessi	friggeste	avessi fritto	aveste fritto
friggesse	friggessero	avesse fritto	avessero fritto

	Imperative	
—		friggiamo
friggi (non friggere)		friggete
frigga		friggano

Samples of verb usage

Lui non sa friggere le uova.   He doesn't know how to fry eggs.
Questa carne frigge bene.   This meat fries well.
padella per friggere   frying pan

to flee, to escape

The Seven Simple Tenses		The Seven Compound Tenses	
Singular	Plural	Singular	Plural

1 Present Indicative

		8 Present Perfect	
fuggo	fuggiamo	sono fuggito	siamo fuggiti
fuggi	fuggite	sei fuggito	siete fuggiti
fugge	fuggono	è fuggito	sono fuggiti

2 Imperfect

		9 Past Perfect	
fuggivo	fuggivamo	ero fuggito	eravamo fuggiti
fuggivi	fuggivate	eri fuggito	eravate fuggiti
fuggiva	fuggivano	era fuggito	erano fuggiti

3 Past Absolute

		10 Past Anterior	
fuggii	fuggimmo	fui fuggito	fummo fuggiti
fuggisti	fuggiste	fosti fuggito	foste fuggiti
fuggì	fuggirono	fu fuggito	furono fuggiti

4 Future

		11 Future Perfect	
fuggirò	fuggiremo	sarò fuggito	saremo fuggiti
fuggirai	fuggirete	sarai fuggito	sarete fuggiti
fuggirà	fuggiranno	sarà fuggito	saranno fuggiti

5 Present Conditional

		12 Past Conditional	
fuggirei	fuggiremmo	sarei fuggito	saremmo fuggiti
fuggiresti	fuggireste	saresti fuggito	sareste fuggiti
fuggirebbe	fuggirebbero	sarebbe fuggito	sarebbero fuggiti

6 Present Subjunctive

		13 Past Subjunctive	
fugga	fuggiamo	sia fuggito	siamo fuggiti
fugga	fuggiate	sia fuggito	siate fuggiti
fugga	fuggano	sia fuggito	siano fuggiti

7 Imperfect Subjunctive

		14 Past Perfect Subjunctive	
fuggissi	fuggissimo	fossi fuggito	fossimo fuggiti
fuggissi	fuggiste	fossi fuggito	foste fuggiti
fuggisse	fuggissero	fosse fuggito	fossero fuggiti

Imperative

—		fuggiamo
fuggi (non fuggire)		fuggite
fugga		fuggano

Samples of verb usage

Il ragazzo fuggì dal cane.   The boy ran away from the dog.
Il ladro tenta fuggire dalla prigione.   The thief tries to flee from prison.

to smoke

The Seven Simple Tenses		The Seven Compound Tenses	
Singular	Plural	Singular	Plural
1 Present Indicative		**8 Present Perfect**	
fumo	fumiamo	ho fumato	abbiamo fumato
fumi	fumate	hai fumato	avete fumato
fuma	fumano	ha fumato	hanno fumato
2 Imperfect		**9 Past Perfect**	
fumavo	fumavamo	avevo fumato	avevamo fumato
fumavi	fumavate	avevi fumato	avevate fumato
fumava	fumavano	aveva fumato	avevano fumato
3 Past Absolute		**10 Past Anterior**	
fumai	fumammo	ebbi fumato	avemmo fumato
fumasti	fumaste	avesti fumato	aveste fumato
fumò	fumarono	ebbe fumato	ebbero fumato
4 Future		**11 Future Perfect**	
fumerò	fumeremo	avrò fumato	avremo fumato
fumerai	fumerete	avrai fumato	avrete fumato
fumerà	fumeranno	avrà fumato	avranno fumato
5 Present Conditional		**12 Past Conditional**	
fumerei	fumeremmo	avrei fumato	avremmo fumato
fumeresti	fumereste	avresti fumato	avreste fumato
fumerebbe	fumerebbero	avrebbe fumato	avrebbero fumato
6 Present Subjunctive		**13 Past Subjunctive**	
fumi	fumiamo	abbia fumato	abbiamo fumato
fumi	fumiate	abbia fumato	abbiate fumato
fumi	fumino	abbia fumato	abbiano fumato
7 Imperfect Subjunctive		**14 Past Perfect Subjunctive**	
fumassi	fumassimo	avessi fumato	avessimo fumato
fumassi	fumaste	avessi fumato	aveste fumato
fumasse	fumassero	avesse fumato	avessero fumato

	Imperative	
—		fumiamo
fuma (non fumare)		fumate
fumi		fumino

Samples of verb usage

Lui fumava la pipa ogni giorno.   He used to smoke a pipe every day.
Vietato fumare!   No smoking!

to act, to function

The Seven Simple Tenses		The Seven Compound Tenses	
Singular	Plural	Singular	Plural
1 Present Indicative		**8 Present Perfect**	
funziono	funzioniamo	sono funzionato	siamo funzionati
funzioni	funzionate	sei funzionato	siete funzionati
funziona	funzionano	è funzionato	sono funzionati
2 Imperfect		**9 Past Perfect**	
funzionavo	funzionavamo	ero funzionato	eravamo funzionati
funzionavi	funzionavate	eri funzionato	eravate funzionati
funzionava	funzionavano	era funzionato	erano funzionati
3 Past Absolute		**10 Past Anterior**	
funzionai	funzionammo	fui funzionato	fummo funzionati
funzionasti	funzionaste	fosti funzionato	foste funzionati
funzionò	funzionarono	fu funzionato	furono funzionati
4 Future		**11 Future Perfect**	
funzionerò	funzioneremo	sarò funzionato	saremo funzionati
funzionerai	funzionerete	sarai funzionato	sarete funzionati
funzionerà	funzioneranno	sarà funzionato	saranno funzionati
5 Present Conditional		**12 Past Conditional**	
funzionerei	funzioneremmo	sarei funzionato	saremmo funzionati
funzioneresti	funzionereste	saresti funzionato	sareste funzionati
funzionerebbe	funzionerebbero	sarebbe funzionato	sarebbero funzionati
6 Present Subjunctive		**13 Past Subjunctive**	
funzioni	funzioniamo	sia funzionato	siamo funzionati
funzioni	funzioniate	sia funzionato	siate funzionati
funzioni	funzionino	sia funzionato	siano funzionati
7 Imperfect Subjunctive		**14 Past Perfect Subjunctive**	
funzionassi	funzionassimo	fossi funzionato	fossimo funzionati
funzionassi	funzionaste	fossi funzionato	foste funzionati
funzionasse	funzionassero	fosse funzionato	fossero funzionati

	Imperative	
—		funzioniamo
funziona (non funzionare)		funzionate
funzioni		funzionino

Samples of verb usage

L'ascensore non funziona.   The elevator is not working.
Lui funziona da segretario.   He is working as a secretary.

garantire

Gerund **garantendo**   Past Part. **garantito**

to guarantee

The Seven Simple Tenses		The Seven Compound Tenses	
Singular	Plural	Singular	Plural
1 Present Indicative		**8** Present Perfect	
garantisco	garantiamo	ho garantito	abbiamo garantito
garantisci	garantite	hai garantito	avete garantito
garantisce	garantiscono	ha garantito	hanno garantito
2 Imperfect		**9** Past Perfect	
garantivo	garantivamo	avevo garantito	avevamo garantito
garantivi	garantivate	avevi garantito	avevate garantito
garantiva	garantivano	aveva garantito	avevano garantito
3 Past Absolute		**10** Past Anterior	
garantii	garantimmo	ebbi garantito	avemmo garantito
garantisti	garantiste	avesti garantito	aveste garantito
garantì	garantirono	ebbe garantito	ebbero garantito
4 Future		**11** Future Perfect	
garantirò	garantiremo	avrò garantito	avremo garantito
garantirai	garantirete	avrai garantito	avrete garantito
garantirà	garantiranno	avrà garantito	avranno garantito
5 Present Conditional		**12** Past Conditional	
garantirei	garantiremmo	avrei garantito	avremmo garantito
garantiresti	garantireste	avresti garantito	avreste garantito
garantirebbe	garantirebbero	avrebbe garantito	avrebbero garantito
6 Present Subjunctive		**13** Past Subjunctive	
garantisca	garantiamo	abbia garantito	abbiamo garantito
garantisca	garantiate	abbia garantito	abbiate garantito
garantisca	garantiscano	abbia garantito	abbiano garantito
7 Imperfect Subjunctive		**14** Past Perfect Subjunctive	
garantissi	garantissimo	avessi garantito	avessimo garantito
garantissi	garantiste	avessi garantito	aveste garantito
garantisse	garantissero	avesse garantito	avessero garantito

Imperative	
—	garantiamo
garantisci (non garantire)	garantite
garantisca	garantiscano

Samples of verb usage

La banca garantisce l'interesse.   The bank guarantees interest.
La ditta ha garantito la macchina per un anno.   The company has guaranteed the machine for one year.

to generate, to breed

The Seven Simple Tenses		The Seven Compound Tenses	
Singular	Plural	Singular	Plural

1 Present Indicative

genero	generiamo	
generi	generate	
genera	generano	

8 Present Perfect

ho generato	abbiamo generato
hai generato	avete generato
ha generato	hanno generato

2 Imperfect

generavo	generavamo
generavi	generavate
generava	generavano

9 Past Perfect

avevo generato	avevamo generato
avevi generato	avevate generato
aveva generato	avevano generato

3 Past Absolute

generai	generammo
generasti	generaste
generò	generarono

10 Past Anterior

ebbi generato	avemmo generato
avesti generato	aveste generato
ebbe generato	ebbero generato

4 Future

genererò	genereremo
genererai	genererete
genererà	genereranno

11 Future Perfect

avrò generato	avremo generato
avrai generato	avrete generato
avrà generato	avranno generato

5 Present Conditional

genererei	genereremmo
genereresti	generereste
genererebbe	genererebbero

12 Past Conditional

avrei generato	avremmo generato
avresti generato	avreste generato
avrebbe generato	avrebbero generato

6 Present Subjunctive

generi	generiamo
generi	generiate
generi	generino

13 Past Subjunctive

abbia generato	abbiamo generato
abbia generato	abbiate generato
abbia generato	abbiano generato

7 Imperfect Subjunctive

generassi	generassimo
generassi	generaste
generasse	generassero

14 Past Perfect Subjunctive

avessi generato	avessimo generato
avessi generato	aveste generato
avesse generato	avessero generato

Imperative

—	generiamo
genera (non generare)	generate
generi	generino

Samples of verb usage

Quell'albero genera molta frutta.   That tree generates (produces) a lot of fruit.
L'ignoranza genera sospetti.   Ignorance breeds suspicion.

gestire

to manage, to administrate

The Seven Simple Tenses		The Seven Compound Tenses	
Singular	Plural	Singular	Plural
1 Present Indicative		**8 Present Perfect**	
gestisco	gestiamo	ho gestito	abbiamo gestito
gestisci	gestite	hai gestito	avete gestito
gestisce	gestiscono	ha gestito	hanno gestito
2 Imperfect		**9 Past Perfect**	
gestivo	gestivamo	avevo gestito	avevamo gestito
gestivi	gestivate	avevi gestito	avevate gestito
gestiva	gestivano	aveva gestito	avevano gestito
3 Past Absolute		**10 Past Anterior**	
gestii	gestimmo	ebbi gestito	avemmo gestito
gestisti	gestiste	avesti gestito	aveste gestito
gestì	gestirono	ebbe gestito	ebbero gestito
4 Future		**11 Future Perfect**	
gestirò	gestiremo	avrò gestito	avremo gestito
gestirai	gestirete	avrai gestito	avrete gestito
gestirà	gestiranno	avrà gestito	avranno gestito
5 Present Conditional		**12 Past Conditional**	
gestirei	gestiremmo	avrei gestito	avremmo gestito
gestiresti	gestireste	avresti gestito	avreste gestito
gestirebbe	gestirebbero	avrebbe gestito	avrebbero gestito
6 Present Subjunctive		**13 Past Subjunctive**	
gestisca	gestiamo	abbia gestito	abbiamo gestito
gestisca	gestiate	abbia gestito	abbiate gestito
gestisca	gestiscano	abbia gestito	abbiano gestito
7 Imperfect Subjunctive		**14 Past Perfect Subjunctive**	
gestissi	gestissimo	avessi gestito	avessimo gestito
gestissi	gestiste	avessi gestito	aveste gestito
gestisse	gestissero	avesse gestito	avessero gestito

Imperative	
—	gestiamo
gestisci (non gestire)	gestite
gestisca	gestiscano

Samples of verb usage

Lei gestisce un'azienda di cento persone.   She manages a firm of a hundred people.
Qualche giorno io gestirò quest' azienda.   Some day I will run this business.

to throw, to cast

The Seven Simple Tenses		The Seven Compound Tenses	
Singular	Plural	Singular	Plural
1 Present Indicative		**8 Present Perfect**	
getto	gettiamo	ho gettato	abbiamo gettato
getti	gettate	hai gettato	avete gettato
getta	gettano	ha gettato	hanno gettato
2 Imperfect		**9 Past Perfect**	
gettavo	gettavamo	avevo gettato	avevamo gettato
gettavi	gettavate	avevi gettato	avevate gettato
gettava	gettavano	aveva gettato	avevano gettato
3 Past Absolute		**10 Past Anterior**	
gettai	gettammo	ebbi gettato	avemmo gettato
gettasti	gettaste	avesti gettato	aveste gettato
gettò	gettarono	ebbe gettato	ebbero gettato
4 Future		**11 Future Perfect**	
getterò	getteremo	avrò gettato	avremo gettato
getterai	getterete	avrai gettato	avrete gettato
getterà	getteranno	avrà gettato	avranno gettato
5 Present Conditional		**12 Past Conditional**	
getterei	getteremmo	avrei gettato	avremmo gettato
getteresti	gettereste	avresti gettato	avreste gettato
getterebbe	getterebbero	avrebbe gettato	avrebbero gettato
6 Present Subjunctive		**13 Past Subjunctive**	
getti	gettiamo	abbia gettato	abbiamo gettato
getti	gettiate	abbia gettato	abbiate gettato
getti	gettino	abbia gettato	abbiano gettato
7 Imperfect Subjunctive		**14 Past Perfect Subjunctive**	
gettassi	gettassimo	avessi gettato	avessimo gettato
gettassi	gettaste	avessi gettato	aveste gettato
gettasse	gettassero	avesse gettato	avessero gettato

Imperative	
—	gettiamo
getta (non gettare)	gettate
getti	gettino

Samples of verb usage

Getto la palla al ragazzo.	I throw the ball to the boy.
Lui getta le pietre al cane.	He throws stones at the dog.
gettare i soldi dalla finestra	to throw one's money out the window

to lie

The Seven Simple Tenses		The Seven Compound Tenses	
Singular	Plural	Singular	Plural

1 Present Indicative

		8 Present Perfect	
giaccio	giac(c)iamo	sono giaciuto	siamo giaciuti
giaci	giacete	sei giaciuto	siete giaciuti
giace	giacciono	è giaciuto	sono giaciuti

2 Imperfect

		9 Past Perfect	
giacevo	giacevamo	ero giaciuto	eravamo giaciuti
giacevi	giacevate	eri giaciuto	eravate giaciuti
giaceva	giacevano	era giaciuto	erano giaciuti

3 Past Absolute

		10 Past Anterior	
giacqui	giacemmo	fui giaciuto	fummo giaciuti
giacesti	giaceste	fosti giaciuto	foste giaciuti
giacque	giacquero	fu giaciuto	furono giaciuti

4 Future

		11 Future Perfect	
giacerò	giaceremo	sarò giaciuto	saremo giaciuti
giacerai	giacerete	sarai giaciuto	sarete giaciuti
giacerà	giaceranno	sarà giaciuto	saranno giaciuti

5 Present Conditional

		12 Past Conditional	
giacerei	giaceremmo	sarei giaciuto	saremmo giaciuti
giaceresti	giacereste	saresti giaciuto	sareste giaciuti
giacerebbe	giacerebbero	sarebbe giaciuto	sarebbero giaciuti

6 Present Subjunctive

		13 Past Subjunctive	
giaccia	giac(c)iamo	sia giaciuto	siamo giaciuti
giaccia	giac(c)iate	sia giaciuto	siate giaciuti
giaccia	giacciano	sia giaciuto	siano giaciuti

7 Imperfect Subjunctive

		14 Past Perfect Subjunctive	
giacessi	giacessimo	fossi giaciuto	fossimo giaciuti
giacessi	giaceste	fossi giaciuto	foste giaciuti
giacesse	giacessero	fosse giaciuto	fossero giaciuti

Imperative

—	giac(c)iamo
giaci (non giacere)	giacete
giaccia	giacciano

Samples of verb usage

Lui giace a letto.   He is lying in bed.
Lei giaceva a terra quando la vidi.   She was lying on the ground when I saw her.

NOTE: **Giacere** can also be conjugated with **avere.**

196

to play (a game)

The Seven Simple Tenses		The Seven Compound Tenses	
Singular	Plural	Singular	Plural

1 Present Indicative

gioco	giochiamo
giochi	giocate
gioca	giocano

8 Present Perfect

ho giocato	abbiamo giocato
hai giocato	avete giocato
ha giocato	hanno giocato

2 Imperfect

giocavo	giocavamo
giocavi	giocavate
giocava	giocavano

9 Past Perfect

avevo giocato	avevamo giocato
avevi giocato	avevate giocato
aveva giocato	avevano giocato

3 Past Absolute

giocai	giocammo
giocasti	giocaste
giocò	giocarono

10 Past Anterior

ebbi giocato	avemmo giocato
avesti giocato	aveste giocato
ebbe giocato	ebbero giocato

4 Future

giocherò	giocheremo
giocherai	giocherete
giocherà	giocheranno

11 Future Perfect

avrò giocato	avremo giocato
avrai giocato	avrete giocato
avrà giocato	avranno giocato

5 Present Conditional

giocherei	giocheremmo
giocheresti	giochereste
giocherebbe	giocherebbero

12 Past Conditional

avrei giocato	avremmo giocato
avresti giocato	avreste giocato
avrebbe giocato	avrebbero giocato

6 Present Subjunctive

giochi	giochiamo
giochi	giochiate
giochi	giochino

13 Past Subjunctive

abbia giocato	abbiamo giocato
abbia giocato	abbiate giocato
abbia giocato	abbiano giocato

7 Imperfect Subjunctive

giocassi	giocassimo
giocassi	giocaste
giocasse	giocassero

14 Past Perfect Subjunctive

avessi giocato	avessimo giocato
avessi giocato	aveste giocato
avesse giocato	avessero giocato

Imperative

—	giochiamo
gioca (non giocare)	giocate
giochi	giochino

Samples of verb usage

Lui gioca bene al calcio.   He plays soccer well.
giocare a carte   to play cards
giocare sulle parole   to play on words

to turn

The Seven Simple Tenses		The Seven Compound Tenses	
Singular	Plural	Singular	Plural
1 Present Indicative		**8** Present Perfect	
giro	giriamo	ho girato	abbiamo girato
giri	girate	hai girato	avete girato
gira	girano	ha girato	hanno girato
2 Imperfect		**9** Past Perfect	
giravo	giravamo	avevo girato	avevamo girato
giravi	giravate	avevi girato	avevate girato
girava	giravano	aveva girato	avevano girato
3 Past Absolute		**10** Past Anterior	
girai	girammo	ebbi girato	avemmo girato
girasti	giraste	avesti girato	aveste girato
girò	girarono	ebbe girato	ebbero girato
4 Future		**11** Future Perfect	
girerò	gireremo	avrò girato	avremo girato
girerai	girerete	avrai girato	avrete girato
girerà	gireranno	avrà girato	avranno girato
5 Present Conditional		**12** Past Conditional	
girerei	gireremmo	avrei girato	avremmo girato
gireresti	girereste	avresti girato	avreste girato
girerebbe	girerebbero	avrebbe girato	avrebbero girato
6 Present Subjunctive		**13** Past Subjunctive	
giri	giriamo	abbia girato	abbiamo girato
giri	giriate	abbia girato	abbiate girato
giri	girino	abbia girato	abbiano girato
7 Imperfect Subjunctive		**14** Past Perfect Subjunctive	
girassi	girassimo	avessi girato	avessimo girato
girassi	giraste	avessi girato	aveste girato
girasse	girassero	avesse girato	avessero girato

Imperative

—	giriamo
gira (non girare)	girate
giri	girino

Samples of verb usage

Lui girò la chiave nella serratura e aprì la porta.   He turned the key in the lock and opened
   the door.
girare la chiave nella serratura   to turn the key in the lock
girare l'occhio per la stanza   to cast one's eye around the room
girare la pagina   to turn the page

The Seven Simple Tenses		The Seven Compound Tenses	
Singular	Plural	Singular	Plural

1 Present Indicative
giudico	giudichiamo	
giudichi	giudicate	
giudica	giudicano	

8 Present Perfect
ho giudicato	abbiamo giudicato
hai giudicato	avete giudicato
ha giudicato	hanno giudicato

2 Imperfect
giudicavo	giudicavamo
giudicavi	giudicavate
giudicava	giudicavano

9 Past Perfect
avevo giudicato	avevamo giudicato
avevi giudicato	avevate giudicato
aveva giudicato	avevano giudicato

3 Past Absolute
giudicai	giudicammo
giudicasti	giudicaste
giudicò	giudicarono

10 Past Anterior
ebbi giudicato	avemmo giudicato
avesti giudicato	aveste giudicato
ebbe giudicato	ebbero giudicato

4 Future
giudicherò	giudicheremo
giudicherai	giudicherete
giudicherà	giudicheranno

11 Future Perfect
avrò giudicato	avremo giudicato
avrai giudicato	avrete giudicato
avrà giudicato	avranno giudicato

5 Present Conditional
giudicherei	giudicheremmo
giudicheresti	giudichereste
giudicherebbe	giudicherebbero

12 Past Conditional
avrei giudicato	avremmo giudicato
avresti giudicato	avreste giudicato
avrebbe giudicato	avrebbero giudicato

6 Present Subjunctive
giudichi	giudichiamo
giudichi	giudichiate
giudichi	giudichino

13 Past Subjunctive
abbia giudicato	abbiamo giudicato
abbia giudicato	abbiate giudicato
abbia giudicato	abbiano giudicato

7 Imperfect Subjunctive
giudicassi	giudicassimo
giudicassi	giudicaste
giudicasse	giudicassero

14 Past Perfect Subjunctive
avessi giudicato	avessimo giudicato
avessi giudicato	aveste giudicato
avesse giudicato	avessero giudicato

Imperative

—	giudichiamo
giudica (non giudicare)	giudicate
giudichi	giudichino

Samples of verb usage

Lo giudicarono colpevole.   They judged him guilty.
Io non giudico altre persone.   I do not judge other people.

giungere

to arrive

The Seven Simple Tenses		The Seven Compound Tenses	
Singular	Plural	Singular	Plural
1 Present Indicative		**8 Present Perfect**	
giungo	giungiamo	sono giunto	siamo giunti
giungi	giungete	sei giunto	siete giunti
giunge	giungono	è giunto	sono giunti
2 Imperfect		**9 Past Perfect**	
giungevo	giungevamo	ero giunto	eravamo giunti
giungevi	giungevate	eri giunto	eravate giunti
giungeva	giungevano	era giunto	erano giunti
3 Past Absolute		**10 Past Anterior**	
giunsi	giungemmo	fui giunto	fummo giunti
giungesti	giungeste	fosti giunto	foste giunti
giunse	giunsero	fu giunto	furono giunti
4 Future		**11 Future Perfect**	
giungerò	giungeremo	sarò giunto	saremo giunti
giungerai	giungerete	sarai giunto	sarete giunti
giungerà	giungeranno	sarà giunto	saranno giunti
5 Present Conditional		**12 Past Conditional**	
giungerei	giungeremmo	sarei giunto	saremmo giunti
giungeresti	giungereste	saresti giunto	sareste giunti
giungerebbe	giungerebbero	sarebbe giunto	sarebbero giunti
6 Present Subjunctive		**13 Past Subjunctive**	
giunga	giungiamo	sia giunto	siamo giunti
giunga	giungiate	sia giunto	siate giunti
giunga	giungano	sia giunto	siano giunti
7 Imperfect Subjunctive		**14 Past Perfect Subjunctive**	
giungessi	giungessimo	fossi giunto	fossimo giunti
giungessi	giungeste	fossi giunto	foste giunti
giungesse	giungessero	fosse giunto	fossero giunti

Imperative

—	giungiamo
giungi (non giungere)	giungete
giunga	giungano

Samples of verb usage

Io sono giunto(a) tardi alla festa.   I arrived late at the party.
Giunsero in Italia il primo agosto.   They arrived in Italy on August first.

NOTE: Like **giungere** are **aggiungere, congiungere, disgiungere, raggiungere, soggiungere,** and **sopraggiungere,** all of which (except the last) require **avere.**

The Seven Simple Tenses		The Seven Compound Tenses	
Singular	Plural	Singular	Plural
1 Present Indicative		**8 Present Perfect**	
giuro	giuriamo	ho giurato	abbiamo giurato
giuri	giurate	hai giurato	avete giurato
giura	giurano	ha giurato	hanno giurato
2 Imperfect		**9 Past Perfect**	
giuravo	giuravamo	avevo giurato	avevamo giurato
giuravi	giuravate	avevi giurato	avevate giurato
giurava	giuravano	aveva giurato	avevano giurato
3 Past Absolute		**10 Past Anterior**	
giurai	giurammo	ebbi giurato	avemmo giurato
giurasti	giuraste	avesti giurato	aveste giurato
giurò	giurarono	ebbe giurato	ebbero giurato
4 Future		**11 Future Perfect**	
giurerò	giureremo	avrò giurato	avremo giurato
giurerai	giurerete	avrai giurato	avrete giurato
giurerà	giureranno	avrà giurato	avranno giurato
5 Present Conditional		**12 Past Conditional**	
giurerei	giureremmo	avrei giurato	avremmo giurato
giureresti	giurereste	avresti giurato	avreste giurato
giurerebbe	giurerebbero	avrebbe giurato	avrebbero giurato
6 Present Subjunctive		**13 Past Subjunctive**	
giuri	giuriamo	abbia giurato	abbiamo giurato
giuri	giuriate	abbia giurato	abbiate giurato
giuri	giurino	abbia giurato	abbiano giurato
7 Imperfect Subjunctive		**14 Past Perfect Subjunctive**	
giurassi	giurassimo	avessi giurato	avessimo giurato
giurassi	giuraste	avessi giurato	aveste giurato
giurasse	giurassero	avesse giurato	avessero giurato

Imperative	
—	giuriamo
giura (non giurare)	giurate
giuri	giurino

Samples of verb usage

Giuro che è la verità.   I swear that it is the truth.
Lui giura che non mi ha visto.   He swears that he has not seen me.

giustificare

Gerund **giustificando**   Past Part. **giustificato**

to justify

The Seven Simple Tenses		The Seven Compound Tenses	
Singular	Plural	Singular	Plural
1 Present Indicative		**8 Present Perfect**	
giustifico	giustifichiamo	ho giustificato	abbiamo giustificato
giustifichi	giustificate	hai giustificato	avete giustificato
giustifica	giustificano	ha giustificato	hanno giustificato
2 Imperfect		**9 Past Perfect**	
giustificavo	giustificavamo	avevo giustificato	avevamo giustificato
giustificavi	giustificavate	avevi giustificato	avevate giustificato
giustificava	giustificavano	aveva giustificato	avevano giustificato
3 Past Absolute		**10 Past Anterior**	
giustificai	giustificammo	ebbi giustificato	avemmo giustificato
giustificasti	giustificaste	avesti giustificato	aveste giustificato
giustificò	giustificarono	ebbe giustificato	ebbero giustificato
4 Future		**11 Future Perfect**	
giustificherò	giustificheremo	avrò giustificato	avremo giustificato
giustificherai	giustificherete	avrai giustificato	avrete giustificato
giustificherà	giustificheranno	avrà giustificato	avranno giustificato
5 Present Conditional		**12 Past Conditional**	
giustificherei	giustificheremmo	avrei giustificato	avremmo giustificato
giustificheresti	giustifichereste	avresti giustificato	avreste giustificato
giustificherebbe	giustificherebbero	avrebbe giustificato	avrebbero giustificato
6 Present Subjunctive		**13 Past Subjunctive**	
giustifichi	giustifichiamo	abbia giustificato	abbiamo giustificato
giustifichi	giustifichiate	abbia giustificato	abbiate giustificato
giustifichi	giustifichino	abbia giustificato	abbiano giustificato
7 Imperfect Subjunctive		**14 Past Perfect Subjunctive**	
giustificassi	giustificassimo	avessi giustificato	avessimo giustificato
giustificassi	giustificaste	avessi giustificato	aveste giustificato
giustificasse	giustificassero	avesse giustificato	avessero giustificato

	Imperative	
—		giustifichiamo
giustifica (non giustificare)		giustificate
giustifichi		giustifichino

Samples of verb usage

Il fine giustifica i mezzi.   The end justifies the means.
I mezzi giustificano il fine.   The means justify the end.
Non puoi giustificare la tua condotta!   You cannot justify your conduct!

to glorify, to praise

The Seven Simple Tenses		The Seven Compound Tenses	
Singular	Plural	Singular	Plural
1 Present Indicative		**8 Present Perfect**	
glorifico	glorifichiamo	ho glorificato	abbiamo glorificato
glorifichi	glorificate	hai glorificato	avete glorificato
glorifica	glorificano	ha glorificato	hanno glorificato
2 Imperfect		**9 Past Perfect**	
glorificavo	glorificavamo	avevo glorificato	avevamo glorificato
glorificavi	glorificavate	avevi glorificato	avevate glorificato
glorificava	glorificavano	aveva glorificato	avevano glorificato
3 Past Absolute		**10 Past Anterior**	
glorificai	glorificammo	ebbi glorificato	avemmo glorificato
glorificasti	glorificaste	avesti glorificato	aveste glorificato
glorificò	glorificarono	ebbe glorificato	ebbero glorificato
4 Future		**11 Future Perfect**	
glorificherò	glorificheremo	avrò glorificato	avremo glorificato
glorificherai	glorificherete	avrai glorificato	avreste glorificato
glorificherà	glorificheranno	avrà glorificato	avranno glorificato
5 Present Conditional		**12 Past Conditional**	
glorificherei	glorificheremmo	avrei glorificato	avremmo glorificato
glorificheresti	glorifichereste	avresti glorificato	avreste glorificato
glorificherebbe	glorificherebbero	avrebbe glorificato	avrebbero glorificato
6 Present Subjunctive		**13 Past Subjunctive**	
glorifichi	glorifichiamo	abbia glorificato	abbiamo glorificato
glorifichi	glorifichiate	abbia glorificato	abbiate glorificato
glorifichi	glorifichino	abbia glorificato	abbiano glorificato
7 Imperfect Subjunctive		**14 Past Perfect Subjunctive**	
glorificassi	glorificassimo	avessi glorificato	avessimo glorificato
glorificassi	glorificaste	avessi glorificato	aveste glorificato
glorificasse	glorificassero	avesse glorificato	avessero glorificato

Imperative	
—	glorifichiamo
glorifica (non glorificare)	glorificate
glorifichi	glorifichino

Samples of verb usage

Dante glorificò Beatrice nella *Divina Commedia*.   Dante glorified Beatrice in the *Divine Comedy.*
È difficile glorificarti abbastanza.   It is difficult to praise you enough.

godere

to enjoy

The Seven Simple Tenses		The Seven Compound Tenses	
Singular	Plural	Singular	Plural
1 Present Indicative		**8** Present Perfect	
godo	godiamo	ho goduto	abbiamo goduto
godi	godete	hai goduto	avete goduto
gode	godono	ha goduto	hanno goduto
2 Imperfect		**9** Past Perfect	
godevo	godevamo	avevo goduto	avevamo goduto
godevi	godevate	avevi goduto	avevate goduto
godeva	godevano	aveva goduto	avevano goduto
3 Past Absolute		**10** Past Anterior	
godei (godetti)	godemmo	ebbi goduto	avemmo goduto
godesti	godeste	avesti goduto	aveste goduto
godè (godette)	goderono(godettero)	ebbe goduto	ebbero goduto
4 Future		**11** Future Perfect	
godrò	godremo	avrò goduto	avremo goduto
godrai	godrete	avrai goduto	avrete goduto
godrà	godranno	avrà goduto	avranno goduto
5 Present Conditional		**12** Past Conditional	
godrei	godremmo	avrei goduto	avremmo goduto
godresti	godreste	avresti goduto	avreste goduto
godrebbe	godrebbero	avrebbe goduto	avrebbero goduto
6 Present Subjunctive		**13** Past Subjunctive	
goda	godiamo	abbia goduto	abbiamo goduto
goda	godiate	abbia goduto	abbiate goduto
goda	godano	abbia goduto	abbiano goduto
7 Imperfect Subjunctive		**14** Past Perfect Subjunctive	
godessi	godessimo	avessi goduto	avessimo goduto
godessi	godeste	avessi goduto	aveste goduto
godesse	godessero	avesse goduto	avessero goduto

	Imperative	
—		godiamo
godi (non godere)		godete
goda		godano

Samples of verb usage

Lui gode la vita.   He enjoys life.
Ho goduto ogni momento del viaggio.   I enjoyed every minute of the trip.

to govern, to rule

The Seven Simple Tenses		The Seven Compound Tenses	
Singular	Plural	Singular	Plural

1 Present Indicative

governo	governiamo	
governi	governate	
governa	governano	

8 Present Perfect

ho governato	abbiamo governato
hai governato	avete governato
ha governato	hanno governato

2 Imperfect

governavo	governavamo
governavi	governavate
governava	governavano

9 Past Perfect

avevo governato	avevamo governato
avevi governato	avevate governato
aveva governato	avevano governato

3 Past Absolute

governai	governammo
governasti	governaste
governò	governarono

10 Past Anterior

ebbi governato	avemmo governato
avesti governato	aveste governato
ebbe governato	ebbero governato

4 Future

governerò	governeremo
governerai	governerete
governerà	governeranno

11 Future Perfect

avrò governato	avremo governato
avrai governato	avrete governato
avrà governato	avranno governato

5 Present Conditional

governerei	governeremmo
governeresti	governereste
governerebbe	governerebbero

12 Past Conditional

avrei governato	avremmo governato
avresti governato	avreste governato
avrebbe governato	avrebbero governato

6 Present Subjunctive

governi	governiamo
governi	governiate
governi	governino

13 Past Subjunctive

abbia governato	abbiamo governato
abbia governato	abbiate governato
abbia governato	abbiano governato

7 Imperfect Subjunctive

governassi	governassimo
governassi	governaste
governasse	governassero

14 Past Perfect Subjunctive

avessi governato	avessimo governato
avessi governato	aveste governato
avesse governato	avessero governato

Imperative

—	governiamo
governa (non governare)	governate
governi	governino

Samples of verb usage

Il presidente governa bene.   The president governs well.
Lei ha governato per otto anni.   She governed for eight years.

gridare

Gerund **gridando**   Past Part. **gridato**

to shout, to cry, to scream

The Seven Simple Tenses		The Seven Compound Tenses	
Singular	Plural	Singular	Plural
1 Present Indicative		**8 Present Perfect**	
grido	gridiamo	ho gridato	abbiamo gridato
gridi	gridate	hai gridato	avete gridato
grida	gridano	ha gridato	hanno gridato
2 Imperfect		**9 Past Perfect**	
gridavo	gridavamo	avevo gridato	avevamo gridato
gridavi	gridavate	avevi gridato	avevate gridato
gridava	gridavano	aveva gridato	avevano gridato
3 Past Absolute		**10 Past Anterior**	
gridai	gridammo	ebbi gridato	avemmo gridato
gridasti	gridaste	avesti gridato	aveste gridato
gridò	gridarono	ebbe gridato	ebbero gridato
4 Future		**11 Future Perfect**	
griderò	grideremo	avrò gridato	avremo gridato
griderai	griderete	avrai gridato	avrete gridato
griderà	grideranno	avrà gridato	avranno gridato
5 Present Conditional		**12 Past Conditional**	
griderei	grideremmo	avrei gridato	avremmo gridato
grideresti	gridereste	avresti gridato	avreste gridato
griderebbe	griderebbero	avrebbe gridato	avrebbero gridato
6 Present Subjunctive		**13 Past Subjunctive**	
gridi	gridiamo	abbia gridato	abbiamo gridato
gridi	gridiate	abbia gridato	abbiate gridato
gridi	gridino	abbia gridato	abbiano gridato
7 Imperfect Subjunctive		**14 Past Perfect Subjunctive**	
gridassi	gridassimo	avessi gridato	avessimo gridato
gridassi	gridaste	avessi gridato	aveste gridato
gridasse	gridassero	avesse gridato	avessero gridato

Imperative		
—		gridiamo
grida (non gridare)		gridate
gridi		gridino

Samples of verb usage

Lui gridò un ordine.   He shouted an order.
Il bambino grida molto.   The child screams a great deal.

to gain, to earn

The Seven Simple Tenses		The Seven Compound Tenses	
Singular	Plural	Singular	Plural
1 Present Indicative		**8 Present Perfect**	
guadagno	guadagniamo	ho guadagnato	abbiamo guadagnato
guadagni	guadagnate	hai guadagnato	avete guadagnato
guadagna	guadagnano	ha guadagnato	hanno guadagnato
2 Imperfect		**9 Past Perfect**	
guadagnavo	guadagnavamo	avevo guadagnato	avevamo guadagnato
guadagnavi	guadagnavate	avevi guadagnato	avevate guadagnato
guadagnava	guadagnavano	aveva guadagnato	avevano guadagnato
3 Past Absolute		**10 Past Anterior**	
guadagnai	guadagnammo	ebbi guadagnato	avemmo guadagnato
guadagnasti	guadagnaste	avesti guadagnato	aveste guadagnato
guadagnò	guadagnarono	ebbe guadagnato	ebbero guadagnato
4 Future		**11 Future Perfect**	
guadagnerò	guadagneremo	avrò guadagnato	avremo guadagnato
guadagnerai	guadagnerete	avrai guadagnato	avrete guadagnato
guadagnerà	guadagneranno	avrà guadagnato	avranno guadagnato
5 Present Conditional		**12 Past Conditional**	
guadagnerei	guadagneremmo	avrei guadagnato	avremmo guadagnato
guadagneresti	guadagnereste	avresti guadagnato	avreste guadagnato
guadagnerebbe	guadagnerebbero	avrebbe guadagnato	avrebbero guadagnato
6 Present Subjunctive		**13 Past Subjunctive**	
guadagni	guadagniamo	abbia guadagnato	abbiamo guadagnato
guadagni	guadagniate	abbia guadagnato	abbiate guadagnato
guadagni	guadagnino	abbia guadagnato	abbiano guadagnato
7 Imperfect Subjunctive		**14 Past Perfect Subjunctive**	
guadagnassi	guadagnassimo	avessi guadagnato	avessimo guadagnato
guadagnassi	guadagnaste	avessi guadagnato	aveste guadagnato
guadagnasse	guadagnassero	avesse guadagnato	avessero guadagnato

Imperative	
—	guadagniamo
guadagna (non guadagnare)	guadagnate
guadagni	guadagnino

Samples of verb usage

Quell'attrice guadagna molto.   That actress earns a lot.
Lei guadagna tre cento dollari al giorno.   She earns three hundred dollars a day.

207

guardare

to look at

The Seven Simple Tenses		The Seven Compound Tenses	
Singular	Plural	Singular	Plural
1 Present Indicative		**8 Present Perfect**	
guardo	guardiamo	ho guardato	abbiamo guardato
guardi	guardate	hai guardato	avete guardato
guarda	guardano	ha guardato	hanno guardato
2 Imperfect		**9 Past Perfect**	
guardavo	guardavamo	avevo guardato	avevamo guardato
guardavi	guardavate	avevi guardato	avevate guardato
guardava	guardavano	aveva guardato	avevano guardato
3 Past Absolute		**10 Past Anterior**	
guardai	guardammo	ebbi guardato	avemmo guardato
guardasti	guardaste	avesti guardato	aveste guardato
guardò	guardarono	ebbe guardato	ebbero guardato
4 Future		**11 Future Perfect**	
guarderò	guarderemo	avrò guardato	avremo guardato
guarderai	guarderete	avrai guardato	avrete guardato
guarderà	guarderanno	avrà guardato	avranno guardato
5 Present Conditional		**12 Past Conditional**	
guarderei	guarderemmo	avrei guardato	avremmo guardato
guarderesti	guardereste	avresti guardato	avreste guardato
guarderebbe	guarderebbero	avrebbe guardato	avrebbero guardato
6 Present Subjunctive		**13 Past Subjunctive**	
guardi	guardiamo	abbia guardato	abbiamo guardato
guardi	guardiate	abbia guardato	abbiate guardato
guardi	guardino	abbia guardato	abbiano guardato
7 Imperfect Subjunctive		**14 Past Perfect Subjunctive**	
guardassi	guardassimo	avessi guardato	avessimo guardato
guardassi	guardaste	avessi guardato	aveste guardato
guardasse	guardassero	avesse guardato	avessero guardato

	Imperative	
—		guardiamo
guarda (non guardare)		guardate
guardi		guardino

Samples of verb usage

Guardate quella casa!   Look at that house!
Lui guarda il paesaggio.   He is looking at the view.

to heal, to recover

The Seven Simple Tenses		The Seven Compound Tenses	
Singular	Plural	Singular	Plural

1 Present Indicative		**8** Present Perfect	
guarisco	guariamo	sono guarito	siamo guariti
guarisci	guarite	sei guarito	siete guariti
guarisce	guariscono	è guarito	sono guariti

2 Imperfect		**9** Past Perfect	
guarivo	guarivamo	ero guarito	eravamo guariti
guarivi	guarivate	eri guarito	eravate guariti
guariva	guarivano	era guarito	erano guariti

3 Past Absolute		**10** Past Anterior	
guarii	guarimmo	fui guarito	fummo guariti
guaristi	guariste	fosti guarito	foste guariti
guarì	guarirono	fu guarito	furono guariti

4 Future		**11** Future Perfect	
guarirò	guariremo	sarò guarito	saremo guariti
guarirai	guarirete	sarai guarito	sarete guariti
guarirà	guariranno	sarà guarito	saranno guariti

5 Present Conditional		**12** Past Conditional	
guarirei	guariremmo	sarei guarito	saremmo guariti
guariresti	guarireste	saresti guarito	sareste guariti
guarirebbe	guarirebbero	sarebbe guarito	sarebbero guariti

6 Present Subjunctive		**13** Past Subjunctive	
guarisca	guariamo	sia guarito	siamo guariti
guarisca	guariate	sia guarito	siate guariti
guarisca	guariscano	sia guarito	siano guariti

7 Imperfect Subjunctive		**14** Past Perfect Subjunctive	
guarissi	guarissimo	fossi guarito	fossimo guariti
guarissi	guariste	fossi guarito	foste guariti
guarisse	guarissero	fosse guarito	fossero guariti

Imperative

—		guariamo
guarisci (non guarire)		**guarite**
guarisca		**guariscano**

Samples of verb usage

Le sue ferite guariscono rapidamente.   His wounds are healing quickly.
Lei è guarita dalla malattia.   She has recovered from the illness.

guidare

Gerund **guidando** Past Part. **guidato**

to drive, to guide

The Seven Simple Tenses		The Seven Compound Tenses	
Singular	Plural	Singular	Plural
1 Present Indicative		**8 Present Perfect**	
guido	guidiamo	ho guidato	abbiamo guidato
guidi	guidate	hai guidato	avete guidato
guida	guidano	ha guidato	hanno guidato
2 Imperfect		**9 Past Perfect**	
guidavo	guidavamo	avevo guidato	avevamo guidato
guidavi	guidavate	avevi guidato	avevate guidato
guidava	guidavano	aveva guidato	avevano guidato
3 Past Absolute		**10 Past Anterior**	
guidai	guidammo	ebbi guidato	avemmo guidato
guidasti	guidaste	avesti guidato	aveste guidato
guidò	guidarono	ebbe guidato	ebbero guidato
4 Future		**11 Future Perfect**	
guiderò	guideremo	avrò guidato	avremo guidato
guiderai	guiderete	avrai guidato	avrete guidato
guiderà	guideranno	avrà guidato	avranno guidato
5 Present Conditional		**12 Past Conditional**	
guiderei	guideremmo	avrei guidato	avremmo guidato
guideresti	guidereste	avresti guidato	avreste guidato
guiderebbe	guiderebbero	avrebbe guidato	avrebbero guidato
6 Present Subjunctive		**13 Past Subjunctive**	
guidi	guidiamo	abbia guidato	abbiamo guidato
guidi	guidiate	abbia guidato	abbiate guidato
guidi	guidino	abbia guidato	abbiano guidato
7 Imperfect Subjunctive		**14 Past Perfect Subjunctive**	
guidassi	guidassimo	avessi guidato	avessimo guidato
guidassi	guidaste	avessi guidato	aveste guidato
guidasse	guidassero	avesse guidato	avessero guidato

Imperative	
—	guidiamo
guida (non guidare)	guidate
guidi	guidino

Samples of verb usage

Lui guida bene. He drives well.
Guido da trent'anni. I have been driving for thirty years.

to enjoy, to relish

The Seven Simple Tenses		The Seven Compound Tenses	
Singular	Plural	Singular	Plural
1 Present Indicative		**8 Present Perfect**	
gusto	gustiamo	ho gustato	abbiamo gustato
gusti	gustate	hai gustato	avete gustato
gusta	gustano	ha gustato	hanno gustato
2 Imperfect		**9 Past Perfect**	
gustavo	gustavamo	avevo gustato	avevamo gustato
gustavi	gustavate	avevi gustato	avevate gustato
gustava	gustavano	aveva gustato	avevano gustato
3 Past Absolute		**10 Past Anterior**	
gustai	gustammo	ebbi gustato	avemmo gustato
gustasti	gustaste	avesti gustato	aveste gustato
gustò	gustarono	ebbe gustato	ebbero gustato
4 Future		**11 Future Perfect**	
gusterò	gusteremo	avrò gustato	avremo gustato
gusterai	gusterete	avrai gustato	avrete gustato
gusterà	gusteranno	avrà gustato	avranno gustato
5 Present Conditional		**12 Past Conditional**	
gusterei	gusteremmo	avrei gustato	avremmo gustato
gusteresti	gustereste	avresti gustato	avreste gustato
gusterebbe	gusterebbero	avrebbe gustato	avrebbero gustato
6 Present Subjunctive		**13 Past Subjunctive**	
gusti	gustiamo	abbia gustato	abbiamo gustato
gusti	gustiate	abbia gustato	abbiate gustato
gusti	gustino	abbia gustato	abbiano gustato
7 Imperfect Subjunctive		**14 Past Perfect Subjunctive**	
gustassi	gustassimo	avessi gustato	avessimo gustato
gustassi	gustaste	avessi gustato	aveste gustato
gustasse	gustassero	avesse gustato	avessero gustato

Imperative

—	gustiamo
gusta (non gustare)	gustate
gusti	gustino

Samples of verb usage

Ho gustato il miglior vino del mondo.   I have enjoyed the best wine in the world.
Questo film non mi gusta affatto!   I do not like this film at all!
gustare i piaceri della vita   to enjoy life's pleasures.

to deceive, to delude

The Seven Simple Tenses		The Seven Compound Tenses	
Singular	Plural	Singular	Plural
1 Present Indicative		**8 Present Perfect**	
illudo	illudiamo	ho illuso	abbiamo illuso
illudi	illudete	hai illuso	avete illuso
illude	illudono	ha illuso	hanno illuso
2 Imperfect		**9 Past Perfect**	
illudevo	illudevamo	avevo illuso	avevamo illuso
illudevi	illudevate	avevi illuso	avevate illuso
illudeva	illudevano	aveva illuso	avevano illuso
3 Past Absolute		**10 Past Anterior**	
illusi	illudemmo	ebbi illuso	avemmo illuso
illudesti	illudeste	avesti illuso	aveste illuso
illuse	illusero	ebbe illuso	ebbero illuso
4 Future		**11 Future Perfect**	
illuderò	illuderemo	avrò illuso	avremo illuso
illuderai	illuderete	avrai illuso	avrete illuso
illuderà	illuderanno	avrà illuso	avranno illuso
5 Present Conditional		**12 Past Conditional**	
illuderei	illuderemmo	avrei illuso	avremmo illuso
illuderesti	illudereste	avresti illuso	avreste illuso
illuderebbe	illuderebbero	avrebbe illuso	avrebbero illuso
6 Present Subjunctive		**13 Past Subjunctive**	
illuda	illudiamo	abbia illuso	abbiamo illuso
illuda	illudiate	abbia illuso	abbiate illuso
illuda	illudano	abbia illuso	abbiano illuso
7 Imperfect Subjunctive		**14 Past Perfect Subjunctive**	
illudessi	illudessimo	avessi illuso	avessimo illuso
illudessi	illudeste	avessi illuso	aveste illuso
illudesse	illudessero	avesse illuso	avessero illuso

	Imperative	
—		illudiamo
illudi (non illudere)		illudete
illuda		illudano

Samples of verb usage

Lui si illude se crede questo.   He is deceiving himself if he believes this.
Lui vuole illudere la fidanzata.   He wants to deceive his fiancée.

to post, to mail a letter

The Seven Simple Tenses		The Seven Compound Tenses	
Singular	Plural	Singular	Plural

1 Present Indicative

imbuco	imbuchiamo		
imbuchi	imbucate		
imbuca	imbucano		

8 Present Perfect

ho imbucato		abbiamo imbucato	
hai imbucato		avete imbucato	
ha imbucato		hanno imbucato	

2 Imperfect

imbucavo	imbucavamo
imbucavi	imbucavate
imbucava	imbucavano

9 Past Perfect

avevo imbucato	avevamo imbucato
avevi imbucato	avevate imbucato
aveva imbucato	avevano imbucato

3 Past Absolute

imbucai	imbucammo
imbucasti	imbucaste
imbucò	imbucarono

10 Past Anterior

ebbi imbucato	avemmo imbucato
avesti imbucato	aveste imbucato
ebbe imbucato	ebbero imbucato

4 Future

imbucherò	imbucheremo
imbucherai	imbucherete
imbucherà	imbucheranno

11 Future Perfect

avrò imbucato	avremo imbucato
avrai imbucato	avrete imbucato
avrà imbucato	avranno imbucato

5 Present Conditional

imbucherei	imbucheremmo
imbucheresti	imbuchereste
imbucherebbe	imbucherebbero

12 Past Conditional

avrei imbucato	avremmo imbucato
avresti imbucato	avreste imbucato
avrebbe imbucato	avrebbero imbucato

6 Present Subjunctive

imbuchi	imbuchiamo
imbuchi	imbuchiate
imbuchi	imbuchino

13 Past Subjunctive

abbia imbucato	abbiamo imbucato
abbia imbucato	abbiate imbucato
abbia imbucato	abbiano imbucato

7 Imperfect Subjunctive

imbucassi	imbucassimo
imbucassi	imbucaste
imbucasse	imbucassero

14 Past Perfect Subjunctive

avessi imbucato	avessimo imbucato
avessi imbucato	aveste imbucato
avesse imbucato	avessero imbucato

Imperative

—	imbuchiamo
imbuca (non imbucare)	imbucate
imbuchi	imbuchino

Samples of verb usage

Lui non vuole imbucare le lettere.   He does not want to mail the letters.
Io imbuco quattro lettere ogni giorno.   I mail four letters every day.

immergere

Gerund **immergendo**   Past Part. **immerso**

to plunge, to immerse

The Seven Simple Tenses		The Seven Compound Tenses	
Singular	Plural	Singular	Plural
1 Present Indicative		**8 Present Perfect**	
immergo	immergiamo	ho immerso	abbiamo immerso
immergi	immergete	hai immerso	avete immerso
immerge	immergono	ha immerso	hanno immerso
2 Imperfect		**9 Past Perfect**	
immergevo	immergevamo	avevo immerso	avevamo immerso
immergevi	immergevate	avevi immerso	avevate immerso
immergeva	immergevano	aveva immerso	avevano immerso
3 Past Absolute		**10 Past Anterior**	
immersi	immergemmo	ebbi immerso	avemmo immerso
immergesti	immergeste	avesti immerso	aveste immerso
immerse	immersero	ebbe immerso	ebbero immerso
4 Future		**11 Future Perfect**	
immergerò	immergeremo	avrò immerso	avremo immerso
immergerai	immergerete	avrai immerso	avrete immerso
immergerà	immergeranno	avrà immerso	avranno immerso
5 Present Conditional		**12 Past Conditional**	
immergerei	immergeremmo	avrei immerso	avremmo immerso
immergeresti	immergereste	avresti immerso	avreste immerso
immergerebbe	immergerebbero	avrebbe immerso	avrebbero immerso
6 Present Subjunctive		**13 Past Subjunctive**	
immerga	immergiamo	abbia immerso	abbiamo immerso
immerga	immergiate	abbia immerso	abbiate immerso
immerga	immergano	abbia immerso	abbiano immerso
7 Imperfect Subjunctive		**14 Past Perfect Subjunctive**	
immergessi	immergessimo	avessi immerso	avessimo immerso
immergessi	immergeste	avessi immerso	aveste immerso
immergesse	immergessero	avesse immerso	avessero immerso

	Imperative	
—		immergiamo
immergi (non immergere)		immergete
immerga		immergano

Samples of verb usage

Lui si è immerso nell'acqua.   He immersed himself in the water.
Immersi la penna nell'inchiostro.   I plunged the pen in the ink.

The Seven Simple Tenses		The Seven Compound Tenses	
Singular	Plural	Singular	Plural
1 Present Indicative		**8 Present Perfect**	
imparo	impariamo	ho imparato	abbiamo imparato
impari	imparate	hai imparato	avete imparato
impara	imparano	ha imparato	hanno imparato
2 Imperfect		**9 Past Perfect**	
imparavo	imparavamo	avevo imparato	avevamo imparato
imparavi	imparavate	avevi imparato	avevate imparato
imparava	imparavano	aveva imparato	avevano imparato
3 Past Absolute		**10 Past Anterior**	
imparai	imparammo	ebbi imparato	avemmo imparato
imparasti	imparaste	avesti imparato	aveste imparato
imparò	impararono	ebbe imparato	ebbero imparato
4 Future		**11 Future Perfect**	
imparerò	impareremo	avrò imparato	avremo imparato
imparerai	imparerete	avrai imparato	avrete imparato
imparerà	impareranno	avrà imparato	avranno imparato
5 Present Conditional		**12 Past Conditional**	
imparerei	impareremmo	avrei imparato	avremmo imparato
impareresti	imparereste	avresti imparato	avreste imparato
imparerebbe	imparerebbero	avrebbe imparato	avrebbero imparato
6 Present Subjunctive		**13 Past Subjunctive**	
impari	impariamo	abbia imparato	abbiamo imparato
impari	impariate	abbia imparato	abbiate imparato
impari	imparino	abbia imparato	abbiano imparato
7 Imperfect Subjunctive		**14 Past Perfect Subjunctive**	
imparassi	imparassimo	avessi imparato	avessimo imparato
imparassi	imparaste	avessi imparato	aveste imparato
imparasse	imparassero	avesse imparato	avessero imparato

Imperative

—	impariamo
impara (non imparare)	imparate
impari	imparino

Samples of verb usage

Ho imparato la lezione.   I learned the lesson.
imparare a memoria   to learn by heart (to memorize)
imparare a vivere   to learn manners

215

impaurire

to frighten

The Seven Simple Tenses		The Seven Compound Tenses	
Singular	Plural	Singular	Plural

1 Present Indicative		**8** Present Perfect	
impaurisco	impauriamo	ho impaurito	abbiamo impaurito
impaurisci	impaurite	hai impaurito	avete impaurito
impaurisce	impauriscono	ha impaurito	hanno impaurito

2 Imperfect		**9** Past Perfect	
impaurivo	impaurivamo	avevo impaurito	avevamo impaurito
impaurivi	impaurivate	avevi impaurito	avevate impaurito
impauriva	impaurivano	aveva impaurito	avevano impaurito

3 Past Absolute		**10** Past Anterior	
impaurii	impaurimmo	ebbi impaurito	avemmo impaurito
impauristi	impauriste	avesti impaurito	aveste impaurito
impaurì	impaurirono	ebbe impaurito	ebbero impaurito

4 Future		**11** Future Perfect	
impaurirò	impauriremo	avrò impaurito	avremo impaurito
impaurirai	impaurirete	avrai impaurito	avrete impaurito
impaurirà	impauriranno	avrà impaurito	avranno impaurito

5 Present Conditional		**12** Past Conditional	
impaurirei	impauriremmo	avrei impaurito	avremmo impaurito
impauriresti	impaurireste	avresti impaurito	avreste impaurito
impaurirebbe	impaurirebbero	avrebbe impaurito	avrebbero impaurito

6 Present Subjunctive		**13** Past Subjunctive	
impaurisca	impauriamo	abbia impaurito	abbiamo impaurito
impaurisca	impauriate	abbia impaurito	abbiate impaurito
impaurisca	impauriscano	abbia impaurito	abbiano impaurito

7 Imperfect Subjunctive		**14** Past Perfect Subjunctive	
impaurissi	impaurissimo	avessi impaurito	avessimo impaurito
impaurissi	impauriste	avessi impaurito	aveste impaurito
impaurisse	impaurissero	avesse impaurito	avessero impaurito

	Imperative	
—		impauriamo
impaurisci (non impaurire)		impaurite
impaurisca		impauriscano

Samples of verb usage

Il cane mi impaurì.   The dog frightened me.
Io impaurisco il gatto.   I frighten the cat.

to go mad, to go insane

The Seven Simple Tenses		The Seven Compound Tenses	
Singular	Plural	Singular	Plural

1 Present Indicative

		8 Present Perfect	
impazzisco	impazziamo	sono impazzito	siamo impazziti
impazzisci	impazzite	sei impazzito	siete impazziti
impazzisce	impazziscono	è impazzito	sono impazziti

2 Imperfect

		9 Past Perfect	
impazzivo	impazzivamo	ero impazzito	eravamo impazziti
impazzivi	impazzivate	eri impazzito	eravate impazziti
impazziva	impazzivano	era impazzito	erano impazziti

3 Past Absolute

		10 Past Anterior	
impazzii	impazzimmo	fui impazzito	fummo impazziti
impazzisti	impazziste	fosti impazzito	foste impazziti
impazzì	impazzirono	fu impazzito	furono impazziti

4 Future

		11 Future Perfect	
impazzirò	impazziremo	sarò impazzito	saremo impazziti
impazzirai	impazzirete	sarai impazzito	sarete impazziti
impazzirà	impazziranno	sarà impazzito	saranno impazziti

5 Present Conditional

		12 Past Conditional	
impazzirei	impazziremmo	sarei impazzito	saremmo impazziti
impazziresti	impazzireste	saresti impazzito	sareste impazziti
impazzirebbe	impazzirebbero	sarebbe impazzito	sarebbero impazziti

6 Present Subjunctive

		13 Past Subjunctive	
impazzisca	impazziamo	sia impazzito	siamo impazziti
impazzisca	impazziate	sia impazzito	siate impazziti
impazzisca	impazziscano	sia impazzito	siano impazziti

7 Imperfect Subjunctive

		14 Past Perfect Subjunctive	
impazzissi	impazzissimo	fossi impazzito	fossimo impazziti
impazzissi	impazziste	fossi impazzito	foste impazziti
impazzisse	impazzissero	fosse impazzito	fossero impazziti

Imperative

—	impazziamo
impazzisci (non impazzire)	impazzite
impazzisca	impazziscano

Samples of verb usage

Lui impazzisce per la musica classica.   He is mad about classical music.
Lui è impazzito.   He is mad.

to impersonate

The Seven Simple Tenses		The Seven Compound Tenses	
Singular	Plural	Singular	Plural
1 Present Indicative		**8** Present Perfect	
impersono	impersoniamo	ho impersonato	abbiamo impersonato
impersoni	impersonate	hai impersonato	avete impersonato
impersona	impersonano	ha impersonato	hanno impersonato
2 Imperfect		**9** Past Perfect	
impersonavo	impersonavamo	avevo impersonato	avevamo impersonato
impersonavi	impersonavate	avevi impersonato	avevate impersonato
impersonava	impersonavano	aveva impersonato	avevano impersonato
3 Past Absolute		**10** Past Anterior	
impersonai	impersonammo	ebbi impersonato	avemmo impersonato
impersonasti	impersonaste	avesti impersonato	aveste impersonato
impersonò	impersonarono	ebbe impersonato	ebbero impersonato
4 Future		**11** Future Perfect	
impersonerò	impersoneremo	avrò impersonato	avremo impersonato
impersonerai	impersonerete	avrai impersonato	avrete impersonato
impersonerà	impersoneranno	avrà impersonato	avranno impersonato
5 Present Conditional		**12** Past Conditional	
impersonerei	impersoneremmo	avrei impersonato	avremmo impersonato
impersoneresti	impersonereste	avresti impersonato	avreste impersonato
impersonerebbe	impersonerebbero	avresti impersonato	avrebbero impersonato
6 Present Subjunctive		**13** Past Subjunctive	
impersoni	impersoniamo	abbia impersonato	abbiamo impersonato
impersoni	impersoniate	abbia impersonato	abbiate impersonato
impersoni	inpersonino	abbia impersonato	abbiano impersonato
7 Imperfect Subjunctive		**14** Past Perfect Subjunctive	
impersonassi	impersonassimo	avessi impersonato	avessimo impersonato
impersonassi	impersonaste	avessi impersonato	aveste impersonato
impersonasse	impersonassero	avesse impersonato	avessero impersonato

Imperative	
—	impersoniamo
impersona (non impersonare)	impersonate
impersoni	impersonino

Samples of verb usage

Lei impersona la maestra a perfezione.   She impersonates the teacher to perfection.
Io non posso impersonare nessuno.   I cannot impersonate anyone.

to employ, to engage, to use

The Seven Simple Tenses		The Seven Compound Tenses	
Singular	Plural	Singular	Plural
1 Present Indicative		**8 Present Perfect**	
impiego	impieghiamo	ho impiegato	abbiamo impiegato
impieghi	impiegate	hai impiegato	avete impiegato
impiega	impiegano	ha impiegato	hanno impiegato
2 Imperfect		**9 Past Perfect**	
impiegavo	impiegavamo	avevo impiegato	avevamo impiegato
impiegavi	impiegavate	avevi impiegato	avevate impiegato
impiegava	impiegavano	aveva impiegato	avevano impiegato
3 Past Absolute		**10 Past Anterior**	
impiegai	impiegammo	ebbi impiegato	avemmo impiegato
impiegasti	impiegaste	avesti impiegato	aveste impiegato
impiegò	impiegarono	ebbe impiegato	ebbero impiegato
4 Future		**11 Future Perfect**	
impiegherò	impiegheremo	avrò impiegato	avremo impiegato
impiegherai	impiegherete	avrai impiegato	avrete impiegato
impiegherà	impiegheranno	avrà impiegato	avranno impiegato
5 Present Conditional		**12 Past Conditional**	
impiegherei	impiegheremmo	avrei impiegato	avremmo impiegato
impiegheresti	impieghereste	avresti impiegato	avreste impiegato
impiegherebbe	impiegherebbero	avrebbe impiegato	avrebbero impiegato
6 Present Subjunctive		**13 Past Subjunctive**	
impieghi	impieghiamo	abbia impiegato	abbiamo impiegato
impieghi	impieghiate	abbia impiegato	abbiate impiegato
impieghi	impieghino	abbia impiegato	abbiano impiegato
7 Imperfect Subjunctive		**14 Past Perfect Subjunctive**	
impiegassi	impiegassimo	avessi impiegato	avessimo impiegato
impiegassi	impiegaste	avessi impiegato	aveste impiegato
impiegasse	impiegassero	avesse impiegato	avessero impiegato

	Imperative	
—		impieghiamo
impiega (non impiegare)		impiegate
impieghi		impieghino

Samples of verb usage

Lui impiega quaranta operai.   He employs forty workers.
Io impiego una sega elettrica per questo lavoro.   I use an electric saw for this work.

implicare

to implicate, to involve

The Seven Simple Tenses		The Seven Compound Tenses	
Singular	Plural	Singular	Plural
1 Present Indicative		**8 Present Perfect**	
implico	implichiamo	ho implicato	abbiamo implicato
implichi	implicate	hai implicato	avete implicato
implica	implicano	ha implicato	hanno implicato
2 Imperfect		**9 Past Perfect**	
implicavo	implicavamo	avevo implicato	avevamo implicato
implicavi	implicavate	avevi implicato	avevate implicato
implicava	implicavano	aveva implicato	avevano implicato
3 Past Absolute		**10 Past Anterior**	
implicai	implicammo	ebbi implicato	avemmo implicato
implicasti	implicaste	avesti implicato	aveste implicato
implicò	implicarono	ebbe implicato	ebbero implicato
4 Future		**11 Future Perfect**	
implicherò	implicheremo	avrò implicato	avremo implicato
implicherai	implicherete	avrai implicato	avrete implicato
implicherà	implicheranno	avrà implicato	avranno implicato
5 Present Conditional		**12 Past Conditional**	
implicherei	implicheremmo	avrei implicato	avremmo implicato
implicheresti	implichereste	avresti implicato	avreste implicato
implicherebbe	implicherebbero	avrebbe implicato	avrebbero implicato
6 Present Subjunctive		**13 Past Subjunctive**	
implichi	implichiamo	abbia implicato	abbiamo implicato
implichi	implichiate	abbia implicato	abbiate implicato
implichi	implichino	abbia implicato	abbiano implicato
7 Imperfect Subjunctive		**14 Past Perfect Subjunctive**	
implicassi	implicassimo	avessi implicato	avessimo implicato
implicassi	implicaste	avessi implicato	aveste implicato
implicasse	implicassero	avesse implicato	avessero implicato

	Imperative	
—		implichiamo
implica (non implicare)		implicate
implichi		implichino

Samples of verb usage

Non voglio esser implicato in questo affare.   I do not want to be involved in this matter.
Lui mi ha implicato nel suo delitto.   He involved me in his crime.

The Seven Simple Tenses		The Seven Compound Tenses	
Singular	Plural	Singular	Plural

1 Present Indicative

		8 Present Perfect	
impongo	imponiamo	ho imposto	abbiamo imposto
imponi	imponete	hai imposto	avete imposto
impone	impongono	ha imposto	hanno imposto

2 Imperfect

		9 Past Perfect	
imponevo	imponevamo	avevo imposto	avevamo imposto
imponevi	imponevate	avevi imposto	avevate imposto
imponeva	imponevano	aveva imposto	avevano imposto

3 Past Absolute

		10 Past Anterior	
imposi	imponemmo	ebbi imposto	avemmo imposto
imponesti	imponeste	avesti imposto	aveste imposto
impose	imposero	ebbe imposto	ebbero imposto

4 Future

		11 Future Perfect	
imporrò	imporremo	avrò imposto	avremo imposto
imporrai	imporrete	avrai imposto	avrete imposto
imporrà	imporranno	avrà imposto	avranno imposto

5 Present Conditional

		12 Past Conditional	
imporrei	imporremmo	avrei imposto	avremmo imposto
imporresti	imporreste	avresti imposto	avreste imposto
imporrebbe	imporrebbero	avrebbe imposto	avrebbero imposto

6 Present Subjunctive

		13 Past Subjunctive	
imponga	imponiamo	abbia imposto	abbiamo imposto
imponga	imponiate	abbia imposto	abbiate imposto
imponga	impongano	abbia imposto	abbiano imposto

7 Imperfect Subjunctive

		14 Past Perfect Subjunctive	
imponessi	imponessimo	avessi imposto	avessimo imposto
imponessi	imponeste	avessi imposto	aveste imposto
imponesse	imponessero	avesse imposto	avessero imposto

Imperative

—	imponiamo
imponi (non imporre)	imponete
imponga	impongano

Samples of verb usage

Il governo impose una nuova tassa.   The government imposed a new tax.
Lui spesso impone sulla mia generosità.   He often imposes on my generosity.

imprimere

Gerund **imprimendo**   Past Part. **impresso**

to impress, to print, to stamp

The Seven Simple Tenses		The Seven Compound Tenses	
Singular	Plural	Singular	Plural
1 Present Indicative		**8 Present Perfect**	
imprimo	imprimiamo	ho impresso	abbiamo impresso
imprimi	imprimete	hai impresso	avete impresso
imprime	imprimono	ha impresso	hanno impresso
2 Imperfect		**9 Past Perfect**	
imprimevo	imprimevamo	avevo impresso	avevamo impresso
imprimevi	imprimevate	avevi impresso	avevate impresso
imprimeva	imprimevano	aveva impresso	avevano impresso
3 Past Absolute		**10 Past Anterior**	
impressi	imprimemmo	ebbi impresso	avemmo impresso
imprimesti	imprimeste	avesti impresso	aveste impresso
impresse	impressero	ebbe impresso	ebbero impresso
4 Future		**11 Future Perfect**	
imprimerò	imprimeremo	avrò impresso	avremo impresso
imprimerai	imprimerete	avrai impresso	avrete impresso
imprimerà	imprimeranno	avrà impresso	avranno impresso
5 Present Conditional		**12 Past Conditional**	
imprimerei	imprimeremmo	avrei impresso	avremmo impresso
imprimeresti	imprimereste	avresti impresso	avreste impresso
imprimerebbe	imprimerebbero	avrebbe impresso	avrebbero impresso
6 Present Subjunctive		**13 Past Subjunctive**	
imprima	imprimiamo	abbia impresso	abbiamo impresso
imprima	imprimiate	abbia impresso	abbiate impresso
imprima	imprimano	abbia impresso	abbiano impresso
7 Imperfect Subjunctive		**14 Past Perfect Subjunctive**	
imprimessi	imprimessimo	avessi impresso	avessimo impresso
imprimessi	imprimeste	avessi impresso	aveste impresso
imprimesse	imprimessero	avesse impresso	avessero impresso

	Imperative	
—		imprimiamo
imprimi (non imprimere)		imprimete
imprima		imprimano

Samples of verb usage

Con i piedi bagnati, i bambini imprimono le orme sul tappeto.   With wet feet, the children leave footprints on the carpet.

Voglio imprimere questo fatto su di te.   I want to impress this fact on you.

to include

The Seven Simple Tenses		The Seven Compound Tenses	
Singular	Plural	Singular	Plural
1 Present Indicative		**8** Present Perfect	
includo	**includiamo**	**ho incluso**	**abbiamo incluso**
includi	**includete**	**hai incluso**	**avete incluso**
include	**includono**	**ha incluso**	**hanno incluso**
2 Imperfect		**9** Past Perfect	
includevo	**includevamo**	**avevo incluso**	**avevamo incluso**
includevi	**includevate**	**avevi incluso**	**avevate incluso**
includeva	**includevano**	**aveva incluso**	**avevano incluso**
3 Past Absolute		**10** Past Anterior	
inclusi	**includemmo**	**ebbi incluso**	**avemmo incluso**
includesti	**includeste**	**avesti incluso**	**aveste incluso**
incluse	**inclusero**	**ebbe incluso**	**ebbero incluso**
4 Future		**11** Future Perfect	
includerò	**includeremo**	**avrò incluso**	**avremo incluso**
includerai	**includerete**	**avrai incluso**	**avrete incluso**
includerà	**includeranno**	**avrà incluso**	**avranno incluso**
5 Present Conditional		**12** Past Conditional	
includerei	**includeremmo**	**avrei incluso**	**avremmo incluso**
includeresti	**includereste**	**avresti incluso**	**avreste incluso**
includerebbe	**includerebbero**	**avrebbe incluso**	**avrebbero incluso**
6 Present Subjunctive		**13** Past Subjunctive	
includa	**includiamo**	**abbia incluso**	**abbiamo incluso**
includa	**includiate**	**abbia incluso**	**abbiate incluso**
includa	**includano**	**abbia incluso**	**abbiano incluso**
7 Imperfect Subjunctive		**14** Past Perfect Subjunctive	
includessi	**includessimo**	**avessi incluso**	**avessimo incluso**
includessi	**includeste**	**avessi incluso**	**aveste incluso**
includesse	**includessero**	**avesse incluso**	**avessero incluso**

Imperative

—	**includiamo**
includi (non includere)	**includete**
includa	**includano**

Samples of verb usage

Includerò il libro nel pacco.   I will include the book in the package.
Sono inclusi(e) fra gli invitati.   They are included among the guests.

NOTE: **Includere** may also take **essere** in the compound tenses.

incomodare
Gerund **incomodando**   Past Part. **incomodato**

to annoy, to inconvenience

The Seven Simple Tenses		The Seven Compound Tenses	
Singular	Plural	Singular	Plural
1 Present Indicative		**8 Present Perfect**	
incomodo	incomodiamo	ho incomodato	abbiamo incomodato
incomodi	incomodate	hai incomodato	avete incomodato
incomoda	incomodano	ha incomodato	hanno incomodato
2 Imperfect		**9 Past Perfect**	
incomodavo	incomodavamo	avevo incomodato	avevamo incomodato
incomodavi	incomodavate	avevi incomodato	avevate incomodato
incomodava	incomodavano	aveva incomodato	avevano incomodato
3 Past Absolute		**10 Past Anterior**	
incomodai	incomodammo	ebbi incomodato	avemmo incomodato
incomodasti	incomodaste	avesti incomodato	aveste incomodato
incomodò	incomodarono	ebbe incomodato	ebbero incomodato
4 Future		**11 Future Perfect**	
incomoderò	incomoderemo	avrò incomodato	avremo incomodato
incomoderai	incomoderete	avrai incomodato	avrete incomodato
incomoderà	incomoderanno	avrà incomodato	avranno incomodato
5 Present Conditional		**12 Past Conditional**	
incomoderei	incomoderemmo	avrei incomodato	avremmo incomodato
incomoderesti	incomodereste	avresti incomodato	avreste incomodato
incomoderebbe	incomoderebbero	avrebbe incomodato	avrebbero incomodato
6 Present Subjunctive		**13 Past Subjunctive**	
incomodi	incomodiamo	abbia incomodato	abbiamo incomodato
incomodi	incomodiate	abbia incomodato	abbiate incomodato
incomodi	incomodino	abbia incomodato	abbiano incomodato
7 Imperfect Subjunctive		**14 Past Perfect Subjunctive**	
incomodassi	incomodassimo	avessi incomodato	avessimo incomodato
incomodassi	incomodaste	avessi incomodato	aveste incomodato
incomodasse	incomodassero	avesse incomodato	avessero incomodato

Imperative	
—	incomodiamo
incomodare (non incomodare)	incomodate
incomodi	incomodino

Samples of verb usage

Quando vado al suo ufficio, lo incomodo.   When I go to his office, I inconvenience him.
Scusa se t'incomodo, ma devo farti una domanda.   Excuse me if I'm annoying you, but I
  must ask you a question.
Non s'incomodi!   Do not trouble yourself!

to meet

The Seven Simple Tenses		The Seven Compound Tenses	
Singular	Plural	Singular	Plural

1 Present Indicative

		8 Present Perfect	
incontro	incontriamo	ho incontrato	abbiamo incontrato
incontri	incontrate	hai incontrato	avete incontrato
incontra	incontrano	ha incontrato	hanno incontrato

2 Imperfect

		9 Past Perfect	
incontravo	incontravamo	avevo incontrato	avevamo incontrato
incontravi	incontravate	avevi incontrato	avevate incontrato
incontrava	incontravano	aveva incontrato	avevano incontrato

3 Past Absolute

		10 Past Anterior	
incontrai	incontrammo	ebbi incontrato	avemmo incontrato
incontrasti	incontraste	avesti incontrato	aveste incontrato
incontrò	incontrarono	ebbe incontrato	ebbero incontrato

4 Future

		11 Future Perfect	
incontrerò	incontreremo	avrò incontrato	avremo incontrato
incontrerai	incontrerete	avrai incontrato	avrete incontrato
incontrerà	incontreranno	avrà incontrato	avranno incontrato

5 Present Conditional

		12 Past Conditional	
incontrerei	incontreremmo	avrei incontrato	avremmo incontrato
incontreresti	incontrereste	avresti incontrato	avreste incontrato
incontrerebbe	incontrerebbero	avrebbe incontrato	avrebbero incontrato

6 Present Subjunctive

		13 Past Subjunctive	
incontri	incontriamo	abbia incontrato	abbiamo incontrato
incontri	incontriate	abbia incontrato	abbiate incontrato
incontri	incontrino	abbia incontrato	abbiano incontrato

7 Imperfect Subjunctive

		14 Past Perfect Subjunctive	
incontrassi	incontrassimo	avessi incontrato	avessimo incontrato
incontrassi	incontraste	avessi incontrato	aveste incontrato
incontrasse	incontrassero	avesse incontrato	avessero incontrato

Imperative

—	incontriamo
incontra (non incontrare)	incontrate
incontri	incontrino

Samples of verb usage

L'ho incontrata parecchie volte.   I met her several times.
Incontriamoci davanti al museo.   Let's meet in front of the museum.

indicare

Gerund **indicando**   Past Part. **indicato**

to indicate, to point out, to show

The Seven Simple Tenses		The Seven Compound Tenses	
Singular	Plural	Singular	Plural
1 Present Indicative		**8 Present Perfect**	
indico	indichiamo	ho indicato	abbiamo indicato
indichi	indicate	hai indicato	avete indicato
indica	indicano	ha indicato	hanno indicato
2 Imperfect		**9 Past Perfect**	
indicavo	indicavamo	avevo indicato	avevamo indicato
indicavi	indicavate	avevi indicato	avevate indicato
indicava	indicavano	aveva indicato	avevano indicato
3 Past Absolute		**10 Past Anterior**	
indicai	indicammo	ebbi indicato	avemmo indicato
indicasti	indicaste	avesti indicato	aveste indicato
indicò	indicarono	ebbe indicato	ebbero indicato
4 Future		**11 Future Perfect**	
indicherò	indicheremo	avrò indicato	avremo indicato
indicherai	indicherete	avrai indicato	avrete indicato
indicherà	indicheranno	avrà indicato	avranno indicato
5 Present Conditional		**12 Past Conditional**	
indicherei	indicheremmo	avrei indicato	avremmo indicato
indicheresti	indichereste	avresti indicato	avreste indicato
indicherebbe	indicherebbero	avrebbe indicato	avrebbero indicato
6 Present Subjunctive		**13 Past Subjunctive**	
indichi	indichiamo	abbia indicato	abbiamo indicato
indichi	indichiate	abbia indicato	abbiate indicato
indichi	indichino	abbia indicato	abbiano indicato
7 Imperfect Subjunctive		**14 Past Perfect Subjunctive**	
indicassi	indicassimo	avessi indicato	avessimo indicato
indicassi	indicaste	avessi indicato	aveste indicato
indicasse	indicassero	avesse indicato	avessero indicato

	Imperative	
—		indichiamo
indica (non indicare)		indicate
indichi		indichino

Samples of verb usage

Indicò il tuo amico.   He pointed at your friend.
Indica quel che devo fare!   Point out what I have to do!

to infer, to deduce, to conclude

The Seven Simple Tenses		The Seven Compound Tenses	
Singular	Plural	Singular	Plural
1 Present Indicative		**8 Present Perfect**	
inferisco	inferiamo	ho inferito	abbiamo inferito
inferisci	inferite	hai inferito	avete inferito
inferisce	inferiscono	ha inferito	hanno inferito
2 Imperfect		**9 Past Perfect**	
inferivo	inferivamo	avevo inferito	avevamo inferito
inferivi	inferivate	avevi inferito	avevate inferito
inferiva	inferivano	aveva inferito	avevano inferito
3 Past Absolute		**10 Past Anterior**	
inferii	inferimmo	ebbi inferito	avemmo inferito
inferisti	inferiste	avesti inferito	aveste inferito
inferì	inferirono	ebbe inferito	ebbero inferito
4 Future		**11 Future Perfect**	
inferirò	inferiremo	avrò inferito	avremo inferito
inferirai	inferirete	avrai inferito	avrete inferito
inferirà	inferiranno	avrà inferito	avranno inferito
5 Present Conditional		**12 Past Conditional**	
inferirei	inferiremmo	avrei inferito	avremmo inferito
inferiresti	inferireste	avresti inferito	avreste inferito
inferirebbe	inferirebbero	avrebbe inferito	avrebbero inferito
6 Present Subjunctive		**13 Past Subjunctive**	
inferisca	inferiamo	abbia inferito	abbiamo inferito
inferisca	inferiate	abbia inferito	abbiate inferito
inferisca	inferiscano	abbia inferito	abbiano inferito
7 Imperfect Subjunctive		**14 Past Perfect Subjunctive**	
inferissi	inferissimo	avessi inferito	avessimo inferito
inferissi	inferiste	avessi inferito	aveste inferito
inferisse	inferissero	avesse inferito	avessero inferito

Imperative	
—	inferiamo
inferisci (non inferire)	inferite
inferisca	inferiscano

Samples of verb usage

Tu inferisci che noi non andiamo d'accordo.   You're inferring that we do not get along.
inferire una cosa da un'altra   to infer one thing from another

infliggere

Gerund **infliggendo**   Past Part. **inflitto**

to inflict

The Seven Simple Tenses		The Seven Compound Tenses	
Singular	Plural	Singular	Plural
1 Present Indicative		**8 Present Perfect**	
infliggo	infliggiamo	ho inflitto	abbiamo inflitto
infliggi	infliggete	hai inflitto	avete inflitto
infligge	infliggono	ha inflitto	hanno inflitto
2 Imperfect		**9 Past Perfect**	
infliggevo	infliggevamo	avevo inflitto	avevamo inflitto
infliggevi	infliggevate	avevi inflitto	avevate inflitto
infliggeva	infliggevano	aveva inflitto	avevano inflitto
3 Past Absolute		**10 Past Anterior**	
inflissi	infliggemmo	ebbi inflitto	avemmo inflitto
infliggesti	infliggeste	avesti inflitto	aveste inflitto
inflisse	inflissero	ebbe inflitto	ebbero inflitto
4 Future		**11 Future Perfect**	
infliggerò	infliggeremo	avrò inflitto	avremo inflitto
infliggerai	infliggerete	avrai inflitto	avrete inflitto
infliggerà	infliggeranno	avrà inflitto	avranno inflitto
5 Present Conditional		**12 Past Conditional**	
infliggerei	infliggeremmo	avrei inflitto	avremmo inflitto
infliggeresti	infliggereste	avresti inflitto	avreste inflitto
infliggerebbe	infliggerebbero	avrebbe inflitto	avrebbero inflitto
6 Present Subjunctive		**13 Past Subjunctive**	
infligga	infliggiamo	abbia inflitto	abbiamo inflitto
infligga	infliggiate	abbia inflitto	abbiate inflitto
infligga	infliggano	abbia inflitto	abbiano inflitto
7 Imperfect Subjunctive		**14 Past Perfect Subjunctive**	
infliggessi	infliggessimo	avessi inflitto	avessimo inflitto
infliggessi	infliggeste	avessi inflitto	aveste inflitto
infliggesse	infliggessero	avesse inflitto	avessero inflitto

	Imperative	
—		infliggiamo
infliggi (non infliggere)		infliggete
infligga		infliggano

Samples of verb usage

Il ladro mi inflisse un colpo.   The thief inflicted a blow on me.
Il giudice infliggerà una pena severa su di lui.   The judge will inflict a severe penalty on him.

to inform, to notify, to acquaint

The Seven Simple Tenses		The Seven Compound Tenses	
Singular	Plural	Singular	Plural

1 Present Indicative		**8 Present Perfect**	
informo	informiamo	ho informato	abbiamo informato
informi	informate	hai informato	avete informato
informa	informano	ha informato	hanno informato

2 Imperfect		**9 Past Perfect**	
informavo	informavamo	avevo informato	avevamo informato
informavi	informavate	avevi informato	avevate informato
informava	informavano	aveva informato	avevano informato

3 Past Absolute		**10 Past Anterior**	
informai	informammo	ebbi informato	avemmo informato
informasti	informaste	avesti informato	aveste informato
informò	informarono	ebbe informato	ebbero informato

4 Future		**11 Future Perfect**	
informerò	informeremo	avrò informato	avremo informato
informerai	informerete	avrai informato	avvrete informato
informerà	informeranno	avrà informato	avranno informato

5 Present Conditional		**12 Past Conditional**	
informerei	informeremmo	avrei informato	avremmo informato
informeresti	informereste	avresti informato	avreste informato
informerebbe	informerebbero	avrebbe informato	avrebbero informato

6 Present Subjunctive		**13 Past Subjunctive**	
informi	informiamo	abbia informato	abbiamo informato
informi	informiate	abbia informato	abbiate informato
informi	informino	abbia informato	abbiano informato

7 Imperfect Subjunctive		**14 Past Perfect Subjunctive**	
informassi	informassimo	avessi informato	avessimo informato
informassi	informaste	avessi informato	aveste informato
informasse	informassero	avesse informato	avessero informato

Imperative	
—	informiamo
informa (non informare)	informate
informi	informino

Samples of verb usage

Lui mi informò di un furto.   He notified me about a theft.
Ti voglio informare di questo affare.   I want to inform you about this matter.

to fall in love with

The Seven Simple Tenses		The Seven Compound Tenses	
Singular	Plural	Singular	Plural
1 Present Indicative		**8 Present Perfect**	
mi innamoro	ci innamoriamo	mi sono innamorato	ci siamo innamorati
ti innamori	vi innamorate	ti sei innamorato	vi siete innamorati
si innamora	si innamorano	si è innamorato	si sono innamorati
2 Imperfect		**9 Past Perfect**	
mi innamoravo	ci innamoravamo	mi ero innamorato	ci eravamo innamorati
ti innamoravi	vi innamoravate	ti eri innamorato	vi eravate innamorati
si innamorava	si innamoravano	si era innamorato	si erano innamorati
3 Past Absolute		**10 Past Anterior**	
mi innamorai	ci innamorammo	mi fui innamorato	ci fummo innamorati
ti innamorasti	vi innamoraste	ti fosti innamorato	vi foste innamorati
si innamorò	si innamorarono	si fu innamorato	si furono innamorati
4 Future		**11 Future Perfect**	
mi innamorerò	ci innamoreremo	mi sarò innamorato	ci saremo innamorati
ti innamorerai	vi innamorerete	ti sarai innamorato	vi sarete innamorati
si innamorerà	si innamoreranno	si sarà innamorato	si saranno innamorati
5 Present Conditional		**12 Past Conditional**	
mi innamorerei	ci innamoreremmo	mi sarei innamorato	ci saremo innamorati
ti innamoreresti	vi innamorereste	ti saresti innamorato	vi sareste innamorati
si innamorerebbe	si innamorerebbero	si sarebbe innamorato	si sarebbero innamorati
6 Present Subjunctive		**13 Past Subjunctive**	
mi innamori	ci innamoriamo	mi sia innamorato	ci siamo innamorati
ti innamori	vi innamoriate	ti sia innamorato	vi siate innamorati
si innamori	si innamorino	si sia innamorato	si siano innamorati
7 Imperfect Subjunctive		**14 Past Perfect Subjunctive**	
mi innamorassi	ci innamorassimo	mi fossi innamorato	ci fossimo innamorati
ti innamorassi	vi innamoraste	ti fossi innamorato	vi foste innamorati
si innamorasse	si innamorassero	si fosse innamorato	si fossero innamorati

	Imperative	
—		**innamoriamoci**
innamorati (non ti innamorare/non innamorarti)		**innamoratevi**
si innamori		**si innamorino**

Samples of verb usage

Mi sono innamorato di una bellissima donna.   I have fallen in love with a very beautiful
  woman.
Lui si innamora di ogni ragazza che vede.   He falls in love with every girl he sees.

to pollute

The Seven Simple Tenses		The Seven Compound Tenses	
Singular	Plural	Singular	Plural

1 Present Indicative

inquino	inquiniamo
inquini	inquinate
inquina	inquinano

8 Present Perfect

ho inquinato	abbiamo inquinato
hai inquinato	avete inquinato
ha inquinato	hanno inquinato

2 Imperfect

inquinavo	inquinavamo
inquinavi	inquinavate
inquinava	inquinavano

9 Past Perfect

avevo inquinato	avevamo inquinato
avevi inquinato	avevate inquinato
aveva inquinato	avevano inquinato

3 Past Absolute

inquinai	inquinammo
inquinasti	inquinaste
inquinò	inquinarono

10 Past Anterior

ebbi inquinato	avemmo inquinato
avesti inquinato	aveste inquinato
ebbe inquinato	ebbero inquinato

4 Future

inquinerò	inquineremo
inquinerai	inquinerete
inquinerà	inquineranno

11 Future Perfect

avrò inquinato	avremo inquinato
avrai inquinato	avrete inquinato
avrà inquinato	avranno inquinato

5 Present Conditional

inquinerei	inquineremmo
inquineresti	inquinereste
inquinerebbe	inquinerebbero

12 Past Conditional

avrei inquinato	avremmo inquinato
avresti inquinato	avreste inquinato
avrebbe inquinato	avrebbero inquinato

6 Present Subjunctive

inquini	inquiniamo
inquini	inquiniate
inquini	inquinino

13 Past Subjunctive

abbia inquinato	abbiamo inquinato
abbia inquinato	abbiate inquinato
abbia inquinato	abbiano inquinato

7 Imperfect Subjunctive

inquinassi	inquinassimo
inquinassi	inquinaste
inquinasse	inquinassero

14 Past Perfect Subjunctive

avessi inquinato	avessimo inquinato
avessi inquinato	aveste inquinato
avesse inquinato	avessero inquinato

Imperative

—	inquiniamo
inquina (non inquinare)	inquinate
inquini	inquinino

Samples of verb usage

Il fiume è inquinato.   The river is polluted.
Questa fabbrica ha inquinato il fiume.   This factory has polluted the river.

insistere

to insist

The Seven Simple Tenses		The Seven Compound Tenses	
Singular	Plural	Singular	Plural
1 Present Indicative		**8 Present Perfect**	
insisto	insistiamo	ho insistito	abbiamo insistito
insisti	insistete	hai insistito	avete insistito
insiste	insistono	ha insistito	hanno insistito
2 Imperfect		**9 Past Perfect**	
insistevo	insistevamo	avevo insistito	avevamo insistito
insistevi	insistevate	avevi insistito	avevate insistito
insisteva	insistevano	aveva insistito	avevano insistito
3 Past Absolute		**10 Past Anterior**	
insistei (insistetti)	insistemmo	ebbi insistito	avemmo insistito
insistesti	insisteste	avesti insistito	aveste insistito
insistè (insistette)	insisterono (insistettero)	ebbe insistito	ebbero insistito
4 Future		**11 Future Perfect**	
insisterò	insisteremo	avrò insistito	avremo insistito
insisterai	insisterete	avrai insistito	avrete insistito
insisterà	insisteranno	avrà insistito	avranno insistito
5 Present Conditional		**12 Past Conditional**	
insisterei	insisteremmo	avrei insistito	avremmo insistito
insisteresti	insistereste	avresti insistito	avreste insistito
insisterebbe	insisterebbero	avrebbe insistito	avrebbero insistito
6 Present Subjunctive		**13 Past Subjunctive**	
insista	insistiamo	abbia insistito	abbiamo insistito
insista	insistiate	abbia insistito	abbiate insistito
insista	insistano	abbia insistito	abbiano insistito
7 Imperfect Subjunctive		**14 Past Perfect Subjunctive**	
insistessi	insistessimo	avessi insistito	avessimo insistito
insistessi	insisteste	avessi insistito	aveste insistito
insistesse	insistessero	avesse insistito	avessero insistito

Imperative

—	insistiamo
insisti (non insistere)	insistete
insista	insistano

Samples of verb usage

Insisti perchè egli venga.   Insist on his coming.
Non insistere su questo fatto.   Do not insist on this fact.

to understand, to mean

The Seven Simple Tenses		The Seven Compound Tenses	
Singular	Plural	Singular	Plural
1 Present Indicative		**8 Present Perfect**	
intendo	intendiamo	ho inteso	abbiamo inteso
intendi	intendete	hai inteso	avete inteso
intende	intendono	ha inteso	hanno inteso
2 Imperfect		**9 Past Perfect**	
intendevo	intendevamo	avevo inteso	avevamo inteso
intendevi	intendevate	avevi inteso	avevate inteso
intendeva	intendevano	aveva inteso	avevano inteso
3 Past Absolute		**10 Past Anterior**	
intesi	intendemmo	ebbi inteso	avemmo inteso
intendesti	intendeste	avesti inteso	aveste inteso
intese	intesero	ebbe inteso	ebbero inteso
4 Future		**11 Future Perfect**	
intenderò	intenderemo	avrò inteso	avremo inteso
intenderai	intenderete	avrai inteso	avrete inteso
intenderà	intenderanno	avrà inteso	avranno inteso
5 Present Conditional		**12 Past Conditional**	
intenderei	intenderemmo	avrei inteso	avremmo inteso
intenderesti	intendereste	avresti inteso	avreste inteso
intenderebbe	intenderebbero	avrebbe inteso	avrebbero inteso
6 Present Subjunctive		**13 Past Subjunctive**	
intenda	intendiamo	abbia inteso	abbiamo inteso
intenda	intendiate	abbia inteso	abbiate inteso
intenda	intendano	abbia inteso	abbiano inteso
7 Imperfect Subjunctive		**14 Past Perfect Subjunctive**	
intendessi	intendessimo	avessi inteso	avessimo inteso
intendessi	intendeste	avessi inteso	aveste inteso
intendesse	intendessero	avesse inteso	avessero inteso

Imperative	
—	intendiamo
intendi (non intendere)	intendete
intenda	intendano

Samples of verb usage

Lui intendeva farlo.   He intended to do it.
Gli feci intendere la mia opinione.   I made him understand my opinion.

interrompere

to interrupt

The Seven Simple Tenses		The Seven Compound Tenses	
Singular	Plural	Singular	Plural
1 Present Indicative		**8** Present Perfect	
interrompo	interrompiamo	ho interrotto	abbiamo interrotto
interrompi	interrompete	hai interrotto	avete interrotto
interrompe	interrompono	ha interrotto	hanno interrotto
2 Imperfect		**9** Past Perfect	
interrompevo	interrompevamo	avevo interrotto	avevamo interrotto
interrompevi	interrompevate	avevi interrotto	avevate interrotto
interrompeva	interrompevano	aveva interrotto	avevano interrotto
3 Past Absolute		**10** Past Anterior	
interruppi	interrompemmo	ebbi interrotto	avemmo interrotto
interrompesti	interrompeste	avesti interrotto	aveste interrotto
interruppe	interruppero	ebbe interrotto	ebbero interrotto
4 Future		**11** Future Perfect	
interromperò	interromperemo	avrò interrotto	avremo interrotto
interromperai	interromperete	avrai interrotto	avrete interrotto
interromperà	interromperanno	avrà interrotto	avranno interrotto
5 Present Conditional		**12** Past Conditional	
interromperei	interromperemmo	avrei interrotto	avremmo interrotto
interromperesti	interrompereste	avresti interrotto	avreste interrotto
interromperebbe	interromperebbero	avrebbe interrotto	avrebbero interrotto
6 Present Subjunctive		**13** Past Subjunctive	
interrompa	interrompiamo	abbia interrotto	abbiamo interrotto
interrompa	interrompiate	abbia interrotto	abbiate interrotto
interrompa	interrompano	abbia interrotto	abbiano interrotto
7 Imperfect Subjunctive		**14** Past Perfect Subjunctive	
interrompessi	interrompessimo	avessi interrotto	avessimo interrotto
interrompessi	interrompeste	avessi interrotto	aveste interrotto
interrompesse	interrompessero	avesse interrotto	avessero interrotto

Imperative

—	interrompiamo
interrompi (non interrompere)	interrompete
interrompa	interrompano

Samples of verb usage

Lui interrompe sempre le nostre discussioni. He always interrupts our discussions.
L'edificio interrompe la vista del mare. The building interrupts (blocks) the view of the sea.

The Seven Simple Tenses		The Seven Compound Tenses	
Singular	Plural	Singular	Plural

1 Present Indicative		**8 Present Perfect**	
intervengo	interveniamo	sono intervenuto	siamo intervenuti
intervieni	intervenite	sei intervenuto	siete intervenuti
interviene	intervengono	è intervenuto	sono intervenuti

2 Imperfect		**9 Past Perfect**	
intervenivo	intervenivamo	ero intervenuto	eravamo intervenuti
intervenivi	intervenivate	eri intervenuto	eravate intervenuti
interveniva	intervenivano	era intervenuto	erano intervenuti

3 Past Absolute		**10 Past Anterior**	
intervenni	intervenimmo	fui intervenuto	fummo intervenuti
intervenisti	interveniste	fosti intervenuto	foste intervenuti
intervenne	intervennero	fu intervenuto	furono intervenuti

4 Future		**11 Future Perfect**	
interverrò	interverremo	sarò intervenuto	saremo intervenuti
interverrai	interverrete	sarai intervenuto	sarete intervenuti
interverrà	interverranno	sarà intervenuto	saranno intervenuti

5 Present Conditional		**12 Past Conditional**	
interverrei	interverremmo	sarei intervenuto	saremmo intervenuti
interverresti	interverreste	saresti intervenuto	sareste intervenuti
interverrebbe	interverrebbero	sarebbe intervenuto	sarebbero intervenuti

6 Present Subjunctive		**13 Past Subjunctive**	
intervenga	interveniamo	sia intervenuto	siamo intervenuti
intervenga	interveniate	sia intervenuto	siate intervenuti
intervenga	intervengano	sia intervenuto	siano intervenuti

7 Imperfect Subjunctive		**14 Past Perfect Subjunctive**	
intervenissi	intervenissimo	fossi intervenuto	fossimo intervenuti
intervenissi	interveniste	fossi intervenuto	foste intervenuti
intervenisse	intervenissero	fosse intervenuto	fossero intervenuti

Imperative		
—		interveniamo
intervieni (non intervenire)		intervenite
intervenga		intervengano

Samples of verb usage

Non voglio intervenire in queste cose.   I do not want to intervene in these matters.
intervenire ad un'adunanza   to attend a meeting

introdurre

Gerund **introducendo**   Past Part. **introdotto**

to introduce, to insert

The Seven Simple Tenses		The Seven Compound Tenses	
Singular	Plural	Singular	Plural
1 Present Indicative		**8** Present Perfect	
introduco	introduciamo	ho introdotto	abbiamo introdotto
introduci	introducete	hai introdotto	avete introdotto
introduce	introducono	ha introdotto	hanno introdotto
2 Imperfect		**9** Past Perfect	
introducevo	introducevamo	avevo introdotto	avevamo introdotto
introducevi	introducevate	avevi introdotto	avevate introdotto
introduceva	introducevano	aveva introdotto	avevano introdotto
3 Past Absolute		**10** Past Anterior	
introdussi	introducemmo	ebbi introdotto	avemmo introdotto
introducesti	introduceste	avesti introdotto	aveste introdotto
introdusse	introdussero	ebbe introdotto	ebbero introdotto
4 Future		**11** Future Perfect	
introdurrò	introdurremo	avrò introdotto	avremo introdotto
introdurrai	introdurrete	avrai introdotto	avrete introdotto
introdurrà	introdurranno	avrà introdotto	avranno introdotto
5 Present Conditional		**12** Past Conditional	
introdurrei	introdurremmo	avrei introdotto	avremmo introdotto
introdurresti	introdurreste	avresti introdotto	avreste introdotto
introdurrebbe	introdurrebbero	avrebbe introdotto	avrebbero introdotto
6 Present Subjunctive		**13** Past Subjunctive	
introduca	introduciamo	abbia introdotto	abbiamo introdotto
introduca	introduciate	abbia introdotto	abbiate introdotto
introduca	introducano	abbia introdotto	abbiano introdotto
7 Imperfect Subjunctive		**14** Past Perfect Subjunctive	
introducessi	introducessimo	avessi introdotto	avessimo introdotto
introducessi	introduceste	avessi introdotto	aveste introdotto
introducesse	introducessero	avesse introdotto	avessero introdotto

	Imperative	
—		introduciamo
introduci (non introdurre)		introducete
introduca		introducano

Samples of verb usage

Lui introdusse la chiave nella toppa.   He inserted the key in the lock.
L'avvocato introdusse un nuovo argomento.   The lawyer introduced a new argument.

236

to invade

The Seven Simple Tenses		The Seven Compound Tenses	
Singular	Plural	Singular	Plural
1 Present Indicative		**8** Present Perfect	
invado	invadiamo	ho invaso	abbiamo invaso
invadi	invadete	hai invaso	avete invaso
invade	invadono	ha invaso	hanno invaso
2 Imperfect		**9** Past Perfect	
invadevo	invadevamo	avevo invaso	avevamo invaso
invadevi	invadevate	avevi invaso	avevate invaso
invadeva	invadevano	aveva invaso	avevano invaso
3 Past Absolute		**10** Past Anterior	
invasi	invademmo	ebbi invaso	avemmo invaso
invadesti	invadeste	avesti invaso	aveste invaso
invase	invasero	ebbe invaso	ebbero invaso
4 Future		**11** Future Perfect	
invaderò	invaderemo	avrò invaso	avremo invaso
invaderai	invaderete	avrai invaso	avrete invaso
invaderà	invaderanno	avrà invaso	avranno invaso
5 Present Conditional		**12** Past Conditional	
invaderei	invaderemmo	avrei invaso	avremmo invaso
invaderesti	invadereste	avresti invaso	avreste invaso
invaderebbe	invaderebbero	avrebbe invaso	avrebbero invaso
6 Present Subjunctive		**13** Past Subjunctive	
invada	invadiamo	abbia invaso	abbiamo invaso
invada	invadiate	abbia invaso	abbiate invaso
invada	invadano	abbia invaso	abbiano invaso
7 Imperfect Subjunctive		**14** Past Perfect Subjunctive	
invadessi	invadessimo	avessi invaso	avessimo invaso
invadessi	invadeste	avessi invaso	aveste invaso
invadesse	invadessero	avesse invaso	avessero invaso

	Imperative	
—		invadiamo
invadi (non invadere)		invadete
invada		invadano

Samples of verb usage

Il nemico invase la città.   The enemy invaded the city.
Ogni anno i turisti invadono l'Europa.   Every year tourists invade Europe.

237

invitare

Gerund **invitando**   Past Part. **invitato**

to invite

The Seven Simple Tenses		The Seven Compound Tenses	
Singular	Plural	Singular	Plural
1 Present Indicative		**8 Present Perfect**	
invito	invitiamo	ho invitato	abbiamo invitato
inviti	invitate	hai invitato	avete invitato
invita	invitano	ha invitato	hanno invitato
2 Imperfect		**9 Past Perfect**	
invitavo	invitavamo	avevo invitato	avevamo invitato
invitavi	invitavate	avevi invitato	avevate invitato
invitava	invitavano	aveva invitato	avevano invitato
3 Past Absolute		**10 Past Anterior**	
invitai	invitammo	ebbi invitato	avemmo invitato
invitasti	invitaste	avesti invitato	aveste invitato
invitò	invitarono	ebbe invitato	ebbero invitato
4 Future		**11 Future Perfect**	
inviterò	inviteremo	avrò invitato	avremo invitato
inviterai	inviterete	avrai invitato	avrete invitato
inviterà	inviteranno	avrà invitato	avranno invitato
5 Present Conditional		**12 Past Conditional**	
inviterei	inviteremmo	avrei invitato	avremmo invitato
inviteresti	invitereste	avresti invitato	avreste invitato
inviterebbe	inviterebbero	avrebbe invitato	avrebbero invitato
6 Present Subjunctive		**13 Past Subjunctive**	
inviti	invitiamo	abbia invitato	abbiamo invitato
inviti	invitiate	abbia invitato	abbiate invitato
inviti	invitino	abbia invitato	abbiano invitato
7 Imperfect Subjunctive		**14 Past Perfect Subjunctive**	
invitassi	invitassimo	avessi invitato	avessimo invitato
invitassi	invitaste	avessi invitato	aveste invitato
invitasse	invitassero	avesse invitato	avessero invitato

Imperative	
—	invitiamo
invita (non invitare)	invitate
inviti	invitino

Samples of verb usage

La invitai a pranzo.   I invited her to dinner.
Così tu inviti i problemi.   In this way you invite trouble.

to wrap (up), to envelop, to imply

The Seven Simple Tenses		The Seven Compound Tenses	
Singular	Plural	Singular	Plural
1 Present Indicative		**8 Present Perfect**	
involgo	**involgiamo**	**ho involto**	**abbiamo involto**
involgi	**involgete**	**hai involto**	**avete involto**
involge	**involgono**	**ha involto**	**hanno involto**
2 Imperfect		**9 Past Perfect**	
involgevo	**involgevamo**	**avevo involto**	**avevamo involto**
involgevi	**involgevate**	**avevi involto**	**avevate involto**
involgeva	**involgevano**	**aveva involto**	**avevano involto**
3 Past Absolute		**10 Past Anterior**	
involsi	**involgemmo**	**ebbi involto**	**avemmo involto**
involgesti	**involgeste**	**avesti involto**	**aveste involto**
involse	**involsero**	**ebbe involto**	**ebbero involto**
4 Future		**11 Future Perfect**	
involgerò	**involgeremo**	**avrò involto**	**avremo involto**
involgerai	**involgerete**	**avrai involto**	**avrete involto**
involgerà	**involgeranno**	**avrà involto**	**avranno involto**
5 Present Conditional		**12 Past Conditional**	
involgerei	**involgeremmo**	**avrei involto**	**avremmo involto**
involgeresti	**involgereste**	**avresti involto**	**avreste involto**
involgerebbe	**involgerebbero**	**avrebbe involto**	**avrebbero involto**
6 Present Subjunctive		**13 Past Subjunctive**	
involga	**involgiamo**	**abbia involto**	**abbiamo involto**
involga	**involgiate**	**abbia involto**	**abbiate involto**
involga	**involgano**	**abbia involto**	**abbiano involto**
7 Imperfect Subjunctive		**14 Past Perfect Subjunctive**	
involgessi	**involgessimo**	**avessi involto**	**avessimo involto**
involgessi	**involgeste**	**avessi involto**	**aveste involto**
involgesse	**involgessero**	**avesse involto**	**avessero involto**

Imperative	
—	**involgiamo**
involgi (non involgere)	**involgete**
involga	**involgano**

Samples of verb usage

Questa domanda involge molte questioni.   This question implies many problems.
Ho involto i fiori.   I wrapped up the flowers.

istruire

to teach, to instruct

The Seven Simple Tenses		The Seven Compound Tenses	
Singular	Plural	Singular	Plural
1 Present Indicative		**8 Present Perfect**	
istruisco	istruiamo	ho istruito	abbiamo istruito
istruisci	istruite	hai istruito	avete istruito
istruisce	istruiscono	ha istruito	hanno istruito
2 Imperfect		**9 Past Perfect**	
istruivo	istruivamo	avevo istruito	avevamo istruito
istruivi	istruivate	avevi istruito	avevate istruito
istruiva	istruivano	aveva istruito	avevano istruito
3 Past Absolute		**10 Past Anterior**	
istruii	istruimmo	ebbi istruito	avemmo istruito
istruisti	istruiste	avesti istruito	aveste istruito
istruì	istruirono	ebbe istruito	ebbero istruito
4 Future		**11 Future Perfect**	
istruirò	istruiremo	avrò istruito	avremo istruito
istruirai	istruirete	avrai istruito	avrete istruito
istruirà	istruiranno	avrà istruito	avranno istruito
5 Present Conditional		**12 Past Conditional**	
istruirei	istruiremmo	avrei istruito	avremmo istruito
isturiresti	istruireste	avresti istruito	avreste istruito
istruirebbe	istruirebbero	avrebbe istruito	avrebbero istruito
6 Present Subjunctive		**13 Past Subjunctive**	
istruisca	istruiamo	abbia istruito	abbiamo istruito
istruisca	istruiate	abbia istruito	abbiate istruito
isturisca	istruiscano	abbia istruito	abbiano istruito
7 Imperfect Subjunctive		**14 Past Perfect Subjunctive**	
istruissi	istruissimo	avessi istruito	avessimo istruito
istruissi	istruiste	avessi istruito	aveste istruito
istruisse	istruissero	avesse istruito	avessero istruito

	Imperative	
—		istruiamo
istruisci (non istruire)		istruite
istruisca		istruiscano

Samples of verb usage

Lo istruisco in Italiano.   I instruct him in Italian.
La istruirò su come scrivere la lettera.   I'll teach her how to write the letter.

to complain, to lament, to moan

The Seven Simple Tenses		The Seven Compound Tenses	
Singular	Plural	Singular	Plural
1 Present Indicative		**8 Present Perfect**	
mi lagno	ci lagniamo	mi sono lagnato	ci siamo lagnati
ti lagni	vi lagnate	ti sei lagnato	vi siete lagnati
si lagna	si lagnano	si è lagnato	si sono lagnati
2 Imperfect		**9 Past Perfect**	
mi lagnavo	ci lagnavamo	mi ero lagnato	ci eravamo lagnati
ti lagnavi	vi lagnavate	ti eri lagnato	vi eravate lagnati
si lagnava	si lagnavano	si era lagnato	si erano lagnati
3 Past Absolute		**10 Past Anterior**	
mi lagnai	ci lagnammo	mi fui lagnato	ci fummo lagnati
ti lagnasti	vi lagnaste	ti fosti lagnato	vi foste lagnati
si lagnò	si lagnarono	si fu lagnato	si furono lagnati
4 Future		**11 Future Perfect**	
mi lagnerò	ci lagneremo	mi sarò lagnato	ci saremo lagnati
ti lagnerai	vi lagnerete	ti sarai lagnato	vi sarete lagnati
si lagnerà	si lagneranno	si sarà lagnato	si saranno lagnati
5 Present Conditional		**12 Past Conditional**	
mi lagnerei	ci lagneremmo	mi sarei lagnato	ci saremmo lagnati
ti lagneresti	vi lagnereste	ti saresti lagnato	vi sareste lagnati
si lagnerebbe	si lagnerebbero	si sarebbe lagnato	si sarebbero lagnati
6 Present Subjunctive		**13 Past Subjunctive**	
mi lagni	ci lagniamo	mi sia lagnato	ci siamo lagnati
ti lagni	vi lagniate	ti sia lagnato	vi siate lagnati
si lagni	si lagnino	si sia lagnato	si siano lagnati
7 Imperfect Subjunctive		**14 Past Perfect Subjunctive**	
mi lagnassi	ci lagnassimo	mi fossi lagnato	ci fossimo lagnati
ti lagnassi	vi lagnaste	ti fossi lagnato	vi foste lagnati
si lagnasse	si lagnassero	si fosse lagnato	si fossero lagnati

Imperative	
—	**lagniamoci**
lagnati (non ti lagnare/non lagnarti)	**lagnatevi**
si lagni	**si lagnino**

Samples of verb usage

Lui si lagna sempre.   He always complains.
Giovanni si lagna delle nuove tasse.   John complains about the new taxes.

lanciare

to throw, to fling

The Seven Simple Tenses		The Seven Compound Tenses	
Singular	Plural	Singular	Plural
1 Present Indicative		**8 Present Perfect**	
lancio	lanciamo	ho lanciato	abbiamo lanciato
lanci	lanciate	hai lanciato	avete lanciato
lancia	lanciano	ha lanciato	hanno lanciato
2 Imperfect		**9 Past Perfect**	
lanciavo	lanciavamo	avevo lanciato	avevamo lanciato
lanciavi	lanciavate	avevi lanciato	avevate lanciato
lanciava	lanciavano	aveva lanciato	avevano lanciato
3 Past Absolute		**10 Past Anterior**	
lanciai	lanciammo	ebbi lanciato	avemmo lanciato
lanciasti	lanciaste	avesti lanciato	aveste lanciato
lanciò	lanciarono	ebbe lanciato	ebbero lanciato
4 Future		**11 Future Perfect**	
lancerò	lanceremo	avrò lanciato	avremo lanciato
lancerai	lancerete	avrai lanciato	avrete lanciato
lancerà	lanceranno	avrà lanciato	avranno lanciato
5 Present Conditional		**12 Past Conditional**	
lancerei	lanceremmo	avrei lanciato	avremmo lanciato
lanceresti	lancereste	avresti lanciato	avreste lanciato
lancerebbe	lancerebbero	avrebbe lanciato	avrebbero lanciato
6 Present Subjunctive		**13 Past Subjunctive**	
lanci	lanciamo	abbia lanciato	abbiamo lanciato
lanci	lanciate	abbia lanciato	abbiate lanciato
lanci	lancino	abbia lanciato	abbiano lanciato
7 Imperfect Subjunctive		**14 Past Perfect Subjunctive**	
lanciassi	lanciassimo	avessi lanciato	avessimo lanciato
lanciassi	lanciaste	avessi lanciato	aveste lanciato
lanciasse	lanciassero	avesse lanciato	avessero lanciato

Imperative	
—	lanciamo
lancia (non lanciare)	lanciate
lanci	lancino

Samples of verb usage

Lancio la palla al ragazzo.   I throw the ball to the boy.
Lui lanciò la scatola nel fuoco.   He threw the box into the fire.

NOTE: Also **lanciarsi** (to throw oneself into), conjugated with **essere**.

to leave, to let

The Seven Simple Tenses		The Seven Compound Tenses	
Singular	Plural	Singular	Plural
1 Present Indicative		**8 Present Perfect**	
lascio	lasciamo	ho lasciato	abbiamo lasciato
lasci	lasciate	hai lasciato	avete lasciato
lascia	lasciano	ha lasciato	hanno lasciato
2 Imperfect		**9 Past Perfect**	
lasciavo	lasciavamo	avevo lasciato	avevamo lasciato
lasciavi	lasciavate	avevi lasciato	avevate lasciato
lasciava	lasciavano	aveva lasciato	avevano lasciato
3 Past Absolute		**10 Past Anterior**	
lasciai	lasciammo	ebbi lasciato	avemmo lasciato
lasciasti	lasciaste	avesti lasciato	aveste lasciato
lasciò	lasciarono	ebbe lasciato	ebbero lasciato
4 Future		**11 Future Perfect**	
lascerò	lasceremo	avrò lasciato	avremo lasciato
lascerai	lascerete	avrai lasciato	avrete lasciato
lascerà	lasceranno	avrà lasciato	avranno lasciato
5 Present Conditional		**12 Past Conditional**	
lascerei	lasceremmo	avrei lasciato	avremmo lasciato
lasceresti	lascereste	avresti lasciato	avreste lasciato
lascerebbe	lascerebbero	avrebbe lasciato	avrebbero lasciato
6 Present Subjunctive		**13 Past Subjunctive**	
lasci	lasciamo	abbia lasciato	abbiamo lasciato
lasci	lasciate	abbia lasciato	abbiate lasciato
lasci	lascino	abbia lasciato	abbiano lasciato
7 Imperfect Subjunctive		**14 Past Perfect Subjunctive**	
lasciassi	lasciassimo	avessi lasciato	avessimo lasciato
lasciassi	lasciaste	avessi lasciato	aveste lasciato
lasciasse	lasciassero	avesse lasciato	avessero lasciato

Imperative	
—	lasciamo
lascia (non lasciare)	lasciate
lasci	lascino

Samples of verb usage

Lasciami stare!   Leave me alone!
Mi lasciò in città.   He left me in the city.

to wash, to clean

The Seven Simple Tenses		The Seven Compound Tenses	
Singular	Plural	Singular	Plural
1 Present Indicative		**8 Present Perfect**	
lavo	laviamo	ho lavato	abbiamo lavato
lavi	lavate	hai lavato	avete lavato
lava	lavano	ha lavato	hanno lavato
2 Imperfect		**9 Past Perfect**	
lavavo	lavavamo	avevo lavato	avevamo lavato
lavavi	lavavate	avevi lavato	avevate lavato
lavava	lavavano	aveva lavato	avevano lavato
3 Past Absolute		**10 Past Anterior**	
lavai	lavammo	ebbi lavato	avemmo lavato
lavasti	lavaste	avesti lavato	aveste lavato
lavò	lavarono	ebbe lavato	ebbero lavato
4 Future		**11 Future Perfect**	
laverò	laveremo	avrò lavato	avremo lavato
laverai	laverete	avrai lavato	avrete lavato
laverà	laveranno	avrà lavato	avranno lavato
5 Present Conditional		**12 Past Conditional**	
laverei	laveremmo	avrei lavato	avremmo lavato
laveresti	lavereste	avresti lavato	avreste lavato
laverebbe	laverebbero	avrebbe lavato	avrebbero lavato
6 Present Subjunctive		**13 Past Subjunctive**	
lavi	laviamo	abbia lavato	abbiamo lavato
lavi	laviate	abbia lavato	abbiate lavato
lavi	lavino	abbia lavato	abbiano lavato
7 Imperfect Subjunctive		**14 Past Perfect Subjunctive**	
lavassi	lavassimo	avessi lavato	avessimo lavato
lavassi	lavaste	avessi lavato	aveste lavato
lavasse	lavassero	avesse lavato	avessero lavato

Imperative	
—	laviamo
lava (non lavare)	lavate
lavi	lavino

Samples of verb usage

Ho lavato le mani del bambino. I washed the child's hands.
Lei ha lavato la macchina. She washed the car.

to wash oneself

The Seven Simple Tenses		The Seven Compound Tenses	
Singular	Plural	Singular	Plural
1 Present Indicative		**8** Present Perfect	
mi lavo	ci laviamo	mi sono lavato	ci siamo lavati
ti lavi	vi lavate	ti sei lavato	vi siete lavati
si lava	si lavano	si è lavato	si sono lavati
2 Imperfect		**9** Past Perfect	
mi lavavo	ci lavavamo	mi ero lavato	ci eravamo lavati
ti lavavi	vi lavavate	ti eri lavato	vi eravate lavati
si lavava	si lavavano	si era lavato	si erano lavati
3 Past Absolute		**10** Past Anterior	
mi lavai	ci lavammo	mi fui lavato	ci fummo lavati
ti lavasti	vi lavaste	ti fosti lavato	vi foste lavati
si lavò	si lavarono	si fu lavato	si furono lavati
4 Future		**11** Future Perfect	
mi laverò	ci laveremo	mi sarò lavato	ci saremo lavati
ti laverai	vi laverete	ti sarai lavato	vi sarete lavati
si laverà	si laveranno	si sarà lavato	si saranno lavati
5 Present Conditional		**12** Past Conditional	
mi laverei	ci laveremmo	mi sarei lavato	ci saremmo lavati
ti laveresti	vi lavereste	ti saresti lavato	vi sareste lavati
si laverebbe	si laverebbero	si sarebbe lavato	si sarebbero lavati
6 Present Subjunctive		**13** Past Subjunctive	
mi lavi	ci laviamo	mi sia lavato	ci siamo lavati
ti lavi	vi laviate	ti sia lavato	vi siate lavati
si lavi	si lavino	si sia lavato	si siano lavati
7 Imperfect Subjunctive		**14** Past Perfect Subjunctive	
mi lavassi	ci lavassimo	mi fossi lavato	ci fossimo lavati
ti lavassi	vi lavaste	ti fossi lavato	vi foste lavati
si lavasse	si lavassero	si fosse lavato	si fossero lavati

Imperative

—	**laviamoci**
lavati (non ti lavare/non lavarti)	**lavatevi**
si lavi	**si lavino**

Samples of verb usage

Mi sono lavato le mani.   I washed my hands.
lavarsi le mani dell'affare   to wash one's hands of the affair

lavorare

to work

The Seven Simple Tenses		The Seven Compound Tenses	
Singular	Plural	Singular	Plural
1 Present Indicative		**8 Present Perfect**	
lavoro	lavoriamo	ho lavorato	abbiamo lavorato
lavori	lavorate	hai lavorato	avete lavorato
lavora	lavorano	ha lavorato	hanno lavorato
2 Imperfect		**9 Past Perfect**	
lavoravo	lavoravamo	avevo lavorato	avevamo lavorato
lavoravi	lavoravate	avevi lavorato	avevate lavorato
lavorava	lavoravano	aveva lavorato	avevano lavorato
3 Past Absolute		**10 Past Anterior**	
lavorai	lavorammo	ebbi lavorato	avemmo lavorato
lavorasti	lavoraste	avesti lavorato	aveste lavorato
lavorò	lavorarono	ebbe lavorato	ebbero lavorato
4 Future		**11 Future Perfect**	
lavorerò	lavoreremo	avrò lavorato	avremo lavorato
lavorerai	lavorerete	avrai lavorato	avrete lavorato
lavorerà	lavoreranno	avrà lavorato	avranno lavorato
5 Present Conditional		**12 Past Conditional**	
lavorerei	lavoreremmo	avrei lavorato	avremmo lavorato
lavoreresti	lavorereste	avresti lavorato	avreste lavorato
lavorerebbe	lavorerebbero	avrebbe lavorato	avrebbero lavorato
6 Present Subjunctive		**13 Past Subjunctive**	
lavori	lavoriamo	abbia lavorato	abbiamo lavorato
lavori	lavoriate	abbia lavorato	abbiate lavorato
lavori	lavorino	abbia lavorato	abbiano lavorato
7 Imperfect Subjunctive		**14 Past Perfect Subjunctive**	
lavorassi	lavorassimo	avessi lavorato	avessimo lavorato
lavorassi	lavoraste	avessi lavorato	aveste lavorato
lavorasse	lavorassero	avesse lavorato	avessero lavorato

	Imperative	
—		lavoriamo
lavora (non lavorare)		lavorate
lavori		lavorino

Samples of verb usage

Il ragazzo lavora molto.   The child works a lot.
Io ho lavorato a casa oggi.   I worked at home today.
lavorare a maglia   to knit

246

to tie up, to bind

The Seven Simple Tenses		The Seven Compound Tenses	
Singular	Plural	Singular	Plural

1 Present Indicative

		8 Present Perfect	
lego	leghiamo	ho legato	abbiamo legato
leghi	legate	hai legato	avete legato
lega	legano	ha legato	hanno legato

2 Imperfect

		9 Past Perfect	
legavo	legavamo	avevo legato	avevamo legato
legavi	legavate	avevi legato	avevate legato
legava	legavano	aveva legato	avevano legato

3 Past Absolute

		10 Past Anterior	
legai	legammo	ebbi legato	avemmo legato
legasti	legaste	avesti legato	aveste legato
legò	legarono	ebbe legato	ebbero legato

4 Future

		11 Future Perfect	
legherò	legheremo	avrò legato	avremo legato
legherai	legherete	avrai legato	avrete legato
legherà	legheranno	avrà legato	avranno legato

5 Present Conditional

		12 Past Conditional	
legherei	legheremmo	avrei legato	avremmo legato
legheresti	leghereste	avresti legato	avreste legato
legherebbe	legherebbero	avrebbe legato	avrebbero legato

6 Present Subjunctive

		13 Past Subjunctive	
leghi	leghiamo	abbia legato	abbiamo legato
leghi	leghiate	abbia legato	abbiate legato
leghi	leghino	abbia legato	abbiano legato

7 Imperfect Subjunctive

		14 Past Perfect Subjunctive	
legassi	legassimo	avessi legato	avessimo legato
legassi	legaste	avessi legato	aveste legato
legasse	legassero	avesse legato	avessero legato

Imperative

—	leghiamo
lega (non legare)	legate
leghi	leghino

Samples of verb usage

Il ladro mi ha legato all'albero.   The thief tied me to the tree.
Devo legare il pacco prima di spedirlo.   I must tie up the package before mailing it.

leggere

Gerund **leggendo** Past Part. **letto**

to read

The Seven Simple Tenses		The Seven Compound Tenses	
Singular	Plural	Singular	Plural
1 Present Indicative		**8 Present Perfect**	
leggo	leggiamo	ho letto	abbiamo letto
leggi	leggete	hai letto	avete letto
legge	leggono	ha letto	hanno letto
2 Imperfect		**9 Past Perfect**	
leggevo	leggevamo	avevo letto	avevamo letto
leggevi	leggevate	avevi letto	avevate letto
leggeva	leggevano	aveva letto	avevano letto
3 Past Absolute		**10 Past Anterior**	
lessi	leggemmo	ebbi letto	avemmo letto
leggesti	leggeste	avesti letto	aveste letto
lesse	lessero	ebbe letto	ebbero letto
4 Future		**11 Future Perfect**	
leggerò	leggeremo	avrò letto	avremo letto
leggerai	leggerete	avrai letto	avrete letto
leggerà	leggeranno	avrà letto	avranno letto
5 Present Conditional		**12 Past Conditional**	
leggerei	leggeremmo	avrei letto	avremmo letto
leggeresti	leggereste	avresti letto	avreste letto
leggerebbe	leggerebbero	avrebbe letto	avrebbero letto
6 Present Subjunctive		**13 Past Subjunctive**	
legga	leggiamo	abbia letto	abbiamo letto
legga	leggiate	abbia letto	abbiate letto
legga	leggano	abbia letto	abbiano letto
7 Imperfect Subjunctive		**14 Past Perfect Subjunctive**	
leggessi	leggessimo	avessi letto	avessimo letto
leggessi	leggeste	avessi letto	aveste letto
leggesse	leggessero	avesse letto	avessero letto

Imperative

—	leggiamo
leggi (non leggere)	leggete
legga	leggano

Samples of verb usage

Ho perso gli occhiali; non posso leggere oggi. I lost my glasses; I can't read today.
Lui legge bene. He reads well.
leggere ad alta voce to read aloud

to free, to liberate, to set free

The Seven Simple Tenses		The Seven Compound Tenses	
Singular	Plural	Singular	Plural
1 Present Indicative		**8** Present Perfect	
libero	liberiamo	ho liberato	abbiamo liberato
liberi	liberate	hai liberato	avete liberato
libera	liberano	ha liberato	hanno liberato
2 Imperfect		**9** Past Perfect	
liberavo	liberavamo	avevo liberato	avevamo liberato
liberavi	liberavate	avevi liberato	avevate liberato
liberava	liberavano	aveva liberato	avevano liberato
3 Past Absolute		**10** Past Anterior	
liberai	liberammo	ebbi liberato	avemmo liberato
liberasti	liberaste	avesti liberato	aveste liberato
liberò	liberarono	ebbe liberato	ebbero liberato
4 Future		**11** Future Perfect	
libererò	libereremo	avrò liberato	avremo liberato
libererai	libererete	avrai liberato	avrete liberato
libererà	libereranno	avrà liberato	avranno liberato
5 Present Conditional		**12** Past Conditional	
libererei	libereremmo	avrei liberato	avremmo liberato
libereresti	liberereste	avresti liberato	avreste liberato
libererebbe	libererebbero	avrebbe liberato	avrebbero liberato
6 Present Subjunctive		**13** Past Subjunctive	
liberi	liberiamo	abbia liberato	abbiamo liberato
liberi	liberiate	abbia liberato	abbiate liberato
liberi	liberino	abbia liberato	abbiano liberato
7 Imperfect Subjunctive		**14** Past Perfect Subjunctive	
liberassi	liberassimo	avessi liberato	avessimo liberato
liberassi	liberaste	avessi liberato	aveste liberato
liberasse	liberassero	avesse liberato	avessero liberato

Imperative	
—	liberiamo
libera (non liberare)	liberate
liberi	liberino

Samples of verb usage

Sono libero(a) di fare quel che voglio.   I am free to do what I choose.
Il nemico ha liberato uno dei prigionieri.   The enemy has freed one of the prisoners.

limitare

to limit, to restrict

The Seven Simple Tenses		The Seven Compound Tenses	
Singular	Plural	Singular	Plural
1 Present Indicative		**8 Present Perfect**	
limito	limitiamo	ho limitato	abbiamo limitato
limiti	limitate	hai limitato	avete limitato
limita	limitano	ha limitato	hanno limitato
2 Imperfect		**9 Past Perfect**	
limitavo	limitavamo	avevo limitato	avevamo limitato
limitavi	limitavate	avevi limitato	avevate limitato
limitava	limitavano	aveva limitato	avevano limitato
3 Past Absolute		**10 Past Anterior**	
limitai	limitammo	ebbi limitato	avemmo limitato
limitasti	limitaste	avesti limitato	aveste limitato
limitò	limitarono	ebbe limitato	ebbero limitato
4 Future		**11 Future Perfect**	
limiterò	limiteremo	avrò limitato	avremo limitato
limiterai	limiterete	avrai limitato	avrete limitato
limiterà	limiteranno	avrà limitato	avranno limitato
5 Present Conditional		**12 Past Conditional**	
limiterei	limiteremmo	avrei limitato	avremmo limitato
limiteresti	limitereste	avresti limitato	avreste limitato
limiterebbe	limiterebbero	avrebbe limitato	avrebbero limitato
6 Present Subjunctive		**13 Past Subjunctive**	
limiti	limitiamo	abbia limitato	abbiamo limitato
limiti	limitiate	abbia limitato	abbiate limitato
limiti	limitino	abbia limitato	abbiano limitato
7 Imperfect Subjunctive		**14 Past Perfect Subjunctive**	
limitassi	limitassimo	avessi limitato	avessimo limitato
limitassi	limitaste	avessi limitato	aveste limitato
limitasse	limitassero	avesse limitato	avessero limitato

	Imperative	
—		limitiamo
limita (non limitare)		limitate
limiti		limitino

Samples of verb usage

Il guinzaglio ha limitato il movimento del cane.   The leash restricted the dog's movements.
Lui limita quanto mangia ogni giorno.   He limits how much he eats every day.

to liquidate, to settle

The Seven Simple Tenses		The Seven Compound Tenses	
Singular	Plural	Singular	Plural
1 Present Indicative		**8 Present Perfect**	
liquido	liquidiamo	ho liquidato	abbiamo liquidato
liquidi	liquidate	hai liquidato	avete liquidato
liquida	liquidano	ha liquidato	hanno liquidato
2 Imperfect		**9 Past Perfect**	
liquidavo	liquidavamo	avevo liquidato	avevamo liquidato
liquidavi	liquidavate	avevi liquidato	avevate liquidato
liquidava	liquidavano	aveva liquidato	avevano liquidato
3 Past Absolute		**10 Past Anterior**	
liquidai	liquidammo	ebbi liquidato	avemmo liquidato
liquidasti	liquidaste	avesti liquidato	aveste liquidato
liquidò	liquidarono	ebbe liquidato	ebbero liquidato
4 Future		**11 Future Perfect**	
liquiderò	liquideremo	avrò liquidato	avremo liquidato
liquiderai	liquiderete	avrai liquidato	avrete liquidato
liquiderà	liquideranno	avrà liquidato	avranno liquidato
5 Present Conditional		**12 Past Conditional**	
liquiderei	liquideremmo	avrei liquidato	avremmo liquidato
liquideresti	liquidereste	avresti liquidato	avreste liquidato
liquiderebbe	liquiderebbero	avrebbe liquidato	avrebbero liquidato
6 Present Subjunctive		**13 Past Subjunctive**	
liquidi	liquidiamo	abbia liquidato	abbiamo liquidato
liquidi	liquidiate	abbia liquidato	abbiate liquidato
liquidi	liquidino	abbia liquidato	abbiano liquidato
7 Imperfect Subjunctive		**14 Past Perfect Subjunctive**	
liquidassi	liquidassimo	avessi liquidato	avessimo liquidato
liquidassi	liquidaste	avessi liquidato	aveste liquidato
liquidasse	liquidassero	avesse liquidato	avessero liquidato

Imperative	
—	liquidiamo
liquida (non liquidare)	liquidate
liquidi	liquidino

Samples of verb usage

Ho liquidato tutti i miei debiti.   I have settled all my debts.
liquidare gli arretrati   to pay up arrears
liquidare una questione   to solve a problem

to praise, to commend

The Seven Simple Tenses		The Seven Compound Tenses	
Singular	Plural	Singular	Plural

1 Present Indicative

		8 Present Perfect	
lodo	lodiamo	ho lodato	abbiamo lodato
lodi	lodate	hai lodato	avete lodato
loda	lodano	ha lodato	hanno lodato

2 Imperfect

		9 Past Perfect	
lodavo	lodavamo	avevo lodato	avevamo lodato
lodavi	lodavate	avevi lodato	avevate lodato
lodava	lodavano	aveva lodato	avevano lodato

3 Past Absolute

		10 Past Anterior	
lodai	lodammo	ebbi lodato	avemmo lodato
lodasti	lodaste	avesti lodato	aveste lodato
lodò	lodarono	ebbe lodato	ebbero lodato

4 Future

		11 Future Perfect	
loderò	loderemo	avrò lodato	avremo lodato
loderai	loderete	avrai lodato	avrete lodato
loderà	loderanno	avrà lodato	avranno lodato

5 Present Conditional

		12 Past Conditional	
loderei	loderemmo	avrei lodato	avremmo lodato
loderesti	lodereste	avresti lodato	avreste lodato
loderebbe	loderebbero	avrebbe lodato	avrebbero lodato

6 Present Subjunctive

		13 Past Subjunctive	
lodi	lodiamo	abbia lodato	abbiamo lodato
lodi	lodiate	abbia lodato	abbiate lodato
lodi	lodino	abbia lodato	abbiano lodato

7 Imperfect Subjunctive

		14 Past Perfect Subjunctive	
lodassi	lodassimo	avessi lodato	avessimo lodato
lodassi	lodaste	avessi lodato	aveste lodato
lodasse	lodassero	avesse lodato	avessero lodato

Imperative

—	lodiamo
loda (non lodare)	lodate
lodi	lodino

Samples of verb usage

Lo lodarono per il suo lavoro.   They commended him for his work.
Dio sia lodato!   Thank God!

to struggle, to wrestle, to fight

The Seven Simple Tenses		The Seven Compound Tenses	
Singular	Plural	Singular	Plural
1 Present Indicative		**8 Present Perfect**	
lotto	lottiamo	ho lottato	abbiamo lottato
lotti	lottate	hai lottato	avete lottato
lotta	lottano	ha lottato	hanno lottato
2 Imperfect		**9 Past Perfect**	
lottavo	lottavamo	avevo lottato	avevamo lottato
lottavi	lottavate	avevi lottato	avevate lottato
lottava	lottavano	aveva lottato	avevano lottato
3 Past Absolute		**10 Past Anterior**	
lottai	lottammo	ebbi lottato	avemmo lottato
lottasti	lottaste	avesti lottato	aveste lottato
lottò	lottarono	ebbe lottato	ebbero lottato
4 Future		**11 Future Perfect**	
lotterò	lotteremo	avrò lottato	avremo lottato
lotterai	lotterete	avrai lottato	avrete lottato
lotterà	lotteranno	avrà lottato	avranno lottato
5 Present Conditional		**12 Past Conditional**	
lotterei	lotteremmo	avrei lottato	avremmo lottato
lotteresti	lottereste	avresti lottato	avreste lottato
lotterebbe	lotterebbero	avrebbe lottato	avrebbero lottato
6 Present Subjunctive		**13 Past Subjunctive**	
lotti	lottiamo	abbia lottato	abbiamo lottato
lotti	lottiate	abbia lottato	abbiate lottato
lotti	lottino	abbia lottato	abbiano lottato
7 Imperfect Subjunctive		**14 Past Perfect Subjunctive**	
lottassi	lottassimo	avessi lottato	avessimo lottato
lottassi	lottaste	avessi lottato	aveste lottato
lottasse	lottassero	avesse lottato	avessero lottato

	Imperative	
—		lottiamo
lotta (non lottare)		lottate
lotti		lottino

Samples of verb usage

Noi lottammo valorosamente, ma fu inutile.   We fought bravely, but it was futile.
lottare contro la tentazione   to fight against temptation

to allure, to entice, to flatter

The Seven Simple Tenses		The Seven Compound Tenses	
Singular	Plural	Singular	Plural
1 Present Indicative		**8 Present Perfect**	
lusingo	lusinghiamo	ho lusingato	abbiamo lusingato
lusinghi	lusingate	hai lusingato	avete lusingato
lusinga	lusingano	ha lusingato	hanno lusingato
2 Imperfect		**9 Past Perfect**	
lusingavo	lusingavamo	avevo lusingato	avevamo lusingato
lusingavi	lusingavate	avevi lusingato	avevate lusingato
lusingava	lusingavano	aveva lusingato	avevano lusingato
3 Past Absolute		**10 Past Anterior**	
lusingai	lusingammo	ebbi lusingato	avemmo lusingato
lusingasti	lusingaste	avesti lusingato	aveste lusingato
lusingò	lusingarono	ebbe lusingato	ebbero lusingato
4 Future		**11 Future Perfect**	
lusingherò	lusingheremo	avrò lusingato	avremo lusingato
lusingherai	lusingherete	avrai lusingato	avrete lusingato
lusingherà	lusingheranno	avrà lusingato	avranno lusingato
5 Present Conditional		**12 Past Conditional**	
lusingherei	lusingheremo	avrei lusingato	avremmo lusingato
lusingheresti	lusinghereste	avresti lusingato	avreste lusingato
lusingherebbe	lusingherebbero	avrebbe lusingato	avrebbero lusingato
6 Present Subjunctive		**13 Past Subjunctive**	
lusinghi	lusinghiamo	abbia lusingato	abbiamo lusingato
lusinghi	lusinghiate	abbia lusingato	abbiate lusingato
lusinghi	lusinghino	abbia lusingato	abbiano lusingato
7 Imperfect Subjunctive		**14 Past Perfect Subjunctive**	
lusingassi	lusingassimo	avessi lusingato	avessimo lusingato
lusingassi	lusingaste	avessi lusingato	aveste lusingato
lusingasse	lusingassero	avesse lusingato	avessero lusingato

Imperative

—	lusinghiamo
lusinga (non lusingare)	lusingate
lusinghi	lusinghino

Samples of verb usage

Lei mi lusingò con promesse.   She enticed me with promises.
Non mi lusingare!   Don't flatter me!

to stain, to spot

The Seven Simple Tenses		The Seven Compound Tenses	
Singular	Plural	Singular	Plural
1 Present Indicative		**8 Present Perfect**	
macchio	macchiamo	ho macchiato	abbiamo macchiato
macchi	macchiate	hai macchiato	avete macchiato
macchia	macchiano	ha macchiato	hanno macchiato
2 Imperfect		**9 Past Perfect**	
macchiavo	macchiavamo	avevo macchiato	avevamo macchiato
macchiavi	macchiavate	avevi macchiato	avevate macchiato
macchiava	macchiavano	aveva macchiato	avevano macchiato
3 Past Absolute		**10 Past Anterior**	
macchiai	macchiammo	ebbi macchiato	avemmo macchiato
macchiasti	macchiaste	avesti macchiato	aveste macchiato
macchiò	macchiarono	ebbe macchiato	ebbero macchiato
4 Future		**11 Future Perfect**	
macchierò	macchieremo	avrò macchiato	avremo macchiato
macchierai	macchierete	avrai macchiato	avrete macchiato
macchierà	macchieranno	avrà macchiato	avranno macchiato
5 Present Conditional		**12 Past Conditional**	
macchierei	macchieremmo	avrei macchiato	avremmo macchiato
macchieresti	macchiereste	avresti macchiato	avreste macchiato
macchierebbe	macchierebbero	avrebbe macchiato	avrebbero macchiato
6 Present Subjunctive		**13 Past Subjunctive**	
macchi	macchiamo	abbia macchiato	abbiamo macchiato
macchi	macchiate	abbia macchiato	abbiate macchiato
macchi	macchino	abbia macchiato	abbiano macchiato
7 Imperfect Subjunctive		**14 Past Perfect Subjunctive**	
macchiassi	macchiassimo	avessi macchiato	avessimo macchiato
macchiassi	macchiaste	avessi macchiato	aveste macchiato
macchiasse	macchiassero	avesse macchiato	avessero macchiato

Imperative

—	macchiamo
macchia (non macchiare)	macchiate
macchi	macchino

Samples of verb usage

Ho macchiato il mio vestito.   I stained my dress.
Mi hanno macchiato di fango.   They spattered me with mud.

NOTE: Also **macchiarsi** (to get stained, to make oneself dirty), conjugated with **essere**.

to curse

The Seven Simple Tenses		The Seven Compound Tenses	
Singular	Plural	Singular	Plural
1 Present Indicative		**8 Present Perfect**	
maledico	malediciamo	ho maledetto	abbiamo maledetto
maledici	maledite	hai maledetto	avete maledetto
maledice	maledicono	ha maledetto	hanno maledetto
2 Imperfect		**9 Past Perfect**	
maledicevo	maledicevamo	avevo maledetto	avevamo maledetto
maledicevi	maledicevate	avevi maledetto	avevate maledetto
maprediceva	maledicevano	aveva maledetto	avevano maledetto
(*Or regular:* maledivo, *etc.*)			
3 Past Absolute		**10 Past Anterior**	
maledissi	maledicemmo	ebbi maledetto	avemmo maledetto
maledicesti	malediceste	avesti maledetto	aveste maledetto
maledisse	maledissero	ebbe maledetto	ebbero maledetto
(*Or regular:* maledii, *etc.*)			
4 Future		**11 Future Perfect**	
maledirò	malediremo	avrò maledetto	avremo maledetto
maledirai	maledirete	avrai maledetto	avrete maledetto
maledirà	malediranno	avrà maledetto	avranno maledetto
5 Present Conditional		**12 Past Conditional**	
maledirei	malediremmo	avrei maledetto	avremmo maledetto
malediresti	maledireste	avresti maledetto	avreste maledetto
maledirebbe	maledirebbero	avrebbe maledetto	avrebbero maledetto
6 Present Subjunctive		**13 Past Subjunctive**	
maledica	malediciamo	abbia maledetto	abbiamo maledetto
maledica	malediciate	abbia maledetto	abbiate maledetto
maledica	maledicano	abbia maledetto	abbiano maledetto
7 Imperfect Subjunctive		**14 Past Perfect Subjunctive**	
maledicessi	maledicessimo	avessi maledetto	avessimo maledetto
maledicessi	malediceste	avessi maledetto	aveste maledetto
maledicesse	maledicessero	avesse maledetto	avessero maledetto
(*Or regular:* maledissi, *etc.*)			

	Imperative	
—		malediciamo
maledici (non maledire)		maledite
maledica		maledicano

Samples of verb usage

Lui maledisse la propria azione.   He cursed his own action.
Dio maledisse Caino.   God cursed Cain.

to mistreat, to abuse

The Seven Simple Tenses		The Seven Compound Tenses	
Singular	Plural	Singular	Plural
1 Present Indicative		**8 Present Perfect**	
maltratto	maltrattiamo	ho maltrattato	abbiamo maltrattato
maltratti	maltrattate	hai maltrattato	avete maltrattato
maltratta	maltrattano	ha maltrattato	hanno maltrattato
2 Imperfect		**9 Past Perfect**	
maltrattavo	maltrattavamo	avevo maltrattato	avevamo maltrattato
maltrattavi	maltrattavate	avevi maltrattato	avevate maltrattato
maltrattava	maltrattavano	aveva maltrattato	avevano maltrattato
3 Past Absolute		**10 Past Anterior**	
maltrattai	maltrattammo	ebbi maltrattato	avemmo maltrattato
maltrattasti	maltrattaste	avesti maltrattato	aveste maltrattato
maltrattò	maltrattarono	ebbe maltrattato	ebbero maltrattato
4 Future		**11 Future Perfect**	
maltratterò	maltratteremo	avrò maltrattato	avremo maltrattato
maltratterai	maltratterete	avrai maltrattato	avrete maltrattato
maltratterà	maltratteranno	avrà maltrattato	avranno maltrattato
5 Present Conditional		**12 Past Conditional**	
maltratterei	maltratteremmo	avrei maltrattato	avremmo maltrattato
maltratteresti	maltrattereste	avresti maltrattato	avreste maltrattato
maltratterebbe	maltratterebbero	avrebbe maltrattato	avrebbero maltrattato
6 Present Subjunctive		**13 Past Subjunctive**	
maltratti	maltrattiamo	abbia maltrattato	abbiamo maltrattato
maltratti	maltrattiate	abbia maltrattato	abbiate maltrattato
maltratti	maltrattino	abbia maltrattato	abbiano maltrattato
7 Imperfect Subjunctive		**14 Past Perfect Subjunctive**	
maltrattassi	maltrattassimo	avessi maltrattato	avessimo maltrattato
maltrattassi	maltrattaste	avessi maltrattato	aveste maltrattato
maltrattasse	maltrattassero	avesse maltrattato	avessero maltrattato

	Imperative	
—		maltrattiamo
maltratta (non maltrattare)		maltrattate
maltratti		maltrattino

Samples of verb usage

Lui maltratta la moglie.   He mistreats his wife.
maltrattare gli animali   to mistreat animals

mandare

Gerund **mandando**   Past Part. **mandato**

to send

The Seven Simple Tenses		The Seven Compound Tenses	
Singular	Plural	Singular	Plural
1 Present Indicative		**8** Present Perfect	
mando	mandiamo	ho mandato	abbiamo mandato
mandi	mandate	hai mandato	avete mandato
manda	mandano	ha mandato	hanno mandato
2 Imperfect		**9** Past Perfect	
mandavo	mandavamo	avevo mandato	avevamo mandato
mandavi	mandavate	avevi mandato	avevate mandato
mandava	mandavano	aveva mandato	avevano mandato
3 Past Absolute		**10** Past Anterior	
mandai	mandammo	ebbi mandato	avemmo mandato
mandasti	mandaste	avesti mandato	aveste mandato
mandò	mandarono	ebbe mandato	ebbero mandato
4 Future		**11** Future Perfect	
manderò	manderemo	avrò mandato	avremo mandato
manderai	manderete	avrai mandato	avrete mandato
manderà	manderanno	avrà mandato	avranno mandato
5 Present Conditional		**12** Past Conditional	
manderei	manderemmo	avrei mandato	avremmo mandato
manderesti	mandereste	avresti mandato	avreste mandato
manderebbe	manderebbero	avrebbe mandato	avrebbero mandato
6 Present Subjunctive		**13** Past Subjunctive	
mandi	mandiamo	abbia mandato	abbiamo mandato
mandi	mandiate	abbia mandato	abbiate mandato
mandi	mandino	abbia mandato	abbiano mandato
7 Imperfect Subjunctive		**14** Past Perfect Subjunctive	
mandassi	mandassimo	avessi mandato	avessimo mandato
mandassi	mandaste	avessi mandato	aveste mandato
mandasse	mandassero	avesse mandato	avessero mandato

	Imperative	
—		mandiamo
manda (non mandare)		mandate
mandi		mandino

Samples of verb usage

Mandami la lettera!   Send me the letter!
Manderò il ragazzo a casa di buon'ora.   I will send the boy home early.

258

to eat

The Seven Simple Tenses		The Seven Compound Tenses	
Singular	Plural	Singular	Plural

1 Present Indicative

mangio	mangiamo		
mangi	mangiate		
mangia	mangiano		

8 Present Perfect

ho mangiato	abbiamo mangiato		
hai mangiato	avete mangiato		
ha mangiato	hanno mangiato		

2 Imperfect

mangiavo	mangiavamo
mangiavi	mangiavate
mangiava	mangiavano

9 Past Perfect

avevo mangiato	avevamo mangiato
avevi mangiato	avevate mangiato
aveva mangiato	avevano mangiato

3 Past Absolute

mangiai	mangiammo
mangiasti	mangiaste
mangiò	mangiarono

10 Past Anterior

ebbi mangiato	avemmo mangiato
avesti mangiato	aveste mangiato
ebbe mangiato	ebbero mangiato

4 Future

mangerò	mangeremo
mangerai	mangerete
mangerà	mangeranno

11 Future Perfect

avrò mangiato	avremo mangiato
avrai mangiato	avrete mangiato
avrà mangiato	avranno mangiato

5 Present Conditional

mangerei	mangeremmo
mangeresti	mangereste
mangerebbe	mangerebbero

12 Past Conditional

avrei mangiato	avremmo mangiato
avresti mangiato	avreste mangiato
avrebbe mangiato	avrebbero mangiato

6 Present Subjunctive

mangi	mangiamo
mangi	mangiate
mangi	mangino

13 Past Subjunctive

abbia mangiato	abbiamo mangiato
abbia mangiato	abbiate mangiato
abbia mangiato	abbiano mangiato

7 Imperfect Subjunctive

mangiassi	mangiassimo
mangiassi	mangiaste
mangiasse	mangiassero

14 Past Perfect Subjunctive

avessi mangiato	avessimo mangiato
avessi mangiato	aveste mangiato
avesse mangiato	avessero mangiato

Imperative

—	mangiamo
mangia (non mangiare)	mangiate
mangi	mangino

Samples of verb usage

Mangio bene ogni giorno.   I eat well every day.
Lui mangiava una volta al giorno.   He used to eat once a day.

mantenere

Gerund **mantenendo**   Past Part. **mantenuto**

to maintain, to keep, to preserve

The Seven Simple Tenses		The Seven Compound Tenses	
Singular	Plural	Singular	Plural
1 Present Indicative		**8 Present Perfect**	
mantengo	manteniamo	ho mantenuto	abbiamo mantenuto
mantieni	mantenete	hai mantenuto	avete mantenuto
mantiene	mantengono	ha mantenuto	hanno mantenuto
2 Imperfect		**9 Past Perfect**	
mantenevo	mantenevamo	avevo mantenuto	avevamo mantenuto
mantenevi	mantenevate	avevi mantenuto	avevate mantenuto
manteneva	mantenevano	aveva mantenuto	avevano mantenuto
3 Past Absolute		**10 Past Anterior**	
mantenni	mantenemmo	ebbi mantenuto	avemmo mantenuto
mantenesti	manteneste	avesti mantenuto	aveste mantenuto
mantenne	mantennero	ebbe mantenuto	ebbero mantenuto
4 Future		**11 Future Perfect**	
manterrò	manterremo	avrò mantenuto	avremo mantenuto
manterrai	manterrete	avrai mantenuto	avrete mantenuto
manterrà	manterranno	avrà mantenuto	avranno mantenuto
5 Present Conditional		**12 Past Conditional**	
manterrei	manterremmo	avrei mantenuto	avremmo mantenuto
manterresti	manterreste	avresti mantenuto	avreste mantenuto
manterrebbe	manterrebbero	avrebbe mantenuto	avrebbero mantenuto
6 Present Subjunctive		**13 Past Subjunctive**	
mantenga	manteniamo	abbia mantenuto	abbiamo mantenuto
mantenga	manteniate	abbia mantenuto	abbiate mantenuto
mantenga	mantengano	abbia mantenuto	abbiano mantenuto
7 Imperfect Subjunctive		**14 Past Perfect Subjunctive**	
mantenessi	mantenessimo	avessi mantenuto	avessimo mantenuto
mantenessi	manteneste	avessi mantenuto	aveste mantenuto
mantenesse	mantenessero	avesse mantenuto	avessero mantenuto

	Imperative	
—		manteniamo
mantieni (non mantenere)		mantenete
mantenga		mantengano

Samples of verb usage

La mia famiglia mantiene le sue tradazioni italiane.   My family maintains its Italian traditions.

Il nuotatore si mantiene agile.   The swimmer keeps fit.

to mask, to put a mask on

The Seven Simple Tenses		The Seven Compound Tenses	
Singular	Plural	Singular	Plural
1 Present Indicative		**8 Present Perfect**	
maschero	mascheriamo	ho mascherato	abbiamo mascherato
mascheri	mascherate	hai mascherato	avete mascherato
maschera	mascherano	ha mascherato	hanno mascherato
2 Imperfect		**9 Past Perfect**	
mascheravo	mascheravamo	avevo mascherato	avevamo mascherato
mascheravi	mascheravate	avevi mascherato	avevate mascherato
mascherava	mascheravano	aveva mascherato	avevano mascherato
3 Past Absolute		**10 Past Anterior**	
mascherai	mascherammo	ebbi mascherato	avemmo mascherato
mascherasti	mascheraste	avesti mascherato	aveste mascherato
mascherò	mascherarono	ebbe mascherato	ebbero mascherato
4 Future		**11 Future Perfect**	
maschererò	maschereremo	avrò mascherato	avremo mascherato
maschererai	maschererete	avrai mascherato	avrete mascherato
maschererà	maschereranno	avrà mascherato	avranno mascherato
5 Present Conditional		**12 Past Conditional**	
maschererei	maschereremmo	avrei mascherato	avremmo mascherato
maschereresti	mascherereste	avresti mascherato	avreste mascherato
maschererebbe	maschererebbero	avrebbe mascherato	avrebbero mascherato
6 Present Subjunctive		**13 Past Subjunctive**	
mascheri	mascheriamo	abbia mascherato	abbiamo mascherato
mascheri	mascheriate	abbia mascherato	abbiate mascherato
mascheri	mascherino	abbia mascherato	abbiano mascherato
7 Imperfect Subjunctive		**14 Past Perfect Subjunctive**	
mascherassi	mascherassimo	avessi mascherato	avessimo mascherato
mascherassi	mascheraste	avessi mascherato	aveste mascherato
mascherasse	mascherassero	avesse mascherato	avessero mascherato

Imperative	
—	mascheriamo
maschera (non mascherare)	mascherate
mascheri	mascherino

Samples of verb usage

Lui ha mascherato i suoi sentimenti.   He concealed his feelings.
mascherare i difetti di qualcuno   to hide someone's faults

261

medicare

to medicate, to dress, to doctor

The Seven Simple Tenses		The Seven Compound Tenses	
Singular	Plural	Singular	Plural
1 Present Indicative		**8 Present Perfect**	
medico	medichiamo	ho medicato	abbiamo medicato
medichi	medicate	hai medicato	avete medicato
medica	medicano	ha medicato	hanno medicato
2 Imperfect		**9 Past Perfect**	
medicavo	medicavamo	avevo medicato	avevamo medicato
medicavi	medicavate	avevi medicato	avevate medicato
medicava	medicavano	aveva medicato	avevano medicato
3 Past Absolute		**10 Past Anterior**	
medicai	medicammo	ebbi medicato	avemmo medicato
medicasti	medicaste	avesti medicato	aveste medicato
medicò	medicarono	ebbe medicato	ebbero medicato
4 Future		**11 Future Perfect**	
medicherò	medicheremo	avrò medicato	avremo medicato
medicherai	medicherete	avrai medicato	avrete medicato
medicherà	medicheranno	avrà medicato	avranno medicato
5 Present Conditional		**12 Past Conditional**	
medicherei	medicheremmo	avrei medicato	avremmo medicato
medicheresti	medichereste	avresti medicato	avreste medicato
medicherebbe	medicherebbero	avrebbe medicato	avrebbero medicato
6 Present Subjunctive		**13 Past Subjunctive**	
medichi	medichiamo	abbia medicato	abbiamo medicato
medichi	medichiate	abbia medicato	abbiate medicato
medichi	medichino	abbia medicato	abbiano medicato
7 Imperfect Subjunctive		**14 Past Perfect Subjunctive**	
medicassi	medicassimo	avessi medicato	avessimo medicato
medicassi	medicaste	avessi medicato	aveste medicato
medicasse	medicassero	avesse medicato	avessero medicato

	Imperative	
—		medichiamo
medica (non medicare)		medicate
medichi		medichino

Samples of verb usage

La madre medica la ferita del bambino.   The mother doctors the child's wound.
Il tempo medica tutti i dispiaceri.   Time heals all sorrows.

to lie

The Seven Simple Tenses		The Seven Compound Tenses	
Singular	Plural	Singular	Plural
1 Present Indicative		**8 Present Perfect**	
mento	mentiamo	ho mentito	abbiamo mentito
menti	mentite	hai mentito	avete mentito
mente	mentono	ha mentito	hanno mentito
2 Imperfect		**9 Past Perfect**	
mentivo	mentivamo	avevo mentito	avevamo mentito
mentivi	mentivate	avevi mentito	avevate mentito
mentiva	mentivano	aveva mentito	avevano mentito
3 Past Absolute		**10 Past Anterior**	
mentii	mentimmo	ebbi mentito	avemmo mentito
mentisti	mentiste	avesti mentito	aveste mentito
mentì	mentirono	ebbe mentito	ebbero mentito
4 Future		**11 Future Perfect**	
mentirò	mentiremo	avrò mentito	avremo mentito
mentirai	mentirete	avrai mentito	avrete mentito
mentirà	mentiranno	avrà mentito	avranno mentito
5 Present Conditional		**12 Past Conditional**	
mentirei	mentiremmo	avrei mentito	avremmo mentito
mentiresti	mentireste	avresti mentito	avreste mentito
mentirebbe	mentirebbero	avrebbe mentito	avrebbero mentito
6 Present Subjunctive		**13 Past Subjunctive**	
menta	mentiamo	abbia mentito	abbiamo mentito
menta	mentiate	abbia mentito	abbiate mentito
menta	mentano	abbia mentito	abbiano mentito
7 Imperfect Subjunctive		**14 Past Perfect Subjunctive**	
mentissi	mentissimo	avessi mentito	avessimo mentito
mentissi	mentiste	avessi mentito	aveste mentito
mentisse	mentissero	avesse mentito	avessero mentito

Imperative

—	mentiamo
menti (non mentire)	mentite
menta	mentano

Samples of verb usage

Non ho mai mentito ai miei genitori.   I have never lied to my parents.
Lui mentiva quando disse che era malato.   He was lying when he said he was ill.

263

to deserve, to merit

The Seven Simple Tenses		The Seven Compound Tenses	
Singular	Plural	Singular	Plural
1 Present Indicative		**8** Present Perfect	
merito	meritiamo	ho meritato	abbiamo meritato
meriti	meritate	hai meritato	avete meritato
merita	meritano	ha meritato	hanno meritato
2 Imperfect		**9** Past Perfect	
meritavo	meritavamo	avevo meritato	avevamo meritato
meritavi	meritavate	avevi meritato	avevate meritato
meritava	meritavano	aveva meritato	avevano meritato
3 Past Absolute		**10** Past Anterior	
meritai	meritammo	ebbi meritato	avemmo meritato
meritasti	meritaste	avesti meritato	aveste meritato
meritò	meritarono	ebbe meritato	ebbero meritato
4 Future		**11** Future Perfect	
meriterò	meriteremo	avrò meritato	avremo meritato
meriterai	meriterete	avrai meritato	avrete meritato
meriterà	meriteranno	avrà meritato	avranno meritato
5 Present Conditional		**12** Past Conditional	
meriterei	meriteremmo	avrei meritato	avremmo meritato
meriteresti	meritereste	avresti meritato	avreste meritato
meriterebbe	meriterebbero	avrebbe meritato	avrebbero meritato
6 Present Subjunctive		**13** Past Subjunctive	
meriti	meritiamo	abbia meritato	abbiamo meritato
meriti	meritiate	abbia meritato	abbiate meritato
meriti	meritino	abbia meritato	abbiano meritato
7 Imperfect Subjunctive		**14** Past Perfect Subjunctive	
meritassi	meritassimo	avessi meritato	avessimo meritato
meritassi	meritaste	avessi meritato	aveste meritato
meritasse	meritassero	avesse meritato	avessero meritato

Imperative

—	meritiamo
merita (non meritare)	meritate
meriti	meritino

Samples of verb usage

Lui merita essere punito.   He deserves to be punished.
Il ragazzo meritava aiuto.   The boy deserved help.

to put, to place, to set

The Seven Simple Tenses		The Seven Compound Tenses	
Singular	Plural	Singular	Plural

1 Present Indicative

		8 Present Perfect	
metto	mettiamo	ho messo	abbiamo messo
metti	mettete	hai messo	avete messo
mette	mettono	ha messo	hanno messo

2 Imperfect

		9 Past Perfect	
mettevo	mettevamo	avevo messo	avevamo messo
mettevi	mettevate	avevi messo	avevate messo
metteva	mettevano	aveva messo	avevano messo

3 Past Absolute

		10 Past Anterior	
misi	mettemmo	ebbi messo	avemmo messo
mettesti	metteste	avesti messo	aveste messo
mise	misero	ebbe messo	ebbero messo

4 Future

		11 Future Perfect	
metterò	metteremo	avrò messo	avremo messo
metterai	metterete	avrai messo	avrete messo
metterà	metteranno	avrà messo	avranno messo

5 Present Conditional

		12 Past Conditional	
metterei	metteremmo	avrei messo	avremmo messo
metteresti	mettereste	avresti messo	avreste messo
metterebbe	metterebbero	avrebbe messo	avrebbero messo

6 Present Subjunctive

		13 Past Subjunctive	
metta	mettiamo	abbia messo	abbiamo messo
metta	mettiate	abbia messo	abbiate messo
metta	mettano	abbia messo	abbiano messo

7 Imperfect Subjunctive

		14 Past Perfect Subjunctive	
mettessi	mettessimo	avessi messo	avessimo messo
mettessi	metteste	avessi messo	aveste messo
mettesse	mettessero	avesse messo	avessero messo

Imperative

—	mettiamo
metti (non mettere)	mettete
metta	mettano

Samples of verb usage

Non mettere il libro sulla tavola.   Don't put the book on the table.
Lei mise la firma alla lettera.   She put her signature to the letter.

NOTE: Like **mettere** are **ammettere, commettere, compromettere, dimettere, omettere, permettere, promettere, rimettere, scommettere, smettere, sommettere, sottomettere,** and **trasmettere**.

migliorare

Gerund migliorando **Past Part. migliorato**

to better, to improve

The Seven Simple Tenses		The Seven Compound Tenses	
Singular	Plural	Singular	Plural
1 Present Indicative		**8 Present Perfect**	
miglioro	miglioriamo	ho migliorato	abbiamo migliorato
migliori	migliorate	hai migliorato	avete migliorato
migliora	migliorano	ha migliorato	hanno migliorato
2 Imperfect		**9 Past Perfect**	
miglioravo	miglioravamo	avevo migliorato	avevamo migliorato
miglioravi	miglioravate	avevi migliorato	avevate migliorato
migliorava	miglioravano	aveva migliorato	avevano migliorato
3 Past Absolute		**10 Past Anterior**	
migliorai	migliorammo	ebbi migliorato	avemmo migliorato
migliorasti	miglioraste	avesti migliorato	aveste migliorato
migliorò	migliorarono	ebbe migliorato	ebbero migliorato
4 Future		**11 Future Perfect**	
migliorerò	miglioreremo	avrò migliorato	avremo migliorato
migliorerai	migliorerete	avrai migliorato	avrete migliorato
migliorerà	miglioreranno	avrà migliorato	avranno migliorato
5 Present Conditional		**12 Past Conditional**	
migliorerei	miglioreremmo	avrei migliorato	avremmo migliorato
miglioreresti	migliorereste	avresti migliorato	avreste migliorato
migliorerebbe	migliorerebbero	avrebbe migliorato	avrebbero migliorato
6 Present Subjunctive		**13 Past Subjunctive**	
migliori	miglioriamo	abbia migliorato	abbiamo migliorato
migliori	miglioriate	abbia migliorato	abbiate migliorato
migliori	migliorino	abbia migliorato	abbiano migliorato
7 Imperfect Subjunctive		**14 Past Perfect Subjunctive**	
migliorassi	migliorassimo	avessi migliorato	avessimo migliorato
migliorassi	miglioraste	avessi migliorato	aveste migliorato
migliorasse	migliorassero	avesse migliorato	avessero migliorato

Imperative	
—	miglioriamo
migliora (non migliorare)	migliorate
migliori	migliorino

Samples of verb usage

Lui migliora di giorno in giorno.   He is improving from day to day.
Devi migliorare il tuo inglese.   You must improve your English.
migliorare lo stile   to improve one's style
migliorare la propria condizione   to improve oneself

266

to measure, to gauge

The Seven Simple Tenses		The Seven Compound Tenses	
Singular	Plural	Singular	Plural
1 Present Indicative		**8** Present Perfect	
misuro	misuriamo	ho misurato	abbiamo misurato
misuri	misurate	hai misurato	avete misurato
misura	misurano	ha misurato	hanno misurato
2 Imperfect		**9** Past Perfect	
misuravo	misuravamo	avevo misurato	avevamo misurato
misuravi	misuravate	avevi misurato	avevate misurato
misurava	misuravano	aveva misurato	avevano misurato
3 Past Absolute		**10** Past Anterior	
misurai	misurammo	ebbi misurato	avemmo misurato
misurasti	misuraste	avesti misurato	aveste misurato
misurò	misurarono	ebbe misurato	ebbero misurato
4 Future		**11** Future Perfect	
misurerò	misureremo	avrò misurato	avremo misurato
misurerai	misurerete	avrai misurato	avrete misurato
misurerà	misureranno	avrà misurato	avranno misurato
5 Present Conditional		**12** Past Conditional	
misurerei	misureremmo	avrei misurato	avremmo misurato
misureresti	misurereste	avresti misurato	avreste misurato
misurerebbe	misurerebbero	avrebbe misurato	avrebbero misurato
6 Present Subjunctive		**13** Past Subjunctive	
misuri	misuriamo	abbia misurato	abbiamo misurato
misuri	misuriate	abbia misurato	abbiate misurato
misuri	misurino	abbia misurato	abbiano misurato
7 Imperfect Subjunctive		**14** Past Perfect Subjunctive	
misurassi	misurassimo	avessi misurato	avessimo misurato
misurassi	misuraste	avessi misurato	aveste misurato
misurasse	misurassero	avesse misurato	avessero misurato

Imperative	
—	misuriamo
misura (non misurare)	misurate
misuri	misurino

Samples of verb usage

Lui misura l'altezza del muro.   He measures the height of the wall.
misurare la pioggia   to gauge the rainfall
misurare la neve   to gauge the snowfall

to moderate, to curb

The Seven Simple Tenses		The Seven Compound Tenses	
Singular	Plural	Singular	Plural
1 Present Indicative		**8 Present Perfect**	
modero	moderiamo	ho moderato	abbiamo moderato
moderi	moderate	hai moderato	avete moderato
modera	moderano	ha moderato	hanno moderato
2 Imperfect		**9 Past Perfect**	
moderavo	moderavamo	avevo moderato	avevamo moderato
moderavi	moderavate	avevi moderato	avevate moderato
moderava	moderavano	aveva moderato	avevano moderato
3 Past Absolute		**10 Past Anterior**	
moderai	moderammo	ebbi moderato	avemmo moderato
moderasti	moderaste	avesti moderato	aveste moderato
moderò	moderarono	ebbe moderato	ebbero moderato
4 Future		**11 Future Perfect**	
modererò	modereremo	avrò moderato	avremo moderato
modererai	modererete	avrai moderato	avrete moderato
modererà	modereranno	avrà moderato	avranno moderato
5 Present Conditional		**12 Past Conditional**	
modererei	modereremmo	avrei moderato	avremmo moderato
modereresti	moderereste	avresti moderato	avreste moderato
modererebbe	modererebbero	avrebbe moderato	avrebbero moderato
6 Present Subjunctive		**13 Past Subjunctive**	
moderi	moderiamo	abbia moderato	abbiamo moderato
moderi	moderiate	abbia moderato	abbiate moderato
moderi	moderino	abbia moderato	abbiano moderato
7 Imperfect Subjunctive		**14 Past Perfect Subjunctive**	
moderassi	moderassimo	avessi moderato	avessimo moderato
moderassi	moderaste	avessi moderato	aveste moderato
moderasse	moderassero	avesse moderato	avessero moderato

	Imperative	
—		**moderiamo**
modera (non moderare)		**moderate**
moderi		**moderino**

Samples of verb usage

Lui ha moderato molto la sua ira. He has curbed his anger a great deal.
Devo moderare le spese. I must cut down my expenses.

to modify, to alter

The Seven Simple Tenses		The Seven Compound Tenses	
Singular	Plural	Singular	Plural

1 Present Indicative

		8 Present Perfect	
modifico	modifichiamo	ho modificato	abbiamo modificato
modifichi	modificate	hai modificato	avete modificato
modifica	modificano	ha modificato	hanno modificato

2 Imperfect

		9 Past Perfect	
modificavo	modificavamo	avevo modificato	avevamo modificato
modificavi	modificavate	avevi modificato	avevate modificato
modificava	modificavano	aveva modificato	avevano modificato

3 Past Absolute

		10 Past Anterior	
modificai	modificammo	ebbi modificato	avemmo modificato
modificasti	modificaste	avesti modificato	aveste modificato
modificò	modificarono	ebbe modificato	ebbero modificato

4 Future

		11 Future Perfect	
modificherò	modificheremo	avrò modificato	avremo modificato
modificherai	modificherete	avrai modificato	avrete modificato
modificherà	modificheranno	avrà modificato	avranno modificato

5 Present Conditional

		12 Past Conditional	
modificherei	modificheremmo	avrei modificato	avremmo modificato
modificheresti	modifichereste	avresti modificato	avreste modificato
modificherebbe	modificherebbero	avrebbe modificato	avrebbero modificato

6 Present Subjunctive

		13 Past Subjunctive	
modifichi	modifichiamo	abbia modificato	abbiamo modificato
modifichi	modifichiate	abbia modificato	abbiate modificato
modifichi	modifichino	abbia modificato	abbiano modificato

7 Imperfect Subjunctive

		14 Past Perfect Subjunctive	
modificassi	modificassimo	avessi modificato	avessimo modificato
modificassi	modificaste	avessi modificato	aveste modificato
modificasse	modificassero	avesse modificato	avessero modificato

Imperative	
—	modifichiamo
modifica (non modificare)	modificate
modifichi	modifichino

Samples of verb usage

Lo stato ha modificato la legge.   The state has modified the law.
Il pittore modifica la pittura.   The painter alters (changes) the painting.

269

mordere

to bite

The Seven Simple Tenses		The Seven Compound Tenses	
Singular	Plural	Singular	Plural
1 Present Indicative		**8 Present Perfect**	
mordo	mordiamo	ho morso	abbiamo morso
mordi	mordete	hai morso	avete morso
morde	mordono	ha morso	hanno morso
2 Imperfect		**9 Past Perfect**	
mordevo	mordevamo	avevo morso	avevamo morso
mordevi	mordevate	avevi morso	avevate morso
mordeva	mordevano	aveva morso	avevano morso
3 Past Absolute		**10 Past Anterior**	
morsi	mordemmo	ebbi morso	avemmo morso
mordesti	mordeste	avesti morso	aveste morso
morse	morsero	ebbe morso	ebbero morso
4 Future		**11 Future Perfect**	
morderò	morderemo	avrò morso	avremo morso
morderai	morderete	avrai morso	avrete morso
morderà	morderanno	avrà morso	avranno morso
5 Present Conditional		**12 Past Conditional**	
morderei	morderemmo	avrei morso	avremmo morso
morderesti	mordereste	avresti morso	avreste morso
morderebbe	morderebbero	avrebbe morso	avrebbero morso
6 Present Subjunctive		**13 Past Subjunctive**	
morda	mordiamo	abbia morso	abbiamo morso
morda	mordiate	abbia morso	abbiate morso
morda	mordano	abbia morso	abbiano morso
7 Imperfect Subjunctive		**14 Past Perfect Subjunctive**	
mordessi	mordessimo	avessi morso	avessimo morso
mordessi	mordeste	avessi morso	aveste morso
mordesse	mordessero	avesse morso	avessero morso

Imperative

—	mordiamo
mordi (non mordere)	mordete
morda	mordano

Samples of verb usage

Il mio gatto non morde.   My cat does not bite.
Il cane mi morse.   The dog bit me.

The Seven Simple Tenses		The Seven Compound Tenses	
Singular	Plural	Singular	Plural
1 Present Indicative		**8 Present Perfect**	
muoio	moriamo	sono morto	siamo morti
muori	morite	sei morto	siete morti
muore	muoiono	è morto	sono morti
2 Imperfect		**9 Past Perfect**	
morivo	morivamo	ero morto	eravamo morti
morivi	morivate	eri morto	eravate morti
moriva	morivano	era morto	erano morti
3 Past Absolute		**10 Past Anterior**	
morii	morimmo	fui morto	fummo morti
moristi	moriste	fosti morto	foste morti
morì	morirono	fu morto	furono morti
4 Future		**11 Future Perfect**	
mor(i)rò	mor(i)remo	sarò morto	saremo morti
mor(i)rai	mor(i)rete	sarai morto	sarete morti
mor(i)rà	mor(i)ranno	sarà morto	saranno morti
5 Present Conditional		**12 Past Conditional**	
mor(i)rei	mor(i)remmo	sarei morto	saremmo morti
mor(i)resti	mor(i)reste	saresti morto	sareste morti
mor(i)rebbe	mor(i)rebbero	sarebbe morto	sarebbero morti
6 Present Subjunctive		**13 Past Subjunctive**	
muoia	moriamo	sia morto	siamo morti
muoia	moriate	sia morto	siate morti
muoia	muoiano	sia morto	siano morti
7 Imperfect Subjunctive		**14 Past Perfect Subjunctive**	
morissi	morissimo	fossi morto	fossimo morti
morissi	moriste	fossi morto	foste morti
morisse	morissero	fosse morto	fossero morti

Imperative

—	moriamo
muori (non morire)	morite
muoia	muoiano

Samples of verb usage

Lei muore di paura quando rimane sola.   She dies of fright when she stays alone.
Michelangelo morì molti anni fa.   Michelangelo died many years ago.

to show

The Seven Simple Tenses		The Seven Compound Tenses	
Singular	Plural	Singular	Plural
1 Present Indicative		**8** Present Perfect	
mostro	mostriamo	ho mostrato	abbiamo mostrato
mostri	mostrate	hai mostrato	avete mostrato
mostra	mostrano	ha mostrato	hanno mostrato
2 Imperfect		**9** Past Perfect	
mostravo	mostravamo	avevo mostrato	avevamo mostrato
mostravi	mostravate	avevi mostrato	avevate mostrato
mostrava	mostravano	aveva mostrato	avevano mostrato
3 Past Absolute		**10** Past Anterior	
mostrai	mostrammo	ebbi mostrato	avemmo mostrato
mostrasti	mostraste	avesti mostrato	aveste mostrato
mostrò	mostrarono	ebbe mostrato	ebbero mostrato
4 Future		**11** Future Perfect	
mostrerò	mostreremo	avrò mostrato	avremo mostrato
mostrerai	mostrerete	avrai mostrato	avrete mostrato
mostrerà	mostreranno	avrà mostrato	avranno mostrato
5 Present Conditional		**12** Past Conditional	
mostrerei	mostreremmo	avrei mostrato	avremmo mostrato
mostreresti	mostrereste	avresti mostrato	avreste mostrato
mostrerebbe	mostrerebbero	avrebbe mostrato	avrebbero mostrato
6 Present Subjunctive		**13** Past Subjunctive	
mostri	mostriamo	abbia mostrato	abbiamo mostrato
mostri	mostriate	abbia mostrato	abbiate mostrato
mostri	mostrino	abbia mostrato	abbiano mostrato
7 Imperfect Subjunctive		**14** Past Perfect Subjunctive	
mostrassi	mostrassimo	avessi mostrato	avessimo mostrato
mostrassi	mostraste	avessi mostrato	aveste mostrato
mostrasse	mostrassero	avesse mostrato	avessero mostrato

	Imperative	
—		mostriamo
mostra (non mostrare)		mostrate
mostri		mostrino

Samples of verb usage

Mi mostra il libro.   He shows me the book.
mostra d'arte   art exhibition

to move, to stir

The Seven Simple Tenses		The Seven Compound Tenses	
Singular	Plural	Singular	Plural
1 Present Indicative		**8 Present Perfect**	
muovo	m(u)oviamo	ho mosso	abbiamo mosso
muovi	m(u)ovete	hai mosso	avete mosso
muove	muovono	ha mosso	hanno mosso
2 Imperfect		**9 Past Perfect**	
m(u)ovevo	m(u)ovevamo	avevo mosso	avevamo mosso
m(u)ovevi	m(u)ovevate	avevi mosso	avevate mosso
m(u)oveva	m(u)ovevano	aveva mosso	avevano mosso
3 Past Absolute		**10 Past Anterior**	
mossi	m(u)ovemmo	ebbi mosso	avemmo mosso
m(u)ovesti	m(u)oveste	avesti mosso	aveste mosso
mosse	mossero	ebbe mosso	ebbero mosso
4 Future		**11 Future Perfect**	
m(u)overò	m(u)overemo	avrò mosso	avremo mosso
m(u)overai	m(u)overete	avrai mosso	avrete mosso
m(u)overà	m(u)overanno	avrà mosso	avranno mosso
5 Present Conditional		**12 Past Conditional**	
m(u)overei	m(u)overemmo	avrei mosso	avremmo mosso
m(u)overesti	m(u)overeste	avresti mosso	avreste mosso
m(u)overebbe	m(u)overebbero	avrebbe mosso	avrebbero mosso
6 Present Subjunctive		**13 Past Subjunctive**	
muova	m(u)oviamo	abbia mosso	abbiamo mosso
muova	m(u)oviate	abbia mosso	abbiate mosso
muova	muovano	abbia mosso	abbiano mosso
7 Imperfect Subjunctive		**14 Past Perfect Subjunctive**	
m(u)ovessi	m(u)ovessimo	avessi mosso	avessimo mosso
m(u)ovessi	m(u)oveste	avessi mosso	aveste mosso
m(u)ovesse	m(u)ovessero	avesse mosso	avessero mosso

	Imperative	
—		moviamo (muoviamo)
muovi (non movere)		movete (muovete)
muova		muovano

Samples of verb usage

L'acqua muove la ruota.   The water moves the wheel.
Muoviti!   Hurry up!

NOTE: Like **muovere** are **commuovere, promuovere, rimuovere, smuovere,** and **sommuovere.**

mutare

Gerund **mutando**   Past Part. **mutato**

to change

The Seven Simple Tenses		The Seven Compound Tenses	
Singular	Plural	Singular	Plural
1 Present Indicative		**8** Present Perfect	
muto	mutiamo	ho mutato	abbiamo mutato
muti	mutate	hai mutato	avete mutato
muta	mutano	ha mutato	hanno mutato
2 Imperfect		**9** Past Perfect	
mutavo	mutavamo	avevo mutato	avevamo mutato
mutavi	mutavate	avevi mutato	avevate mutato
mutava	mutavano	aveva mutato	avevano mutato
3 Past Absolute		**10** Past Anterior	
mutai	mutammo	ebbi mutato	avemmo mutato
mutasti	mutaste	avesti mutato	aveste mutato
mutò	mutarono	ebbe mutato	ebbero mutato
4 Future		**11** Future Perfect	
muterò	muteremo	avrò mutato	avremo mutato
muterai	muterete	avrai mutato	avrete mutato
muterà	muteranno	avrà mutato	avranno mutato
5 Present Conditional		**12** Past Conditional	
muterei	muteremmo	avrei mutato	avremmo mutato
muteresti	mutereste	avresti mutato	avreste mutato
muterebbe	muterebbero	avrebbe mutato	avrebbero mutato
6 Present Subjunctive		**13** Past Subjunctive	
muti	mutiamo	abbia mutato	abbiamo mutato
muti	mutiate	abbia mutato	abbiate mutato
muti	mutino	abbia mutato	abbiano mutato
7 Imperfect Subjunctive		**14** Past Perfect Subjunctive	
mutassi	mutassimo	avessi mutato	avessimo mutato
mutassi	mutaste	avessi mutato	aveste mutato
mutasse	mutassero	avesse mutato	avessero mutato

	Imperative	
—		mutiamo
muta (non mutare)		mutate
muti		mutino

Samples of verb usage

Hanno mutato il volto della città.   They have changed the face of the city.
mutare il tono di voce   to change one's tone of voice

The Seven Simple Tenses		The Seven Compound Tenses	
Singular	Plural	Singular	Plural

1 Present Indicative

		8 Present Perfect	
nasco	nasciamo	sono nato	siamo nati
nasci	nascete	sei nato	siete nati
nasce	nascono	è nato	sono nati

2 Imperfect

		9 Past Perfect	
nascevo	nascevamo	ero nato	eravamo nati
nascevi	nascevate	eri nato	eravate nati
nasceva	nascevano	era nato	erano nati

3 Past Absolute

		10 Past Anterior	
nacqui	nascemmo	fui nato	fummo nati
nascesti	nasceste	fosti nato	foste nati
nacque	nacquero	fu nato	furono nati

4 Future

		11 Future Perfect	
nascerò	nasceremo	sarò nato	saremo nati
nascerai	nascerete	sarai nato	sarete nati
nascerà	nasceranno	sarà nato	saranno nati

5 Present Conditional

		12 Past Conditional	
nascerei	nasceremmo	sarei nato	saremmo nati
nasceresti	nascereste	saresti nato	sareste nati
nascerebbe	nascerebbero	sarebbe nato	sarebbero nati

6 Present Subjunctive

		13 Past Subjunctive	
nasca	nasciamo	sia nato	siamo nati
nasca	nasciate	sia nato	siate nati
nasca	nascano	sia nato	siano nati

7 Imperfect Subjunctive

		14 Past Perfect Subjunctive	
nascessi	nascessimo	fossi nato	fossimo nati
nascessi	nasceste	fossi nato	foste nati
nascesse	nascessero	fosse nato	fossero nati

Imperative	
—	nasciamo
nasci (non nascere)	nascete
nasca	nascano

Samples of verb usage

Dante nacque nel mille duecento sessantacinque.   Dante was born in 1265.
Lei non è nata ieri.   She wasn't born yesterday.

nascondere

Gerund **nascondendo**   Past Part. **nascosto**

to hide

The Seven Simple Tenses		The Seven Compound Tenses	
Singular	Plural	Singular	Plural
1 Present Indicative		**8 Present Perfect**	
nascondo	nascondiamo	ho nascosto	abbiamo nascosto
nascondi	nascondete	hai nascosto	avete nascosto
nasconde	nascondono	ha nascosto	hanno nascosto
2 Imperfect		**9 Past Perfect**	
nascondevo	nascondevamo	avevo nascosto	avevamo nascosto
nascondevi	nascondevate	avevi nascosto	avevate nascosto
nascondeva	nascondevano	aveva nascosto	avevano nascosto
3 Past Absolute		**10 Past Anterior**	
nascosi	nascondemmo	ebbi nascosto	avemmo nascosto
nascondesti	nascondeste	avesti nascosto	aveste nascosto
nascose	nascosero	ebbe nascosto	ebbero nascosto
4 Future		**11 Future Perfect**	
nasconderò	nasconderemo	avrò nascosto	avremo nascosto
nasconderai	nasconderete	avrai nascosto	avrete nascosto
nasconderà	nasconderanno	avrà nascosto	avranno nascosto
5 Present Conditional		**12 Past Conditional**	
nasconderei	nasconderemmo	avrei nascosto	avremmo nascosto
nasconderesti	nascondereste	avresti nascosto	avreste nascosto
nasconderebbe	nasconderebbero	avrebbe nascosto	avrebbero nascosto
6 Present Subjunctive		**13 Past Subjunctive**	
nasconda	nascondiamo	abbia nascosto	abbiamo nascosto
nasconda	nascondiate	abbia nascosto	abbiate nascosto
nasconda	nascondano	abbia nascosto	abbiano nascosto
7 Imperfect Subjunctive		**14 Past Perfect Subjunctive**	
nascondessi	nascondessimo	avessi nascosto	avessimo nascosto
nascondessi	nascondeste	avessi nascosto	aveste nascosto
nascondesse	nascondessero	avesse nascosto	avessero nascosto

	Imperative	
—		nascondiamo
nascondi (non nascondere)		nascondete
nasconda		nascondano

Samples of verb usage

Mi nascosi nell'armadio quando ero ragazzo.   I hid in the closet when I was a child.
Dove hai nascosto il suo libro?   Where have you hidden his book?

to sail, to navigate

The Seven Simple Tenses		The Seven Compound Tenses	
Singular	Plural	Singular	Plural
1 Present Indicative		**8** Present Perfect	
navigo	navighiamo	ho navigato	abbiamo navigato
navighi	navigate	hai navigato	avete navigato
naviga	navigano	ha navigato	hanno navigato
2 Imperfect		**9** Past Perfect	
navigavo	navigavamo	avevo navigato	avevamo navigato
navigavi	navigavate	avevi navigato	avevate navigato
navigava	navigavano	aveva navigato	avevano navigato
3 Past Absolute		**10** Past Anterior	
navigai	navigammo	ebbi navigato	avemmo navigato
navigasti	navigaste	avesti navigato	aveste navigato
navigò	navigarono	ebbe navigato	ebbero navigato
4 Future		**11** Future Perfect	
navigherò	navigheremo	avrò navigato	avremo navigato
navigherai	navigherete	avrai navigato	avrete navigato
navigherà	navigheranno	avrà navigato	avranno navigato
5 Present Conditional		**12** Past Conditional	
navigherei	navigheremmo	avrei navigato	avremmo navigato
navigheresti	navighereste	avresti navigato	avreste navigato
navigherebbe	navigherebbero	avrebbe navigato	avrebbero navigato
6 Present Subjunctive		**13** Past Subjunctive	
navighi	navighiamo	abbia navigato	abbiamo navigato
navighi	navighiate	abbia navigato	abbiate navigato
navighi	navighino	abbia navigato	abbiano navigato
7 Imperfect Subjunctive		**14** Past Perfect Subjunctive	
navigassi	navigassimo	avessi navigato	avessimo navigato
navigassi	navigaste	avessi navigato	aveste navigato
navigasse	navigassero	avesse navigato	avessero navigato

Imperative	
—	navighiamo
naviga (non navigare)	navigate
navighi	navighino

Samples of verb usage

Ho navigato per tutto il mondo.   I have sailed the whole world.
Gli piace navigare nella sua barca a vela.   He likes to sail in his sailboat.

to deny

The Seven Simple Tenses		The Seven Compound Tenses	
Singular	Plural	Singular	Plural
1 Present Indicative		**8 Present Perfect**	
nego	neghiamo	ho negato	abbiamo negato
neghi	negate	hai negato	avete negato
nega	negano	ha negato	hanno negato
2 Imperfect		**9 Past Perfect**	
negavo	negavamo	avevo negato	avevamo negato
negavi	negavate	avevi negato	avevate negato
negava	negavano	aveva negato	avevano negato
3 Past Absolute		**10 Past Anterior**	
negai	negammo	ebbi negato	avemmo negato
negasti	negaste	avesti negato	aveste negato
negò	negarono	ebbe negato	ebbero negato
4 Future		**11 Future Perfect**	
negherò	negheremo	avrò negato	avremo negato
negherai	negherete	avrai negato	avrete negato
negherà	negheranno	avrà negato	avranno negato
5 Present Conditional		**12 Past Conditional**	
negherei	negheremmo	avrei negato	avremmo negato
negheresti	neghereste	avresti negato	avreste negato
negherebbe	negherebbero	avrebbe negato	avrebbero negato
6 Present Subjunctive		**13 Past Subjunctive**	
neghi	neghiamo	abbia negato	abbiamo negato
neghi	neghiate	abbia negato	abbiate negato
neghi	neghino	abbia negato	abbiano negato
7 Imperfect Subjunctive		**14 Past Perfect Subjunctive**	
negassi	negassimo	avessi negato	avessimo negato
negassi	negaste	avessi negato	aveste negato
negasse	negassero	avesse negato	avessero negato

	Imperative	
—		neghiamo
nega (non negare)		negate
neghi		neghino

Samples of verb usage

L'uomo nega l'accusa.   The man denies the charge (pleads not guilty).
Non nego che ho visto il film.   I don't deny that I have seen the film.

The Seven Simple Tenses		The Seven Compound Tenses	
Singular	Plural	Singular	Plural

1 Present Indicative

		8 Present Perfect	
negozio	negoziamo	ho negoziato	abbiamo negoziato
negozi	negoziate	hai negoziato	avete negoziato
negozia	negoziano	ha negoziato	hanno negoziato

2 Imperfect

		9 Past Perfect	
negoziavo	negoziavamo	avevo negoziato	avevamo negoziato
negoziavi	negoziavate	avevi negoziato	avevate negoziato
negoziava	negoziavano	aveva negoziato	avevano negoziato

3 Past Absolute

		10 Past Anterior	
negoziai	negoziammo	ebbi negoziato	avemmo negoziato
negoziasti	negoziaste	avesti negoziato	aveste negoziato
negoziò	negoziarono	ebbe negoziato	ebbero negoziato

4 Future

		11 Future Perfect	
negozierò	negozieremo	avrò negoziato	avremo negoziato
negozierai	negozierete	avrai negoziato	avrete negoziato
negozierà	negozieranno	avrà negoziato	avranno negoziato

5 Present Conditional

		12 Past Conditional	
negozierei	negozieremmo	avrei negoziato	avremmo negoziato
negozieresti	negoziereste	avresti negoziato	avreste negoziato
negozierebbe	negozierebbero	avrebbe negoziato	avrebbero negoziato

6 Present Subjunctive

		13 Past Subjunctive	
negozi	negoziamo	abbia negoziato	abbiamo negoziato
negozi	negoziate	abbia negoziato	abbiate negoziato
negozi	negozino	abbia negoziato	abbiano negoziato

7 Imperfect Subjunctive

		14 Past Perfect Subjunctive	
negoziassi	negoziassimo	avessi negoziato	avessimo negoziato
negoziassi	negoziaste	avessi negoziato	aveste negoziato
negoziasse	negoziassero	avesse negoziato	avessero negoziato

Imperative

—	negoziamo
negozia (non negoziare)	negoziate
negozi	negozino

Samples of verb usage

Ho negoziato un affare con Michele.   I negotiated a business deal with Michael.
negoziare la pace   to negotiate peace

to snow

The Seven Simple Tenses		The Seven Compound Tenses	
Singular	Plural	Singular	Plural
1 Present Indicative **nevica**		**8** Present Perfect **è nevicato**	
2 Imperfect **nevicava**		**9** Past Perfect **era nevicato**	
3 Past Absolute **nevicò**		**10** Past Anterior **fu nevicato**	
4 Future **nevicherà**		**11** Future Perfect **sarà nevicato**	
5 Present Conditional **nevicherebbe**		**12** Past Conditional **sarebbe nevicato**	
6 Present Subjunctive **nevichi**		**13** Past Subjunctive **sia nevicato**	
7 Imperfect Subjunctive **nevicasse**		**14** Past Perfect Subjunctive **fosse nevicato**	

Imperative
nevichi

Samples of verb usage

Nevica oggi.   It is snowing today.
Sarà nevicato durante la notte.   It must have snowed during the night.

NOTE: Most weather-related verbs are used only in the third-person singular.

to hire, to charter

The Seven Simple Tenses		The Seven Compound Tenses	
Singular	Plural	Singular	Plural
1 Present Indicative		**8 Present Perfect**	
noleggio	noleggiamo	ho noleggiato	abbiamo noleggiato
noleggi	noleggiate	hai noleggiato	avete noleggiato
noleggia	noleggiano	ha noleggiato	hanno noleggiato
2 Imperfect		**9 Past Perfect**	
noleggiavo	noleggiavamo	avevo noleggiato	avevamo noleggiato
noleggiavi	noleggiavate	avevi noleggiato	avevate noleggiato
noleggiava	noleggiavano	aveva noleggiato	avevano noleggiato
3 Past Absolute		**10 Past Anterior**	
noleggiai	noleggiammo	ebbi noleggiato	avemmo noleggiato
noleggiasti	noleggiaste	avesti noleggiato	aveste noleggiato
noleggiò	noleggiarono	ebbe noleggiato	ebbero noleggiato
4 Future		**11 Future Perfect**	
noleggerò	noleggeremo	avrò noleggiato	avremo noleggiato
noleggerai	noleggerete	avrai noleggiato	avrete noleggiato
noleggerà	noleggeranno	avrà noleggiato	avranno noleggiato
5 Present Conditional		**12 Past Conditional**	
noleggerei	noleggeremmo	avrei noleggiato	avremmo noleggiato
noleggeresti	noleggereste	avresti noleggiato	avreste noleggiato
noleggerebbe	noleggerebbero	avrebbe noleggiato	avrebbero noleggiato
6 Present Subjunctive		**13 Past Subjunctive**	
noleggi	noleggiamo	abbia noleggiato	abbiamo noleggiato
noleggi	noleggiate	abbia noleggiato	abbiate noleggiato
noleggi	noleggino	abbia noleggiato	abbiano noleggiato
7 Imperfect Subjunctive		**14 Past Perfect Subjunctive**	
noleggiassi	noleggiassimo	avessi noleggiato	avessimo noleggiato
noleggiassi	noleggiaste	avessi noleggiato	aveste noleggiato
noleggiasse	noleggiassero	avesse noleggiato	avessero noleggiato

	Imperative	
—		noleggiamo
noleggia (non noleggiare)		noleggiate
noleggi		noleggino

Samples of verb usage

Ho noleggiato una macchina.   I hired (rented) a car.
Macchine da noleggio!   Cars for hire!

281

nominare

Gerund **nominando**   Past Part. **nominato**

to name, to call, to mention

The Seven Simple Tenses		The Seven Compound Tenses	
Singular	Plural	Singular	Plural
1 Present Indicative		**8 Present Perfect**	
nomino	nominiamo	ho nonimato	abbiamo nominato
nomini	nominate	hai nominato	avete nominato
nomina	nominano	ha nominato	hanno nominato
2 Imperfect		**9 Past Perfect**	
nominavo	nominavamo	avevo nominato	avevamo nominato
nominavi	nominavate	avevi nominato	avevate nominato
nominava	nominavano	aveva nominato	avevano nominato
3 Past Absolute		**10 Past Anterior**	
nominai	nominammo	ebbi nominato	avemmo nominato
nominasti	nominaste	avesti nominato	aveste nominato
nominò	nominarono	ebbe nominato	ebbero nominato
4 Future		**11 Future Perfect**	
nominerò	nomineremo	avrò nominato	avremo nominato
nominerai	nominerete	avrai nominato	avrete nominato
nominerà	nomineranno	avrà nominato	avranno nominato
5 Present Conditional		**12 Past Conditional**	
nominerei	nomineremmo	avrei nominato	avremmo nominato
nomineresti	nominereste	avresti nominato	avreste nominato
nominerebbe	nominerebbero	avrebbe nominato	avrebbero nominato
6 Present Subjunctive		**13 Past Subjunctive**	
nomini	nominiamo	abbia nominato	abbiamo nominato
nomini	nominiate	abbia nominato	abbiate nominato
nomini	nominino	abbia nominato	abbiano nominato
7 Imperfect Subjunctive		**14 Past Perfect Subjunctive**	
nominassi	nominassimo	avessi nominato	avessimo nominato
nominassi	nominaste	avessi nominato	aveste nominato
nominasse	nominassero	avesse nominato	avessero nominato

Imperative	
—	nominiamo
nomina (non nominare)	nominate
nomini	nominino

Samples of verb usage

Nominarono al bambino Giovanni.   They called (named) the baby John.
Non si nominano queste cose fra persone educate.   These things are not mentioned in polite society.

to note, to write down

The Seven Simple Tenses		The Seven Compound Tenses	
Singular	Plural	Singular	Plural

1 Present Indicative

		8 Present Perfect	
noto	notiamo	ho notato	abbiamo notato
noti	notate	hai notato	avete notato
nota	notano	ha notato	hanno notato

2 Imperfect

		9 Past Perfect	
notavo	notavamo	avevo notato	avevamo notato
notavi	notavate	avevi notato	avevate notato
notava	notavano	aveva notato	avevano notato

3 Past Absolute

		10 Past Anterior	
notai	notammo	ebbi notato	avemmo notato
notasti	notaste	avesti notato	aveste notato
notò	notarono	ebbe notato	ebbero notato

4 Future

		11 Future Perfect	
noterò	noteremo	avrò notato	avremo notato
noterai	noterete	avrai notato	avrete notato
noterà	noteranno	avrà notato	avranno notato

5 Present Conditional

		12 Past Conditional	
noterei	noteremmo	avrei notato	avremmo notato
noteresti	notereste	avresti notato	avreste notato
noterebbe	noterebbero	avrebbe notato	avrebbero notato

6 Present Subjunctive

		13 Past Subjunctive	
noti	notiamo	abbia notato	abbiamo notato
noti	notiate	abbia notato	abbiate notato
noti	notino	abbia notato	abbiano notato

7 Imperfect Subjunctive

		14 Past Perfect Subjunctive	
notassi	notassimo	avessi notato	avessimo notato
notassi	notaste	avessi notato	aveste notato
notasse	notassero	avesse notato	avessero notato

Imperative

—		notiamo
nota (non notare)		notate
noti		notino

Samples of verb usage

Abbiamo notato tutto quello che ha detto.   We wrote down everything she said.
Notai che lui era molto timido.   I noted that he was very shy.

notificare

to notify

The Seven Simple Tenses		The Seven Compound Tenses	
Singular	Plural	Singular	Plural
1 Present Indicative		**8** Present Perfect	
notifico	notifichiamo	ho notificato	abbiamo notificato
notifichi	notificate	hai notificato	avete notificato
notifica	notificano	ha notificato	hanno notificato
2 Imperfect		**9** Past Perfect	
notificavo	notificavamo	avevo notificato	avevamo notificato
notificavi	notificavate	avevi notificato	avevate notificato
notificava	notificavano	aveva notificato	avevano notificato
3 Past Absolute		**10** Past Anterior	
notificai	notificammo	ebbi notificato	avemmo notificato
notificasti	notificaste	avesti notificato	aveste notificato
notificò	notificarono	ebbe notificato	ebbero notificato
4 Future		**11** Future Perfect	
notificherò	notificheremo	avrò notificato	avremo notificato
notificherai	notificherete	avrai notificato	avrete notificato
notificherà	notificheranno	avrà notificato	avranno notificato
5 Present Conditional		**12** Past Conditional	
notificherei	notificheremmo	avrei notificato	avremmo notificato
notificheresti	notifichereste	avresti notificato	avreste notificato
notificherebbe	notificherebbero	avrebbe notificato	avrebbero notificato
6 Present Subjunctive		**13** Past Subjunctive	
notifichi	notifichiamo	abbia notificato	abbiamo notificato
notifichi	notifichiate	abbia notificato	abbiate notificato
notifichi	notifichino	abbia notificato	abbiano notificato
7 Imperfect Subjunctive		**14** Past Perfect Subjunctive	
notificassi	notificassimo	avessi notificato	avessimo notificato
notificassi	notificaste	avessi notificato	aveste notificato
notificasse	notificassero	avesse notificato	avessero notificato

	Imperative	
—		notifichiamo
	notifica (non notificare)	notificate
	notifichi	notifichino

Samples of verb usage

Ho notificato il maestro che ero malato.   I notified the teacher that I was ill.
notificare una citazione   to serve a summons
notificare una nascita   to report a birth

to harm, to hurt, to injure

The Seven Simple Tenses		The Seven Compound Tenses	
Singular	Plural	Singular	Plural
1 Present Indicative		**8 Present Perfect**	
noccio (nuoco)	n(u)ociamo	ho nociuto (nuociuto)	abbiamo nociuto
nuoci	n(u)ocete	hai nociuto	avete nociuto
nuoce	nocciono (nuocono)	ha nociuto	hanno nociuto
2 Imperfect		**9 Past Perfect**	
n(u)ocevo	n(u)ocevamo	avevo nociuto	avevamo nociuto
n(u)ocevi	n(u)ocevate	avevi nociuto	avevate nociuto
n(u)oceva	n(u)ocevano	aveva nociuto	avevano nociuto
3 Past Absolute		**10 Past Anterior**	
nocqui	n(u)ocemmo	ebbi nociuto	avemmo nociuto
n(u)ocesti	n(u)oceste	avesti nociuto	aveste nociuto
nocque	nocquero	ebbe nociuto	ebbero nociuto
4 Future		**11 Future Perfect**	
n(u)ocerò	n(u)oceremo	avrò nociuto	avremo nociuto
n(u)ocerai	n(u)ocerete	avrai nociuto	avrete nociuto
n(u)ocerà	n(u)oceranno	avrà nociuto	avranno nociuto
5 Present Conditional		**12 Past Conditional**	
n(u)ocerei	n(u)oceremmo	avrei nociuto	avremmo nociuto
n(u)oceresti	n(u)cereste	avresti nociuto	avreste nociuto
n(u)ocerebbe	n(u)ocerebbero	avrebbe nociuto	avrebbero nociuto
6 Present Subjunctive		**13 Past Subjunctive**	
noccia (nuoca)	n(u)ociamo	abbia nociuto	abbiamo nociuto
noccia (nuoca)	n(u)ociate	abbia nociuto	abbiate nociuto
noccia (nuoca)	nocciano (nuocano)	abbia nociuto	abbiano nociuto
7 Imperfect Subjunctive		**14 Past Perfect Subjunctive**	
n(u)ocessi	n(u)ocessimo	avessi nociuto	avessimo nociuto
n(u)ocessi	n(u)oceste	avessi nociuto	aveste nociuto
n(u)ocesse	n(u)ocessero	avesse nociuto	avessero nociuto

Imperative		
—		n(u)ociamo
nuoci (non nuocere)		n(u)ocete
noccia (nuoca)		nocciano (nuocano)

Samples of verb usage

Il fumare nuoce alla salute.   Smoking is harmful to one's health.
Non nuocerà ripeterglielo.   It will not hurt to tell him again.

to swim

The Seven Simple Tenses		The Seven Compound Tenses	
Singular	Plural	Singular	Plural
1 Present Indicative		**8 Present Perfect**	
nuoto	nuotiamo	ho nuotato	abbiamo nuotato
nuoti	nuotate	hai nuotato	avete nuotato
nuota	nuotano	ha nuotato	hanno nuotato
2 Imperfect		**9 Past Perfect**	
nuotavo	nuotavamo	avevo nuotato	avevamo nuotato
nuotavi	nuotavate	avevi nuotato	avevate nuotato
nuotava	nuotavano	aveva nuotato	avevano nuotato
3 Past Absolute		**10 Past Anterior**	
nuotai	nuotammo	ebbi nuotato	avemmo nuotato
nuotasti	nuotaste	avesti nuotato	aveste nuotato
nuotò	nuotarono	ebbe nuotato	ebbero nuotato
4 Future		**11 Future Perfect**	
nuoterò	nuoteremo	avrò nuotato	avremo nuotato
nuoterai	nuoterete	avrai nuotato	avrete nuotato
nuoterà	nuoteranno	avrà nuotato	avranno nuotato
5 Present Conditional		**12 Past Conditional**	
nuoterei	nuoteremmo	avrei nuotato	avremmo nuotato
nuoteresti	nuotereste	avresti nuotato	avreste nuotato
nuoterebbe	nuoterebbero	avrebbe nuotato	avrebbero nuotato
6 Present Subjunctive		**13 Past Subjunctive**	
nuoti	nuotiamo	abbia nuotato	abbiamo nuotato
nuoti	nuotiate	abbia nuotato	abbiate nuotato
nuoti	nuotino	abbia nuotato	abbiano nuotato
7 Imperfect Subjunctive		**14 Past Perfect Subjunctive**	
nuotassi	nuotassimo	avessi nuotato	avessimo nuotato
nuotassi	nuotaste	avessi nuotato	aveste nuotato
nuotasse	nuotassero	avesse nuotato	avessero nuotato

Imperative

—	nuotiamo
nuota (non nuotare)	nuotate
nuoti	nuotino

Samples of verb usage

Ho nuotato per due ore oggi.   I swam for two hours today.
nuotare sott'acqua   to swim under water
nuotare a rana   to do the breast stroke
nuotare a farfalla   to do the butterfly stroke

to feed, to nourish

The Seven Simple Tenses		The Seven Compound Tenses	
Singular	Plural	Singular	Plural
1 Present Indicative		**8 Present Perfect**	
nutro	nutriamo	ho nutrito	abbiamo nutrito
nutri	nutrite	hai nutrito	avete nutrito
nutre	nutrono	ha nutrito	hanno nutrito
2 Imperfect		**9 Past Perfect**	
nutrivo	nutrivamo	avevo nutrito	avevamo nutrito
nutrivi	nutrivate	avevi nutrito	avevate nutrito
nutriva	nutrivano	aveva nutrito	avevano nutrito
3 Past Absolute		**10 Past Anterior**	
nutrii	nutrimmo	ebbi nutrito	avemmo nutrito
nutristi	nutriste	avesti nutrito	aveste nutrito
nutrì	nutrirono	ebbe nutrito	ebbero nutrito
4 Future		**11 Future Perfect**	
nutrirò	nutriremo	avrò nutrito	avremo nutrito
nutrirai	nutrirete	avrai nutrito	avrete nutrito
nutrirà	nutriranno	avrà nutrito	avranno nutrito
5 Present Conditional		**12 Past Conditional**	
nutrirei	nutriremmo	avrei nutrito	avremmo nutrito
nutriresti	nutrireste	avresti nutrito	avreste nutrito
nutrirebbe	nutrirebbero	avrebbe nutrito	avrebbero nutrito
6 Present Subjunctive		**13 Past Subjunctive**	
nutra	nutriamo	abbia nutrito	abbiamo nutrito
nutra	nutriate	abbia nutrito	abbiate nutrito
nutra	nutrano	abbia nutrito	abbiano nutrito
7 Imperfect Subjunctive		**14 Past Perfect Subjunctive**	
nutrissi	nutrissimo	avessi nutrito	avessimo nutrito
nutrissi	nutriste	avessi nutrito	aveste nutrito
nutrisse	nutrissero	avesse nutrito	avessero nutrito

Imperative

—	nutriamo
nutri (non nutrire)	nutrite
nutra	nutrano

Samples of verb usage

Il pane nutre molto.   Bread is very nourishing.
nutrire la terra col concime   to feed the soil with fertilizer

to oblige

The Seven Simple Tenses		The Seven Compound Tenses	
Singular	Plural	Singular	Plural

1 Present Indicative

		8 Present Perfect	
obbligo	obblighiamo	ho obbligato	abbiamo obbligato
obblighi	obbligate	hai obbligato	avete obbligato
obbliga	obbligano	ha obbligato	hanno obbligato

2 Imperfect

		9 Past Perfect	
obbligavo	obbligavamo	avevo obbligato	avevamo obbligato
obbligavi	obbligavate	avevi obbligato	avevate obbligato
obbligava	obbligavano	aveva obbligato	avevano obbligato

3 Past Absolute

		10 Past Anterior	
obbligai	obbligammo	ebbi obbligato	avemmo obbligato
obbligasti	obbligaste	avesti obbligato	aveste obbligato
obbligò	obbligarono	ebbe obbligato	ebbero obbligato

4 Future

		11 Future Perfect	
obbligherò	obbligheremo	avrò obbligato	avremo obbligato
obbligherai	obbligherete	avrai obbligato	avrete obbligato
obbligherà	obbligheranno	avrà obbligato	avranno obbligato

5 Present Conditional

		12 Past Conditional	
obbligherei	obbligheremmo	avrei obbligato	avremmo obbligato
obbligheresti	obblighereste	avresti obbligato	avreste obbligato
obbligherebbe	obbligherebbero	avrebbe obbligato	avrebbero obbligato

6 Present Subjunctive

		13 Past Subjunctive	
obblighi	obblighiamo	abbia obbligato	abbiamo obbligato
obblighi	obblighiate	abbia obbligato	abbiate obbligato
obblighi	obblighino	abbia obbligato	abbiano obbligato

7 Imperfect Subjunctive

		14 Past Perfect Subjunctive	
obbligassi	obbligassimo	avessi obbligato	avessimo obbligato
obbligassi	obbligaste	avessi obbligato	aveste obbligato
obbligasse	obbligassero	avesse obbligato	avessero obbligato

Imperative

—	obblighiamo
obbliga (non obbligare)	obbligate
obblighi	obblighino

Samples of verb usage

Ho obbligato Giovanni a venire con me.   I forced John to come with me.
La neve ci obbligò a restare a casa.   The snow compelled us to stay home.
obbligato a letto   confined to bed

to be necessary

The Seven Simple Tenses		The Seven Compound Tenses	
Singular	Plural	Singular	Plural
1 Present Indicative		**8** Present Perfect	
occorre	**occorrono**	**è occorso**	**sono occorsi**
2 Imperfect		**9** Past Perfect	
occorreva	**occorrevano**	**era occorso**	**erano occorsi**
3 Past Absolute		**10** Past Anterior	
occorse	**occorsero**	**fu occorso**	**furono occorsi**
4 Future		**11** Future Perfect	
occorrerà	**occorreranno**	**sarà occorso**	**saranno occorsi**
5 Present Conditional		**12** Past Conditional	
occorrerebbe	**occorrerebbero**	**sarebbe occorso**	**sarebbero occorsi**
6 Present Subjunctive		**13** Past Subjunctive	
occorra	**occorrano**	**sia occorso**	**siano occorsi**
7 Imperfect Subjunctive		**14** Past Perfect Subjunctive	
occorresse	**occorressero**	**fosse occorso**	**fossero occorsi**

Imperative
—

Occore un martello per finire il lavoro.   A hammer is necessary to finish the work.
Occorono molte persone per costruire una casa.   Many people are necessary (needed) to build a house.

NOTE: As with all impersonal verbs, this verb is usually used only in the third person singular and third person plural forms. Therefore, for convenience, the other forms are omitted here.

to occupy

The Seven Simple Tenses		The Seven Compound Tenses	
Singular	Plural	Singular	Plural
1 Present Indicative		**8 Present Perfect**	
occupo	occupiamo	ho occupato	abbiamo occupato
occupi	occupate	hai occupato	avete occupato
occupa	occupano	ha occupato	hanno occupato
2 Imperfect		**9 Past Perfect**	
occupavo	occupavamo	avevo occupato	avevamo occupato
occupavi	occupavate	avevi occupato	avevate occupato
occupava	occupavano	aveva occupato	avevano occupato
3 Past Absolute		**10 Past Anterior**	
occupai	occupammo	ebbi occupato	avemmo occupato
occupasti	occupaste	avesti occupato	aveste occupato
occupò	occuparono	ebbe occupato	ebbero occupato
4 Future		**11 Future Perfect**	
occuperò	occuperemo	avrò occupato	avremo occupato
occuperai	occuperete	avrai occupato	avrete occupato
occuperà	occuperanno	avrà occupato	avranno occupato
5 Present Conditional		**12 Past Conditional**	
occuperei	occuperemmo	avrei occupato	avremmo occupato
occuperesti	occupereste	avresti occupato	avreste occupato
occuperebbe	occuperebbero	avrebbe occupato	avrebbero occupato
6 Present Subjunctive		**13 Past Subjunctive**	
occupi	occupiamo	abbia occupato	abbiamo occupato
occupi	occupiate	abbia occupato	abbiate occupato
occupi	occupino	abbia occupato	abbiano occupato
7 Imperfect Subjunctive		**14 Past Perfect Subjunctive**	
occupassi	occupassimo	avessi occupato	avessimo occupato
occupassi	occupaste	avessi occupato	aveste occupato
occupasse	occupassero	avesse occupato	avessero occupato

	Imperative	
—		occupiamo
occupa (non occupare)		occupate
occupi		occupino

Samples of verb usage

Lui occupa questo posto.　　He occupies this place.
Questi libri occupano molto luogo.　　These books take up a lot of space.

to detest, to loathe, to hate

The Seven Simple Tenses		The Seven Compound Tenses	
Singular	Plural	Singular	Plural
1 Present Indicative		**8** Present Perfect	
odio	odiamo	ho odiato	abbiamo odiato
odii	odiate	hai odiato	avete odiato
odia	odiano	ha odiato	hanno odiato
2 Imperfect		**9** Past Perfect	
odiavo	odiavamo	avevo odiato	avevamo odiato
odiavi	odiavate	avevi odiato	avevate odiato
odiava	odiavano	aveva odiato	avevano odiato
3 Past Absolute		**10** Past Anterior	
odiai	odiammo	ebbi odiato	avemmo odiato
odiasti	odiaste	avesti odiato	aveste odiato
odiò	odiarono	ebbe odiato	ebbero odiato
4 Future		**11** Future Perfect	
odierò	odieremo	avrò odiato	avremo odiato
odierai	odierete	avrai odiato	avrete odiato
odierà	odieranno	avrà odiato	avranno odiato
5 Present Conditional		**12** Past Conditional	
odierei	odieremmo	avrei odiato	avremmo odiato
odieresti	odiereste	avresti odiato	avreste odiato
odierebbe	odierebbero	avrebbe odiato	avrebbero odiato
6 Present Subjunctive		**13** Past Subjunctive	
odii	odiamo	abbia odiato	abbiamo odiato
odii	odiate	abbia odiato	abbiate odiato
odii	odino	abbia odiato	abbiano odiato
7 Imperfect Subjunctive		**14** Past Perfect Subjunctive	
odiassi	odiassimo	avessi odiato	avessimo odiato
odiassi	odiaste	avessi odiato	aveste odiato
odiasse	odiassero	avesse odiato	avessero odiato

Imperative

—	**odiamo**
odia (non odiare)	**odiate**
odii	**odino**

Samples of verb usage

Odio alzarmi presto.   I hate to get up early.
Loro si odiano.   They loathe each other.

to offend

The Seven Simple Tenses		The Seven Compound Tenses	
Singular	Plural	Singular	Plural
1 Present Indicative		**8 Present Perfect**	
offendo	offendiamo	ho offeso	abbiamo offeso
offendi	offendete	hai offeso	avete offeso
offende	offendono	ha offeso	hanno offeso
2 Imperfect		**9 Past Perfect**	
offendevo	offendevamo	avevo offeso	avevamo offeso
offendevi	offendevate	avevi offeso	avevate offeso
offendeva	offendevano	aveva offeso	avevano offeso
3 Past Absolute		**10 Past Anterior**	
offesi	offendemmo	ebbi offeso	avemmo offeso
offendesti	offendeste	avesti offeso	aveste offeso
offese	offesero	ebbe offeso	ebbero offeso
4 Future		**11 Future Perfect**	
offenderò	offenderemo	avrò offeso	avremo offeso
offenderai	offenderete	avrai offeso	avrete offeso
offenderà	offenderanno	avrà offeso	avranno offeso
5 Present Conditional		**12 Past Conditional**	
offenderei	offenderemmo	avrei offeso	avremmo offeso
offenderesti	offendereste	avresti offeso	avreste offeso
offenderebbe	offenderebbero	avrebbe offeso	avrebbero offeso
6 Present Subjunctive		**13 Past Subjunctive**	
offenda	offendiamo	abbia offeso	abbiamo offeso
offenda	offendiate	abbia offeso	abbiate offeso
offenda	offendano	abbia offeso	abbiano offeso
7 Imperfect Subjunctive		**14 Past Perfect Subjunctive**	
offendessi	offendessimo	avessi offeso	avessimo offeso
offendessi	offendeste	avessi offeso	aveste offeso
offendesse	offendessero	avesse offeso	avessero offeso

	Imperative	
—		offendiamo
offendi (non offendere)		offendete
offenda		offendano

Samples of verb usage

Lui mi ha offeso.   He has offended me.
La tua condotta mi offende.   Your behavior offends me.
offendere la legge   to break the law

The Seven Simple Tenses		The Seven Compound Tenses	
Singular	Plural	Singular	Plural

1   Present Indicative

		8 Present Perfect	
offro	offriamo	ho offerto	abbiamo offerto
offri	offrite	hai offerto	avete offerto
offre	offrono	ha offerto	hanno offerto

2   Imperfect

		9 Past Perfect	
offrivo	offrivamo	avevo offerto	avevamo offerto
offrivi	offrivate	avevi offerto	avevate offerto
offriva	offrivano	aveva offerto	avevano offerto

3   Past Absolute

		10 Past Anterior	
offersi (ofrii)	offrimmo	ebbi offerto	avemmo offerto
offristi	offriste	avesti offerto	aveste offerto
offerse (ofrì)	offersero (offrirono)	ebbe offerto	ebbero offerto

4   Future

		11 Future Perfect	
offrirò	offriremo	avrò offerto	avremo offerto
offrirai	offrirete	avrai offerto	avrete offerto
offrirà	offriranno	avrà offerto	avranno offerto

5   Present Conditional

		12 Past Conditional	
offrirei	offriremmo	avrei offerto	avremmo offerto
offriresti	offrireste	avresti offerto	avreste offerto
offrirebbe	offrirebbero	avrebbe offerto	avrebbero offerto

6   Present Subjunctive

		13 Past Subjunctive	
offra	offriamo	abbia offerto	abbiamo offerto
offra	offriate	abbia offerto	abbiate offerto
offra	offrano	abbia offerto	abbiano offerto

7   Imperfect Subjunctive

		14 Past Perfect Subjunctive	
offrissi	offrissimo	avessi offerto	avessimo offerto
offrissi	offriste	avessi offerto	aveste offerto
offrisse	offrissero	avesse offerto	avessero offerto

Imperative

—	offriamo
offri (non offrire)	offrite
offra	offrano

Samples of verb usage

Lei mi offre da bere.   She offers me a drink.
Lui mi offrì la sua amicizia.   He offered me his friendship.

omettere

to omit

The Seven Simple Tenses		The Seven Compound Tenses	
Singular	Plural	Singular	Plural
1 Present Indicative		**8 Present Perfect**	
ometto	omettiamo	ho omesso	abbiamo omesso
ometti	omettete	hai omesso	avete omesso
omette	omettono	ha omesso	hanno omesso
2 Imperfect		**9 Past Perfect**	
omettevo	omettevamo	avevo omesso	avevamo omesso
omettevi	omettevate	avevi omesso	avevate omesso
ometteva	omettevano	aveva omesso	avevano omesso
3 Past Absolute		**10 Past Anterior**	
omisi	omettemmo	ebbi omesso	avemmo omesso
omettesti	ometteste	avesti omesso	aveste omesso
omise	omisero	ebbe omesso	ebbero omesso
4 Future		**11 Future Perfect**	
ometterò	ometteremo	avrò omesso	avremo omesso
ometterai	ometterete	avrai omesso	avrete omesso
ometterà	ometteranno	avrà omesso	avranno omesso
5 Present Conditional		**12 Past Conditional**	
ometterei	ometteremmo	avrei omesso	avremmo omesso
ometteresti	omettereste	avresti omesso	avreste omesso
ometterebbe	ometterebbero	avrebbe omesso	avrebbero omesso
6 Present Subjunctive		**13 Past Subjunctive**	
ometta	omettiamo	abbia omesso	abbiamo omesso
ometta	omettiate	abbia omesso	abbiate omesso
ometta	omettano	abbia omesso	abbiano omesso
7 Imperfect Subjunctive		**14 Past Perfect Subjunctive**	
omettessi	omettessimo	avessi omesso	avessimo omesso
omettessi	ometteste	avessi omesso	aveste omesso
omettesse	omettessero	avesse omesso	avessero omesso

	Imperative	
—		omettiamo
ometti (non omettere)		omettete
ometta		omettano

Samples of verb usage

Non scrivo bene; ometto molte parole.   I don't write well; I leave out many words.
Lui non ha omesso niente.   He has not omitted anything.

The Seven Simple Tenses		The Seven Compound Tenses	
Singular	Plural	Singular	Plural

1 Present Indicative

onoro	onoriamo
onori	onorate
onora	onorano

8 Present Perfect

ho onorato	abbiamo onorato
hai onorato	avete onorato
ha onorato	hanno onorato

2 Imperfect

onoravo	onoravamo
onoravi	onoravate
onorava	onoravano

9 Past Perfect

avevo onorato	avevamo onorato
avevi onorato	avevate onorato
aveva onorato	avevano onorato

3 Past Absolute

onorai	onorammo
onorasti	onoraste
onorò	onorarono

10 Past Anterior

ebbi onorato	avemmo onorato
avesti onorato	aveste onorato
ebbe onorato	ebbero onorato

4 Future

onorerò	onoreremo
onorerai	onorerete
onorerà	onoreranno

11 Future Perfect

avrò onorato	avremo onorato
avrai onorato	avrete onorato
avrà onorato	avranno onorato

5 Present Conditional

onorerei	onoreremmo
onoreresti	onorereste
onorerebbe	onorerebbero

12 Past Conditional

avrei onorato	avremmo onorato
avresti onorato	avreste onorato
avrebbe onorato	avrebbero onorato

6 Present Subjunctive

onori	onoriamo
onori	onoriate
onori	onorino

13 Past Subjunctive

abbia onorato	abbiamo onorato
abbia onorato	abbiate onorato
abbia onorato	abbiano onorato

7 Imperfect Subjunctive

onorassi	onorassimo
onorassi	onoraste
onorasse	onorassero

14 Past Perfect Subjunctive

avessi onorato	avessimo onorato
avessi onorato	aveste onorato
avesse onorato	avessero onorato

Imperative

—	onoriamo
onora (non onorare)	onorate
onori	onorino

Samples of verb usage

Tu devi onorare i tuoi genitori.   You must honor your parents.
Lo onorarono con una medaglia d'oro.   They honored him with a gold medal.
onorare la memoria dei grandi   to honor the memory of great men

operare

Gerund **operando** Past Part. **operato**

to operate, to perform

The Seven Simple Tenses		The Seven Compound Tenses	
Singular	Plural	Singular	Plural
1 Present Indicative		**8 Present Perfect**	
opero	operiamo	ho operato	abbiamo operato
operi	operate	hai operato	avete operato
opera	operano	ha operato	hanno operato
2 Imperfect		**9 Past Perfect**	
operavo	operavamo	avevo operato	avevamo operato
operavi	operavate	avevi operato	avevate operato
operava	operavano	aveva operato	avevano operato
3 Past Absolute		**10 Past Anterior**	
operai	operammo	ebbi operato	avemmo operato
operasti	operaste	avesti operato	aveste operato
operò	operarono	ebbe operato	ebbero operato
4 Future		**11 Future Perfect**	
opererò	opereremo	avrò operato	avremo operato
opererai	opererete	avrai operato	avrete operato
opererà	opereranno	avrà operato	avranno operato
5 Present Conditional		**12 Past Conditional**	
opererei	opereremmo	avrei operato	avremmo operato
opereresti	operereste	avresti operato	avreste operato
opererebbe	opererebbero	avrebbe operato	avrebbero operato
6 Present Subjunctive		**13 Past Subjunctive**	
operi	operiamo	abbia operato	abbiamo operato
operi	operiate	abbia operato	abbiate operato
operi	operino	abbia operato	abbiano operato
7 Imperfect Subjunctive		**14 Past Perfect Subjunctive**	
operassi	operassimo	avessi operato	avessimo operato
operassi	operaste	avessi operato	aveste operato
operasse	operassero	avesse operato	avessero operato

Imperative	
—	operiamo
opera (non operare)	operate
operi	operino

Samples of verb usage

Lui ha operato miracoli con la sua gentilezza. He has performed miracles with his kindness.
Il chirurgo opererà all'uomo. The surgeon will operate on the man.

The Seven Simple Tenses		The Seven Compound Tenses	
Singular	Plural	Singular	Plural
1 Present Indicative		**8 Present Perfect**	
oppongo	opponiamo	ho opposto	abbiamo opposto
opponi	opponete	hai opposto	avete opposto
oppone	oppongono	ha opposto	hanno opposto
2 Imperfect		**9 Past Perfect**	
opponevo	opponevamo	avevo opposto	avevamo opposto
opponevi	opponevate	avevi opposto	avevate opposto
opponeva	opponevano	aveva opposto	avevano opposto
3 Past Absolute		**10 Past Anterior**	
opposi	opponemmo	ebbi opposto	avemmo opposto
opponesti	opponeste	avesti opposto	aveste opposto
oppose	opposero	ebbe opposto	ebbero opposto
4 Future		**11 Future Perfect**	
opporrò	opporremo	avrò opposto	avremo opposto
opporrai	opporrete	avrai opposto	avrete opposto
opporrà	opporranno	avrà opposto	avranno opposto
5 Present Conditional		**12 Past Conditional**	
opporrei	opporremmo	avrei opposto	avremmo opposto
opporresti	opporreste	avresti opposto	avreste opposto
opporrebbe	opporrebbero	avrebbe opposto	avrebbero opposto
6 Present Subjunctive		**13 Past Subjunctive**	
opponga	opponiamo	abbia opposto	abbiamo opposto
opponga	opponiate	abbia opposto	abbiate opposto
opponga	oppongano	abbia opposto	abbiano opposto
7 Imperfect Subjunctive		**14 Past Perfect Subjunctive**	
opponessi	opponessimo	avessi opposto	avessimo opposto
opponessi	opponeste	avessi opposto	aveste opposto
opponesse	opponessero	avesse opposto	avessero opposto

	Imperative	
—		opponiamo
opponi (non opporre)		opponete
opponga		oppongano

Samples of verb usage

Io sono opposto a tutto quello che hai detto.   I am opposed to everything you said.
Loro si oppongono alla tua decisione.   They oppose your decision.

opprimere

Gerund **opprimendo**   Past Part. **oppresso**

to oppress, to weigh down, to overwhelm

The Seven Simple Tenses		The Seven Compound Tenses	
Singular	Plural	Singular	Plural
1 Present Indicative		**8 Present Perfect**	
opprimo	opprimiamo	ho oppresso	abbiamo oppresso
opprimi	opprimete	hai oppresso	avete oppresso
opprime	opprimono	ha oppresso	hanno oppresso
2 Imperfect		**9 Past Perfect**	
opprimevo	opprimevamo	avevo oppresso	avevamo oppresso
opprimevi	opprimevate	avevi oppresso	avevate oppresso
opprimeva	opprimevano	aveva oppresso	avevano oppresso
3 Past Absolute		**10 Past Anterior**	
oppressi	opprimemmo	ebbi oppresso	avemmo oppresso
opprimesti	opprimeste	avesti oppresso	aveste oppresso
oppresse	oppressero	ebbe oppresso	ebbero oppresso
4 Future		**11 Future Perfect**	
opprimerò	opprimeremo	avrò oppresso	avremo oppresso
opprimerai	opprimerete	avrai oppresso	avrete oppresso
opprimerà	opprimeranno	avrà oppresso	avranno oppresso
5 Present Conditional		**12 Past Conditional**	
opprimerei	opprimeremmo	avrei oppresso	avremmo oppresso
opprimeresti	opprimereste	avresti oppresso	avreste oppresso
opprimerebbe	opprimerebbero	avrebbe oppresso	avrebbero oppresso
6 Present Subjunctive		**13 Past Subjunctive**	
opprima	opprimiamo	abbia oppresso	abbiamo oppresso
opprima	opprimiate	abbia oppresso	abbiate oppresso
opprima	opprimano	abbia oppresso	abbiano oppresso
7 Imperfect Subjunctive		**14 Past Perfect Subjunctive**	
opprimessi	opprimessimo	avessi oppresso	avessimo oppresso
opprimessi	opprimeste	avessi oppresso	aveste oppresso
opprimesse	opprimessero	avesse oppresso	avessero oppresso

Imperative	
—	opprimiamo
opprimi (non opprimere)	opprimete
opprima	opprimano

Samples of verb usage

Quel cibo opprime lo stomaco.   That food weighs heavily on the stomach.
opprimere una gente   to oppress a people
opprimere una persona di domande   to overwhelm a person with questions

to order, to arrange, to put in order

The Seven Simple Tenses		The Seven Compound Tenses	
Singular	Plural	Singular	Plural
1 Present Indicative		**8 Present Perfect**	
ordino	ordiniamo	ho ordinato	abbiamo ordinato
ordini	ordinate	hai ordinato	avete ordinato
ordina	ordinano	ha ordinato	hanno ordinato
2 Imperfect		**9 Past Perfect**	
ordinavo	ordinavamo	avevo ordinato	avevamo ordinato
ordinavi	ordinavate	avevi ordinato	avevate ordinato
ordinava	ordinavano	aveva ordinato	avevano ordinato
3 Past Absolute		**10 Past Anterior**	
ordinai	ordinammo	ebbi ordinato	avemmo ordinato
ordinasti	ordinaste	avesti ordinato	aveste ordinato
ordinò	ordinarono	ebbe ordinato	ebbero ordinato
4 Future		**11 Future Perfect**	
ordinerò	ordineremo	avrò ordinato	avremo ordinato
ordinerai	ordinerete	avrai ordinato	avrete ordinato
ordinerà	ordineranno	avrà ordinato	avranno ordinato
5 Present Conditional		**12 Past Conditional**	
ordinerei	ordineremmo	avrei ordinato	avremmo ordinato
ordineresti	ordinereste	avresti ordinato	avreste ordinato
ordinerebbe	ordinerebbero	avrebbe ordinato	avrebbero ordinato
6 Present Subjunctive		**13 Past Subjunctive**	
ordini	ordiniamo	abbia ordinato	abbiamo ordinato
ordini	ordiniate	abbia ordinato	abbiate ordinato
ordini	ordinino	abbia ordinato	abbiano ordinato
7 Imperfect Subjunctive		**14 Past Perfect Subjunctive**	
ordinassi	ordinassimo	avessi ordinato	avessimo ordinato
ordinassi	ordinaste	avessi ordinato	aveste ordinato
ordinasse	ordinassero	avesse ordinato	avessero ordinato

	Imperative	
—		ordiniamo
ordina (non ordinare)		ordinate
ordini		ordinino

Samples of verb usage

Il maestro mi ordinò di entrare in classe.   The teacher ordered me to enter the class.
ordinare i propri affari   to set one's affairs in order

organizzare

Gerund **organizzando**   Past Part. **organizzato**

to organize

The Seven Simple Tenses		The Seven Compound Tenses	
Singular	Plural	Singular	Plural
1 Present Indicative		**8** Present Perfect	
organizzo	organizziamo	ho organizzato	abbiamo organizzato
organizzi	organizzate	hai organizzato	avete organizzato
organizza	organizzano	ha organizzato	hanno organizzato
2 Imperfect		**9** Past Perfect	
organizzavo	organizzavamo	avevo organizzato	avevamo organizzato
organizzavi	organizzavate	avevi organizzato	avevate organizzato
organizzava	organizzavano	aveva organizzato	avevano organizzato
3 Past Absolute		**10** Past Anterior	
organizzai	organizzammo	ebbi organizzato	avemmo organizzato
organizzasti	organizzaste	avesti organizzato	aveste organizzato
organizzò	organizzarono	ebbe organizzato	ebbero organizzato
4 Future		**11** Future Perfect	
organizzerò	organizzeremo	avrò organizzato	avremo organizzato
organizzerai	organizzerete	avrai organizzato	avrete organizzato
organizzerà	organizzeranno	avrà organizzato	avranno organizzato
5 Present Conditional		**12** Past Conditional	
organizzerei	organizzeremmo	avrei organizzato	avremmo organizzato
organizzeresti	organizzereste	avresti organizzato	avreste organizzato
organizzerebbe	organizzerebbero	avrebbe organizzato	avrebbero organizzato
6 Present Subjunctive		**13** Past Subjunctive	
organizzi	organizziamo	abbia organizzato	abbiamo organizzato
organizzi	organizziate	abbia organizzato	abbiate organizzato
organizzi	organizzino	abbia organizzato	abbiano organizzato
7 Imperfect Subjunctive		**14** Past Perfect Subjunctive	
organizzassi	organizzassimo	avessi organizzato	avessimo organizzato
organizzassi	organizzaste	avessi organizzato	aveste organizzato
organizzasse	organizzassero	avesse organizzato	avessero organizzato

Imperative

—	organizziamo
organizza (non organizzare)	organizzate
organizzi	organizzino

Samples of verb usage

I ragazzi organizzarono una festa.   The youngsters organized a party.
Abbiamo organizzato un gruppo per andare in Italia.   We have organized a group to go to
   Italy.

to dare, to venture

The Seven Simple Tenses		The Seven Compound Tenses	
Singular	Plural	Singular	Plural
1 Present Indicative		**8 Present Perfect**	
oso	osiamo	ho osato	abbiamo osato
osi	osate	hai osato	avete osato
osa	osano	ha osato	hanno osato
2 Imperfect		**9 Past Perfect**	
osavo	osavamo	avevo osato	avevamo osato
osavi	osavate	avevi osato	avevate osato
osava	osavano	aveva osato	avevano osato
3 Past Absolute		**10 Past Anterior**	
osai	osammo	ebbi osato	avemmo osato
osasti	osaste	avesti osato	aveste osato
osò	osarono	ebbe osato	ebbero osato
4 Future		**11 Future Perfect**	
oserò	oseremo	avrò osato	avremo osato
oserai	oserete	avrai osato	avrete osato
oserà	oseranno	avrà osato	avranno osato
5 Present Conditional		**12 Past Conditional**	
oserei	oseremmo	avrei osato	avremmo osato
oseresti	osereste	avresti osato	avreste osato
oserebbe	oserebbero	avrebbe osato	avrebbero osato
6 Present Subjunctive		**13 Past Subjunctive**	
osi	osiamo	abbia osato	abbiamo osato
osi	osiate	abbia osato	abbiate osato
osi	osino	abbia osato	abbiano osato
7 Imperfect Subjunctive		**14 Past Perfect Subjunctive**	
osassi	osassimo	avessi osato	avessimo osato
osassi	osaste	avessi osato	aveste osato
osasse	osassero	avesse osato	avessero osato

	Imperative	
—		osiamo
osa (non osare)		osate
osi		osino

Samples of verb usage

Non oso parlare ai miei genitori così.   I don't dare speak to my parents in that way.
Lui sempre osa fare l'impossibile.   He always dares to do the impossible.

oscurare

Gerund **oscurando**   Past Part. **oscurato**

to darken, to obscure, to overshadow

The Seven Simple Tenses		The Seven Compound Tenses	
Singular	Plural	Singular	Plural
1 Present Indicative		**8** Present Perfect	
oscuro	oscuriamo	ho oscurato	abbiamo oscurato
oscuri	oscurate	hai oscurato	avete oscurato
oscura	oscurano	ha oscurato	hanno oscurato
2 Imperfect		**9** Past Perfect	
oscuravo	oscuravamo	avevo oscurato	avevamo oscurato
oscuravi	oscuravate	avevi oscurato	avevate oscurato
oscurava	oscuravano	aveva oscurato	avevano oscurato
3 Past Absolute		**10** Past Anterior	
oscurai	oscurammo	ebbi oscurato	avemmo oscurato
oscurasti	oscuraste	avesti oscurato	aveste oscurato
oscurò	oscurarono	ebbe oscurato	ebbero oscurato
4 Future		**11** Future Perfect	
oscurerò	oscureremo	avrò oscurato	avremo oscurato
oscurerai	oscurerete	avrai oscurato	avrete oscurato
oscurerà	oscureranno	avrà oscurato	avranno oscurato
5 Present Conditional		**12** Past Conditional	
oscurerei	oscureremmo	avrei oscurato	avremmo oscurato
oscureresti	oscurereste	avresti oscurato	avreste oscurato
oscurerebbe	oscurerebbero	avrebbe oscurato	avrebbero oscurato
6 Present Subjunctive		**13** Past Subjunctive	
oscuri	oscuriamo	abbia oscurato	abbiamo oscurato
oscuri	oscuriate	abbia oscurato	abbiate oscurato
oscuri	oscurino	abbia oscurato	abbiano oscurato
7 Imperfect Subjunctive		**14** Past Perfect Subjunctive	
oscurassi	oscurassimo	avessi oscurato	avessimo oscurato
oscurassi	oscuraste	avessi oscurato	aveste oscurato
oscurasse	oscurassero	avesse oscurato	avessero oscurato

	Imperative	
—		oscuriamo
oscura (non oscurare)		oscurate
oscuri		oscurino

Samples of verb usage

Lui oscurò la stanza.   He darkened the room.
Il fumo dal fuoco oscura il cielo.   The smoke from the fire darkens the sky.

302

to observe, to watch

The Seven Simple Tenses		The Seven Compound Tenses	
Singular	Plural	Singular	Plural

1 Present Indicative

		8 Present Perfect	
osservo	osserviamo	ho osservato	abbiamo osservato
osservi	osservate	hai osservato	avete osservato
osserva	osservano	ha osservato	hanno osservato

2 Imperfect

		9 Past Perfect	
osservavo	osservavamo	avevo osservato	avevamo osservato
osservavi	osservavate	avevi osservato	avevate osservato
osservava	osservavano	aveva osservato	avevano osservato

3 Past Absolute

		10 Past Anterior	
osservai	osservammo	ebbi osservato	avemmo osservato
osservasti	osservaste	avesti osservato	aveste osservato
osservò	osservarono	ebbe osservato	ebbero osservato

4 Future

		11 Future Perfect	
osserverò	osserveremo	avrò osservato	avremo osservato
osserverai	osserverete	avrai osservato	avrete osservato
osserverà	osserveranno	avrà osservato	avranno osservato

5 Present Conditional

		12 Past Conditional	
osserverei	osserveremmo	avrei osservato	avremmo osservato
osserveresti	osservereste	avresti osservato	avreste osservato
osserverebbe	osserverebbero	avrebbe osservato	avrebbero osservato

6 Present Subjunctive

		13 Past Subjunctive	
osservi	osserviamo	abbia osservato	abbiamo osservato
osservi	osserviate	abbia osservato	abbiate osservato
osservi	osservino	abbia osservato	abbiano osservato

7 Imperfect Subjunctive

		14 Past Perfect Subjunctive	
osservassi	osservassimo	avessi osservato	avessimo osservato
osservassi	osservaste	avessi osservato	aveste osservato
osservasse	osservassero	avesse osservato	avessero osservato

Imperative

—	osserviamo
osserva (non osservare)	osservate
osservi	osservino

Samples of verb usage

Io osservai tutto l'incidente.   I observed the whole accident.
Maria lo osserva ogni giorno.   Mary watches him every day.

to persist, to insist

The Seven Simple Tenses		The Seven Compound Tenses	
Singular	Plural	Singular	Plural
1 Present Indicative		**8 Present Perfect**	
mi ostino	ci ostiniamo	mi sono ostinato	ci siamo ostinati
ti ostini	vi ostinate	ti sei ostinato	vi siete ostinati
si ostina	si ostinano	si è ostinato	si sono ostinati
2 Imperfect		**9 Past Perfect**	
mi ostinavo	ci ostinavamo	mi ero ostinato	ci eravamo ostinati
ti ostinavi	vi ostinavate	ti eri ostinato	vi eravate ostinati
si ostinava	si ostinavano	si era ostinato	si erano ostinati
3 Past Absolute		**10 Past Anterior**	
mi ostinai	ci ostinammo	mi fui ostinato	ci fummo ostinati
ti ostinasti	vi ostinaste	ti fosti ostinato	vi foste ostinati
si ostinò	si ostinarono	si fu ostinato	si furono ostinati
4 Future		**11 Future Perfect**	
mi ostinerò	ci ostineremo	mi sarò ostinato	ci saremo ostinati
ti ostinerai	vi ostinerete	ti sarai ostinato	vi sarete ostinati
si ostinerà	si ostineranno	si sarà ostinato	si saranno ostinati
5 Present Conditional		**12 Past Conditional**	
mi ostinerei	ci ostineremmo	mi sarei ostinato	ci saremmo ostinati
ti ostineresti	vi ostinereste	ti saresti ostinato	vi sareste ostinati
si ostinerebbe	si ostinerebbero	si sarebbe ostinato	si sarebbero ostinati
6 Present Subjunctive		**13 Past Subjunctive**	
mi ostini	ci ostiniamo	mi sia ostinato	ci siamo ostinati
ti ostini	vi ostiniate	ti sia ostinato	vi siate ostinati
si ostini	si ostinino	si sia ostinato	si siano ostinati
7 Imperfect Subjunctive		**14 Past Perfect Subjunctive**	
mi ostinassi	ci ostinassimo	mi fossi ostinato	ci fossimo ostinati
ti ostinassi	vi ostinaste	ti fossi ostinato	vi foste ostinati
si ostinasse	si ostinassero	si fosse ostinato	si fossero ostinati

Imperative	
—	ostiniamoci
ostinati (non ti ostinare/non ostinarti)	ostinatevi
si ostini	si ostinino

Samples of verb usage

Non ostinarti, perchè questa volta hai torto!   Don't insist, because this time you are wrong!
Mi ostino a farlo a modo mio.   I insist on doing it my way.

to obtain, to get

The Seven Simple Tenses		The Seven Compound Tenses	
Singular	Plural	Singular	Plural
1 Present Indicative		**8 Present Perfect**	
ottengo	otteniamo	ho ottenuto	abbiamo ottenuto
ottieni	ottenete	hai ottenuto	avete ottenuto
ottiene	ottengono	ha ottenuto	hanno ottenuto
2 Imperfect		**9 Past Perfect**	
ottenevo	ottenevamo	avevo ottenuto	avevamo ottenuto
ottenevi	ottenevate	avevi ottenuto	avevate ottenuto
otteneva	ottenevano	aveva ottenuto	avevano ottenuto
3 Past Absolute		**10 Past Anterior**	
ottenni	ottenemmo	ebbi ottenuto	avemmo ottenuto
ottenesti	otteneste	avesti ottenuto	aveste ottenuto
ottenne	ottennero	ebbe ottenuto	ebbero ottenuto
4 Future		**11 Future Perfect**	
otterrò	otterremo	avrò ottenuto	avremo ottenuto
otterrai	otterrete	avrai ottenuto	avrete ottenuto
otterrà	otterranno	avrà ottenuto	avranno ottenuto
5 Present Conditional		**12 Past Conditional**	
otterrei	otterremmo	avrei ottenuto	avremmo ottenuto
otterresti	otterreste	avresti ottenuto	avreste ottenuto
otterrebbe	otterrebbero	avrebbe ottenuto	avrebbero ottenuto
6 Present Subjunctive		**13 Past Subjunctive**	
ottenga	otteniamo	abbia ottenuto	abbiamo ottenuto
ottenga	otteniate	abbia ottenuto	abbiate ottenuto
ottenga	ottengano	abbia ottenuto	abbiano ottenuto
7 Imperfect Subjunctive		**14 Past Perfect Subjunctive**	
ottenessi	ottenessimo	avessi ottenuto	avessimo ottenuto
ottenessi	otteneste	avessi ottenuto	aveste ottenuto
ottenesse	ottenessero	avesse ottenuto	avessero ottenuto

	Imperative	
—		otteniamo
ottieni (non ottenere)		ottenete
ottenga		ottengano

Samples of verb usage

Giovanni deve ottenere il permesso dal padre.   John must get permission from his father.
Come hai ottenuto il libro?   How did you obtain the book?

to pay

The Seven Simple Tenses		The Seven Compound Tenses	
Singular	Plural	Singular	Plural
1 Present Indicative		**8** Present Perfect	
pago	paghiamo	ho pagato	abbiamo pagato
paghi	pagate	hai pagato	avete pagato
paga	pagano	ha pagato	hanno pagato
2 Imperfect		**9** Past Perfect	
pagavo	pagavamo	avevo pagato	avevamo pagato
pagavi	pagavate	avevi pagato	avevate pagato
pagava	pagavano	aveva pagato	avevano pagato
3 Past Absolute		**10** Past Anterior	
pagai	pagammo	ebbi pagato	avemmo pagato
pagasti	pagaste	avesti pagato	aveste pagato
pagò	pagarono	ebbe pagato	ebbero pagato
4 Future		**11** Future Perfect	
pagherò	pagheremo	avrò pagato	avremo pagato
pagherai	pagherete	avrai pagato	avrete pagato
pagherà	pagheranno	avrà pagato	avranno pagato
5 Present Conditional		**12** Past Conditional	
pagherei	pagheremmo	avrei pagato	avremmo pagato
pagheresti	paghereste	avresti pagato	avreste pagato
pagherebbe	pagherebbero	avrebbe pagato	avrebbero pagato
6 Present Subjunctive		**13** Past Subjunctive	
paghi	paghiamo	abbia pagato	abbiamo pagato
paghi	paghiate	abbia pagato	abbiate pagato
paghi	paghino	abbia pagato	abbiano pagato
7 Imperfect Subjunctive		**14** Past Perfect Subjunctive	
pagassi	pagassimo	avessi pagato	avessimo pagato
pagassi	pagaste	avessi pagato	aveste pagato
pagasse	pagassero	avesse pagato	avessero pagato

	Imperative	
—		paghiamo
paga (non pagare)		pagate
paghi		paghino

Samples of verb usage

Pagherò il conto.   I'll pay the bill.
pagare i debiti   to pay one's debts
pagare in natura   to pay in kind

to appear, to seem

The Seven Simple Tenses		The Seven Compound Tenses	
Singular	Plural	Singular	Plural
1 Present Indicative		**8 Present Perfect**	
paio	paiamo (pariamo)	sono parso	siamo parsi
pari	parete	sei parso	siete parsi
pare	paiono	è parso	sono parsi
2 Imperfect		**9 Past Perfect**	
parevo	parevamo	ero parso	eravamo parsi
parevi	parevate	eri parso	eravate parsi
pareva	parevano	era parso	erano parsi
3 Past Absolute		**10 Past Anterior**	
parvi	paremmo	fui parso	fummo parsi
paresti	pareste	fosti parso	foste parsi
parve	parvero	fu parso	furono parsi
4 Future		**11 Future Perfect**	
parrò	parremo	sarò parso	saremo parsi
parrai	parrete	sarai parso	sarete parsi
parrà	parranno	sarà parso	saranno parsi
5 Present Conditional		**12 Past Conditional**	
parrei	parremmo	sarei parso	saremmo parsi
parresti	parreste	saresti parso	sareste parsi
parrebbe	parrebbero	sarebbe parso	sarebbero parsi
6 Present Subjunctive		**13 Past Subjunctive**	
paia	paiamo (pariamo)	sia parso	siamo parsi
paia	paiate (pariate)	sia parso	siate parsi
paia	paiano	sia parso	siano parsi
7 Imperfect Subjunctive		**14 Past Perfect Subjunctive**	
paressi	paressimo	fossi parso	fossimo parsi
paressi	pareste	fossi parso	foste parsi
paresse	paressero	fosse parso	fossero parsi

Imperative	
—	paiamo (pariamo)
pari (non parere)	parete
paia	paiano

Samples of verb usage

Lei pare malata.   She seems ill.
Non è quel che pare.   It is not what it appears to be.

NOTE: The compounds of **parere** are conjugated with **-ire**: e.g., **apparire, comparire, scomparire**. As for **sparire**, it is regular in its present tenses: i.e., sparisco, sparisca, etc. The imperative of **parere** is seldom if ever used.

parlare

Gerund **parlando**   Past Part. **parlato**

to speak, to talk

The Seven Simple Tenses		The Seven Compound Tenses	
Singular	Plural	Singular	Plural
1 Present Indicative		**8 Present Perfect**	
parlo	parliamo	ho parlato	abbiamo parlato
parli	parlate	hai parlato	avete parlato
parla	parlano	ha parlato	hanno parlato
2 Imperfect		**9 Past Perfect**	
parlavo	parlavamo	avevo parlato	avevamo parlato
parlavi	parlavate	avevi parlato	avevate parlato
parlava	parlavano	aveva parlato	avevano parlato
3 Past Absolute		**10 Past Anterior**	
parlai	parlammo	ebbi parlato	avemmo parlato
parlasti	parlaste	avesti parlato	aveste parlato
parlò	parlarono	ebbe parlato	ebbero parlato
4 Future		**11 Future Perfect**	
parlerò	parleremo	avrò parlato	avremo parlato
parlerai	parlerete	avrai parlato	avrete parlato
parlerà	parleranno	avrà parlato	avranno parlato
5 Present Conditional		**12 Past Conditional**	
parlerei	parleremmo	avrei parlato	avremmo parlato
parleresti	parlereste	avresti parlato	avreste parlato
parlerebbe	parlerebbero	avrebbe parlato	avrebbero parlato
6 Present Subjunctive		**13 Past Subjunctive**	
parli	parliamo	abbia parlato	abbiamo parlato
parli	parliate	abbia parlato	abbiate parlato
parli	parlino	abbia parlato	abbiano parlato
7 Imperfect Subjunctive		**14 Past Perfect Subjunctive**	
parlassi	parlassimo	avessi parlato	avessimo parlato
parlassi	parlaste	avessi parlato	aveste parlato
parlasse	parlassero	avesse parlato	avessero parlato

Imperative	
—	parliamo
parla (non parlare)	parlate
parli	parlino

Samples of verb usage

Il bambino non parla ancora.   The baby does not talk yet.
Con chi parlo?   With whom am I speaking?

to participate, to share

The Seven Simple Tenses		The Seven Compound Tenses	
Singular	Plural	Singular	Plural
1 Present Indicative		**8 Present Perfect**	
partecipo	**partecipiamo**	**ho partecipato**	**abbiamo partecipato**
partecipi	**partecipate**	**hai partecipato**	**avete partecipato**
partecipa	**partecipano**	**ha partecipato**	**hanno partecipato**
2 Imperfect		**9 Past Perfect**	
partecipavo	**partecipavamo**	**avevo partecipato**	**avevamo partecipato**
partecipavi	**partecipavate**	**avevi partecipato**	**avevate partecipato**
partecipava	**partecipavano**	**aveva partecipato**	**avevano partecipato**
3 Past Absolute		**10 Past Anterior**	
partecipai	**partecipammo**	**ebbi partecipato**	**avemmo partecipato**
partecipasti	**partecipaste**	**avesti partecipato**	**aveste partecipato**
partecipò	**parteciparono**	**ebbe partecipato**	**ebbero partecipato**
4 Future		**11 Future Perfect**	
parteciperò	**parteciperemo**	**avrò partecipato**	**avremo partecipato**
parteciperai	**parteciperete**	**avrai partecipato**	**avrete partecipato**
parteciperà	**parteciperanno**	**avrà partecipato**	**avranno partecipato**
5 Present Conditional		**12 Past Conditional**	
parteciperei	**parteciperemmo**	**avrei partecipato**	**avremmo partecipato**
parteciperesti	**parteciperestе**	**avresti partecipato**	**avreste partecipato**
parteciperebbe	**parteciperebbero**	**avrebbe partecipato**	**avrebbero partecipato**
6 Present Subjunctive		**13 Past Subjunctive**	
partecipi	**partecipiamo**	**abbia partecipato**	**abbiamo partecipato**
partecipi	**partecipiate**	**abbia partecipato**	**abbiate partecipato**
partecipi	**partecipino**	**abbia partecipato**	**abbiano partecipato**
7 Imperfect Subjunctive		**14 Past Perfect Subjunctive**	
partecipassi	**partecipassimo**	**avessi partecipato**	**avessimo partecipato**
partecipassi	**partecipaste**	**avessi partecipato**	**aveste partecipato**
partecipasse	**partecipassero**	**avesse partecipato**	**avessero partecipato**

Imperative
—	**partecipiamo**
partecipa (non partecipare)	**partecipate**
partecipi	**partecipino**

Samples of verb usage

Ho partecipato alla decisione.   I participated in the decision.
partecipare alle spese   to share the expenses

partire

Gerund **partendo** Past Part. **partito**

to leave, to go away, to set out

The Seven Simple Tenses		The Seven Compound Tenses	
Singular	Plural	Singular	Plural
1 Present Indicative		**8 Present Perfect**	
parto	partiamo	sono partito	siamo partiti
parti	partite	sei partito	siete partiti
parte	partono	è partito	sono partiti
2 Imperfect		**9 Past Perfect**	
partivo	partivamo	ero partito	eravamo partiti
partivi	partivate	eri partito	eravate partiti
partiva	partivano	era partito	erano partiti
3 Past Absolute		**10 Past Anterior**	
partii	partimmo	fui partito	fummo partiti
partisti	partiste	fosti partito	foste partiti
partì	partirono	fu partito	furono partiti
4 Future		**11 Future Perfect**	
partirò	partiremo	sarò partito	saremo partiti
partirai	partirete	sarai partito	sarete partiti
partirà	partiranno	sarà partito	saranno partiti
5 Present Conditional		**12 Past Conditional**	
partirei	partiremmo	sarei partito	saremmo partiti
partiresti	partireste	saresti partito	sareste partiti
partirebbe	partirebbero	sarebbe partito	sarebbero partiti
6 Present Subjunctive		**13 Past Subjunctive**	
parta	partiamo	sia partito	siamo partiti
parta	partiate	sia partito	siate partiti
parta	partano	sia partito	siano partiti
7 Imperfect Subjunctive		**14 Past Perfect Subjunctive**	
partissi	partissimo	fossi partito	fossimo partiti
partissi	partiste	fossi partito	foste partiti
partisse	partissero	fosse partito	fossero partiti

Imperative

—	partiamo
parti (non partire)	partite
parta	partano

Samples of verb usage

Il treno parte alle otto. The train leaves at eight.
a partire da . . . beginning from
partire a piedi to leave on foot

310

to pass, to proceed, to go along, to go by

The Seven Simple Tenses		The Seven Compound Tenses	
Singular	Plural	Singular	Plural
1 Present Indicative		**8 Present Perfect**	
passo	passiamo	ho passato	abbiamo passato
passi	passate	hai passato	avete passato
passa	passano	ha passato	hanno passato
2 Imperfect		**9 Past Perfect**	
passavo	passavamo	avevo passato	avevamo passato
passavi	passavate	avevi passato	avevate passato
passava	passavano	aveva passato	avevano passato
3 Past Absolute		**10 Past Anterior**	
passai	passammo	ebbi passato	avemmo passato
passasti	passaste	avesti passato	aveste passato
passò	passarono	ebbe passato	ebbero passato
4 Future		**11 Future Perfect**	
passerò	passeremo	avrò passato	avremo passato
passerai	passerete	avrai passato	avrete passato
passerà	passeranno	avrà passato	avranno passato
5 Present Conditional		**12 Past Conditional**	
passerei	passeremmo	avrei passato	avremmo passato
passeresti	passereste	avresti passato	avreste passato
passerebbe	passerebbero	avrebbe passato	avrebbero passato
6 Present Subjunctive		**13 Past Subjunctive**	
passi	passiamo	abbia passato	abbiamo passato
passi	passiate	abbia passato	abbiate passato
passi	passino	abbia passato	abbiano passato
7 Imperfect Subjunctive		**14 Past Perfect Subjunctive**	
passassi	passassimo	avessi passato	avessimo passato
passassi	passaste	avessi passato	aveste passato
passasse	passassero	avesse passato	avessero passato

	Imperative	
—		passiamo
passa (non passare)		passate
passi		passino

Samples of verb usage

Io passai davanti alla casa.   I passed in front of the house.
Ha passato l'esame.   He passed the exam.
passare per la mente   to cross one's mind

passeggiare

Gerund **passeggiando**   Past Part. **passeggiato**

to walk, to stroll

The Seven Simple Tenses		The Seven Compound Tenses	
Singular	Plural	Singular	Plural
1 Present Indicative		**8 Present Perfect**	
passeggio	passeggiamo	ho passeggiato	abbiamo passeggiato
passeggi	passeggiate	hai passeggiato	avete passeggiato
passeggia	passeggiano	ha passeggiato	hanno passeggiato
2 Imperfect		**9 Past Perfect**	
passeggiavo	passeggiavamo	avevo passeggiato	avevamo passeggiato
passeggiavi	passeggiavate	avevi passeggiato	avevate passeggiato
passeggiava	passeggiavano	aveva passeggiato	avevano passeggiato
3 Past Absolute		**10 Past Anterior**	
passeggiai	passeggiammo	ebbi passeggiato	avemmo passeggiato
passeggiasti	passeggiaste	avesti passeggiato	aveste passeggiato
passeggiò	passeggiarono	ebbe passeggiato	ebbero passeggiato
4 Future		**11 Future Perfect**	
passeggerò	passeggeremo	avrò passeggiato	avremo passeggiato
passeggerai	passeggerete	avrai passeggiato	avrete passeggiato
passeggerà	passeggeranno	avrà passeggiato	avranno passeggiato
5 Present Conditional		**12 Past Conditional**	
passeggerei	passeggeremmo	avrei passeggiato	avremmo passeggiato
passeggeresti	passeggereste	avresti passeggiato	avreste passeggiato
passeggerebbe	passeggerebbero	avrebbe passeggiato	avrebbero passeggiato
6 Present Subjunctive		**13 Past Subjunctive**	
passeggi	passeggiamo	abbia passeggiato	abbiamo passeggiato
passeggi	passeggiate	abbia passeggiato	abbiate passeggiato
passeggi	passeggino	abbia passeggiato	abbiano passeggiato
7 Imperfect Subjunctive		**14 Past Perfect Subjunctive**	
passeggiassi	passeggiassimo	avessi passeggiato	avessimo passeggiato
passeggiassi	passeggiaste	avessi passeggiato	aveste passeggiato
passeggiasse	passeggiassero	avesse passeggiato	avessero passeggiato

	Imperative	
—		passeggiamo
passeggia (non passeggiare)		passeggiate
passeggi		passeggino

Samples of verb usage

Lui passeggia per il giardino.   He strolls through the garden.
Passeggiammo per un'ora.   We strolled for an hour.

The Seven Simple Tenses		The Seven Compound Tenses	
Singular	Plural	Singular	Plural

1 Present Indicative

patisco	patiamo	
patisci	patite	
patisce	patiscono	

8 Present Perfect

ho patito	abbiamo patito
hai patito	avete patito
ha patito	hanno patito

2 Imperfect

pativo	pativamo
pativi	pativate
pativa	pativano

9 Past Perfect

avevo patito	avevamo patito
avevi patito	avevate patito
aveva patito	avevano patito

3 Past Absolute

patii	patimmo
patisti	patiste
patì	patirono

10 Past Anterior

ebbi patito	avemmo patito
avesti patito	aveste patito
ebbe patito	ebbero patito

4 Future

patirò	patiremo
patirai	patirete
patirà	patiranno

11 Future Perfect

avrò patito	avremo patito
avrai patito	avrete patito
avrà patito	avranno patito

5 Present Conditional

patirei	patiremmo
patiresti	patireste
patirebbe	patirebbero

12 Past Conditional

avrei patito	avremmo patito
avresti patito	avreste patito
avrebbe patito	avrebbero patito

6 Present Subjunctive

patisca	patiamo
patisca	patiate
patisca	patiscano

13 Past Subjunctive

abbia patito	abbiamo patito
abbia patito	abbiate patito
abbia patito	abbiano patito

7 Imperfect Subjunctive

patissi	patissimo
patissi	patiste
patisse	patissero

14 Past Perfect Subjunctive

avessi patito	avessimo patito
avessi patito	aveste patito
avesse patito	avessero patito

Imperative

—	patiamo
patisci (non patire)	patite
patisca	patiscano

Samples of verb usage

Noi patiamo quando lo vediamo partire.   We suffer when we see him leave.
Tu patirai a causa di questo sbaglio.   You will suffer because of this mistake.

pendere

Gerund **pendendo**   Past Part. **penduto**

to hang

The Seven Simple Tenses		The Seven Compound Tenses	
Singular	Plural	Singular	Plural
1 Present Indicative		**8** Present Perfect	
pendo	pendiamo	ho penduto	abbiamo penduto
pendi	pendete	hai penduto	avete penduto
pende	pendono	ha penduto	hanno penduto
2 Imperfect		**9** Past Perfect	
pendevo	pendevamo	avevo penduto	avevamo penduto
pendevi	pendevate	avevi penduto	avevate penduto
pendeva	pendevano	aveva penduto	avevano penduto
3 Past Absolute		**10** Past Anterior	
pendei (pendetti)	pendemmo	ebbi penduto	avemmo penduto
pendesti	pendeste	avesti penduto	aveste penduto
pendè (pendette)	penderono (pendettero)	ebbe penduto	ebbero penduto
4 Future		**11** Future Perfect	
penderò	penderemo	avrò penduto	avremo penduto
penderai	penderete	avrai penduto	avrete penduto
penderà	penderanno	avrà penduto	avranno penduto
5 Present Conditional		**12** Past Conditional	
penderei	penderemmo	avrei penduto	avremmo penduto
penderesti	pendereste	avresti penduto	avreste penduto
penderebbe	penderebbero	avrebbe penduto	avrebbero penduto
6 Present Subjunctive		**13** Past Subjunctive	
penda	pendiamo	abbia penduto	abbiamo penduto
penda	pendiate	abbia penduto	abbiate penduto
penda	pendano	abbia penduto	abbiano penduto
7 Imperfect Subjunctive		**14** Past Perfect Subjunctive	
pendessi	pendessimo	avessi penduto	avessimo penduto
pendessi	pendeste	avessi penduto	aveste penduto
pendesse	pendessero	avesse penduto	avessero penduto

	Imperative	
—		pendiamo
pendi (non pendere)		pendete
penda		pendano

Samples of verb usage

Molte mele pendono dall'albero.   Many apples hang from the tree.
La lampada pendeva dal soffitto.   The lamp was hanging from the ceiling.

314

to penetrate, to pierce

The Seven Simple Tenses		The Seven Compound Tenses	
Singular	Plural	Singular	Plural
1 Present Indicative		**8** Present Perfect	
penetro	penetriamo	ho penetrato	abbiamo penetrato
penetri	penetrate	hai penetrato	avete penetrato
penetra	penetrano	ha penetrato	hanno penetrato
2 Imperfect		**9** Past Perfect	
penetravo	penetravamo	avevo penetrato	avevamo penetrato
penetravi	penetravate	avevi penetrato	avevate penetrato
penetrava	penetravano	aveva penetrato	avevano penetrato
3 Past Absolute		**10** Past Anterior	
penetrai	penetrammo	ebbi penetrato	avemmo penetrato
penetrasti	penetraste	avesti penetrato	aveste penetrato
penetrò	penetrarono	ebbe penetrato	ebbero penetrato
4 Future		**11** Future Perfect	
penetrerò	penetreremo	avrò penetrato	avremo penetrato
penetrerai	penetrerete	avrai penetrato	avrete penetrato
penetrerà	penetreranno	avrà penetrato	avranno penetrato
5 Present Conditional		**12** Past Conditional	
penetrerei	penetreremmo	avrei penetrato	avremmo penetrato
penetreresti	penetrereste	avresti penetrato	avreste penetrato
penetrerebbe	penetrerebbero	avrebbe penetrato	avrebbero penetrato
6 Present Subjunctive		**13** Past Subjunctive	
penetri	penetriamo	abbia penetrato	abbiamo penetrato
penetri	penetriate	abbia penetrato	abbiate penetrato
penetri	penetrino	abbia penetrato	abbiano penetrato
7 Imperfect Subjunctive		**14** Past Perfect Subjunctive	
penetrassi	penetrassimo	avessi penetrato	avessimo penetrato
penetrassi	penetraste	avessi penetrato	aveste penetrato
penetrasse	penetrassero	avesse penetrato	avessero penetrato

Imperative	
—	penetriamo
penetra (non penetrare)	penetrate
penetri	penetrino

Samples of verb usage

La luce non penetra queste tendine.   The light does not penetrate these curtains.
penetrare un mistero   to penetrate (get to the heart of) a mystery

pensare

Gerund **pensando**   Past Part. **pensato**

to think

The Seven Simple Tenses		The Seven Compound Tenses	
Singular	Plural	Singular	Plural
1 Present Indicative		**8 Present Perfect**	
penso	pensiamo	ho pensato	abbiamo pensato
pensi	pensate	hai pensato	avete pensato
pensa	pensano	ha pensato	hanno pensato
2 Imperfect		**9 Past Perfect**	
pensavo	pensavamo	avevo pensato	avevamo pensato
pensavi	pensavate	avevi pensato	avevate pensato
pensava	pensavano	aveva pensato	avevano pensato
3 Past Absolute		**10 Past Anterior**	
pensai	pensammo	ebbi pensato	avemmo pensato
pensasti	pensaste	avesti pensato	aveste pensato
pensò	pensarono	ebbe pensato	ebbero pensato
4 Future		**11 Future Perfect**	
penserò	penseremo	avrò pensato	avremo pensato
penserai	penserete	avrai pensato	avrete pensato
penserà	penseranno	avrà pensato	avranno pensato
5 Present Conditional		**12 Past Conditional**	
penserei	penseremmo	avrei pensato	avremmo pensato
penseresti	pensereste	avresti pensato	avreste pensato
penserebbe	penserebbero	avrebbe pensato	avrebbero pensato
6 Present Subjunctive		**13 Past Subjunctive**	
pensi	pensiamo	abbia pensato	abbiamo pensato
pensi	pensiate	abbia pensato	abbiate pensato
pensi	pensino	abbia pensato	abbiano pensato
7 Imperfect Subjunctive		**14 Past Perfect Subjunctive**	
pensassi	pensassimo	avessi pensato	avessimo pensato
pensassi	pensaste	avessi pensato	aveste pensato
pensasse	pensassero	avesse pensato	avessero pensato

Imperative	
—	pensiamo
pensa (non pensare)	pensate
pensi	pensino

Samples of verb usage

Penso; dunque sono.   I think; therefore I am.
Penso di no.   I think not.

to strike, to hit, to beat

The Seven Simple Tenses		The Seven Compound Tenses	
Singular	Plural	Singular	Plural
1 Present Indicative		**8 Present Perfect**	
percuoto	perc(u)otiamo	ho percosso	abbiamo percosso
percuoti	perc(u)otete	hai percosso	avete percosso
percuote	percuotono	ha percosso	hanno percosso
2 Imperfect		**9 Past Perfect**	
perc(u)otevo	perc(u)otevamo	avevo percosso	avevamo percosso
perc(u)otevi	perc(u)otevate	avevi percosso	avevate percosso
perc(u)oteva	perc(u)otevano	aveva percosso	avevano percosso
3 Past Absolute		**10 Past Anterior**	
percossi	perc(u)otemmo	ebbi percosso	avemmo percosso
perc(u)otesti	perc(u)oteste	avesti percosso	aveste percosso
percosse	percossero	ebbe percosso	ebbero percosso
4 Future		**11 Future Perfect**	
perc(u)oterò	perc(u)oteremo	avrò percosso	avremo percosso
perc(u)oterai	perc(u)oterete	avrai percosso	avrete percosso
perc(u)oterà	perc(u)oteranno	avrà percosso	avranno percosso
5 Present Conditional		**12 Past Conditional**	
perc(u)oterei	perc(u)oteremmo	avrei percosso	avremmo percosso
perc(u)oteresti	perc(u)otereste	avresti percosso	avreste percosso
perc(u)oterebbe	perc(u)oterebbero	avrebbe percosso	avrebbero percosso
6 Present Subjunctive		**13 Past Subjunctive**	
percuota	perc(u)otiamo	abbia percosso	abbiamo percosso
percuota	perc(u)otiate	abbia percosso	abbiate percosso
percuota	percuotano	abbia percosso	abbiano percosso
7 Imperfect Subjunctive		**14 Past Perfect Subjunctive**	
perc(u)otessi	perc(u)otessimo	avessi percosso	avessimo percosso
perc(u)otessi	perc(u)oteste	avessi percosso	aveste percosso
perc(u)otesse	perc(u)otessero	avesse percosso	avessero percosso

Imperative	
—	perc(u)otiamo
percuoti (non percuotere)	perc(u)otete
percuota	percuotano

Samples of verb usage

Il fulmine percosse la casa.   Lightening struck the house.
Non va bene percuotere i bambini.   It is not good to hit children.

perdere

Gerund perdendo   Past Part. **perduto (perso)**

to lose, to waste

The Seven Simple Tenses		The Seven Compound Tenses	
Singular	Plural	Singular	Plural
1 Present Indicative		**8 Present Perfect**	
perdo	perdiamo	ho perduto (perso)	abbiamo perduto (perso)
perdi	perdete	hai perduto	avete perduto
perde	perdono	ha perduto	hanno perduto
2 Imperfect		**9 Past Perfect**	
perdevo	perdevamo	avevo perduto	avevamo perduto
perdevi	perdevate	avevi perduto	avevate perduto
perdeva	perdevano	aveva perduto	avevano perduto
3 Past Absolute		**10 Past Anterior**	
persi	perdemmo	ebbi perduto	avemmo perduto
perdesti	perdeste	avesti perduto	aveste perduto
perse	persero	ebbe perduto	ebbero perduto
(*Or regular:* perdei, perdetti, *etc.*)			
4 Future		**11 Future Perfect**	
perderò	perderemo	avrò perduto	avremo perduto
perderai	perderete	avrai perduto	avrete perduto
perderà	perderanno	avrà perduto	avranno perduto
5 Present Conditional		**12 Past Conditional**	
perderei	perderemmo	avrei perduto	avremmo perduto
perderesti	perdereste	avresti perduto	avreste perduto
perderebbe	perderebbero	avrebbe perduto	avrebbero perduto
6 Present Subjunctive		**13 Past Subjunctive**	
perda	perdiamo	abbia perduto	abbiamo perduto
perda	perdiate	abbia perduto	abbiate perduto
perda	perdano	abbia perduto	abbiano perduto
7 Imperfect Subjunctive		**14 Past Perfect Subjunctive**	
perdessi	perdessimo	avessi perduto	avessimo perduto
perdessi	perdeste	avessi perduto	aveste perduto
perdesse	perdessero	avesse perduto	avessero perduto

	Imperative	
—		perdiamo
perdi (non perdere)		perdete
perda		perdano

Samples of verb usage

Perdiamo tempo a stare qui.   We are losing time by staying here.
Ho perso tutta la moneta.   I lost all the money.

NOTE: The past absolute of **disperdere;** is **dispersi**: its past participle is **disperso**.

318

to permit, to allow

The Seven Simple Tenses		The Seven Compound Tenses	
Singular	Plural	Singular	Plural
1 Present Indicative		**8 Present Perfect**	
permetto	permettiamo	ho permesso	abbiamo permesso
permetti	permettete	hai permesso	avete permesso
permette	permettono	ha permesso	hanno permesso
2 Imperfect		**9 Past Perfect**	
permettevo	permettevamo	avevo permesso	avevamo permesso
permettevi	permettevate	avevi permesso	avevate permesso
permetteva	permettevano	aveva permesso	avevano permesso
3 Past Absolute		**10 Past Anterior**	
permisi	permettemmo	ebbi permesso	avemmo permesso
permettesti	permetteste	avesti permesso	aveste permesso
permise	permisero	ebbe permesso	ebbero permesso
4 Future		**11 Future Perfect**	
permetterò	permetteremo	avrò permesso	avremo permesso
permetterai	permetterete	avrai permesso	avrete permesso
permetterà	permetteranno	avrà permesso	avranno permesso
5 Present Conditional		**12 Past Conditional**	
permetterei	permetteremmo	avrei permesso	avremmo permesso
permetteresti	permettereste	avresti permesso	avreste permesso
permetterebbe	permetterebbero	avrebbe permesso	avrebbero permesso
6 Present Subjunctive		**13 Past Subjunctive**	
permetta	permettiamo	abbia permesso	abbiamo permesso
permetta	permettiate	abbia permesso	abbiate permesso
permetta	permettano	abbia permesso	abbiano permesso
7 Imperfect Subjunctive		**14 Past Perfect Subjunctive**	
permettessi	permettessimo	avessi permesso	avessimo permesso
permettessi	permetteste	avessi permesso	aveste permesso
permettesse	permettessero	avesse permesso	avessero permesso

	Imperative	
—		permettiamo
permetti (non permettere)		permettete
permetta		permettano

Samples of verb usage

Mi permetti di entrare?   Will you allow me to enter?
Lei non permette queste sciocchezze.   She does not permit this nonsense.

persuadere

Gerund **persuadendo**   Past Part. **persuaso**

to persuade

The Seven Simple Tenses		The Seven Compound Tenses	
Singular	Plural	Singular	Plural
1 Present Indicative		**8** Present Perfect	
persuado	persuadiamo	ho persuaso	abbiamo persuaso
persuadi	persuadete	hai persuaso	avete persuaso
persuade	persuadono	ha persuaso	hanno persuaso
2 Imperfect		**9** Past Perfect	
persuadevo	persuadevamo	avevo persuaso	avevamo persuaso
persuadevi	persuadevate	avevi persuaso	avevate persuaso
persuadeva	persuadevano	aveva persuaso	avevano persuaso
3 Past Absolute		**10** Past Anterior	
persuasi	persuademmo	ebbi persuaso	avemmo persuaso
persuadesti	persuadeste	avesti persuaso	aveste persuaso
persuase	persuasero	ebbe persuaso	ebbero persuaso
4 Future		**11** Future Perfect	
persuaderò	persuaderemo	avrò persuaso	avremo persuaso
persuaderai	persuaderete	avrai persuaso	avrete persuaso
persuaderà	persuaderanno	avrà persuaso	avranno persuaso
5 Present Conditional		**12** Past Conditional	
persuaderei	persuaderemmo	avrei persuaso	avremmo persuaso
persuaderesti	persuadereste	avresti persuaso	avreste persuaso
persuaderebbe	persuaderebbero	avrebbe persuaso	avrebbero persuaso
6 Present Subjunctive		**13** Past Subjunctive	
persuada	persuadiamo	abbia persuaso	abbiamo persuaso
persuada	persuadiate	abbia persuaso	abbiate persuaso
persuada	persuadano	abbia persuaso	abbiano persuaso
7 Imperfect Subjunctive		**14** Past Perfect Subjunctive	
persuadessi	persuadessimo	avessi persuaso	avessimo persuaso
persuadessi	persuadeste	avessi persuaso	aveste persuaso
persuadesse	persuadessero	avesse persuaso	avessero persuaso

	Imperative	
—		persuadiamo
persuadi (non persuadere)		persuadete
persuada		persuadano

Samples of verb usage

Io lo persuado di venire con me.   I persuade him to come with me.
Persuadi a Maria di venire al concerto.   Persuade Mary to come to the concert.

NOTE: Like **persuadere** is **dissuadere**.

The Seven Simple Tenses		The Seven Compound Tenses	
Singular	Plural	Singular	Plural

1 Present Indicative

peso	pesiamo
pesi	pesate
pesa	pesano

8 Present Perfect

ho pesato	abbiamo pesato
hai pesato	avete pesato
ha pesato	hanno pesato

2 Imperfect

pesavo	pesavamo
pesavi	pesavate
pesava	pesavano

9 Past Perfect

avevo pesato	avevamo pesato
avevi pesato	avevate pesato
aveva pesato	avevano pesato

3 Past Absolute

pesai	pesammo
pesasti	pesaste
pesò	pesarono

10 Past Anterior

ebbi pesato	avemmo pesato
avesti pesato	aveste pesato
ebbe pesato	ebbero pesato

4 Future

peserò	peseremo
peserai	peserete
peserà	peseranno

11 Future Perfect

avrò pesato	avremo pesato
avrai pesato	avrete pesato
avrà pesato	avranno pesato

5 Present Conditional

peserei	peseremmo
peseresti	pesereste
peserebbe	peserebbero

12 Past Conditional

avrei pesato	avremmo pesato
avresti pesato	avreste pesato
avrebbe pesato	avrebbero pesato

6 Present Subjunctive

pesi	pesiamo
pesi	pesiate
pesi	pesino

13 Past Subjunctive

abbia pesato	abbiamo pesato
abbia pesato	abbiate pesato
abbia pesato	abbiano pesato

7 Imperfect Subjunctive

pesassi	pesassimo
pesassi	pesaste
pesasse	pesassero

14 Past Perfect Subjunctive

avessi pesato	avessimo pesato
avessi pesato	aveste pesato
avesse pesato	avessero pesato

Imperative

—	pesiamo
pesa (non pesare)	pesate
pesi	pesino

Samples of verb usage

Lui ha pesato il pacco.   He weighed the package.
pesare i pro e i contro di una decisione   to weigh the pros and cons of a decision
pesare le parole   to weigh one's words

to comb

The Seven Simple Tenses		The Seven Compound Tenses	
Singular	Plural	Singular	Plural
1 Present Indicative		**8** Present Perfect	
pettino	pettiniamo	ho pettinato	abbiamo pettinato
pettini	pettinate	hai pettinato	avete pettinato
pettina	pettinano	ha pettinato	hanno pettinato
2 Imperfect		**9** Past Perfect	
pettinavo	pettinavamo	avevo pettinato	avevamo pettinato
pettinavi	pettinavate	avevi pettinato	avevate pettinato
pettinava	pettinavano	aveva pettinato	avevano pettinato
3 Past Absolute		**10** Past Anterior	
pettinai	pettinammo	ebbi pettinato	avemmo pettinato
pettinasti	pettinaste	avesti pettinato	aveste pettinato
pettinò	pettinarono	ebbe pettinato	ebbero pettinato
4 Future		**11** Future Perfect	
pettinerò	pettineremo	avrò pettinato	avremo pettinato
pettinerai	pettinerete	avrai pettinato	avrete pettinato
pettinerà	pettineranno	avrà pettinato	avranno pettinato
5 Present Conditional		**12** Past Conditional	
pettinerei	pettineremmo	avrei pettinato	avremmo pettinato
pettineresti	pettinereste	avresti pettinato	avreste pettinato
pettinerebbe	pettinerebbero	avrebbe pettinato	avrebbero pettinato
6 Present Subjunctive		**13** Past Subjunctive	
pettini	pettiniamo	abbia pettinato	abbiamo pettinato
pettini	pettiniate	abbia pettinato	abbiate pettinato
pettini	pettinino	abbia pettinato	abbiano pettinato
7 Imperfect Subjunctive		**14** Past Perfect Subjunctive	
pettinassi	pettinassimo	avessi pettinato	avessimo pettinato
pettinassi	pettinaste	avessi pettinato	aveste pettinato
pettinasse	pettinassero	avesse pettinato	avessero pettinato

Imperative	
—	pettiniamo
pettina (non pettinare)	pettinate
pettini	pettinino

Samples of verb usage

Pettino i capelli del bambino.   I comb the child's hair.
pettinare (strigliare) un cavallo   to curry a horse
pettinarsi (conjugated with **essere**)   to comb one's hair

to please, to like

The Seven Simple Tenses		The Seven Compound Tenses	
Singular	Plural	Singular	Plural
1 Present Indicative		**8** Present Perfect	
piaccio	piac(c)iamo	sono piaciuto	siamo piaciuti
piaci	piacete	sei piaciuto	siete piaciuti
piace	piacciono	è piaciuto	sono piaciuti
2 Imperfect		**9** Past Perfect	
piacevo	piacevamo	ero piaciuto	eravamo piaciuti
piacevi	piacevate	eri piaciuto	eravate piaciuti
piaceva	piacevano	era piaciuto	erano piaciuti
3 Past Absolute		**10** Past Anterior	
piacqui	piacemmo	fui piaciuto	fummo piaciuti
piacesti	piaceste	fosti piaciuto	foste piaciuti
piacque	piacquero	fu piaciuto	furono piaciuti
4 Future		**11** Future Perfect	
piacerò	piaceremo	sarò piaciuto	saremo piaciuti
piacerai	piacerete	sarai piaciuto	sarete piaciuti
piacerà	piaceranno	sarà piaciuto	saranno piaciuti
5 Present Conditional		**12** Past Conditional	
piacerei	piaceremmo	sarei piaciuto	saremmo piaciuti
piaceresti	piacereste	saresti piaciuto	sareste piaciuti
piacerebbe	piacerebbero	sarebbe piaciuto	sarebbero piaciuti
6 Present Subjunctive		**13** Past Subjunctive	
piaccia	piac(c)iamo	sia piaciuto	siamo piaciuti
piaccia	piac(c)iate	sia piaciuto	siate piaciuti
piaccia	piacciano	sia piaciuto	siano piaciuti
7 Imperfect Subjunctive		**14** Past Perfect Subjunctive	
piacessi	piacessimo	fossi piaciuto	fossimo piaciuti
piacessi	piaceste	fossi piaciuto	foste piaciuti
piacesse	piacessero	fosse piaciuto	fossero piaciuti

Imperative	
—	piac(c)iamo
piaci (non piacere)	piacete
piaccia	piacciano

Samples of verb usage

Ti piace leggere?   Do you like to read?
Non mi è piaciuto quel pranzo.   I did not like that meal.

NOTE: Like **piacere** are **compiacere** (conjugated with **avere**), **dispiacere**, and **spiacere**.

to weep, to cry

The Seven Simple Tenses		The Seven Compound Tenses	
Singular	Plural	Singular	Plural
1 Present Indicative		**8 Present Perfect**	
piango	piangiamo	ho pianto	abbiamo pianto
piangi	piangete	hai pianto	avete pianto
piange	piangono	ha pianto	hanno pianto
2 Imperfect		**9 Past Perfect**	
piangevo	piangevamo	avevo pianto	avevamo pianto
piangevi	piangevate	avevi pianto	avevate pianto
piangeva	piangevano	aveva pianto	avevano pianto
3 Past Absolute		**10 Past Anterior**	
piansi	piangemmo	ebbi pianto	avemmo pianto
piangesti	piangeste	avesti pianto	aveste pianto
pianse	piansero	ebbe pianto	ebbero pianto
4 Future		**11 Future Perfect**	
piangerò	piangeremo	avrò pianto	avremo pianto
piangerai	piangerete	avrai pianto	avrete pianto
piangerà	piangeranno	avrà pianto	avranno pianto
5 Present Conditional		**12 Past Conditional**	
piangerei	piangeremmo	avrei pianto	avremmo pianto
piangeresti	piangereste	avresti pianto	avreste pianto
piangerebbe	piangerebbero	avrebbe pianto	avrebbero pianto
6 Present Subjunctive		**13 Past Subjunctive**	
pianga	piangiamo	abbia pianto	abbiamo pianto
pianga	piangiate	abbia pianto	abbiate pianto
pianga	piangano	abbia pianto	abbiano pianto
7 Imperfect Subjunctive		**14 Past Perfect Subjunctive**	
piangessi	piangessimo	avessi pianto	avessimo pianto
piangessi	piangeste	avessi pianto	aveste pianto
piangesse	piangessero	avesse pianto	avessero pianto

	Imperative	
—		piangiamo
piangi (non piangere)		piangete
pianga		piangano

Samples of verb usage

Mio figlio ha pianto tutta la notte.   My son cried all night.
Lei non piange mai.   She never cries.

piegare

to fold

The Seven Simple Tenses		The Seven Compound Tenses	
Singular	Plural	Singular	Plural
1 Present Indicative		**8 Present Perfect**	
piego	pieghiamo	ho piegato	abbiamo piegato
pieghi	piegate	hai piegato	avete piegato
piega	piegano	ha piegato	hanno piegato
2 Imperfect		**9 Past Perfect**	
piegavo	piegavamo	avevo piegato	avevamo piegato
piegavi	piegavate	avevi piegato	avevate piegato
piegava	piegavano	aveva piegato	avevano piegato
3 Past Absolute		**10 Past Anterior**	
piegai	piegammo	ebbi piegato	avemmo piegato
piegasti	piegaste	avesti piegato	aveste piegato
piegò	piegarono	ebbe piegato	ebbero piegato
4 Future		**11 Future Perfect**	
piegherò	piegheremo	avrò piegato	avremo piegato
piegherai	piegherete	avrai piegato	avrete piegato
piegherà	piegheranno	avrà piegato	avranno piegato
5 Present Conditional		**12 Past Conditional**	
piegherei	piegheremmo	avrei piegato	avremmo piegato
piegheresti	pieghereste	avresti piegato	avreste piegato
piegherebbe	piegherebbero	avrebbe piegato	avrebbero piegato
6 Present Subjunctive		**13 Past Subjunctive**	
pieghi	pieghiamo	abbia piegato	abbiamo piegato
pieghi	pieghiate	abbia piegato	abbiate piegato
pieghi	pieghino	abbia piegato	abbiano piegato
7 Imperfect Subjunctive		**14 Past Perfect Subjunctive**	
piegassi	piegassimo	avessi piegato	avessimo piegato
piegassi	piegaste	avessi piegato	aveste piegato
piegasse	piegassero	avesse piegato	avessero piegato

Imperative	
—	pieghiamo
piega (non piegare)	piegate
pieghi	pieghino

Samples of verb usage

Lei ha piegato la tovaglia.   She folded the tablecloth.
piegare il braccio   to bend the arm

NOTE: Also **piegarsi** (to bend, to yield), is conjugated with **essere**.

piovere

Gerund **piovendo**   Past Part. **piovuto**

to rain

The Seven Simple Tenses		The Seven Compound Tenses	
Singular	Plural	Singular	Plural
1 Present Indicative		**8** Present Perfect	
piove	piovono	è piovuto*	sono piovuti
2 Imperfect		**9** Past Perfect	
pioveva	piovevano	era piovuto	erano piovuti
3 Past Absolute		**10** Past Anterior	
piovve	piovvero	fu piovuto	furono piovuti
4 Future		**11** Future Perfect	
pioverà	pioveranno	sarà piovuto	saranno piovuti
5 Present Conditional		**12** Past Conditional	
pioverebbe	pioverebbero	sarebbe piovuto	sarebbero piovuti
6 Present Subjunctive		**13** Past Subjunctive	
piova	piovano	sia piovuto	siano piovuti
7 Imperfect Subjunctive		**14** Past Perfect Subjunctive	
piovesse	piovessero	fosse piovuto	fossero piovuti

Imperative
—

Samples of verb usage

Nel deserto non piove spesso.   It does not rain often in the desert.
Quest'anno è piovuto molto.   This year it has rained a great deal.
Durante la battaglia, le bombe piovevano sui soldati.   During the battle, bombs rained on the soldiers.

NOTE: **Piovere** may also be conjugated with **avere.**

to hand, to offer, to hold out

The Seven Simple Tenses		The Seven Compound Tenses	
Singular	Plural	Singular	Plural
1 Present Indicative		**8 Present Perfect**	
porgo	porgiamo	ho porto	abbiamo porto
porgi	porgete	hai porto	avete porto
porge	porgono	ha porto	hanno porto
2 Imperfect		**9 Past Perfect**	
porgevo	porgevamo	avevo porto	avevamo porto
porgevi	porgevate	avevi porto	avevate porto
porgeva	porgevano	aveva porto	avevano porto
3 Past Absolute		**10 Past Anterior**	
porsi	porgemmo	ebbi porto	avemmo porto
porgesti	porgeste	avesti porto	aveste porto
porse	porsero	ebbe porto	ebbero porto
4 Future		**11 Future Perfect**	
porgerò	porgeremo	avrò porto	avremo porto
porgerai	porgerete	avrai porto	avrete porto
porgerà	porgeranno	avrà porto	avranno porto
5 Present Conditional		**12 Past Conditional**	
porgerei	porgeremmo	avrei porto	avremmo porto
porgeresti	porgereste	avresti porto	avreste porto
porgerebbe	porgerebbero	avrebbe porto	avrebbero porto
6 Present Subjunctive		**13 Past Subjunctive**	
porga	porgiamo	abbia porto	abbiamo porto
porga	porgiate	abbia porto	abbiate porto
porga	porgano	abbia porto	abbiano porto
7 Imperfect Subjunctive		**14 Past Perfect Subjunctive**	
porgessi	porgessimo	avessi porto	avessimo porto
porgessi	porgeste	avessi porto	aveste porto
porgesse	porgessero	avesse porto	avessero porto

Imperative	
—	porgiamo
porgi (non porgere)	porgete
porga	porgano

Samples of verb usage

Lui mi porse il bicchiere.   He handed me the glass.
Il bambino porge la mano alla nonna.   The child offers his hand to the grandmother.

porre

to put, to place, to set

The Seven Simple Tenses		The Seven Compound Tenses	
Singular	Plural	Singular	Plural
1 Present Indicative		**8** Present Perfect	
pongo	poniamo	ho posto	abbiamo posto
poni	ponete	hai posto	avete posto
pone	pongono	ha posto	hanno posto
2 Imperfect		**9** Past Perfect	
ponevo	ponevamo	avevo posto	avevamo posto
ponevi	ponevate	avevi posto	avevate posto
poneva	ponevano	aveva posto	avevano posto
3 Past Absolute		**10** Past Anterior	
posi	ponemmo	ebbi posto	avemmo posto
ponesti	poneste	avesti posto	aveste posto
pose	posero	ebbe posto	ebbero posto
4 Future		**11** Future Perfect	
porrò	porremo	avrò posto	avremo posto
porrai	porrete	avrai posto	avrete posto
porrà	porranno	avrà posto	avranno posto
5 Present Conditional		**12** Past Conditional	
porrei	porremmo	avrei posto	avremmo posto
porresti	porreste	avresti posto	avreste posto
porrebbe	porrebbero	avrebbe posto	avrebbero posto
6 Present Subjunctive		**13** Past Subjunctive	
ponga	poniamo	abbia posto	abbiamo posto
ponga	poniate	abbia posto	abbiate posto
ponga	pongano	abbia posto	abbiano posto
7 Imperfect Subjunctive		**14** Past Perfect Subjunctive	
ponessi	ponessimo	avessi posto	avessimo posto
ponessi	poneste	avessi posto	aveste posto
ponesse	ponessero	avesse posto	avessero posto

	Imperative	
—		poniamo
poni (non porre)		ponete
ponga		pongano

Samples of verb usage

Lui ha posto il libro sullo scaffale.   He put the book on the shelf.
Mi hai posto(a) in una cattiva situazione.   You have placed me in a bad situation.

NOTE: Like **porre** are **comporre, disporre, esporre, frapporre, imporre, opporre, posporre, proporre, riporre, scomporre, supporre,** and **trasporre.**

to bring, to carry, to wear

The Seven Simple Tenses		The Seven Compound Tenses	
Singular	Plural	Singular	Plural
1 Present Indicative		**8 Present Perfect**	
porto	portiamo	ho portato	abbiamo portato
porti	portate	hai portato	avete portato
porta	portano	ha portato	hanno portato
2 Imperfect		**9 Past Perfect**	
portavo	portavamo	avevo portato	avevamo portato
portavi	portavate	avevi portato	avevate portato
portava	portavano	aveva portato	avevano portato
3 Past Absolute		**10 Past Anterior**	
portai	portammo	ebbi portato	avemmo portato
portasti	portaste	avesti portato	aveste portato
portò	portarono	ebbe portato	ebbero portato
4 Future		**11 Future Perfect**	
porterò	porteremo	avrò portato	avremo portato
porterai	porterete	avrai portato	avrete portato
porterà	porteranno	avrà portato	avranno portato
5 Present Conditional		**12 Past Conditional**	
porterei	porteremmo	avrei portato	avremmo portato
porteresti	portereste	avresti portato	avreste portato
porterebbe	porterebbero	avrebbe portato	avrebbero portato
6 Present Subjunctive		**13 Past Subjunctive**	
porti	portiamo	abbia portato	abbiamo portato
porti	portiate	abbia portato	abbiate portato
porti	portino	abbia portato	abbiano portato
7 Imperfect Subjunctive		**14 Past Perfect Subjunctive**	
portassi	portassimo	avessi portato	avessimo portato
portassi	portaste	avessi portato	aveste portato
portasse	portassero	avesse portato	avessero portato

Imperative

—	portiamo
porta (non portare)	portate
porti	portino

Samples of verb usage

Porto un abito nuovo.   I am wearing a new suit.
Porti molti libri oggi.   You are carrying many books today.

possedere

to possess

The Seven Simple Tenses		The Seven Compound Tenses	
Singular	Plural	Singular	Plural
1 Present Indicative		**8 Present Perfect**	
possiedo	possediamo	ho posseduto	abbiamo posseduto
(posseggo)			
possiedi	possedete	hai posseduto	avete posseduto
possiede	possiedono	ha posseduto	hanno posseduto
	(posseggono)		
2 Imperfect		**9 Past Perfect**	
possedevo	possedevamo	avevo posseduto	avevamo posseduto
possedevi	possedevate	avevi posseduto	avevate posseduto
possedeva	possedevano	aveva posseduto	avevano posseduto
3 Past Absolute		**10 Past Anterior**	
possedetti	possedemmo	ebbi posseduto	avemmo posseduto
possedesti	possedeste	avesti posseduto	aveste posseduto
possedette	possedettero	ebbe posseduto	ebbero posseduto
4 Future		**11 Future Perfect**	
possederò	possederemo	avrò posseduto	avremo posseduto
possederai	possederete	avrai posseduto	avrete posseduto
possederà	possederanno	avrà posseduto	avranno posseduto
5 Present Conditional		**12 Past Conditional**	
possederei	possederemmo	avrei posseduto	avremmo posseduto
possederesti	possedereste	avresti posseduto	avreste posseduto
possederebbe	possederebbero	avrebbe posseduto	avrebbero posseduto
6 Present Subjunctive		**13 Past Subjunctive**	
possieda	possediamo	abbia posseduto	abbiamo posseduto
(possegga)			
possieda	possediate	abbia posseduto	abbiate posseduto
(possegga)			
possieda	possiedano	abbia posseduto	abbiano posseduto
(possegga)	(posseggano)		
7 Imperfect Subjunctive		**14 Past Perfect Subjunctive**	
possedessi	possedessimo	avessi posseduto	avessimo posseduto
possedessi	possedeste	avessi posseduto	aveste posseduto
possedesse	possedessero	avesse posseduto	avessero posseduto

Imperative

—	possediamo
possiedi (non possedere)	possedete
possieda (possegga)	possiedano (posseggano)

Samples of verb usage

Possiede una buona memoria.   He has a good memory.
Non possediamo molto denaro.   We do not possess (have) much money.

to be able, can, may

The Seven Simple Tenses		The Seven Compound Tenses	
Singular	Plural	Singular	Plural
1 Present Indicative		**8 Present Perfect**	
posso	possiamo	ho potuto	abbiamo potuto
puoi	potete	hai potuto	avete potuto
può	possono	ha potuto	hanno potuto
2 Imperfect		**9 Past Perfect**	
potevo	potevamo	avevo potuto	avevamo potuto
potevi	potevate	avevi potuto	avevate potuto
poteva	potevano	aveva potuto	avevano potuto
3 Past Absolute		**10 Past Anterior**	
potei	potemmo	ebbi potuto	avemmo potuto
potesti	poteste	avesti potuto	aveste potuto
potè	poterono	ebbe potuto	ebbero potuto
4 Future		**11 Future Perfect**	
potrò	potremo	avrò potuto	avremo potuto
potrai	potrete	avrai potuto	avrete potuto
potrà	potranno	avrà potuto	avranno potuto
5 Present Conditional		**12 Past Conditional**	
potrei	potremmo	avrei potuto	avremmo potuto
potresti	potreste	avresti potuto	avreste potuto
potrebbe	potrebbero	avrebbe potuto	avrebbero potuto
6 Present Subjunctive		**13 Past Subjunctive**	
possa	possiamo	abbia potuto	abbiamo potuto
possa	possiate	abbia potuto	abbiate potuto
possa	possano	abbia potuto	abbiano potuto
7 Imperfect Subjunctive		**14 Past Perfect Subjunctive**	
potessi	potessimo	avessi potuto	avessimo potuto
potessi	poteste	avessi potuto	aveste potuto
potesse	potessero	avesse potuto	avessero potuto

Imperative
—

Samples of verb usage

Non posso venire oggi.   I cannot come today.
Puoi scrivere tu se vuoi.   You can write if you want to.
Non sono potuto andarci.   I was not able to go there.

NOTE: **Potere** takes **essere** when the following infinitive requires it.

to predict

The Seven Simple Tenses		The Seven Compound Tenses	
Singular	Plural	Singular	Plural
1 Present Indicative		**8 Present Perfect**	
predico	prediciamo	ho predetto	abbiamo predetto
predici	predite	hai predetto	avete predetto
predice	predicono	ha predetto	hanno predetto
2 Imperfect		**9 Past Perfect**	
predicevo	predicevamo	avevo predetto	avevamo predetto
predicevi	predicevate	avevi predetto	avevate predetto
prediceva	predicevano	aveva predetto	avevano predetto
3 Past Absolute		**10 Past Anterior**	
predissi	predicemmo	ebbi predetto	avemmo predetto
predicesti	prediceste	avesti predetto	aveste predetto
predisse	predissero	ebbe predetto	ebbero predetto
4 Future		**11 Future Perfect**	
predirò	prediremo	avrò predetto	avremo predetto
predirai	predirete	avrai predetto	avrete predetto
predirà	prediranno	avrà predetto	avranno predetto
5 Present Conditional		**12 Past Conditional**	
predirei	prediremmo	avrei predetto	avremmo predetto
prediresti	predireste	avresti predetto	avreste predetto
predirebbe	predirebbero	avrebbe predetto	avrebbero predetto
6 Present Subjunctive		**13 Past Subjunctive**	
predica	prediciamo	abbia predetto	abbiamo predetto
predica	prediciate	abbia predetto	abbiate predetto
predica	predicano	abbia predetto	abbiano predetto
7 Imperfect Subjunctive		**14 Past Perfect Subjunctive**	
predicessi	predicessimo	avessi predetto	avessimo predetto
predicessi	prediceste	avessi predetto	aveste predetto
predicesse	predicessero	avesse predetto	avessero predetto

Imperative	
—	prediciamo
predici (non predire)	predite
predica	predicano

Samples of verb usage

L'indovina predice il futuro.   The fortune-teller predicts the future.
Lui predice che io vincerò.   He predicts that I will win.

to prefer

The Seven Simple Tenses		The Seven Compound Tenses	
Singular	Plural	Singular	Plural
1 Present Indicative		**8** Present Perfect	
preferisco	preferiamo	ho preferito	abbiamo preferito
preferisci	preferite	hai preferito	avete preferito
preferisce	preferiscono	ha preferito	hanno preferito
2 Imperfect		**9** Past Perfect	
preferivo	preferivamo	avevo preferito	avevamo preferito
preferivi	preferivate	avevi preferito	avevate preferito
preferiva	preferivano	aveva preferito	avevano preferito
3 Past Absolute		**10** Past Anterior	
preferii	preferimmo	ebbi preferito	avemmo preferito
preferisti	preferiste	avesti preferito	aveste preferito
preferì	preferirono	ebbe preferito	ebbero preferito
4 Future		**11** Future Perfect	
preferirò	preferiremo	avrò preferito	avremo preferito
preferirai	preferirete	avrai preferito	avrete preferito
preferirà	preferiranno	avrà preferito	avranno preferito
5 Present Conditional		**12** Past Conditional	
preferirei	preferiremmo	avrei preferito	avremmo preferito
preferiresti	preferireste	avresti preferito	avreste preferito
preferirebbe	preferirebbero	avrebbe preferito	avrebbero preferito
6 Present Subjunctive		**13** Past Subjunctive	
preferisca	preferiamo	abbia preferito	abbiamo preferito
preferisca	preferiate	abbia preferito	abbiate preferito
preferisca	preferiscano	abbia preferito	abbiano preferito
7 Imperfect Subjunctive		**14** Past Perfect Subjunctive	
preferissi	preferissimo	avessi preferito	avessimo preferito
preferissi	preferiste	avessi preferito	aveste preferito
preferisse	preferissero	avesse preferito	avessero preferito

	Imperative	
—		preferiamo
preferisci (non preferire)		preferite
preferisca		preferiscano

Samples of verb usage

Preferisce il vino bianco al vino rosso?   Do you prefer white wine to red wine?
Io preferisco il gelato al caffè.   I prefer ice cream to coffee.
Preferirebbero andare in treno.   They would prefer to go by train.

to press, to squeeze, to be urgent

The Seven Simple Tenses		The Seven Compound Tenses	
Singular	Plural	Singular	Plural
1 Present Indicative		**8 Present Perfect**	
premo	premiamo	ho premuto	abbiamo premuto
premi	premete	hai premuto	avete premuto
preme	premono	ha premuto	hanno premuto
2 Imperfect		**9 Past Perfect**	
premevo	premevamo	avevo premuto	avevamo premuto
premevi	premevate	avevi premuto	avevate premuto
premeva	premevano	aveva premuto	avevano premuto
3 Past Absolute		**10 Past Anterior**	
premei (premetti)	prememmo	ebbi premuto	avemmo premuto
premesti	premeste	avesti premuto	aveste premuto
premè (premette)	premerono (premettero)	ebbe premuto	ebbero premuto
4 Future		**11 Future Perfect**	
premerò	premeremo	avrò premuto	avremo premuto
premerai	premerete	avrai premuto	avrete premuto
premerà	premeranno	avrà premuto	avranno premuto
5 Present Conditional		**12 Past Conditional**	
premerei	premeremmo	avrei premuto	avremmo premuto
premeresti	premereste	avresti premuto	avreste premuto
premerebbe	premerebbero	avrebbe premuto	avrebbero premuto
6 Present Subjunctive		**13 Past Subjunctive**	
prema	premiamo	abbia premuto	abbiamo premuto
prema	premiate	abbia premuto	abbiate premuto
prema	premano	abbia premuto	abbiano premuto
7 Imperfect Subjunctive		**14 Past Perfect Subjunctive**	
premessi	premessimo	avessi premuto	avessimo premuto
premessi	premeste	avessi premuto	aveste premuto
premesse	premessero	avesse premuto	avessero premuto

Imperative	
—	premiamo
premi (non premere)	premete
prema	premano

Samples of verb usage

Lei mi preme la mano.   She squeezes my hand.
Io premo il bottone.   I press the button.
Questo problema preme a molta gente.   This problem is urgent for many people.

NOTE: The compounds of **premere** are: **comprimere, deprimere, esprimere, imprimere, opprimere, reprimere, sopprimere** (all irregular in the past absolute and past participle) and **spremere**, (which is regular).

The Seven Simple Tenses		The Seven Compound Tenses	
Singular	Plural	Singular	Plural
1 Present Indicative		**8 Present Perfect**	
prendo	prendiamo	ho preso	abbiamo preso
prendi	prendete	hai preso	avete preso
prende	prendono	ha preso	hanno preso
2 Imperfect		**9 Past Perfect**	
prendevo	prendevamo	avevo preso	avevamo preso
prendevi	prendevate	avevi preso	avevate preso
prendeva	prendevano	aveva preso	avevano preso
3 Past Absolute		**10 Past Anterior**	
presi	prendemmo	ebbi preso	avemmo preso
prendesti	prendeste	avesti preso	aveste preso
prese	presero	ebbe preso	ebbero preso
4 Future		**11 Future Perfect**	
prenderò	prenderemo	avrò preso	avremo preso
prenderai	prenderete	avrai preso	avrete preso
prenderà	prenderanno	avrà preso	avranno preso
5 Present Conditional		**12 Past Conditional**	
prenderei	prenderemmo	avrei preso	avremmo preso
prenderesti	prendereste	avresti preso	avreste preso
prenderebbe	prenderebbero	avrebbe preso	avrebbero preso
6 Present Subjunctive		**13 Past Subjunctive**	
prenda	prendiamo	abbia preso	abbiamo preso
prenda	prendiate	abbia preso	abbiate preso
prenda	prendano	abbia preso	abbiano preso
7 Imperfect Subjunctive		**14 Past Perfect Subjunctive**	
prendessi	prendessimo	avessi preso	avessimo preso
prendessi	prendeste	avessi preso	aveste preso
prendesse	prendessero	avesse preso	avessero preso

Imperative

—	prendiamo
prendi (non prendere)	**prendete**
prenda	**prendano**

Samples of verb usage

Non prendo più il caffè.   I don't take coffee anymore.
Devi prendere la medicina.   You must take the medicine.

NOTE: Like **prendere** are **apprendere, comprendere, intraprendere, riprendere,** and **sorprendere**.

preparare

Gerund **preparando**   Past Part. **preparato**

to prepare

The Seven Simple Tenses		The Seven Compound Tenses	
Singular	Plural	Singular	Plural
1 Present Indicative		**8 Present Perfect**	
preparo	prepariamo	ho preparato	abbiamo preparato
prepari	preparate	hai preparato	avete preparato
prepara	preparano	ha preparato	hanno preparato
2 Imperfect		**9 Past Perfect**	
preparavo	preparavamo	avevo preparato	avevamo preparato
preparavi	preparavate	avevi preparato	avevate preparato
preparava	preparavano	aveva preparato	avevano preparato
3 Past Absolute		**10 Past Anterior**	
preparai	preparammo	ebbi preparato	avemmo preparato
preparasti	preparaste	avesti preparato	aveste preparato
preparò	prepararono	ebbe preparato	ebbero preparato
4 Future		**11 Future Perfect**	
preparerò	prepareremo	avrò preparato	avremo preparato
preparerai	preparerete	avrai preparato	avrete preparato
preparerà	prepareranno	avrà preparato	avranno preparato
5 Present Conditional		**12 Past Conditional**	
preparerei	prepareremmo	avrei preparato	avremmo preparato
prepareresti	preparereste	avresti preparato	avreste preparato
preparerebbe	preparerebbero	avrebbe preparato	avrebbero preparato
6 Present Subjunctive		**13 Past Subjunctive**	
prepari	prepariamo	abbia preparato	abbiamo preparato
prepari	prepariate	abbia preparato	abbiate preparato
prepari	preparino	abbia preparato	abbiano preparato
7 Imperfect Subjunctive		**14 Past Perfect Subjunctive**	
preparassi	preparassimo	avessi preparato	avessimo preparato
preparassi	preparaste	avessi preparato	aveste preparato
preparasse	preparassero	avesse preparato	avessero preparato

	Imperative	
—		prepariamo
prepara (non preparare)		preparate
prepari		preparino

Samples of verb usage

Lo preparai a una cattiva notizia.   I prepared him for bad news.
La studentessa deve preparare la lezione.   The student must prepare the lesson.

to present, to introduce

The Seven Simple Tenses		The Seven Compound Tenses	
Singular	Plural	Singular	Plural
1 Present Indicative		**8 Present Perfect**	
presento	**presentiamo**	**ho presentato**	**abbiamo presentato**
presenti	**presentate**	**hai presentato**	**avete presentato**
presenta	**presentano**	**ha presentato**	**hanno presentato**
2 Imperfect		**9 Past Perfect**	
presentavo	**presentavamo**	**avevo presentato**	**avevamo presentato**
presentavi	**presentavate**	**avevi presentato**	**avevate presentato**
presentava	**presentavano**	**aveva presentato**	**avevano presentato**
3 Past Absolute		**10 Past Anterior**	
presentai	**presentammo**	**ebbi presentato**	**avemmo presentato**
presentasti	**presentaste**	**avesti presentato**	**aveste presentato**
presentò	**presentarono**	**ebbe presentato**	**ebbero presentato**
4 Future		**11 Future Perfect**	
presenterò	**presenteremo**	**avrò presentato**	**avremo presentato**
presenterai	**presenterete**	**avrai presentato**	**avrete presentato**
presenterà	**presenteranno**	**avrà presentato**	**avranno presentato**
5 Present Conditional		**12 Past Conditional**	
presenterei	**presenteremmo**	**avrei presentato**	**avremmo presentato**
presenteresti	**presentereste**	**avresti presentato**	**avreste presentato**
presenterebbe	**presenterebbero**	**avrebbe presentato**	**avrebbero presentato**
6 Present Subjunctive		**13 Past Subjunctive**	
presenti	**presentiamo**	**abbia presentato**	**abbiamo presentato**
presenti	**presentiate**	**abbia presentato**	**abbiate presentato**
presenti	**presentino**	**abbia presentato**	**abbiano presentato**
7 Imperfect Subjunctive		**14 Past Perfect Subjunctive**	
presentassi	**presentassimo**	**avessi presentato**	**avessimo presentato**
presentassi	**presentaste**	**avessi presentato**	**aveste presentato**
presentasse	**presentassero**	**avesse presentato**	**avessero presentato**

Imperative

—	**presentiamo**
presenta (non presentare)	**presentate**
presenti	**presentino**

Samples of verb usage

Ti ho presentato Maria ieri.   I introduced Mary to you yesterday.
Presentammo i compiti al maestro.   We presented the assignments to the teacher.

to lend

The Seven Simple Tenses		The Seven Compound Tenses	
Singular	Plural	Singular	Plural
1 Present Indicative		**8 Present Perfect**	
presto	prestiamo	ho prestato	abbiamo prestato
presti	prestate	hai prestato	avete prestato
presta	prestano	ha prestato	hanno prestato
2 Imperfect		**9 Past Perfect**	
prestavo	prestavamo	avevo prestato	avevamo prestato
prestavi	prestavate	avevi prestato	avevate prestato
prestava	prestavano	aveva prestato	avevano prestato
3 Past Absolute		**10 Past Anterior**	
prestai	prestammo	ebbi prestato	avemmo prestato
prestasti	prestaste	avesti prestato	aveste prestato
prestò	prestarono	ebbe prestato	ebbero prestato
4 Future		**11 Future Perfect**	
presterò	presteremo	avrò prestato	avremo prestato
presterai	presterete	avrai prestato	avrete prestato
presterà	presteranno	avrà prestato	avranno prestato
5 Present Conditional		**12 Past Conditional**	
presterei	presteremmo	avrei prestato	avremmo prestato
presteresti	prestereste	avresti prestato	avreste prestato
presterebbe	presterebbero	avrebbe prestato	avrebbero prestato
6 Present Subjunctive		**13 Past Subjunctive**	
presti	prestiamo	abbia prestato	abbiamo prestato
presti	prestiate	abbia prestato	abbiate prestato
presti	prestino	abbia prestato	abbiano prestato
7 Imperfect Subjunctive		**14 Past Perfect Subjunctive**	
prestassi	prestassimo	avessi prestato	avessimo prestato
prestassi	prestaste	avessi prestato	aveste prestato
prestasse	prestassero	avesse prestato	avessero prestato

	Imperative	
—		prestiamo
presta (non prestare)		prestate
presti		prestino

Samples of verb usage

Io non presto soldi a nessuno.   I don't lend money to anyone.
Prestami il libro, per piacere.   Lend me the book, please.

to claim, to pretend, to demand

The Seven Simple Tenses		The Seven Compound Tenses	
Singular	Plural	Singular	Plural
1 Present Indicative		**8** Present Perfect	
pretendo	pretendiamo	ho preteso	abbiamo preteso
pretendi	pretendete	hai preteso	avete preteso
pretende	pretendono	ha preteso	hanno preteso
2 Imperfect		**9** Past Perfect	
pretendevo	pretendevamo	avevo preteso	avevamo preteso
pretendevi	pretendevate	avevi preteso	avevate preteso
pretendeva	pretendevano	aveva preteso	avevano preteso
3 Past Absolute		**10** Past Anterior	
pretesi	pretendemmo	ebbi preteso	avemmo preteso
pretendesti	pretendeste	avesti preteso	aveste preteso
pretese	pretesero	ebbe preteso	ebbero preteso
4 Future		**11** Future Perfect	
pretenderò	pretenderemo	avrò preteso	avremo preteso
pretenderai	pretenderete	avrai preteso	avrete preteso
pretenderà	pretenderanno	avrà preteso	avranno preteso
5 Present Conditional		**12** Past Conditional	
pretenderei	pretenderemmo	avrei preteso	avremmo preteso
pretenderesti	pretendereste	avresti preteso	avreste preteso
pretenderebbe	pretenderebbero	avrebbe preteso	avrebbero preteso
6 Present Subjunctive		**13** Past Subjunctive	
pretenda	pretendiamo	abbia preteso	abbiamo preteso
pretenda	pretendiate	abbia preteso	abbiate preteso
pretenda	pretendano	abbia preteso	abbiano preteso
7 Imperfect Subjunctive		**14** Past Perfect Subjunctive	
pretendessi	pretendessimo	avessi preteso	avessimo preteso
pretendessi	pretendeste	avessi preteso	aveste preteso
pretendesse	pretendessero	avesse preteso	avessero preteso

Imperative	
—	pretendiamo
pretendi (non pretendere)	pretendete
pretenda	pretendano

Samples of verb usage

Lui pretende essere malato.   He is pretending to be ill.
L'uomo pretende mille dollari da me.   The man demands one thousand dollars from me.

prevalere   Gerund **prevalendo**   Past Part. **prevalso**

to prevail

The Seven Simple Tenses		The Seven Compound Tenses	
Singular	Plural	Singular	Plural
1 Present Indicative		**8 Present Perfect**	
prevalgo	prevaliamo	ho prevalso	abbiamo prevalso
prevali	prevalete	hai prevalso	avete prevalso
prevale	prevalgono	ha prevalso	hanno prevalso
2 Imperfect		**9 Past Perfect**	
prevalevo	prevalevamo	avevo prevalso	avevamo prevalso
prevalevi	prevalevate	avevi prevalso	avevate prevalso
prevaleva	prevalevano	aveva prevalso	avevano prevalso
3 Past Absolute		**10 Past Anterior**	
prevalsi	prevalemmo	ebbi prevalso	avemmo prevalso
prevalesti	prevaleste	avesti prevalso	aveste prevalso
prevalse	prevalsero	ebbe prevalso	ebbero prevalso
4 Future		**11 Future Perfect**	
prevarrò	prevarremo	avrò prevalso	avremo prevalso
prevarrai	prevarrete	avrai prevalso	avrete prevalso
prevarrà	prevarranno	avrà prevalso	avranno prevalso
5 Present Conditional		**12 Past Conditional**	
prevarrei	prevarremmo	avrei prevalso	avremmo prevalso
prevarresti	prevarreste	avresti prevalso	avreste prevalso
prevarrebbe	prevarrebbero	avrebbe prevalso	avrebbero prevalso
6 Present Subjunctive		**13 Past Subjunctive**	
prevalga	prevaliamo	abbia prevalso	abbiamo prevalso
prevalga	prevaliate	abbia prevalso	abbiate prevalso
prevalga	prevalgano	abbia prevalso	abbiano prevalso
7 Imperfect Subjunctive		**14 Past Perfect Subjunctive**	
prevalessi	prevalessimo	avessi prevalso	avessimo prevalso
prevalessi	prevaleste	avessi prevalso	aveste prevalso
prevalesse	prevalessero	avesse prevalso	avessero prevalso

	Imperative	
—		prevaliamo
prevali (non prevalere)		prevalete
prevalga		prevalgano

Samples of verb usage

La sua opinione prevalse.   His opinion prevailed.
Lui prevale su di tutti.   He prevails over everyone.

NOTE: **Prevalere** may also be conjugated with **essere**. Also **prevalersi** (to take advantage, to avail oneself), conjugated with **essere**.

to foresee

The Seven Simple Tenses		The Seven Compound Tenses	
Singular	Plural	Singular	Plural
1 Present Indicative		**8** Present Perfect	
prevedo (preveggo)	**prevediamo**	**ho preveduto (previsto)**	**abbiamo preveduto (previsto)**
prevedi	**prevedete**	**hai preveduto**	**avete preveduto**
prevede	**prevedono (preveggono)**	**ha preveduto**	**hanno preveduto**
2 Imperfect		**9** Past Perfect	
prevedevo	**prevedevamo**	**avevo preveduto**	**avevamo preveduto**
prevedevi	**prevedevate**	**avevi preveduto**	**avevate preveduto**
prevedeva	**prevedevano**	**aveva preveduto**	**avevano preveduto**
3 Past Absolute		**10** Past Anterior	
previdi	**prevedemmo**	**ebbi preveduto**	**avemmo preveduto**
prevedesti	**prevedeste**	**avesti preveduto**	**aveste preveduto**
previde	**previdero**	**ebbe preveduto**	**ebbero preveduto**
4 Future		**11** Future Perfect	
prevederò	**prevederemo**	**avrò preveduto**	**avremo preveduto**
prevederai	**prevederete**	**avrai preveduto**	**avrete preveduto**
prevederà	**prevederanno**	**avrà preveduto**	**avranno preveduto**
5 Present Conditional		**12** Past Conditional	
prevederei	**prevederemmo**	**avrei preveduto**	**avremmo preveduto**
prevederesti	**prevedereste**	**avresti preveduto**	**avreste preveduto**
prevederebbe	**prevederebbero**	**avrebbe preveduto**	**avrebbero preveduto**
6 Present Subjunctive		**13** Past Subjunctive	
preveda (prevegga)	**prevediamo**	**abbia preveduto**	**abbiamo preveduto**
preveda (prevegga)	**prevediate**	**abbia preveduto**	**abbiate preveduto**
preveda (prevegga)	**prevedano(preveggano)**	**abbia preveduto**	**abbiano preveduto**
7 Imperfect Subjunctive		**14** Past Perfect Subjunctive	
prevedessi	**prevedessimo**	**avessi preveduto**	**avessimo preveduto**
prevedessi	**prevedeste**	**avessi preveduto**	**aveste preveduto**
prevedesse	**prevedessero**	**avesse preveduto**	**avessero preveduto**

Imperative	
—	**prevediamo**
prevedi (non prevedere)	**prevedete**
preveda (prevegga)	**prevedano (preveggano)**

Samples of verb usage

La zingara previde la catastrofe.   The fortune-teller foresaw the catastrophe.
Io prevedo tutte le possibilità.   I foresee all the possibilities.

341

to precede, to anticipate, to prevent

The Seven Simple Tenses		The Seven Compound Tenses	
Singular	Plural	Singular	Plural
1 Present Indicative		**8 Present Perfect**	
prevengo	preveniamo	ho prevenuto	abbiamo prevenuto
previeni	prevenite	hai prevenuto	avete prevenuto
previene	prevengono	ha prevenuto	hanno prevenuto
2 Imperfect		**9 Past Perfect**	
prevenivo	prevenivamo	avevo prevenuto	avevamo prevenuto
prevenivi	prevenivate	avevi prevenuto	avevate prevenuto
preveniva	prevenivano	aveva prevenuto	avevano prevenuto
3 Past Absolute		**10 Past Anterior**	
prevenni	prevenimmo	ebbi prevenuto	avemmo prevenuto
prevenisti	preveniste	avesti prevenuto	aveste prevenuto
prevenne	prevennero	ebbe prevenuto	ebbero prevenuto
4 Future		**11 Future Perfect**	
preverrò	preverremmo	avrò prevenuto	avremo prevenuto
preverrai	preverrete	avrai prevenuto	avrete prevenuto
preverrà	preverranno	avrà prevenuto	avranno prevenuto
5 Present Conditional		**12 Past Conditional**	
preverrei	preverremmo	avrei prevenuto	avremmo prevenuto
preverresti	preverreste	avresti prevenuto	avreste prevenuto
preverrebbe	preverrebbero	avrebbe prevenuto	avrebbero prevenuto
6 Present Subjunctive		**13 Past Subjunctive**	
prevenga	preveniamo	abbia prevenuto	abbiamo prevenuto
prevenga	preveniate	abbia prevenuto	abbiate prevenuto
prevenga	prevengano	abbia prevenuto	abbiano prevenuto
7 Imperfect Subjunctive		**14 Past Perfect Subjunctive**	
prevenissi	prevenissimo	avessi prevenuto	avessimo prevenuto
prevenissi	preveniste	avessi prevenuto	aveste prevenuto
prevenisse	prevenissero	avesse prevenuto	avessero prevenuto

	Imperative	
—		preveniamo
previeni (non prevenire)		prevenite
prevenga		prevengano

Samples of verb usage

Il maestro previene le domande degli studenti.   The teacher anticipates the students'
  questions.
prevenire una domanda   to anticipate a question
prevenire un pericolo   to prevent a danger

to produce

The Seven Simple Tenses		The Seven Compound Tenses	
Singular	Plural	Singular	Plural

1 Present Indicative

		8 Present Perfect	
produco	produciamo	ho prodotto	abbiamo prodotto
produci	producete	hai prodotto	avete prodotto
produce	producono	ha prodotto	hanno prodotto

2 Imperfect

		9 Past Perfect	
producevo	producevamo	avevo prodotto	avevamo prodotto
producevi	producevate	avevi prodotto	avevate prodotto
produceva	producevano	aveva prodotto	avevano prodotto

3 Past Absolute

		10 Past Anterior	
produssi	producemmo	ebbi prodotto	avemmo prodotto
producesti	produceste	avesti prodotto	aveste prodotto
produsse	produssero	ebbe prodotto	ebbero prodotto

4 Future

		11 Future Perfect	
produrrò	produrremo	avrò prodotto	avremo prodotto
produrrai	produrrete	avrai prodotto	avrete prodotto
produrrà	produrranno	avrà prodotto	avranno prodotto

5 Present Conditional

		12 Past Conditional	
produrrei	produrremmo	avrei prodotto	avremmo prodotto
produrresti	produrreste	avresti prodotto	avreste prodotto
produrrebbe	produrrebbero	avrebbe prodotto	avrebbero prodotto

6 Present Subjunctive

		13 Past Subjunctive	
produca	produciamo	abbia prodotto	abbiamo prodotto
produca	produciate	abbia prodotto	abbiate prodotto
produca	producano	abbia prodotto	abbiano prodotto

7 Imperfect Subjunctive

		14 Past Perfect Subjunctive	
producessi	producessimo	avessi prodotto	avessimo prodotto
producessi	produceste	avessi prodotto	aveste prodotto
producesse	producessero	avesse prodotto	avessero prodotto

Imperative

—	produciamo
produci (non produrre)	producete
produca	producano

Samples of verb usage

L'artigiano produce oggetti di buona qualità.   The artisan produces objects of good quality.
Cosa producevano in questa fabbrica?   What did they produce in this factory?

343

proibire

Gerund **proibendo**   Past Part. **proibito**

to forbid, to prohibit

The Seven Simple Tenses		The Seven Compound Tenses	
Singular	Plural	Singular	Plural
1 Present Indicative		**8 Present Perfect**	
proibisco	proibiamo	ho proibito	abbiamo proibito
proibisci	proibite	hai proibito	avete proibito
proibisce	proibiscono	ha proibito	hanno proibito
2 Imperfect		**9 Past Perfect**	
proibivo	proibivamo	avevo proibito	avevamo proibito
proibivi	proibivate	avevi proibito	avevate proibito
proibiva	proibivano	aveva proibito	avevano proibito
3 Past Absolute		**10 Past Anterior**	
proibii	proibimmo	ebbi proibito	avemmo proibito
proibisti	proibiste	avesti proibito	aveste proibito
proibì	proibirono	ebbe proibito	ebbero proibito
4 Future		**11 Future Perfect**	
proibirò	proibiremo	avrò proibito	avremo proibito
proibirai	proibirete	avrai proibito	avrete proibito
proibirà	proibiranno	avrà proibito	avranno proibito
5 Present Conditional		**12 Past Conditional**	
proibirei	proibiremmo	avrei proibito	avremmo proibito
proibiresti	proibireste	avresti proibito	avreste proibito
proibirebbe	proibirebbero	avrebbe proibito	avrebbero proibito
6 Present Subjunctive		**13 Past Subjunctive**	
proibisca	proibiamo	abbia proibito	abbiamo proibito
proibisca	proibiate	abbia proibito	abbiate proibito
proibisca	proibiscano	abbia proibito	abbiano proibito
7 Imperfect Subjunctive		**14 Past Perfect Subjunctive**	
proibissi	proibissimo	avessi proibito	avessimo proibito
proibissi	proibiste	avessi proibito	aveste proibito
proibisse	proibissero	avesse proibito	avessero proibito

Imperative

—	proibiamo
proibisci (non proibire)	proibite
proibisca	proibiscano

Samples of verb usage

Ti proibisco di parlare.   I forbid you to speak.
Il medico ti ha proibito il vino.   The doctor has forbidden you to drink wine.
Proibito Fumare (also **Vietato Fumare**)   No Smoking

to promise

The Seven Simple Tenses		The Seven Compound Tenses	
Singular	Plural	Singular	Plural

1 Present Indicative

		8 Present Perfect	
prometto	promettiamo	ho promesso	abbiamo promesso
prometti	promettete	hai promesso	avete promesso
promette	promettono	ha promesso	hanno promesso

2 Imperfect

		9 Past Perfect	
promettevo	promettevamo	avevo promesso	avevamo promesso
promettevi	promettevate	avevi promesso	avevate promesso
prometteva	promettevano	aveva promesso	avevano promesso

3 Past Absolute

		10 Past Anterior	
promisi	promettemmo	ebbi promesso	avemmo promesso
promettesti	prometteste	avesti promesso	aveste promesso
promise	promisero	ebbe promesso	ebbero promesso

4 Future

		11 Future Perfect	
prometterò	prometteremo	avrò promesso	avremo promesso
prometterai	prometterete	avrai promesso	avrete promesso
prometterà	prometteranno	avrà promesso	avranno promesso

5 Present Conditional

		12 Past Conditional	
prometterei	prometteremmo	avrei promesso	avremmo promesso
prometteresti	promettereste	avresti promesso	avreste promesso
prometterebbe	prometterebbero	avrebbe promesso	avrebbero promesso

6 Present Subjunctive

		13 Past Subjunctive	
prometta	promettiamo	abbia promesso	abbiamo promesso
prometta	promettiate	abbia promesso	abbiate promesso
prometta	promettano	abbia promesso	abbiano promesso

7 Imperfect Subjunctive

		14 Past Perfect Subjunctive	
promettessi	promettessimo	avessi promesso	avessimo promesso
promettessi	prometteste	avessi promesso	aveste promesso
promettesse	promettessero	avesse promesso	avessero promesso

Imperative	
—	promettiamo
prometti (non promettere)	promettete
prometta	promettano

Samples of verb usage

Ha promesso di venire presto.   She promised to come early.
Il governo promette molte cose.   The government promises many things.

promuovere   Gerund **promovendo, promuovendo**   Past Part. **promosso**

to promote, to further

The Seven Simple Tenses		The Seven Compound Tenses	
Singular	Plural	Singular	Plural
1 Present Indicative		**8 Present Perfect**	
promuovo	prom(u)oviamo	ho promosso	abbiamo promosso
promuovi	prom(u)ovete	hai promosso	avete promosso
promuove	prom(u)ovono	ha promosso	hanno promosso
2 Imperfect		**9 Past Perfect**	
prom(u)ovevo	prom(u)ovevamo	avevo promosso	avevamo promosso
prom(u)ovevi	prom(u)ovevate	avevi promosso	avevate promosso
prom(u)oveva	prom(u)ovevano	aveva promosso	avevano promosso
3 Past Absolute		**10 Past Anterior**	
promossi	prom(u)ovemmo	ebbi promosso	avemmo promosso
prom(u)ovesti	prom(u)oveste	avesti promosso	aveste promosso
promosse	promossero	ebbe promosso	ebbero promosso
4 Future		**11 Future Perfect**	
prom(u)overò	prom(u)overemo	avrò promosso	avremo promosso
prom(u)overai	prom(u)overete	avrai promosso	avrete promosso
prom(u)overà	prom(u)overanno	avrà promosso	avranno promosso
5 Present Conditional		**12 Past Conditional**	
prom(u)overei	prom(u)overemmo	avrei promosso	avremmo promosso
prom(u)overesti	prom(u)overeste	avresti promosso	avreste promosso
prom(u)overebbe	prom(u)overebbero	avrebbe promosso	avrebbero promosso
6 Present Subjunctive		**13 Past Subjunctive**	
promuova	prom(u)oviamo	abbia promosso	abbiamo promosso
promuova	prom(u)oviate	abbia promosso	abbiate promosso
promuova	promuovano	abbia promosso	abbiano promosso
7 Imperfect Subjunctive		**14 Past Perfect Subjunctive**	
prom(u)ovessi	prom(u)ovessimo	avessi promosso	avessimo promosso
prom(u)ovessi	prom(u)oveste	avessi promosso	aveste promosso
prom(u)ovesse	prom(u)ovessero	avesse promosso	avessero promosso

Imperative	
—	prom(u)oviamo
promuovi (non promuovere)	prom(u)ovete
promuova	promuovano

Samples of verb usage

Il governatore promuove un progetto di legge.   The governor promotes a bill.
Il ragazzo non fu promosso.   The boy was not promoted (did not pass).
promuovere la causa del popolo   to promote the cause of the people

The Seven Simple Tenses		The Seven Compound Tenses	
Singular	Plural	Singular	Plural

1 Present Indicative

pronunzio	pronunziamo	
pronunzi	pronunziate	
pronunzia	pronunziano	

8 Present Perfect

ho pronunziato	abbiamo pronunziato
hai pronunziato	avete pronunziato
ha pronunziato	hanno pronunziato

2 Imperfect

pronunziavo	pronunziavamo
pronunziavi	pronunziavate
pronunziava	pronunziavano

9 Past Perfect

avevo pronunziato	avevamo pronunziato
avevi pronunziato	avevate pronunziato
aveva pronunziato	avevano pronunziato

3 Past Absolute

pronunziai	pronunziammo
pronunziasti	pronunziaste
pronunziò	pronunziarono

10 Past Anterior

ebbi pronunziato	avemmo pronunziato
avesti pronunziato	aveste pronunziato
ebbe pronunziato	ebbero pronunziato

4 Future

pronunzierò	pronunzieremo
pronunzierai	pronunzierete
pronunzierà	pronunzieranno

11 Future Perfect

avrò pronunziato	avremo pronunziato
avrai pronunziato	avrete pronunziato
avrà pronunziato	avranno pronunziato

5 Present Conditional

pronunzierei	pronunzieremmo
pronunzieresti	pronunziereste
pronunzierebbe	pronunzierebbero

12 Past Conditional

avrei pronunziato	avremmo pronunziato
avresti pronunziato	avreste pronunziato
avrebbe pronunziato	avrebbero pronunziato

6 Present Subjunctive

pronunzi	pronunziamo
pronunzi	pronunziate
pronunzi	pronunzino

13 Past Subjunctive

abbia pronunziato	abbiamo pronunziato
abbia pronunziato	abbiate pronunziato
abbia pronunziato	abbiano pronunziato

7 Imperfect Subjunctive

pronunziassi	pronunziassimo
pronunziassi	pronunziaste
pronunziasse	pronunziassero

14 Past Perfect Subjunctive

avessi pronunziato	avessimo pronunziato
avessi pronunziato	aveste pronunziato
avesse pronunziato	avessero pronunziato

Imperative

—	pronunziamo
pronunzia (non pronunziare)	pronunziate
pronunzi	pronunzino

Samples of verb usage

Ho pronunziato bene la parola.   I pronounced the word well.
La pronunzia buona è importante.   Good pronunciation is important.

proporre

to propose

The Seven Simple Tenses		The Seven Compound Tenses	
Singular	Plural	Singular	Plural
1 Present Indicative		**8** Present Perfect	
propongo	proponiamo	ho proposto	abbiamo proposto
proponi	proponete	hai proposto	avete proposto
propone	propongono	ha proposto	hanno proposto
2 Imperfect		**9** Past Perfect	
proponevo	proponevamo	avevo proposto	avevamo proposto
proponevi	proponevate	avevi proposto	avevate proposto
proponeva	proponevano	aveva proposto	avevano proposto
3 Past Absolute		**10** Past Anterior	
proposi	proponemmo	ebbi proposto	avemmo proposto
proponesti	proponeste	avesti proposto	aveste proposto
propose	proposero	ebbe proposto	ebbero proposto
4 Future		**11** Future Perfect	
proporrò	proporremo	avrò proposto	avremo proposto
proporrai	proporrete	avrai proposto	avrete proposto
proporrà	proporranno	avrà proposto	avranno proposto
5 Present Conditional		**12** Past Conditional	
proporrei	proporremmo	avrei proposto	avremmo proposto
proporresti	proporreste	avresti proposto	avreste proposto
proporrebbe	proporrebbero	avrebbe proposto	avrebbero proposto
6 Present Subjunctive		**13** Past Subjunctive	
proponga	proponiamo	abbia proposto	abbiamo proposto
proponga	proponiate	abbia proposto	abbiate proposto
proponga	propongano	abbia proposto	abbiano proposto
7 Imperfect Subjunctive		**14** Past Perfect Subjunctive	
proponessi	proponessimo	avessi proposto	avessimo proposto
proponessi	proponeste	avessi proposto	aveste proposto
proponesse	proponessero	avesse proposto	avessero proposto

Imperative	
—	**proponiamo**
proponi (non proporre)	**proponete**
proponga	**propongano**

Samples of verb usage

Il presidente propone molte cose ma non fa niente.   The president proposes many things but doesn't do anything.

Ho proposto una cosa che non gli piace.   I proposed something he does not like.

to protect

The Seven Simple Tenses		The Seven Compound Tenses	
Singular	Plural	Singular	Plural

1   Present Indicative

		8 Present Perfect	
proteggo	proteggiamo	ho protetto	abbiamo protetto
proteggi	proteggete	hai protetto	avete protetto
protegge	proteggono	ha protetto	hanno protetto

2   Imperfect

		9 Past Perfect	
proteggevo	proteggevamo	avevo protetto	avevamo protetto
proteggevi	proteggevate	avevi protetto	avevate protetto
proteggeva	proteggevano	aveva protetto	avevano protetto

3   Past Absolute

		10 Past Anterior	
protessi	proteggemmo	ebbi protetto	avemmo protetto
proteggesti	proteggeste	avesti protetto	aveste protetto
protesse	protessero	ebbe protetto	ebbero protetto

4   Future

		11 Future Perfect	
proteggerò	proteggeremo	avrò protetto	avremo protetto
proteggerai	proteggerete	avrai protetto	avrete protetto
proteggerà	proteggeranno	avrà protetto	avranno protetto

5   Present Conditional

		12 Past Conditional	
proteggerei	proteggeremmo	avrei protetto	avremmo protetto
proteggeresti	proteggereste	avresti protetto	avreste protetto
proteggerebbe	proteggerebbero	avrebbe protetto	avrebbero protetto

6   Present Subjunctive

		13 Past Subjunctive	
protegga	proteggiamo	abbia protetto	abbiamo protetto
protegga	proteggiate	abbia protetto	abbiate protetto
protegga	proteggano	abbia protetto	abbiano protetto

7   Imperfect Subjunctive

		14 Past Perfect Subjunctive	
proteggessi	proteggessimo	avessi protetto	avessimo protetto
proteggessi	proteggeste	avessi protetto	aveste protetto
proteggesse	proteggessero	avesse protetto	avessero protetto

Imperative

—	proteggiamo
proteggi (non proteggere)	proteggete
protegga	proteggano

Samples of verb usage

Io proteggo tutto i miei oggetti di valore.   I protect all my valuable objects.
La madre protegge il figlio.   The mother protects her child.

349

provvedere

to provide

The Seven Simple Tenses		The Seven Compound Tenses	
Singular	Plural	Singular	Plural
1 Present Indicative		**8 Present Perfect**	
provvedo	**provvediamo**	**ho provvisto**	**abbiamo provvisto**
(provveggo)			
provvedi	**provvedete**	**hai provvisto**	**avete provvisto**
provvede	**provvedono**	**ha provvisto**	**hanno provvisto**
	(provveggono)		
2 Imperfect		**9 Past Perfect**	
provvedevo	**provvedevamo**	**avevo provvisto**	**avevamo provvisto**
provvedevi	**provvedevate**	**avevi provvisto**	**avevate provvisto**
provvedeva	**provvedevano**	**aveva provvisto**	**avevano provvisto**
3 Past Absolute		**10 Past Anterior**	
provvidi	**provvedemmo**	**ebbi provvisto**	**avemmo provvisto**
provvedesti	**provvedeste**	**avesti provvisto**	**aveste provvisto**
provvide	**provvidero**	**ebbe provvisto**	**ebbero provvisto**
4 Future		**11 Future Perfect**	
provvederò	**provvederemo**	**avrò provvisto**	**avremo provvisto**
provvederai	**provvederete**	**avrai provvisto**	**avrete provvisto**
provvederà	**provvederanno**	**avrà provvisto**	**avranno provvisto**
5 Present Conditional		**12 Past Conditional**	
provvederei	**provvederemmo**	**avrei provvisto**	**avremmo provvisto**
provvederesti	**provvedereste**	**avresti provvisto**	**avreste provvisto**
provvederebbe	**provvederebbero**	**avrebbe provvisto**	**avrebbero provvisto**
6 Present Subjunctive		**13 Past Subjunctive**	
provveda	**provvediamo**	**abbia provvisto**	**abbiamo provvisto**
(provvegga)			
provveda	**provvediate**	**abbia provvisto**	**abbiate provvisto**
(provvegga)			
provveda	**provvedano**	**abbia provvisto**	**abbiano provvisto**
(provvegga)	**(provveggano)**		
7 Imperfect Subjunctive		**14 Past Perfect Subjunctive**	
provvedessi	**provvedessimo**	**avessi provvisto**	**avessimo provvisto**
provvedessi	**provvedeste**	**avessi provvisto**	**aveste provvisto**
provvedesse	**provvedessero**	**avesse provvisto**	**avessero provvisto**

	Imperative	
—		**provvediamo**
provvedi (non provvedere)		**provvedete**
provveda (provvegga)		**provvedano (provveggano)**

Samples of verb usage

Anna ci provvide con buone cose da mangiare. Ann provided us with good things to eat.
Il padre e la madre provvedono per la famiglia. The mother and the father provide for the
family.

pulire

to clean

The Seven Simple Tenses		The Seven Compound Tenses	
Singular	Plural	Singular	Plural
1 Present Indicative		**8 Present Perfect**	
pulisco	puliamo	ho pulito	abbiamo pulito
pulisci	pulite	hai pulito	avete pulito
pulisce	puliscono	ha pulito	hanno pulito
2 Imperfect		**9 Past Perfect**	
pulivo	pulivamo	avevo pulito	avevamo pulito
pulivi	pulivate	avevi pulito	avevate pulito
puliva	pulivano	aveva pulito	avevano pulito
3 Past Absolute		**10 Past Anterior**	
pulii	pulimmo	ebbi pulito	avemmo pulito
pulisti	puliste	avesti pulito	aveste pulito
pulì	pulirono	ebbe pulito	ebbero pulito
4 Future		**11 Future Perfect**	
pulirò	puliremo	avrò pulito	avremo pulito
pulirai	pulirete	avrai pulito	avrete pulito
pulirà	puliranno	avrà pulito	avranno pulito
5 Present Conditional		**12 Past Conditional**	
pulirei	puliremmo	avrei pulito	avremmo pulito
puliresti	pulireste	avresti pulito	avreste pulito
pulirebbe	pulirebbero	avrebbe pulito	avrebbero pulito
6 Present Subjunctive		**13 Past Subjunctive**	
pulisca	puliamo	abbia pulito	abbiamo pulito
pulisca	puliate	abbia pulito	abbiate pulito
pulisca	puliscano	abbia pulito	abbiano pulito
7 Imperfect Subjunctive		**14 Past Perfect Subjunctive**	
pulissi	pulissimo	avessi pulito	avessimo pulito
pulissi	puliste	avessi pulito	aveste pulito
pulisse	pulissero	avesse pulito	avessero pulito

Imperative

—		puliamo
pulisci (non pulire)		pulite
pulisca		puliscano

Samples of verb usage

Devo pulire la casa.   I must clean the house.
Faccio pulire quest'abito.   I am having this dress cleaned.

pungere

to prick, to pinch, to sting

The Seven Simple Tenses		The Seven Compound Tenses	
Singular	Plural	Singular	Plural
1 Present Indicative		**8 Present Perfect**	
pungo	pungiamo	ho punto	abbiamo punto
pungi	pungete	hai punto	avete punto
punge	pungono	ha punto	hanno punto
2 Imperfect		**9 Past Perfect**	
pungevo	pungevamo	avevo punto	avevamo punto
pungevi	pungevate	avevi punto	avevate punto
pungeva	pungevano	aveva punto	avevano punto
3 Past Absolute		**10 Past Anterior**	
punsi	pungemmo	ebbi punto	avemmo punto
pungesti	pungeste	avesti punto	aveste punto
punse	punsero	ebbe punto	ebbero punto
4 Future		**11 Future Perfect**	
pungerò	pungeremo	avrò punto	avremo punto
pungerai	pungerete	avrai punto	avrete punto
pungerà	pungeranno	avrà punto	avranno punto
5 Present Conditional		**12 Past Conditional**	
pungerei	pungeremmo	avrei punto	avremmo punto
pungeresti	pungereste	avresti punto	avreste punto
pungerebbe	pungerebbero	avrebbe punto	avrebbero punto
6 Present Subjunctive		**13 Past Subjunctive**	
punga	pungiamo	abbia punto	abbiamo punto
punga	pungiate	abbia punto	abbiate punto
punga	pungano	abbia punto	abbiano punto
7 Imperfect Subjunctive		**14 Past Perfect Subjunctive**	
pungessi	pungessimo	avessi punto	avessimo punto
pungessi	pungeste	avessi punto	aveste punto
pungesse	pungessero	avesse punto	avessero punto

Imperative	
—	pungiamo
pungi (non pungere)	pungete
punga	pungano

Samples of verb usage

Quella zanzara mi ha punto tre volte.   That mosquito has stung me three times.
Il freddo mi punge la faccia.   The cold stings my face.

to punish

The Seven Simple Tenses		The Seven Compound Tenses	
Singular	Plural	Singular	Plural
1 Present Indicative		**8** Present Perfect	
punisco	**puniamo**	**ho punito**	**abbiamo punito**
punisci	**punite**	**hai punito**	**avete punito**
punisce	**puniscono**	**ha punito**	**hanno punito**
2 Imperfect		**9** Past Perfect	
punivo	**punivamo**	**avevo punito**	**avevamo punito**
punivi	**punivate**	**avevi punito**	**avevate punito**
puniva	**punivano**	**aveva punito**	**avevano punito**
3 Past Absolute		**10** Past Anterior	
punii	**punimmo**	**ebbi punito**	**avemmo punito**
punisti	**puniste**	**avesti punito**	**aveste punito**
punì	**punirono**	**ebbe punito**	**ebbero punito**
4 Future		**11** Future Perfect	
punirò	**puniremo**	**avrò punito**	**avremo punito**
punirai	**punirete**	**avrai punito**	**avrete punito**
punirà	**puniranno**	**avrà punito**	**avranno punito**
5 Present Conditional		**12** Past Conditional	
punirei	**puniremmo**	**avrei punito**	**avremmo punito**
puniresti	**punireste**	**avresti punito**	**avreste punito**
punirebbe	**punirebbero**	**avrebbe punito**	**avrebbero punito**
6 Present Subjunctive		**13** Past Subjunctive	
punisca	**puniamo**	**abbia punito**	**abbiamo punito**
punisca	**puniate**	**abbia punito**	**abbiate punito**
punisca	**puniscano**	**abbia punito**	**abbiano punito**
7 Imperfect Subjunctive		**14** Past Perfect Subjunctive	
punissi	**punissimo**	**avessi punito**	**avessimo punito**
punissi	**puniste**	**avessi punito**	**aveste punito**
punisse	**punissero**	**avesse punito**	**avessero punito**

Imperative

—	**puniamo**
punisci (non punire)	**punite**
punisca	**puniscano**

Samples of verb usage

La madre punisce il figlio.   The mother punishes her son.
Mio padre non mi ha mai punito.   My father has never punished me.

to quiet, to calm

The Seven Simple Tenses		The Seven Compound Tenses	
Singular	Plural	Singular	Plural

1 Present Indicative

		8 Present Perfect	
quieto	quietiamo	ho quietato	abbiamo quietato
quieti	quietate	hai quietato	avete quietato
quieta	quietano	ha quietato	hanno quietato

2 Imperfect

		9 Past Perfect	
quietavo	quietavamo	avevo quietato	avevamo quietato
quietavi	quietavate	avevi quietato	avevate quietato
quietava	quietavano	aveva quietato	avevano quietato

3 Past Absolute

		10 Past Anterior	
quietai	quietammo	ebbi quietato	avemmo quietato
quietasti	quietaste	avesti quietato	aveste quietato
quietò	quietarono	ebbe quietato	ebbero quietato

4 Future

		11 Future Perfect	
quieterò	quieteremo	avrò quietato	avremo quietato
quieterai	quieterete	avrai quietato	avrete quietato
quieterà	quieteranno	avrà quietato	avranno quietato

5 Present Conditional

		12 Past Conditional	
quieterei	quieteremmo	avrei quietato	avremmo quietato
quieteresti	quietereste	avresti quietato	avreste quietato
quieterebbe	quieterebbero	avrebbe quietato	avrebbero quietato

6 Present Subjunctive

		13 Past Subjunctive	
quieti	quietiamo	abbia quietato	abbiamo quietato
quieti	quietiate	abbia quietato	abbiate quietato
quieti	quietino	abbia quietato	abbiano quietato

7 Imperfect Subjunctive

		14 Past Perfect Subjunctive	
quietassi	quietassimo	avessi quietato	avessimo quietato
quietassi	quietaste	avessi quietato	aveste quietato
quietasse	quietassero	avesse quietato	avessero quietato

Imperative

—	quietiamo
quieta (non quietare)	quietate
quieti	quietino

Samples of verb usage

La madre quieta il bambino. The mother quiets the child.
Loro hanno un figlio quieto. They have a calm son.

NOTE: Like **quietare** is **acquietare** (to appease, to calm); also **acquietarsi** (to become appeased, to quiet down) and **quietarsi** (to calm down, to quiet down), both conjugated with **essere**.

The Seven Simple Tenses		The Seven Compound Tenses	
Singular	Plural	Singular	Plural

1 Present Indicative

		8 Present Perfect	
raccomando	raccomandiamo	ho raccomandato	abbiamo raccomandato
raccomandi	raccomandate	hai raccomandato	avete raccomandato
raccomanda	raccomandano	ha raccomandato	hanno raccomandato

2 Imperfect

		9 Past Perfect	
raccomandavo	raccomandavamo	avevo raccomandato	avevamo raccomandato
raccomandavi	raccomandavate	avevi raccomandato	avevate raccomandato
raccomandava	raccomandavano	aveva raccomandato	avevano raccomandato

3 Past Absolute

		10 Past Anterior	
raccomandai	raccomandammo	ebbi raccomandato	avemmo raccomandato
raccomandasti	raccomandaste	avesti raccomandato	aveste raccomandato
raccomandò	raccomandarono	ebbe raccomandato	ebbero raccomandato

4 Future

		11 Future Perfect	
raccomanderò	raccomanderemo	avrò raccomandato	avremo raccomandato
raccomanderai	raccomanderete	avrai raccomandato	avrete raccomandato
raccomanderà	raccomanderanno	avrà raccomandato	avranno raccomandato

5 Present Conditional

		12 Past Conditional	
raccomanderei	raccomanderemmo	avrei raccomandato	avremmo raccomandato
raccomanderesti	raccomandereste	avresti raccomandato	avreste raccomandato
raccomanderebbe	raccomanderebbero	avrebbe raccomandato	avrebbero raccomandato

6 Present Subjunctive

		13 Past Subjunctive	
raccomandi	raccomandiamo	abbia raccomandato	abbiamo raccomandato
raccomandi	raccomandiate	abbia raccomandato	abbiate raccomandato
raccomandi	raccomandino	abbia raccomandato	abbiano raccomandato

7 Imperfect Subjunctive

		14 Past Perfect Subjunctive	
raccomandassi	raccomandassimo	avessi raccomandato	avessimo raccomandato
raccomandassi	raccomandaste	avessi raccomandato	aveste raccomandato
raccomandasse	raccomandassero	avesse raccomandato	avessero raccomandato

Imperative	
—	raccomandiamo
raccomanda (non raccomandare)	raccomandate
raccomandi	raccomandino

Samples of verb usage

Il critico ci raccomanda questo libro.   The critic recommends this book to us.
Ti raccomanderò per un premio.   I will recommend you for a prize.

raccontare

to tell, to relate, to recount

The Seven Simple Tenses		The Seven Compound Tenses	
Singular	Plural	Singular	Plural
1 Present Indicative		**8 Present Perfect**	
racconto	raccontiamo	ho raccontato	abbiamo raccontato
racconti	raccontate	hai raccontato	avete raccontato
racconta	raccontano	ha raccontato	hanno raccontato
2 Imperfect		**9 Past Perfect**	
raccontavo	raccontavamo	avevo raccontato	avevamo raccontato
raccontavi	raccontavate	avevi raccontato	avevate raccontato
raccontava	raccontavano	aveva raccontato	avevano raccontato
3 Past Absolute		**10 Past Anterior**	
raccontai	raccontammo	ebbi raccontato	avemmo raccontato
raccontasti	raccontaste	avesti raccontato	aveste raccontato
raccontò	raccontarono	ebbe raccontato	ebbero raccontato
4 Future		**11 Future Perfect**	
racconterò	racconteremo	avrò raccontato	avremo raccontato
racconterai	racconterete	avrai raccontato	avrete raccontato
racconterà	racconteranno	avrà raccontato	avranno raccontato
5 Present Conditional		**12 Past Conditional**	
racconterei	racconteremmo	avrei raccontato	avremmo raccontato
racconteresti	raccontereste	avresti raccontato	avreste raccontato
racconterebbe	racconterebbero	avrebbe raccontato	avrebbero raccontato
6 Present Subjunctive		**13 Past Subjunctive**	
racconti	raccontiamo	abbia raccontato	abbiamo raccontato
racconti	raccontiate	abbia raccontato	abbiate raccontato
racconti	raccontino	abbia raccontato	abbiano raccontato
7 Imperfect Subjunctive		**14 Past Perfect Subjunctive**	
raccontassi	raccontassimo	avessi raccontato	avessimo raccontato
raccontassi	raccontaste	avessi raccontato	aveste raccontato
raccontasse	raccontassero	avesse raccontato	avessero raccontato

Imperative	
—	raccontiamo
racconta (non raccontare)	raccontate
racconti	raccontino

Samples of verb usage

Ho raccontato la storia alla classe.   I told the story to the class.
Raccontami una storia, per piacere!   Tell me a story, please!

to shave, to graze, to raze

The Seven Simple Tenses		The Seven Compound Tenses	
Singular	Plural	Singular	Plural

1 Present Indicative

		8 Present Perfect	
rado	radiamo	ho raso	abbiamo raso
radi	radete	hai raso	avete raso
rade	radono	ha raso	hanno raso

2 Imperfect

		9 Past Perfect	
radevo	radevamo	avevo raso	avevamo raso
radevi	radevate	avevi raso	avevate raso
radeva	radevano	aveva raso	avevano raso

3 Past Absolute

		10 Past Anterior	
rasi	rademmo	ebbi raso	avemmo raso
radesti	radeste	avesti raso	aveste raso
rase	rasero	ebbe raso	ebbero raso

4 Future

		11 Future Perfect	
raderò	raderemo	avrò raso	avremo raso
raderai	raderete	avrai raso	avrete raso
raderà	raderanno	avrà raso	avranno raso

5 Present Conditional

		12 Past Conditional	
raderei	raderemmo	avrei raso	avremmo raso
raderesti	radereste	avresti raso	avreste raso
raderebbe	raderebbero	avrebbe raso	avrebbero raso

6 Present Subjunctive

		13 Past Subjunctive	
rada	radiamo	abbia raso	abbiamo raso
rada	radiate	abbia raso	abbiate raso
rada	radano	abbia raso	abbiano raso

7 Imperfect Subjunctive

		14 Past Perfect Subjunctive	
radessi	radessimo	avessi raso	avessimo raso
radessi	radeste	avessi raso	aveste raso
radesse	radessero	avesse raso	avessero raso

Imperative

—	radiamo
radi (non radere)	radete
rada	radano

Samples of verb usage

Mi rado ogni mattina.   I shave every morning.
Il barbiere mi ha raso male.   The barber shaved me badly.
Un ciclone rase tutte le case al suolo.   A tornado razed all the houses to the ground.

raggiungere

Gerund **raggiungendo**   Past Part. **raggiunto**

to reach, to catch up to, to get to

The Seven Simple Tenses		The Seven Compound Tenses	
Singular	Plural	Singular	Plural
1 Present Indicative		**8 Present Perfect**	
raggiungo	raggiungiamo	ho raggiunto	abbiamo raggiunto
raggiungi	raggiungete	hai raggiunto	avete raggiunto
raggiunge	raggiungono	ha raggiunto	hanno raggiunto
2 Imperfect		**9 Past Perfect**	
raggiungevo	raggiungevamo	avevo raggiunto	avevamo raggiunto
raggiungevi	raggiungevate	avevi raggiunto	avevate raggiunto
raggiungeva	raggiungevano	aveva raggiunto	avevano raggiunto
3 Past Absolute		**10 Past Anterior**	
raggiunsi	raggiungemmo	ebbi raggiunto	avemmo raggiunto
raggiungesti	raggiungeste	avesti raggiunto	aveste raggiunto
raggiunse	raggiunsero	ebbe raggiunto	ebbero raggiunto
4 Future		**11 Future Perfect**	
raggiungerò	raggiungeremo	avrò raggiunto	avremo raggiunto
raggiungerai	raggiungerete	avrai raggiunto	avrete raggiunto
raggiungerà	raggiungeranno	avrà raggiunto	avranno raggiunto
5 Present Conditional		**12 Past Conditional**	
raggiungerei	raggiungeremmo	avrei raggiunto	avremmo raggiunto
raggiungeresti	raggiungereste	avresti raggiunto	avreste raggiunto
raggiungerebbe	raggiungerebbero	avrebbe raggiunto	avrebbero raggiunto
6 Present Subjunctive		**13 Past Subjunctive**	
raggiunga	raggiungiamo	abbia raggiunto	abbiamo raggiunto
raggiunga	raggiungiate	abbia raggiunto	abbiate raggiunto
raggiunga	raggiungano	abbia raggiunto	abbiano raggiunto
7 Imperfect Subjunctive		**14 Past Perfect Subjunctive**	
raggiungessi	raggiungessimo	avessi raggiunto	avessimo raggiunto
raggiungessi	raggiungeste	avessi raggiunto	aveste raggiunto
raggiungesse	raggiungessero	avesse raggiunto	avessero raggiunto

Imperative	
—	raggiungiamo
raggiungi (non raggiungere)	raggiungete
raggiunga	raggiungano

Samples of verb usage

Li raggiungerò.   I will catch up to them.
raggiungere buoni risultati   to achieve good results.

to reason, to argue, to discuss, to talk over

The Seven Simple Tenses		The Seven Compound Tenses	
Singular	Plural	Singular	Plural

1 Present Indicative

		8 Present Perfect	
ragiono	ragioniamo	ho ragionato	abbiamo ragionato
ragioni	ragionate	hai ragionato	avete ragionato
ragiona	ragionano	ha ragionato	hanno ragionato

2 Imperfect

		9 Past Perfect	
ragionavo	ragionavamo	avevo ragionato	avevamo ragionato
ragionavi	ragionavate	avevi ragionato	avevate ragionato
ragionava	ragionavano	aveva ragionato	avevano ragionato

3 Past Absolute

		10 Past Anterior	
ragionai	ragionammo	ebbi ragionato	avemmo ragionato
ragionasti	ragionaste	avesti ragionato	aveste ragionato
ragionò	ragionarono	ebbe ragionato	ebbero ragionato

4 Future

		11 Future Perfect	
ragionerò	ragioneremo	avrò ragionato	avremo ragionato
ragionerai	ragionerete	avrai ragionato	avrete ragionato
ragionerà	ragioneranno	avrà ragionato	avranno ragionato

5 Present Conditional

		12 Past Conditional	
ragionerei	ragioneremmo	avrei ragionato	avremmo ragionato
ragioneresti	ragionereste	avresti ragionato	avreste ragionato
ragionerebbe	ragionerebbero	avrebbe ragionato	avrebbero ragionato

6 Present Subjunctive

		13 Past Subjunctive	
ragioni	ragioniamo	abbia ragionato	abbiamo ragionato
ragioni	ragioniate	abbia ragionato	abbiate ragionato
ragioni	ragionino	abbia ragionato	abbiano ragionato

7 Imperfect Subjunctive

		14 Past Perfect Subjunctive	
ragionassi	ragionassimo	avessi ragionato	avessimo ragionato
ragionassi	ragionaste	avessi ragionato	aveste ragionato
ragionasse	ragionassero	avesse ragionato	avessero ragionato

Imperative

—	**ragioniamo**
ragiona (non ragionare)	**ragionate**
ragioni	**ragionino**

Samples of verb usage

Lui ragiona bene.   He reasons well.
Abbiamo già ragionato su questa faccenda.   We have already discussed this matter.

to represent

The Seven Simple Tenses		The Seven Compound Tenses	
Singular	Plural	Singular	Plural

1 Present Indicative

		8 Present Perfect	
rappresento	rappresentiamo	ho rappresentato	abbiamo rappresentato
rappresenti	rappresentate	hai rappresentato	avete rappresentato
rappresenta	rappresentano	ha rappresentato	hanno rappresentato

2 Imperfect

		9 Past Perfect	
rappresentavo	rappresentavamo	avevo rappresentato	avevamo rappresentato
rappresentavi	rappresentavate	avevi rappresentato	avevate rappresentato
rappresentava	rappresentavano	aveva rappresentato	avevano rappresentato

3 Past Absolute

		10 Past Anterior	
rappresentai	rappresentammo	ebbi rappresentato	avemmo rappresentato
rappresentasti	rappresentaste	avesti rappresentato	aveste rappresentato
rappresentò	rappresentarono	ebbe rappresentato	ebbero rappresentato

4 Future

		11 Future Perfect	
rappresenterò	rappresenteremo	avrò rappresentato	avremo rappresentato
rappresenterai	rappresenterete	avrai rappresentato	avrete rappresentato
rappresenterà	rappresenteranno	avrà rappresentato	avranno rappresentato

5 Present Conditional

		12 Past Conditional	
rappresenterei	rappresenteremmo	avrei rappresentato	avremmo rappresentato
rappresenteresti	rappresentereste	avresti rappresentato	avreste rappresentato
rappresenterebbe	rappresenterebbero	avrebbe rappresentato	avrebbero rappresentato

6 Present Subjunctive

		13 Past Subjunctive	
rappresenti	rappresentiamo	abbia rappresentato	abbiamo rappresentato
rappresenti	rappresentiate	abbia rappresentato	abbiate rappresentato
rappresenti	rappresentino	abbia rappresentato	abbiano rappresentato

7 Imperfect Subjunctive

		14 Past Perfect Subjunctive	
rappresentassi	rappresentassimo	avessi rappresentato	avessimo rappresentato
rappresentassi	rappresentaste	avessi rappresentato	aveste rappresentato
rappresentasse	rappresentassero	avesse rappresentato	avessero rappresentato

	Imperative	
—		rappresentiamo
rappresenta (non rappresentare)		rappresentate
rappresenti		rappresentino

Samples of verb usage

L'avvocato rappresenta l'accusato.   The lawyer represents the accused.
Lui ha rappresentato bene la nostra scuola.   He has represented our school well.

to resign oneself

The Seven Simple Tenses		The Seven Compound Tenses	
Singular	Plural	Singular	Plural

1 Present Indicative		**8** Present Perfect	
mi rassegno	ci rassegniamo	mi sono rassegnato	ci siamo rassegnati
ti rassegni	vi rassegnate	ti sei rassegnato	vi siete rassegnati
si rassegna	si rassegnano	si è rassegnato	si sono rassegnati

2 Imperfect		**9** Past Perfect	
mi rassegnavo	ci rassegnavamo	mi ero rassegnato	ci eravamo rassegnati
ti rassegnavi	vi rassegnavate	ti eri rassegnato	vi eravate rassegnati
si rassegnava	si rassegnavano	si era rassegnato	si erano rassegnati

3 Past Absolute		**10** Past Anterior	
mi rassegnai	ci rassegnammo	mi fui rassegnato	ci fummo rassegnati
ti rassegnasti	vi rassegnaste	ti fosti rassegnato	vi foste rassegnati
si rassegnò	si rassegnarono	si fu rassegnato	si furono rassegnati

4 Future		**11** Future Perfect	
mi rassegnerò	ci rassegneremo	mi saro rassegnato	ci saremo rassegnati
ti rassegnerai	vi rassegnerete	ti sarai rassegnato	vi sarete rassegnati
si rassegnerà	si rassegneranno	si sarà rassegnato	si saranno rassegnati

5 Present Conditional		**12** Past Conditional	
mi rassegnerei	ci rassegneremmo	mi sarei rassegnato	ci saremmo rassegnati
ti rassegneresti	vi rassegnereste	ti saresti rassegnato	vi sareste rassegnati
si rassegnerebbe	si rassegnerebbero	si sarebbe rassegnato	si sarebbero rassegnati

6 Present Subjunctive		**13** Past Subjunctive	
mi rassegni	ci rassegniamo	mi sia rassegnato	ci siamo rassegnati
ti rassegni	vi rassegniate	ti sia rassegnato	vi siate rassegnati
si rassegni	si rassegnino	si sia rassegnato	si siano rassegnati

7 Imperfect Subjunctive		**14** Past Perfect Subjunctive	
mi rassegnassi	ci rassegnassimo	mi fossi rassegnato	ci fossimo rassegnati
ti rassegnassi	vi rassegnaste	ti fossi rassegnato	vi foste rassegnati
si rassegnasse	si rassegnassero	si fosse rassegnato	si fossero rassegnati

Imperative

—	**rassegniamoci**
rassegnati (non ti rassegnare/non rassegnarti)	**rassegnatevi**
si rassegni	**si rassegnino**

Samples of verb usage

Mi sono rassegnato al mio destino.   I have resigned myself to my fate.
Mi rassegno a farlo.   I resign myself to doing it.

to recite, to act

The Seven Simple Tenses		The Seven Compound Tenses	
Singular	Plural	Singular	Plural

1 Present Indicative

recito	recitiamo	
reciti	recitate	
recita	recitano	

8 Present Perfect

ho recitato	abbiamo recitato
hai recitato	avete recitato
ha recitato	hanno recitato

2 Imperfect

recitavo	recitavamo
recitavi	recitavate
recitava	recitavano

9 Past Perfect

avevo recitato	avevamo recitato
avevi recitato	avevate recitato
aveva recitato	avevano recitato

3 Past Absolute

recitai	recitammo
recitasti	recitaste
recitò	recitarono

10 Past Anterior

ebbi recitato	avemmo recitato
avesti recitato	aveste recitato
ebbe recitato	ebbero recitato

4 Future

reciterò	reciteremo
reciterai	reciterete
reciterà	reciteranno

11 Future Perfect

avrò recitato	avremo recitato
avrai recitato	avrete recitato
avrà recitato	avranno recitato

5 Present Conditional

reciterei	reciteremmo
reciteresti	recitereste
reciterebbe	reciterebbero

12 Past Conditional

avrei recitato	avremmo recitato
avresti recitato	avreste recitato
avrebbe recitato	avrebbero recitato

6 Present Subjunctive

reciti	recitiamo
reciti	recitiate
reciti	recitino

13 Past Subjunctive

abbia recitato	abbiamo recitato
abbia recitato	abbiate recitato
abbia recitato	abbiano recitato

7 Imperfect Subjunctive

recitassi	recitassimo
recitassi	recitaste
recitasse	recitassero

14 Past Perfect Subjunctive

avessi recitato	avessimo recitato
avessi recitato	aveste recitato
avesse recitato	avessero recitato

Imperative

—	recitiamo
recita (non recitare)	recitate
reciti	recitino

Samples of verb usage

Il ragazzo ha recitato bene.   The boy recited well.
Non mi piace recitare poesie.   I do not like to recite poetry.

362

to draw up, to edit

The Seven Simple Tenses		The Seven Compound Tenses	
Singular	Plural	Singular	Plural

1 Present Indicative

redigo	redigiamo		
redigi	redigete		
redige	redigono		

8 Present Perfect

ho redatto	abbiamo redatto		
hai redatto	avete redatto		
ha redatto	hanno redatto		

2 Imperfect

redigevo	redigevamo
redigevi	redigevate
redigeva	redigevano

9 Past Perfect

avevo redatto	avevamo redatto
avevi redatto	avevate redatto
aveva redatto	avevano redatto

3 Past Absolute

redassi	redigemmo
redigesti	redigeste
redasse	redassero

10 Past Anterior

ebbi redatto	avemmo redatto
avesti redatto	aveste redatto
ebbe redatto	ebbero redatto

4 Future

redigerò	redigeremo
redigerai	redigerete
redigerà	redigeranno

11 Future Perfect

avrò redatto	avremo redatto
avrai redatto	avrete redatto
avrà redatto	avranno redatto

5 Present Conditional

redigerei	redigeremmo
redigeresti	redigereste
redigerebbe	redigerebbero

12 Past Conditional

avrei redatto	avremmo redatto
avresti redatto	avreste redatto
avrebbe redatto	avrebbero redatto

6 Present Subjunctive

rediga	redigiamo
rediga	redigiate
rediga	redigano

13 Past Subjunctive

abbia redatto	abbiamo redatto
abbia redatto	abbiate redatto
abbia redatto	abbiano redatto

7 Imperfect Subjunctive

redigessi	redigessimo
redigessi	redigeste
redigesse	redigessero

14 Past Perfect Subjunctive

avessi redatto	avessimo redatto
avessi redatto	aveste redatto
avesse redatto	avessero redatto

Imperative

—	redigiamo
redigi (non redigere)	redigete
rediga	redigano

Samples of verb usage

Il redattore redige l'articolo.   The editor edits the article.
Questo libro deve essere redatto prudentemente.   This book must be carefully edited.

reggere

to support, to bear

The Seven Simple Tenses		The Seven Compound Tenses	
Singular	Plural	Singular	Plural
1 Present Indicative		**8** Present Perfect	
reggo	**reggiamo**	**ho retto**	**abbiamo retto**
reggi	**reggete**	**hai retto**	**avete retto**
regge	**reggono**	**ha retto**	**hanno retto**
2 Imperfect		**9** Past Perfect	
reggevo	**reggevamo**	**avevo retto**	**avevamo retto**
reggevi	**reggevate**	**avevi retto**	**avevate retto**
reggeva	**reggevano**	**aveva retto**	**avevano retto**
3 Past Absolute		**10** Past Anterior	
ressi	**reggemmo**	**ebbi retto**	**avemmo retto**
reggesti	**reggeste**	**avesti retto**	**aveste retto**
resse	**ressero**	**ebbe retto**	**ebbero retto**
4 Future		**11** Future Perfect	
reggerò	**reggeremo**	**avrò retto**	**avremo retto**
reggerai	**reggerete**	**avrai retto**	**avrete retto**
reggerà	**reggeranno**	**avrà retto**	**avranno retto**
5 Present Conditional		**12** Past Conditional	
reggerei	**reggeremmo**	**avrei retto**	**avremmo retto**
reggeresti	**reggereste**	**avresti retto**	**avreste retto**
reggerebbe	**reggerebbero**	**avrebbe retto**	**avrebbero retto**
6 Present Subjunctive		**13** Past Subjunctive	
regga	**reggiamo**	**abbia retto**	**abbiamo retto**
regga	**reggiate**	**abbia retto**	**abbiate retto**
regga	**reggano**	**abbia retto**	**abbiano retto**
7 Imperfect Subjunctive		**14** Past Perfect Subjunctive	
reggessi	**reggessimo**	**avessi retto**	**avessimo retto**
reggessi	**reggeste**	**avessi retto**	**aveste retto**
reggesse	**reggessero**	**avesse retto**	**avessero retto**

Imperative	
—	**reggiamo**
reggi (non reggere)	**reggete**
regga	**reggano**

Samples of verb usage

Non reggo bene il dolore.   I don't bear pain well.
L'arco è retto da due colonne.   The arch is supported by two columns.

NOTE: Like **reggere** are **correggere** and **sorreggere**.

to regulate, to adjust

The Seven Simple Tenses		The Seven Compound Tenses	
Singular	Plural	Singular	Plural
1 Present Indicative		**8** Present Perfect	
regolo	regoliamo	ho regolato	abbiamo regolato
regoli	regolate	hai regolato	avete regolato
regola	regolano	ha regolato	hanno regolato
2 Imperfect		**9** Past Perfect	
regolavo	regolavamo	avevo regolato	avevamo regolato
regolavi	regolavate	avevi regolato	avevate regolato
regolava	regolavano	aveva regolato	avevano regolato
3 Past Absolute		**10** Past Anterior	
regolai	regolammo	ebbi regolato	avemmo regolato
regolasti	regolaste	avesti regolato	aveste regolato
regolò	regolarono	ebbe regolato	ebbero regolato
4 Future		**11** Future Perfect	
regolerò	regoleremo	avrò regolato	avremo regolato
regolerai	regolerete	avrai regolato	avrete regolato
regolerà	regoleranno	avrà regolato	avranno regolato
5 Present Conditional		**12** Past Conditional	
regolerei	regoleremmo	avrei regolato	avremmo regolato
regoleresti	regolereste	avresti regolato	avreste regolato
regolerebbe	regolerebbero	avrebbe regolato	avrebbero regolato
6 Present Subjunctive		**13** Past Subjunctive	
regoli	regoliamo	abbia regolato	abbiamo regolato
regoli	regoliate	abbia regolato	abbiate regolato
regoli	regolino	abbia regolato	abbiano regolato
7 Imperfect Subjunctive		**14** Past Perfect Subjunctive	
regolassi	regolassimo	avessi regolato	avessimo regolato
regolassi	regolaste	avessi regolato	aveste regolato
regolasse	regolassero	avesse regolato	avessero regolato

Imperative	
—	regoliamo
regola (non regolare)	regolate
regoli	regolino

Samples of verb usage

Lui regola il corso dell'acqua.   He adjusts the flow of the water.
regolare un orologio   to set a watch

rendere

Gerund **rendendo**   Past Part. **reso (renduto)**

to render, to give back

The Seven Simple Tenses		The Seven Compound Tenses	
Singular	Plural	Singular	Plural
1 Present Indicative		**8 Present Perfect**	
rendo	rendiamo	ho reso (renduto)	abbiamo reso (renduto)
rendi	rendete	hai reso	avete reso
rende	rendono	ha reso	hanno reso
2 Imperfect		**9 Past Perfect**	
rendevo	rendevamo	avevo reso	avevamo reso
rendevi	rendevate	avevi reso	avevate reso
rendeva	rendevano	aveva reso	avevano reso
3 Past Absolute		**10 Past Anterior**	
resi (rendei)	rendemmo	ebbi reso	avemmo reso
rendesti	rendeste	avesti reso	aveste reso
rese (rendette)	resero (rendettero)	ebbe reso	ebbero reso
4 Future		**11 Future Perfect**	
renderò	renderemo	avrò reso	avremo reso
renderai	renderete	avrai reso	avrete reso
renderà	renderanno	avrà reso	avranno reso
5 Present Conditional		**12 Past Conditional**	
renderei	renderemmo	avrei reso	avremmo reso
renderesti	rendereste	avresti reso	avreste reso
renderebbe	renderebbero	avrebbe reso	avrebbero reso
6 Present Subjunctive		**13 Past Subjunctive**	
renda	rendiamo	abbia reso	abbiamo reso
renda	rendiate	abbia reso	abbiate reso
renda	rendano	abbia reso	abbiano reso
7 Imperfect Subjunctive		**14 Past Perfect Subjunctive**	
rendessi	rendessimo	avessi reso	avessimo reso
rendessi	rendeste	avessi reso	aveste reso
rendesse	rendessero	avesse reso	avessero reso

Imperative	
—	rendiamo
rendi (non rendere)	rendete
renda	rendano

Samples of verb usage

Se tu mi presti il denaro, io te lo rendo.   If you lend me the money, I'll give it back to you.
Ti renderò il libro domani.   I'll give you back the book tomorrow.

NOTE: Also, regular forms: **rendei**, etc.

resistere

to resist

The Seven Simple Tenses		The Seven Compound Tenses	
Singular	Plural	Singular	Plural

1 Present Indicative

resisto	resistiamo		
resisti	resistete		
resiste	resistono		

8 Present Perfect

ho resistito		abbiamo resistito	
hai resistito		avete resistito	
ha resistito		hanno resistito	

2 Imperfect

resistevo	resistevamo
resistevi	resistevate
resisteva	resistevano

9 Past Perfect

avevo resistito	avevamo resistito
avevi resistito	avevate resistito
aveva resistito	avevano resistito

3 Past Absolute

resistei	resistemmo
resistesti	resisteste
resistè	resisterono

10 Past Anterior

ebbi resistito	avemmo resistito
avesti resistito	aveste resistito
ebbe resistito	ebbero resistito

4 Future

resisterò	resisteremo
resisterai	resisterete
resisterà	resisteranno

11 Future Perfect

avrò resistito	avremo resistito
avrai resistito	avrete resistito
avrà resistito	avranno resistito

5 Present Conditional

resisterei	resisteremmo
resisteresti	resistereste
resisterebbe	resisterebbero

12 Past Conditional

avrei resistito	avremmo resistito
avresti resistito	avreste resistito
avrebbe resistito	avrebbero resistito

6 Present Subjunctive

resista	resistiamo
resista	resistiate
resista	resistano

13 Past Subjunctive

abbia resistito	abbiamo resistito
abbia resistito	abbiate resistito
abbia resistito	abbiano resistito

7 Imperfect Subjunctive

resistessi	resistessimo
resistessi	resisteste
resistesse	resistessero

14 Past Perfect Subjunctive

avessi resistito	avessimo resistito
avessi resistito	aveste resistito
avesse resistito	avessero resistito

Imperative

—	resistiamo
resisti (non resistere)	resistete
resista	resistano

Samples of verb usage

Cerchiamo di resistere alle tentazioni.   We try to resist temptations.
È difficile resistere al dolore.   It is difficult to endure pain.

respirare

Gerund **respirando**   Past Part. **respirato**

to breathe

The Seven Simple Tenses		The Seven Compound Tenses	
Singular	Plural	Singular	Plural
1 Present Indicative		**8 Present Perfect**	
respiro	respiriamo	ho respirato	abbiamo respirato
respiri	respirate	hai respirato	avete respirato
respira	respirano	ha respirato	hanno respirato
2 Imperfect		**9 Past Perfect**	
respiravo	respiravamo	avevo respirato	avevamo respirato
respiravi	respiravate	avevi respirato	avevate respirato
respirava	respiravano	aveva respirato	avevano respirato
3 Past Absolute		**10 Past Anterior**	
respirai	respirammo	ebbi respirato	avemmo respirato
respirasti	respiraste	avesti respirato	aveste respirato
respirò	respirarono	ebbe respirato	ebbero respirato
4 Future		**11 Future Perfect**	
respirerò	respireremo	avrò respirato	avremo respirato
respirerai	respirerete	avrai respirato	avrete respirato
respirerà	respireranno	avrà respirato	avranno respirato
5 Present Conditional		**12 Past Conditional**	
respirerei	respireremmo	avrei respirato	avremmo respirato
respireresti	respirereste	avresti respirato	avreste respirato
respirerebbe	respirerebbero	avrebbe respirato	avrebbero respirato
6 Present Subjunctive		**13 Past Subjunctive**	
respiri	respiriamo	abbia respirato	abbiamo respirato
respiri	respiriate	abbia respirato	abbiate respirato
respiri	respirino	abbia respirato	abbiano respirato
7 Imperfect Subjunctive		**14 Past Perfect Subjunctive**	
respirassi	respirassimo	avessi respirato	avessimo respirato
respirassi	respiraste	avessi respirato	aveste respirato
respirasse	respirassero	avesse respirato	avessero respirato

	Imperative	
—		respiriamo
respira (non respirare)		respirate
respiri		respirino

Samples of verb usage

Lui non respira bene.   He is not breathing well.
respirare a pieni polmoni   to breathe deeply

to return, to restore

The Seven Simple Tenses		The Seven Compound Tenses	
Singular	Plural	Singular	Plural
1 Present Indicative		**8** Present Perfect	
restituisco	**restituiamo**	**ho restituito**	**abbiamo restituito**
restituisci	**restituite**	**hai restituito**	**avete restituito**
restituisce	**restituiscono**	**ha restituito**	**hanno restituito**
2 Imperfect		**9** Past Perfect	
restituivo	**restituivamo**	**avevo restituito**	**avevamo restituito**
restituivi	**restituivate**	**avevi restituito**	**avevate restituito**
restituiva	**restituivano**	**aveva restituito**	**avevano restituito**
3 Past Absolute		**10** Past Anterior	
restituii	**restituimmo**	**ebbi restituito**	**avemmo restituito**
restituisti	**restituiste**	**avesti restituito**	**aveste restituito**
restituì	**restituirono**	**ebbe restituito**	**ebbero restituito**
4 Future		**11** Future Perfect	
restituirò	**restituiremo**	**avrò restituito**	**avremo restituito**
restituirai	**restituirete**	**avrai restituito**	**avrete restituito**
restituirà	**restituiranno**	**avrà restituito**	**avranno restituito**
5 Present Conditional		**12** Past Conditional	
restituirei	**restituiremmo**	**avrei restituito**	**avremmo restituito**
restituiresti	**restituireste**	**avresti restituito**	**avreste restituito**
restituirebbe	**restituirebbero**	**avrebbe restituito**	**avrebbero restituito**
6 Present Subjunctive		**13** Past Subjunctive	
restituisca	**restituiamo**	**abbia restituito**	**abbiamo restituito**
restituisca	**restituiate**	**abbia restituito**	**abbiate restituito**
restituisca	**restituiscano**	**abbia restituito**	**abbiano restituito**
7 Imperfect Subjunctive		**14** Past Perfect Subjunctive	
restituissi	**restituissimo**	**avessi restituito**	**avessimo restituito**
restituissi	**restituiste**	**avessi restituito**	**aveste restituito**
restituisse	**restituissero**	**avesse restituito**	**avessero restituito**

	Imperative	
—		**restituiamo**
restituisci (non restituire)		**restituite**
restituisca		**restituiscano**

Samples of verb usage

Devo restituire i libri alla mia amica.   I must return the books to my friend.
Quel dottore lo restituì alla vita.   That doctor restored him to life.

to resume, to summarize, to rehire

The Seven Simple Tenses		The Seven Compound Tenses	
Singular	Plural	Singular	Plural
1 Present Indicative		**8** Present Perfect	
riassumo	riassumiamo	ho riassunto	abbiamo riassunto
riassumi	riassumete	hai riassunto	avete riassunto
riassume	riassumono	ha riassunto	hanno riassunto
2 Imperfect		**9** Past Perfect	
riassumevo	riassumevamo	avevo riassunto	avevamo riassunto
riassumevi	riassumevate	avevi riassunto	avevate riassunto
riassumeva	riassumevano	aveva riassunto	avevano riassunto
3 Past Absolute		**10** Past Anterior	
riassunsi	riassumemmo	ebbi riassunto	avemmo riassunto
riassumesti	riassumeste	avesti riassunto	aveste riassunto
riassunse	riassunsero	ebbe riassunto	ebbero riassunto
4 Future		**11** Future Perfect	
riassumerò	riassumeremo	avrò riassunto	avremo riassunto
riassumerai	riassumerete	avrai riassunto	avrete riassunto
riassumerà	riassumeranno	avrà riassunto	avranno riassunto
5 Present Conditional		**12** Past Conditional	
riassumerei	riassumeremmo	avrei riassunto	avremmo riassunto
riassumeresti	riassumereste	avresti riassunto	avreste riassunto
riassumerebbe	riassumerebbero	avrebbe riassunto	avrebbero riassunto
6 Present Subjunctive		**13** Past Subjunctive	
riassuma	riassumiamo	abbia riassunto	abbiamo riassunto
riassuma	riassumiate	abbia riassunto	abbiate riassunto
riassuma	riassumano	abbia riassunto	abbiano riassunto
7 Imperfect Subjunctive		**14** Past Perfect Subjunctive	
riassumessi	riassumessimo	avessi riassunto	avessimo riassunto
riassumessi	riassumeste	avessi riassunto	aveste riassunto
riassumesse	riassumessero	avesse riassunto	avessero riassunto

Imperative	
—	riassumiamo
riassumi (non riassumere)	riassumete
riassuma	riassumano

Samples of verb usage

Devo riassumere la storia per la classe.   I have to summarize the story for the class.
L'uomo fu riassunto dopo tre settimane.   The man was rehired after three weeks.

The Seven Simple Tenses		The Seven Compound Tenses	
Singular	Plural	Singular	Plural
1 Present Indicative		**8 Present Perfect**	
ricevo	riceviamo	ho ricevuto	abbiamo ricevuto
ricevi	ricevete	hai ricevuto	avete ricevuto
riceve	ricevono	ha ricevuto	hanno ricevuto
2 Imperfect		**9 Past Perfect**	
ricevevo	ricevevamo	avevo ricevuto	avevamo ricevuto
ricevevi	ricevevate	avevi ricevuto	avevate ricevuto
riceveva	ricevevano	aveva ricevuto	avevano ricevuto
3 Past Absolute		**10 Past Anterior**	
ricevei (ricevetti)	ricevemmo	ebbi ricevuto	avemmo ricevuto
ricevesti	riceveste	avesti ricevuto	aveste ricevuto
ricevè (ricevette)	riceverono (ricevettero)	ebbe ricevuto	ebbero ricevuto
4 Future		**11 Future Perfect**	
riceverò	riceveremo	avrò ricevuto	avremo ricevuto
riceverai	riceverete	avrai ricevuto	avrete ricevuto
riceverà	riceveranno	avrà ricevuto	avranno ricevuto
5 Present Conditional		**12 Past Conditional**	
riceverei	riceveremmo	avrei ricevuto	avremmo ricevuto
riceveresti	ricevereste	avresti ricevuto	avreste ricevuto
riceverebbe	riceverebbero	avrebbe ricevuto	avrebbero ricevuto
6 Present Subjunctive		**13 Past Subjunctive**	
riceva	riceviamo	abbia ricevuto	abbiamo ricevuto
riceva	riceviate	abbia ricevuto	abbiate ricevuto
riceva	ricevano	abbia ricevuto	abbiano ricevuto
7 Imperfect Subjunctive		**14 Past Perfect Subjunctive**	
ricevessi	ricevessimo	avessi ricevuto	avessimo ricevuto
ricevessi	riceveste	avessi ricevuto	aveste ricevuto
ricevesse	ricevessero	avesse ricevuto	avessero ricevuto

	Imperative	
—		riceviamo
ricevi (non ricevere)		ricevete
riceva		ricevano

Samples of verb usage

Ho ricevuto il libro oggi.   I received the book today.
La riceverono a braccia aperte.   They received her with open arms.

riconoscere

to recognize

The Seven Simple Tenses		The Seven Compound Tenses	
Singular	Plural	Singular	Plural
1 Present Indicative		**8** Present Perfect	
riconosco	riconosciamo	ho riconosciuto	abbiamo riconosciuto
riconosci	riconoscete	hai riconosciuto	avete riconosciuto
riconosce	riconoscono	ha riconosciuto	hanno riconosciuto
2 Imperfect		**9** Past Perfect	
riconoscevo	riconoscevamo	avevo riconosciuto	avevamo riconosciuto
riconoscevi	riconoscevate	avevi riconosciuto	avevate riconosciuto
riconosceva	riconoscevano	aveva riconosciuto	avevano riconosciuto
3 Past Absolute		**10** Past Anterior	
riconobbi	riconoscemmo	ebbi riconosciuto	avemmo riconosciuto
riconoscesti	riconosceste	avesti riconosciuto	aveste riconosciuto
riconobbe	riconobbero	ebbe riconosciuto	ebbero riconosciuto
4 Future		**11** Future Perfect	
riconoscerò	riconosceremo	avrò riconosciuto	avremo riconosciuto
riconoscerai	riconoscerete	avrai riconosciuto	avrete riconosciuto
riconoscerà	riconosceranno	avrà riconosciuto	avranno riconosciuto
5 Present Conditional		**12** Past Conditional	
riconoscerei	riconosceremmo	avrei riconosciuto	avremo riconosciuto
riconosceresti	riconoscereste	avresti riconosciuto	avreste riconosciuto
riconoscerebbe	riconoscerebbero	avrebbe riconosciuto	avrebbero riconosciuto
6 Present Subjunctive		**13** Past Subjunctive	
riconosca	riconosciamo	abbia riconosciuto	abbiamo riconosciuto
riconosca	riconosciate	abbia riconosciuto	abbiate riconosciuto
riconosca	riconoscano	abbia riconosciuto	abbiano riconosciuto
7 Imperfect Subjunctive		**14** Past Perfect Subjunctive	
riconoscessi	riconoscessimo	avessi riconosciuto	avessimo riconosciuto
riconoscessi	riconosceste	avessi riconosciuto	aveste riconosciuto
riconoscesse	riconoscessero	avesse riconosciuto	avessero riconosciuto

	Imperative	
—		riconosciamo
riconosci (non riconoscere)		riconoscete
riconosca		riconoscano

Samples of verb usage

Lo riconosco al passo.   I recognize him by his walk.
Il governo riconosce l'indipendenza di quel paese.   The government recognizes the
independence of that country.

The Seven Simple Tenses		The Seven Compound Tenses	
Singular	Plural	Singular	Plural
1 Present Indicative		**8** Present Perfect	
rido	ridiamo	ho riso	abbiamo riso
ridi	ridete	hai riso	avete riso
ride	ridono	ha riso	hanno riso
2 Imperfect		**9** Past Perfect	
ridevo	ridevamo	avevo riso	avevamo riso
ridevi	ridevate	avevi riso	avevate riso
rideva	ridevano	aveva riso	avevano riso
3 Past Absolute		**10** Past Anterior	
risi	ridemmo	ebbi riso	avemmo riso
ridesti	rideste	avesti riso	aveste riso
rise	risero	ebbe riso	ebbero riso
4 Future		**11** Future Perfect	
riderò	rideremo	avrò riso	avremo riso
riderai	riderete	avrai riso	avrete riso
riderà	rideranno	avrà riso	avranno riso
5 Present Conditional		**12** Past Conditional	
riderei	rideremmo	avrei riso	avremmo riso
rideresti	ridereste	avresti riso	avreste riso
riderebbe	riderebbero	avrebbe riso	avrebbero riso
6 Present Subjunctive		**13** Past Subjunctive	
rida	ridiamo	abbia riso	abbiamo riso
rida	ridiate	abbia riso	abbiate riso
rida	ridano	abbia riso	abbiano riso
7 Imperfect Subjunctive		**14** Past Perfect Subjunctive	
ridessi	ridessimo	avessi riso	avessimo riso
ridessi	rideste	avessi riso	aveste riso
ridesse	ridessero	avesse riso	avessero riso

Imperative	
—	ridiamo
ridi (non ridere)	ridete
rida	ridano

Samples of verb usage

Ho riso molto oggi.   I laughed a lot today.
Loro non ridono molto.   They don't laugh much.

NOTE: Like **ridere** are: **arridere, deridere, irridere,** and **sorridere**.

ridire

to say again, to repeat

The Seven Simple Tenses		The Seven Compound Tenses	
Singular	Plural	Singular	Plural
1 Present Indicative		**8 Present Perfect**	
ridico	ridiciamo	ho ridetto	abbiamo ridetto
ridici	ridite	hai ridetto	avete ridetto
ridice	ridicono	ha ridetto	hanno ridetto
2 Imperfect		**9 Past Perfect**	
ridicevo	ridicevamo	avevo ridetto	avevamo ridetto
ridicevi	ridicevate	avevi ridetto	avevate ridetto
ridiceva	ridicevano	aveva ridetto	avevano ridetto
3 Past Absolute		**10 Past Anterior**	
ridissi	ridicemmo	ebbi ridetto	avemmo ridetto
ridicesti	ridiceste	avesti ridetto	aveste ridetto
ridisse	ridissero	ebbe ridetto	ebbero ridetto
4 Future		**11 Future Perfect**	
ridirò	ridiremo	avrò ridetto	avremo ridetto
ridirai	ridirete	avrai ridetto	avrete ridetto
ridirà	ridiranno	avrà ridetto	avranno ridetto
5 Present Conditional		**12 Past Conditional**	
ridirei	ridiremmo	avrei ridetto	avremmo ridetto
ridiresti	ridireste	avresti ridetto	avreste ridetto
ridirebbe	ridirebbero	avrebbe ridetto	avrebbero ridetto
6 Present Subjunctive		**13 Past Subjunctive**	
ridica	ridiciamo	abbia ridetto	abbiamo ridetto
ridica	ridiciate	abbia ridetto	abbiate ridetto
ridica	ridicano	abbia ridetto	abbiano ridetto
7 Imperfect Subjunctive		**14 Past Perfect Subjunctive**	
ridicessi	ridicemmo	avessi ridetto	avessimo ridetto
ridicessi	ridiceste	avessi ridetto	aveste ridetto
ridicesse	ridicessero	avesse ridetto	avessero ridetto

Imperative

—	ridiciamo
ridici (non ridire)	ridite
ridica	ridicano

Samples of verb usage

Il testimone ha ridetto la storia per ogni persona.   The witness repeated the story for each
person.
ridire un segreto   to tell a secret

The Seven Simple Tenses		The Seven Compound Tenses	
Singular	Plural	Singular	Plural
1 Present Indicative		**8** Present Perfect	
riduco	riduciamo	ho ridotto	abbiamo ridotto
riduci	riducete	hai ridotto	avete ridotto
riduce	riducono	ha ridotto	hanno ridotto
2 Imperfect		**9** Past Perfect	
riducevo	riducevamo	avevo ridotto	avevamo ridotto
riducevi	riducevate	avevi ridotto	avevate ridotto
riduceva	riducevano	aveva ridotto	avevano ridotto
3 Past Absolute		**10** Past Anterior	
ridussi	riducemmo	ebbi ridotto	avemmo ridotto
riducesti	riduceste	avesti ridotto	aveste ridotto
ridusse	ridussero	ebbe ridotto	ebbero ridotto
4 Future		**11** Future Perfect	
ridurrò	ridurremo	avrò ridotto	avremo ridotto
ridurrai	ridurrete	avrai ridotto	avrete ridotto
ridurrà	ridurranno	avrà ridotto	avranno ridotto
5 Present Conditional		**12** Past Conditional	
ridurrei	ridurremmo	avrei ridotto	avremmo ridotto
ridurresti	ridurreste	avresti ridotto	avreste ridotto
ridurrebbe	ridurrebbero	avrebbe ridotto	avrebbero ridotto
6 Present Subjunctive		**13** Past Subjunctive	
riduca	riduciamo	abbia ridotto	abbiamo ridotto
riduca	riduciate	abbia ridotto	abbiate ridotto
riduca	riducano	abbia ridotto	abbiano ridotto
7 Imperfect Subjunctive		**14** Past Perfect Subjunctive	
riducessi	riducessimo	avessi ridotto	avessimo ridotto
riducessi	riduceste	avessi ridotto	aveste ridotto
riducesse	riducessero	avesse ridotto	avessero ridotto

	Imperative	
—		riduciamo
riduci (non ridurre)		riducete
riduca		riducano

Samples of verb usage

Il fuoco ridusse la casa a cenere.   The fire reduced the house to ashes.
Non ridurrti a questo.   Don't reduce yourself to this (don't lower yourself).

to do again, to make again

The Seven Simple Tenses		The Seven Compound Tenses	
Singular	Plural	Singular	Plural
1 Present Indicative		**8 Present Perfect**	
rifaccio (rifò)	**rifacciamo**	**ho rifatto**	**abbiamo rifatto**
rifai	**rifate**	**hai rifatto**	**avete rifatto**
rifà	**rifanno**	**ha rifatto**	**hanno rifatto**
2 Imperfect		**9 Past Perfect**	
rifacevo	**rifacevamo**	**avevo rifatto**	**avevamo rifatto**
rifacevi	**rifacevate**	**avevi rifatto**	**avevate rifatto**
rifaceva	**rifacevano**	**aveva rifatto**	**avevano rifatto**
3 Past Absolute		**10 Past Anterior**	
rifeci	**rifacemmo**	**ebbi rifatto**	**avemmo rifatto**
rifacesti	**rifaceste**	**avesti rifatto**	**aveste rifatto**
rifece	**rifecero**	**ebbe rifatto**	**ebbero rifatto**
4 Future		**11 Future Perfect**	
rifarò	**rifaremo**	**avrò rifatto**	**avremo rifatto**
rifarai	**rifarete**	**avrai rifatto**	**avrete rifatto**
rifarà	**rifaranno**	**avrà rifatto**	**avranno rifatto**
5 Present Conditional		**12 Past Conditional**	
rifarei	**rifaremmo**	**avrei rifatto**	**avremmo rifatto**
rifaresti	**rifareste**	**avresti rifatto**	**avreste rifatto**
rifarebbe	**rifarebbero**	**avrebbe rifatto**	**avrebbero rifatto**
6 Present Subjunctive		**13 Past Subjunctive**	
rifaccia	**rifacciamo**	**abbia rifatto**	**abbiamo rifatto**
rifaccia	**rifacciate**	**abbia rifatto**	**abbiate rifatto**
rifaccia	**rifacciano**	**abbia rifatto**	**abbiano rifatto**
7 Imperfect Subjunctive		**14 Past Perfect Subjunctive**	
rifacessi	**rifacessimo**	**avessi rifatto**	**avessimo rifatto**
rifacessi	**rifaceste**	**avessi rifatto**	**aveste rifatto**
rifacesse	**rifacessero**	**avesse rifatto**	**avessero rifatto**

Imperative	
—	**rifacciamo**
rifai (non rifare)	**rifate**
rifaccia	**rifacciano**

Samples of verb usage

Non rifare il letto!   Don't make the bed!
È tutto da rifare.   It must all be done again.

to refuse, to reject

The Seven Simple Tenses		The Seven Compound Tenses	
Singular	Plural	Singular	Plural
1 Present Indicative		**8** Present Perfect	
rifiuto	rifiutiamo	ho rifiutato	abbiamo rifiutato
rifiuti	rifiutate	hai rifiutato	avete rifiutato
rifiuta	rifiutano	ha rifiutato	hanno rifiutato
2 Imperfect		**9** Past Perfect	
rifiutavo	rifiutavamo	avevo rifiutato	avevamo rifiutato
rifiutavi	rifiutavate	avevi rifiutato	avevate rifiutato
rifiutava	rifiutavano	aveva rifiutato	avevano rifiutato
3 Past Absolute		**10** Past Anterior	
rifiutai	rifiutammo	ebbi rifiutato	avemmo rifiutato
rifiutasti	rifiutaste	avesti rifiutato	aveste rifiutato
rifiutò	rifiutarono	ebbe rifiutato	ebbero rifiutato
4 Future		**11** Future Perfect	
rifiuterò	rifiuteremo	avrò rifiutato	avremo rifiutato
rifiuterai	rifiuterete	avrai rifiutato	avrete rifiutato
rifiuterà	rifiuteranno	avrà rifiutato	avranno rifiutato
5 Present Conditional		**12** Past Conditional	
rifiuterei	rifiuteremmo	avrei rifiutato	avremmo rifiutato
rifiuteresti	rifiutereste	avresti rifiutato	avreste rifiutato
rifiuterebbe	rifiuterebbero	avrebbe rifiutato	avrebbero rifiutato
6 Present Subjunctive		**13** Past Subjunctive	
rifiuti	rifiutiamo	abbia rifiutato	abbiamo rifiutato
rifiuti	rifiutiate	abbia rifiutato	abbiate rifiutato
rifiuti	rifiutino	abbia rifiutato	abbiano rifiutato
7 Imperfect Subjunctive		**14** Past Perfect Subjunctive	
rifiutassi	rifiutassimo	avessi rifiutato	avessimo rifiutato
rifiutassi	rifiutaste	avessi rifiutato	aveste rifiutato
rifiutasse	rifiutassero	avesse rifiutato	avessero rifiutato

	Imperative	
—		rifiutiamo
rifiuta (non rifiutare)		rifiutate
rifiuti		rifiutino

Samples of verb usage

Rifiuto di parlarti.   I refuse to speak to you.
Quando ero malato(a), rifiutavo di mangiare.   When I was ill, I refused to eat.

riflettere

Gerund **riflettendo**   Past Part. **riflettuto, (riflesso)**

to reflect

The Seven Simple Tenses		The Seven Compound Tenses	
Singular	Plural	Singular	Plural
1 Present Indicative		**8 Present Perfect**	
rifletto	riflettiamo	ho riflettuto (riflesso)	abbiamo riflettuto (riflesso)
rifletti	riflettete	hai riflettuto	avete riflettuto
riflette	riflettono	ha riflettuto	hanno riflettuto
2 Imperfect		**9 Past Perfect**	
riflettevo	rifflettevamo	avevo riflettuto	avevamo riflettuto
riflettevi	riflettevate	avevi riflettuto	avevate riflettuto
rifletteva	riflettevano	aveva riflettuto	avevano riflettuto
3 Past Absolute		**10 Past Anterior**	
riflettei	riflettemmo	ebbi riflettuto	avemmo riflettuto
riflettesti	rifletteste	avesti riflettuto	aveste riflettuto
riflettè	rifletterono	ebbe riflettuto	ebbero riflettuto
4 Future		**11 Future Perfect**	
rifletterò	rifletteremo	avrò riflettuto	avremo riflettuto
rifletterai	rifletterete	avrai riflettuto	avrete riflettuto
rifletterà	rifletteranno	avrà riflettuto	avranno riflettuto
5 Present Conditional		**12 Past Conditional**	
rifletterei	rifletteremmo	avrei riflettuto	avremmo riflettuto
rifletteresti	riflettereste	avresti riflettuto	avreste riflettuto
rifletterebbe	rifletterebbero	avrebbe riflettuto	avrebbero riflettuto
6 Present Subjunctive		**13 Past Subjunctive**	
rifletta	riflettiamo	abbia riflettuto	abbiamo riflettuto
rifletta	riflettiate	abbia riflettuto	abbiate riflettuto
rifletta	riflettano	abbia riflettuto	abbiano riflettuto
7 Imperfect Subjunctive		**14 Past Perfect Subjunctive**	
riflettessi	riflettessimo	avessi riflettuto	avessimo riflettuto
riflettessi	rifletteste	avessi riflettuto	aveste riflettuto
riflettesse	riflettessero	avesse riflettuto	avessero riflettuto

Imperative	
—	riflettiamo
rifletti (non riflettere)	riflettete
rifletta	riflettano

Samples of verb usage

Lo specchio riflette l'immagine.   The mirror reflects the image.
Il voto riflette il suo lavoro.   The grade reflects his work.

378

to remain, to stay

The Seven Simple Tenses		The Seven Compound Tenses	
Singular	Plural	Singular	Plural
1 Present Indicative		**8 Present Perfect**	
rimango	rimaniamo	sono rimasto	siamo rimasti
rimani	rimanete	sei rimasto	siete rimasti
rimane	rimangono	è rimasto	sono rimasti
2 Imperfect		**9 Past Perfect**	
rimanevo	rimanevamo	ero rimasto	eravamo rimasti
rimanevi	rimanevate	eri rimasto	eravate rimasti
rimaneva	rimanevano	era rimasto	erano rimasti
3 Past Absolute		**10 Past Anterior**	
rimasi	rimanemmo	fui rimasto	fummo rimasti
rimanesti	rimaneste	fosti rimasto	foste rimasti
rimase	rimasero	fu rimasto	furono rimasti
4 Future		**11 Future Perfect**	
rimarrò	rimarremmo	sarò rimasto	saremo rimasti
rimarrai	rimarrete	sarai rimasto	sarete rimasti
rimarrà	rimarranno	sarà rimasto	saranno rimasti
5 Present Conditional		**12 Past Conditional**	
rimarrei	rimarremmo	sarei rimasto	saremmo rimasti
rimarresti	rimarreste	saresti rimasto	sareste rimasti
rimarrebbe	rimarrebbero	sarebbe rimasto	sarebbero rimasti
6 Present Subjunctive		**13 Past Subjunctive**	
rimanga	rimaniamo	sia rimasto	siamo rimasti
rimanga	rimaniate	sia rimasto	siate rimasti
rimanga	rimangano	sia rimasto	siano rimasti
7 Imperfect Subjunctive		**14 Past Perfect Subjunctive**	
rimanessi	rimanessimo	fossi rimasto	fossimo rimasti
rimanessi	rimaneste	fossi rimasto	foste rimasti
rimanesse	rimanessero	fosse rimasto	fossero rimasti

	Imperative	
—		rimaniamo
rimani (non rimanere)		rimanete
rimanga		rimangano

Samples of verb usage

Roberto è rimasto a casa perchè era malato.   Robert stayed home because he was ill.
Solo questo è rimasto.   Only this is left.

rimproverare

Gerund **rimproverando**   Past Part. **rimproverato**

to reproach, to scold

The Seven Simple Tenses		The Seven Compound Tenses	
Singular	Plural	Singular	Plural
1 Present Indicative		**8 Present Perfect**	
rimprovero	rimproveriamo	ho rimproverato	abbiamo rimproverato
rimproveri	rimproverate	hai rimproverato	avete rimproverato
rimprovera	rimproverano	ha rimproverato	hanno rimproverato
2 Imperfect		**9 Past Perfect**	
rimproveravo	rimproveravamo	avevo rimproverato	avevamo rimproverato
rimproveravi	rimproveravate	avevi rimproverato	avevate rimproverato
rimproverava	rimproveravano	aveva rimproverato	avevano rimproverato
3 Past Absolute		**10 Past Anterior**	
rimproverai	rimproverammo	ebbi rimproverato	avemmo rimproverato
rimproverasti	rimproveraste	avesti rimproverato	aveste rimproverato
rimproverò	rimproveranno	ebbe rimproverato	ebbero rimproverato
4 Future		**11 Future Perfect**	
rimprovererò	rimprovereremo	avrò rimproverato	avremo rimproverato
rimprovererai	rimprovererete	avrai rimproverato	avrete rimproverato
rimprovererà	rimprovereranno	avrà rimproverato	avranno rimproverato
5 Present Conditional		**12 Past Conditional**	
rimprovererei	rimprovereremmo	avrei rimproverato	avremmo rimproverato
rimprovereresti	rimproverereste	avresti rimproverato	avreste rimproverato
rimprovererebbe	rimprovererebbero	avrebbe rimproverato	avrebbero rimproverato
6 Present Subjunctive		**13 Past Subjunctive**	
rimproveri	rimproveriamo	abbia rimproverato	abbiamo rimproverato
rimproveri	rimproveriate	abbia rimproverato	abbiate rimproverato
rimproveri	rimproverino	abbia rimproverato	abbiano rimproverato
7 Imperfect Subjunctive		**14 Past Perfect Subjunctive**	
rimproverassi	rimproverassimo	avessi rimproverato	avessimo rimproverato
rimproverassi	rimproveraste	avessi rimproverato	aveste rimproverato
rimproverasse	rimproverassero	avesse rimproverato	avessero rimproverato

Imperative	
—	rimproveriamo
rimprovera (non rimproverare)	rimproverate
rimproveri	rimproverino

Samples of verb usage

Il maestro rimproverò lo studente.   The teacher rebuked the student.
Mia madre mi rimproverava spesso quando ero ragazzo.   My mother scolded me often when I was a child.

to be sorry for, to regret

The Seven Simple Tenses		The Seven Compound Tenses	
Singular	Plural	Singular	Plural
1 Present Indicative		**8 Present Perfect**	
rincresco	**rincresciamo**	**sono rincresciuto**	**siamo rincresciuti**
rincresci	**rincrescete**	**sei rincresciuto**	**siete rincresciuti**
rincresce	**rincrescono**	**è rincresciuto**	**sono rincresciuti**
2 Imperfect		**9 Past Perfect**	
rincrescevo	**rincrescevamo**	**ero rincresciuto**	**eravamo rincresciuti**
rincrescevi	**rincrescevate**	**eri rincresciuto**	**eravate rincresciuti**
rincresceva	**rincrescevano**	**era rincresciuto**	**erano rincresciuti**
3 Past Absolute		**10 Past Anterior**	
rincrebbi	**rincrescemmo**	**fui rincresciuto**	**fummo rincresciuti**
rincrescesti	**rincresceste**	**fosti rincresciuto**	**foste rincresciuti**
rincrebbe	**rincrebbero**	**fu rincresciuto**	**furono rincresciuti**
4 Future		**11 Future Perfect**	
rincrescerò	**rincresceremo**	**sarò rincresciuto**	**saremo rincresciuti**
rincrescerai	**rincrescerete**	**sarai rincresciuto**	**sarete rincresciuti**
rincrescerà	**rincresceranno**	**sarà rincresciuto**	**saranno rincresciuti**
5 Present Conditional		**12 Past Conditional**	
rincrescerei	**rincresceremmo**	**sarei rincresciuto**	**saremmo rincresciuti**
rincresceresti	**rincrescereste**	**saresti rincresciuto**	**sareste rincresciuti**
rincrescerebbe	**rincrescerebbero**	**sarebbe rincresciuto**	**sarebbero rincresciuti**
6 Present Subjunctive		**13 Past Subjunctive**	
rincresca	**rincresciamo**	**sia rincresciuto**	**siamo rincresciuti**
rincresca	**rincresciate**	**sia rincresciuto**	**siate rincresciuti**
rincresca	**rincrescano**	**sia rincresciuto**	**siano rincresciuti**
7 Imperfect Subjunctive		**14 Past Perfect Subjunctive**	
rincrescessi	**rincrescessimo**	**fossi rincresciuto**	**fossimo rincresciuti**
rincrescessi	**rincresceste**	**fossi rincresciuto**	**foste rincresciuti**
rincrescesse	**rincrescessero**	**fosse rincresciuto**	**fossero rincresciuti**

	Imperative	
—		**rincresciamo**
rincresci (non rincrescere)		**rincrescete**
rincresca		**rincrescano**

Samples of verb usage

Mi rincresce che non l'ho visto.   I'm sorry that I did not see him.
Ti rincresce aprire la finestra?   Would you mind opening the window?

ringraziare

to thank

The Seven Simple Tenses		The Seven Compound Tenses	
Singular	Plural	Singular	Plural

1   Present Indicative

		8 Present Perfect	
ringrazio	ringraziamo	ho ringraziato	abbiamo ringraziato
ringrazi	ringraziate	hai ringraziato	avete ringraziato
ringrazia	ringraziano	ha ringraziato	hanno ringraziato

2   Imperfect

		9 Past Perfect	
ringraziavo	ringraziavamo	avevo ringraziato	avevamo ringraziato
ringraziavi	ringraziavate	avevi ringraziato	avevate ringraziato
ringraziava	ringraziavano	aveva ringraziato	avevano ringraziato

3   Past Absolute

		10 Past Anterior	
ringraziai	ringraziammo	ebbi ringraziato	avemmo ringraziato
ringraziasti	ringraziaste	avesti ringraziato	aveste ringraziato
ringraziò	ringraziarono	ebbe ringraziato	ebbero ringraziato

4   Future

		11 Future Perfect	
ringrazierò	ringrazieremo	avrò ringraziato	avremo ringraziato
ringrazierai	ringrazierete	avrai ringraziato	avrete ringraziato
ringrazierà	ringrazieranno	avrà ringraziato	avranno ringraziato

5   Present Conditional

		12 Past Conditional	
ringrazierei	ringrazieremmo	avrei ringraziato	avremmo ringraziato
ringrazieresti	ringraziereste	avresti ringraziato	avreste ringraziato
ringrazierebbe	ringrazierebbero	avrebbe ringraziato	avrebbero ringraziato

6   Present Subjunctive

		13 Past Subjunctive	
ringrazi	ringraziamo	abbia ringraziato	abbiamo ringraziato
ringrazi	ringraziate	abbia ringraziato	abbiate ringraziato
ringrazi	ringrazino	abbia ringraziato	abbiano ringraziato

7   Imperfect Subjunctive

		14 Past Perfect Subjunctive	
ringraziassi	ringraziassimo	avessi ringraziato	avessimo ringraziato
ringraziassi	ringraziaste	avessi ringraziato	aveste ringraziato
ringraziasse	ringraziassero	avesse ringraziato	avessero ringraziato

Imperative	
—	ringraziamo
ringrazia (non ringraziare)	ringraziate
ringrazi	ringrazino

Samples of verb usage

Sia ringraziato il cielo!   Thank heavens!
Ti ringrazio di esser venuto(a).   Thank you for coming.
ringraziare di cuore   to thank heartily

The Seven Simple Tenses		The Seven Compound Tenses	
Singular	Plural	Singular	Plural
1 Present Indicative		**8** Present Perfect	
rinnovo	rinnoviamo	ho rinnovato	abbiamo rinnovato
rinnovi	rinnovate	hai rinnovato	avete rinnovato
rinnova	rinnovano	ha rinnovato	hanno rinnovato
2 Imperfect		**9** Past Perfect	
rinnovavo	rinnovavamo	avevo rinnovato	avevamo rinnovato
rinnovavi	rinnovavate	avevi rinnovato	avevate rinnovato
rinnovava	rinnovavano	aveva rinnovato	avevano rinnovato
3 Past Absolute		**10** Past Anterior	
rinnovai	rinnovammo	ebbi rinnovato	avemmo rinnovato
rinnovasti	rinnovaste	avesti rinnovato	aveste rinnovato
rinnovò	rinnovarono	ebbe rinnovato	ebbero rinnovato
4 Future		**11** Future Perfect	
rinnoverò	rinnoveremo	avrò rinnovato	avremo rinnovato
rinnoverai	rinnoverete	avrai rinnovato	avrete rinnovato
rinnoverà	rinnoveranno	avrà rinnovato	avranno rinnovato
5 Present Conditional		**12** Past Conditional	
rinnoverei	rinnoveremmo	avrei rinnovato	avremmo rinnovato
rinnoveresti	rinnovereste	avresti rinnovato	avreste rinnovato
rinnoverebbe	rinnoverebbero	avrebbe rinnovato	avrebbero rinnovato
6 Present Subjunctive		**13** Past Subjunctive	
rinnovi	rinnoviamo	abbia rinnovato	abbiamo rinnovato
rinnovi	rinnoviate	abbia rinnovato	abbiate rinnovato
rinnovi	rinnovino	abbia rinnovato	abbiano rinnovato
7 Imperfect Subjunctive		**14** Past Perfect Subjunctive	
rinnovassi	rinnovassimo	avessi rinnovato	avessimo rinnovato
rinnovassi	rinnovaste	avessi rinnovato	aveste rinnovato
rinnovasse	rinnovassero	avesse rinnovato	avessero rinnovato

Imperative	
—	**rinnoviamo**
rinnova (non rinnovare)	**rinnovate**
rinnovi	**rinnovino**

Samples of verb usage

Il nemico rinnovò l'assalto.   The enemy renewed the attack.
rinnovare gli sforzi   to renew one's efforts

ripetere

Gerund **ripetendo**   Past Part. **ripetuto**

to repeat

The Seven Simple Tenses		The Seven Compound Tenses	
Singular	Plural	Singular	Plural
1 Present Indicative		**8 Present Perfect**	
ripeto	ripetiamo	ho ripetuto	abbiamo ripetuto
ripeti	ripetete	hai ripetuto	avete ripetuto
ripete	ripetono	ha ripetuto	hanno ripetuto
2 Imperfect		**9 Past Perfect**	
ripetevo	ripetevamo	avevo ripetuto	avevamo ripetuto
ripetevi	ripetevate	avevi ripetuto	avevate ripetuto
ripeteva	ripetevano	aveva ripetuto	avevano ripetuto
3 Past Absolute		**10 Past Anterior**	
ripetei	ripetemmo	ebbi ripetuto	avemmo ripetuto
ripetesti	ripeteste	avesti ripetuto	aveste ripetuto
ripetè	ripeterono	ebbe ripetuto	ebbero ripetuto
4 Future		**11 Future Perfect**	
ripeterò	ripeteremo	avrò ripetuto	avremo ripetuto
ripeterai	ripeterete	avrai ripetuto	avrete ripetuto
ripeterà	ripeteranno	avrà ripetuto	avranno ripetuto
5 Present Conditional		**12 Past Conditional**	
ripeterei	ripeteremmo	avrei ripetuto	avremmo ripetuto
ripeteresti	ripetereste	avresti ripetuto	avreste ripetuto
ripeterebbe	ripeterebbero	avrebbe ripetuto	avrebbero ripetuto
6 Present Subjunctive		**13 Past Subjunctive**	
ripeta	ripetiamo	abbia ripetuto	abbiamo ripetuto
ripeta	ripetiate	abbia ripetuto	abbiate ripetuto
ripeta	ripetano	abbia ripetuto	abbiano ripetuto
7 Imperfect Subjunctive		**14 Past Perfect Subjunctive**	
ripetessi	ripetessimo	avessi ripetuto	avessimo ripetuto
ripetessi	ripeteste	avessi ripetuto	aveste ripetuto
ripetesse	ripetessero	avesse ripetuto	avessero ripetuto

	Imperative	
—		ripetiamo
ripeti (non ripetere)		ripetete
ripeta		ripetano

Samples of verb usage

Il maestro ripete due volte tutto quello che dice.   The teacher repeats everything he says twice.
ripetere una classe a scuola   to repeat a year at school

384

to heat, to warm up

The Seven Simple Tenses		The Seven Compound Tenses	
Singular	Plural	Singular	Plural

1 Present Indicative

riscaldo	riscaldiamo	
riscaldi	riscaldate	
riscalda	riscaldano	

8 Present Perfect

ho riscaldato	abbiamo riscaldato
hai riscaldato	avete riscaldato
ha riscaldato	hanno riscaldato

2 Imperfect

riscaldavo	riscaldavamo
riscaldavi	riscaldavate
riscaldava	riscaldavano

9 Past Perfect

avevo riscaldato	avevamo riscaldato
avevi riscaldato	avevate riscaldato
aveva riscaldato	avevano riscaldato

3 Past Absolute

riscaldai	riscaldammo
riscaldasti	riscaldaste
riscaldò	riscaldarono

10 Past Anterior

ebbi riscaldato	avemmo riscaldato
avesti riscaldato	aveste riscaldato
ebbe riscaldato	ebbero riscaldato

4 Future

riscalderò	riscalderemo
riscalderai	riscalderete
riscalderà	riscalderanno

11 Future Perfect

avrò riscaldato	avremo riscaldato
avrai riscaldato	avrete riscaldato
avrà riscaldato	avranno riscaldato

5 Present Conditional

riscalderei	riscalderemmo
riscalderesti	riscaldereste
riscalderebbe	riscalderebbero

12 Past Conditional

avrei riscaldato	avremmo riscaldato
avresti riscaldato	avreste riscaldato
avrebbe riscaldato	avrebbero riscaldato

6 Present Subjunctive

riscaldi	riscaldiamo
riscaldi	riscaldiate
riscaldi	riscaldino

13 Past Subjunctive

abbia riscaldato	abbiamo riscaldato
abbia riscaldato	abbiate riscaldato
abbia riscaldato	abbiano riscaldato

7 Imperfect Subjunctive

riscaldassi	riscaldassimo
riscaldassi	riscaldaste
riscaldasse	riscaldassero

14 Past Perfect Subjunctive

avessi riscaldato	avessimo riscaldato
avessi riscaldato	aveste riscaldato
avesse riscaldato	avessero riscaldato

Imperative

—	riscaldiamo
riscalda (non riscaldare)	riscaldate
riscaldi	riscaldino

Samples of verb usage

Il cameriere riscalda il caffè.   The waiter is warming up the coffee.
Il sole riscalda l'aria.   The sun warms up the air.

385

to resolve

The Seven Simple Tenses		The Seven Compound Tenses	
Singular	Plural	Singular	Plural
1 Present Indicative		**8 Present Perfect**	
risolvo	risolviamo	ho risolto	abbiamo risolto
risolvi	risolvete	hai risolto	avete risolto
risolve	risolvono	ha risolto	hanno risolto
2 Imperfect		**9 Past Perfect**	
risolvevo	risolvevamo	avevo risolto	avevamo risolto
risolvevi	risolvevate	avevi risolto	avevate risolto
risolveva	risolvevano	aveva risolto	avevano risolto
3 Past Absolute		**10 Past Anterior**	
risolsi	risolvemmo	ebbi risolto	avemmo risolto
risolvesti	risolveste	avesti risolto	aveste risolto
risolse	risolsero	ebbe risolto	ebbero risolto
4 Future		**11 Future Perfect**	
risolverò	risolveremo	avrò risolto	avremo risolto
risolverai	risolverete	avrai risolto	avrete risolto
risolverà	risolveranno	avrà risolto	avranno risolto
5 Present Conditional		**12 Past Conditional**	
risolverei	risolveremmo	avrei risolto	avremmo risolto
risolveresti	risolvereste	avresti risolto	avreste risolto
risolverebbe	risolverebbero	avrebbe risolto	avrebbero risolto
6 Present Subjunctive		**13 Past Subjunctive**	
risolva	risolviamo	abbia risolto	abbiamo risolto
risolva	risolviate	abbia risolto	abbiate risolto
risolva	risolvano	abbia risolto	abbiano risolto
7 Imperfect Subjunctive		**14 Past Perfect Subjunctive**	
risolvessi	risolvessimo	avessi risolto	avessimo risolto
risolvessi	risolveste	avessi risolto	aveste risolto
risolvesse	risolvessero	avesse risolto	avessero risolto

	Imperative	
—	risolviamo
risolvi (non risolvere)	risolvete
risolva	risolvano

Samples of verb usage

Lui ha risolto il problema. He has resolved the problem.
risolvere un dubbio to resolve a doubt
risolvere una questione to settle a question

to respect

The Seven Simple Tenses		The Seven Compound Tenses	
Singular	Plural	Singular	Plural
1 Present Indicative		**8 Present Perfect**	
rispetto	rispettiamo	ho rispettato	abbiamo rispettato
rispetti	rispettate	hai rispettato	avete rispettato
rispetta	rispettano	ha rispettato	hanno rispettato
2 Imperfect		**9 Past Perfect**	
rispettavo	rispettavamo	avevo rispettato	avevamo rispettato
rispettavi	rispettavate	avevi rispettato	avevate rispettato
rispettava	rispettavano	aveva rispettato	avevano rispettato
3 Past Absolute		**10 Past Anterior**	
rispettai	rispettammo	ebbi rispettato	avemmo rispettato
rispettasti	rispettaste	avesti rispettato	aveste rispettato
rispettò	rispettarono	ebbe rispettato	ebbero rispettato
4 Future		**11 Future Perfect**	
rispetterò	rispetteremo	avrò rispettato	avremo rispettato
rispetterai	rispetterete	avrai rispettato	avrete rispettato
rispetterà	rispetteranno	avrà rispettato	avranno rispettato
5 Present Conditional		**12 Past Conditional**	
rispetterei	rispetteremmo	avrei rispettato	avremmo rispettato
rispetteresti	rispettereste	avresti rispettato	avreste rispettato
rispetterebbe	rispetterebbero	avrebbe rispettato	avrebbero rispettato
6 Present Subjunctive		**13 Past Subjunctive**	
rispetti	rispettiamo	abbia rispettato	abbiamo rispettato
rispetti	rispettiate	abbia rispettato	abbiate rispettato
rispetti	rispettino	abbia rispettato	abbiano rispettato
7 Imperfect Subjunctive		**14 Past Perfect Subjunctive**	
rispettassi	rispettassimo	avessi rispettato	avessimo rispettato
rispettassi	rispettaste	avessi rispettato	aveste rispettato
rispettasse	rispettassero	avesse rispettato	avessero rispettato

Imperative	
—	rispettiamo
rispetta (non rispettare)	rispettate
rispetti	rispettino

Samples of verb usage

Rispetto i miei genitori.   I respect my parents.
Lui non rispetta la legge.   He does not respect (obey) the law.

387

rispondere

Gerund **rispondendo**   Past Part. **risposto**

to answer, to reply

The Seven Simple Tenses		The Seven Compound Tenses	
Singular	Plural	Singular	Plural
1 Present Indicative		**8 Present Perfect**	
rispondo	rispondiamo	ho risposto	abbiamo risposto
rispondi	rispondete	hai risposto	avete risposto
risponde	rispondono	ha risposto	hanno risposto
2 Imperfect		**9 Past Perfect**	
rispondevo	rispondevamo	avevo risposto	avevamo risposto
rispondevi	rispondevate	avevi risposto	avevate risposto
rispondeva	rispondevano	aveva risposto	avevano risposto
3 Past Absolute		**10 Past Anterior**	
risposi	rispondemmo	ebbi risposto	avemmo risposto
rispondesti	rispondeste	avesti risposto	aveste risposto
rispose	risposero	ebbe risposto	ebbero risposto
4 Future		**11 Future Perfect**	
risponderò	risponderemo	avrò risposto	avremo risposto
risponderai	risponderete	avrai risposto	avrete risposto
risponderà	risponderanno	avrà risposto	avranno risposto
5 Present Conditional		**12 Past Conditional**	
risponderei	risponderemmo	avrei risposto	avremmo risposto
risponderesti	rispondereste	avresti risposto	avreste risposto
risponderebbe	risponderebbero	avrebbe risposto	avrebbero risposto
6 Present Subjunctive		**13 Past Subjunctive**	
risponda	rispondiamo	abbia risposto	abbiamo risposto
risponda	rispondiate	abbia risposto	abbiate risposto
risponda	rispondano	abbia risposto	abbiano risposto
7 Imperfect Subjunctive		**14 Past Perfect Subjunctive**	
rispondessi	rispondessimo	avessi risposto	avessimo risposto
rispondessi	rispondeste	avessi risposto	aveste risposto
rispondesse	rispondessero	avesse risposto	avessero risposto

Imperative	
—	rispondiamo
rispondi (non rispondere)	rispondete
risponda	rispondano

Samples of verb usage

Perchè Pietro non risponde alle mie lettere?   Why doesn't Peter answer my letters?
L'uomo rispose bruscamente.   The man replied brusquely.

to hold, to retain, to stop, to detain

The Seven Simple Tenses		The Seven Compound Tenses	
Singular	Plural	Singular	Plural
1 Present Indicative		**8 Present Perfect**	
ritengo	riteniamo	ho ritenuto	abbiamo ritenuto
ritieni	ritenete	hai ritenuto	avete ritenuto
ritiene	ritengono	ha ritenuto	hanno ritenuto
2 Imperfect		**9 Past Perfect**	
ritenevo	ritenevamo	avevo ritenuto	avevamo ritenuto
ritenevi	ritenevate	avevi ritenuto	avevate ritenuto
riteneva	ritenevano	aveva ritenuto	avevano ritenuto
3 Past Absolute		**10 Past Anterior**	
ritenni	ritenemmo	ebbi ritenuto	avemmo ritenuto
ritenesti	riteneste	avesti ritenuto	aveste ritenuto
ritenne	ritennero	ebbe ritenuto	ebbero ritenuto
4 Future		**11 Future Perfect**	
riterrò	riterremo	avrò ritenuto	avremo ritenuto
riterrai	riterrete	avrai ritenuto	avrete ritenuto
riterrà	riterranno	avrà ritenuto	avranno ritenuto
5 Present Conditional		**12 Past Conditional**	
riterrei	riterremmo	avrei ritenuto	avremmo ritenuto
riterresti	riterreste	avresti ritenuto	avreste ritenuto
riterrebbe	riterrebbero	avrebbe ritenuto	avrebbero ritenuto
6 Present Subjunctive		**13 Past Subjunctive**	
ritenga	riteniamo	abbia ritenuto	abbiamo ritenuto
ritenga	riteniate	abbia ritenuto	abbiate ritenuto
ritenga	ritengano	abbia ritenuto	abbiano ritenuto
7 Imperfect Subjunctive		**14 Past Perfect Subjunctive**	
ritenessi	ritenessimo	avessi ritenuto	avessimo ritenuto
ritenessi	riteneste	avessi ritenuto	aveste ritenuto
ritenesse	ritenessero	avesse ritenuto	avessero ritenuto

Imperative

—	riteniamo
ritieni (non ritenere)	ritenete
ritenga	ritengano

Samples of verb usage

Un soldato ritenne tutto l'esercito nemico.   One soldier held back the whole enemy army.
ritenere le lacrime   to hold back one's tears
ritenere il posto   to keep one's place
ritenere il nemico   to hold back the enemy

ritornare

to return, to go back, to come back

The Seven Simple Tenses		The Seven Compound Tenses	
Singular	Plural	Singular	Plural
1 Present Indicative		**8 Present Perfect**	
ritorno	ritorniamo	sono ritornato	siamo ritornati
ritorni	ritornate	sei ritornato	siete ritornati
ritorna	ritornano	è ritornato	sono ritornati
2 Imperfect		**9 Past Perfect**	
ritornavo	ritornavamo	ero ritornato	eravamo ritornati
ritornavi	ritornavate	eri ritornato	eravate ritornati
ritornava	ritornavano	era ritornato	erano ritornati
3 Past Absolute		**10 Past Anterior**	
ritornai	ritornammo	fui ritornato	fummo ritornati
ritornasti	ritornaste	fosti ritornato	foste ritornati
ritornò	ritornarono	fu ritornato	furono ritornati
4 Future		**11 Future Perfect**	
ritornerò	ritorneremo	sarò ritornato	saremo ritornati
ritornerai	ritornerete	sarai ritornato	sarete ritornati
ritornerà	ritorneranno	sarà ritornato	saranno ritornati
5 Present Conditional		**12 Past Conditional**	
ritornerei	ritorneremmo	sarei ritornato	saremmo ritornati
ritorneresti	ritornereste	saresti ritornato	sareste ritornati
ritornerebbe	ritornerebbero	sarebbe ritornato	sarebbero ritornati
6 Present Subjunctive		**13 Past Subjunctive**	
ritorni	ritorniamo	sia ritornato	siamo ritornati
ritorni	ritorniate	sia ritornato	siate ritornati
ritorni	ritornino	sia ritornato	siano ritornati
7 Imperfect Subjunctive		**14 Past Perfect Subjunctive**	
ritornassi	ritornassimo	fossi ritornato	fossimo ritornati
ritornassi	ritornaste	fossi ritornato	foste ritornati
ritornasse	ritornassero	fosse ritornato	fossero ritornati

Imperative	
—	ritorniamo
ritorna (non ritornare)	ritornate
ritorni	ritornino

Samples of verb usage

Non ritornerò più.   I will never come back.
ritornare ad una vecchia abitudine   to go back to an old habit

to withdraw, to portray

The Seven Simple Tenses		The Seven Compound Tenses	
Singular	Plural	Singular	Plural
1 Present Indicative		**8** Present Perfect	
ritraggo	ritra(ggh)iamo	ho ritratto	abbiamo ritratto
ritrai	ritraete	hai ritratto	avete ritratto
ritrae	ritraggono	ha ritratto	hanno ritratto
2 Imperfect		**9** Past Perfect	
ritraevo	ritraevamo	avevo ritratto	avevamo ritratto
ritraevi	ritraevate	avevi ritratto	avevate ritratto
ritraeva	ritraevano	aveva ritratto	avevano ritratto
3 Past Absolute		**10** Past Anterior	
ritrassi	ritraemmo	ebbi ritratto	avemmo ritratto
ritraesti	ritraeste	avesti ritratto	aveste ritratto
ritrasse	ritrassero	ebbe ritratto	ebbero ritratto
4 Future		**11** Future Perfect	
ritrarrò	ritrarremo	avrò ritratto	avremo ritratto
ritrarrai	ritrarrete	avrai ritratto	avrete ritratto
ritrarrà	ritrarranno	avrà ritratto	avranno ritratto
5 Present Conditional		**12** Past Conditional	
ritrarrei	ritrarremmo	avrei ritratto	avremmo ritratto
ritrarresti	ritrarreste	avresti ritratto	avreste ritratto
ritrarrebbe	ritrarrebbero	avrebbe ritratto	avrebbero ritratto
6 Present Subjunctive		**13** Past Subjunctive	
ritragga	ritra(ggh)iamo	abbia ritratto	abbiamo ritratto
ritragga	ritra(ggh)iate	abbia ritratto	abbiate ritratto
ritragga	ritraggano	abbia ritratto	abbiano ritratto
7 Imperfect Subjunctive		**14** Past Perfect Subjunctive	
ritraessi	ritraessimo	avessi ritratto	avessimo ritratto
ritraessi	ritraeste	avessi ritratto	aveste ritratto
ritraesse	ritraessero	avesse ritratto	avessero ritratto

Imperative	
—	ritra(ggh)iamo
ritrai (non ritrarre)	ritraete
ritragga	ritraggano

Samples of verb usage

All'improvviso, lui ritrasse la mano.   All of a sudden, he withdrew his hand.
L'artista ritrae la scena bene.   The artist portrays the scene well.

to reunite, to put together

The Seven Simple Tenses		The Seven Compound Tenses	
Singular	Plural	Singular	Plural

1 Present Indicative

		8 Present Perfect	
riunisco	riuniamo	ho riunito	abbiamo riunito
riunisci	riunite	hai riunito	avete riunito
riunisce	riuniscono	ha riunito	hanno riunito

2 Imperfect

		9 Past Perfect	
riunivo	riunivamo	avevo riunito	avevamo riunito
riunivi	riunivate	avevi riunito	avevate riunito
riuniva	riunivano	aveva riunito	avevano riunito

3 Past Absolute

		10 Past Anterior	
riunii	riunimmo	ebbi riunito	avemmo riunito
riunisti	riuniste	avesti riunito	aveste riunito
riunì	riunirono	ebbe riunito	ebbero riunito

4 Future

		11 Future Perfect	
riunirò	riuniremo	avrò riunito	avremo riunito
riunirai	riunirete	avrai riunito	avrete riunito
riunirà	riuniranno	avrà riunito	avranno riunito

5 Present Conditional

		12 Past Conditional	
riunirei	riuniremmo	avrei riunito	avremmo riunito
riuniresti	riunireste	avresti riunito	avreste riunito
riunirebbe	riunirebbero	avrebbe riunito	avrebbero riunito

6 Present Subjunctive

		13 Past Subjunctive	
riunisca	riuniamo	abbia riunito	abbiamo riunito
riunisca	riuniate	abbia riunito	abbiate riunito
riunisca	riuniscano	abbia riunito	abbiano riunito

7 Imperfect Subjunctive

		14 Past Perfect Subjunctive	
riunissi	riunissimo	avessi riunito	avessimo riunito
riunissi	riuniste	avessi riunito	aveste riunito
riunisse	riunissero	avesse riunito	avessero riunito

Imperative	
—	riuniamo
riunisci (non riunire)	riunite
riunisca	riuniscano

Samples of verb usage

Il dolore li ha riuniti.   Grief has reunited them.
I ragazzi si riunirono al cinema.   The young people got together at the movies.

to succeed, to go out again

The Seven Simple Tenses		The Seven Compound Tenses	
Singular	Plural	Singular	Plural

1 Present Indicative

		8 Present Perfect	
riesco	riusciamo	sono riuscito	siamo riusciti
riesci	riuscite	sei riuscito	siete riusciti
riesce	riescono	è riuscito	sono riusciti

2 Imperfect

		9 Past Perfect	
riuscivo	riuscivamo	ero riuscito	eravamo riusciti
riuscivi	riuscivate	eri riuscito	eravate riusciti
riusciva	riuscivano	era riuscito	erano riusciti

3 Past Absolute

		10 Past Anterior	
riuscii	riuscimmo	fui riuscito	fummo riusciti
riuscisti	riusciste	fosti riuscito	foste riusciti
riuscì	riuscirono	fu riuscito	furono riusciti

4 Future

		11 Future Perfect	
riuscirò	riusciremo	sarò riuscito	saremo riusciti
riuscirai	riuscirete	sarai riuscito	sarete riusciti
riuscirà	riusciranno	sarà riuscito	saranno riusciti

5 Present Conditional

		12 Past Conditional	
riuscirei	riusciremmo	sarei riuscito	saremmo riusciti
riusciresti	riuscireste	saresti riuscito	sareste riusciti
riuscirebbe	riuscirebbero	sarebbe riuscito	sarebbero riusciti

6 Present Subjunctive

		13 Past Subjunctive	
riesca	riusciamo	sia riuscito	siamo riusciti
riesca	riusciate	sia riuscito	siate riusciti
riesca	riescano	sia riuscito	siano riusciti

7 Imperfect Subjunctive

		14 Past Perfect Subjunctive	
riuscissi	riuscissimo	fossi riuscito	fossimo riusciti
riuscissi	riusciste	fossi riuscito	foste riusciti
riuscisse	riuscissero	fosse riuscito	fossero riusciti

Imperative

—	riusciamo
riesci (non riuscire)	riuscite
riesca	riescano

Samples of verb usage

Se non si prova, non si riesce.   If one doesn't try, one doesn't succeed.
Dopo mangiato, Maria è riuscita.   After eating, Mary went out again.

rivolgersi

to turn to, to turn around, to apply

The Seven Simple Tenses		The Seven Compound Tenses	
Singular	Plural	Singular	Plural
1 Present Indicative		**8 Present Perfect**	
mi rivolgo	ci rivolgiamo	mi sono rivolto	ci siamo rivolti
ti rivolgi	vi rivolgete	ti sei rivolto	vi siete rivolti
si rivolge	si rivolgono	si è rivolto	si sono rivolti
2 Imperfect		**9 Past Perfect**	
mi rivolgevo	ci rivolgevamo	mi ero rivolto	ci eravamo rivolti
ti rivolgevi	vi rivolgevate	ti eri rivolto	vi eravate rivolti
si rivolgeva	si rivolgevano	si era rivolto	si erano rivolti
3 Past Absolute		**10 Past Anterior**	
mi rivolsi	ci rivolgemmo	mi fui rivolto	ci fummo rivolti
ti rivolgesti	vi rivolgeste	ti fosti rivolto	vi foste rivolti
si rivolse	si rivolsero	si fu rivolto	si furono rivolti
4 Future		**11 Future Perfect**	
mi rivolgerò	ci rivolgeremo	mi sarò rivolto	ci saremo rivolti
ti rivolgerai	vi rivolgerete	ti sarai rivolto	vi sarete rivolti
si rivolgerà	si rivolgeranno	si sarà rivolto	si saranno rivolti
5 Present Conditional		**12 Past Conditional**	
mi rivolgerei	ci rivolgeremmo	mi sarei rivolto	ci saremmo rivolti
ti rivolgeresti	vi rivolgereste	ti saresti rivolto	vi sareste rivolti
si rivolgerebbe	si rivolgerebbero	si sarebbe rivolto	si sarebbero rivolti
6 Present Subjunctive		**13 Past Subjunctive**	
mi rivolga	ci rivolgiamo	mi sia rivolto	ci siamo rivolti
ti rivolga	vi rivolgiate	ti sia rivolto	vi siate rivolti
si rivolga	si rivolgano	si sia rivolto	si siano rivolti
7 Imperfect Subjunctive		**14 Past Perfect Subjunctive**	
mi rivolgessi	ci rivolgessimo	mi fossi rivolto	ci fossimo rivolti
ti rivolgessi	vi rivolgeste	ti fossi rivolto	vi foste rivolti
si rivolgesse	si rivolgessero	si fosse rivolto	si fossero rivolti

Imperative	
—	rivolgiamoci
rivolgiti (non ti rivolgere/non rivolgerti)	rivolgetevi
si rivolga	si rivolgano

Samples of verb usage

Mi rivolsi alla persona che parlava.   I turned to the person who was speaking.
A chi rivolgi queste parole?   To whom are you addressing these words?

to gnaw

The Seven Simple Tenses		The Seven Compound Tenses	
Singular	Plural	Singular	Plural

1 Present Indicative

		8 Present Perfect	
rodo	rodiamo	ho roso	abbiamo roso
rodi	rodete	hai roso	avete roso
rode	rodono	ha roso	hanno roso

2 Imperfect

		9 Past Perfect	
rodevo	rodevamo	avevo roso	avevamo roso
rodevi	rodevate	avevi roso	avevate roso
rodeva	rodevano	aveva roso	avevano roso

3 Past Absolute

		10 Past Anterior	
rosi	rodemmo	ebbi roso	avemmo roso
rodesti	rodeste	avesti roso	aveste roso
rose	rosero	ebbe roso	ebbero roso

4 Future

		11 Future Perfect	
roderò	roderemo	avrò roso	avremo roso
roderai	roderete	avrai roso	avrete roso
roderà	roderanno	avrà roso	avranno roso

5 Present Conditional

		12 Past Conditional	
roderei	roderemmo	avrei roso	avremmo roso
roderesti	rodereste	avresti roso	avreste roso
roderebbe	roderebbero	avrebbe roso	avrebbero roso

6 Present Subjunctive

		13 Past Subjunctive	
roda	rodiamo	abbia roso	abbiamo roso
roda	rodiate	abbia roso	abbiate roso
roda	rodano	abbia roso	abbiano roso

7 Imperfect Subjunctive

		14 Past Perfect Subjunctive	
rodessi	rodessimo	avessi roso	avessimo roso
rodessi	rodeste	avessi roso	aveste roso
rodesse	rodessero	avesse roso	avessero roso

Imperative

—	rodiamo
rodi (non rodere)	rodete
roda	rodano

Samples of verb usage

Al cane piace rodere all'osso.   The dog likes to gnaw on the bone.
È un osso duro da rodere!   It's a hard nut to crack!

NOTE: Like **rodere** are **corrodere** and **erodere**.

to break

The Seven Simple Tenses		The Seven Compound Tenses	
Singular	Plural	Singular	Plural
1 Present Indicative		**8 Present Perfect**	
rompo	rompiamo	ho rotto	abbiamo rotto
rompi	rompete	hai rotto	avete rotto
rompe	rompono	ha rotto	hanno rotto
2 Imperfect		**9 Past Perfect**	
rompevo	rompevamo	avevo rotto	avevamo rotto
rompevi	rompevate	avevi rotto	avevate rotto
rompeva	rompevano	aveva rotto	avevano rotto
3 Past Absolute		**10 Past Anterior**	
ruppi	rompemmo	ebbi rotto	avemmo rotto
rompesti	rompeste	avesti rotto	aveste rotto
ruppe	ruppero	ebbe rotto	ebbero rotto
4 Future		**11 Future Perfect**	
romperò	romperemo	avrò rotto	avremo rotto
romperai	romperete	avrai rotto	avrete rotto
romperà	romperanno	avrà rotto	avranno rotto
5 Present Conditional		**12 Past Conditional**	
romperei	romperemmo	avrei rotto	avremmo rotto
romperesti	rompereste	avresti rotto	avreste rotto
romperebbe	romperebbero	avrebbe rotto	avrebbero rotto
6 Present Subjunctive		**13 Past Subjunctive**	
rompa	rompiamo	abbia rotto	abbiamo rotto
rompa	rompiate	abbia rotto	abbiate rotto
rompa	rompano	abbia rotto	abbiano rotto
7 Imperfect Subjunctive		**14 Past Perfect Subjunctive**	
rompessi	rompessimo	avessi rotto	avessimo rotto
rompessi	rompeste	avessi rotto	aveste rotto
rompesse	rompessero	avesse rotto	avessero rotto

Imperative

—	rompiamo
rompi (non rompere)	rompete
rompa	rompano

Samples of verb usage

Lui non rompe mai niente.   He never breaks anything.
Il cameriere ha rotto la tazza.   The waiter broke the cup.
Io ruppi il bicchiere.   I broke the glass.

NOTE: Like **rompere** are **corrompere**, **interrompere**, and **prorompere**.

to go up, to climb, to mount

The Seven Simple Tenses		The Seven Compound Tenses	
Singular	Plural	Singular	Plural
1 Present Indicative		**8** Present Perfect	
salgo	saliamo	sono salito	siamo saliti
sali	salite	sei salito	siete saliti
sale	saligono	è salito	sono saliti
2 Imperfect		**9** Past Perfect	
salivo	salivamo	ero salito	eravamo saliti
salivi	salivate	eri salito	eravate saliti
saliva	salivano	era salito	erano saliti
3 Past Absolute		**10** Past Anterior	
salii	salimmo	fui salito	fummo saliti
salisti	saliste	fosti salito	foste saliti
salì	salirono	fu salito	furono saliti
4 Future		**11** Future Perfect	
salirò	saliremo	sarò salito	saremo saliti
salirai	salirete	sarai salito	sarete saliti
salirà	saliranno	sarà salito	saranno saliti
5 Present Conditional		**12** Past Conditional	
salirei	saliremmo	sarei salito	saremmo saliti
saliresti	salireste	saresti salito	sareste saliti
salirebbe	salirebbero	sarebbe salito	sarebbero saliti
6 Present Subjunctive		**13** Past Subjunctive	
salga	saliamo	sia salito	siamo saliti
salga	saliate	sia salito	siate saliti
salga	salgano	sia salito	siano saliti
7 Imperfect Subjunctive		**14** Past Perfect Subjunctive	
salissi	salissimo	fossi salito	fossimo saliti
salissi	saliste	fossi salito	foste saliti
salisse	salissero	fosse salito	fossero saliti

Imperative

—	saliamo
sali (non salire)	salite
salga	salgano

Samples of verb usage

Salgo le scale ogni giorno.   I go up the stairs every day.
Lui è salito al sommo del monte.   He climbed to the top of the mountain.
Io salii in macchina.   I got into the car.

NOTE: Like **salire** are **assalire** (conjugated with **avere**) and **risalire**.

to jump, to leap

The Seven Simple Tenses		The Seven Compound Tenses	
Singular	Plural	Singular	Plural
1 Present Indicative		**8** Present Perfect	
salto	saltiamo	ho saltato	abbiamo saltato
salti	saltate	hai saltato	avete saltato
salta	saltano	ha saltato	hanno saltato
2 Imperfect		**9** Past Perfect	
saltavo	saltavamo	avevo saltato	avevamo saltato
saltavi	saltavate	avevi saltato	avevate saltato
saltava	saltavano	aveva saltato	avevano saltato
3 Past Absolute		**10** Past Anterior	
saltai	saltammo	ebbi saltato	avemmo saltato
saltasti	saltaste	avesti saltato	aveste saltato
saltò	saltarono	ebbe saltato	ebbero saltato
4 Future		**11** Future Perfect	
salterò	salteremo	avrò saltato	avremo saltato
salterai	salterete	avrai saltato	avrete saltato
salterà	salteranno	avrà saltato	avranno saltato
5 Present Conditional		**12** Past Conditional	
salterei	salteremmo	avrei saltato	avremmo saltato
salteresti	saltereste	avresti saltato	avreste saltato
salterebbe	salterebbero	avrebbe saltato	avrebbero saltato
6 Present Subjunctive		**13** Past Subjunctive	
salti	saltiamo	abbia saltato	abbiamo saltato
salti	saltiate	abbia saltato	abbiate saltato
salti	saltino	abbia saltato	abbiano saltato
7 Imperfect Subjunctive		**14** Past Perfect Subjunctive	
saltassi	saltassimo	avessi saltato	avessimo saltato
saltassi	saltaste	avessi saltato	aveste saltato
saltasse	saltassero	avesse saltato	avessero saltato

Imperative

—	saltiamo
salta (non saltare)	saltate
salti	saltino

Samples of verb usage

Egli saltò due metri.   He jumped six feet.
Il cane mi saltò addosso.   The dog jumped on me.

to greet, to salute

The Seven Simple Tenses		The Seven Compound Tenses	
Singular	Plural	Singular	Plural

1 Present Indicative

saluto	salutiamo		
saluti	salutate		
saluta	salutano		

8 Present Perfect

ho salutato		abbiamo salutato	
hai salutato		avete salutato	
ha salutato		hanno salutato	

2 Imperfect

salutavo	salutavamo		
salutavi	salutavate		
salutava	salutavano		

9 Past Perfect

avevo salutato		avevamo salutato	
avevi salutato		avevate salutato	
aveva salutato		avevano salutato	

3 Past Absolute

salutai	salutammo		
salutasti	salutaste		
salutò	salutarono		

10 Past Anterior

ebbi salutato		avemmo salutato	
avesti salutato		aveste salutato	
ebbe salutato		ebbero salutato	

4 Future

saluterò	saluteremo		
saluterai	saluterete		
saluterà	saluteranno		

11 Future Perfect

avrò salutato		avremo salutato	
avrai salutato		avrete salutato	
avrà salutato		avranno salutato	

5 Present Conditional

saluterei	saluteremmo		
saluteresti	salutereste		
saluterebbe	saluterebbero		

12 Past Conditional

avrei salutato		avremmo salutato	
avresti salutato		avreste salutato	
avrebbe salutato		avrebbero salutato	

6 Present Subjunctive

saluti	salutiamo		
saluti	salutiate		
saluti	salutino		

13 Past Subjunctive

abbia salutato		abbiamo salutato	
abbia salutato		abbiate salutato	
abbia salutato		abbiano salutato	

7 Imperfect Subjunctive

salutassi	salutassimo		
salutassi	salutaste		
salutasse	salutassero		

14 Past Perfect Subjunctive

avessi salutato		avessimo salutato	
avessi salutato		aveste salutato	
avesse salutato		avessero salutato	

Imperative

—	salutiamo
saluta (non salutare)	salutate
saluti	salutino

Samples of verb usage

Salutai al mio amico.   I greeted my friend.
All'entrare, lo salutarono con un lungo applauso.   Upon entering, he was greeted by prolonged applause.

to save

The Seven Simple Tenses		The Seven Compound Tenses	
Singular	Plural	Singular	Plural

1 Present Indicative

		8 Present Perfect	
salvo	salviamo	ho salvato	abbiamo salvato
salvi	salvate	hai salvato	avete salvato
salva	salvano	ha salvato	hanno salvato

2 Imperfect

		9 Past Perfect	
salvavo	salvavamo	avevo salvato	avevamo salvato
salvavi	salvavate	avevi salvato	avevate salvato
salvava	salvavano	aveva salvato	avevano salvato

3 Past Absolute

		10 Past Anterior	
salvai	salvammo	ebbi salvato	avemmo salvato
salvasti	salvaste	avesti salvato	aveste salvato
salvò	salvarono	ebbe salvato	ebbero salvato

4 Future

		11 Future Perfect	
salverò	salveremo	avrò salvato	avremo salvato
salverai	salverete	avrai salvato	avrete salvato
salverà	salveranno	avrà salvato	avranno salvato

5 Present Conditional

		12 Past Conditional	
salverei	salveremmo	avrei salvato	avremmo salvato
salveresti	salvereste	avresti salvato	avreste salvato
salverebbe	salverebbero	avrebbe salvato	avrebbero salvato

6 Present Subjunctive

		13 Past Subjunctive	
salvi	salviamo	abbia salvato	abbiamo salvato
salvi	salviate	abbia salvato	abbiate salvato
salvi	salvino	abbia salvato	abbiano salvato

7 Imperfect Subjunctive

		14 Past Perfect Subjunctive	
salvassi	salvassimo	avessi salvato	avessimo salvato
salvassi	salvaste	avessi salvato	aveste salvato
salvasse	salvassero	avesse salvato	avessero salvato

Imperative

—	salviamo
salva (non salvare)	salvate
salvi	salvino

Samples of verb usage

Salvai il ragazzo dall'annegamento.   I saved the child from drowning.
Dio salvi il re!   God save the king!
salvare le apparenze   to keep up appearances

to know; to learn

The Seven Simple Tenses		The Seven Compound Tenses	
Singular	Plural	Singular	Plural
1 Present Indicative		**8 Present Perfect**	
so	sappiamo	ho saputo	abbiamo saputo
sai	sapete	hai saputo	avete saputo
sa	sanno	ha saputo	hanno saputo
2 Imperfect		**9 Past Perfect**	
sapevo	sapevamo	avevo saputo	avevamo saputo
sapevi	sapevate	avevi saputo	avevate saputo
sapeva	sapevano	aveva saputo	avevano saputo
3 Past Absolute		**10 Past Anterior**	
seppi	sapemmo	ebbi saputo	avemmo saputo
sapesti	sapeste	avesti saputo	aveste saputo
seppe	seppero	ebbe saputo	ebbero saputo
4 Future		**11 Future Perfect**	
saprò	sapremo	avrò saputo	avremo saputo
saprai	saprete	avrai saputo	avrete saputo
saprà	sapranno	avrà saputo	avranno saputo
5 Present Conditional		**12 Past Conditional**	
saprei	sapremmo	avrei saputo	avremmo saputo
sapresti	sapreste	avresti saputo	avreste saputo
saprebbe	saprebbero	avrebbe saputo	avrebbero saputo
6 Present Subjunctive		**13 Past Subjunctive**	
sappia	sappiamo	abbia saputo	abbiamo saputo
sappia	sappiate	abbia saputo	abbiate saputo
sappia	sappiano	abbia saputo	abbiano saputo
7 Imperfect Subjunctive		**14 Past Perfect Subjunctive**	
sapessi	sapessimo	avessi saputo	avessimo saputo
sapessi	sapeste	avessi saputo	aveste saputo
sapesse	sapessero	avesse saputo	avessero saputo

Imperative	
—	sappiamo
sappi (non sapere)	sappiate
sappia	sappiano

Samples of verb usage

So parlare Italiano.   I know how to speak Italian.
Giovanni seppe del fatto due mesi dopo.   John learned of the fact two months later.

NOTE: **Sapere** means "to learn" when used in the past absolute and in the compound tenses.

sbagliarsi

to make a mistake, to be mistaken

The Seven Simple Tenses		The Seven Compound Tenses	
Singular	Plural	Singular	Plural
1 Present Indicative		**8 Present Perfect**	
mi sbaglio	ci sbagliamo	mi sono sbagliato	ci siamo sbagliati
ti sbagli	vi sbagliate	ti sei sbagliato	vi siete sbagliati
si sbaglia	si sbagliano	si è sbagliato	si sono sbagliati
2 Imperfect		**9 Past Perfect**	
mi sbagliavo	ci sbagliavamo	mi ero sbagliato	ci eravamo sbagliati
ti sbagliavi	vi sbagliavate	ti eri sbagliato	vi eravate sbagliati
si sbagliava	si sbagliavano	si era sbagliato	si erano sbagliati
3 Past Absolute		**10 Past Anterior**	
mi sbagliai	ci sbagliammo	mi fui sbagliato	ci fummo sbagliati
ti sbagliasti	vi sbagliaste	ti fosti sbagliato	vi foste sbagliati
si sbagliò	si sbagliarono	si fu sbagliato	si furono sbagliati
4 Future		**11 Future Perfect**	
mi sbaglierò	ci sbaglieremo	mi sarò sbagliato	ci saremo sbagliati
ti sbaglierai	vi sbaglierete	ti sarai sbagliato	vi sarete sbagliati
si sbaglierà	si sbaglieranno	si sarà sbagliato	si saranno sbagliati
5 Present Conditional		**12 Past Conditional**	
mi sbaglierei	ci sbaglieremmo	mi sarei sbagliato	ci saremmo sbagliati
ti sbaglieresti	vi sbagliereste	ti saresti sbagliato	vi sareste sbagliati
si sbaglierebbe	si sbaglierebbero	si sarebbe sbagliato	si sarebbero sbagliati
6 Present Subjunctive		**13 Past Subjunctive**	
mi sbagli	ci sbagliamo	mi sia sbagliato	ci siamo sbagliati
ti sbagli	vi sbagliate	ti sia sbagliato	vi siate sbagliati
si sbagli	si sbaglino	si sia sbagliato	si siano sbagliati
7 Imperfect Subjunctive		**14 Past Perfect Subjunctive**	
mi sbagliassi	ci sbagliassimo	mi fossi sbagliato	ci fossimo sbagliati
ti sbagliassi	vi sbagliaste	ti fossi sbagliato	vi foste sbagliati
si sbagliasse	si sbagliassero	si fosse sbagliato	si fossero sbagliati

Imperative	
—	sbagliamoci
sbagliati (non ti sbagliare/non sbagliarti)	**sbagliatevi**
si sbagli	si sbaglino

Samples of verb usage

Mi sono sbagliato con quella risposta.   I made a mistake with that answer.
sbagliarsi di grosso   to blunder

to disembark, to land

The Seven Simple Tenses		The Seven Compound Tenses	
Singular	Plural	Singular	Plural
1 Present Indicative		**8 Present Perfect**	
sbarco	sbarchiamo	sono sbarcato	siamo sbarcati
sbarchi	sbarcate	sei sbarcato	siete sbarcati
sbarca	sbarcano	è sbarcato	sono sbarcati
2 Imperfect		**9 Past Perfect**	
sbarcavo	sbarcavamo	ero sbarcato	eravamo sbarcati
sbarcavi	sbarcavate	eri sbarcato	eravate sbarcati
sbarcava	sbarcavano	era sbarcato	erano sbarcati
3 Past Absolute		**10 Past Anterior**	
sbarcai	sbarcammo	fui sbarcato	fummo sbarcati
sbarcasti	sbarcaste	fosti sbarcato	foste sbarcati
sbarcò	sbarcarono	fu sbarcato	furono sbarcati
4 Future		**11 Future Perfect**	
sbarcherò	sbarcheremo	sarò sbarcato	saremo sbarcati
sbarcherai	sbarcherete	sarai sbarcato	sarete sbarcati
sbarcherà	sbarcheranno	sarà sbarcato	saranno sbarcati
5 Present Conditional		**12 Past Conditional**	
sbarcherei	sbarcheremmo	sarei sbarcato	saremmo sbarcati
sbarcheresti	sbarchereste	saresti sbarcato	sareste sbarcati
sbarcherebbe	sbarcherebbero	sarebbe sbarcato	sarebbero sbarcati
6 Present Subjunctive		**13 Past Subjunctive**	
sbarchi	sbarchiamo	sia sbarcato	siamo sbarcati
sbarchi	sbarchiate	sia sbarcato	siate sbarcati
sbarchi	sbarchino	sia sbarcato	siano sbarcati
7 Imperfect Subjunctive		**14 Past Perfect Subjunctive**	
sbarcassi	sbarcassimo	fossi sbarcato	fossimo sbarcati
sbarcassi	sbarcaste	fossi sbarcato	foste sbarcati
sbarcasse	sbarcassero	fosse sbarcato	fossero sbarcati

	Imperative	
—		sbarchiamo
	sbarca (non sbarcare)	sbarcate
	sbarchi	sbarchino

Samples of verb usage

Il passaggero sbarcò a Napoli.   The passenger landed in Naples.
Essi furono i primi a sbarcare.   They were the first to disembark.

to heat, to warm

The Seven Simple Tenses		The Seven Compound Tenses	
Singular	Plural	Singular	Plural
1 Present Indicative		**8 Present Perfect**	
scaldo	scaldiamo	ho scaldato	abbiamo scaldato
scaldi	scaldate	hai scaldato	avete scaldato
scalda	scaldano	ha scaldato	hanno scaldato
2 Imperfect		**9 Past Perfect**	
scaldavo	scaldavamo	avevo scaldato	avevamo scaldato
scaldavi	scaldavate	avevi scaldato	avevate scaldato
scaldava	scaldavano	aveva scaldato	avevano scaldato
3 Past Absolute		**10 Past Anterior**	
scaldai	scaldammo	ebbi scaldato	avemmo scaldato
scaldasti	scaldaste	avesti scaldato	aveste scaldato
scaldò	scaldarono	ebbe scaldato	ebbero scaldato
4 Future		**11 Future Perfect**	
scalderò	scalderemo	avrò scaldato	avremo scaldato
scalderai	scalderete	avrai scaldato	avrete scaldato
scalderà	scalderanno	avrà scaldato	avranno scaldato
5 Present Conditional		**12 Past Conditional**	
scalderei	scalderemmo	avrei scaldato	avremmo scaldato
scalderesti	scaldereste	avresti scaldato	avreste scaldato
scalderebbe	scalderebbero	avrebbe scaldato	avrebbero scaldato
6 Present Subjunctive		**13 Past Subjunctive**	
scaldi	scaldiamo	abbia scaldato	abbiamo scaldato
scaldi	scaldiate	abbia scaldato	abbiate scaldato
scaldi	scaldino	abbia scaldato	abbiano scaldato
7 Imperfect Subjunctive		**14 Past Perfect Subjunctive**	
scaldassi	scaldassimo	avessi scaldato	avessimo scaldato
scaldassi	scaldaste	avessi scaldato	aveste scaldato
scaldasse	scaldassero	avesse scaldato	avessero scaldato

Imperative	
—	scaldiamo
scalda (non scaldare)	scaldate
scaldi	scaldino

Samples of verb usage

Ho scaldato l'acqua per il te.   I heated up the water for the tea.
Il sole scalda l'aria.   The sun warms the air.

to exchange

The Seven Simple Tenses		The Seven Compound Tenses	
Singular	Plural	Singular	Plural
1 Present Indicative		**8 Present Perfect**	
scambio	scambiamo	ho scambiato	abbiamo scambiato
scambi	scambiate	hai scambiato	avete scambiato
scambia	scambiano	ha scambiato	hanno scambiato
2 Imperfect		**9 Past Perfect**	
scambiavo	scambiavamo	avevo scambiato	avevamo scambiato
scambiavi	scambiavate	avevi scambiato	avevate scambiato
scambiava	scambiavano	aveva scambiato	avevano scambiato
3 Past Absolute		**10 Past Anterior**	
scambiai	scambiammo	ebbi scambiato	avemmo scambiato
scambiasti	scambiaste	avesti scambiato	aveste scambiato
scambiò	scambiarono	ebbe scambiato	ebbero scambiato
4 Future		**11 Future Perfect**	
scambierò	scambieremo	avrò scambiato	avremo scambiato
scambierai	scambierete	avrai scambiato	avrete scambiato
scambierà	scambieranno	avrà scambiato	avranno scambiato
5 Present Conditional		**12 Past Conditional**	
scambierei	scambieremmo	avrei scambiato	avremmo scambiato
scambieresti	scambiereste	avresti scambiato	avreste scambiato
scambierebbe	scambierebbero	avrebbe scambiato	avrebbero scambiato
6 Present Subjunctive		**13 Past Subjunctive**	
scambi	scambiamo	abbia scambiato	abbiamo scambiato
scambi	scambiate	abbia scambiato	abbiate scambiato
scambi	scambino	abbia scambiato	abbiano scambiato
7 Imperfect Subjunctive		**14 Past Perfect Subjunctive**	
scambiassi	scambiassimo	avessi scambiato	avessimo scambiato
scambiassi	scambiaste	avessi scambiato	aveste scambiato
scambiasse	scambiassero	avesse scambiato	avessero scambiato

Imperative	
—	scambiamo
scambia (non scambiare)	scambiate
scambi	scambino

Samples of verb usage

Scambiò il libro vecchio per il nuovo.   He exchanged the old book for the new.
Non abbiamo mai scambiato parole.   We have never exchanged words.

405

to choose, to select

The Seven Simple Tenses		The Seven Compound Tenses	
Singular	Plural	Singular	Plural
1 Present Indicative		**8 Present Perfect**	
scelgo	scegliamo	ho scelto	abbiamo scelto
scegli	scegliete	hai scelto	avete scelto
sceglie	scelgono	ha scelto	hanno scelto
2 Imperfect		**9 Past Perfect**	
sceglievo	sceglievamo	avevo scelto	avevamo scelto
sceglievi	sceglievate	avevi scelto	avevate scelto
sceglieva	sceglievano	aveva scelto	avevano scelto
3 Past Absolute		**10 Past Anterior**	
scelsi	scegliemmo	ebbi scelto	avemmo scelto
scegliesti	sceglieste	avesti scelto	aveste scelto
scelse	scelsero	ebbe scelto	ebbero scelto
4 Future		**11 Future Perfect**	
sceglierò	sceglieremo	avrò scelto	avremo scelto
sceglierai	sceglierete	avrai scelto	avrete scelto
sceglierà	sceglieranno	avrà scelto	avranno scelto
5 Present Conditional		**12 Past Conditional**	
sceglierei	sceglieremmo	avrei scelto	avremmo scelto
scegliersti	scegliereste	avresti scelto	avreste scelto
sceglierebbe	sceglierebbero	avrebbe scelto	avrebbero scelto
6 Present Subjunctive		**13 Past Subjunctive**	
scelga	scegliamo	abbia scelto	abbiamo scelto
scelga	scegliate	abbia scelto	abbiate scelto
scelga	scelgano	abbia scelto	abbiano scelto
7 Imperfect Subjunctive		**14 Past Perfect Subjunctive**	
scegliessi	scegliessimo	avessi scelto	avessimo scelto
scegliessi	sceglieste	avessi scelto	aveste scelto
scegliesse	scegliessero	avesse scelto	avessero scelto

Imperative	
—	scegliamo
scegli (non scegliere)	scegliete
scelga	scelgano

Samples of verb usage

Lui ha scelto una donna intelligente come moglie. He chose an intelligent woman for a wife.
Lei sceglie un vestito azzurro da indossare. She chooses a blue suit to wear.

NOTE: Like **scegliere** is **sciogliere** (to untie, loosen).

to descend, to go down, to come down

The Seven Simple Tenses		The Seven Compound Tenses	
Singular	Plural	Singular	Plural

1 Present Indicative

		8 Present Perfect	
scendo	scendiamo	sono sceso	siamo scesi
scendi	scendete	sei sceso	siete scesi
scende	scendono	è sceso	sono scesi

2 Imperfect

		9 Past Perfect	
scendevo	scendevamo	ero sceso	eravamo scesi
scendevi	scendevate	eri sceso	eravate scesi
scendeva	scendevano	era sceso	erano scesi

3 Past Absolute

		10 Past Anterior	
scesi	scendemmo	fui sceso	fummo scesi
scendesti	scendeste	fosti sceso	foste scesi
scese	scesero	fu sceso	furono scesi

4 Future

		11 Future Perfect	
scenderò	scenderemo	sarò sceso	saremo scesi
scenderai	scenderete	sarai sceso	sarete scesi
scenderà	scenderanno	sarà sceso	saranno scesi

5 Present Conditional

		12 Past Conditional	
scenderei	scenderemmo	sarei sceso	saremmo scesi
scenderesti	scendereste	saresti sceso	sareste scesi
scenderebbe	scenderebbero	sarebbe sceso	sarebbero scesi

6 Present Subjunctive

		13 Past Subjunctive	
scenda	scendiamo	sia sceso	siamo scesi
scenda	scendiate	sia sceso	siate scesi
scenda	scendano	sia sceso	siano scesi

7 Imperfect Subjunctive

		14 Past Perfect Subjunctive	
scendessi	scendessimo	fossi sceso	fossimo scesi
scendessi	scendeste	fossi sceso	foste scesi
scendesse	scendessero	fosse sceso	fossero scesi

Imperative

—	scendiamo
scendi (non scendere)	scendete
scenda	scendano

Samples of verb usage

Sono stanco(a). Non voglio scendere la scala un'altra volta.   I'm tired. I don't want to go down the stairs again.

Se scendi, possiamo giocare.   If you come down, we can play.

NOTE: Like **scendere** are **condiscendere** (conjugated with **avere**) and **discendere**.

to disappear, to cut a sorry figure

The Seven Simple Tenses		The Seven Compound Tenses	
Singular	Plural	Singular	Plural
1 Present Indicative		**8** Present Perfect	
scompaio	scompariamo	sono scomparso	siamo scomparsi
scompari	scomparite	sei scomparso	siete scomparsi
scompare	scompaiono	è scomparso	sono scomparsi
(*Or regular:* scomparisco, *etc.*)			
2 Imperfect		**9** Past Perfect	
scomparivo	scomparivamo	ero scomparso	eravamo scomparsi
scomparivi	scomparivate	eri scomparso	eravate scomparsi
scompariva	scomparivano	era scomparso	erano scomparsi
3 Past Absolute		**10** Past Anterior	
scomparvi	scomparimmo	fui scomparso	fummo scomparsi
scomparisti	scompariste	fosti scomparso	foste scomparsi
scomparve	scomparvero	fu scomparso	furono scomparsi
(*Or regular:* scomparii, *etc.*)			
4 Future		**11** Future Perfect	
scomparirò	scompariremo	sarò scomparso	saremo scomparsi
scomparirai	scomparirete	sarai scomparso	sarete scomparsi
scomparirà	scompariranno	sarà scomparso	saranno scomparsi
5 Present Conditional		**12** Past Conditional	
scomparirei	scompariremmo	sarei scomparso	saremmo scomparsi
scompariresti	scomparireste	saresti scomparso	sareste scomparsi
scomparirebbe	scomparirebbero	sarebbe scomparso	sarebbero scomparsi
6 Present Subjunctive		**13** Past Subjunctive	
scompaia	scompariamo	sia scomparso	siamo scomparsi
scompaia	scompariate	sia scomparso	siate scomparsi
scompaia	scompaiano	sia scomparso	siano scomparsi
(*Or regular:* scomparisca, *etc.*)			
7 Imperfect Subjunctive		**14** Past Perfect Subjunctive	
scomparissi	scomparissimo	fossi scomparso	fossimo scomparsi
scomparissi	scompariste	fossi scomparso	foste scomparsi
scomparisse	scomparissero	fosse scomparso	fossero scomparsi

Imperative

—	scompariamo
scompari (scomparisci) (non scomparire)	scomparite
scompaia (scomparisca)	scompaiano (scompariscano)

Samples of verb usage

Lei è scomparsa. She disappeared.
Lui scomparisce quando esce con gli amici. He cuts a sorry figure when he goes out with his friends.

NOTE: When **scomparire** means "to cut a sorry figure" it requires the regular forms.

to defeat

The Seven Simple Tenses		The Seven Compound Tenses	
Singular	Plural	Singular	Plural

1 Present Indicative

		8 Present Perfect	
sconfiggo	sconfiggiamo	ho sconfitto	abbiamo sconfitto
sconfiggi	sconfiggete	hai sconfitto	avete sconfitto
sconfigge	sconfiggono	ha sconfitto	hanno sconfitto

2 Imperfect

		9 Past Perfect	
sconfiggevo	sconfiggevamo	avevo sconfitto	avevamo sconfitto
sconfiggevi	sconfiggevate	avevi sconfitto	avevate sconfitto
sconfiggeva	sconfiggevano	aveva sconfitto	avevano sconfitto

3 Past Absolute

		10 Past Anterior	
sconfissi	sconfiggemmo	ebbi sconfitto	avemmo sconfitto
sconfiggesti	sconfiggeste	avesti sconfitto	aveste sconfitto
sconfisse	sconfissero	ebbe sconfitto	ebbero sconfitto

4 Future

		11 Future Perfect	
sconfiggerò	sconfiggeremo	avrò sconfitto	avremo sconfitto
sconfiggerai	sconfiggerete	avrai sconfitto	avrete sconfitto
sconfiggerà	sconfiggeranno	avrà sconfitto	avranno sconfitto

5 Present Conditional

		12 Past Conditional	
sconfiggerei	sconfiggeremmo	avrei sconfitto	avremmo sconfitto
sconfiggeresti	sconfiggereste	avresti sconfitto	avreste sconfitto
sconfiggerebbe	sconfiggerebbero	avrebbe sconfitto	avrebbero sconfitto

6 Present Subjunctive

		13 Past Subjunctive	
sconfigga	sconfiggiamo	abbia sconfitto	abbiamo sconfitto
sconfigga	sconfiggiate	abbia sconfitto	abbiate sconfitto
sconfigga	sconfiggano	abbia sconfitto	abbiano sconfitto

7 Imperfect Subjunctive

		14 Past Perfect Subjunctive	
sconfiggessi	sconfiggessimo	avessi sconfitto	avessimo sconfitto
sconfiggessi	sconfiggeste	avessi sconfitto	aveste sconfitto
sconfiggesse	sconfiggessero	avesse sconfitto	avessero sconfitto

Imperative	
—	sconfiggiamo
sconfiggi (non sconfiggere)	sconfiggete
sconfigga	sconfiggano

Samples of verb usage

Lei mi sconfigge sempre quando giochiamo al tennis.   She always defeats me when we play
  tennis.
Lui sconfisse il rivale.   He defeated his rival.

scoprire

Gerund **scoprendo**   Past Part. **scoperto**

to uncover, to discover

The Seven Simple Tenses		The Seven Compound Tenses	
Singular	Plural	Singular	Plural
1 Present Indicative		**8 Present Perfect**	
scopro	scopriamo	ho scoperto	abbiamo scoperto
scopri	scoprite	hai scoperto	avete scoperto
scopre	scoprono	ha scoperto	hanno scoperto
2 Imperfect		**9 Past Perfect**	
scoprivo	scoprivamo	avevo scoperto	avevamo scoperto
scoprivi	scoprivate	avevi scoperto	avevate scoperto
scopriva	scoprivano	aveva scoperto	avevano scoperto
3 Past Absolute		**10 Past Anterior**	
scopersi	scoprimmo	ebbi scoperto	avemmo scoperto
scopristi	scopriste	avesti scoperto	aveste scoperto
scoperse	scopersero	ebbe scoperto	ebbero scoperto
(*Or regular:* scoprii, *etc.*)			
4 Future		**11 Future Perfect**	
scoprirò	scopriremo	avrò scoperto	avremo scoperto
scoprirai	scoprirete	avrai scoperto	avrete scoperto
scoprirà	scopriranno	avrà scoperto	avranno scoperto
5 Present Conditional		**12 Past Conditional**	
scoprirei	scopriremmo	avrei scoperto	avremmo scoperto
scopriresti	scoprireste	avresti scoperto	avreste scoperto
scoprirebbe	scoprirebbero	avrebbe scoperto	avrebbero scoperto
6 Present Subjunctive		**13 Past Subjunctive**	
scopra	scopriamo	abbia scoperto	abbiamo scoperto
scopra	scopriate	abbia scoperto	abbiate scoperto
scopra	scoprano	abbia scoperto	abbiano scoperto
7 Imperfect Subjunctive		**14 Past Perfect Subjunctive**	
scoprissi	scoprissimo	avessi scoperto	avessimo scoperto
scoprissi	scopriste	avessi scoperto	aveste scoperto
scoprisse	scoprissero	avesse scoperto	avessero scoperto

	Imperative	
—	scopriamo
scopri (non scoprire)	scoprite
scopra	scoprano

Samples of verb usage

Ho scoperto una scatola piena di oro.   I discovered a box full of gold.
Colombo scoperse (scoprì) l'America.   Columbus discovered America.

to write

The Seven Simple Tenses		The Seven Compound Tenses	
Singular	Plural	Singular	Plural
1 Present Indicative		**8** Present Perfect	
scrivo	scriviamo	ho scritto	abbiamo scritto
scrivi	scrivete	hai scritto	avete scritto
scrive	scrivono	ha scritto	hanno scritto
2 Imperfect		**9** Past Perfect	
scrivevo	scrivevamo	avevo scritto	avevamo scritto
scrivevi	scrivevate	avevi scritto	avevate scritto
scriveva	scrivevano	aveva scritto	avevano scritto
3 Past Absolute		**10** Past Anterior	
scrissi	scrivemmo	ebbi scritto	avemmo scritto
scrivesti	scriveste	avesti scritto	aveste scritto
scrisse	scrissero	ebbe scritto	ebbero scritto
4 Future		**11** Future Perfect	
scriverò	scriveremo	avrò scritto	avremo scritto
scriverai	scriverete	avrai scritto	avrete scritto
scriverà	scriveranno	avrà scritto	avranno scritto
5 Present Conditional		**12** Past Conditional	
scriverei	scriveremmo	avrei scritto	avremmo scritto
scriveresti	scrivereste	avresti scritto	avreste scritto
scriverebbe	scriverebbero	avrebbe scritto	avrebbero scritto
6 Present Subjunctive		**13** Past Subjunctive	
scriva	scriviamo	abbia scritto	abbiamo scritto
scriva	scriviate	abbia scritto	abbiate scritto
scriva	scrivano	abbia scritto	abbiano scritto
7 Imperfect Subjunctive		**14** Past Perfect Subjunctive	
scrivessi	scrivessimo	avessi scritto	avessimo scritto
scrivessi	scriveste	avessi scritto	aveste scritto
scrivesse	scrivessero	avesse scritto	avessero scritto

Imperative	
—	scriviamo
scrivere (non scrivere)	scrivete
scriva	scrivano

Samples of verb usage

Lei ha scritto una bella poesia.   She has written a beautiful poem.
Io le scrissi una lettera.   I wrote her a letter.

NOTE: Like **scrivere** are **descrivere, prescrivere, proscrivere, sottoscrivere,** and **trascrivere**.

to shake

The Seven Simple Tenses		The Seven Compound Tenses	
Singular	Plural	Singular	Plural
1 Present Indicative		**8 Present Perfect**	
scuoto	sc(u)otiamo	ho scosso	abbiamo scosso
scuoti	sc(u)otete	hai scosso	avete scosso
scuote	scuotono	ha scosso	hanno scosso
2 Imperfect		**9 Past Perfect**	
sc(u)otevo	sc(u)otevamo	avevo scosso	avevamo scosso
sc(u)otevi	sc(u)otevate	avevi scosso	avevate scosso
sc(u)oteva	sc(u)otevano	aveva scosso	avevano scosso
3 Past Absolute		**10 Past Anterior**	
scossi	sc(u)otemmo	ebbi scosso	avemmo scosso
sc(u)otesti	sc(u)oteste	avesti scosso	aveste scosso
scosse	scossero	ebbe scosso	ebbero scosso
4 Future		**11 Future Perfect**	
sc(u)oterò	sc(u)oteremo	avrò scosso	avremo scosso
sc(u)oterai	sc(u)oterete	avrai scosso	avrete scosso
sc(u)oterà	sc(u)oteranno	avrà scosso	avranno scosso
5 Present Conditional		**12 Past Conditional**	
sc(u)oterei	sc(u)oteremmo	avrei scosso	avremmo scosso
sc(u)oteresti	sc(u)otereste	avresti scosso	avreste scosso
sc(u)oterebbe	sc(u)oterebbero	avrebbe scosso	avrebbero scosso
6 Present Subjunctive		**13 Past Subjunctive**	
scuota	sc(u)otiamo	abbia scosso	abbiamo scosso
scuota	sc(u)otiate	abbia scosso	abbiate scosso
scuota	scuotano	abbia scosso	abbiano scosso
7 Imperfect Subjunctive		**14 Past Perfect Subjunctive**	
sc(u)otessi	sc(u)otessimo	avessi scosso	avessimo scosso
sc(u)otessi	sc(u)oteste	avessi scosso	aveste scosso
sc(u)otesse	sc(u)otessero	avesse scosso	avessero scosso

	Imperative	
—		sc(u)otiamo
scuoti (non scuotere)		sc(u)otete
scuota		scuotano

Samples of verb usage

Il cane si scuote quando esce dall'acqua.   The dog shakes himself when he comes out of the
    water.
scuotere la testa   to shake one's head

NOTE: Like scuotere are **percuotere** and **riscuotere**.

to excuse

The Seven Simple Tenses		The Seven Compound Tenses	
Singular	Plural	Singular	Plural

1 Present Indicative

		8 Present Perfect	
scuso	scusiamo	ho scusato	abbiamo scusato
scusi	scusate	hai scusato	avete scusato
scusa	scusano	ha scusato	hanno scusato

2 Imperfect

		9 Past Perfect	
scusavo	scusavamo	avevo scusato	avevamo scusato
scusavi	scusavate	avevi scusato	avevate scusato
scusava	scusavano	aveva scusato	avevano scusato

3 Past Absolute

		10 Past Anterior	
scusai	scusammo	ebbi scusato	avemmo scusato
scusasti	scusaste	avesti scusato	aveste scusato
scusò	scusarono	ebbe scusato	ebbero scusato

4 Future

		11 Future Perfect	
scuserò	scuseremo	avrò scusato	avremo scusato
scuserai	scuserete	avrai scusato	avrete scusato
scuserà	scuseranno	avrà scusato	avranno scusato

5 Present Conditional

		12 Past Conditional	
scuserei	scuseremmo	avrei scusato	avremmo scusato
scuseresti	scusereste	avresti scusato	avreste scusato
scuserebbe	scuserebbero	avrebbe scusato	avrebbero scusato

6 Present Subjunctive

		13 Past Subjunctive	
scusi	scusiamo	abbia scusato	abbiamo scusato
scusi	scusiate	abbia scusato	abbiate scusato
scusi	scusino	abbia scusato	abbiano scusato

7 Imperfect Subjunctive

		14 Past Perfect Subjunctive	
scusassi	scusassimo	avessi scusato	avessimo scusato
scusassi	scusaste	avessi scusato	aveste scusato
scusasse	scusassero	avesse scusato	avessero scusato

Imperative

—	scusiamo
scusa (non scusare)	scusate
scusi	scusino

Samples of verb usage

Scusa la mia domanda.   Excuse my question.
Scusa! Scusi! Scusate!   Excuse me! Sorry! Pardon me!

sedere

Gerund **sedendo** Past Part. **seduto**

to sit

The Seven Simple Tenses		The Seven Compound Tenses	
Singular	Plural	Singular	Plural
1 Present Indicative		**8 Present Perfect**	
siedo (seggo)	sediamo	ho seduto	abbiamo seduto
siedi	sedete	hai seduto	avete seduto
siede	siedono (seggono)	ha seduto	hanno seduto
2 Imperfect		**9 Past Perfect**	
sedevo	sedevamo	avevo seduto	avevamo seduto
sedevi	sedevate	avevi seduto	avevate seduto
sedeva	sedevano	aveva seduto	avevano seduto
3 Past Absolute		**10 Past Anterior**	
sedei (sedetti)	sedemmo	ebbi seduto	avemmo seduto
sedesti	sedeste	avesti seduto	aveste seduto
sedè (sedette)	sederono (sedettero)	ebbe seduto	ebbero seduto
4 Future		**11 Future Perfect**	
sederò	sederemo	avrò seduto	avremo seduto
sederai	sederete	avrai seduto	avrete seduto
sederà	sederanno	avrà seduto	avranno seduto
5 Present Conditional		**12 Past Conditional**	
sederei	sederemmo	avrei seduto	avremmo seduto
sederesti	sedereste	avresti seduto	avreste seduto
sederebbe	sederebbero	avrebbe seduto	avrebbero seduto
6 Present Subjunctive		**13 Past Subjunctive**	
sieda (segga)	sediamo	abbia seduto	abbiamo seduto
sieda (segga)	sediate	abbia seduto	abbiate seduto
sieda (segga)	siedano (seggano)	abbia seduto	abbiano seduto
7 Imperfect Subjunctive		**14 Past Perfect Subjunctive**	
sedessi	sedessimo	avessi seduto	avessimo seduto
sedessi	sedeste	avessi seduto	aveste seduto
sedesse	sedessero	avesse seduto	avessero seduto

Imperative

—	sediamo
siedi (non sedere)	sedete
sieda (segga)	siedano (seggano)

Samples of verb usage

Lui sedeva vicino alla finestra. He was sitting near the window.
Noi ci sediamo sempre insieme a scuola. We always sit together in school.

NOTE: Like **sedere** is **possedere**; also, **sedersi** (to sit oneself down), conjugated with **essere**.

414

The Seven Simple Tenses		The Seven Compound Tenses	
Singular	Plural	Singular	Plural

1 Present Indicative

		8 Present Perfect	
seguo	seguiamo	ho seguito	abbiamo seguito
segui	seguite	hai seguito	avete seguito
segue	seguono	ha seguito	hanno seguito

2 Imperfect

9 Past Perfect

seguivo	seguivamo	avevo seguito	avevamo seguito
seguivi	seguivate	avevi seguito	avevate seguito
seguiva	seguivano	aveva seguito	avevano seguito

3 Past Absolute

10 Past Anterior

seguii	seguimmo	ebbi seguito	avemmo seguito
seguisti	seguiste	avesti seguito	aveste seguito
seguì	seguirono	ebbe seguito	ebbero seguito

4 Future

11 Future Perfect

seguirò	seguiremo	avrò seguito	avremo seguito
seguirai	seguirete	avrai seguito	avrete seguito
seguirà	seguiranno	avrà seguito	avranno seguito

5 Present Conditional

12 Past Conditional

seguirei	seguiremmo	avrei seguito	avremmo seguito
seguiresti	seguireste	avresti seguito	avreste seguito
seguirebbe	seguirebbero	avrebbe seguito	avrebbero seguito

6 Present Subjunctive

13 Past Subjunctive

segua	seguiamo	abbia seguito	abbiamo seguito
segua	seguiate	abbia seguito	abbiate seguito
segua	seguano	abbia seguito	abbiano seguito

7 Imperfect Subjunctive

14 Past Perfect Subjunctive

seguissi	seguissimo	avessi seguito	avessimo seguito
seguissi	seguiste	avessi seguito	aveste seguito
seguisse	seguissero	avesse seguito	avessero seguito

Imperative

—	seguiamo
segui (non seguire)	seguite
segua	seguano

Samples of verb usage

Segui quella macchina!   Follow that car!
Seguiamo questa strada.   Let's follow this road.

NOTE: Like **seguire** is **inseguire**.

sentire

Gerund **sentendo**   Past Part. **sentito**

to feel, to hear

The Seven Simple Tenses		The Seven Compound Tenses	
Singular	Plural	Singular	Plural
1 Present Indicative		**8 Present Perfect**	
sento	sentiamo	ho sentito	abbiamo sentito
senti	sentite	hai sentito	avete sentito
sente	sentono	ha sentito	hanno sentito
2 Imperfect		**9 Past Perfect**	
sentivo	sentivamo	avevo sentito	avevamo sentito
sentivi	sentivate	avevi sentito	avevate sentito
sentiva	sentivano	aveva sentito	avevano sentito
3 Past Absolute		**10 Past Anterior**	
sentii	sentimmo	ebbi sentito	avemmo sentito
sentisti	sentiste	avesti sentito	aveste sentito
sentì	sentirono	ebbe sentito	ebbero sentito
4 Future		**11 Future Perfect**	
sentirò	sentiremo	avrò sentito	avremo sentito
sentirai	sentirete	avrai sentito	avrete sentito
sentirà	sentiranno	avrà sentito	avranno sentito
5 Present Conditional		**12 Past Conditional**	
sentirei	sentiremmo	avrei sentito	avremmo sentito
sentiresti	sentireste	avresti sentito	avreste sentito
sentirebbe	sentirebbero	avrebbe sentito	avrebbero sentito
6 Present Subjunctive		**13 Past Subjunctive**	
senta	sentiamo	abbia sentito	abbiamo sentito
senta	sentiate	abbia sentito	abbiate sentito
senta	sentano	abbia sentito	abbiano sentito
7 Imperfect Subjunctive		**14 Past Perfect Subjunctive**	
sentissi	sentissimo	avessi sentito	avessimo sentito
sentissi	sentiste	avessi sentito	aveste sentito
sentisse	sentissero	avesse sentito	avessero sentito

Imperative

—	sentiamo
senti (non sentire)	sentite
senta	sentano

Samples of verb usage

Ho sentito dire che hai vinto un premio.   I heard that you won a prize.
Sento la forza del vento.   I feel the force of the wind.

NOTE: Also **sentirsi** (to feel up to), conjugated with **essere**.

416

to separate, to divide

The Seven Simple Tenses		The Seven Compound Tenses	
Singular	Plural	Singular	Plural
1 Present Indicative		**8 Present Perfect**	
separo	separiamo	ho separato	abbiamo separato
separi	separate	hai separato	avete separato
separa	separano	ha separato	hanno separato
2 Imperfect		**9 Past Perfect**	
separavo	separavamo	avevo separato	avevamo separato
separavi	separavate	avevi separato	avevate separato
separava	separavano	aveva separato	avevano separato
3 Past Absolute		**10 Past Anterior**	
separai	separammo	ebbi separato	avemmo separato
separasti	separaste	avesti separato	aveste separato
separò	separarono	ebbe separato	ebbero separato
4 Future		**11 Future Perfect**	
separerò	separeremo	avrò separato	avremo separato
separerai	separerete	avrai separato	avrete separato
separerà	separeranno	avrà separato	avranno separato
5 Present Conditional		**12 Past Conditional**	
separerei	separeremmo	avrei separato	avremmo separato
separeresti	separereste	avresti separato	avreste separato
separerebbe	separerebbero	avrebbe separato	avrebbero separato
6 Present Subjunctive		**13 Past Subjunctive**	
separi	separiamo	abbia separato	abbiamo separato
separi	separiate	abbia separato	abbiate separato
separi	separino	abbia separato	abbiano separato
7 Imperfect Subjunctive		**14 Past Perfect Subjunctive**	
separassi	separassimo	avessi separato	avessimo separato
separassi	separaste	avessi separato	aveste separato
separasse	separassero	avesse separato	avessero separato

	Imperative	
—		separiamo
separa (non separare)		separate
separi		separino

Samples of verb usage

Separerò i miei panni dai tuoi.   I will separate my clothes from yours.
Le Alpi separano l'Italia dal resto dell'Europa.   The Alps separate Italy from the rest of Europe.

serrare

Gerund **serrando**   Past Part. **serrato**

to shut, to close, to lock

The Seven Simple Tenses		The Seven Compound Tenses	
Singular	Plural	Singular	Plural
1 Present Indicative		**8 Present Perfect**	
serro	serriamo	ho serrato	abbiamo serrato
serri	serrate	hai serrato	avete serrato
serra	serrano	ha serrato	hanno serrato
2 Imperfect		**9 Past Perfect**	
serravo	serravamo	avevo serrato	avevamo serrato
serravi	serravate	avevi serrato	avevate serrato
serrava	serravano	aveva serrato	avevano serrato
3 Past Absolute		**10 Past Anterior**	
serrai	serrammo	ebbi serrato	avemmo serrato
serrasti	serraste	avesti serrato	aveste serrato
serrò	serrarono	ebbe serrato	ebbero serrato
4 Future		**11 Future Perfect**	
serrerò	serreremo	avrò serrato	avremo serrato
serrerai	serrerete	avrai serrato	avrete serrato
serrerà	serreranno	avrà serrato	avranno serrato
5 Present Conditional		**12 Past Conditional**	
serrerei	serreremmo	avrei serrato	avremmo serrato
serreresti	serrereste	avresti serrato	avreste serrato
serrerebbe	serrerebbero	avrebbe serrato	avrebbero serrato
6 Present Subjunctive		**13 Past Subjunctive**	
serri	serriamo	abbia serrato	abbiamo serrato
serri	serriate	abbia serrato	abbiate serrato
serri	serrino	abbia serrato	abbiano serrato
7 Imperfect Subjunctive		**14 Past Perfect Subjunctive**	
serrassi	serrassimo	avessi serrato	avessimo serrato
serrassi	serraste	avessi serrato	aveste serrato
serrasse	serrassero	avesse serrato	avessero serrato

	Imperative	
—		serriamo
serra (non serrare)		serrate
serri		serrino

Samples of verb usage

Serro la porta quando vado a dormire.   I lock the door when I go to sleep.
Lui ha serrato la macchina senza portarsi le chiavi.   He locked the car without taking the keys.
serrare la porta quando sono fuggiti i buoi   to lock the barn door after the horse has bolted

418

The Seven Simple Tenses		The Seven Compound Tenses	
Singular	Plural	Singular	Plural

1 Present Indicative

		8 Present Perfect	
servo	serviamo	ho servito	abbiamo servito
servi	servite	hai servito	avete servito
serve	servono	ha servito	hanno servito

2 Imperfect

		9 Past Perfect	
servivo	servivamo	avevo servito	avevamo servito
servivi	servivate	avevi servito	avevate servito
serviva	servivano	aveva servito	avevano servito

3 Past Absolute

		10 Past Anterior	
servii	servimmo	ebbi servito	avemmo servito
servisti	serviste	avesti servito	aveste servito
servì	servirono	ebbe servito	ebbero servito

4 Future

		11 Future Perfect	
servirò	serviremo	avrò servito	avremo servito
servirai	servirete	avrai servito	avrete servito
servirà	serviranno	avrà servito	avranno servito

5 Present Conditional

		12 Past Conditional	
servirei	serviremmo	avrei servito	avremmo servito
serviresti	servireste	avresti servito	avreste servito
servirebbe	servirebbero	avrebbe servito	avrebbero servito

6 Present Subjunctive

		13 Past Subjunctive	
serva	serviamo	abbia servito	abbiamo servito
serva	serviate	abbia servito	abbiate servito
serva	servano	abbia servito	abbiano servito

7 Imperfect Subjunctive

		14 Past Perfect Subjunctive	
servissi	servissimo	avessi servito	avessimo servito
servissi	serviste	avessi servito	aveste servito
servisse	servissero	avesse servito	avessero servito

Imperative

—	serviamo
servi (non servire)	servite
serva	servano

Samples of verb usage

Servo la cena agl'invitati alle otto.   I serve the guests dinner at eight.
Lui ha servito la patria.   He has served his country.

to satisfy

The Seven Simple Tenses		The Seven Compound Tenses	
Singular	Plural	Singular	Plural

1 Present Indicative

soddisfaccio	soddisfacciamo	**8** Present Perfect	
(soddisfò)		ho soddisfatto	abbiamo soddisfatto
soddisfai	soddisfate	hai soddisfatto	avete soddisfatto
soddisfa	soddisfanno	ha soddisfatto	hanno soddisfatto

(*Or regular:* soddisfo, *etc.*)

2 Imperfect

		9 Past Perfect	
soddisfacevo	soddisfacevamo	avevo soddisfatto	avevamo soddisfatto
soddisfacevi	soddisfacevate	avevi soddisfatto	avevate soddisfatto
soddisfaceva	soddisfacevano	aveva soddisfatto	avevano soddisfatto

3 Past Absolute

		10 Past Anterior	
soddisfeci	soddisfacemmo	ebbi soddisfatto	avemmo soddisfatto
soddisfacesti	soddisfaceste	avesti soddisfatto	aveste soddisfatto
soddisfece	soddisfecero	ebbe soddisfatto	ebbero soddisfatto

4 Future

		11 Future Perfect	
soddisfarò	soddisfaremo	avrò soddisfatto	avremo soddisfatto
soddisfarai	soddisfarete	avrai soddisfatto	avrete soddisfatto
soddisfarà	soddisfaranno	avrà soddisfatto	avranno soddisfatto

(*Or regular:* soddisferò, *etc.*)

5 Present Conditional

		12 Past Conditional	
soddisfarei	soddisfaremmo	avrei soddisfatto	avremmo soddisfatto
soddisfaresti	soddisfareste	avresti soddisfatto	avreste soddisfatto
soddisfarebbe	soddisfarebbero	avrebbe soddisfatto	avrebbero soddisfatto

(*Or regular:* soddisferei, *etc.*)

6 Present Subjunctive

		13 Past Subjunctive	
soddisfaccia	soddisfacciamo	abbia soddisfatto	abbiamo soddisfatto
soddisfaccia	soddisfacciate	abbia soddisfatto	abbiate soddisfatto
soddisfaccia	soddisfacciano	abbia soddisfatto	abbiano soddisfatto

(*Or regular:* soddisfi, *etc.*)

7 Imperfect Subjunctive

		14 Past Perfect Subjunctive	
soddisfacessi	soddisfacessimo	avessi soddisfatto	avessimo soddisfatto
soddisfacessi	soddisfaceste	avessi soddisfatto	aveste soddisfatto
soddisfacesse	soddisfacessero	avesse soddisfatto	avessero soddisfatto

Imperative

—	soddisfacciamo (soddisfiamo)
soddisfa (non soddisfare)	soddisfate
soddisfaccia (soddisfi)	soddisfacciano (soddisfino)

Samples of verb usage

Lui non è mai soddisfatto.   He is never satisfied.
Questo lavoro non mi soddisfa.   This work does not satisfy me.

420

to suffer, to bear, to endure

The Seven Simple Tenses		The Seven Compound Tenses	
Singular	Plural	Singular	Plural

1 Present Indicative

		8 Present Perfect	
soffro	soffriamo	ho sofferto	abbiamo sofferto
soffri	soffrite	hai sofferto	avete sofferto
soffre	soffrono	ha sofferto	hanno sofferto

2 Imperfect

		9 Past Perfect	
soffrivo	soffrivamo	avevo sofferto	avevamo sofferto
soffrivi	soffrivate	avevi sofferto	avevate sofferto
soffriva	soffrivano	aveva sofferto	avevano sofferto

3 Past Absolute

		10 Past Anterior	
soffersi	soffrimmo	ebbi sofferto	avemmo sofferto
soffristi	soffriste	avesti sofferto	aveste sofferto
sofferse	soffersero	ebbe sofferto	ebbero sofferto

(*Or regular:* soffrii, *etc.*)

4 Future

		11 Future Perfect	
soffrirò	soffriremo	avrò sofferto	avremo sofferto
soffrirai	soffrirete	avrai sofferto	avrete sofferto
soffrirà	soffriranno	avrà sofferto	avranno sofferto

5 Present Conditional

		12 Past Conditional	
soffrirei	soffriremmo	avrei sofferto	avremmo sofferto
soffriresti	soffrireste	avresti sofferto	avreste sofferto
soffrirebbe	soffrirebbero	avrebbe sofferto	avrebbero sofferto

6 Present Subjunctive

		13 Past Subjunctive	
soffra	soffriamo	abbia sofferto	abbiamo sofferto
soffra	soffriate	abbia sofferto	abbiate sofferto
soffra	soffrano	abbia sofferto	abbiano sofferto

7 Imperfect Subjunctive

		14 Past Perfect Subjunctive	
soffrissi	soffrissimo	avessi sofferto	avessimo sofferto
soffrissi	soffriste	avessi sofferto	aveste sofferto
soffrisse	soffrissero	avesse sofferto	avessero sofferto

Imperative

—	soffriamo
soffri (non soffrire)	soffrite
soffra	soffrano

Samples of verb usage

Il mio cane soffre molto dal caldo durante l'estate.   My dog suffers a lot from the heat during the summer.
Non posso soffrire quella persona.   I cannot bear that person.

sognare

Gerund **sognando**   Past Part. **sognato**

to dream

The Seven Simple Tenses		The Seven Compound Tenses	
Singular	Plural	Singular	Plural
1 Present Indicative		**8 Present Perfect**	
sogno	sogniamo	ho sognato	abbiamo sognato
sogni	sognate	hai sognato	avete sognato
sogna	sognano	ha sognato	hanno sognato
2 Imperfect		**9 Past Perfect**	
sognavo	sognavamo	avevo sognato	avevamo sognato
sognavi	sognavate	avevi sognato	avevate sognato
sognava	sognavano	aveva sognato	avevano sognato
3 Past Absolute		**10 Past Anterior**	
sognai	sognammo	ebbi sognato	avemmo sognato
sognasti	sognaste	avesti sognato	aveste sognato
sognò	sognarono	ebbe sognato	ebbero sognato
4 Future		**11 Future Perfect**	
sognerò	sogneremo	avrò sognato	avremo sognato
sognerai	sognerete	avrai sognato	avrete sognato
sognerà	sogneranno	avrà sognato	avranno sognato
5 Present Conditional		**12 Past Conditional**	
sognerei	sogneremmo	avrei sognato	avremmo sognato
sogneresti	sognereste	avresti sognato	avreste sognato
sognerebbe	sognerebbero	avrebbe sognato	avrebbero sognato
6 Present Subjunctive		**13 Past Subjunctive**	
sogni	sogniamo	abbia sognato	abbiamo sognato
sogni	sogniate	abbia sognato	abbiate sognato
sogni	sognino	abbia sognato	abbiano sognato
7 Imperfect Subjunctive		**14 Past Perfect Subjunctive**	
sognassi	sognassimo	avessi sognato	avessimo sognato
sognassi	sognaste	avessi sognato	aveste sognato
sognasse	sognassero	avesse sognato	avessero sognato

	Imperative	
—		sogniamo
sogna (non sognare)		sognate
sogni		sognino

Samples of verb usage

Passi il tempo sognando.   You're dreaming your time away.
sogni d'oro   sweet dreams
essere nel paese dei sogni   to be in dreamland

to rise

The Seven Simple Tenses		The Seven Compound Tenses	
Singular	Plural	Singular	Plural

1 Present Indicative

sorgo	sorgiamo	
sorgi	sorgete	
sorge	sorgono	

8 Present Perfect

sono sorto	siamo sorti
sei sorto	siete sorti
è sorto	sono sorti

2 Imperfect

sorgevo	sorgevamo
sorgevi	sorgevate
sorgeva	sorgevano

9 Past Perfect

ero sorto	eravamo sorti
eri sorto	eravate sorti
era sorto	erano sorti

3 Past Absolute

sorsi	sorgemmo
sorgesti	sorgeste
sorse	sorsero

10 Past Anterior

fui sorto	fummo sorti
fosti sorto	foste sorti
fu sorto	furono sorti

4 Future

sorgerò	sorgeremo
sorgerai	sorgerete
sorgerà	sorgeranno

11 Future Perfect

sarò sorto	saremo sorti
sarai sorto	sarete sorti
sarà sorto	saranno sorti

5 Present Conditional

sorgerei	sorgeremmo
sorgeresti	sorgereste
sorgerebbe	sorgerebbero

12 Past Conditional

sarei sorto	saremmo sorti
saresti sorto	sareste sorti
sarebbe sorto	sarebbero sorti

6 Present Subjunctive

sorga	sorgiamo
sorga	sorgiate
sorga	sorgano

13 Past Subjunctive

sia sorto	siamo sorti
sia sorto	siate sorti
sia sorto	siano sorti

7 Imperfect Subjunctive

sorgessi	sorgessimo
sorgessi	sorgeste
sorgesse	sorgessero

14 Past Perfect Subjunctive

fossi sorto	fossimo sorti
fossi sorto	foste sorti
fosse sorto	fossero sorti

Imperative

—	sorgiamo
sorgi (non sorgere)	sorgete
sorga	sorgano

Samples of verb usage

A che ora sorge il sole oggi?   At what time does the sun rise today?
Quando il re entrò, tutti sorsero in piedi.   When the king entered, they all rose to their feet.

NOTE: Like **sorgere** are **insorgere** and **risorgere**.

sorprendere

to surprise

The Seven Simple Tenses		The Seven Compound Tenses	
Singular	Plural	Singular	Plural
1 Present Indicative		**8** Present Perfect	
sorprendo	sorprendiamo	ho sorpreso	abbiamo sorpreso
sorprendi	sorprendete	hai sorpreso	avete sorpreso
sorprende	sorprendono	ha sorpreso	hanno sorpreso
2 Imperfect		**9** Past Perfect	
sorprendevo	sorprendevamo	avevo sorpreso	avevamo sorpreso
sorprendevi	sorprendevate	avevi sorpreso	avevate sorpreso
sorprendeva	sorprendevano	aveva sorpreso	avevano sorpreso
3 Past Absolute		**10** Past Anterior	
sorpresi	sorprendemmo	ebbi sorpreso	avemmo sorpreso
sorprendesti	sorprendeste	avesti sorpreso	aveste sorpreso
sorprese	sorpresero	ebbe sorpreso	ebbero sorpreso
4 Future		**11** Future Perfect	
sorprenderò	sorprenderemo	avrò sorpreso	avremo sorpreso
sorprenderai	sorprenderete	avrai sorpreso	avrete sorpreso
sorprenderà	sorprenderanno	avrà sorpreso	avranno sorpreso
5 Present Conditional		**12** Past Conditional	
sorprenderei	sorprenderemmo	avrei sorpreso	avremmo sorpreso
sorprenderesti	sorprendereste	avresti sorpreso	avreste sorpreso
sorprenderebbe	sorprenderebbero	avrebbe sorpreso	avrebbero sorpreso
6 Present Subjunctive		**13** Past Subjunctive	
sorprenda	sorprendiamo	abbia sorpreso	abbiamo sorpreso
sorprenda	sorprendiate	abbia sorpreso	abbiate sorpreso
sorprenda	sorprendano	abbia sorpreso	abbiano sorpreso
7 Imperfect Subjunctive		**14** Past Perfect Subjunctive	
sorprendessi	sorprendessimo	avessi sorpreso	avessimo sorpreso
sorprendessi	sorprendeste	avessi sorpreso	aveste sorpreso
sorprendesse	sorprendessero	avesse sorpreso	avessero sorpreso

	Imperative	
—		sorprendiamo
sorprendi (non sorprendere)		sorprendete
sorprenda		sorprendano

Samples of verb usage

Questo ragazzo mi sorprende ogni giorno.   This child surprises me every day.
Lo sorpresi mentre fumava.   I surprised him while he was smoking.

sorridere

to smile

The Seven Simple Tenses		The Seven Compound Tenses	
Singular	Plural	Singular	Plural
1 Present Indicative		**8** Present Perfect	
sorrido	sorridiamo	ho sorriso	abbiamo sorriso
sorridi	sorridete	hai sorriso	avete sorriso
sorride	sorridono	ha sorriso	hanno sorriso
2 Imperfect		**9** Past Perfect	
sorridevo	sorridevamo	avevo sorriso	avevamo sorriso
sorridevi	sorridevate	avevi sorriso	avevate sorriso
sorrideva	sorridevano	aveva sorriso	avevano sorriso
3 Past Absolute		**10** Past Anterior	
sorrisi	sorridemmo	ebbi sorriso	avemmo sorriso
sorridesti	sorrideste	avesti sorriso	aveste sorriso
sorrise	sorrisero	ebbe sorriso	ebbero sorriso
4 Future		**11** Future Perfect	
sorriderò	sorrideremo	avrò sorriso	avremo sorriso
sorriderai	sorriderete	avrai sorriso	avrete sorriso
sorriderà	sorrideranno	avrà sorriso	avranno sorriso
5 Present Conditional		**12** Past Conditional	
sorriderei	sorrideremmo	avrei sorriso	avremmo sorriso
sorrideresti	sorridereste	avresti sorriso	avreste sorriso
sorriderebbe	sorriderebbero	avrebbe sorriso	avrebbero sorriso
6 Present Subjunctive		**13** Past Subjunctive	
sorrida	sorridiamo	abbia sorriso	abbiamo sorriso
sorrida	sorridiate	abbia sorriso	abbiate sorriso
sorrida	sorridano	abbia sorriso	abbiano sorriso
7 Imperfect Subjunctive		**14** Past Perfect Subjunctive	
sorridessi	sorridessimo	avessi sorriso	avessimo sorriso
sorridessi	sorrideste	avessi sorriso	aveste sorriso
sorridesse	sorridessero	avesse sorriso	avessero sorriso

Imperative

—	sorridiamo
sorridi (non sorridere)	sorridete
sorrida	sorridano

Samples of verb usage

Quel bambino sorride sempre.   That baby is always smiling.
Lei mi sorride quando mi vede.   She smiles at me when she sees me.

425

to suspend, to hang up

The Seven Simple Tenses		The Seven Compound Tenses	
Singular	Plural	Singular	Plural
1 Present Indicative		**8 Present Perfect**	
sospendo	sospendiamo	ho sospeso	abbiamo sospeso
sospendi	sospendete	hai sospeso	avete sospeso
sospende	sospendono	ha sospeso	hanno sospeso
2 Imperfect		**9 Past Perfect**	
sospendevo	sospendevamo	avevo sospeso	avevamo sospeso
sospendevi	sospendevate	avevi sospeso	avevate sospeso
sospendeva	sospendevano	aveva sospeso	avevano sospeso
3 Past Absolute		**10 Past Anterior**	
sospesi	sospendemmo	ebbi sospeso	avemmo sospeso
sospendesti	sospendeste	avesti sospeso	aveste sospeso
sospese	sospesero	ebbe sospeso	ebbero sospeso
4 Future		**11 Future Perfect**	
sospenderò	sospenderemo	avrò sospeso	avremo sospeso
sospenderai	sospenderete	avrai sospeso	avrete sospeso
sospenderà	sospenderanno	avrà sospeso	avranno sospeso
5 Present Conditional		**12 Past Conditional**	
sospenderei	sospenderemmo	avrei sospeso	avremmo sospeso
sospenderesti	sospendereste	avresti sospeso	avreste sospeso
sospenderebbe	sospenderebbero	avrebbe sospeso	avrebbero sospeso
6 Present Subjunctive		**13 Past Subjunctive**	
sospenda	sospendiamo	abbia sospeso	abbiamo sospeso
sospenda	sospendiate	abbia sospeso	abbiate sospeso
sospenda	sospendano	abbia sospeso	abbiano sospeso
7 Imperfect Subjunctive		**14 Past Perfect Subjunctive**	
sospendessi	sospendessimo	avessi sospeso	avessimo sospeso
sospendessi	sospendeste	avessi sospeso	aveste sospeso
sospendesse	sospendessero	avesse sospeso	avessero sospeso

	Imperative	
—		sospendiamo
sospendi (non sospendere)		sospendete
sospenda		sospendano

Samples of verb usage

Lui sospese il quadro sopra il divano.   He hung the painting over the sofa.
sospendere una partenza   to suspend a departure
sospendere una sentenza   to suspend a sentence
sospendere un quadro   to hang a painting

to sustain, to uphold, to support

The Seven Simple Tenses		The Seven Compound Tenses	
Singular	Plural	Singular	Plural
1 Present Indicative		**8** Present Perfect	
sostengo	sosteniamo	ho sostenuto	abbiamo sostenuto
sostieni	sostenete	hai sostenuto	avete sostenuto
sostiene	sostengono	ha sostenuto	hanno sostenuto
2 Imperfect		**9** Past Perfect	
sostenevo	sostenevamo	avevo sostenuto	avevamo sostenuto
sostenevi	sostenevate	avevi sostenuto	avevate sostenuto
sosteneva	sostenevamo	aveva sostenuto	avevano sostenuto
3 Past Absolute		**10** Past Anterior	
sostenni	sostenemmo	ebbi sostenuto	avemmo sostenuto
sostenesti	sosteneste	avesti sostenuto	aveste sostenuto
sostenne	sostennero	ebbe sostenuto	ebbero sostenuto
4 Future		**11** Future Perfect	
sosterrò	sosterremo	avrò sostenuto	avremo sostenuto
sosterrai	sosterrete	avrai sostenuto	avrete sostenuto
sosterrà	sosterranno	avrà sostenuto	avranno sostenuto
5 Present Conditional		**12** Past Conditional	
sosterrei	sosterremmo	avrei sostenuto	avremmo sostenuto
sosterresti	sosterreste	avresti sostenuto	avreste sostenuto
sosterrebbe	sosterrebbero	avrebbe sostenuto	avrebbero sostenuto
6 Present Subjunctive		**13** Past Subjunctive	
sostenga	sosteniamo	abbia sostenuto	abbiamo sostenuto
sostenga	sosteniate	abbia sostenuto	abbiate sostenuto
sostenga	sostengano	abbia sostenuto	abbiano sostenuto
7 Imperfect Subjunctive		**14** Past Perfect Subjunctive	
sostenessi	sostenessimo	avessi sostenuto	avessimo sostenuto
sostenessi	sosteneste	avessi sostenuto	aveste sostenuto
sostenesse	sostenessero	avesse sostenuto	avessero sostenuto

Imperative	
—	sosteniamo
sostieni (non sostenere)	sostenete
sostenga	sostengano

Samples of verb usage

Una sola corda lo sostenne quando cadde.   A single rope supported him when he fell.
Questa teoria è sostenuta dai fatti.   This theory is supported by facts.

to submit, to subject, to subdue

The Seven Simple Tenses		The Seven Compound Tenses	
Singular	Plural	Singular	Plural

1 Present Indicative

		8 Present Perfect	
sottometto	sottomettiamo	ho sottomesso	abbiamo sottomesso
sottometti	sottomettete	hai sottomesso	avete sottomesso
sottomette	sottomettono	ha sottomesso	hanno sottomesso

2 Imperfect

		9 Past Perfect	
sottomettevo	sottomettevamo	avevo sottomesso	avevamo sottomesso
sottomettevi	sottomettevate	avevi sottomesso	avevate sottomesso
sottometteva	sottomettevano	aveva sottomesso	avevano sottomesso

3 Past Absolute

		10 Past Anterior	
sottomisi	sottomettemmo	ebbi sottomesso	avemmo sottomesso
sottomettesti	sottometteste	avesti sottomesso	aveste sottomesso
sottomise	sottomisero	ebbe sottomesso	ebbero sottomesso

4 Future

		11 Future Perfect	
sottometterò	sottometteremo	avrò sottomesso	avremo sottomesso
sottometterai	sottometterete	avrai sottomesso	avrete sottomesso
sottometterà	sottometteranno	avrà sottomesso	avranno sottomesso

5 Present Conditional

		12 Past Conditional	
sottometterei	sottometteremmo	avrei sottomesso	avremmo sottomesso
sottometteresti	sottomettereste	avresti sottomesso	avreste sottomesso
sottometterebbe	sottometterebbero	avrebbe sottomesso	avrebbero sottomesso

6 Present Subjunctive

		13 Past Subjunctive	
sottometta	sottomettiamo	abbia sottomesso	abbiamo sottomesso
sottometta	sottomettiate	abbia sottomesso	abbiate sottomesso
sottometta	sottomettano	abbia sottomesso	abbiano sottomesso

7 Imperfect Subjunctive

		14 Past Perfect Subjunctive	
sottomettessi	sottomettessimo	avessi sottomesso	avessimo sottomesso
sottomettessi	sottometteste	avessi sottomesso	aveste sottomesso
sottomettesse	sottomettessero	avesse sottomesso	avessero sottomesso

Imperative	
—	sottomettiamo
sottometti (non sottomettere)	sottomettete
sottometta	sottomettano

Samples of verb usage

L'avvocato sottomise il caso alla corte. The lawyer submitted the case to the court.
sottomettere una nazione to subject a nation

to subtract, to withdraw

The Seven Simple Tenses		The Seven Compound Tenses	
Singular	Plural	Singular	Plural

1 Present Indicative

		8 Present Perfect	
sottraggo	sottraiamo	ho sottratto	abbiamo sottratto
sottrai	sottraete	hai sottratto	avete sottratto
sottrae	sottraggono	ha sottratto	hanno sottratto

2 Imperfect

		9 Past Perfect	
sottraevo	sottraevamo	avevo sottratto	avevamo sottratto
sottraevi	sottraevate	avevi sottratto	avevate sottratto
sottraeva	sottraevano	aveva sottratto	avevano sottratto

3 Past Absolute

		10 Past Anterior	
sottrassi	sottraemmo	ebbi sottratto	avemmo sottratto
sottraesti	sottraeste	avesti sottratto	aveste sottratto
sottrasse	sottrassero	ebbe sottratto	ebbero sottratto

4 Future

		11 Future Perfect	
sottrarrò	sottrarremo	avrò sottratto	avremo sottratto
sottrarrai	sottrarrete	avrai sottratto	avrete sottratto
sottrarrà	sottrarranno	avrà sottratto	avranno sottratto

5 Present Conditional

		12 Past Conditional	
sottrarrei	sottrarremmo	avrei sottratto	avremmo sottratto
sottrarresti	sottrarreste	avresti sottratto	avreste sottratto
sottrarrebbe	sottrarrebbero	avrebbe sottratto	avrebbero sottratto

6 Present Subjunctive

		13 Past Subjunctive	
sottragga	sottraiamo	abbia sottratto	abbiamo sottratto
sottragga	sottraiate	abbia sottratto	abbiate sottratto
sottragga	sottraggano	abbia sottratto	abbiano sottratto

7 Imperfect Subjunctive

		14 Past Perfect Subjunctive	
sottraessi	sottraessimo	avessi sottratto	avessimo sottratto
sottraessi	sottraeste	avessi sottratto	aveste sottratto
sottraesse	sottraessero	avesse sottratto	avessero sottratto

Imperative	
—	sottraiamo
sottrai (non sottrarre)	sottraete
sottragga	sottraggano

Samples of verb usage

Sottrai cinque da dieci.   Subtract five from ten.
Lui sottrae i soldi dalla banca.   He withdraws the money from the bank.

spandere

Gerund **spandendo**   Past Part. **spanto, span(du)to**

to spread

The Seven Simple Tenses		The Seven Compound Tenses	
Singular	Plural	Singular	Plural
1 Present Indicative		**8 Present Perfect**	
spando	spandiamo	ho span(du)to	abbiamo span(du)to
spandi	spandete	hai span(du)to	avete span(du)to
spande	spandono	ha span(du)to	hanno span(du)to
2 Imperfect		**9 Past Perfect**	
spandevo	spandevamo	avevo span(du)to	avevamo span(du)to
spandevi	spandevate	avevi span(du)to	avevate span(du)to
spandeva	spandevano	aveva span(du)to	avevano span(du)to
3 Past Absolute		**10 Past Anterior**	
spande(tt)i	spandemmo	ebbi span(du)to	avemmo span(du)to
(spansi)			
spandesti	spandeste	avesti span(du)to	aveste span(du)to
spandè(tte)	spanderono	ebbe span(du)to	ebbero span(du)to
(spanse)	(spandettero, spansero)		
4 Future		**11 Future Perfect**	
spanderò	spanderemo	avrò span(du)to	avremo span(du)to
spanderai	spanderete	avrai span(du)to	avrete span(du)to
spanderà	spanderanno	avrà span(du)to	avranno span(du)to
5 Present Conditional		**12 Past Conditional**	
spanderei	spanderemmo	avrei span(du)to	avremmo span(du)to
spanderesti	spandereste	avresti span(du)to	avreste span(du)to
spanderebbe	spanderebbero	avrebbe span(du)to	avrebbero span(du)to
6 Present Subjunctive		**13 Past Subjunctive**	
spanda	spandiamo	abbia span(du)to	abbiamo span(du)to
spanda	spandiate	abbia span(du)to	abbiate span(du)to
spanda	spandano	abbia span(du)to	abbiano span(du)to
7 Imperfect Subjunctive		**14 Past Perfect Subjunctive**	
spandessi	spandessimo	avessi span(du)to	avessimo span(du)to
spandessi	spandeste	avessi span(du)to	aveste span(du)to
spandesse	spandessero	avesse span(du)to	avessero span(du)to

	Imperative	
—		spandiamo
spandi (non spandere)		spandete
spanda		spandano

Samples of verb usage

Chi spande queste bugie?   Who is spreading these lies?
La pianta spande i rami.   The plant spreads its branches.

430

to spread, to shed

The Seven Simple Tenses		The Seven Compound Tenses	
Singular	Plural	Singular	Plural

1 Present Indicative

		8 Present Perfect	
spargo	spargiamo	ho sparso	abbiamo sparso
spargi	spargete	hai sparso	avete sparso
sparge	spargono	ha sparso	hanno sparso

2 Imperfect

		9 Past Perfect	
spargevo	spargevamo	avevo sparso	avevamo sparso
spargevi	spargevate	avevi sparso	avevate sparso
spargeva	spargevano	aveva sparso	avevano sparso

3 Past Absolute

		10 Past Anterior	
sparsi	spargemmo	ebbi sparso	avemmo sparso
spargesti	spargeste	avesti sparso	aveste sparso
sparse	sparsero	ebbe sparso	ebbero sparso

4 Future

		11 Future Perfect	
spargerò	spargeremo	avrò sparso	avremo sparso
spargerai	spargerete	avrai sparso	avrete sparso
spargerà	spargeranno	avrà sparso	avranno sparso

5 Present Conditional

		12 Past Conditional	
spargerei	spargeremmo	avrei sparso	avremmo sparso
spargeresti	spargereste	avresti sparso	avreste sparso
spargerebbe	spargerebbero	avrebbe sparso	avrebbero sparso

6 Present Subjunctive

		13 Past Subjunctive	
sparga	spargiamo	abbia sparso	abbiamo sparso
sparga	spargiate	abbia sparso	abbiate sparso
sparga	spargano	abbia sparso	abbiano sparso

7 Imperfect Subjunctive

		14 Past Perfect Subjunctive	
spargessi	spargessimo	avessi sparso	avessimo sparso
spargessi	spargeste	avessi sparso	aveste sparso
spargesse	spargessero	avesse sparso	avessero sparso

	Imperative	
—		spargiamo
spargi (non spargere)		spargete
sparga		spargano

Samples of verb usage

Ho sparso molte lacrime per te.   I have shed many tears because of you.
Lui sparge le notizie per il vicinato.   He spreads the news through the neighborhood.

to send, to mail

The Seven Simple Tenses		The Seven Compound Tenses	
Singular	Plural	Singular	Plural

1 Present Indicative

		8 Present Perfect	
spedisco	spediamo	ho spedito	abbiamo spedito
spedisci	spedite	hai spedito	avete spedito
spedisce	spediscono	ha spedito	hanno spedito

2 Imperfect

		9 Past Perfect	
spedivo	spedivamo	avevo spedito	avevamo spedito
spedivi	spedivate	avevi spedito	avevate spedito
spediva	spedivano	aveva spedito	avevano spedito

3 Past Absolute

		10 Past Anterior	
spedii	spedimmo	ebbi spedito	avemmo spedito
spedisti	spediste	avesti spedito	aveste spedito
spedì	spedirono	ebbe spedito	ebbero spedito

4 Future

		11 Future Perfect	
spedirò	spediremo	avrò spedito	avremo spedito
spedirai	spedirete	avrai spedito	avrete spedito
spedirà	spediranno	avrà spedito	avranno spedito

5 Present Conditional

		12 Past Conditional	
spedirei	spediremmo	avrei spedito	avremmo spedito
spediresti	spedireste	avresti spedito	avreste spedito
spedirebbe	spedirebbero	avrebbe spedito	avrebbero spedito

6 Present Subjunctive

		13 Past Subjunctive	
spedisca	spediamo	abbia spedito	abbiamo spedito
spedisca	spediate	abbia spedito	abbiate spedito
spedisca	spediscano	abbia spedito	abbiano spedito

7 Imperfect Subjunctive

		14 Past Perfect Subjunctive	
spedissi	spedissimo	avessi spedito	avessimo spedito
spedissi	spediste	avessi spedito	aveste spedito
spedisse	spedissero	avesse spedito	avessero spedito

Imperative

—		spediamo
spedisci (non spedire)		spedite
spedisca		spediscano

Samples of verb usage

Lui spedirà il pacco in Italia.   He will send (ship) the parcel to Italy.
spedire per pacco postale   to send by parcel post

The Seven Simple Tenses		The Seven Compound Tenses	
Singular	Plural	Singular	Plural

1 Present Indicative

		8 Present Perfect	
spengo	spegniamo*	ho spento	abbiamo spento
spegni*	spegnete*	hai spento	avete spento
spegne*	spengono	ha spento	hanno spento

2 Imperfect

		9 Past Perfect	
spegnevo*	spegnevamo*	avevo spento	avevamo spento
spegnevi*	spegnevate*	avevi spento	avevate spento
spegneva*	spegnevano*	aveva spento	avevano spento

3 Past Absolute

		10 Past Anterior	
spensi	spegnemmo*	ebbi spento	avemmo spento
spegnesti*	spegneste*	avesti spento	aveste spento
spense	spensero	ebbe spento	ebbero spento

4 Future

		11 Future Perfect	
spegnerò*	spegneremo*	avrò spento	avremo spento
spegnerai*	spegnerete*	avrai spento	avrete spento
spegnerà*	spegneranno*	avrà spento	avranno spento

5 Present Conditional

		12 Past Conditional	
spegnerei*	spegneremmo*	avrei spento	avremmo spento
spegneresti*	spegnereste*	avresti spento	avreste spento
spegnerebbe*	spegnerebbero*	avrebbe spento	avrebbero spento

6 Present Subjunctive

		13 Past Subjunctive	
spenga	spegniamo*	abbia spento	abbiamo spento
spenga	spegniate*	abbia spento	abbiate spento
spenga	spengano	abbia spento	abbiano spento

7 Imperfect Subjunctive

		14 Past Perfect Subjunctive	
spegnessi*	spegnessimo*	avessi spento	avessimo spento
spegnessi*	spegneste*	avessi spento	aveste spento
spegnesse*	spegnessero*	avesse spento	avessero spento

Imperative

—	spegniamo*
spegni* (non spegnere*)	spegnete*
spenga	spengano

Samples of verb usage

Ho spento il fuoco.   I put out the fire.
Spegni la radio quando vai a dormire!   Turn off the radio when you go to sleep!

*The asterisk indicates an alternate spelling in which the *gn* may be replaced by *ng*. The more common form is the one given in full.

spendere

to spend, to expend

The Seven Simple Tenses		The Seven Compound Tenses	
Singular	Plural	Singular	Plural
1 Present Indicative		**8 Present Perfect**	
spendo	spendiamo	ho speso	abbiamo speso
spendi	spendete	hai speso	avete speso
spende	spendono	ha speso	hanno speso
2 Imperfect		**9 Past Perfect**	
spendevo	spendevamo	avevo speso	avevamo speso
spendevi	spendevate	avevi speso	avevate speso
spendeva	spendevano	aveva speso	avevano speso
3 Past Absolute		**10 Past Anterior**	
spesi	spendemmo	ebbi speso	avemmo speso
spendesti	spendeste	avesti speso	aveste speso
spese	spesero	ebbe speso	ebbero speso
4 Future		**11 Future Perfect**	
spenderò	spenderemo	avrò speso	avremo speso
spenderai	spenderete	avrai speso	avrete speso
spenderà	spenderanno	avrà speso	avranno speso
5 Present Conditional		**12 Past Conditional**	
spendereì	spenderemmo	avrei speso	avremmo speso
spenderesti	spendereste	avresti speso	avreste speso
spenderebbe	spenderebbero	avrebbe speso	avrebbero speso
6 Present Subjunctive		**13 Past Subjunctive**	
spenda	spendiamo	abbia speso	abbiamo speso
spenda	spendiate	abbia speso	abbiate speso
spenda	spendano	abbia speso	abbiano speso
7 Imperfect Subjunctive		**14 Past Perfect Subjunctive**	
spendessi	spendessimo	avessi speso	avessimo speso
spendessi	spendeste	avessi speso	aveste speso
spendesse	spendessero	avesse speso	avessero speso

Imperative	
—	spendiamo
spendi (non spendere)	spendete
spenda	spendano

Samples of verb usage

Spendiamo molto denaro ogni giorno.   We spend a lot of money every day.
Spesi molti anni in questo lavoro.   I spent many years on this work.
spendere bene il tempo   to spend time wisely

to explain

The Seven Simple Tenses		The Seven Compound Tenses	
Singular	Plural	Singular	Plural
1 Present Indicative		**8 Present Perfect**	
spiego	spieghiamo	ho spiegato	abbiamo spiegato
spieghi	spiegate	hai spiegato	avete spiegato
spiega	spiegano	ha spiegato	hanno spiegato
2 Imperfect		**9 Past Perfect**	
spiegavo	spiegavamo	avevo spiegato	avevamo spiegato
spiegavi	spiegavate	avevi spiegato	avevate spiegato
spiegava	spiegavano	aveva spiegato	avevano spiegato
3 Past Absolute		**10 Past Anterior**	
spiegai	spiegammo	ebbi spiegato	avemmo spiegato
spiegasti	spiegaste	avesti spiegato	aveste spiegato
spiegò	spiegarono	ebbe spiegato	ebbero spiegato
4 Future		**11 Future Perfect**	
spiegherò	spiegheremo	avrò spiegato	avremo spiegato
spiegherai	spiegherete	avrai spiegato	avrete spiegato
spiegherà	spiegheranno	avrà spiegato	avranno spiegato
5 Present Conditional		**12 Past Conditional**	
spiegherei	spiegheremmo	avrei spiegato	avremmo spiegato
spiegheresti	spieghereste	avresti spiegato	avreste spiegato
spiegherebbe	spiegherebbero	avrebbe spiegato	avrebbero spiegato
6 Present Subjunctive		**13 Past Subjunctive**	
spieghi	spieghiamo	abbia spiegato	abbiamo spiegato
spieghi	spieghiate	abbia spiegato	abbiate spiegato
spieghi	spieghino	abbia spiegato	abbiano spiegato
7 Imperfect Subjunctive		**14 Past Perfect Subjunctive**	
spiegassi	spiegassimo	avessi spiegato	avessimo spiegato
spiegassi	spiegaste	avessi spiegato	aveste spiegato
spiegasse	spiegassero	avesse spiegato	avessero spiegato

Imperative	
—	spieghiamo
spiega (non spiegare)	spiegate
spieghi	spieghino

Samples of verb usage

Non spieghi bene le regole.   You don't explain the rules well.
Spiegami questa parola!   Explain this word to me!

to push

The Seven Simple Tenses		The Seven Compound Tenses	
Singular	Plural	Singular	Plural
1 Present Indicative		**8 Present Perfect**	
spingo	spingiamo	ho spinto	abbiamo spinto
spingi	spingete	hai spinto	avete spinto
spinge	spingono	ha spinto	hanno spinto
2 Imperfect		**9 Past Perfect**	
spingevo	spingevamo	avevo spinto	avevamo spinto
spingevi	spingevate	avevi spinto	avevate spinto
spingeva	spingevano	aveva spinto	avevano spinto
3 Past Absolute		**10 Past Anterior**	
spinsi	spingemmo	ebbi spinto	avemmo spinto
spingesti	spingeste	avesti spinto	aveste spinto
spinse	spinsero	ebbe spinto	ebbero spinto
4 Future		**11 Future Perfect**	
spingerò	spingeremo	avrò spinto	avremo spinto
spingerai	spingerete	avrai spinto	avrete spinto
spingerà	spingeranno	avrà spinto	avranno spinto
5 Present Conditional		**12 Past Conditional**	
spingerei	spingeremmo	avrei spinto	avremmo spinto
spingeresti	spingereste	avresti spinto	avreste spinto
spingerebbe	spingerebbero	avrebbe spinto	avrebbero spinto
6 Present Subjunctive		**13 Past Subjunctive**	
spinga	spingiamo	abbia spinto	abbiamo spinto
spinga	spingiate	abbia spinto	abbiate spinto
spinga	spingano	abbia spinto	abbiano spinto
7 Imperfect Subjunctive		**14 Past Perfect Subjunctive**	
spingessi	spingessimo	avessi spinto	avessimo spinto
spingessi	spingeste	avessi spinto	aveste spinto
spingesse	spingessero	avesse spinto	avessero spinto

Imperative

—	spingiamo
spingi (non spingere)	spingete
spinga	spingano

Samples of verb usage

Lui mi spinge a fare meglio.   He pushes me to do better.
Se la spingo, la faccio cadere.   If I push her, I will make her fall.

NOTE: Like **spingere** are **respingere** and **sospingere**.

to marry

The Seven Simple Tenses		The Seven Compound Tenses	
Singular	Plural	Singular	Plural
1 Present Indicative		**8** Present Perfect	
sposo	sposiamo	ho sposato	abbiamo sposato
sposi	sposate	hai sposato	avete sposato
sposa	sposano	ha sposato	hanno sposato
2 Imperfect		**9** Past Perfect	
sposavo	sposavamo	avevo sposato	avevamo sposato
sposavi	sposavate	avevi sposato	avevate sposato
sposava	sposavano	aveva sposato	avevano sposato
3 Past Absolute		**10** Past Anterior	
sposai	sposammo	ebbi sposato	avemmo sposato
sposasti	sposaste	avesti sposato	aveste sposato
sposò	sposarono	ebbe sposato	ebbero sposato
4 Future		**11** Future Perfect	
sposerò	sposeremo	avrò sposato	avremo sposato
sposerai	sposerete	avrai sposato	avrete sposato
sposerà	sposeranno	avrà sposato	avranno sposato
5 Present Conditional		**12** Past Conditional	
sposerei	sposeremmo	avrei sposato	avremmo sposato
sposeresti	sposereste	avresti sposato	avreste sposato
sposerebbe	sposerebbero	avrebbe sposato	avrebbero sposato
6 Present Subjunctive		**13** Past Subjunctive	
sposi	sposiamo	abbia sposato	abbiamo sposato
sposi	sposiate	abbia sposato	abbiate sposato
sposi	sposino	abbia sposato	abbiano sposato
7 Imperfect Subjunctive		**14** Past Perfect Subjunctive	
sposassi	sposassimo	avessi sposato	avessimo sposato
sposassi	sposaste	avessi sposato	aveste sposato
sposasse	sposassero	avesse sposato	avessero sposato

Imperative

—	sposiamo
sposa (non sposare)	sposate
sposi	sposino

Samples of verb usage

Sposò una bella donna.   He married a beautiful woman.
sposare una causa   to embrace a cause

NOTE: Like **sposare** is **sposarsi** (to get married), conjugated with **essere**.

to establish

The Seven Simple Tenses		The Seven Compound Tenses	
Singular	Plural	Singular	Plural
1 Present Indicative		**8** Present Perfect	
stabilisco	stabiliamo	ho stabilito	abbiamo stabilito
stabilisci	stabilite	hai stabilito	avete stabilito
stabilisce	stabiliscono	ha stabilito	hanno stabilito
2 Imperfect		**9** Past Perfect	
stabilivo	stabilivamo	avevo stabilito	avevamo stabilito
stabilivi	stabilivate	avevi stabilito	avevate stabilito
stabiliva	stabilivano	aveva stabilito	avevano stabilito
3 Past Absolute		**10** Past Anterior	
stabilii	stabilimmo	ebbi stabilito	avemmo stabilito
stabilisti	stabiliste	avesti stabilito	aveste stabilito
stabilì	stabilirono	ebbe stabilito	ebbero stabilito
4 Future		**11** Future Perfect	
stabilirò	stabiliremo	avrò stabilito	avremo stabilito
stabilirai	stabilirete	avrai stabilito	avrete stabilito
stabilirà	stabiliranno	avrà stabilito	avranno stabilito
5 Present Conditional		**12** Past Conditional	
stabilirei	stabiliremmo	avrei stabilito	avremmo stabilito
stabiliresti	stabilireste	avresti stabilito	avreste stabilito
stabilirebbe	stabilirebbero	avrebbe stabilito	avrebbero stabilito
6 Present Subjunctive		**13** Past Subjunctive	
stabilisca	stabiliamo	abbia stabilito	abbiamo stabilito
stabilisca	stabiliate	abbia stabilito	abbiate stabilito
stabilisca	stabiliscano	abbia stabilito	abbiano stabilito
7 Imperfect Subjunctive		**14** Past Perfect Subjunctive	
stabilissi	stabilissimo	avessi stabilito	avessimo stabilito
stabilissi	stabiliste	avessi stabilito	aveste stabilito
stabilisse	stabilissero	avesse stabilito	avessero stabilito

	Imperative	
—		stabiliamo
stabilisci (non stabilire)		stabilite
stabilisca		stabiliscano

Samples of verb usage

L'arbitro stabilisce le regole.   The umpire establishes the rules.
stabilire un fatto   to establish a fact

to stay, to stand

The Seven Simple Tenses		The Seven Compound Tenses	
Singular	Plural	Singular	Plural
1 Present Indicative		**8 Present Perfect**	
sto	stiamo	sono stato	siamo stati
stai	state	sei stato	siete stati
sta	stanno	è stato	sono stati
2 Imperfect		**9 Past Perfect**	
stavo	stavamo	ero stato	eravamo stati
stavi	stavate	eri stato	eravate stati
stava	stavano	era stato	erano stati
3 Past Absolute		**10 Past Anterior**	
stetti	stemmo	fui stato	fummo stati
stesti	steste	fosti stato	foste stati
stette	stettero	fu stato	furono stati
4 Future		**11 Future Perfect**	
starò	staremo	sarò stato	saremo stati
starai	starete	sarai stato	sarete stati
starà	staranno	sarà stato	saranno stati
5 Present Conditional		**12 Past Conditional**	
starei	staremmo	sarei stato	saremmo stati
staresti	stareste	saresti stato	sareste stati
starebbe	starebbero	sarebbe stato	sarebbero stati
6 Present Subjunctive		**13 Past Subjunctive**	
stia	stiamo	sia stato	siamo stati
stia	stiate	sia stato	siate stati
stia	stiano	sia stato	siano stati
7 Imperfect Subjunctive		**14 Past Perfect Subjunctive**	
stessi	stessimo	fossi stato	fossimo stati
stessi	steste	fossi stato	foste stati
stesse	stessero	fosse stato	fossero stati

Imperative

—	stiamo
sta' (stai) (non stare)	state
stia	stiano

Samples of verb usage

Come sta Giovanni oggi?   How is John feeling today?
Dove stai? Non ti posso vedere.   Where are you? I can't see you.

NOTE: Like **stare** are **ristare, soprastare,** and **sottostare. Stare** is also used to ask and answer questions regarding health.

439

stendere

Gerund **stendendo**   Past Part. **steso**

to spread, to extend, to draw up

The Seven Simple Tenses		The Seven Compound Tenses	
Singular	Plural	Singular	Plural
1 Present Indicative		**8 Present Perfect**	
stendo	stendiamo	ho steso	abbiamo steso
stendi	stendete	hai steso	avete steso
stende	stendono	ha steso	hanno steso
2 Imperfect		**9 Past Perfect**	
stendevo	stendevamo	avevo steso	avevamo steso
stendevi	stendevate	avevi steso	avevate steso
stendeva	stendevano	aveva steso	avevano steso
3 Past Absolute		**10 Past Anterior**	
stesi	stendemmo	ebbi steso	avemmo steso
stendesti	stendeste	avesti steso	aveste steso
stese	stesero	ebbe steso	ebbero steso
4 Future		**11 Future Perfect**	
stenderò	stenderemo	avrò steso	avremo steso
stenderai	stenderete	avrai steso	avrete steso
stenderà	stenderanno	avrà steso	avranno steso
5 Present Conditional		**12 Past Conditional**	
stenderei	stenderemmo	avrei steso	avremmo steso
stenderesti	stendereste	avresti steso	avreste steso
stenderebbe	stenderebbero	avrebbe steso	avrebbero steso
6 Present Subjunctive		**13 Past Subjunctive**	
stenda	stendiamo	abbia steso	abbiamo steso
stenda	stendiate	abbia steso	abbiate steso
stenda	stendano	abbia steso	abbiano steso
7 Imperfect Subjunctive		**14 Past Perfect Subjunctive**	
stendessi	stendessimo	avessi steso	avessimo steso
stendessi	stendeste	avessi steso	aveste steso
stendesse	stendessero	avesse steso	avessero steso

Imperative

—	stendiamo
stendi (non stendere)	stendete
stenda	stendano

Samples of verb usage

Lui stese il contratto.   He drew up the contract.
Lui stende la coperta sull'erba.   He spreads out the blanket on the grass.
Chi ha steso il giornale sul tavolo?   Who spread out the newspaper on the table?

to press, to squeeze

The Seven Simple Tenses		The Seven Compound Tenses	
Singular	Plural	Singular	Plural
1 Present Indicative		**8 Present Perfect**	
stringo	stringiamo	ho stretto	abbiamo stretto
stringi	stringete	hai stretto	avete stretto
stringe	stringono	ha stretto	hanno stretto
2 Imperfect		**9 Past Perfect**	
stringevo	stringevamo	avevo stretto	avevamo stretto
stringevi	stringevate	avevi stretto	avevate stretto
stringeva	stringevano	aveva stretto	avevano stretto
3 Past Absolute		**10 Past Anterior**	
strinsi	stringemmo	ebbi stretto	avemmo stretto
stringesti	stringeste	avesti stretto	aveste stretto
strinse	strinsero	ebbe stretto	ebbero stretto
4 Future		**11 Future Perfect**	
stringerò	stringeremo	avrò stretto	avremo stretto
stringerai	stringerete	avrai stretto	avrete stretto
stringerà	stringeranno	avrà stretto	avranno stretto
5 Present Conditional		**12 Past Conditional**	
stringerei	stringeremmo	avrei stretto	avremmo stretto
stringeresti	stringereste	avresti stretto	avreste stretto
stringerebbe	stringerebbero	avrebbe stretto	avrebbero stretto
6 Present Subjunctive		**13 Past Subjunctive**	
stringa	stringiamo	abbia stretto	abbiamo stretto
stringa	stringiate	abbia stretto	abbiate stretto
stringa	stringano	abbia stretto	abbiano stretto
7 Imperfect Subjunctive		**14 Past Perfect Subjunctive**	
stringessi	stringessimo	avessi stretto	avessimo stretto
stringessi	stringeste	avessi stretto	aveste stretto
stringesse	stringessero	avesse stretto	avessero stretto

Imperative	
—	stringiamo
stringi (non stringere)	stringete
stringa	stringano

Samples of verb usage

Non stringere il gattino così!   Don't squeeze the kitten like that!
Lui mi strinse la mano.   He shook my hand.

NOTE: Like **stringere** are **costringere** and **restringere**.

studiare

to study

The Seven Simple Tenses		The Seven Compound Tenses	
Singular	Plural	Singular	Plural
1 Present Indicative		**8 Present Perfect**	
studio	studiamo	ho studiato	abbiamo studiato
studi	studiate	hai studiato	avete studiato
studia	studiano	ha studiato	hanno studiato
2 Imperfect		**9 Past Perfect**	
studiavo	studiavamo	avevo studiato	avevamo studiato
studiavi	studiavate	avevi studiato	avevate studiato
studiava	studiavano	aveva studiato	avevano studiato
3 Past Absolute		**10 Past Anterior**	
studiai	studiammo	ebbi studiato	avemmo studiato
studiasti	studiaste	avesti studiato	aveste studiato
studiò	studiarono	ebbe studiato	ebbero studiato
4 Future		**11 Future Perfect**	
studierò	studieremo	avrò studiato	avremo studiato
studierai	studierete	avrai studiato	avrete studiato
studierà	studieranno	avrà studiato	avranno studiato
5 Present Conditional		**12 Past Conditional**	
studierei	studieremmo	avrei studiato	avremmo studiato
studieresti	studiereste	avresti studiato	avreste studiato
studierebbe	studierebbero	avrebbe studiato	avrebbero studiato
6 Present Subjunctive		**13 Past Subjunctive**	
studi	studiamo	abbia studiato	abbiamo studiato
studi	studiate	abbia studiato	abbiate studiato
studi	studino	abbia studiato	abbiano studiato
7 Imperfect Subjunctive		**14 Past Perfect Subjunctive**	
studiassi	studiassimo	avessi studiato	avessimo studiato
studiassi	studiaste	avessi studiato	aveste studiato
studiasse	studiassero	avesse studiato	avessero studiato

	Imperative	
—		studiamo
studia (non studiare)		studiate
studi		studino

Samples of verb usage

Studio molto a scuola.   I study a lot at school.
Non vogliono mai studiare.   They never want to study.
studiare il violino   to study the violin

to happen, to occur

The Seven Simple Tenses		The Seven Compound Tenses	
Singular	Plural	Singular	Plural
1 Present Indicative		**8** Present Perfect	
succede	**succedono**	**è successo**	**sono successi**
2 Imperfect		**9** Past Perfect	
succedeva	**succedevano**	**era successo**	**erano successi**
3 Past Absolute		**10** Past Anterior	
successe	**successero**	**fu successo**	**furono successi**
4 Future		**11** Future Perfect	
succederà	**succederanno**	**sarà successo**	**saranno successi**
5 Present Conditional		**12** Past Conditional	
succederebbe	**succederebbero**	**sarebbe successo**	**sarebbero successi**
6 Present Subjunctive		**13** Past Subjunctive	
succeda	**succedano**	**sia successo**	**siano successi**
7 Imperfect Subjunctive		**14** Past Perfect Subjunctive	
succedesse	**succedessero**	**fosse successo**	**fossero successi**

Imperative
—

Samples of verb usage

Cosa è successo?   What happened?
Questo succede ogni giorno.   This happens every day.

NOTE: **Succedere** also has the meaning "to succeed (come after)." In this case it is regular and is also conjugated with **essere**.

to suggest, to advise, to prompt

The Seven Simple Tenses		The Seven Compound Tenses	
Singular	Plural	Singular	Plural
1 Present Indicative		**8 Present Perfect**	
suggerisco	suggeriamo	ho suggerito	abbiamo suggerito
suggerisci	suggerite	hai suggerito	avete suggerito
suggerisce	suggeriscono	ha suggerito	hanno suggerito
2 Imperfect		**9 Past Perfect**	
suggerivo	suggerivamo	avevo suggerito	avevamo suggerito
suggerivi	suggerivate	avevi suggerito	avevate suggerito
suggeriva	suggerivano	aveva suggerito	avevano suggerito
3 Past Absolute		**10 Past Anterior**	
suggerii	suggerimmo	ebbi suggerito	avemmo suggerito
suggeristi	suggeriste	avesti suggerito	aveste suggerito
sugggerì	suggerirono	ebbe suggerito	ebbero suggerito
4 Future		**11 Future Perfect**	
suggerirò	suggeriremo	avrò suggerito	avremo suggerito
suggerirai	suggerirete	avrai suggerito	avrete suggerito
suggerirà	suggeriranno	avrà suggerito	avranno suggerito
5 Present Conditional		**12 Past Conditional**	
suggerirei	suggeriremmo	avrei suggerito	avremmo suggerito
suggeriresti	suggerireste	avresti suggerito	avreste suggerito
suggerirebbe	suggerirebbero	avrebbe suggerito	avrebbero suggerito
6 Present Subjunctive		**13 Past Subjunctive**	
suggerisca	suggeriamo	abbia suggerito	abbiamo suggerito
suggerisca	suggeriate	abbia suggerito	abbiate suggerito
suggerisca	suggeriscano	abbia suggerito	abbiano suggerito
7 Imperfect Subjunctive		**14 Past Perfect Subjunctive**	
suggerissi	suggerissimo	avessi suggerito	avessimo suggerito
suggerissi	suggeriste	avessi suggerito	aveste suggerito
suggerisse	suggerissero	avesse suggerito	avessero suggerito

Imperative	
—	suggeriamo
suggerisci (non suggerire)	suggerite
suggerisca	suggeriscano

Samples of verb usage

La maestra suggerì una risposta.   The teacher suggested an answer.
Il suggeritore suggerisce le parole agli attori.   The prompter prompts the actors.

to play, to ring, to sound

The Seven Simple Tenses		The Seven Compound Tenses	
Singular	Plural	Singular	Plural
1 Present Indicative		**8 Present Perfect**	
suono	suoniamo	ho suonato	abbiamo suonato
suoni	suonate	hai suonato	avete suonato
suona	suonano	ha suonato	hanno suonato
2 Imperfect		**9 Past Perfect**	
suonavo	suonavamo	avevo suonato	avevamo suonato
suonavi	suonavate	avevi suonato	avevate suonato
suonava	suonavano	aveva suonato	avevano suonato
3 Past Absolute		**10 Past Anterior**	
suonai	suonammo	ebbi suonato	avemmo suonato
suonasti	suonaste	avesti suonato	aveste suonato
suonò	suonarono	ebbe suonato	ebbero suonato
4 Future		**11 Future Perfect**	
suonerò	suoneremo	avrò suonato	avremo suonato
suonerai	suonerete	avrai suonato	avrete suonato
suonerà	suoneranno	avrà suonato	avranno suonato
5 Present Conditional		**12 Past Conditional**	
suonerei	suoneremmo	avrei suonato	avremmo suonato
suoneresti	suonereste	avresti suonato	avreste suonato
suonerebbe	suonerebbero	avrebbe suonato	avrebbero suonato
6 Present Subjunctive		**13 Past Subjunctive**	
suoni	suoniamo	abbia suonato	abbiamo suonato
suoni	suoniate	abbia suonato	abbiate suonato
suoni	suonino	abbia suonato	abbiano suonato
7 Imperfect Subjunctive		**14 Past Perfect Subjunctive**	
suonassi	suonassimo	avessi suonato	avessimo suonato
suonassi	suonaste	avessi suonato	aveste suonato
suonasse	suonassero	avesse suonato	avessero suonato

Imperative	
—	suoniamo
suona (non suonare)	suonate
suoni	suonino

Samples of verb usage

La studentessa suona bene il violino.   The student plays the violin well.
Suono il campanello.   I ring the bell.
suonare a orecchio   to play by ear

445

supporre (supponere)

Gerund **supponendo**   Past Part. **supposto**

to suppose, to assume, to guess

The Seven Simple Tenses		The Seven Compound Tenses	
Singular	Plural	Singular	Plural
1 Present Indicative		**8 Present Perfect**	
suppongo	supponiamo	ho supposto	abbiamo supposto
supponi	supponete	hai supposto	avete supposto
suppone	suppongono	ha supposto	hanno supposto
2 Imperfect		**9 Past Perfect**	
supponevo	supponevamo	avevo supposto	avevamo supposto
supponevi	supponevate	avevi supposto	avevate supposto
supponeva	supponevano	aveva supposto	avevano supposto
3 Past Absolute		**10 Past Anterior**	
supposi	supponemmo	ebbi supposto	avemmo supposto
supponesti	supponeste	avesti supposto	aveste supposto
suppose	supposero	ebbe supposto	ebbero supposto
4 Future		**11 Future Perfect**	
supporrò	supporremo	avrò supposto	avremo supposto
supporrai	supporrete	avrai supposto	avrete supposto
supporrà	supporranno	avrà supposto	avranno supposto
5 Present Conditional		**12 Past Conditional**	
supporrei	supporremmo	avrei supposto	avremmo supposto
supporresti	supporreste	avresti supposto	avreste supposto
supporrebbe	supporrebbero	avrebbe supposto	avrebbero supposto
6 Present Subjunctive		**13 Past Subjunctive**	
supponga	supponiamo	abbia supposto	abbiamo supposto
supponga	supponiate	abbia supposto	abbiate supposto
supponga	suppongano	abbia supposto	abbiano supposto
7 Imperfect Subjunctive		**14 Past Perfect Subjunctive**	
supponessi	supponessimo	avessi supposto	avessimo supposto
supponessi	supponeste	avessi supposto	aveste supposto
supponesse	supponessero	avesse supposto	avessero supposto

Imperative	
—	supponiamo
supponi (non supporre)	supponete
supponga	supponigano

Samples of verb usage

Suppongo che egli venga.   I suppose he will come.
Supponiamo che verrà.   We suppose she will come.
Suppongo di sì.   I guess so.

446

to disappear, to vanish

The Seven Simple Tenses		The Seven Compound Tenses	
Singular	Plural	Singular	Plural
1 Present Indicative		**8 Present Perfect**	
svanisco	svaniamo	sono svanito	siamo svaniti
svanisci	svanite	sei svanito	siete svaniti
svanisce	svaniscono	è svanito	sono svaniti
2 Imperfect		**9 Past Perfect**	
svanivo	svanivamo	ero svanito	eravamo svaniti
svanivi	svanivate	eri svanito	eravate svaniti
svaniva	svanivano	era svanito	erano svaniti
3 Past Absolute		**10 Past Anterior**	
svanii	svanimmo	fui svanito	fummo svaniti
svanisti	svaniste	fosti svanito	foste svaniti
svanì	svanirono	fu svanito	furono svaniti
4 Future		**11 Future Perfect**	
svanirò	svaniremo	sarò svanito	saremo svaniti
svanirai	svanirete	sarai svanito	sarete svaniti
svanirà	svaniranno	sarà svanito	saranno svaniti
5 Present Conditional		**12 Past Conditional**	
svanirei	svaniremmo	sarei svanito	saremmo svaniti
svaniresti	svanireste	saresti svanito	sareste svaniti
svanirebbe	svanirebbero	sarebbe svanito	sarebbero svaniti
6 Present Subjunctive		**13 Past Subjunctive**	
svanisca	svaniamo	sia svanito	siamo svaniti
svanisca	svaniate	sia svanito	siate svaniti
svanisca	svaniscano	sia svanito	siano svaniti
7 Imperfect Subjunctive		**14 Past Perfect Subjunctive**	
svanissi	svanissimo	fossi svanito	fossimo svaniti
svanissi	svaniste	fossi svanito	foste svaniti
svanisse	svanissero	fosse svanito	fossero svaniti

Imperative	
—	svaniamo
svanisci (non svanire)	svanite
svanisca	svaniscano

Samples of verb usage

Il mago svanì.   The magician disappeared.
Le mie speranze svanirono.   My hopes vanished.

svegliare

Gerund **svegliando**   Past Part. **svegliato**

to wake up, to rouse

The Seven Simple Tenses		The Seven Compound Tenses	
Singular	Plural	Singular	Plural
1 Present Indicative		**8 Present Perfect**	
sveglio	svegliamo	ho svegliato	abbiamo svegliato
svegli	svegliate	hai svegliato	avete svegliato
sveglia	svegliano	ha svegliato	hanno svegliato
2 Imperfect		**9 Past Perfect**	
svegliavo	svegliavamo	avevo svegliato	avevamo svegliato
svegliavi	svegliavate	avevi svegliato	avevate svegliato
svegliava	svegliavano	aveva svegliato	avevano svegliato
3 Past Absolute		**10 Past Anterior**	
svegliai	svegliammo	ebbi svegliato	avemmo svegliato
svegliasti	svegliaste	avesti svegliato	aveste svegliato
svegliò	svegliarono	ebbe svegliato	ebbero svegliato
4 Future		**11 Future Perfect**	
sveglierò	sveglieremo	avrò svegliato	avremo svegliato
sveglierai	sveglierete	avrai svegliato	avrete svegliato
sveglierà	sveglieranno	avrà svegliato	avranno svegliato
5 Present Conditional		**12 Past Conditional**	
sveglierei	sveglieremmo	avrei svegliato	avremmo svegliato
sveglieresti	svegliereste	avresti svegliato	avreste svegliato
sveglierebbe	sveglierebbero	avrebbe svegliato	avrebbero svegliato
6 Present Subjunctive		**13 Past Subjunctive**	
svegli	svegliamo	abbia svegliato	abbiamo svegliato
svegli	svegliate	abbia svegliato	abbiate svegliato
svegli	sveglino	abbia svegliato	abbiano svegliato
7 Imperfect Subjunctive		**14 Past Perfect Subjunctive**	
svegliassi	svegliassimo	avessi svegliato	avessimo svegliato
svegliassi	svegliaste	avessi svegliato	aveste svegliato
svegliasse	svegliassero	avesse svegliato	avessero svegliato

	Imperative	
—		svegliamo
sveglia (non svegliare)		svegliate
svegli		sveglino

Samples of verb usage

Ho svegliato mio figlio alle sei di mattina.   I woke up my son at 6 A.M.
Non svegliare il cane che dorme.   Let sleeping dogs lie.

NOTE: Like **svegliare** is **svegliarsi** (to awaken), conjugated with **essere**.

to faint, to swoon

The Seven Simple Tenses		The Seven Compound Tenses	
Singular	Plural	Singular	Plural
1 Present Indicative		**8 Present Perfect**	
svengo	sveniamo	sono svenuto	siamo svenuti
svieni	svenite	sei svenuto	siete svenuti
sviene	svengono	è svenuto	sono svenuti
2 Imperfect		**9 Past Perfect**	
svenivo	svenivamo	ero svenuto	eravamo svenuti
svenivi	svenivate	eri svenuto	eravate svenuti
sveniva	svenivano	era svenuto	erano svenuti
3 Past Absolute		**10 Past Anterior**	
svenni	svenimmo	fui svenuto	fummo svenuti
svenisti	sveniste	fosti svenuto	foste svenuti
svenne	svennero	fu svenuto	furono svenuti
4 Future		**11 Future Perfect**	
svenirò	sveniremo	sarò svenuto	saremo svenuti
svenirai	svenirete	sarai svenuto	sarete svenuti
svenirà	sveniranno	sarà svenuto	saranno svenuti
5 Present Conditional		**12 Past Conditional**	
svenirei	sveniremmo	sarei svenuto	saremmo svenuti
sveniresti	svenireste	saresti svenuto	sareste svenuti
svenirebbe	svenirebbero	sarebbe svenuto	sarebbero svenuti
6 Present Subjunctive		**13 Past Subjunctive**	
svenga	sveniamo	sia svenuto	siamo svenuti
svenga	sveniate	sia svenuto	siate svenuti
svenga	svengano	sia svenuto	siano svenuti
7 Imperfect Subjunctive		**14 Past Perfect Subjunctive**	
svenissi	svenissimo	fossi svenuto	fossimo svenuti
svenissi	sveniste	fossi svenuto	foste svenuti
svenisse	svenissero	fosse svenuto	fossero svenuti

Imperative	
—	sveniamo
svieni (non svenire)	svenite
svenga	svengano

Samples of verb usage

Lei sviene spesso.   She often faints.
Lui sviene dalla gioia.   He swoons with joy.
Loro sono svenuti dalla paura.   They fainted from fear.

to unfold, to develop

The Seven Simple Tenses		The Seven Compound Tenses	
Singular	Plural	Singular	Plural
1 Present Indicative		**8 Present Perfect**	
svolgo	svolgiamo	ho svolto	abbiamo svolto
svolgi	svolgete	hai svolto	avete svolto
svolge	svolgono	ha svolto	hanno svolto
2 Imperfect		**9 Past Perfect**	
svolgevo	svolgevamo	avevo svolto	avevamo svolto
svolgevi	svolgevate	avevi svolto	avevate svolto
svolgeva	svolgevano	aveva svolto	avevano svolto
3 Past Absolute		**10 Past Anterior**	
svolsi	svolgemmo	ebbi svolto	avemmo svolto
svolgesti	svolgeste	avesti svolto	aveste svolto
svolse	svolsero	ebbe svolto	ebbero svolto
4 Future		**11 Future Perfect**	
svolgerò	svolgeremo	avrò svolto	avremo svolto
svolgerai	svolgerete	avrai svolto	avrete svolto
svolgerà	svolgeranno	avrà svolto	avranno svolto
5 Present Conditional		**12 Past Conditional**	
svolgerei	svolgeremmo	avrei svolto	avremmo svolto
svolgeresti	svolgereste	avresti svolto	avreste svolto
svolgerebbe	svolgerebbero	avrebbe svolto	avrebbero svolto
6 Present Subjunctive		**13 Past Subjunctive**	
svolga	svolgiamo	abbia svolto	abbiamo svolto
svolga	svolgiate	abbia svolto	abbiate svolto
svolga	svolgano	abbia svolto	abbiano svolto
7 Imperfect Subjunctive		**14 Past Perfect Subjunctive**	
svolgessi	svolgessimo	avessi svolto	avessimo svolto
svolgessi	svolgeste	avessi svolto	aveste svolto
svolgesse	svolgessero	avesse svolto	avessero svolto

	Imperative	
—		svolgiamo
svolgi (non svolgere)		svolgete
svolga		svolgano

Samples of verb usage

Come hai svolto la storia?   How did you develop the story?
Svolse la storia in un articolo.   He developed the story into an article.

to be silent, to pass over in silence

The Seven Simple Tenses		The Seven Compound Tenses	
Singular	Plural	Singular	Plural
1 Present Indicative		**8** Present Perfect	
taccio	tac(c)iamo	ho taciuto	abbiamo taciuto
taci	tacete	hai taciuto	avete taciuto
tace	tacciono	ha taciuto	hanno taciuto
2 Imperfect		**9** Past Perfect	
tacevo	tacevamo	avevo taciuto	avevamo taciuto
tacevi	tacevate	avevi taciuto	avevate taciuto
taceva	tacevano	aveva taciuto	avevano taciuto
3 Past Absolute		**10** Past Anterior	
tacqui	tacemmo	ebbi taciuto	avemmo taciuto
tacesti	taceste	avesti taciuto	aveste taciuto
tacque	tacquero	ebbe taciuto	ebbero taciuto
4 Future		**11** Future Perfect	
tacerò	taceremo	avrò taciuto	avremo taciuto
tacerai	tacerete	avrai taciuto	avrete taciuto
tacerà	taceranno	avrà taciuto	avranno taciuto
5 Present Conditional		**12** Past Conditional	
tacerei	taceremmo	avrei taciuto	avremmo taciuto
taceresti	tacereste	avresti taciuto	avreste taciuto
tacerebbe	tacerebbero	avrebbe taciuto	avrebbero taciuto
6 Present Subjunctive		**13** Past Subjunctive	
taccia	tac(c)iamo	abbia taciuto	abbiamo taciuto
taccia	tac(c)iate	abbia taciuto	abbiate taciuto
taccia	tacciano	abbia taciuto	abbiano taciuto
7 Imperfect Subjunctive		**14** Past Perfect Subjunctive	
tacessi	tacessimo	avessi taciuto	avessimo taciuto
tacessi	taceste	avessi taciuto	aveste taciuto
tacesse	tacessero	avesse taciuto	avessero taciuto

	Imperative	
—		tac(c)iamo
taci (non tacere)		tacete
taccia		tacciano

Samples of verb usage

Taci, non ti voglio sentire!   Be quiet, I don't want to hear you.
I ragazzi tacciono quando il professore entra.   The students quiet down (keep quiet) when
the professor enters.

tagliare

Gerund **tagliando**   Past Part. **tagliato**

to cut, to slice, to cut up

The Seven Simple Tenses		The Seven Compound Tenses	
Singular	Plural	Singular	Plural
1 Present Indicative		**8 Present Perfect**	
taglio	tagliamo	ho tagliato	abbiamo tagliato
tagli	tagliate	hai tagliato	avete tagliato
taglia	tagliano	ha tagliato	hanno tagliato
2 Imperfect		**9 Past Perfect**	
tagliavo	tagliavamo	avevo tagliato	avevamo tagliato
tagliavi	tagliavate	avevi tagliato	avevate tagliato
tagliava	tagliavano	aveva tagliato	avevano tagliato
3 Past Absolute		**10 Past Anterior**	
tagliai	tagliammo	ebbi tagliato	avemmo tagliato
tagliasti	tagliaste	avesti tagliato	aveste tagliato
tagliò	tagliarono	ebbe tagliato	ebbero tagliato
4 Future		**11 Future Perfect**	
taglierò	taglieremo	avrò tagliato	avremo tagliato
taglierai	taglierete	avrai tagliato	avrete tagliato
tatglierà	taglieranno	avrà tagliato	avranno tagliato
5 Present Conditional		**12 Past Conditional**	
taglierei	taglieremmo	avrei tagliato	avremmo tagliato
taglieresti	tagliereste	avresti tagliato	avreste tagliato
taglierebbe	taglierebbero	avrebbe tagliato	avrebbero tagliato
6 Present Subjunctive		**13 Past Subjunctive**	
tagli	tagliamo	abbia tagliato	abbiamo tagliato
tagli	tagliate	abbia tagliato	abbiate tagliato
tagli	taglino	abbia tagliato	abbiano tagliato
7 Imperfect Subjunctive		**14 Past Perfect Subjunctive**	
tagliassi	tagliassimo	avessi tagliato	avessimo tagliato
tagliassi	tagliaste	avessi tagliato	aveste tagliato
tagliasse	tagliassero	avesse tagliato	avessero tagliato

	Imperative	
—		tagliamo
taglia (non tagliare)		tagliate
tagli		taglino

Samples of verb usage

La madre taglia una mela per il bambino.   The mother cuts up an apple for the child.
tagliare la testa al toro   to cut matters short

to fear, to be afraid of something

The Seven Simple Tenses		The Seven Compound Tenses	
Singular	Plural	Singular	Plural
1 Present Indicative		**8 Present Perfect**	
temo	temiamo	ho temuto	abbiamo temuto
temi	temete	hai temuto	avete temuto
teme	temono	ha temuto	hanno temuto
2 Imperfect		**9 Past Perfect**	
temevo	temevamo	avevo temuto	avevamo temuto
temevi	temevate	avevi temuto	avevate temuto
temeva	temevano	aveva temuto	avevano temuto
3 Past Absolute		**10 Past Anterior**	
temei	tememmo	ebbi temuto	avemmo temuto
temesti	temeste	avesti temuto	aveste temuto
temè	temerono	ebbe temuto	ebbero temuto
4 Future		**11 Future Perfect**	
temerò	temeremo	avrò temuto	avremo temuto
temerai	temerete	avrai temuto	avrete temuto
temerà	temeranno	avrà temuto	avranno temuto
5 Present Conditional		**12 Past Conditional**	
temerei	temeremmo	avrei temuto	avremmo temuto
temeresti	temereste	avresti temuto	avreste temuto
temerebbe	temerebbero	avrebbe temuto	avrebbero temuto
6 Present Subjunctive		**13 Past Subjunctive**	
tema	temiamo	abbia temuto	abbiamo temuto
tema	temiate	abbia temuto	abbiate temuto
tema	temano	abbia temuto	abbiano temuto
7 Imperfect Subjunctive		**14 Past Perfect Subjunctive**	
temessi	temessimo	avessi temuto	avessimo temuto
temessi	temeste	avessi temuto	aveste temuto
temesse	temessero	avesse temuto	avessero temuto

Imperative	
—	temiamo
temi (non temere)	**temete**
tema	**temano**

Samples of verb usage

Non temo niente.   I am not afraid of anything.
Temono che non venga.   They're afraid he (she) won't come.
temere il peggio   to fear the worst

tendere

to stretch out, to hold out, to tend

The Seven Simple Tenses		The Seven Compound Tenses	
Singular	Plural	Singular	Plural
1 Present Indicative		**8 Present Perfect**	
tendo	tendiamo	ho teso	abbiamo teso
tendi	tendete	hai teso	avete teso
tende	tendono	ha teso	hanno teso
2 Imperfect		**9 Past Perfect**	
tendevo	tendevamo	avevo teso	avevamo teso
tendevi	tendevate	avevi teso	avevate teso
tendeva	tendevano	aveva teso	avevano teso
3 Past Absolute		**10 Past Anterior**	
tesi	tendemmo	ebbi teso	avemmo teso
tendesti	tendeste	avesti teso	aveste teso
tese	tesero	ebbe teso	ebbero teso
4 Future		**11 Future Perfect**	
tenderò	tenderemo	avrò teso	avremo teso
tenderai	tenderete	avrai teso	avrete teso
tenderà	tenderanno	avrà teso	avranno teso
5 Present Conditional		**12 Past Conditional**	
tenderei	tenderemmo	avrei teso	avremmo teso
tenderesti	tendereste	avresti teso	avreste teso
tenderebbe	tenderebbero	avrebbe teso	avrebbero teso
6 Present Subjunctive		**13 Past Subjunctive**	
tenda	tendiamo	abbia teso	abbiamo teso
tenda	tendiate	abbia teso	abbiate teso
tenda	tendano	abbia teso	abbiano teso
7 Imperfect Subjunctive		**14 Past Perfect Subjunctive**	
tendessi	tendemmo	avessi teso	avessimo teso
tendessi	tendeste	avessi teso	aveste teso
tendesse	tendessero	avesse teso	avessero teso

	Imperative	
—		tendiamo
tendi (non tendere)		tendete
tenda		tendano

Samples of verb usage

Lui tese la cordicella e prese il coniglio.   He stretched out the cord and caught the rabbit.
Carlo le tende la mano in atto di amicizia.   Charles holds out his hand to her as an act of
friendship.

NOTE: Like **tendere** are **attendere, contendere, estendere, intendere, pretendere, pretendere,** and **stendere.**

to keep, to hold

The Seven Simple Tenses		The Seven Compound Tenses	
Singular	Plural	Singular	Plural
1 Present Indicative		**8** Present Perfect	
tengo	teniamo	ho tenuto	abbiamo tenuto
tieni	tenete	hai tenuto	avete tenuto
tiene	tengono	ha tenuto	hanno tenuto
2 Imperfect		**9** Past Perfect	
tenevo	tenevamo	avevo tenuto	avevamo tenuto
tenevi	tenevate	avevi tenuto	avevate tenuto
teneva	tenevano	aveva tenuto	avevano tenuto
3 Past Absolute		**10** Past Anterior	
tenni	tenemmo	ebbi tenuto	avemmo tenuto
tenesti	teneste	avesti tenuto	aveste tenuto
tenne	tennero	ebbe tenuto	ebbero tenuto
4 Future		**11** Future Perfect	
terrò	terremo	avrò tenuto	avremo tenuto
terrai	terrete	avrai tenuto	avrete tenuto
terrà	terranno	avrà tenuto	avranno tenuto
5 Present Conditional		**12** Past Conditional	
terrei	terremmo	avrei tenuto	avremmo tenuto
terresti	terreste	avresti tenuto	avreste tenuto
terrebbe	terrebbero	avrebbe tenuto	avrebbero tenuto
6 Present Subjunctive		**13** Past Subjunctive	
tenga	teniamo	abbia tenuto	abbiamo tenuto
tenga	teniate	abbia tenuto	abbiate tenuto
tenga	tengano	abbia tenuto	abbiano tenuto
7 Imperfect Subjunctive		**14** Past Perfect Subjunctive	
tenessi	tenessimo	avessi tenuto	avessimo tenuto
tenessi	teneste	avessi tenuto	aveste tenuto
tenesse	tenessero	avesse tenuto	avessero tenuto

	Imperative	
—		teniamo
tieni (non tenere)		tenete
tenga		tengano

Samples of verb usage

Il professore li ha tenuti in classe per tre ore.   The professor kept them in class for three hours.

Due colonne tengono su l'arco.   Two columns hold up the arch.

NOTE: Like **tenere** are **appartenere, astenersi, contenere, mantenere, ottenere, ritenere, sostenere,** and **trattenere.**

tentare

to try, to attempt, to tempt

The Seven Simple Tenses		The Seven Compound Tenses	
Singular	Plural	Singular	Plural
1 Present Indicative		**8 Present Perfect**	
tento	tentiamo	ho tentato	abbiamo tentato
tenti	tentate	hai tentato	avete tentato
tenta	tentano	ha tentato	hanno tentato
2 Imperfect		**9 Past Perfect**	
tentavo	tentavamo	avevo tentato	avevamo tentato
tentavi	tentavate	avevi tentato	avevate tentato
tentava	tentavano	aveva tentato	avevano tentato
3 Past Absolute		**10 Past Anterior**	
tentai	tentammo	ebbi tentato	avemmo tentato
tentasti	tentaste	avesti tentato	aveste tentato
tentò	tentarono	ebbe tentato	ebbero tentato
4 Future		**11 Future Perfect**	
tenterò	tenteremo	avrò tentato	avremo tentato
tenterai	tenterete	avrai tentato	avrete tentato
tenterà	tenteranno	avrà tentato	avranno tentato
5 Present Conditional		**12 Past Conditional**	
tenterei	tenteremmo	avrei tentato	avremmo tentato
tenteresti	tentereste	avresti tentato	avreste tentato
tenterebbe	tenterebbero	avrebbe tentato	avrebbero tentato
6 Present Subjunctive		**13 Past Subjunctive**	
tenti	tentiamo	abbia tentato	abbiamo tentato
tenti	tentiate	abbia tentato	abbiate tentato
tenti	tentino	abbia tentato	abbiano tentato
7 Imperfect Subjunctive		**14 Past Perfect Subjunctive**	
tentassi	tentassimo	avessi tentato	avessimo tentato
tentassi	tentaste	avessi tentato	aveste tentato
tentasse	tentassero	avesse tentato	avessero tentato

	Imperative	
—		tentiamo
tenta (non tentare)		tentate
tenti		tentino

Samples of verb usage

Ho tentato di parlare con il governatore.   I tried to speak to the governor.
Se non si tenta, non si riesce.   If one does not try, one does not succeed.
Lui mi tentò con il denaro.   He tempted me with money.

to dye

The Seven Simple Tenses		The Seven Compound Tenses	
Singular	Plural	Singular	Plural
1 Present Indicative		**8** Present Perfect	
tingo	tingiamo	ho tinto	abbiamo tinto
tingi	tingete	hai tinto	avete tinto
tinge	tingono	ha tinto	hanno tinto
2 Imperfect		**9** Past Perfect	
tingevo	tingevamo	avevo tinto	avevamo tinto
tingevi	tingevate	avevi tinto	avevate tinto
tingeva	tingevano	aveva tinto	avevano tinto
3 Past Absolute		**10** Past Anterior	
tinsi	tingemmo	ebbi tinto	avemmo tinto
tingesti	tingeste	avesti tinto	aveste tinto
tinse	tinsero	ebbe tinto	ebbero tinto
4 Future		**11** Future Perfect	
tingerò	tingeremo	avrò tinto	avremo tinto
tingerai	tingerete	avrai tinto	avrete tinto
tingerà	tingeranno	avrà tinto	avranno tinto
5 Present Conditional		**12** Past Conditional	
tingerei	tingeremmo	avrei tinto	avremmo tinto
tingeresti	tingereste	avresti tinto	avreste tinto
tingerebbe	tingerebbero	avrebbe tinto	avrebbero tinto
6 Present Subjunctive		**13** Past Subjunctive	
tinga	tingiamo	abbia tinto	abbiamo tinto
tinga	tingiate	abbia tinto	abbiate tinto
tinga	tingano	abbia tinto	abbiano tinto
7 Imperfect Subjunctive		**14** Past Perfect Subjunctive	
tingessi	tingessimo	avessi tinto	avessimo tinto
tingessi	tingeste	avessi tinto	aveste tinto
tingesse	tingessero	avesse tinto	avessero tinto

Imperative		
—		tingiamo
tingi (non tingere)		tingete
tinga		tingano

Samples of verb usage

Non mi piacciono i capelli tinti.   I don't like dyed hair.
Chi ha tinto questa camicia?   Who dyed this shirt?

to pull, to draw

The Seven Simple Tenses		The Seven Compound Tenses	
Singular	Plural	Singular	Plural
1 Present Indicative		**8 Present Perfect**	
tiro	tiriamo	ho tirato	abbiamo tirato
tiri	tirate	hai tirato	avete tirato
tira	tirano	ha tirato	hanno tirato
2 Imperfect		**9 Past Perfect**	
tiravo	tiravamo	avevo tirato	avevamo tirato
tiravi	tiravate	avevi tirato	avevate tirato
tirava	tiravano	aveva tirato	avevano tirato
3 Past Absolute		**10 Past Anterior**	
tirai	tirammo	ebbi tirato	avemmo tirato
tirasti	tiraste	avesti tirato	aveste tirato
tirò	tirarono	ebbe tirato	ebbero tirato
4 Future		**11 Future Perfect**	
tirerò	tireremo	avrò tirato	avremo tirato
tirerai	tirerete	avrai tirato	avrete tirato
tirerà	tireranno	avrà tirato	avranno tirato
5 Present Conditional		**12 Past Conditional**	
tirerei	tireremmo	avrei tirato	avremmo tirato
tireresti	tirereste	avresti tirato	avreste tirato
tirerebbe	tirerebbero	avrebbe tirato	avrebbero tirato
6 Present Subjunctive		**13 Past Subjunctive**	
tiri	tiriamo	abbia tirato	abbiamo tirato
tiri	tiriate	abbia tirato	abbiate tirato
tiri	tirino	abbia tirato	abbiano tirato
7 Imperfect Subjunctive		**14 Past Perfect Subjunctive**	
tirassi	tirassimo	avessi tirato	avessimo tirato
tirassi	tiraste	avessi tirato	aveste tirato
tirasse	tirassero	avesse tirato	avessero tirato

	Imperative	
—		tiriamo
tira (non tirare)		tirate
tiri		tirino

Samples of verb usage

Il cavallo tira la carrozza.   The horse draws the coach.
Io lo tiro per i capelli.   I pull him by the hair.

to touch, to handle

The Seven Simple Tenses		The Seven Compound Tenses	
Singular	Plural	Singular	Plural

1 Present Indicative

		8 Present Perfect	
tocco	tocchiamo	ho toccato	abbiamo toccato
tocchi	toccate	hai toccato	avete toccato
tocca	toccano	ha toccato	hanno toccato

2 Imperfect

		9 Past Perfect	
toccavo	toccavamo	avevo toccato	avevamo toccato
toccavi	toccavate	avevi toccato	avevate toccato
toccava	toccavano	aveva toccato	avevano toccato

3 Past Absolute

		10 Past Anterior	
toccai	toccammo	ebbi toccato	avemmo toccato
toccasti	toccaste	avesti toccato	aveste toccato
toccò	toccarono	ebbe toccato	ebbero toccato

4 Future

		11 Future Perfect	
toccherò	toccheremo	avrò toccato	avremo toccato
toccherai	toccherete	avrai toccato	avrete toccato
toccherà	toccheranno	avrà toccato	avranno toccato

5 Present Conditional

		12 Past Conditional	
toccherei	toccheremmo	avrei toccato	avremmo toccato
toccheresti	tocchereste	avresti toccato	avreste toccato
toccherebbe	toccherebbero	avrebbe toccato	avrebbero toccato

6 Present Subjunctive

		13 Past Subjunctive	
tocchi	tocchiamo	abbia toccato	abbiamo toccato
tocchi	tocchiate	abbia toccato	abbiate toccato
tocchi	tocchino	abbia toccato	abbiano toccato

7 Imperfect Subjunctive

		14 Past Perfect Subjunctive	
toccassi	toccassimo	avessi toccato	avessimo toccato
toccassi	toccaste	avessi toccato	aveste toccato
toccasse	toccassero	avesse toccato	avessero toccato

Imperative

—		tocchiamo
tocca (non toccare)		toccate
tocchi		tocchino

Samples of verb usage

Non ha toccato cibo da quattro giorni.   He has not touched any food for four days.
Si prega di non toccare la frutta!   Please do not touch the fruit!

459

to take away, to remove

The Seven Simple Tenses		The Seven Compound Tenses	
Singular	Plural	Singular	Plural
1 Present Indicative		**8 Present Perfect**	
tolgo	togliamo	ho tolto	abbiamo tolto
togli	togliete	hai tolto	avete tolto
toglie	tolgono	ha tolto	hanno tolto
2 Imperfect		**9 Past Perfect**	
toglievo	toglievamo	avevo tolto	avevamo tolto
toglievi	toglievate	avevi tolto	avevate tolto
toglieva	toglievano	aveva tolto	avevano tolto
3 Past Absolute		**10 Past Anterior**	
tolsi	togliemmo	ebbi tolto	avemmo tolto
togliesti	toglieste	avesti tolto	aveste tolto
tolse	tolsero	ebbe tolto	ebbero tolto
4 Future		**11 Future Perfect**	
toglierò	toglieremo	avrò tolto	avremo tolto
toglierai	toglierete	avrai tolto	avrete tolto
toglierà	toglieranno	avrà tolto	avranno tolto
5 Present Conditional		**12 Past Conditional**	
toglierei	toglieremmo	avrei tolto	avremmo tolto
toglieresti	togliereste	avresti tolto	avreste tolto
toglierebbe	toglierebbero	avrebbe tolto	avrebbero tolto
6 Present Subjunctive		**13 Past Subjunctive**	
tolga	togliamo	abbia tolto	abbiamo tolto
tolga	togliate	abbia tolto	abbiate tolto
tolga	tolgano	abbia tolto	abbiano tolto
7 Imperfect Subjunctive		**14 Past Perfect Subjunctive**	
togliessi	togliessimo	avessi tolto	avessimo tolto
togliessi	toglieste	avessi tolto	aveste tolto
togliesse	togliessero	avesse tolto	avessero tolto

	Imperative	
—		togliamo
togli (non togliere)		togliete
tolga		tolgano

Samples of verb usage

Chi ha tolto i libri dallo scaffale?   Who took the books from the shelf?
Toglilo di qui!   Take it away from here!

to twist, to wring

The Seven Simple Tenses		The Seven Compound Tenses	
Singular	Plural	Singular	Plural
1 Present Indicative		**8 Present Perfect**	
torco	torciamo	ho torto	abbiamo torto
torci	torcete	hai torto	avete torto
torce	torcono	ha torto	hanno torto
2 Imperfect		**9 Past Perfect**	
torcevo	torcevamo	avevo torto	avevamo torto
torcevi	torcevate	avevi torto	avevate torto
torceva	torcevano	aveva torto	avevano torto
3 Past Absolute		**10 Past Anterior**	
torsi	torcemmo	ebbi torto	avemmo torto
torcesti	torceste	avesti torto	aveste torto
torse	torsero	ebbe torto	ebbero torto
4 Future		**11 Future Perfect**	
torcerò	torceremo	avrò torto	avremo torto
torcerai	torcerete	avrai torto	avrete torto
torcerà	torceranno	avrà torto	avranno torto
5 Present Conditional		**12 Past Conditional**	
torcerei	torceremmo	avrei torto	avremmo torto
torceresti	torcereste	avresti torto	avreste torto
torcerebbe	torcerebbero	avrebbe torto	avrebbero torto
6 Present Subjunctive		**13 Past Subjunctive**	
torca	torciamo	abbia torto	abbiamo torto
torca	torciate	abbia torto	abbiate torto
torca	torcano	abbia torto	abbiano torto
7 Imperfect Subjunctive		**14 Past Perfect Subjunctive**	
torcessi	torcessimo	avessi torto	avessimo torto
torcessi	torceste	avessi torto	aveste torto
torcesse	torcessero	avesse torto	avessero torto

Imperative	
—	torciamo
torci (non torcere)	torcete
torca	torcano

Samples of verb usage

Lui mi torse il braccio.   He twisted my arm.
Se ti prendo, ti torco il collo.   If I catch you, I'll wring your neck.

NOTE: Like **torcere** are **contorcere, estorcere, ritorcere,** and **scontorcersi;** conjugated with **essere.**

tornare

Gerund **tornando**   Past Part. **tornato**

to return, to go back

The Seven Simple Tenses		The Seven Compound Tenses	
Singular	Plural	Singular	Plural
1 Present Indicative		**8 Present Perfect**	
torno	torniamo	sono tornato	siamo tornati
torni	tornate	sei tornato	siete tornati
torna	tornano	è tornato	sono tornati
2 Imperfect		**9 Past Perfect**	
tornavo	tornavamo	ero tornato	eravamo tornati
tornavi	tornavate	eri tornato	eravate tornati
tornava	tornavano	era tornato	erano tornati
3 Past Absolute		**10 Past Anterior**	
tornai	tornammo	fui tornato	fummo tornati
tornasti	tornaste	fosti tornato	foste tornati
tornò	tornarono	fu tornato	furono tornati
4 Future		**11 Future Perfect**	
tornerò	torneremo	sarò tornato	saremo tornati
tornerai	tornerete	sarai tornato	sarete tornati
tornerà	torneranno	sarà tornato	saranno tornati
5 Present Conditional		**12 Past Conditional**	
tornerei	torneremmo	sarei tornato	saremmo tornati
torneresti	tornereste	saresti tornato	sareste tornati
tornerebbe	tornerebbero	sarebbe tornato	sarebbero tornati
6 Present Subjunctive		**13 Past Subjunctive**	
torni	torniamo	sia tornato	siamo tornati
torni	torniate	sia tornato	siate tornati
torni	tornino	sia tornato	siano tornati
7 Imperfect Subjunctive		**14 Past Perfect Subjunctive**	
tornassi	tornassimo	fossi tornato	fossimo tornati
tornassi	tornaste	fossi tornato	foste tornati
tornasse	tornassero	fosse tornato	fossero tornati

	Imperative	
—		torniamo
torna (non tornare)		tornate
torni		tornino

Samples of verb usage

Tornò a casa dopo due giorni.   He/(She) returned home after two days.
tornare al punto di partenza   to come full circle

to betray, to deceive

The Seven Simple Tenses		The Seven Compound Tenses	
Singular	Plural	Singular	Plural
1 Present Indicative		**8 Present Perfect**	
tradisco	tradiamo	ho tradito	abbiamo tradito
tradisci	tradite	hai tradito	avete tradito
tradisce	tradiscono	ha tradito	hanno tradito
2 Imperfect		**9 Past Perfect**	
tradivo	tradivamo	avevo tradito	avevamo tradito
tradivi	tradivate	avevi tradito	avevate tradito
tradiva	tradivano	aveva tradito	avevano tradito
3 Past Absolute		**10 Past Anterior**	
tradii	tradimmo	ebbi tradito	avemmo tradito
tradisti	tradiste	avesti tradito	aveste tradito
tradì	tradirono	ebbe tradito	ebbero tradito
4 Future		**11 Future Perfect**	
tradirò	tradiremo	avrò tradito	avremo tradito
tradirai	tradirete	avrai tradito	avrete tradito
tradirà	tradiranno	avrà tradito	avranno tradito
5 Present Conditional		**12 Past Conditional**	
tradirei	tradiremmo	avrei tradito	avremmo tradito
tradiresti	tradireste	avresti tradito	avreste tradito
tradirebbe	tradirebbero	avrebbe tradito	avrebbero tradito
6 Present Subjunctive		**13 Past Subjunctive**	
tradisca	tradiamo	abbia tradito	abbiamo tradito
tradisca	tradiate	abbia tradito	abbiate tradito
tradisca	tradiscano	abbia tradito	abbiano tradito
7 Imperfect Subjunctive		**14 Past Perfect Subjunctive**	
tradissi	tradissimo	avessi tradito	avessimo tradito
tradissi	tradiste	avessi tradito	aveste tradito
tradisse	tradissero	avesse tradito	avessero tradito

	Imperative	
—		tradiamo
tradisci (non tradire)		tradite
tradisca		tradiscano

Samples of verb usage

Benedict Arnold tradì la patria.   Benedict Arnold betrayed his country.
tradire gli ideali   to betray one's ideals

tradurre

Gerund **traducendo**   Past Part. **tradotto**

to translate

The Seven Simple Tenses		The Seven Compound Tenses	
Singular	Plural	Singular	Plural
1 Present Indicative		**8 Present Perfect**	
traduco	traduciamo	ho tradotto	abbiamo tradotto
traduci	traducete	hai tradotto	avete tradotto
traduce	traducono	ha tradotto	hanno tradotto
2 Imperfect		**9 Past Perfect**	
traducevo	traducevamo	avevo tradotto	avevamo tradotto
traducevi	traducevate	avevi tradotto	avevate tradotto
traduceva	traducevano	aveva tradotto	avevano tradotto
3 Past Absolute		**10 Past Anterior**	
tradussi	traducemmo	ebbi tradotto	avemmo tradotto
traducesti	traduceste	avesti tradotto	aveste tradotto
tradusse	tradussero	ebbe tradotto	ebbero tradotto
4 Future		**11 Future Perfect**	
tradurrò	tradurremo	avrò tradotto	avremo tradotto
tradurrai	tradurrete	avrai tradotto	avrete tradotto
tradurrà	tradurranno	avrà tradotto	avranno tradotto
5 Present Conditional		**12 Past Conditional**	
tradurrei	tradurremmo	avrei tradotto	avremmo tradotto
tradurresti	tradurreste	avresti tradotto	avreste tradotto
tradurrebbe	tradurrebbero	avrebbe tradotto	avrebbero tradotto
6 Present Subjunctive		**13 Past Subjunctive**	
traduca	traduciamo	abbia tradotto	abbiamo tradotto
traduca	traduciate	abbia tradotto	abbiate tradotto
traduca	traducano	abbia tradotto	abbiano tradotto
7 Imperfect Subjunctive		**14 Past Perfect Subjunctive**	
traducessi	traducessimo	avessi tradotto	avessimo tradotto
traducessi	traduceste	avessi tradotto	aveste tradotto
traducesse	traducessero	avesse tradotto	avessero tradotto

Imperative	
—	traduciamo
traduci (non tradurre)	traducete
traduca	traducano

Samples of verb usage

Lo studente traduce bene dall'italiano.   The student translates well from Italian.
Io le traducevo le lettere.   I used to translate her letters for her.

to draw, to pull

The Seven Simple Tenses		The Seven Compound Tenses	
Singular	Plural	Singular	Plural
1 Present Indicative		**8** Present Perfect	
traggo	**tra(ggh)iamo**	**ho tratto**	**abbiamo tratto**
trai	**traete**	**hai tratto**	**avete tratto**
trae	**traggono**	**ha tratto**	**hanno tratto**
2 Imperfect		**9** Past Perfect	
traevo	**traevamo**	**avevo tratto**	**avevamo tratto**
traevi	**traevate**	**avevi tratto**	**avevate tratto**
traeva	**traevano**	**aveva tratto**	**avevano tratto**
3 Past Absolute		**10** Past Anterior	
trassi	**traemmo**	**ebbi tratto**	**avemmo tratto**
traesti	**traeste**	**avesti tratto**	**aveste tratto**
trasse	**trassero**	**ebbe tratto**	**ebbero tratto**
4 Future		**11** Future Perfect	
trarrò	**trarremo**	**avrò tratto**	**avremo tratto**
trarrai	**trarrete**	**avrai tratto**	**avrete tratto**
trarrà	**trarranno**	**avrà tratto**	**avranno tratto**
5 Present Conditional		**12** Past Conditional	
trarrei	**trarremmo**	**avrei tratto**	**avremmo tratto**
trarresti	**trarreste**	**avresti tratto**	**avreste tratto**
trarrebbe	**trarrebbero**	**avrebbe tratto**	**avrebbero tratto**
6 Present Subjunctive		**13** Past Subjunctive	
tragga	**tra(ggh)iamo**	**abbia tratto**	**abbiamo tratto**
tragga	**tra(ggh)iate**	**abbia tratto**	**abbiate tratto**
tragga	**traggano**	**abbia tratto**	**abbiano tratto**
7 Imperfect Subjunctive		**14** Past Perfect Subjunctive	
traessi	**traessimo**	**avessi tratto**	**avessimo tratto**
traessi	**traeste**	**avessi tratto**	**aveste tratto**
traesse	**traessero**	**avesse tratto**	**avessero tratto**

	Imperative	
—		**tra(ggh)iamo**
trai (non trarre)		**traete**
tragga		**traggano**

Samples of verb usage

Lui ci trasse a se.   He drew us to him.
Traggo la sedia a me e mi siedo.   I draw the chair toward me and sit down.

NOTE: Like **trarre** are **astrarre, attrarre, contrarre, detrarre, distrarre, estrarre, protrarre, ritrarre,** and **sottrarre.**

trascinare

Gerund **trascinando** Past Part. **trascinato**

to drag

The Seven Simple Tenses		The Seven Compound Tenses	
Singular	Plural	Singular	Plural
1 Present Indicative		**8 Present Perfect**	
trascino	trasciniamo	ho trascinato	abbiamo trascinato
trascini	trascinate	hai trascinato	avete trascinato
trascina	trascinano	ha trascinato	hanno trascinato
2 Imperfect		**9 Past Perfect**	
trascinavo	trascinavamo	avevo trascinato	avevamo trascinato
trascinavi	trascinavate	avevi trascinato	avevate trascinato
trascinava	trascinavano	aveva trascinato	avevano trascinato
3 Past Absolute		**10 Past Anterior**	
trascinai	trascinammo	ebbi trascinato	avemmo trascinato
trascinasti	trascinaste	avesti trascinato	aveste trascinato
trascinò	trascinarono	ebbe trascinato	ebbero trascinato
4 Future		**11 Future Perfect**	
trascinerò	trascineremo	avrò trascinato	avremo trascinato
trascinerai	trascinerete	avrai trascinato	avrete trascinato
trascinerà	trascineranno	avrà trascinato	avranno trascinato
5 Present Conditional		**12 Past Conditional**	
trascinerei	trascineremmo	avrei trascinato	avremmo trascinato
trascineresti	trascinereste	avresti trascinato	avreste trascinato
trascinerebbe	trascinerebbero	avrebbe trascinato	avrebbero trascinato
6 Present Subjunctive		**13 Past Subjunctive**	
trascini	trasciniamo	abbia trascinato	abbiamo trascinato
trascini	trasciniate	abbia trascinato	abbiate trascinato
trascini	trascinano	abbia trascinato	abbiano trascinato
7 Imperfect Subjunctive		**14 Past Perfect Subjunctive**	
trascinassi	trascinassimo	avessi trascinato	avessimo trascinato
trascinassi	trascinaste	avessi trascinato	aveste trascinato
trascinasse	trascinassero	avesse trascinato	avessero trascinato

Imperative	
—	trasciniamo
trascina (non trascinare)	trascinate
trascini	trascinino

Samples of verb usage

"Non trascinare i piedi," dice la mamma al bimbo. "Don't drag your feet," the mother says to the child.

trascinare una vita di miseria to lead a wretched life

466

to spend, to pass

The Seven Simple Tenses		The Seven Compound Tenses	
Singular	Plural	Singular	Plural

1 Present Indicative		**8 Present Perfect**	
trascorro	trascorriamo	ho trascorso	abbiamo trascorso
trascorri	trascorrete	hai trascorso	avete trascorso
trascorre	trascorrono	ha trascorso	hanno trascorso

2 Imperfect		**9 Past Perfect**	
trascorrevo	trascorrevamo	avevo trascorso	avevamo trascorso
trascorrevi	trascorrevate	avevi trascorso	avevate trascorso
trascorreva	trascorrevano	aveva trascorso	avevano trascorso

3 Past Absolute		**10 Past Anterior**	
trascorsi	trascorremmo	ebbi trascorso	avemmo trascorso
trascorresti	trascorreste	avesti trascorso	aveste trascorso
trascorse	trascorsero	ebbe trascorso	ebbero trascorso

4 Future		**11 Future Perfect**	
trascorrerò	trascorreremo	avrò trascorso	avremo trascorso
trascorrerai	trascorrerete	avrai trascorso	avrete trascorso
trascorrerà	trascorreranno	avrà trascorso	avranno trascorso

5 Present Conditional		**12 Past Conditional**	
trascorrerei	trascorreremmo	avrei trascorso	avremmo trascorso
trascorreresti	trascorrereste	avresti trascorso	avreste trascorso
trascorrerebbe	trascorrerebbero	avrebbe trascorso	avrebbero trascorso

6 Present Subjunctive		**13 Past Subjunctive**	
trascorra	trascorriamo	abbia trascorso	abbiamo trascorso
trascorra	trascorriate	abbia trascorso	abbiate trascorso
trascorra	trascorrano	abbia trascorso	abbiano trascorso

7 Imperfect Subjunctive		**14 Past Perfect Subjunctive**	
trascorressi	trascorressimo	avessi trascorso	avessimo trascorso
trascorressi	trascorreste	avessi trascorso	aveste trascorso
trascorresse	trascorressero	avesse trascorso	avessero trascorso

	Imperative	
—		trascorriamo
trascorri (non trascorrere)		trascorrete
trascorra		trascorrano

Samples of verb usage

Ho trascorso tre anni in Italia.   I spent three years in Italy.
trascorrere il tempo a   to spend one's time

NOTE: **Trascorrere** may also be conjugated with **essere**.

to transfer, to remove

The Seven Simple Tenses		The Seven Compound Tenses	
Singular	Plural	Singular	Plural

1 Present Indicative		8 Present Perfect	
trasferisco	trasferiamo	ho trasferito	abbiamo trasferito
trasferisci	trasferite	hai trasferito	avete trasferito
trasferisce	trasferiscono	ha trasferito	hanno trasferito

2 Imperfect		9 Past Perfect	
trasferivo	trasferivamo	avevo trasferito	avevamo trasferito
trasferivi	trasferivate	avevi trasferito	avevate trasferito
trasferiva	trasferivano	aveva trasferito	avevano trasferito

3 Past Absolute		10 Past Anterior	
trasferii	trasferimmo	ebbi trasferito	avemmo trasferito
trasferisti	trasferiste	avesti trasferito	aveste trasferito
trasferì	trasferirono	ebbe trasferito	ebbero trasferito

4 Future		11 Future Perfect	
trasferirò	trasferiremo	avrò trasferito	avremo trasferito
trasferirai	trasferirete	avrai trasferito	avrete trasferito
trasferirà	trasferiranno	avrà trasferito	avranno trasferito

5 Present Conditional		12 Past Conditional	
trasferirei	trasferiremmo	avrei trasferito	avremmo trasferito
trasferiresti	trasferireste	avresti trasferito	avreste trasferito
trasferirebbe	trasferirebbero	avrebbe trasferito	avrebbero trasferito

6 Present Subjunctive		13 Past Subjunctive	
trasferisca	trasferiamo	abbia trasferito	abbiamo trasferito
trasferisca	trasferiate	abbia trasferito	abbiate trasferito
trasferisca	trasferiscano	abbia trasferito	abbiano trasferito

7 Imperfect Subjunctive		14 Past Perfect Subjunctive	
trasferissi	trasferissimo	avessi trasferito	avessimo trasferito
trasferissi	trasferiste	avessi trasferito	aveste trasferito
trasferisse	trasferissero	avesse trasferito	avessero trasferito

Imperative	
—	trasferiamo
trasferisci (non trasferire)	trasferite
trasferisca	trasferiscano

Samples of verb usage

Lei ha trasferito il denaro al conto corrente.   She transferred the money to the checking account.

Hanno trasferito le truppe a un'altra zona.   They removed the troops to another area.

to transmit, to pass on, to convey

The Seven Simple Tenses		The Seven Compound Tenses	
Singular	Plural	Singular	Plural
1 Present Indicative		**8** Present Perfect	
trasmetto	trasmettiamo	ho trasmesso	abbiamo trasmesso
trasmetti	trasmettete	hai trasmesso	avete trasmesso
trasmette	trasmettono	ha trasmesso	hanno trasmesso
2 Imperfect		**9** Past Perfect	
trasmettevo	trasmettevamo	avevo trasmesso	avevamo trasmesso
trasmettevi	trasmettevate	avevi trasmesso	avevate trasmesso
trasmetteva	trasmettevano	aveva trasmesso	avevano trasmesso
3 Past Absolute		**10** Past Anterior	
trasmisi	trasmettemmo	ebbi trasmesso	avemmo trasmesso
trasmettesti	trasmetteste	avesti trasmesso	aveste trasmesso
trasmise	trasmisero	ebbe trasmesso	ebbero trasmesso
4 Future		**11** Future Perfect	
trasmetterò	trasmetteremo	avrò trasmesso	avremo trasmesso
trasmetterai	trasmetterete	avrai trasmesso	avrete trasmesso
trasmetterà	trasmetteranno	avrà trasmesso	avranno trasmesso
5 Present Conditional		**12** Past Conditional	
trasmetterei	trasmetteremmo	avrei trasmesso	avremmo trasmesso
trasmetteresti	trasmettereste	avresti trasmesso	avreste trasmesso
trasmetterebbe	trasmetterebbero	avrebbe trasmesso	avrebbero trasmesso
6 Present Subjunctive		**13** Past Subjunctive	
trasmetta	trasmettiamo	abbia trasmesso	abbiamo trasmesso
trasmetta	trasmettiate	abbia trasmesso	abbiate trasmesso
trasmetta	trasmettano	abbia trasmesso	abbiano trasmesso
7 Imperfect Subjunctive		**14** Past Perfect Subjunctive	
trasmettessi	trasmettessimo	avessi trasmesso	avessimo trasmesso
trasmettessi	trasmetteste	avessi trasmesso	aveste trasmesso
trasmettesse	trasmettessero	avesse trasmesso	avessero trasmesso

Imperative	
—	trasmettiamo
trasmetti (non trasmettere)	trasmettete
trasmetta	trasmettano

Samples of verb usage

Hanno trasmesso il programma alle nove.   They transmitted the program at nine o'clock.
trasmettere sentimenti   to convey feelings
trasmettere informazioni   to convey information

to treat, to use, to deal with

The Seven Simple Tenses		The Seven Compound Tenses	
Singular	Plural	Singular	Plural
1 Present Indicative		**8 Present Perfect**	
tratto	trattiamo	ho trattato	abbiamo trattato
tratti	trattate	hai trattato	avete trattato
tratta	trattano	ha trattato	hanno trattato
2 Imperfect		**9 Past Perfect**	
trattavo	trattavamo	avevo trattato	avevamo trattato
trattavi	trattavate	avevi trattato	avevate trattato
trattava	trattavano	aveva trattato	avevano trattato
3 Past Absolute		**10 Past Anterior**	
trattai	trattammo	ebbi trattato	avemmo trattato
trattasti	trattaste	avesti trattato	aveste trattato
trattò	trattarono	ebbe trattato	ebbero trattato
4 Future		**11 Future Perfect**	
tratterò	tratteremo	avrò trattato	avremo trattato
tratterai	tratterete	avrai trattato	avrete trattato
tratterà	tratteranno	avrà trattato	avranno trattato
5 Present Conditional		**12 Past Conditional**	
tratterei	tratteremmo	avrei trattato	avremmo trattato
tratteresti	trattereste	avresti trattato	avreste trattato
tratterebbe	tratterebbero	avrebbe trattato	avrebbero trattato
6 Present Subjunctive		**13 Past Subjunctive**	
tratti	trattiamo	abbia trattato	abbiamo trattato
tratti	trattiate	abbia trattato	abbiate trattato
tratti	trattino	abbia trattato	abbiano trattato
7 Imperfect Subjunctive		**14 Past Perfect Subjunctive**	
trattassi	trattassimo	avessi trattato	avessimo trattato
trattassi	trattaste	avessi trattato	aveste trattato
trattasse	trattassero	avesse trattato	avessero trattato

	Imperative	
—		trattiamo
tratta (non trattare)		trattate
tratti		trattino

Samples of verb usage

Io ti tratto bene.   I treat you well.
trattare qualcuno coi guanti   to treat someone with kid gloves

to keep back, to restrain, to entertain, to detain

The Seven Simple Tenses		The Seven Compound Tenses	
Singular	Plural	Singular	Plural
1 Present Indicative		**8 Present Perfect**	
trattengo	tratteniamo	ho trattenuto	abbiamo trattenuto
trattieni	trattenete	hai trattenuto	avete trattenuto
trattiene	trattengono	ha trattenuto	hanno trattenuto
2 Imperfect		**9 Past Perfect**	
trattenevo	trattenevamo	avevo trattenuto	avevamo trattenuto
trattenevi	trattenevate	avevi trattenuto	avevate trattenuto
tratteneva	trattenevano	aveva trattenuto	avevano trattenuto
3 Past Absolute		**10 Past Anterior**	
trattenni	trattenemmo	ebbi trattenuto	avemmo trattenuto
trattenesti	tratteneste	avesti trattenuto	aveste trattenuto
trattenne	trattennero	ebbe trattenuto	ebbero trattenuto
4 Future		**11 Future Perfect**	
tratterrò	tratterremo	avrò trattenuto	avremo trattenuto
tratterrai	tratterrete	avrai trattenuto	avrete trattenuto
tratterrà	tratterranno	avrà trattenuto	avranno trattenuto
5 Present Conditional		**12 Past Conditional**	
tratterrei	tratterremmo	avrei trattenuto	avremmo trattenuto
tratterresti	tratterreste	avresti trattenuto	avreste trattenuto
tratterrebbe	tratterrebbero	avrebbe trattenuto	avrebbero trattenuto
6 Present Subjunctive		**13 Past Subjunctive**	
trattenga	tratteniamo	abbia trattenuto	abbiamo trattenuto
trattenga	tratteniate	abbia trattenuto	abbiate trattenuto
trattenga	trattengano	abbia trattenuto	abbiano trattenuto
7 Imperfect Subjunctive		**14 Past Perfect Subjunctive**	
trattenessi	trattenessimo	avessi trattenuto	avessimo trattenuto
trattenessi	tratteneste	avessi trattenuto	aveste trattenuto
trattenesse	trattenessero	avesse trattenuto	avessero trattenuto

Imperative	
—	tratteniamo
trattieni (non trattenere)	trattenete
trattenga	trattengano

Samples of verb usage

Ogni volta che mi vede mi trattiene.   Every time he sees me he detains me.
Io lo trattengo dal battersi.   I keep him from fighting.
Lui trattenne il bambino mentre la madre era occupata.   He entertained the baby while its mother was busy.
Il capo l'ha trattenuto in ufficio.   The supervisor detained him in the office.

tremare

to shake, to tremble

The Seven Simple Tenses		The Seven Compound Tenses	
Singular	Plural	Singular	Plural
1 Present Indicative		**8 Present Perfect**	
tremo	tremiamo	ho tremato	abbiamo tremato
tremi	tremate	hai tremato	avete tremato
trema	tremano	ha tremato	hanno tremato
2 Imperfect		**9 Past Perfect**	
tremavo	tremavamo	avevo tremato	avevamo tremato
tremavi	tremavate	avevi tremato	avevate tremato
tremava	tremavano	aveva tremato	avevano tremato
3 Past Absolute		**10 Past Anterior**	
tremai	tremammo	ebbi tremato	avemmo tremato
tremasti	tremaste	avesti tremato	aveste tremato
tremò	tremarono	ebbe tremato	ebbero tremato
4 Future		**11 Future Perfect**	
tremerò	tremeremo	avrò tremato	avremo tremato
tremerai	tremerete	avrai tremato	avrete tremato
tremerà	tremeranno	avrà tremato	avranno tremato
5 Present Conditional		**12 Past Conditional**	
tremerei	tremeremmo	avrei tremato	avremmo tremato
tremeresti	tremereste	avresti tremato	avreste tremato
tremerebbe	tremerebbero	avrebbe tremato	avrebbero tremato
6 Present Subjunctive		**13 Past Subjunctive**	
tremi	tremiamo	abbia tremato	abbiamo tremato
tremi	tremiate	abbia tremato	abbiate tremato
tremi	tremino	abbia tremato	abbiano tremato
7 Imperfect Subjunctive		**14 Past Perfect Subjunctive**	
tremassi	tremassimo	avessi tremato	avessimo tremato
tremassi	tremaste	avessi tremato	aveste tremato
tremasse	tremassero	avesse tremato	avessero tremato

Imperative

—	tremiamo
trema (non tremare)	tremate
tremi	tremino

Samples of verb usage

Lui trema dalla paura.   He is shaking with fear.
Gli sciatori tremavano dal freddo.   The skiers were trembling from the cold.

Gerund **trovando**   Past Part. **trovato**   **trovare**

to find

The Seven Simple Tenses		The Seven Compound Tenses	
Singular	Plural	Singular	Plural
1 Present Indicative		**8 Present Perfect**	
trovo	troviamo	ho trovato	abbiamo trovato
trovi	trovate	hai trovato	avete trovato
trova	trovano	ha trovato	hanno trovato
2 Imperfect		**9 Past Perfect**	
trovavo	trovavamo	avevo trovato	avevamo trovato
trovavi	trovavate	avevi trovato	avevate trovato
trovava	trovavano	aveva trovato	avevano trovato
3 Past Absolute		**10 Past Anterior**	
trovai	trovammo	ebbi trovato	avemmo trovato
trovasti	trovaste	avesti trovato	aveste trovato
trovò	trovarono	ebbe trovato	ebbero trovato
4 Future		**11 Future Perfect**	
troverò	troveremo	avrò trovato	avremo trovato
troverai	troverete	avrai trovato	avrete trovato
troverà	troveranno	avrà trovato	avranno trovato
5 Present Conditional		**12 Past Conditional**	
troverei	troveremmo	avrei trovato	avremmo trovato
troveresti	trovereste	avresti trovato	avreste trovato
troverebbe	troverebbero	avrebbe trovato	avrebbero trovato
6 Present Subjunctive		**13 Past Subjunctive**	
trovi	troviamo	abbia trovato	abbiamo trovato
trovi	troviate	abbia trovato	abbiate trovato
trovi	trovino	abbia trovato	abbiano trovato
7 Imperfect Subjunctive		**14 Past Perfect Subjunctive**	
trovassi	trovassimo	avessi trovato	avessimo trovato
trovassi	trovaste	avessi trovato	aveste trovato
trovasse	trovassero	avesse trovato	avessero trovato

	Imperative	
—		troviamo
trova (non trovare)		trovate
trovi		trovino

Samples of verb usage

Ho trovato il libro.   I have found the book.
Lo trovai a letto.   I found him in bed.

to get upset, to become agitated

The Seven Simple Tenses		The Seven Compound Tenses	
Singular	Plural	Singular	Plural
1 Present Indicative		**8 Present Perfect**	
mi turbo	ci turbiamo	mi sono turbato	ci siamo turbati
ti turbi	vi turbate	ti sei turbato	vi siete turbati
si turba	si turbano	si è turbato	si sono turbati
2 Imperfect		**9 Past Perfect**	
mi turbavo	ci turbavamo	mi ero turbato	ci eravamo turbati
ti turbavi	vi turbavate	ti eri turbato	vi eravate turbati
si turbava	si turbavano	si era turbato	si erano turbati
3 Past Absolute		**10 Past Anterior**	
mi turbai	ci turbammo	mi fui turbato	ci fummo turbati
ti turbasti	vi turbaste	ti fosti turbato	vi foste turbati
si turbò	si turbarono	si fu turbato	si furono turbati
4 Future		**11 Future Perfect**	
mi turberò	ci turberemo	mi sarò turbato	ci saremo turbati
ti turberai	vi turberete	ti sarai turbato	vi sarete turbati
si turberà	si turberanno	si sarà turbato	si saranno turbati
5 Present Conditional		**12 Past Conditional**	
mi turberei	ci turberemmo	mi sarei turbato	ci saremmo turbati
ti turberesti	vi turbereste	ti saresti turbato	vi sareste turbati
si turberebbe	si turberebbero	si sarebbe turbato	si sarebbero turbati
6 Present Subjunctive		**13 Past Subjunctive**	
mi turbi	ci turbiamo	mi sia turbato	ci siamo turbati
ti turbi	vi turbiate	ti sia turbato	vi siate turbati
si turbi	si turbino	si sia turbato	si siano turbati
7 Imperfect Subjunctive		**14 Past Perfect Subjunctive**	
mi turbassi	ci turbassimo	mi fossi turbato	ci fossimo turbati
ti turbassi	vi turbaste	ti fossi turbato	vi foste turbati
si turbasse	si turbassero	si fosse turbato	si fossero turbati

Imperative	
—	**turbiamoci**
turbati (non ti turbare/non turbarti)	**turbatevi**
si turbi	**si turbino**

Samples of verb usage

Lui si turbò quando lo venne a sapere.   He became upset when he found out.
Lei è facilmente turbata.   She is easily upset.

to obey

The Seven Simple Tenses		The Seven Compound Tenses	
Singular	Plural	Singular	Plural
1 Present Indicative		**8** Present Perfect	
ubbidisco	ubbidiamo	ho ubbidito	abbiamo ubbidito
ubbidisci	ubbidite	hai ubbidito	avete ubbidito
ubbidisce	ubbidiscono	ha ubbidito	hanno ubbidito
2 Imperfect		**9** Past Perfect	
ubbidivo	ubbidivamo	avevo ubbidito	avevamo ubbidito
ubbidivi	ubbidivate	avevi ubbidito	avevate ubbidito
ubbidiva	ubbidivano	aveva ubbidito	avevano ubbidito
3 Past Absolute		**10** Past Anterior	
ubbidii	ubbidimmo	ebbi ubbidito	avemmo ubbidito
ubbidisti	ubbidiste	avesti ubbidito	aveste ubbidito
ubbidì	ubbidirono	ebbe ubbidito	ebbero ubbidito
4 Future		**11** Future Perfect	
ubbidirò	ubbidiremo	avrò ubbidito	avremo ubbidito
ubbidirai	ubbiderete	avrai ubbidito	avrete ubbidito
ubbidirà	ubbidiranno	avrà ubbidito	avranno ubbidito
5 Present Conditional		**12** Past Conditional	
ubbidirei	ubbidiremmo	avrei ubbidito	avremmo ubbidito
ubbidiresti	ubbidireste	avresti ubbidito	avreste ubbidito
ubbidirebbe	ubbidirebbero	avrebbe ubbidito	avrebbero ubbidito
6 Present Subjunctive		**13** Past Subjunctive	
ubbidisca	ubbidiamo	abbia ubbidito	abbiamo ubbidito
ubbidisca	ubbidiate	abbia ubbidito	abbiate ubbidito
ubbidisca	ubbidiscano	abbia ubbidito	abbiano ubbidito
7 Imperfect Subjunctive		**14** Past Perfect Subjunctive	
ubbidissi	ubbidissimo	avessi ubbidito	avessimo ubbidito
ubbidissi	ubbidiste	avessi ubbidito	aveste ubbidito
ubbidisse	ubbidissero	avesse ubbidito	avessero ubbidito

Imperative	
—	ubbidiamo
ubbidisci (non ubbidire)	ubbidite
ubbidisca	ubbidiscano

Samples of verb usage

Il ragazzo ha ubbidito il padre.   The child obeyed his father.
ubbidire a un ordine   to obey an order

uccidere

to kill

The Seven Simple Tenses		The Seven Compound Tenses	
Singular	Plural	Singular	Plural
1 Present Indicative		**8 Present Perfect**	
uccido	uccidiamo	ho ucciso	abbiamo ucciso
uccidi	uccidete	hai ucciso	avete ucciso
uccide	uccidono	ha ucciso	hanno ucciso
2 Imperfect		**9 Past Perfect**	
uccidevo	uccidevamo	avevo ucciso	avevamo ucciso
uccidevi	uccidevate	avevi ucciso	avevate ucciso
uccideva	uccidevano	aveva ucciso	avevano ucciso
3 Past Absolute		**10 Past Anterior**	
uccisi	uccidemmo	ebbi ucciso	avemmo ucciso
uccidesti	uccideste	avesti ucciso	aveste ucciso
uccise	uccisero	ebbe ucciso	ebbero ucciso
4 Future		**11 Future Perfect**	
ucciderò	uccideremo	avrò ucciso	avremo ucciso
ucciderai	ucciderete	avrai ucciso	avrete ucciso
ucciderà	uccideranno	avrà ucciso	avranno ucciso
5 Present Conditional		**12 Past Conditional**	
ucciderei	uccideremmo	avrei ucciso	avremmo ucciso
uccideresti	uccidereste	avresti ucciso	avreste ucciso
ucciderebbe	ucciderebbero	avrebbe ucciso	avrebbero ucciso
6 Present Subjunctive		**13 Past Subjunctive**	
uccida	uccidiamo	abbia ucciso	abbiamo ucciso
uccida	uccidiate	abbia ucciso	abbiate ucciso
uccida	uccidano	abbia ucciso	abbiano ucciso
7 Imperfect Subjunctive		**14 Past Perfect Subjunctive**	
uccidessi	uccidessimo	avessi ucciso	avessimo ucciso
uccidessi	uccideste	avessi ucciso	aveste ucciso
uccidesse	uccidessero	avesse ucciso	avessero ucciso

Imperative	
—	uccidiamo
uccidi (non uccidere)	uccidete
uccida	uccidano

Samples of verb usage

Lui uccise la zanzara.   He killed the mosquito.
Non ho ucciso nessuno.   I have not killed anyone.

to hear

The Seven Simple Tenses		The Seven Compound Tenses	
Singular	Plural	Singular	Plural
1 Present Indicative		**8** Present Perfect	
odo	udiamo	ho udito	abbiamo udito
odi	udite	hai udito	avete udito
ode	odono	ha udito	hanno udito
2 Imperfect		**9** Past Perfect	
udivo	udivamo	avevo udito	avevamo udito
udivi	udivate	avevi udito	avevate udito
udiva	udivano	aveva udito	avevano udito
3 Past Absolute		**10** Past Anterior	
udii	udimmo	ebbi udito	avemmo udito
udisti	udiste	avesti udito	aveste udito
udì	udirono	ebbe udito	ebbero udito
4 Future		**11** Future Perfect	
ud(i)rò	ud(i)remo	avrò udito	avremo udito
ud(i)rai	ud(i)rete	avrai udito	avrete udito
ud(i)rà	ud(i)ranno	avrà udito	avranno udito
5 Present Conditional		**12** Past Conditional	
ud(i)rei	ud(i)remo	avrei udito	avremmo udito
ud(i)resti	ud(i)reste	avresti udito	avreste udito
ud(i)rebbe	ud(i)rebbero	avrebbe udito	avrebbero udito
6 Present Subjunctive		**13** Past Subjunctive	
oda	udiamo	abbia udito	abbiamo udito
oda	udiate	abbia udito	abbiate udito
oda	odano	abbia udito	abbiano udito
7 Imperfect Subjunctive		**14** Past Perfect Subjunctive	
udissi	udissimo	avessi udito	avessimo udito
udissi	udiste	avessi udito	aveste udito
udisse	udissero	avesse udito	avessero udito

Imperative		
—		udiamo
odi (non udire)		udite
oda		odano

Samples of verb usage

Io odo un rumore.   I hear a noise.
Dalla mia camera io udivo il mare.   From my room I could hear the sea.

umiliare

to humble, to humiliate

The Seven Simple Tenses		The Seven Compound Tenses	
Singular	Plural	Singular	Plural
1 Present Indicative		**8 Present Perfect**	
umilio	umiliamo	ho umiliato	abbiamo umiliato
umili	umiliate	hai umiliato	avete umiliato
umilia	umiliano	ha umiliato	hanno umiliato
2 Imperfect		**9 Past Perfect**	
umiliavo	umiliavamo	avevo umiliato	avevamo umiliato
umiliavi	umiliavate	avevi umiliato	avevate umiliato
umiliava	umiliavano	aveva umiliato	avevano umiliato
3 Past Absolute		**10 Past Anterior**	
umiliai	umiliammo	ebbi umiliato	avemmo umiliato
umiliasti	umiliaste	avesti umiliato	aveste umiliato
umiliò	umiliarono	ebbe umiliato	ebbero umiliato
4 Future		**11 Future Perfect**	
umilierò	umilieremo	avrò umiliato	avremo umiliato
umilierai	umilierete	avrai umiliato	avrete umiliato
umilierà	umilieranno	avrà umiliato	avranno umiliato
5 Present Conditional		**12 Past Conditional**	
umilierei	umilieremmo	avrei umiliato	avremmo umiliato
umilieresti	umiliereste	avresti umiliato	avreste umiliato
umilierebbe	umilierebbero	avrebbe umiliato	avrebbero umiliato
6 Present Subjunctive		**13 Past Subjunctive**	
umili	umiliamo	abbia umiliato	abbiamo umiliato
umili	umiliate	abbia umiliato	abbiate umiliato
umili	umilino	abbia umiliato	abbiano umiliato
7 Imperfect Subjunctive		**14 Past Perfect Subjunctive**	
umiliassi	umiliassimo	avessi umiliato	avessimo umiliato
umiliassi	umiliaste	avessi umiliato	aveste umiliato
umiliasse	umiliassero	avesse umiliato	avessero umiliato

Imperative	
—	umiliamo
umilia (non umiliare)	umiliate
umili	umilino

Samples of verb usage

Io non voglio umiliarlo.   I don't want to humiliate him.
umiliare gli avversari   to humble one's adversaries

NOTE: Also **umiliarsi** (to humble oneself), conjugated with **essere**.

to grease, to smear

The Seven Simple Tenses		The Seven Compound Tenses	
Singular	Plural	Singular	Plural
1 Present Indicative		**8** Present Perfect	
ungo	ungiamo	ho unto	abbiamo unto
ungi	ungete	hai unto	avete unto
unge	ungono	ha unto	hanno unto
2 Imperfect		**9** Past Perfect	
ungevo	ungevamo	avevo unto	avevamo unto
ungevi	ungevate	avevi unto	avevate unto
ungeva	ungevano	aveva unto	avevano unto
3 Past Absolute		**10** Past Anterior	
unsi	ungemmo	ebbi unto	avemmo unto
ungesti	ungeste	avesti unto	aveste unto
unse	unsero	ebbe unto	ebbero unto
4 Future		**11** Future Perfect	
ungerò	ungeremo	avrò unto	avremo unto
ungerai	ungerete	avrai unto	avrete unto
ungerà	ungeranno	avrà unto	avranno unto
5 Present Conditional		**12** Past Conditional	
ungerei	ungeremmo	avrei unto	avremmo unto
ungeresti	ungereste	avresti unto	avreste unto
ungerebbe	ungerebbero	avrebbe unto	avrebbero unto
6 Present Subjunctive		**13** Past Subjunctive	
unga	ungiamo	abbia unto	abbiamo unto
unga	ungiate	abbia unto	abbiate unto
unga	ungano	abbia unto	abbiano unto
7 Imperfect Subjunctive		**14** Past Perfect Subjunctive	
ungessi	ungessimo	avessi unto	avessimo unto
ungessi	ungeste	avessi unto	aveste unto
ungesse	ungessero	avesse unto	avessero unto

Imperative	
—	ungiamo
ungi (non ungere)	ungete
unga	ungano

Samples of verb usage

Mi sono unto di olio.   I smeared myself with oil.
Il meccanico unge le rotelle.   The mechanic greases the wheels.

unire

to unite, to join together

The Seven Simple Tenses		The Seven Compound Tenses	
Singular	Plural	Singular	Plural
1 Present Indicative		**8 Present Perfect**	
unisco	uniamo	ho unito	abbiamo unito
unisci	unite	hai unito	avete unito
unisce	uniscono	ha unito	hanno unito
2 Imperfect		**9 Past Perfect**	
univo	univamo	avevo unito	avevamo unito
univi	univate	avevi unito	avevate unito
univa	univano	aveva unito	avevano unito
3 Past Absolute		**10 Past Anterior**	
unii	unimmo	ebbi unito	avemmo unito
unisti	uniste	avesti unito	aveste unito
unì	unirono	ebbe unito	ebbero unito
4 Future		**11 Future Perfect**	
unirò	uniremo	avrò unito	avremo unito
unirai	unirete	avrai unito	avrete unito
unirà	uniranno	avrà unito	avranno unito
5 Present Conditional		**12 Past Conditional**	
unirei	uniremmo	avrei unito	avremmo unito
uniresti	unireste	avresti unito	avreste unito
unirebbe	unirebbero	avrebbe unito	avrebbero unito
6 Present Subjunctive		**13 Past Subjunctive**	
unisca	uniamo	abbia unito	abbiamo unito
unisca	uniate	abbia unito	abbiate unito
unisca	uniscano	abbia unito	abbiano unito
7 Imperfect Subjunctive		**14 Past Perfect Subjunctive**	
unissi	unissimo	avessi unito	avessimo unito
unissi	uniste	avessi unito	aveste unito
unisse	unissero	avesse unito	avessero unito

	Imperative	
—		uniamo
unisci (non unire)		unite
unisca		uniscano

Samples of verb usage

Le isole di Venezia sono unite da ponti.   The islands of Venice are joined by bridges.
L'artista unisce i vari colori quando dipinge.   The painter blends the various colors when he
   (she) paints.
unire in matrimonio   to join in marriage

to shout, to yell, to howl

The Seven Simple Tenses		The Seven Compound Tenses	
Singular	Plural	Singular	Plural
1 Present Indicative		**8 Present Perfect**	
urlo	urliamo	ho urlato	abbiamo urlato
urli	urlate	hai urlato	avete urlato
urla	urlano	ha urlato	hanno urlato
2 Imperfect		**9 Past Perfect**	
urlavo	urlavamo	avevo urlato	avevamo urlato
urlavi	urlavate	avevi urlato	avevate urlato
urlava	urlavano	aveva urlato	avevano urlato
3 Past Absolute		**10 Past Anterior**	
urlai	urlammo	ebbi urlato	avemmo urlato
urlasti	urlaste	avesti urlato	aveste urlato
urlò	urlarono	ebbe urlato	ebbero urlato
4 Future		**11 Future Perfect**	
urlerò	urleremo	avrò urlato	avremo urlato
urlerai	urlerete	avrai urlato	avrete urlato
urlerà	urleranno	avrà urlato	avranno urlato
5 Present Conditional		**12 Past Conditional**	
urlerei	urleremmo	avrei urlato	avremmo urlato
urleresti	urlereste	avresti urlato	avreste urlato
urlerebbe	urlerebbero	avrebbe urlato	avrebbero urlato
6 Present Subjunctive		**13 Past Subjunctive**	
urli	urliamo	abbia urlato	abbiamo urlato
urli	urliate	abbia urlato	abbiate urlato
urli	urlino	abbia urlato	abbiano urlato
7 Imperfect Subjunctive		**14 Past Perfect Subjunctive**	
urlassi	urlassimo	avessi urlato	avessimo urlato
urlassi	urlaste	avessi urlato	aveste urlato
urlasse	urlassero	avesse urlato	avessero urlato

	Imperative	
—		urliamo
urla (non urlare)		urlate
urli		urlino

Samples of verb usage

Il cane urla tutta la notte.   The dog howls all night.
Il bimbo urla perchè si è fatto male.   The baby is crying because he hurt himself.

to use

The Seven Simple Tenses		The Seven Compound Tenses	
Singular	Plural	Singular	Plural
1 Present Indicative		**8 Present Perfect**	
uso	usiamo	ho usato	abbiamo usato
usi	usate	hai usato	avete usato
usa	usano	ha usato	hanno usato
2 Imperfect		**9 Past Perfect**	
usavo	usavamo	avevo usato	avevamo usato
usavi	usavate	avevi usato	avevate usato
usava	usavano	aveva usato	avevano usato
3 Past Absolute		**10 Past Anterior**	
usai	usammo	ebbi usato	avemmo usato
usasti	usaste	avesti usato	aveste usato
usò	usarono	ebbe usato	ebbero usato
4 Future		**11 Future Perfect**	
userò	useremo	avrò usato	avremo usato
userai	userete	avrai usato	avrete usato
userà	useranno	avrà usato	avranno usato
5 Present Conditional		**12 Past Conditional**	
userei	useremmo	avrei usato	avremmo usato
useresti	usereste	avresti usato	avreste usato
userebbe	userebbero	avrebbe usato	avrebbero usato
6 Present Subjunctive		**13 Past Subjunctive**	
usi	usiamo	abbia usato	abbiamo usato
usi	usiate	abbia usato	abbiate usato
usi	usino	abbia usato	abbiano usato
7 Imperfect Subjunctive		**14 Past Perfect Subjunctive**	
usassi	usassimo	avessi usato	avessimo usato
usassi	usaste	avessi usato	aveste usato
usasse	usassero	avesse usato	avessero usato

	Imperative	
—		usiamo
usa (non usare)		usate
usi		usino

Samples of verb usage

Uso il gesso quando scrivo alla lavagna.   I use chalk when I write on the blackboard.
La cuoca non usa il burro quando cucina.   The cook does not use butter when she cooks.

to go out, to come out

The Seven Simple Tenses		The Seven Compound Tenses	
Singular	Plural	Singular	Plural
1 Present Indicative		**8 Present Perfect**	
esco	usciamo	sono uscito	siamo usciti
esci	uscite	sei uscito	siete usciti
esce	escono	è uscito	sono usciti
2 Imperfect		**9 Past Perfect**	
uscivo	uscivamo	ero uscito	eravamo usciti
uscivi	uscivate	eri uscito	eravate usciti
usciva	uscivano	era uscito	erano usciti
3 Past Absolute		**10 Past Anterior**	
uscii	uscimmo	fui uscito	fummo usciti
uscisti	usciste	fosti uscito	foste usciti
uscì	uscirono	fu uscito	furono usciti
4 Future		**11 Future Perfect**	
uscirò	usciremo	sarò uscito	saremo usciti
uscirai	uscirete	sarai uscito	sarete usciti
uscirà	usciranno	sarà uscito	saranno usciti
5 Present Conditional		**12 Past Conditional**	
uscirei	usciremmo	sarei uscito	saremmo usciti
usciresti	uscireste	saresti uscito	sareste usciti
uscirebbe	uscirebbero	sarebbe uscito	sarebbero usciti
6 Present Subjunctive		**13 Past Subjunctive**	
esca	usciamo	sia uscito	siamo usciti
esca	usciate	sia uscito	siate usciti
esca	escano	sia uscito	siano usciti
7 Imperfect Subjunctive		**14 Past Perfect Subjunctive**	
uscissi	uscissimo	fossi uscito	fossimo usciti
uscissi	usciste	fossi uscito	foste usciti
uscisse	uscissero	fosse uscito	fossero usciti

Imperative

—	usciamo
esci (non uscire)	uscite
esca	escano

Samples of verb usage

Non esco mai di notte.   I never go out at night.
Perchè non esci un poco?   Why don't you go out for a while?

NOTE: Like **uscire** is **riuscire**.

valere

Gerund **valendo** Past Part. **valso(valuto)**

to be worth, to be of value

The Seven Simple Tenses		The Seven Compound Tenses	
Singular	Plural	Singular	Plural
1 Present Indicative		**8** Present Perfect	
valgo	valiamo	sono valso (valuto)	siamo valsi (valuti)
vali	valete	sei valso	siete valsi
vale	valgono	è valso	sono valsi
2 Imperfect		**9** Past Perfect	
valevo	valevamo	ero valso	eravamo valsi
valevi	valevate	eri valso	eravate valsi
valeva	valevano	era valso	erano valsi
3 Past Absolute		**10** Past Anterior	
valsi	valemmo	fui valso	fummo valsi
valesti	valeste	fosti valso	foste valsi
valse	valsero	fu valso	furono valsi
4 Future		**11** Future Perfect	
varrò	varremo	sarò valso	saremo valsi
varrai	varrete	sarai valso	sarete valsi
varrà	varranno	sarà valso	saranno valsi
5 Present Conditional		**12** Past Conditional	
varrei	varremmo	sarei valso	saremmo valsi
varresti	varreste	saresti valso	sareste valsi
varrebbe	varrebbero	sarebbe valso	sarebbero valsi
6 Present Subjunctive		**13** Past Subjunctive	
valga	valiamo	sia valso	siamo valsi
valga	valiate	sia valso	siate valsi
valga	valgano	sia valso	siano valsi
7 Imperfect Subjunctive		**14** Past Perfect Subjunctive	
valessi	valessimo	fossi valso	fossimo valsi
valessi	valeste	fossi valso	foste valsi
valesse	valessero	fosse valso	fossero valsi

Imperative	
—	valiamo
vali (non valere)	valete
valga	valgano

Samples of verb usage

Quanto vale questa collana? How much is this necklace worth?
Questa storia non vale niente. This story is not worth anything.

NOTE: Like **valere** is **equivalere** and **prevalere**. Valere is rarely conjugated with **avere**.

to boast, to brag, to be proud

The Seven Simple Tenses		The Seven Compound Tenses	
Singular	Plural	Singular	Plural

1 Present Indicative

		8 Present Perfect	
mi vanto	ci vantiamo	mi sono vantato	ci siamo vantati
ti vanti	vi vantate	ti sei vantato	vi siete vantati
si vanta	si vantano	si è vantato	si sono vantati

2 Imperfect

		9 Past Perfect	
mi vantavo	ci vantavamo	mi ero vantato	ci eravamo vantati
ti vantavi	vi vantavate	ti eri vantato	vi eravate vantati
si vantava	si vantavano	si era vantato	si erano vantati

3 Past Absolute

		10 Past Anterior	
mi vantai	ci vantammo	mi fui vantato	ci fummo vantati
ti vantasti	vi vantaste	ti fosti vantato	vi foste vantati
si vantò	si vantarono	si fu vantato	si furono vantati

4 Future

		11 Future Perfect	
mi vanterò	ci vanteremo	mi sarò vantato	ci saremo vantati
ti vanterai	vi vanterete	ti sarai vantato	vi sarete vantati
si vanterà	si vanteranno	si sarà vantato	si saranno vantati

5 Present Conditional

		12 Past Conditional	
mi vanterei	ci vanteremmo	mi sarei vantato	ci saremmo vantati
ti vanteresti	vi vantereste	ti saresti vantato	vi sareste vantati
si vanterebbe	si vanterebbero	si sarebbe vantato	si sarebbero vantati

6 Present Subjunctive

		13 Past Subjunctive	
mi vanti	ci vantiamo	mi sia vantato	ci siamo vantati
ti vanti	vi vantiate	ti sia vantato	vi siate vantati
si vanti	si vantino	si sia vantato	si siano vantati

7 Imperfect Subjunctive

		14 Past Perfect Subjunctive	
mi vantassi	ci vantassimo	mi fossi vantato	ci fossimo vantati
ti vantassi	vi vantaste	ti fossi vantato	vi foste vantati
si vantasse	si vantassero	si fosse vantato	si fossero vantati

Imperative	
—	vantiamoci
vantati (non ti vantare/non vantarti)	vantatevi
si vanti	si vantino

Samples of verb usage

Se lo avessi saputo, me ne sarei vantato.   If I had known, I would have bragged about it.
Si vanta di esser il miglior studente.   He brags about being the best student.

variare

Gerund **variando** Past Part. **variato**

to vary, to diversify, to change

The Seven Simple Tenses		The Seven Compound Tenses	
Singular	Plural	Singular	Plural
1 Present Indicative		**8 Present Perfect**	
vario	variamo	ho variato	abbiamo variato
vari	variate	hai variato	avete variato
varia	variano	ha variato	hanno variato
2 Imperfect		**9 Past Perfect**	
variavo	variavamo	avevo variato	avevamo variato
variavi	variavate	avevi variato	avevate variato
variava	variavano	aveva variato	avevano variato
3 Past Absolute		**10 Past Anterior**	
variai	variammo	ebbi variato	avemmo variato
variasti	variaste	avesti variato	aveste variato
variò	variarono	ebbe variato	ebbero variato
4 Future		**11 Future Perfect**	
varierò	varieremo	avrò variato	avremo variato
varierai	varierete	avrai variato	avrete variato
varierà	varieranno	avrà variato	avranno variato
5 Present Conditional		**12 Past Conditional**	
varierei	varieremmo	avrei variato	avremmo variato
varieresti	variereste	avresti variato	avreste variato
varierebbe	varierebbero	avrebbe variato	avrebbero variato
6 Present Subjunctive		**13 Past Subjunctive**	
vari	variamo	abbia variato	abbiamo variato
vari	variate	abbia variato	abbiate variato
vari	varino	abbia variato	abbiano variato
7 Imperfect Subjunctive		**14 Past Perfect Subjunctive**	
variassi	variassimo	avessi variato	avessimo variato
variassi	variaste	avessi variato	aveste variato
variasse	variassero	avesse variato	avessero variato

	Imperative	
—		variamo
varia (non variare)		variate
vari		varino

Samples of verb usage

Le opinioni del presidente variano molto. Opinions of the president vary greatly.
variare una dieta to vary a diet
tanto per variare just for a change

The Seven Simple Tenses		The Seven Compound Tenses	
Singular	Plural	Singular	Plural

1 Present Indicative

		8 Present Perfect	
vedo (veggo)	vediamo	ho veduto (visto)	abbiamo veduto (visto)
vedi	vedete	hai veduto	avete veduto
vede	vedono (veggono)	ha veduto	hanno veduto

2 Imperfect

		9 Past Perfect	
vedevo	vedevamo	avevo veduto	avevamo veduto
vedevi	vedevate	avevi veduto	avevate veduto
vedeva	vedevano	aveva veduto	avevano veduto

3 Past Absolute

		10 Past Anterior	
vidi	vedemmo	ebbi veduto	avemmo veduto
vedesti	vedeste	avesti veduto	aveste veduto
vide	videro	ebbe veduto	ebbero veduto

4 Future

		11 Future Perfect	
vedrò	vedremo	avrò veduto	avremo veduto
vedrai	vedrete	avrai veduto	avrete veduto
vedrà	vedranno	avrà veduto	avranno veduto

5 Present Conditional

		12 Past Conditional	
vedrei	vedremmo	avrei veduto	avremmo veduto
vedresti	vedreste	avresti veduto	avreste veduto
vedrebbe	vedrebbero	avrebbe veduto	avrebbero veduto

6 Present Subjunctive

		13 Past Subjunctive	
veda (vegga)	vediamo	abbia veduto	abbiamo veduto
veda (vegga)	vediate	abbia veduto	abbiate veduto
veda (vegga)	vedano (veggano)	abbia veduto	abbiano veduto

7 Imperfect Subjunctive

		14 Past Perfect Subjunctive	
vedessi	vedessimo	avessi veduto	avessimo veduto
vedessi	vedeste	avessi veduto	aveste veduto
vedesse	vedessero	avesse veduto	avessero veduto

Imperative

—	vediamo
vedi (non vedere)	vedete
veda (vegga)	vedano (veggano)

Samples of verb usage

Cosa vedi dalla finestra?   What do you see from the window?
Vedo la ragazza.   I see the girl.

NOTE: Like **vedere** are **antivedere, avvedersi, intravvedere, rivedere,** and **travedere.**

vendere

Gerund **vendendo**   Past Part. **venduto**

to sell

The Seven Simple Tenses		The Seven Compound Tenses	
Singular	Plural	Singular	Plural
1 Present Indicative		**8** Present Perfect	
vendo	vendiamo	ho venduto	abbiamo venduto
vendi	vendete	hai venduto	avete venduto
vende	vendono	ha venduto	hanno venduto
2 Imperfect		**9** Past Perfect	
vendevo	vendevamo	avevo venduto	avevamo venduto
vendevi	vendevate	avevi venduto	avevate venduto
vendeva	vendevano	aveva venduto	avevano venduto
3 Past Absolute		**10** Past Anterior	
vende(tt)i	vendemmo	ebbi venduto	avemmo venduto
vendesti	vendeste	avesti venduto	aveste venduto
vendè (vendette)	venderono (vendettero)	ebbe venduto	ebbero venduto
4 Future		**11** Future Perfect	
venderò	venderemo	avrò venduto	avremo venduto
venderai	venderete	avrai venduto	avrete venduto
venderà	venderanno	avrà venduto	avranno venduto
5 Present Conditional		**12** Past Conditional	
venderei	venderemmo	avrei venduto	avremmo venduto
venderesti	vendereste	avresti venduto	avreste venduto
venderebbe	venderebbero	avrebbe venduto	avrebbero venduto
6 Present Subjunctive		**13** Past Subjunctive	
venda	vendiamo	abbia venduto	abbiamo venduto
venda	vendiate	abbia venduto	abbiate venduto
venda	vendano	abbia venduto	abbiano venduto
7 Imperfect Subjunctive		**14** Past Perfect Subjunctive	
vendessi	vendessimo	avessi venduto	avessimo venduto
vendessi	vendeste	avessi venduto	aveste venduto
vendesse	vendessero	avesse venduto	avessero venduto

	Imperative	
—		vendiamo
vendi (non vendere)		vendete
venda		vendano

Samples of verb usage

Abbiamo venduto tutto.   We are sold out.
vendere a buon mercato   to sell cheaply
vendere all'ingrosso   to sell wholesale

488

The Seven Simple Tenses		The Seven Compound Tenses	
Singular	Plural	Singular	Plural

1 Present Indicative

vengo	veniamo		
vieni	venite		
viene	vengono		

8 Present Perfect

sono venuto		siamo venuti	
sei venuto		siete venuti	
è venuto		sono venuti	

2 Imperfect

venivo	venivamo		
venivi	venivate		
veniva	venivano		

9 Past Perfect

ero venuto		eravamo venuti	
eri venuto		eravate venuti	
era venuto		erano venuti	

3 Past Absolute

venni	venimmo		
venisti	veniste		
venne	vennero		

10 Past Anterior

fui venuto		fummo venuti	
fosti venuto		foste venuti	
fu venuto		furono venuti	

4 Future

verrò	verremo		
verrai	verrete		
verrà	verranno		

11 Future Perfect

sarò venuto		saremo venuti	
sarai venuto		sarete venuti	
sarà venuto		saranno venuti	

5 Present Conditional

verrei	verremmo		
verresti	verreste		
verrebbe	verrebbero		

12 Past Conditional

sarei venuto		saremmo venuti	
saresti venuto		sareste venuti	
sarebbe venuto		sarebbero venuti	

6 Present Subjunctive

venga	veniamo		
venga	veniate		
venga	vengano		

13 Past Subjunctive

sia venuto		siamo venuti	
sia venuto		siate venuti	
sia venuto		siano venuti	

7 Imperfect Subjunctive

venissi	venissimo		
venissi	veniste		
venisse	venissero		

14 Past Perfect Subjunctive

fossi venuto		fossimo venuti	
fossi venuto		foste venuti	
fosse venuto		fossero venuti	

Imperative

—	veniamo
vieni (non venire)	venite
venga	vengano

Samples of verb usage

Vengo a casa sempre alle otto.   I always come home at eight.
Verrò a casa tua domani.   I will come to your house tomorrow.

NOTE: Like **venire** are **avvenire, convenire, divenire, intervenire, prevenire, provenire, sopravvenire,** and **sovvenire.** In some meanings **prevenire** and **sovvenire** are conjugated with **avere.**

verificare

to verify, to inspeçt, to examine

The Seven Simple Tenses		The Seven Compound Tenses	
Singular	Plural	Singular	Plural
1 Present Indicative		**8** Present Perfect	
verifico	verifichiamo	ho verificato	abbiamo verificato
verifichi	verificate	hai verificato	avete verificato
verifica	verificano	ha verificato	hanno verificato
2 Imperfect		**9** Past Perfect	
verificavo	verificavamo	avevo verificato	avevamo verificato
verificavi	verificavate	avevi verificato	avevate verificato
verificava	verificavano	aveva verificato	avevano verificato
3 Past Absolute		**10** Past Anterior	
verificai	verificammo	ebbi verificato	avemmo verificato
verificasti	verificaste	avesti verificato	aveste verificato
verificò	verificarono	ebbe verificato	ebbero verificato
4 Future		**11** Future Perfect	
verificherò	verificheremo	avrò verificato	avremo verificato
verificherai	verificherete	avrai verificato	avrete verificato
verificherà	verificheranno	avrà verificato	avranno verificato
5 Present Conditional		**12** Past Conditional	
verificherèi	verificheremmo	avrei verificato	avremmo verificato
verificheresti	verifichereste	avresti verificato	avreste verificato
verificherebbe	verificherebbero	avrebbe verificato	avrebbero verificato
6 Present Subjunctive		**13** Past Subjunctive	
verifichi	verifichiamo	abbia verificato	abbiamo verificato
verifichi	verifichiate	abbia verificato	abbiate verificato
verifichi	verifichino	abbia verificato	abbiano verificato
7 Imperfect Subjunctive		**14** Past Perfect Subjunctive	
verificassi	verificassimo	avessi verificato	avessimo verificato
verificassi	verificaste	avessi verificato	aveste verificato
verificasse	verificassero	avesse verificato	avessero verificato

	Imperative	
—		verifichiamo
	verifica (non verificare)	verificate
	verifichi	verifichino

Samples of verb usage

Verifico i conti ogni mese.   I verify (audit) the accounts every month.
Lui verifica sempre i fatti prima di parlare.   He always verifies the facts before speaking.

to pour

The Seven Simple Tenses		The Seven Compound Tenses	
Singular	Plural	Singular	Plural
1 Present Indicative		**8** Present Perfect	
verso	versiamo	ho versato	abbiamo versato
versi	versate	hai versato	avete versato
versa	versano	ha versato	hanno versato
2 Imperfect		**9** Past Perfect	
versavo	versavamo	avevo versato	avevamo versato
versavi	versavate	avevi versato	avevate versato
versava	versavano	aveva versato	avevano versato
3 Past Absolute		**10** Past Anterior	
versai	versammo	ebbi versato	avemmo versato
versasti	versaste	avesti versato	aveste versato
versò	versarono	ebbe versato	ebbero versato
4 Future		**11** Future Perfect	
verserò	verseremo	avrò versato	avremo versato
verserai	verserete	avrai versato	avrete versato
verserà	verseranno	avrà versato	avranno versato
5 Present Conditional		**12** Past Conditional	
verserei	verseremmo	avrei versato	avremmo versato
verseresti	versereste	avresti versato	avreste versato
verserebbe	verserebbero	avrebbe versato	avrebbero versato
6 Present Subjunctive		**13** Past Subjunctive	
versi	versiamo	abbia versato	abbiamo versato
versi	versiate	abbia versato	abbiate versato
versi	versino	abbia versato	abbiano versato
7 Imperfect Subjunctive		**14** Past Perfect Subjunctive	
versassi	versassimo	avessi versato	avessimo versato
versassi	versaste	avessi versato	aveste versato
versasse	versassero	avesse versato	avessero versato

	Imperative	
—		versiamo
versa (non versare)		versate
versi		versino

Samples of verb usage

Il cameriere versò l'acqua nel bicchiere.   The waiter poured water into the glass.
versare da bere a qualcuno   to pour someone a drink

to dress oneself

The Seven Simple Tenses		The Seven Compound Tenses	
Singular	Plural	Singular	Plural
1 Present Indicative		**8 Present Perfect**	
mi vesto	ci vestiamo	mi sono vestito	ci siamo vestiti
ti vesti	vi vestite	ti sei vestito	vi siete vestiti
si veste	si vestono	si è vestito	si sono vestiti
2 Imperfect		**9 Past Perfect**	
mi vestivo	ci vestivamo	mi ero vestito	ci eravamo vestiti
ti vestivi	vi vestivate	ti eri vestito	vi eravate vestiti
si vestiva	si vestivano	si era vestito	si erano vestiti
3 Past Absolute		**10 Past Anterior**	
mi vestii	ci vestimmo	mi fui vestito	ci fummo vestiti
ti vestisti	vi vestiste	ti fosti vestito	vi foste vestiti
si vestì	si vestirono	si fu vestito	si furono vestiti
4 Future		**11 Future Perfect**	
mi vestirò	ci vestiremo	mi sarò vestito	ci saremo vestiti
ti vestirai	vi vestirete	ti sarai vestito	vi sarete vestiti
si vestirà	si vestiranno	si sarà vestito	si saranno vestiti
5 Present Conditional		**12 Past Conditional**	
mi vestirei	ci vestiremmo	mi sarei vestito	ci saremmo vestiti
ti vestiresti	vi vestireste	ti saresti vestito	vi sareste vestiti
si vestirebbe	si vestirebbero	si sarebbe vestito	si sarebbero vestiti
6 Present Subjunctive		**13 Past Subjunctive**	
mi vesta	ci vestiamo	mi sia vestito	ci siamo vestiti
ti vesta	vi vestiate	ti sia vestito	vi siate vestiti
si vesta	si vestano	si sia vestito	si siano vestiti
7 Imperfect Subjunctive		**14 Past Perfect Subjunctive**	
mi vestissi	ci vestissimo	mi fossi vestito	ci fossimo vestiti
ti vestissi	vi vestiste	ti fossi vestito	vi foste vestiti
si vestisse	si vestissero	si fosse vestito	si fossero vestiti

Imperative

—	vestiamoci
vestiti (non ti vestire/non vestirti)	**vestitevi**
si vesta	**si vestano**

Samples of verb usage

Mi vesto presto la mattina.   I get dressed early in the morning.
Lei si veste bene.   She dresses well.

NOTE: Also **vestire** (to dress), conjugated with **avere**.

to forbid, to prohibit

The Seven Simple Tenses		The Seven Compound Tenses	
Singular	Plural	Singular	Plural

1 Present Indicative

		8 Present Perfect	
vieto	vietiamo	ho vietato	abbiamo vietato
vieti	vietate	hai vietato	avete vietato
vieta	vietano	ha vietato	hanno vietato

2 Imperfect

		9 Past Perfect	
vietavo	vietavamo	avevo vietato	avevamo vietato
vietavi	vietavate	avevi vietato	avevate vietato
vietava	vietavano	aveva vietato	avevano vietato

3 Past Absolute

		10 Past Anterior	
vietai	vietammo	ebbi vietato	avemmo vietato
vietasti	vietaste	avesti vietato	aveste vietato
vietò	vietarono	ebbe vietato	ebbero vietato

4 Future

		11 Future Perfect	
vieterò	vieteremo	avrò vietato	avremo vietato
vieterai	vieterete	avrai vietato	avrete vietato
vieterà	vieteranno	avrà vietato	avranno vietato

5 Present Conditional

		12 Past Conditional	
vieterei	vieteremmo	avrei vietato	avremmo vietato
vieteresti	vietereste	avresti vietato	avreste vietato
vieterebbe	vieterebbero	avrebbe vietato	avrebbero vietato

6 Present Subjunctive

		13 Past Subjunctive	
vieti	vietiamo	abbia vietato	abbiamo vietato
vieti	vietiate	abbia vietato	abbiate vietato
vieti	vietano	abbia vietato	abbiano vietato

7 Imperfect Subjunctive

		14 Past Perfect Subjunctive	
vietassi	vietassimo	avessi vietato	avessimo vietato
vietassi	vietaste	avessi vietato	aveste vietato
vietasse	vietassero	avesse vietato	avessero vietato

Imperative

—	vietiamo
vieta (non vietare)	vietate
vieti	vietino

Samples of verb usage

Vietato fumare!   No smoking!
Lui mi vieta di partire.   He keeps me from leaving.

vincere

Gerund **vincendo**   Past Part. **vinto**

to win, to conquer

The Seven Simple Tenses		The Seven Compound Tenses	
Singular	Plural	Singular	Plural
1 Present Indicative		**8** Present Perfect	
vinco	vinciamo	ho vinto	abbiamo vinto
vinci	vincete	hai vinto	avete vinto
vince	vincono	ha vinto	hanno vinto
2 Imperfect		**9** Past Perfect	
vincevo	vincevamo	avevo vinto	avevamo vinto
vincevi	vincevate	avevi vinto	avevate vinto
vinceva	vincevano	aveva vinto	avevano vinto
3 Past Absolute		**10** Past Anterior	
vinsi	vincemmo	ebbi vinto	avemmo vinto
vincesti	vinceste	avesti vinto	aveste vinto
vinse	vinsero	ebbe vinto	ebbero vinto
4 Future		**11** Future Perfect	
vincerò	vinceremo	avrò vinto	avremo vinto
vincerai	vincerete	avrai vinto	avrete vinto
vincerà	vinceranno	avrà vinto	avranno vinto
5 Present Conditional		**12** Past Conditional	
vincerei	vinceremmo	avrei vinto	avremmo vinto
vinceresti	vincereste	avresti vinto	avreste vinto
vincerebbe	vincerebbero	avrebbe vinto	avrebbero vinto
6 Present Subjunctive		**13** Past Subjunctive	
vinca	vinciamo	abbia vinto	abbiamo vinto
vinca	vinciate	abbia vinto	abbiate vinto
vinca	vincano	abbia vinto	abbiano vinto
7 Imperfect Subjunctive		**14** Past Perfect Subjunctive	
vincessi	vincessimo	avessi vinto	avessimo vinto
vincessi	vinceste	avessi vinto	aveste vinto
vincesse	vincessero	avesse vinto	avessero vinto

	Imperative	
—		vinciamo
vinci (non vincere)		vincete
vinca		vincano

Samples of verb usage

Ho vinto la partita.   I won the game.
Il cavallo nero vinse la corsa.   The black horse won the race.

NOTE: Like **vincere** are **avvincere, convincere** and **rivincere.**

494

to visit, to examine (medical)

The Seven Simple Tenses		The Seven Compound Tenses	
Singular	Plural	Singular	Plural
1 Present Indicative		**8 Present Perfect**	
visito	visitiamo	ho visitato	abbiamo visitato
visiti	visitate	hai visitato	avete visitato
visita	visitano	ha visitato	hanno visitato
2 Imperfect		**9 Past Perfect**	
visitavo	visitavamo	avevo visitato	avevamo visitato
visitavi	visitavate	avevi visitato	avevate visitato
visitava	visitavano	aveva visitato	avevano visitato
3 Past Absolute		**10 Past Anterior**	
visitai	visitammo	ebbi visitato	avemmo visitato
visitasti	visitaste	avesti visitato	aveste visitato
visitò	visitarono	ebbe visitato	ebbero visitato
4 Future		**11 Future Perfect**	
visiterò	visiteremo	avrò visitato	avremo visitato
visiterai	visiterete	avrai visitato	avrete visitato
visiterà	visiteranno	avrà visitato	avranno visitato
5 Present Conditional		**12 Past Conditional**	
visiterei	visiteremmo	avrei visitato	avremmo visitato
visiteresti	visitereste	avresti visitato	avreste visitato
visiterebbe	visiterebbero	avrebbe visitato	avrebbero visitato
6 Present Subjunctive		**13 Past Subjunctive**	
visiti	visitiamo	abbia visitato	abbiamo visitato
visiti	visitiate	abbia visitato	abbiate visitato
visiti	visitino	abbia visitato	abbiano visitato
7 Imperfect Subjunctive		**14 Past Perfect Subjunctive**	
visitassi	visitassimo	avessi visitato	avessimo visitato
visitassi	visitaste	avessi visitato	aveste visitato
visitasse	visitassero	avesse visitato	avessero visitato

Imperative	
—	visitiamo
visita (non visitare)	**visitate**
visiti	**visitino**

Samples of verb usage

Ho visitato l'Italia molte volte.   I have visited Italy many times.
Il dottore mi ha visitato(a).   The doctor examined me.

495

vivere

to live

The Seven Simple Tenses		The Seven Compound Tenses	
Singular	Plural	Singular	Plural
1 Present Indicative		**8 Present Perfect**	
vivo	viviamo	ho vissuto	abbiamo vissuto
vivi	vivete	hai vissuto	avete vissuto
vive	vivono	ha vissuto	hanno vissuto
2 Imperfect		**9 Past Perfect**	
vivevo	vivevamo	avevo vissuto	avevamo vissuto
vivevi	vivevate	avevi vissuto	avevate vissuto
viveva	vivevano	aveva vissuto	avevano vissuto
3 Past Absolute		**10 Past Anterior**	
vissi	vivemmo	ebbi vissuto	avemmo vissuto
vivesti	viveste	avesti vissuto	aveste vissuto
visse	vissero	ebbe vissuto	ebbero vissuto
4 Future		**11 Future Perfect**	
vivrò	vivremo	avrò vissuto	avremo vissuto
vivrai	vivrete	avrai vissuto	avrete vissuto
vivrà	vivranno	avrà vissuto	avranno vissuto
5 Present Conditional		**12 Past Conditional**	
vivrei	vivremmo	avrei vissuto	avremmo vissuto
vivresti	vivreste	avresti vissuto	avreste vissuto
vivrebbe	vivrebbero	avrebbe vissuto	avrebbero vissuto
6 Present Subjunctive		**13 Past Subjunctive**	
viva	viviamo	abbia vissuto	abbiamo vissuto
viva	viviate	abbia vissuto	abbiate vissuto
viva	vivano	abbia vissuto	abbiano vissuto
7 Imperfect Subjunctive		**14 Past Perfect Subjunctive**	
vivessi	vivessimo	avessi vissuto	avessimo vissuto
vivessi	viveste	avessi vissuto	aveste vissuto
vivesse	vivessero	avesse vissuto	avessero vissuto

	Imperative	
	—	viviamo
	vivi (non vivere)	vivete
	viva	vivano

Samples of verb usage

Vivo bene in America.   I live well in America.
Quella scrittrice vive ancora.   That writer is still living.

NOTE: Like **vivere** are **convivere** and **rivivere**.

The Seven Simple Tenses		The Seven Compound Tenses	
Singular	Plural	Singular	Plural
1 Present Indicative		**8 Present Perfect**	
volo	voliamo	ho volato	abbiamo volato
voli	volate	hai volato	avete volato
vola	volano	ha volato	hanno volato
2 Imperfect		**9 Past Perfect**	
volavo	volavamo	avevo volato	avevamo volato
volavi	volavate	avevi volato	avevate volato
volava	volavano	aveva volato	avevano volato
3 Past Absolute		**10 Past Anterior**	
volai	volammo	ebbi volato	avemmo volato
volasti	volaste	avesti volato	aveste volato
volò	volarono	ebbe volato	ebbero volato
4 Future		**11 Future Perfect**	
volerò	voleremo	avrò volato	avremo volato
volerai	volerete	avrai volato	avrete volato
volerà	voleranno	avrà volato	avranno volato
5 Present Conditional		**12 Past Conditional**	
volerei	voleremmo	avrei volato	avremmo volato
voleresti	volereste	avresti volato	avreste volato
volerebbe	volerebbero	avrebbe volato	avrebbero volato
6 Present Subjunctive		**13 Past Subjunctive**	
voli	voliamo	abbia volato	abbiamo volato
voli	voliate	abbia volato	abbiate volato
voli	volino	abbia volato	abbiano volato
7 Imperfect Subjunctive		**14 Past Perfect Subjunctive**	
volassi	volassimo	avessi volato	avessimo volato
volassi	volaste	avessi volato	aveste volato
volasse	volassero	avesse volato	avessero volato

Imperative

—	voliamo
vola (non volare)	volate
voli	volino

Samples of verb usage

Le aquile volano alto.   Eagles fly high.
Il tempo vola.   Time flies.

volere

Gerund **volendo**   Past Part. **voluto**

to want

The Seven Simple Tenses		The Seven Compound Tenses	
Singular	Plural	Singular	Plural
1 Present Indicative		**8 Present Perfect**	
voglio	vogliamo	ho voluto	abbiamo voluto
vuoi	volete	hai voluto	avete voluto
vuole	vogliono	ha voluto	hanno voluto
2 Imperfect		**9 Past Perfect**	
volevo	volevamo	avevo voluto	avevamo voluto
volevi	volevate	avevi voluto	avevate voluto
voleva	volevano	aveva voluto	avevano voluto
3 Past Absolute		**10 Past Anterior**	
volli	volemmo	ebbi voluto	avemmo voluto
volesti	voleste	avesti voluto	aveste voluto
volle	vollero	ebbe voluto	ebbero voluto
4 Future		**11 Future Perfect**	
vorrò	vorremo	avrò voluto	avremo voluto
vorrai	vorrete	avrai voluto	avrete voluto
vorrà	vorranno	avrà voluto	avranno voluto
5 Present Conditional		**12 Past Conditional**	
vorrei	vorremmo	avrei voluto	avremmo voluto
vorresti	vorreste	avresti voluto	avreste voluto
vorrebbe	vorrebbero	avrebbe voluto	avrebbero voluto
6 Present Subjunctive		**13 Past Subjunctive**	
voglia	vogliamo	abbia voluto	abbiamo voluto
voglia	vogliate	abbia voluto	abbiate voluto
voglia	vogliano	abbia voluto	abbiano voluto
7 Imperfect Subjunctive		**14 Past Perfect Subjunctive**	
volessi	volessimo	avessi voluto	avessimo voluto
volessi	voleste	avessi voluto	aveste voluto
volesse	volessero	avesse voluto	avessero voluto

Imperative	
—	vogliamo
vogli (non volere)	vogliate
voglia	vogliano

Samples of verb usage

Voglio mangiare perchè ho fame.   I want to eat because I am hungry.
Cosa vuole Lei?   What do you want?
Vogli fare questo per me.   Please do this for me.
Non sono voluto andare a scuola oggi.   I did not want to go to school today.

NOTE: **Volere** takes **essere** when the following infinitive requires it.

498

to turn, to direct

The Seven Simple Tenses		The Seven Compound Tenses	
Singular	Plural	Singular	Plural
1 Present Indicative		**8 Present Perfect**	
volgo	volgiamo	ho volto	abbiamo volto
volgi	volgete	hai volto	avete volto
volge	volgono	ha volto	hanno volto
2 Imperfect		**9 Past Perfect**	
volgevo	volgevamo	avevo volto	avevamo volto
volgevi	volgevate	avevi volto	avevate volto
volgeva	volgevano	aveva volto	avevano volto
3 Past Absolute		**10 Past Anterior**	
volsi	volgemmo	ebbi volto	avemmo volto
volgesti	volgeste	avesti volto	aveste volto
volse	volsero	ebbe volto	ebbero volto
4 Future		**11 Future Perfect**	
volgerò	volgeremo	avrò volto	avremo volto
volgerai	volgerete	avrai volto	avrete volto
volgerà	volgeranno	avrà volto	avranno volto
5 Present Conditional		**12 Past Conditional**	
volgerei	volgeremmo	avrei volto	avremmo volto
volgeresti	volgereste	avresti volto	avreste volto
volgerebbe	volgerebbero	avrebbe volto	avrebbero volto
6 Present Subjunctive		**13 Past Subjunctive**	
volga	volgiamo	abbia volto	abbiamo volto
volga	volgiate	abbia volto	abbiate volto
volga	volgano	abbia volto	abbiano volto
7 Imperfect Subjunctive		**14 Past Perfect Subjunctive**	
volgessi	volgessimo	avessi volto	avessimo volto
volgessi	volgeste	avessi volto	aveste volto
volgesse	volgessero	avesse volto	avessero volto

Imperative	
—	volgiamo
volgi (non volgere)	volgete
volga	volgano

Samples of verb usage

Mi volsi a lui.   I turned toward him.
Lui si volge verso casa.   He turns homeward.

NOTE: Like **volgere** are **avvolgere, capovolgere, coinvolgere, ravvolgere, rivolgersi, sconvolgere,** and **svolgere**.

votare

to vote

The Seven Simple Tenses		The Seven Compound Tenses	
Singular	Plural	Singular	Plural
1 Present Indicative		**8 Present Perfect**	
voto	votiamo	ho votato	abbiamo votato
voti	votate	hai votato	avete votato
vota	votano	ha votato	hanno votato
2 Imperfect		**9 Past Perfect**	
votavo	votavamo	avevo votato	avevamo votato
votavi	votavate	avevi votato	avevate votato
votava	votavano	aveva votato	avevano votato
3 Past Absolute		**10 Past Anterior**	
votai	votammo	ebbi votato	avemmo votato
votasti	votaste	avesti votato	aveste votato
votò	votarono	ebbe votato	ebbero votato
4 Future		**11 Future Perfect**	
voterò	voteremo	avrò votato	avremo votato
voterai	voterete	avrai votato	avrete votato
voterà	voteranno	avrà votato	avranno votato
5 Present Conditional		**12 Past Conditional**	
voterei	voteremmo	avrei votato	avremmo votato
voteresti	votereste	avresti votato	avreste votato
voterebbe	voterebbero	avrebbe votato	avrebbero votato
6 Present Subjunctive		**13 Past Subjunctive**	
voti	votiamo	abbia votato	abbiamo votato
voti	votiate	abbia votato	abbiate votato
voti	votino	abbia votato	abbiano votato
7 Imperfect Subjunctive		**14 Past Perfect Subjunctive**	
votassi	votassimo	avessi votato	avessimo votato
votassi	votaste	avessi votato	aveste votato
votasse	votassero	avesse votato	avessero votato

	Imperative	
—		votiamo
vota (non votare)		votate
voti		votino

Samples of verb usage

Voto per il mio candidato.   I vote for my candidate.
votare in bianco   to return a blank vote

NOTE: Also **votarsi** (to devote oneself, to vow oneself), conjugated with **essere.**

to limp

The Seven Simple Tenses		The Seven Compound Tenses	
Singular	Plural	Singular	Plural

1 Present Indicative

		8 Present Perfect	
zoppico	zoppichiamo	ho zoppicato	abbiamo zoppicato
zoppichi	zoppicate	hai zoppicato	avete zoppicato
zoppica	zoppicano	ha zoppicato	hanno zoppicato

2 Imperfect

		9 Past Perfect	
zoppicavo	zoppicavamo	avevo zoppicato	avevamo zoppicato
zoppicavi	zoppicavate	avevi zoppicato	avevate zoppicato
zoppicava	zoppicavano	aveva zoppicato	avevano zoppicato

3 Past Absolute

		10 Past Anterior	
zoppicai	zoppicammo	ebbi zoppicato	avemmo zoppicato
zoppicasti	zoppicaste	avesti zoppicato	aveste zoppicato
zoppicò	zoppicarono	ebbe zoppicato	ebbero zoppicato

4 Future

		11 Future Perfect	
zoppicherò	zoppicheremo	avrò zoppicato	avremo zoppicato
zoppicherai	zoppicherete	avrai zoppicato	avrete zoppicato
zoppicherà	zoppicheranno	avrà zoppicato	avranno zoppicato

5 Present Conditional

		12 Past Conditional	
zoppicherei	zoppicheremmo	avrei zoppicato	avremmo zoppicato
zoppicheresti	zoppichereste	avresti zoppicato	avreste zoppicato
zoppicherebbe	zoppicherebbero	avrebbe zoppicato	avrebbero zoppicato

6 Present Subjunctive

		13 Past Subjunctive	
zoppichi	zoppichiamo	abbia zoppicato	abbiamo zoppicato
zoppichi	zoppichiate	abbia zoppicato	abbiate zoppicato
zoppichi	zoppichino	abbia zoppicato	abbiano zoppicato

7 Imperfect Subjunctive

		14 Past Perfect Subjunctive	
zoppicassi	zoppicassimo	avessi zoppicato	avessimo zoppicato
zoppicassi	zoppicaste	avessi zoppicato	aveste zoppicato
zoppicasse	zoppicassero	avesse zoppicato	avessero zoppicato

Imperative	
—	zoppichiamo
zoppica (non zoppicare)	zoppicate
zoppichi	zoppichino

Samples of verb usage

L'uomo zoppica.   The man limps.
un ragionamento che zoppica   a weak argument

Verbs Used With Prepositions

Italian verbs are sometimes preceded by a preposition and sometimes followed by one; sometimes they are used with no preposition at all.

The meanings of a verb often change when used with a preposition; for example:

contare to count *vs.* **contare su** to count on

finire to finish *vs.* **finire di** to be finished doing something, or

finire per to eventually do something

pensare a to think about *vs.* **pensare di** to have an opinion about.

Certain verbs require a preposition before an infinitive:

Lui vuole imparare a nuotare. He wants to learn to swim. Certain verbs do not need a preposition before an infinitive:

Devo arrivare prima delle sette. I must arrive before seven.

Certain verbs such as: **cominciare** or **incominciare** (to begin), **insegnare** (to teach), **imparare** (to learn), **continuare** (to continue), and other verbs of beginning, continuing, inviting, learning, succeeding, etc., require **a** before an infinitive:

Lui continua a seguirmi. He continues to follow me.

Certain verbs do not require a preposition before an infinitive. The most common of these are:

ascoltare	dovere	preferire
amare	fare	sapere
basta (it is sufficient)	guardare	sentire
bisogna (it is necessary)	lasciare	vedere
desiderare		

SOME VERBS THAT TAKE THE PREPOSITION *A* BEFORE AN INFINITIVE

abituarsi	essere pronto	restare
affrettarsi	fermarsi	rimanere
aiutare	giungere	ritornare
andare	imparare	riuscire
cominciare	incoraggiare	salire
condannare	indurre	scendere
condurre	insegnare	seguitare
continuare	invitare	servire
convincere	mandare	stare
correre	menare	stare attento
constringere	mettersi = cominciare	tornare
divertirsi	obbligare	uscire
durare	passare	venire
entrare	portare	volerci
esercitarsi	prepararsi	
esortare	rassegnarsi	

SOME VERBS THAT TAKE THE PREPOSITION *di* BEFORE AN INFINITIVE

accettare	dubitare	pensare
accorgersi	essere certo	permettere
ammettere	essere contento	pregare
ammonire	essere curioso	pretendere
aspettare	essere felice	proibire
aspettarsi	essere fortunato	promettere
aver bisogno	essere impaziente	raccomandare
aver il piacere	essere libero	riconoscere
aver intenzione	essere lieto	ricordare
aver paura	essere ora	ricordarsi
aver ragione	essere orgoglioso	rifiutare
aver torto	essere spiacente	ringraziare
aver voglia	essere stanco	ripetere
cercare	fare il favore	rispondere
cessare	finire	scegliere
chiedere	importare	scordare
comandare	lamentarsi	scordarsi
consigliare	mancare	scrivere
credere	meravigliarsi	smettere
decidere	occorrere	sperare
dimenticare	offrire	stabilire
dimenticarsi	ordinare	suggerire
dimostrare	osare	temere
dire	parere	tentare
domandare	parlare	

Useful Words and Phrases for the Traveler

Greetings and General Phrases

Good Morning, Good Day	**Buon giorno.**
Good Afternoon, Good Evening	**Buona sera.**
Good Night	**Buona notte.**
How are you?	**Come sta Lei?**
Well, thank you.	**Bene, grazie.**
And you?	**E Lei?**
I'm fine, thank you.	**Sto bene, grazie.**
Sir or Mr.	**Signore**
Madam or Mrs.	**Signora**
Miss	**Signorina**
Excuse me.	**Scusi.**

Please	**Per favore, per piacere**
Yes	**Sì**
No	**No**
You're welcome.	**Prego.**
Do you understand?	**Capisce?**
I understand.	**Capisco.**
I do not understand.	**Non capisco.**
I'm sorry, but I don't understand.	**Mi dispiace, ma non capisco.**
Please speak slowly.	**Per favore, parli adagio.**
Please repeat.	**Per favore, ripeta.**
What is your name?	**Come si chiama Lei?**
My name is . . .	**Io mi chiamo . . .**

Location and Directions

Where is it?	**Dov'è?**
Where is the restaurant?	**Dov'è il ristorante?**
I'm looking for the hotel	**Cerco l'albergo (l'hotel).**
the bank	**la banca**
the barbershop	**il barbiere**
the church	**la chiesa**
the dentist	**il dentista**
the doctor	**il dottore**
the drugstore	**la farmacia**
the dry cleaner	**la tintoria**
the hairdresser	**il parrucchiere**
the hospital	**l'ospedale**
the house	**la casa**
the laundry	**la lavanderia**
the movie theater	**il cinema**
the museum	**il museo**
the office	**l'ufficio**
the policeman	**il vigile**
the shoemaker	**il calzolaio**
the square, the street	**la piazza, la strada**
the store	**il negozio**
Where is Columbus street?	**Dov'è via Colombo?**
the tailor shop	**la sartoria**
the telephone	**il telefono**
the theater	**il teatro**
the toilet	**il gabinetto**
to the right	**a destra**
to the left	**a sinistra**
straight ahead	**diritto**
on the corner	**all'angolo**
here	**qui**
there	**la**
Show me the way.	**M'indichi la via.**

Food

Where is the restaurant?	**Dov'è il ristorante?**
I'm hungry.	**Ho fame.**
I'm thirsty.	**Ho sete.**
What time is it?	**Che ora è? Che ore sono?**
It's time for breakfast.	**È l'ora di colazione.**
for lunch	**del pranzo**
for dinner, supper	**di cena**
Here is the menu.	**Ecco la lista.**
I would like to eat.	**Vorrei mangiare.**
I would like some bread.	**Vorrei del pane.**
butter	**del burro**
cheese	**del formaggio**
chicken	**del pollo**
dessert	**del dolce**
eggs	**delle uova**
fish	**del pesce**
French fries	**delle patate fritte**
fruit	**della frutta**
ham	**del prosciutto**
ice cream	**del gelato**
lamb	**dell'agnello**
meat	**della carne**
oil	**dell 'olio**
oranges	**delle arance**
pasta	**della pasta**
pepper	**del pepe**
potatoes	**delle patate**
rice	**del riso**
roast beef	**della carne arrosto**
salad	**dell'insalata**
salt	**del sale**
soup	**della minestra**
spaghetti	**degli spaghetti**
sugar	**dello zucchero**
veal	**del vitello**
vegetables	**dei legumi**
a steak	**una bistecca**
I would like to drink . . .	**Vorrei bere . . .**
some water	**dell'acqua**
some coffee	**del caffè**
some lemonade	**della limonata**
some milk	**del latte**
some beer	**della birra**
some wine	**del vino**
I would like a bottle of wine/local wine.	**Vorrei una bottiglia di vino/di vino locale.**

Shopping

How much is this?	**Quanto costa questo?**
It's cheap.	**Costa poco.**
It's expensive.	**È caro.**
It's very expensive.	**È molto caro.**
Here is the money.	**Ecco il denaro.**

The Bank

Where is the bank?	**Dov'è la banca?**
I need some money.	**Ho bisogno di denaro.**
Please cash this check for me.	**Per favore mi cambi questo assegno.**
What is the exchange rate?	**Qual'è il cambio?**

Days of the Week/I giorni della settimana

Monday	**lunedì**
Tuesday	**martedì**
Wednesday	**mercoledì**
Thursday	**giovedì**
Friday	**venerdì**
Saturday	**sabato**
Sunday	**domenica**

Months of the Year/I mesi dell'anno

January	**gennaio**
February	**febbraio**
March	**marzo**
April	**aprile**
May	**maggio**
June	**giugno**
July	**luglio**
August	**agosto**
September	**settembre**
October	**ottobre**
November	**novembre**
December	**dicembre**

Numbers 1–100/I Numeri 1–100

one	**uno, una**	four	**quattro**
two	**due**	five	**cinque**
three	**tre**	six	**sei**

506

seven	**sette**	fifty-five	**cinquantacinque**
eight	**otto**	fifty-six	**cinquantasei**
nine	**nove**	fifty-seven	**cinquantasette**
ten	**dieci**	fifty-eight	**cinquantotto**
eleven	**undici**	fifty-nine	**cinquantanove**
twelve	**dodici**	sixty	**sessanta**
thirteen	**tredici**	sixty-one	**sessantuno**
fourteen	**quattordici**	sixty-two	**sessantadue**
fifteen	**quindici**	sixty-three	**sessantatrè**
sixteen	**sedici**	sixty-four	**sessantaquattro**
seventeen	**diciassette**	sixty-five	**sessantacinque**
eighteen	**diciotto**	sixty-six	**sessantasei**
nineteen	**diciannove**	sixty-seven	**sessantasette**
twenty	**venti**	sixty-eight	**sessantotto**
twenty-one	**ventuno**	sixty-nine	**sessantanove**
twenty-two	**ventidue**	seventy	**settanta**
twenty-three	**ventitrè**	seventy-one	**settantuno**
twenty-four	**ventiquattro**	seventy-two	**settantadue**
twenty-five	**venticinque**	seventy-three	**settantatrè**
twenty-six	**ventisei**	seventy-four	**settantaquattro**
twenty-seven	**ventisette**	seventy-five	**settantacinque**
twenty-eight	**ventotto**	seventy-six	**settantasei**
twenty-nine	**ventinove**	seventy-seven	**settantasette**
thirty	**trenta**	seventy-eight	**settantotto**
thirty-one	**trentuno**	seventy-nine	**settantanove**
thirty-two	**trentadue**	eighty	**ottanta**
thirty-three	**trentatrè**	eighty-one	**ottantuno**
thirty-four	**trentaquattro**	eighty-two	**ottantadue**
thirty-five	**trentacinque**	eighty-three	**ottantatrè**
thirty-six	**trentasei**	eighty-four	**ottantaquattro**
thirty-seven	**trentasette**	eighty-five	**ottantacinque**
thirty-eight	**trentotto**	eighty-six	**ottantasei**
thirty-nine	**trentanove**	eighty-seven	**ottantasette**
forty	**quaranta**	eighty-eight	**ottantotto**
forty-one	**quarantuno**	eighty-nine	**ottantanove**
forty-two	**quarantadue**	ninety	**novanta**
forty-three	**quarantatrè**	ninety-one	**novantuno**
forty-four	**quarantaquattro**	ninety-two	**novantadue**
forty-five	**quarantacinque**	ninety-three	**novantatrè**
forty-six	**quarantasei**	ninety-four	**novantaquattro**
forty-seven	**quarantasette**	ninety-five	**novantacinque**
forty-eight	**quarantotto**	ninety-six	**novantasei**
forty-nine	**quarantanove**	ninety-seven	**novantasette**
fifty	**cinquanta**	ninety-eight	**novantotto**
fifty-one	**cinquantuno**	ninety-nine	**novantanove**
fifty-two	**cinquantadue**	one hundred	**cento**
fifty-three	**cinquantatrè**		
fifty-four	**cinquantaquattro**		

Currency

Italian	American
100 Lire	$ .12 (cents)*
600 Lire	.50
1200 Lire	1.00
12,000 Lire	10.00

Weights

Italian	American
1 grammo	0.035 ounces**
28 grammi	1 ounce
453.6 grammi	1 pound
1 chilo	2.204 pounds

Measures

Italian	American
1 centimetro	0.3937 inches**
2.54 centimetri	1 inch
30.48 centimetri	1 foot
1 metro	39.37 inches
91.44 centimetri	1 yard
1 chilometro	0.621 miles
1.61 chilometri	1 mile

*Quote as of 10/20/91. Because of fluctuations in exchange rates, you should consult the financial section of your daily newspaper or the foreign currency exchange section of your local bank.

**These are approximations.

Temperature

Knowing temperature equivalents may help you, the traveler, to decide what clothing to wear and what activities to undertake. Some basic facts are:

Farenheit		Centigrade
32°	=	0°
98.6°	=	37°
212°	=	100° (boiling point)

To convert Farenheit to Centigrade, subtract 32 and divide by 1.8.
To convert Centigrade to Farenheit, multiply by 1.8 and add 32.

Clothing measurements

Women's dresses and suits

Italian size:	36	38	40	42	44	46	48
American size:	8	10	12	14	16	18	20

Women's socks and stockings

Italian size:	0	1	2	3	4	5
American size:	8	8½	9	9½	10	10½

Women's shoes

Italian size:	36	38	38½	40
American size	6	7	8	9

Men's suits and coats

Italian size:	46	48	50	52	54
American size:	36	38	40	42	44

Men's shirts

Italian size:	36	38	41	43	45
American size:	14	15	16	17	18

Men's shoes

Italian size:	38	39½	40½	42	42½	43	43½	44	45
American size:	5	6	7	8	8½	9	9½	10	11

Index of Irregular Italian Verb Forms Identified by Infinitive

This index will help you identify those verb forms that cannot be readily identified because they are irregular in some way. For example, if you come across the verb form **stato** (which is very common) in your Italian readings, this index will tell you that **stato** is a form of **essere** and **stare**. You can then look up **essere** and **stare** in this book to find that verb form.

Verb forms whose first three or four letters are the same as the infinitive have not been included because they can easily be identified by referring to the alphabetical listing of the 501 verbs in this book.

A

abbi, abbia **avere**
accesi, accese, accesero, acceso **accendere**
accolsi, accolto **accogliere**
afflissi, afflisse, afflissero, afflitto **affliggere**
andrei, andrò, **andare**
apersi, apèrse, apersero, aperto **aprire**
appaia, appaiano, apparso, apparvi,
    apparve, apparvero **apparire**
appreso **apprendere**
arsi, arse, arsero **ardere**
assalga, assalgano **assalire**
assunsi, assunse, assunto **assumere**
attesi, atteso **attendere**
avrei, **avere**
avvenga, avvenuto **avvenire**

B

berrei, bevendo, bevi, bevuto, bevvi **bere**
bocci, bocci **bocciare**

C

caddi, cadde, caddero **cadere**
ceda, cedi, cedetti **cedere**
chiegga, chiesi, chiesto **chiedere**
chiusi **chiudere**
cocendo, cocerei, cotto, cuocia,
    cuociamo **cuocere**
colga, colgano, colsi, colto **cogliere**
compaia, compaiano, comparso, comparvi
    comparire
confusi **confondere**
conobbi, conobbe **conoscere**
copersi, coperse, coperto **coprire**
corressi, corresse, corretto **correggere**
corrotto, corruppi **corrompere**

corsi, corse, corsero, corso **correre**
crebbi **crescere**
cucia **cucire**

D

da', dia, diano, diedi (detti), dessi **dare**
deva, devo, devi, dobbiamo **dovere**
dico, dici **dire**
difesi, difese, difeso **difendere**
diffusi, diffuse **diffondere**
dipesi, dipese **dipendere**
dipinsi, dipinse, dipinto **dipingere**
diressi, diretto **dirigere**
distraendo, distraessi, distragga **distrarre**
divenga, divengano, divenni, divenne,
    divenuto **divenire**
dolga, dolgano, dorrei, duoli, dolga,
    dogliamo **dolere**

E

ebbi, ebbe **avere**
emisi, emise, emetta **emettere**
ero **essere**
esca, escano, esci, esco **uscire**
espressi, espresse, espresso **esprimere**
estesi, estese, esteso **estendere**

F

feci **fare**
finsi, finse, finto **fingere**
fissi, fisse, fissero, fitto **figgere**
frissi, frisse, frissero, fritto **friggere**
fusi, fuse, fusero, fuso **fondere**
fui **essere**

G

giaccia, giacciano **giacere**

H

ho, hai, ha, abbiamo, hanno **avere**

I

immersi, immerse **immergere**
inflissi, inflisse, inflitto **infliggere**
inteso **intendere**
invasi, invase, invasero, invaso **invadere**

L

lessi, lesse, letto **leggere**

M

mantieni, mantenga **mantenere**
messo, misi, mise **mettere**
morrei, morrò, morto **morire**
morsi, morse **mordere**
mossi, movendo **muovere**

N

nacqui, nacque, nato **nascere**
nascosi, nascosto **nascondere**
noccia, nocciano, nocete **nuocere**

O

oda, odano **udire**
offersi, offerse, offerto **offrire**
offesi, offese, offeso **offendere**
omisi, omise **omettere**

P

paia, parrei, parso, parvi **parere**
persi, perse, perso **perdere**
piaccia, piacqui **piacere**
piansi, pianto **piangere**
porse, porsero, posto **porre**
posso, puoi, può **potere**
presi, prese **prendere**
prevaisero **prevalere**
preveggo, preveggo, previdi **prevedere**
promosso **promuovere**
provvegga, provvisto **provedere**
punsi, punse, punto **pungere**

R

rasi, rase **radere**
resi, rese **rendere**
ressi, resse **reggere**
ridetto, ridica, **ridire**
ridotto, riduco **ridurre**
riesca, riescano **riuscire**
rincrebbi, rincrebbe **rincrescere**
rosi, rose, roso **rodere**
ruppi, ruppe, rotto **rompere**

S

salga, salgano **salire**
sappi, sappia, seppi, seppe **sapere**
scritto **scrivere**
sia **essere**
sieda (segga), siedi **sedere**
scesi, scese **scendere**
scompaia, scompaiano, scomparso
   scomparire
sconfissi, sconfisse, sconfitto **sconfiggere**
scossi, scosso **scuotere**
sono, sarei, sarò **essere**
sorto **sorgere**
spento **spegnere**
speso **spendere**
spinsi, spinse, spinto **spingere**
stato **essere** or **stare**
stesi, stese, steso **stendere**
svolsi, svolse, svolto **svolgere**

T

taccia, tacqui **tacere**
tesi, tese, teso **tendere**
tinto **tingere**
tolga, tolgano, tòlsi, tòlse, tolto **togliere**
tragga, traggo, trai **trarre**

U

uccisi, ucciso **uccidere**

V

va', vada, vadano **andare**
valgo, valsi, valso, varrei, varrò **valere**
vattene **andarsene**
vegga **vedere**
vissi, visse, vissuto **vivere**
visto **vedere**
vogli, voglio, volli **volere**

Index of English-Italian verbs

A

abandon **abbandonare**
able, be **potere**
abuse **abusare, maltrattare**
accompany **accompagnare**
ache **dolere**
act **funzionare**
add **aggiungere**
adhere **aderire**
administrate **gestire**
admire **ammirare**
admit **ammettere**
adore **adorare**
advise **suggerire**
affect **commuovere**
affirm **affermare**
afflict **affliggere**
afraid, be **temere**
agree **corrispondere**
aid **aiutare**
allow **permettere**
allude **alludere**
alter **modificare**
amuse oneself **divertirsi**
annoy **annoiare, incomodare**
answer **rispondere**
anticipate **anticipare**
appear **apparire, comparire, parere**
apply (to) **rivolgersi**
arrange **disporre, ordinare**
arrest **arrestare**
arrive **arrivare, giungere**
ask **chiedere, domandare**
ask for **domandare**
assail **assalire**
assault **assalire**
assist **assistere**
assume **assumere, supporre (supponere)**
attempt **tentare**
attend **attendere**
attribute **attribuire**
authenticate **autenticare**
authorize **autorizzare**
avoid **evitare**
award **concedere**

B

be **esistere, essere**
bear **reggere, soffrire**

beat **percuotere**
become **divenire, diventare**
become agitated **turbarsi**
become aware of **accorgersi, avvedersi**
become insane **impazzire**
beg **domandare**
begin **cominciare**
behave oneself **comportarsi**
believe **credere**
belong **appartenere**
bend **piegarsi**
betray **tradire**
better **migliorare**
bite **mordere**
bless **benedire**
block **bloccare**
boast (brag) **vantarsi**
boil **bollire**
bore **annoiare**
bored, be **annoiarsi**
born, be **nascere**
break **rompere**
breathe **respirare**
breed **generare**
bring **portare**
bronze **abbronzare**
build **costruire**
burn **ardere**
burn oneself **bruciarsi**
buy **comprare**

C

calculate **calcolare**
call **chiamare, nominare**
calm oneself down **calmarsi, quietarsi**
can **potere**
cancel **cancellare**
carry **portare**
cast **gettare**
castigate **castigare, punire**
catch **cogliere, contrarre**
catch up to **raggiungere**
cause **causare**
celebrate **celebrare, festeggiare**
change **cambiare, mutare, variare**
charter **noleggiare**
chat **discorrere**
choose **eleggere, scegliere**
claim **pretendere**
clean **lavare, pulire**

512

close **chiudere**	darken **oscurare**
close off **bloccare**	deal with **trattare**
comb one's hair **pettinarsi**	deceive **illudere**
come **venire**	decide **decidere**
come back **ritornare**	declare **affermare**
come down **discendere, scendere**	deduce **inferire**
come out **uscire**	defeat **sconfiggere**
come out again **riuscire**	defend **difendere**
come up **salire**	define **definire**
command **ordinare**	deliberate **deliberare**
commit **commettere**	delude **illudere**
communicate **communicare**	demand **domandare, pretendere**
compel **costringere, obbligare**	demonstrate **dimostrare**
complain **lagnarsi**	depend **dipendere**
comply **ubbidire**	depict **dipingere**
compose **comporre**	deposit **depositare**
compute **calcolare**	descend **discendere, scendere**
concede **concedere**	describe **descrivere**
conclude **concludere, inferire**	deserve **meritare**
conduct **condurre**	desire **desiderare**
confide **fidarsi**	despair **disperare**
confuse **confondere**	destroy **distruggere**
conquer **vincere**	detain **ritenere, trattenere**
consist **consistere**	determine **determinare**
construct **costruire**	detest **detestare**
consume **consumare**	develop **svolgere**
contain **contenere**	dictate **dettare**
contend **contendere, pretendere**	die **morire**
contract **contrarre**	diffuse **diffondere**
contradict **contraddire**	digest **digerire**
convert **convertire**	direct **dirigere, volgere**
convey **trasmettere**	disappear **scomparire, svanire**
convince **convincere**	disarm **disarmare**
cook **cuocere**	discover **scoprire**
correct **correggere**	discuss **discutere, ragionare**
correspond **corrispondere**	disembark **sbarcare**
corrupt **corrompere**	disgust **disgustare**
cover **coprire**	displease **dispiacere**
create **formare**	dispose **disporre**
cross out **cancellare**	dispute **contendere**
crush **premere**	dissolve **dissolvere**
cry **gridare, piangere**	distinguish **distinguere**
curb **moderare**	distract **distrarre**
curse **maledire**	distress **affliggere**
cut **tagliare**	divide **dividere, separare**
cut a fine figure **comparire**	do **fare**
cut a sorry figure **scomparire**	do again **rifare**
	doctor (dress) **medicare**
	drag **trascinare**
	draw **tirare, trarre**

D

dance **ballare**	draw up **redigere, stendere**
dare **osare**	dream **sognare**
	dress oneself **vestirsi**

513

drink **bere (bevere)**
drive **guidare**
dry **asciugare**
dye **tingere**

E

earn **guadagnare**
eat **mangiare**
edit **redigere**
elect **eleggere**
elevate **elevare**
eliminate **eliminare**
embrace **abbracciare**
emerge **emergere**
emit **emettere**
employ **impiegare**
endure **soffrire**
enjoy **godere, gustare**
enjoy oneself **divertirsi**
enter **entrare**
entertain **trattenere**
envelop **involgere**
establish **stabilire**
exaggerate **esagerare**
examine **esaminare**
examine (medical) **visitare**
exasperate **esasperare**
exchange **scambiare**
exclude **escludere**
excuse **scusare**
exhaust **esaurire**
exhibit **esibire**
exist **esistere**
explain **spiegare**
express **esprimere**
extend **estendere, stendere**
extinguish **spegnere (spengere)**

F

facilitate **facilitare**
fail **bocciare, fallire**
faint **svenire**
fall **cadere**
fall asleep **addormentarsi**
fall down **cascare**
fall in love with **innamorarsi**
falsify **falsificare**
fasten **figgere**
feed **nutrire**
feel **sentire**

feel up to **sentirsi**
feign **fingere**
find **trovare**
finish **finire**
fix **figgere**
flee **fuggire**
flight **lottare**
fling **lanciare**
fly **volare**
fold **piegare**
follow **seguire**
forbid **proibire, vietare**
force **costringere**
foresee **prevedere**
forget **dimenticare**
form **formare**
free **liberare**
frighten **impaurire**
fry **friggere**
function **funzionare**
fuse **fondere**

G

gain **guadagnare**
gather **cogliere**
gauge **misurare**
generate **generare**
get **avere, cogliere**
get angry **arrabbiarsi**
get to **raggiungere**
get up **alzarsi**
get upset **turbarsi**
get used to **abituarsi**
give **dare**
give back **rendere, restituire**
give in, give way **cedere**
give out **emittere**
glorify **glorificare**
gnaw **rodere**
go **andare**
go away **andarsene, partire**
go back **ritornare**
go bankrupt **fallire**
go down **discendere, scendere**
go mad **empazzire**
go out **uscire**
go out again **riuscire**
go to sleep **addormentarsi**
go up **salire**
govern **governare**
grant **concedere**
grasp **afferrare**

graze **radere**
grease **ungere**
greet **salutare**
grow **crescere**
guarantee **garantire**
guess **supporre (supponere)**
guide **guidare**

H

hand **porgere**
hang **pendere**
hang up **sospendere**
happen **accadere, avvenire, succedere**
harm **nuocere**
hasten **affrettarsi**
hate **odiare**
have **avere**
have a good time **divertirsi**
have to **bisognare, dovere**
heal **guarire**
hear **udire**
heat **riscaldare, scaldare**
help **aiutare**
hide **nascondere**
hint **alludere**
hit **percuotere**
hold **ritenere, tenere**
hold onto **afferrare**
hold out **porgere, tendere**
honor **onorare**
howl **urlare**
humble (humiliate) **umiliare**
humble oneself **umiliarsi**
hurry **affrettarsi**
hurt **nuocere**

I

ill-treat **maltrattare**
immerse **immergere**
impersonate **impersonare**
implicate **implicare**
imply **involgere**
impose **imporre**
impress **imprimere**
improve **migliorare**
include **includere**
inconvenience **incomodare**
increase **crescere**
incur **contrarre**
indicate **indicare**
infer **inferire**

inflict **infliggere**
inform **avvisare, informare, notificare**
injure **nuocere**
insert **introdurre**
insist **insistere, ostinarsi**
inspect **verificare**
instruct **istruire**
interrupt **interrompere**
intervene **intervenire**
introduce **introdurre, presentare**
invade **invadere**
invite **invitare**

J

jump **saltare**

K

keep **mantenere, tenere**
keep back **trattenere**
kill **uccidere**
kindle **accendere**
kiss **baciare**
knock **bussare**
know **conoscere, sapere**

L

land **sbarcare**
laugh **ridere**
laugh at **burlarsi**
lead **condurre**
leap **saltare**
learn **apprendere, imparare, sapere**
leave **lasciare, partire**
lend **prestare**
let **lasciare**
let down **abbassare**
let know **informare**
liberate **liberare**
lie (down) **giacere**
lie **mentire**
lift up **elevare**
limit **limitare**
limp **zoppicare**
liquidate **liquidare**
live **abitare, vivere**
lock **serrare**
look **apparire**
look at **guardare**
look for **cercare**
lose **perdere**
lower **abbassare**

M

maintain **mantenere**
mail (a letter) **imbucare, spedire**
make **fare**
make a mistake **sbagliarsi**
make again **rifare**
make fun of **burlarsi di**
manage **gestire**
marry **sposare**
mask **mascherare**
may **potere**
mean **intendere**
measure **misurare**
medicate **medicare**
meet **conoscere, incontrare**
melt **fondere**
mention **nominare**
merit **meritare**
mistaken, be **sbagliarsi**
mistreat **maltrattare**
moderate **moderare**
mount **salire**
move **commuovere, muovere**
must **bisognare, dovere**

N

name **nominare**
navigate **navigare**
necessary, be **bisognare, occorrere**
note **notare**
notice **accorgersi, avvedersi**
notify **informare, notificare**

O

obey **ubbidire**
oblige **obbligare**
obscure **oscurare**
observe **osservare**
obtain **ottenere**
occupy **occupare**
occur **accadere, avvenire, succedere**
offend **offendere**
offer **offrire, porgere**
omit **omettere**
open **aprire**
operate **operare**
oppose **opporre**
oppress **opprimere**
order **comandare, ordinare**
organize **organizzare**

ought **dovere**
overwhelm **opprimere**
owe **dovere**

P

paint **dipingere**
part **separare**
participate **partecipare**
pass **trascorrere**
pass over in silence **tacere**
pass (proceed) **passare**
pass on **trasmettere**
pay **pagare**
penetrate **penetrare**
perceive **avvedersi**
permit **permettere**
persist **ostinarsi**
persuade **persuadere**
pick **cogliere**
pinch **pungere**
place **mettere, porre**
play **giocare, suonare (sonare)**
please **compiacere, piacere**
plunge **immergere**
point at **indicare**
pollute **inquinare**
portray **ritrarre**
possess **possedere**
post (a letter) **imbucare**
pour **versare**
pour out **spandere**
praise **glorificare, lodare**
precede **prevenire**
predict **predire**
prefer **preferire**
prepare **apparecchiare, preparare**
present **presentare**
preserve **mantenere**
press **premere, stringere**
pretend **fingere**
prevail **prevalere**
prick **pungere**
print **imprimere**
produce **produrre**
prohibit **proibire, vietare**
promise **promettere**
promote **promuovere**
pronounce **pronunziare**
propose **proporre**
protect **proteggere**
provide **provvedere**
pull **tirare, trarre**

pull down **abbassare**
punish **castigare, punire**
push **spingere**
put **mettere, porre**
put out **spegnere (spengere)**
put together **riunire**

Q

quiet **quietare**
quiet down **quietarsi**

R

rain **piovere**
raise **alzare, elevare**
raze **radere**
reach **raggiungere**
read **leggere**
reason **ragionare**
receive **accogliere**
recite **recitare**
recognize **riconoscere**
recommend **raccomandare**
recount (relate) **raccontare**
recover **guarire**
reduce **ridurre**
refer **alludere**
reflect **riflettere**
refuse (reject) **rifiutare**
regret **rincrescere**
regulate **regolare**
rehire **riassumere**
reject **bocciare**
relish **gustare**
remain **rimanere**
remove **togliere**
render **rendere**
renew **rinnovare**
repeat **recitare, ridire**
reply **rispondere**
reproach **rimproverare**
resign oneself **rassegnarsi**
resist **resistere**
resolve **risolvere**
respect **rispettare**
restrain **trattenere**
restrict **limitare**
resume **riassumere**
retain **ritenere**
return **ritornare**
return (restore) **restituire**
reunite **riunire**

ring **suonare (sonare)**
rise **alzarsi, sorgere**
rub out **cancellare**
run **correre**

S

sail **navigare**
salute **salutare**
satisfy **soddisfare**
save **salvare**
say **dire**
say again **redire**
scream **gridare**
see **vedere**
seek **cercare**
seem **apparire, parere**
seize **afferrare**
select **scegliere**
sell **vendere**
send **mandare, spedire**
separate **dissolvere, separare**
serve **servire**
set **apparecchiare, mettere, porre**
set free **liberare**
set out **partire**
settle **liquidare**
sew **cucire**
shake **scuotere, tremare**
share **partecipare**
shave **radere**
shed **spargere**
should **dovere**
shout **gridare, urlare**
shove **spingere**
show **esibire, indicare, mostrare**
shut **chiudere, serrare**
sign **firmare**
silent, be **tacere**
sing **cantare**
sit **sedere**
sleep **dormire**
smear **ungere**
smile **sorridere**
smoke **fumare**
snow **nevicare**
soothe **quietare**
sorry (for), be **dispiacere, rincrescere**
sound **suonare (sonare)**
speak **parlare**
spend **spendere**
spot, stain **macchiare**
spill **spandere**

spread **diffondere, spandere, stendere**
squeeze **premere, stringere**
stamp **imprimere**
stand **stare**
stand up **alzarsi**
start **cominciare**
stay **rimanere, stare**
sting **pungere**
stir **muovere**
stop **arrestare, fermarsi, ritenere**
stretch out **tendere**
strike **colpire, percuotere**
stroll **passeggiare**
struggle **lottare**
study **studiare**
subdue **sottomettere**
subject **sottomettere**
submit **sottomettere**
subtract **sottrarre**
succeed **riuscire**
succeed (follow) **succedere**
suffer **patire, soffrire**
suffer pain **dolere**
suggest **suggerire**
summarize **riassumere**
support **reggere, sostenere**
suppose **supporre (supponere)**
surprise **sorprendere**
suspend **sospendere**
sustain **sostenere**
swear **giurare**
swim **nuotare**
swoon **svenire**

T

take **prendere**
take a walk **passeggiare**
take away **togliere**
take part in **partecipare**
talk **discorrere, parlare**
tan **abbronzare**
taste **assaggiare**
teach **istruire**
tell **dire**
tend **tendere**
thank **ringraziare**
think **pensare**
throw **gettare, lanciare**
throw oneself into **buttarsi**
tie up **legare**
touch **commuovere**
transfer **trasferire**

translate **tradurre**
transmit **trasmettere**
tremble **tremare**
trust **fidarsi**
try **tentare**
turn **girare, volgere**
turn around **rivolgersi**
twist **torcere**

U

uncover **scoprire**
understand **capire, comprendere, intendere**
undo **disfare**
unfold **svolgere**
uphold **sostenere**
unite **unire**
urgent, be **premere**
use **usare**

V

value, be of **valere**
vanish **svanire**
vary **variare**
verify **verificare**
visit **visitare**
vote **votare**

W

wait for **aspettare, attendere**
walk **camminare, passeggiare**
want **desiderare, volere**
warm **scaldare**
warm up **riscaldere**
wash **lavare**
wash oneself **lavarsi**
waste **perdere**
watch **osservare**
wear **portare**
weep **piangere**
weigh **pesare**
weigh down **opprimere**
welcome **accogliere**
win **vincere**
wish **desiderare**
withdraw **ritrarre, sottrarre**
work **lavorare**
worth, be **valere**
wrap up **avvolgere, involgere**
wrestle **lottare**
wring **torcere**